comunicação empresarial

F586c Flatley, Marie.
   Comunicação empresarial / Marie Flatley, Kathryn Rentz, Paula Lentz ; tradução: Félix José Nonnenmacher. – 2. ed. – Porto Alegre : AMGH, 2015.
   x, 350 p. : il. color. ; 21x27,7 cm.

   ISBN 978-85-8055-457-1

   1. Administração - Comunicação. I. Rentz, Kathryn. II. Lentz, Paula. III. Título.

   CDU 658

Catalogação na publicação: Poliana Sanchez de Araujo – CRB 10/2094

comunicação empresarial
2ª Edição

Marie Flatley
San Diego State University

Kathryn Rentz
University of Cincinnati

Paula Lentz
University of Wisconsin-Eau Claire

Tradução
Félix José Nonnenmacher

AMGH Editora Ltda.
2015

Obra originalmente publicada sob o título
M:Business Communication, 2nd Edition
ISBN 0073403164 / 9780073403168

Original edition copyright (c)2012, The McGraw-Hill Global Education Holdings, LLC, New York, New York 10121. All rights reserved.

Gerente editorial: *Arysinha Jacques Affonso*

Colaboraram nesta edição:

Editora: *Viviane R. Nepomuceno*

Capa: *Mauricio Pamplona* (arte sobre capa original)

Foto de capa: ©*Paul Chinn/San Francisco Chronicle/Corbis*

Preparação de originais: *Mônica Stefani*

Editoração: *Know-how Editorial*

Reservados todos os direitos de publicação, em língua portuguesa, à
AMGH Editora Ltda., uma parceria entre GRUPO A EDUCAÇÃO S.A. e McGRAW-HILL EDUCATION.
Av. Jerônimo de Ornelas, 670 – Santana
90040-340 – Porto Alegre – RS
Fone: (51) 3027-7000 Fax: (51) 3027-7070

É proibida a duplicação ou reprodução deste volume, no todo ou em parte, sob quaisquer formas ou por quaisquer meios (eletrônico, mecânico, gravação, fotocópia, distribuição na Web e outros), sem permissão expressa da Editora.

Unidade São Paulo
Av. Embaixador Macedo Soares, 10.735 – Pavilhão 5 – Cond. Espace Center
Vila Anastácio – 05095-035 – São Paulo – SP
Fone: (11) 3665-1100 Fax: (11) 3667-1333

SAC 0800 703-3444 – www.grupoa.com.br

IMPRESSO NO BRASIL
PRINTED IN BRAZIL

Sumário Resumido

módulo um
Comunicação nas organizações ... 2
Capítulo 1 A comunicação no local de trabalho..... 3

módulo dois
Elementos básicos de redação e apresentações 18
Capítulo 2 O processo de redação e os principais tipos de mensagens empresariais......... 19
Capítulo 3 Recursos visuais na comunicação oral e escrita... 36
Capítulo 4 Como usar o estilo apropriado............... 60

módulo três
Mensagens eficazes...................... 88
Capítulo 5 Como redigir mensagens neutras e de boas notícias.. 89

Capítulo 6 Como redigir mensagens com más notícias... 118
Capítulo 7 Como redigir mensagens e propostas persuasivas.. 142

módulo quatro
Relatórios eficazes 184
Capítulo 8 Preparação e redação de relatórios..... 185
Capítulo 9 Redação de relatórios curtos 228

módulo cinco
Habilidades verbais e a procura por um novo emprego..................... 260
Capítulo 10 Comunicação verbal................................ 261
Capítulo 11 Comunicação na procura por um emprego.. 288

Sumário

módulo um

Comunicação nas organizações 2

Capítulo 1   A comunicação no local de trabalho 3

O papel da comunicação na empresa 3
    Importância das técnicas de comunicação para você 3

Comunicação rápida: O que os empresários dizem sobre a comunicação 4
    Por que as empresas dependem da comunicação 4
    Desafios comuns aos comunicadores empresariais 5

Comunicação rápida: Benefícios da diversidade intercultural 6
    Principais categorias da comunicação nas organizações ... 8
    Redes de comunicação da organização 9
    Como a comunicação varia de empresa para empresa 11

O processo da comunicação nas organizações 12
    Comunicação organizacional como solução de problemas ... 12
    Modelo de comunicação organizacional 12

Comunicação rápida: O que um CEO procura nos candidatos que entrevista 13

Comunicação rápida: A escolha do canal afeta o sucesso da mensagem 14

Comunicação organizacional – o que realmente importa 16

módulo dois

Elementos básicos de redação e apresentações 18

Capítulo 2   O processo de redação e os principais tipos de mensagens empresariais 19

Cenário de trabalho: Como administrar o seu processo de redação e escolher a forma certa de escrever 19

Processo de redação 20
    Planejamento da mensagem 21

Comunicação rápida: Devo pôr isso no papel? 21

Comunicação rápida: Encontre as palavras certas 22
    Elaboração do rascunho 24
    Revisão 25

Carta 25

Memorando 26

E-mail 28
    Prós e contras do e-mail 28
    Elementos introdutórios 28
    Comece a redigir sua mensagem 29
    Organize os conteúdos 29

Comunicação rápida: Devo usar abreviações em meus e-mails? 29
    Como escrever a mensagem de e-mail 29

Tecnologia rápida: Como o uso da etiqueta ajuda a transmitir a mensagem em seus e-mails 30
    Para encerrar a mensagem de e-mail 31
    Evite usar o e-mail de forma inapropriada 31

Comunicação rápida: Os 10 piores erros de redação de e-mails 31

Mensagens de texto 32

Comunicação rápida: As mensagens de texto: outra língua? 32

Mensagens instantâneas 33

Redes sociais 33

Capítulo 3   Recursos visuais na comunicação oral e escrita 36

Entenda o processo de comunicação visual 38
    Planejamento 38
    Coleta e reunião de informações 38

Cenário de trabalho: Como os elementos visuais ajudam a comunicar ideias 38
    Análise e organização 39
    Escolha do formato 39
    Localização e interpretação 39
    Avaliação 39

Comunicação rápida: Ética visual 41

Escolha o recurso visual certo 42
    Recursos visuais baseados em texto 42
    Gráficos gerados com números e suas combinações 45
    Outros tipos de recursos visuais 50

Defina os detalhes dos recursos visuais 52
    Tamanho 52
    Layout 52
    Fonte 53
    Réguas e bordas 53
    Cores e hachuras 53
    Clip arts 53
    Fundo 54
    Numerações 54
    Elaboração de títulos e legendas 54
    Localização de títulos e legendas 54
    Notas de rodapé e citação de fontes 54

Decisões sobre o design do documento 55
    Formato 55

Comunicação rápida: Como obter ajuda na hora de escolher o recurso visual certo 55
    Fonte 58

Arte	58
Cor	58

Capítulo 4   Como usar o estilo apropriado 60

Cenário de trabalho: Como usar um estilo que comunica	62
A importância da adaptação	**62**
Seleção das palavras certas	**62**
Use palavras conhecidas	62
Use gírias e clichês com cautela	63
Prefira palavras curtas	63
Comunicação rápida: Como administrar a formalidade na sua redação	63
Use termos técnicos e acrônimos com cuidado	64
Use a linguagem concreta	64
Comunicação rápida: Encontros e desencontros	65
Prefira verbos na voz ativa	65
Tecnologia rápida: Os corretores de gramática e estilo ajudam os redatores a escolher as palavras certas	66
Comunicação rápida: Tudo o que você sempre quis saber sobre a voz ativa e a passiva	67
Comunicação rápida: Os verbos de verdade, por favor, fiquem de pé!	67
Evite exageros com verbos camuflados	67
Escolha as palavras pensando no sentido exato delas	68
Comunicação rápida: O problema com as expressões idiomáticas	68
Evite termos preconceituosos	69
Comunicação rápida: Qual é o limite da diversidade?	71
Algumas palavras finais sobre palavras	72
Escreva frases claras	**72**
Limite o conteúdo das frases	72
Tecnologia rápida: As estatísticas de legibilidade ajudam o redator a avaliar o tamanho e a dificuldade do documento	72
Comunicação rápida: Etiqueta empresarial – depende de onde você está	74
Economize nas palavras	74
Comunicação rápida: O estudo sobre a Starbucks	75
Determine as frases que dão a ênfase certa ao conteúdo	76
Dê coesão a suas frases	77
Comunicação rápida: Frases longas que vão e vêm	77
Redija as frases de maneira lógica	79
Comunicação rápida: Não me faça rir	79
Redija parágrafos claros	**80**
Dê coesão a seus parágrafos	80
Mantenha os parágrafos curtos	81
Use as frases principais do jeito certo	81
Deixe de lado os detalhes desnecessários	82
Deixe seus parágrafos coerentes	82
Como redigir para um efeito positivo	**83**
Use um estilo informal	83
Comunicação rápida: vantagens da redação empresarial positiva	84
Elimine as frases feitas	84
Tecnologia rápida: Os corretores de gramática e estilo identificam clichês, expressões coloquiais e jargões	84
Use "você" nas suas mensagens	85
Dê ênfase ao lado positivo	85
Comunicação rápida: Pai, criança ou adulto?	86

módulo três ● ●
Mensagens eficazes 88

Capítulo 5   Como redigir mensagens neutras e de boas notícias 89

Avaliação preliminar	**90**
Modelo geral da comunicação direta	**90**
Comece com o objetivo	90
Como tratar do restante do objetivo	90
Termine com uma cortesia adaptada à situação	90
Cenário de trabalho: Como redigir pedidos rotineiros de informações	91
Pedidos rotineiros	**91**
Escolha um tipo de abertura	91
Informe e explique tudo do modo adequado	91
Estruture as perguntas	92
Comunicação rápida: "Twittiqueta": novas tecnologias, novas expectativas	92
Tecnologia rápida: Marcadores com imagens dão um toque especial	93
Encerre com uma palavra de cortesia	94
Revise a ordem	94
Exemplos contrastantes	94
Respostas genéricas favoráveis	**95**
Comece com a resposta	95
Identifique a mensagem sendo respondida	96
Arranje as respostas com lógica	96
Use suas habilidades na hora de redigir negativas	96
Cenário de trabalho: Como redigir respostas favoráveis	96
Tecnologia rápida: Ferramentas de atalho ajudam o redator a melhorar a produtividade e a qualidade	99
Tecnologia rápida: O ClearContext ajuda a administrar e-mails, tarefas e calendários	100
Considere os extras	100
Encerramento cordial	101
Revisão do plano	101
Exemplos contrastantes	101
Termos de concessão	**101**
Cenário de trabalho: Como escrever um termo de concessão	104
Considere as necessidades especiais	104
Revisão do plano	105
Termos de concessão contrastantes	105
Cenário de trabalho: Avisos de recebimento de pedido e outras mensagens de agradecimento	108
Avisos de recebimento de um pedido	**108**
Avisos de recebimento de pedidos	108
Objetividade gera boa impressão nos avisos de recebimento	108

vii

Tecnologia rápida: O uso de tabelas ajuda a organizar dados e facilita a leitura 109
    Tato nos avisos de recebimento de pedido 109
    Resumo da estrutura do aviso de recebimento e de mensagens de agradecimento 110
    Avisos de recebimento contrastantes 110
Cenário de trabalho: A redação de mensagens de reclamação 111
Reclamações diretas **111**
    Como usar o estilo direto 111
    Como organizar a reclamação direta 112
Cenário de trabalho: Redação de mensagens internas 113
    Mensagens de reclamação contrastantes 113
Mensagens internas **113**
    Mensagens internas informais 113
    Mensagens moderadamente formais 113
    Mensagens muito formais 114
    Como resumir a estrutura das mensagens internas 116
Outras situações que exigem uma mensagem direta **116**

Capítulo 6 Como redigir mensagens com más notícias **118**
Situações que exigem a abordagem indireta **120**
Plano indireto básico **120**
    Como usar uma frase atenuante 120
    Como preparar o terreno para as más notícias 120
Comunicação rápida: Mantenha a sua imagem 121
    Como dar uma notícia ruim de forma positiva 121
    Ofereça uma solução alternativa 122
    Encerre com um tom positivo 122
Reclamações indiretas **122**
    Escolha o tom certo 122
Cenário de trabalho: Como redigir reclamações indiretas 123
    Comece a reclamação indireta com uma frase atenuante .. 123
    Descreva o problema com clareza 123
    Como pedir uma correção 123
    Como encerrar causando uma boa impressão 124
    Preparação de uma mensagem de reclamação indireta 124
    Exemplos contrastantes de mensagens de reclamação indiretas 124
Pedidos recusados **125**
    Como desenvolver a estratégia 125
Cenário de trabalho: Como recusar pedidos 126
    Defina a explicação já no começo 126
    Como apresentar a explicação de forma convincente 126
    Como lidar com a recusa de forma positiva 126
Comunicação rápida: Você acha que dizer "não" nos Estados Unidos é complicado… 127
    Proponha uma concessão, quando for prático 127
    Encerre com uma boa impressão 127
    Adapte o plano básico para recusar pedidos 128
    Exemplos contrastantes de mensagens de recusa 129
Recusas com concessão **129**
    Defina a estratégia 129
    Defina as suas razões 129
Comunicação rápida: Como dizer "não" dizendo "sim" 130
Cenário de trabalho: Como recusar um pedido de concessão 130
    Defenda a sua posição 131
    Como recusar de forma positiva e encerrar a sua mensagem com cortesia 131
    Como adaptar o plano básico 131
    Exemplos contrastantes de mensagens recusando concessões 133
Tecnologia rápida: Modelos de e-mail ajudam a reutilizar e personalizar mensagens 133
Cenário de trabalho: Como redigir um anúncio negativo 134
Anúncios negativos **134**
    Defina a estratégia 134
    Prepare o caminho para as más notícias 135
    Explique a situação 135
    Como apresentar notícias ruins de um jeito positivo 135
    Foque nos próximos passos ou nas vantagens restantes ... 138
    Encerre o anúncio com um tom positivo e motivador 138
    Revise o plano 138
    Exemplos contrastantes de anúncios negativos 138
    Estilo direto em casos especiais 139
Outras mensagens indiretas **141**

Capítulo 7 Como redigir mensagens e propostas persuasivas **142**
Dicas sobre persuasão **144**
    Conheça o seu leitor 144
    Escolha e desenvolva vantagens para o leitor-alvo 144
    Saiba usar três tipos de apelos 145
    Facilite as coisas para seu leitor aceitar o apelo 145
Pedidos persuasivos **146**
    Defina o plano de persuasão 146
Cenário de trabalho: Como fazer um pedido convincente 146
Comunicação rápida: Como planejar uma argumentação convincente 147
    Como conquistar a atenção no começo da mensagem 148
    Desenvolva o pedido 148
    Como fazer o seu pedido de um jeito claro e positivo 148
    Resumo do plano de redação de pedidos 149
    Exemplos contrastantes de pedidos persuasivos 149
Mensagens de vendas **152**
    Questione a aceitabilidade das mensagens de vendas 152
Cenário de trabalho: Como conceber mensagens de vendas 153
    Prepare-se para redigir uma mensagem de vendas 155
    Determine o apelo principal 155
Comunicação rápida: A popularidade crescente dos documentos oficiais 156
    Determine a aparência da correspondência 157
    Como ganhar atenção 158
    Como prender a atenção do leitor já no começo da mensagem 158
    Desenvolva um argumento persuasivo 159

Enfatize o "você" 159	
Comunicação rápida: Percepções da economia comportamental sobre as vendas 161	
Comunicação rápida: A importância da vividez nas mensagens de vendas 162	
Escolha as palavras com cuidado 162	
Inclua as informações necessárias 162	
Preparando a venda 165	
Adicione um *post-scriptum* 166	
Comunicação rápida: As estratégias persuasivas variam de cultura para cultura 167	
Disponibilize a opção de descadastramento para o destinatário do e-mail 167	
Revise o plano básico para a mensagem de vendas 167	
Exemplos contrastantes 167	
Propostas **168**	
Tipos de propostas 168	
Cenário de trabalho: A redação de propostas 170	
Formato e conteúdo das propostas 172	
Tecnologia rápida: Elementos visuais ajudam os redatores a despertar o interesse nas mensagens de vendas 172	
Comunicação rápida: E o prêmio de clichê mais usado no marketing vai para… 174	
Comunicação rápida: Os sete pecados capitais da redação de propostas 175	

módulo quatro ●●

Relatórios eficazes 184

Capítulo 8   Preparação e redação de relatórios 185

Cenário de trabalho: Como preparar e redigir relatórios no trabalho... 186
Definição de relatório **186**
Determine o problema do relatório **186**
Comunicação rápida: Práticas da redação de relatórios e lei Sarbanes-Oxley 187
Análise preliminar 187
Apresente o problema e a finalidade com clareza 187
Determine os fatores **187**
Use subtópicos nos relatórios com informações 188
Hipóteses para os problemas que precisam de solução 188
Bases de comparação nos estudos de avaliação 188
Como obter as informações necessárias **189**
Como fazer uma pesquisa secundária 189
Como fazer uma pesquisa primária 201
Tecnologia rápida: Como fazer pesquisas repetidas usando o menu favoritos no navegador 202
Como coletar informações em um levantamento 204
Tecnologia rápida: As ferramentas de levantamento ajudam o redator a organizar, analisar e relatar os resultados de questionários 206
Como fazer uma pesquisa qualitativa 210
Avalie e relate os dados 211
Como fazer uma pesquisa ética 212
Tecnologia rápida: Softwares gerenciadores de referências ajudam a documentar fontes 212
Como interpretar as descobertas de sua pesquisa **213**
Dicas para evitar o erro humano 213
Atitudes e práticas apropriadas 213
Ferramentas estatísticas na interpretação 214
Como você vai organizar as informações em seu relatório **214**
Natureza e vantagens de um esboço 214
Organização por divisão 215
Tecnologia rápida: Ferramentas de aplicação ajudam a identificar e esboçar fatores 215
Divisão por relações convencionais 216
Combinação de mais de uma possibilidade de divisão 217
Do esboço para o sumário 217
Comunicação rápida: Títulos contrastantes em um exemplo de relatório 218
É hora de redigir o relatório **219**
O começo e o final 220
Comunicação rápida: A coisa é formal, informal ou um meio-termo?... 220
Mantenha a objetividade 221
Use a perspectiva do tempo com consistência 221
Uso de transições 222
Comunicação rápida: Algumas pérolas submetidas a seguradoras – todas copiadas de boletins de ocorrência de acidentes de trânsito.... 222
Como manter o interesse 223
Redação em colaboração **224**
Determine a composição do grupo 224
Comunicação rápida: O seu grupo tem inteligência emocional? 224
Planeje a participação eficaz 225
Como escolher o meio de colaboração 225
Como pesquisar e redigir um relatório em colaboração 225
Tecnologia rápida: Ferramentas de comentários e revisão ajudam a acompanhar as alterações em seu documento 226

Capítulo 9   Redação de relatórios curtos 228

Cenário de trabalho: Preparação de relatórios curtos 230
Visão geral dos componentes de um relatório **230**
Plano de classificação de um relatório 230
Componentes do relatório 231
Características dos relatórios curtos **233**
Não é preciso fornecer muita informação 234
Predominância da ordem direta 234
Comunicação rápida: Como criar o título do relatório com as perguntas quem, o quê, onde, quando, por que e como? 234
Comunicação rápida: Dicas de um explicador profissional 235
Estilo de redação mais personalizado 236
Tecnologia rápida: Modelos ajudam os redatores a formatar os seus relatórios 237
Um plano de coerência estruturada não é estritamente necessário 238
Comunicação rápida: O valor monetário de um bom relatório 238
Formas dos relatórios curtos **241**
Relatório curto 241

Carta-relatório 241
Comunicação rápida: Gestão do conhecimento representa uma vantagem competitiva para as empresas 242
Relatórios no formato de e-mail e memorando 242
Outras formas de relatórios escritos 244
Tipos de relatórios curtos **245**
Relatórios operacionais 245
Relatórios de progresso 245
Relatórios de solução de problemas 255
Relatórios de auditoria 256
Atas de reunião 256

módulo cinco ●●
Habilidades verbais e a procura por um novo emprego 260

Capítulo 10   Comunicação verbal **261**
Cenário de trabalho: Comunicação verbal no trabalho 262
Conversa informal **262**
Diálogos informais 262
Comunicação rápida: O que os executivos pensam sobre as habilidades comunicativas dos recém-formados nas universidades 263
Como escutar 264
Como usar o telefone 265
Comunicação rápida: Os 10 mandamentos da escuta 266
Tecnologia rápida: Sistemas de reconhecimento de voz poupam tempo 268
Como usar o reconhecimento de voz 268
Como realizar e participar de uma reunião 269
Comunicação rápida: Gentileza nas ligações via celular 269
Tecnologia rápida: Ferramentas de colaboração dão suporte às reuniões virtuais 270
Como fazer uma apresentação formal **272**
Escolha o tópico 272
Prepare a apresentação 272
Comunicação rápida: Envolva o público com a sua apresentação 273
Escolha o método de apresentação 275
Tecnologia rápida: Ferramentas de apresentação ajudam a comunicar a sua mensagem com eficácia 275
Análise feita pela plateia e a autoavaliação 276
Técnicas eficazes de apresentação 277

Comunicação rápida: Os gestos nas diferentes culturas 279
Tecnologia rápida: Aplicativos para celulares ajudam a controlar uma apresentação 280
Comunicação rápida: O último slide tem de ser especial 281
Uso de elementos visuais 281
Apresentações em grupo 284
Apresentações virtuais 285

Capítulo 11   Comunicação na procura por um emprego **288**
Cenário de trabalho: O processo de procura por um emprego 290
Atividades preliminares na busca pelo emprego **290**
Como construir uma rede de contatos 290
Tecnologia rápida: Networking profissional confiável pode se tornar uma ferramenta poderosa 290
Identifique os empregos certos 291
Encontre a pessoa que vai empregar você 294
Tecnologia rápida: Currículos online podem funcionar para você ... 296
Documentação do candidato **296**
Cenário de trabalho: A redação do currículo e da documentação do candidato a emprego 297
Como elaborar o seu currículo 297
Comunicação rápida: Principais razões pelas quais os gerentes rejeitam um candidato 300
Redação da mensagem de apresentação 320
Comunicação rápida: Palavras de sabedoria: siga com a verdade 320
Comunicação rápida: Criação de um portfólio profissional 321
Tecnologia rápida: Muitos sites oferecem conselhos valiosos para quem vai a uma entrevista de emprego 323
Como encarar a entrevista **326**
Conheça a empresa 331
Não esqueça a boa aparência 331
Preveja as perguntas e prepare as respostas 332
Sinta-se à vontade 333
Faça a sua parte para ter voz no diálogo 333
Comunicação rápida: Algumas dicas sobre as mensagens de agradecimento dadas por especialistas em negócios 334
Como acompanhar e finalizar o processo de procura **334**
Como redigir mensagens de acompanhamento 334
Continue com sua busca por um emprego 336

Notas **338**
Créditos **340**
Índice **341**

comunicação empresarial

módulo um

Comunicação nas organizações

•• objetivos de APRENDIZAGEM

OA1.1 Explicar a importância da comunicação para você e para os negócios.

OA1.2 Descrever os principais desafios que as empresas enfrentam hoje com comunicação organizacional.

OA1.3 Descrever as três principais categorias da comunicação nas organizações.

OA1.4 Descrever as redes de comunicação formais e informais da organização.

OA1.5 Descrever os fatores que influenciam os tipos e a quantidade de comunicação em uma empresa.

OA1.6 Explicar por que a comunicação nas organizações é uma forma de resolver problemas.

OA1.7 Descrever os contextos de cada etapa da comunicação organizacional.

OA1.8 Descrever os processos da comunicação organizacional.

CAPÍTULO 1 A COMUNICAÇÃO NO LOCAL DE TRABALHO

A comunicação no local de trabalho

Norm Fjeldheim, vice-presidente sênior e CIO da Qualcomm, credita muito do sucesso na sua carreira ao aprendizado e desenvolvimento de suas habilidades de comunicação no ambiente de trabalho. Como executivo de uma empresa líder na indústria de comunicação digital sem fio, ele confia muito nessas habilidades aperfeiçoadas.

Questionado sobre a disciplina mais importante para estudar, ele responde categoricamente: "comunicação organizacional. Mesmo que você tenha um ótimo conhecimento técnico, sua carreira não avançará se não souber se comunicar. Na verdade, quanto maior sua habilidade de comunicação, mais longe você irá. Embora a tecnologia mude com o tempo, saber se comunicar bem será sempre valioso".

Este capítulo explica como a comunicação é fundamental e o apresenta à comunicação organizacional do século XXI.

O PAPEL DA COMUNICAÇÃO NA EMPRESA

Suas atividades na empresa em que você trabalha envolvem – e muito – a comunicação, afinal, ela é uma parte essencial do dia a dia no ambiente de negócios.

 OA1.1
Explicar a importância da comunicação para você e para os negócios.

Importância das técnicas de comunicação para você

Como a comunicação é muito importante no ambiente empresarial, as empresas querem e precisam de pessoas com boas habilidades de comunicação. A importância da comunicação é atestada por muitos levantamentos com executivos, recrutadores e acadêmicos. Sem exceção, a comunicação (especialmente a escrita) aparece nos primeiros lugares como habilidade necessária para o sucesso de sua empresa.

Por exemplo, a NFI Research, organização privada que faz levantamentos periódicos com mais de 2 mil executivos e gerentes, constatou que 94% destes colocam "comunicar-se bem" como a habilidade mais importante para o sucesso, hoje e amanhã.[1] Essa aptidão também é essencial para os iniciantes. As empresas incluídas na lista "dos melhores lugares para começar uma carreira" da *Business Week* de 2009 citaram o dom da comunicação como "a característica mais desejável" em um candidato – mais desejável do que qualquer outro atributo, além do diploma universitário.[2] Os empregadores questionados para o *Job Outlook* de 2009 da National Association of Colleges and Employers também citaram as habilidades de comunicação e características relacionadas, como "níveis elevados de ética de trabalho, iniciativa e capacidade de trabalhar em equipe" como qualidades altamente desejáveis em um candidato.[3] Os recrutadores que participaram do mais recente ranking do *The Wall Street Journal* de cursos de MBA concordam. Eles classificaram "as habilidades interpessoais e

[**Suas atividades na empresa em que você trabalha envolvem – e muito – a comunicação, afinal, ela é uma parte essencial do dia a dia no ambiente de negócios.**]

comunicativas, a orientação ao trabalho em equipe, a ética pessoal e a integridade, as capacidades analíticas e de resolução de problemas, além de uma forte ética profissional" como as mais importantes.[4]

Infelizmente, a necessidade de funcionários com boas habilidades de comunicação muitas vezes não é atendida. Muitos funcionários, mesmo aqueles com diploma universitário, não se comunicam bem. Os recrutadores da área de contabilidade, por exemplo, reclamam da dificuldade que os recém-formados têm para "escrever e falar bem".[5] As pesquisas mostram que, na opinião dos funcionários, até os gerentes e executivos que se julgam aptos na comunicação, na verdade não se comunicam tão bem assim.[6] É por isso que a demanda por comunicadores eficazes é tão alta. Se você digitar "habilidades de comunicação" no *Occupational Outlook Handbook* (<www.bls.gov/OCO/>) do governo norte-americano, quase todo o tipo de trabalho aparecerá na lista de resultados.

Os problemas de comunicação dos funcionários e a importância que ela tem no ambiente empresarial explicam por que você precisa melhorar suas habilidades de comunicação. Elas quase sempre estão na base da análise de seu desempenho, não importa qual seja sua função na empresa. Além disso, não esqueça que essas habilidades ficarão expostas em um meio empresarial rico em mídias. Um estudo feito pelo Office Team revelou que a tecnologia torna a capacidade de comunicação muito mais visível. A capacidade de redigir do remetente pode ser exposta a várias pessoas simultaneamente, por um e-mail, por exemplo. Mensagens em áudio e vídeo também revelam o quanto você sabe se comunicar.[7]

Com um bom desempenho e uma boa capacidade de comunicação, suas chances de recompensa e crescimento na empresa serão maiores. Quanto mais você avançar, mais precisará dessa capacidade. Ninguém tem dúvida: quando você melhora suas habilidades de comunicação, suas chances de sucesso aumentam.

Por que as empresas dependem da comunicação

Toda empresa, mesmo aquela com uma só pessoa, é um sistema econômico e social. Para produzir e vender produtos e serviços, ela necessita coordenar as atividades de muitos grupos de pessoas: funcionários, fornecedores, clientes, consultores jurídicos, líderes de comunidades e agências governamentais que possam estar envolvidos. A ponte que faz essas conexões? A comunicação.

Veja a rede de comunicações de uma indústria farmacêutica, por exemplo. Em toda a empresa, os funcionários enviam e recebem informações sobre todos os aspectos das atividades comerciais, começando pelas vendas, passando pela estratégia comercial, até a produção. Eles processam as informações em computadores, escrevem mensagens, completam formulários, dão e recebem ordens, falam no telefone e se encontram pessoalmente.

Os vendedores recebem instruções e informações do escritório central e enviam pedidos e relatórios periódicos de seus contatos com os clientes. Os executivos usam mensagens escritas e verbais para fazer negócios com os clientes e outras companhias, gerenciar operações e conduzir o planejamento estratégico. Os gerentes de produção recebem pedidos, emitem instruções, recebem relatórios sobre a situação e enviam resumos da produção. Os supervisores no chão de fábrica entregam os pedidos para os funcionários na linha de produção, comunicam e definem as regras de segurança e eficiência, resolvem problemas e levam quaisquer preocupações ou sugestões à gerência. Os profissionais de marketing coletam informações do mercado, propõem novas diretrizes para os esforços de produção e de vendas, trabalham com a equipe de pesquisa e desenvolvimento, e recebem instruções dos executivos. Os pesquisadores recebem ou propõem problemas que devem ser

Comunicação rápida

O que os empresários dizem sobre a comunicação

A comunicação é uma das habilidades mais utilizada na maioria dos cargos em uma empresa.

A maneira como você comunica suas realizações aos outros é um reflexo da qualidade de seu trabalho. Claro que você precisa saber como realizar suas tarefas para alcançar ótimos resultados, mas essa é somente uma parte do sucesso profissional. Suas habilidades de comunicação precisam ser boas para divulgar os resultados de seu trabalho, persuadir colegas a agir e (o mais importante no momento da avaliação) mostrar o seu sucesso para a gerência.

Don Zatyko, Chefe da Gerência de Projetos
Kaiser Permanente

A comunicação é essencial para reforçar a confiança e o trabalho em equipe entre os funcionários. Você não se torna um líder de sucesso sem uma ótima equipe. Olhe para Michelangelo. Ele não pintou a Capela Sistina sozinho, mas com a ajuda de sua equipe. Esses afrescos são considerados uma das grandes obras da história. Tudo gira em torno de sua equipe.

Mark Federighi, Diretor de Varejo
Northern California, Pepsi Bottling Group

A sua mensagem será perdida se não for clara, concisa e exercer grande impacto! Vá direto ao ponto, deixe o destinatário saber exatamente o que você quer, e use técnicas para prender a atenção sempre que possível.

Amy Betterton, Diretora de Tecnologia da Informação
San Diego Hospice and Palliative Care

A comunicação é a chave para qualquer relacionamento bem-sucedido, independentemente de ele ser profissional ou pessoal. Sem habilidades de comunicação adequadas, fica difícil não somente alcançar os objetivos, mas também explicar como foram alcançados. Na minha experiência, as pessoas mais bem-sucedidas em qualquer nível são as capazes de se expressar bem e de se comunicar com eficiência.

Katie McPhee, Gerente de Marketing
Intuit Inc.

A capacidade de se comunicar de forma eficaz no meio empresarial é essencial em todos os setores e necessária em todos os tipos de canais de comunicação. Afinal, ela é o diferencial na formação da percepção dos profissionais.

David M. Seaton, Gerente do Setor de Corretagem
Realty Consulting Group

investigados, detalham os dados da pesquisa, monitoram as operações de laboratório para que estejam de acordo com as regulamentações oficiais, e comunicam os resultados à gerência. Os profissionais de relações públicas usam várias mídias para manter a confiança do público-alvo. Várias atividades relacionadas à comunicação acontecem em outros departamentos: finanças e contabilidade, recursos humanos, jurídico, sistemas de informação e outros. Por toda a empresa, os funcionários recebem e enviam informações durante o expediente, e esse fluxo de comunicações ocorre tanto entre continentes como entre edifícios ou escritórios.

grande impacto nas práticas e nos objetivos de comunicação.[8] Ressaltamos três dessas tendências.

desenvolvimento contínuo de novas tecnologias da informação

Certamente você já ouviu falar que vivemos na "era da informação". Mas o que isso significa exatamente, e como essa noção vai afetar seu trabalho no futuro? Para os sociólogos e especialistas em negócios, hoje a informação é a *commodity* mais cobiçada. Aqueles que geram, controlam e compartilham informações com rapidez e eficácia são os mesmos que desenvolverão as inovações

> [Suas habilidades de comunicação quase sempre estão na base da análise de seu desempenho, não importa qual seja sua função na empresa.]

A comunicação verbal é uma parte fundamental desse fluxo de informação, assim como os vários tipos de formulários e registros, os sistemas de armazenamento e de recuperação informatizados. Outro fator relevante são as várias formas de comunicação escrita – mensagens instantâneas, torpedos, mensagens e comentários *online*, e-mails, cartas e relatórios.

Esse volume incrível de comunicação resulta de seu caráter essencial no esforço organizado envolvido nas atividades empresariais. É ela que faz os seres humanos trabalharem juntos.

mais lucrativas (pense na Amazon e no Google), explorarão os melhores mercados, prestarão os melhores serviços e aproveitarão a próxima grande oportunidade.

As tecnologias da informação – desde os microchips, as nanotecnologias, a Internet até *software*, computadores pessoais e aparelhos de comunicação portáteis – impulsionam esta competição. Com a evolução das formas de adquirir, armazenar, recuperar, transmitir e usar o conhecimento, o elo entre a informação e a mão de obra fica cada vez mais estreito. Utilizando o

> "QUE TIPOS DE HABILIDADES SÃO ESSENCIAIS AO TRABALHO DO CONHECIMENTO? RACIOCÍNIO ABSTRATO, SOLUÇÃO DE PROBLEMAS, COMUNICAÇÃO E COLABORAÇÃO."

OA1.2

Descrever os principais desafios que as empresas enfrentam hoje com comunicação organizacional.

Desafios comuns aos comunicadores empresariais

A comunicação sempre teve importância central no ambiente de negócios. Mas, no século XXI, o modo como trabalhamos traz desafios específicos para a comunicação. Um estudo recente da RAND Corporation, grupo de pesquisa sem fins lucrativos, conduzido a pedido da Secretaria de Trabalho dos Estados Unidos, discutiu as tendências que poderão ter um

termo cunhado por Peter Drucker, renomado filósofo do mundo dos negócios, "os trabalhadores do conhecimento" são os mais procurados. Que tipos de habilidades são exigidas ao trabalho do conhecimento? Segundo o estudo feito pela RAND, a resposta é "habilidades cognitivas incomuns, como raciocínio abstrato, solução de problemas, comunicação e colaboração".[9]

A Figura 1.1 mostra que você também precisará de várias modalidades de alfabetização para realizar o trabalho do conhecimento. Claro que você vai precisar da **alfabetização verbal** – a habilidade de usar palavras para realizar tarefas. Mas você também precisará da **alfabetização informacional** – a habilidade de encontrar, avaliar, selecionar e usar informações; da **alfabetização tecnológica** – a capacidade de aprender e usar aplicativos e de compreender seus pontos fortes e limitações. Muitas vezes você vai usar a **alfabetização visual** – a capacidade de interpretar e avaliar imagens e de criar componentes visuais para que suas mensagens expressem dados de forma significativa, acurada e eficiente. Nunca houve uma época tão exigente – ou empolgante – para a comunicação nas organizações.

natureza cada vez mais global dos negócios
A revolução da informação trouxe a rápida globalização. O comércio eletrônico, as tecnologias da comunicação e a expansão mundial das economias baseadas em negócios formaram novas conexões entre os países. Uma compra em uma loja nos Estados Unidos, por exemplo, pode gerar uma mensagem eletrônica para um fornecedor na China, o qual está suprindo a demanda daquele produto. A terceirização das principais funções das empresas para outros países, como a produção e o serviço ao cliente, está aumentando, e os clientes surgem de qualquer lugar no mundo. Esteja certo de uma coisa: trabalhar com clientes de outras culturas está no seu horizonte.

Por isso, você tem de estar ciente de que suas noções sobre o ambiente de negócios e a comunicação nele não são compartilhadas por outras pessoas em todo lugar. Os empreendedores de outros países têm ideias distintas sobre **pontualidade** e **eficiência**. Eles se diferenciam de você também em relação à preferência – ou não – pela objetividade ou pela demonstração de emoções em suas comunicações. Sem dúvida, as principais características da cultura destes profissionais, como as opiniões prevalentes sobre o individualismo, a coletividade, os credos religiosos, o meio político, a hierarquia social e o trabalho em si definem padrões de fazer negócios muito diferentes dos seus.

Em contrapartida, os negócios globais são possíveis porque os empresários, de qualquer país, normalmente compartilham valores e objetivos. Seu trabalho como comunicador intercultural será o de aprender e respeitar as normas culturais dos outros para que você e seus parceiros trabalhem em benefício mútuo. (Para mais conceitos e conselhos, consulte o "Capítulo C" *online* e os *links* da BC Resources, em inglês.)

diversidade crescente nos diferentes tipos de ambientes de trabalho
Uma conscientização acerca das preferências e dos valores dos outros é crucial não somente para a comunicação entre culturas, mas também para a comunicação em um mesmo país e em

---

FIGURA 1.1 — Os tipos de alfabetização necessárias para o século XXI

Segundo educadores, bibliotecários e empresários, os estudantes hoje precisam desenvolver:
- Alfabetização verbal
- Alfabetização informacional
- Alfabetização tecnológica
- Alfabetização visual

Comunicação rápida

Benefícios da diversidade intercultural

Recentemente, Ratna Omidvar, presidente de uma empresa de Toronto que agiliza o assentamento de imigrantes no Canadá, comentou sobre "o aumento da globalização e o movimento de pessoas com habilidades e talento no mundo inteiro". O trabalho dela é ajudar os imigrantes e as companhias a se beneficiar dessas tendências.

É possível elaborar um *business case* em defesa da diversidade no ambiente de negócios? Ela diz que sim.

As pesquisas mostram que um grupo de pessoas de várias partes do mundo com diferentes experiências de vida fazem organizações prósperas.

Dito isso, sabemos que conflitos entre grupos étnicos podem ser muito intensos e levados para o ambiente de trabalho. Mas, o conflito intercultural pode ser atenuado com um treinamento que leve em conta a diversidade e com uma comunicação de parte dos gestores que esclareça que uma companhia é mais inovadora, criativa – e, portanto, mais bem-sucedida – quando equipes diversificadas trabalham juntas.

FONTE: "Diversity: Thinking Globally, Recruiting Locally," with Dave Michaels, *globeandmail.com*, CTVglobemedia Publishing Inc., 20 May 2009, Web, 3 Mar. 2010.

> [Como precisam ser flexíveis o suficiente para reagir com rapidez às novas informações, as empresas estão menos hierárquicas. Os funcionários da linha de frente têm certa autonomia e responsabilidade para resolver problemas, antes uma atribuição exclusiva dos gerentes.]
> — RAND Corporation

uma mesma empresa. De acordo com o estudo da RAND, a diversidade no ambiente de trabalho vai aumentar, com funcionários de ambos os sexos, de várias culturas e de todas as idades (Figura 1.2) trabalhando juntos. A globalização dos negócios, a imigração, o envelhecimento dos chamados *baby boomers* (os nascidos após a Segunda Guerra Mundial, entre 1945 e 1964), o número crescente de mulheres no mercado de trabalho e o acesso mais fácil à educação impulsionam essa tendência.

Além disso, o modelo de organização vertical do século XX está dando lugar a uma gama de estruturas organizacionais. Como precisam ser flexíveis o suficiente para reagir com rapidez às novas informações, as empresas estão menos hierárquicas. Os funcionários da linha de frente têm certa autonomia e responsabilidade para resolver problemas, antes uma atribuição exclusiva dos gerentes. O colapso do antigo modelo hierárquico está gerando novas formas de relações trabalhistas, como o profissional liberal, o trabalho terceirizado e o trabalho temporário. O desafio do comunicador empresarial é ser capaz de se adaptar às responsabilidades e às relações de trabalho em rápida transformação.

Outra tendência mais popular em andamento possivelmente afetará os objetivos da organização em que você trabalha: **o aumento do foco na ética e na responsabilidade social**.

Embora episódios envolvendo a falta de ética tenham assolado as empresas ao longo da história, os escândalos da Enron e da WorldCom em 2002, nos quais relatórios falsos de saúde financeira enganaram tanto funcionários como acionistas, pareceram inaugurar uma nova era de preocupações. Estas são bem fundamentadas: em 2008, foram descobertas fraudes e casos de má administração, sem precedentes, em algumas das maiores instituições financeiras dos Estados Unidos. Exemplos de empréstimos mal intencionados, espionagem empresarial e exploração da mão de obra continuam abalando a confiança do público nas empresas. Da perspectiva moral, fazer negócios que prejudicam o próximo é errado. Mas, na prática, esse tipo de transação abala a confiança, fundamental para o sucesso das empresas. Quanto mais uma organização desenvolve confiança entre seus funcionários, acionistas, parceiros e comunidade, melhor para os negócios e para a prosperidade econômica como um todo. A principal maneira de desenvolver confiança é por meio de uma comunicação sincera e respeitosa, apoiada pela oferta de produtos e serviços de qualidade.

FIGURA 1.2 — Os objetivos das diferentes gerações

Para Lynne C. Lancaster e David Stillman, as diferentes gerações que hoje trabalham lado a lado nos Estados Unidos são motivadas por objetivos distintos:

Tradicionalistas: "A satisfação de um trabalho bem feito".

Baby boomers: "Dinheiro, posição, reconhecimento, um cargo de alta gerência".

Geração X: "A liberdade é o prêmio máximo".

Geração Y: "Um trabalho que signifique algo para mim".

FONTE: Lynne C. Lancaster and David Stillman, *When Generations Collide: Who They Are. Why They Clash. How to Solve the Generational Puzzle at Work* (New York: HarperCollins, 2002) 77, impresso.

Recentemente, surgiu outra importante dimensão da ética nos negócios: a responsabilidade social corporativa. A Internet tornou as práticas de negócios das empresas mais transparentes. Hoje, a informação negativa é exposta com muito mais rapidez e abrangência do que no passado. As organizações não governamentais (ONGs), como a Corporate Watch, a Consumer Federation of America e o Greenpeace, exercem forte influência na opinião pública e até em governos. Os negócios hoje operam na era da responsabilidade social, e a reação deles

FIGURA 1.3 — Três principais categorias da comunicação nas organizações

- Operacional interna
- Operacional externa
- Interpessoal

FONTE: GRANTLAND ® Copyright Grantland Enterprises, www.grantland.net

tem sido o desenvolvimento de departamentos e iniciativas de responsabilidade social corporativa (RSC). Embora os benefícios da RSC sejam questionáveis,[10] a demanda pública por esses programas é forte.[11] Você vai descobrir que questões sociais influenciarão a maneira como você faz negócios e se comunica no mundo empresarial.

OA1.3
Descrever as três principais categorias da comunicação nas organizações.

Principais categorias da comunicação nas organizações

Como parte da preparação para as comunicações que você terá de realizar em seu trabalho, é útil dividir a comunicação organizacional em três categorias principais, como mostra a Figura 1.3: operacional interna, operacional externa e interpessoal.

comunicação operacional interna
Toda forma de comunicação na condução de negócios dentro da empresa é do tipo operacional interna. É a comunicação entre os funcionários para criar, implementar e monitorar o sucesso do plano operacional da empresa. **Plano operacional** é o conjunto de procedimentos desenvolvidos pela companhia para realizar seus objetivos – por exemplo, fabricar produtos, prestar serviços ou vender mercadorias.

Existem muitos tipos de comunicação operacional interna. Por exemplo, as discussões da alta gerência para definir os objetivos e os processos da empresa, as ordens e as instruções que os supervisores dão aos subordinados, o intercâmbio verbal entre os funcionários sobre assuntos de trabalho, os relatórios acerca de vendas, produção, inventário, finanças e manutenção preparados pelos funcionários, os e-mails redigidos pelos funcionários como parte de suas tarefas e como contribuição com ideias para a empresa.

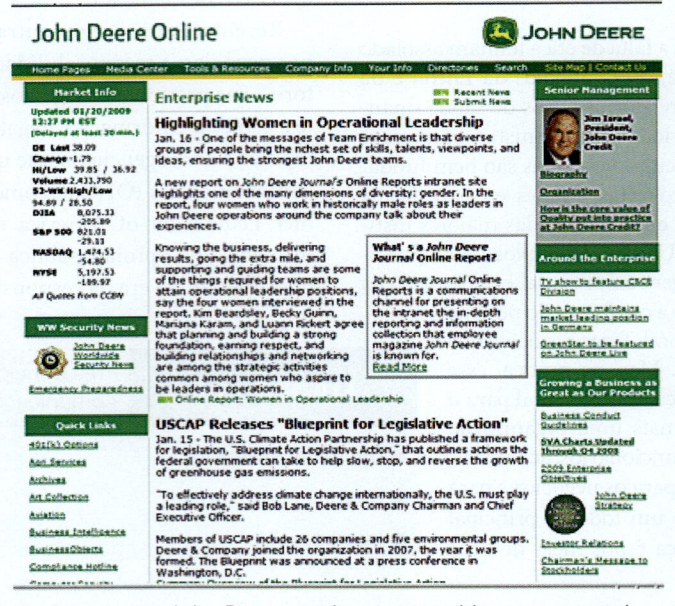

Assim como a John Deere, muitas companhias usam portais ou intranets para se comunicar com os funcionários.

A maior parte desta comunicação operacional interna ocorre nas redes de computadores. Os funcionários enviam e-mails e mensagens instantâneas, postam informações nos portais da companhia, em *blogs* e *wikis* para seus colegas no mesmo andar, no outro lado da rua ou ao redor do mundo. Como você verá nos próximos capítulos, a tecnologia é uma ferramenta muito útil em vários aspectos para quem usa a comunicação verbal ou escrita no ambiente empresarial.

comunicação operacional externa
A comunicação relacionada ao trabalho que uma empresa faz com pessoas e grupos fora dela é uma comunicação operacional externa. É a comunicação da empresa com seu público – fornecedores, empresas de serviços, clientes, agências governamentais, a sociedade em geral, e outros.

A comunicação operacional externa inclui todos os esforços da empresa nas vendas diretas: as estratégias dos vendedores, as brochuras descritivas, as chamadas telefônicas, os telefonemas de acompanhamento, e assim por diante. Inclui também a publicidade feita pela empresa para gerar e manter clientes. Mensagens de rádio e televisão, anúncios em jornais e revistas, anúncios na *web*, redes sociais, *microblogs*, vídeos virais, colocação de produto e materiais de exposição nos pontos de venda têm um papel indiscutível no planejamento da empresa para alcançar seus objetivos. Nesta categoria, enquadram-se todas as atividades que a empresa realiza para melhorar suas relações com o público, por meio de publicidade planejada ou de contatos formais e informais entre os funcionários e o mundo fora da empresa. Na verdade, todo ato de comunicação com o público externo pode ser visto como uma mensagem de relações públicas, que divulga uma imagem da companhia. Por isso, deve-se dar atenção redobrada ao conteúdo e ao tom de todos esses atos.

A importância da comunicação operacional externa é evidente para a empresa. Como o sucesso de uma empresa depende da capacidade de satisfazer as necessidades dos clientes, ela deve se comunicar com eles de forma eficaz. Mas, as empresas também dependem umas das outras na produção e distribuição de produtos e serviços. A coordenação com empresas terceirizadas, consultores e fornecedores requer uma comunicação eficiente. Além disso, cada empresa deve se comunicar, até certo ponto, com várias outras organizações externas, como agências governamentais e grupos de interesse público. Alguns dos públicos externos das empresas de hoje são mostrados na Figura 1.4. Assim como a comunicação interna, a comunicação externa é vital para o sucesso da empresa.

comunicação interpessoal
Nem todos os tipos de comunicação que ocorrem na empresa são do tipo operacional. Na verdade, considerando o planejamento estratégico da empresa, muito do que é comunicado parece sem propósito. Esta é a comunicação interpessoal. Não subestime sua importância. A comunicação interpessoal ajuda a criar e a manter as relações das quais a empresa depende.

A comunicação interpessoal é a troca de informações e sentimentos entre seres humanos sempre que se encontram. Somos animais sociais. Temos a necessidade de nos comunicar, e o fazemos quando falamos pouco ou mesmo nada. Embora não seja uma parte óbvia do planejamento empresarial, a comunicação interpessoal pode ter um efeito significativo no sucesso deste planejamento. Este efeito é o resultado da influência da comunicação interpessoal nas atitudes dos funcionários e daqueles com os quais eles se comunicam.

O comportamento dos funcionários em relação à empresa, aos seus colegas e às suas tarefas afeta diretamente a sua produtividade. E o tipo de conversa em uma situação de trabalho afeta as atitudes. Em um ambiente de palavras ofensivas e temperamentos fortes, os funcionários não dão o melhor de si. Da mesma forma, o excesso de descontração ou alegria pode solapar os objetivos da empresa.

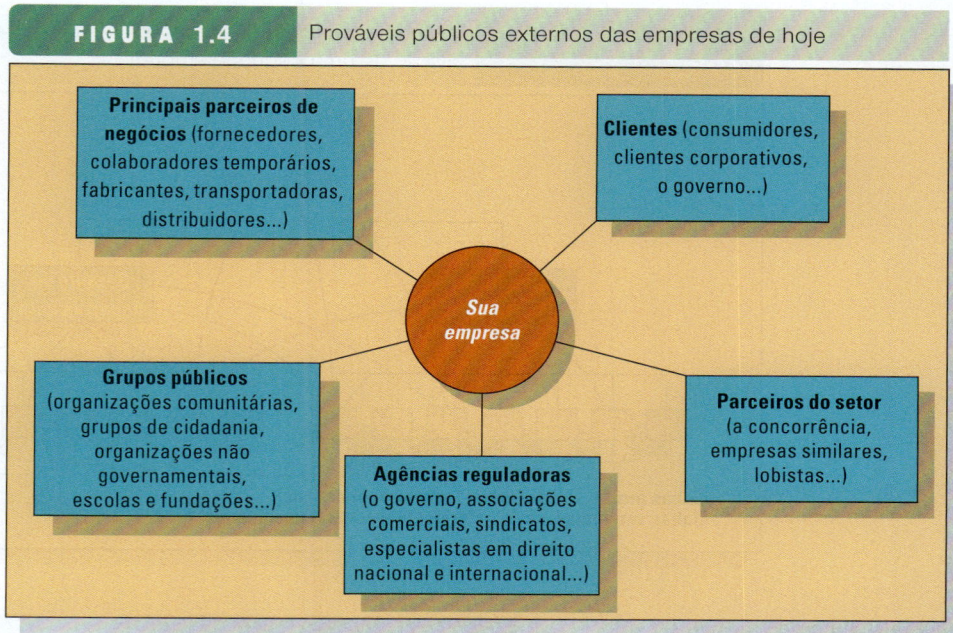

FIGURA 1.4 — Prováveis públicos externos das empresas de hoje

Os gerentes precavidos sabem otimizar a relação entre o foco dos funcionários em tarefas relacionadas ao trabalho e a liberdade deles para serem eles mesmos no trabalho. Estes gerentes também sabem que uma conversa descontraída durante o cafezinho ou nos corredores estimula o espírito de equipe e muitas vezes abre caminho para a discussão de problemas importantes.

Até a comunicação operacional interna muitas vezes tem elementos pessoais que aliviam o tédio da rotina e permitem que os funcionários construam relacionamentos pessoais. Da mesma maneira, a comunicação com grupos externos em algum ponto inclui comentários pessoais. Em certas situações, você precisa escrever uma mensagem totalmente pessoal a um cliente, quando ele ganha um prêmio importante ou quando sofre uma perda, por exemplo. Em outras, você redige uma mensagem operacional externa que inclui uma pequena nota pessoal, talvez para agradecer a um cliente por um almoço agradável ou em referência a um assunto pessoal que surgiu no meio de uma reunião de negócios. A comunicação interpessoal no trabalho é inevitável. Realizada com sabedoria, ela aumenta as chances de uma empresa ser mais bem-sucedida, agradável para trabalhar e satisfatória.

 **OA1.4**

Descrever as redes de comunicação formais e informais da organização.

Redes de comunicação da organização

Ao observar os tipos de comunicação em uma empresa (interna, externa e interpessoal), notamos um sistema extremamente complexo de fluxo de informações e interação humana, com dezenas, centenas ou mesmo milhares de indivíduos participando de inúmeros atos de comunicação a cada dia de trabalho.

A Figura 1.5 mostra as duas redes complexas de informação que vemos na maioria das organizações – uma formal e outra informal –, cruciais para o sucesso da empresa.

rede formal Simplificando: os caminhos da informação em uma empresa moderna são muito parecidos com a rede de artérias e veias no corpo humano. Assim como o corpo tem vasos sanguíneos, a empresa tem canais importantes e bem definidos para a troca de informações. São os canais formais – as principais linhas de comunicação operacional. É por eles que flui a maior parte da comunicação de que a empresa precisa para funcionar. Este fluxo inclui o movimento ascendente, descendente e transversal das informações contidas em relatórios, memorandos, e-mails e outros formatos; o movimento descendente de normas, instruções, avisos e comunicados; e a divulgação de informações corporativas em boletins informativos, quadros de avisos, e-mails, intranets, *blogs* ou *wikis*. Como vimos, a informação flui também para fora. Confirmações de pedidos, recibos, notas, correspondências com fornecedores e consultores e outras formas de comunicação externa padrão incluem o público externo na rede formal de comunicação.

Essas linhas de comunicação formalmente implementadas desenvolvem certos modos de comunicação na organização. Por exemplo, na sua empresa, é prática comum o gerente de projeto pedir relatórios semanais da equipe. Em outra, os executivos agendam reuniões mensais. Não importa o modo de comunicação estabelecido: ele vai gerar certas expectativas

FIGURA 1.5 — Redes de comunicação na empresa
- A rede formal
- A rede informal

FIGURA 1.6 Redes de comunicações formais e informais em uma divisão de uma pequena empresa

Linhas pretas = rede formal (avessa a mudanças)
Linhas vermelhas = rede informal (em constante mudança)

sobre o que pode ou não ser dito, quem pode ou não dizer o que é dito, e como as mensagens devem ser estruturadas e redigidas. Isso significa que os modos preferidos, os **gêneros**, promovem certas práticas na empresa em detrimento de outras. Daí a importância de os principais canais da rede de comunicação formal ser cuidadosamente pensados e modificados de acordo com as necessidades.

rede informal A rede informal opera junto com a rede formal (Figura 1.6). Ela é formada por milhares de comunicações interpessoais que podem ou não sustentar a rede de comunicação formal de uma empresa. Sem seguir um padrão claro, essas comunicações constituem uma estrutura muito complexa e em constante mudança, que une os membros da organização.

Boa parte do trabalho nas empresas de grande porte envolve a comunicação operacional interna.

Sobretudo nas organizações maiores, a complexidade dessa rede informal é muito importante. Na maioria das vezes, ela não é uma única rede, mas uma relação complexa de redes menores formadas por certos grupos de pessoas. Essa relação fica ainda mais complexa quando percebemos que essas pessoas podem pertencer a mais de um grupo, e que os vínculos a um grupo e as ligações entre os grupos mudam continuamente. O departamento em que você trabalha, os funcionários com quem você interage em um dia de trabalho e mesmo as conexões pessoais aleatórias, como ser da mesma cidade natal ou ter filhos da mesma idade, são fatores que criam elos nesta rede.

Internamente, a rede de comunicações é chamada **rádio-corredor** ou **rádio-peão** (*grapevine*, em inglês). Sua validade para as operações da companhia é maior do que parece. Claro que ela veicula muitos boatos e rumores. Mas a rádio-corredor normalmente transmite muito mais informações do que o sistema de comunicação formal. Em muitos

[**Há muitos fatores que influenciam a quantidade e o tipo de comunicação de uma empresa.**]

A comunicação interpessoal na empresa é inevitável e importante.

Como a comunicação varia de empresa para empresa

Há muitos fatores que influenciam a quantidade e o tipo de comunicação de uma empresa. A natureza das operações é um deles. As companhias de seguro precisam se comunicar com seus clientes, especialmente por meio de cartas ou panfletos. Já nas empresas de serviço de limpeza essa necessidade não é tão visível. O planejamento operacional da empresa determina o volume de comunicação interna. Nas empresas relativamente simples, como as que prestam serviços de consertos gerais, essa necessidade de se comunicar não é tão alta como nas montadoras de veículos, por exemplo.

A relação da empresa com o ambiente também influencia as práticas de comunicação. Em um ambiente relativamente estável, fábricas de tecidos ou indústrias de processamento de alimentos, por exemplo, há uma dependência maior dos tipos mais consagrados de comunicação formal em uma hierarquia organizacional consolidada. Em ambientes dinâmicos, empresas desenvolvedoras de *software* ou no ramo de telecomunicações tendem a ser mais criativas em suas estruturas organizacional e de comunicação.

casos, ela é o termômetro mais eficaz para descobrir como andam as coisas na organização. Os gerentes habilidosos reconhecem a existência da rádio-corredor e sabem que as pessoas mais poderosas nesta rede quase nunca são aquelas no topo da hierarquia formal da organização. Eles descobrem quem são os catalisadores dessas conversas e repassam a essas pessoas as informações que trarão os maiores benefícios para a organização. Esses gerentes também tomam decisões administrativas que promovem comunicações verbais positivas entre os funcionários.

As relações pessoais dos funcionários com o público externo adicionam outra dimensão à rede informal da companhia. Por exemplo, alguém que deixa a companhia possivelmente continuará mantendo relacionamentos pessoais com alguns de seus antigos colegas. Assim como a rádio-corredor, essas relações tanto ajudam como prejudicam a companhia. Mais uma vez, os gerentes sensatos saberão lidar com a rede informal e administrar essa realidade para promover uma comunicação benéfica para a empresa.

OA1.5
Descrever os fatores que influenciam os tipos e a quantidade de comunicação em uma empresa.

Outro fator que afeta a comunicação é a dispersão geográfica das operações. Uma empresa com muitas filiais certamente tem práticas muito diferentes daquelas de uma empresa com uma só sede.

As pessoas envolvidas nos negócios da empresa também afetam o volume de comunicação. Cada ser humano é único na sua necessidade e capacidade de se comunicar. Por isso, uma combinação variada de pessoas alarga o leque de exigências relativas à comunicação.

Cada empresa possui sua própria **cultura organizacional**, que afeta e é afetada pela comunicação da companhia. O conceito de cultura organizacional ou corporativa se popularizou no início dos anos 1980, e se mantém como foco para consultores e teóricos da gestão.[12] A cultura de uma companhia são as maneiras rotineiras, quase implícitas, que ela tem para perceber e fazer as coisas. É o ambiente de valores e práticas preferidos, no qual os integrantes da companhia trabalham.

> "Cada empresa possui sua própria cultura organizacional, que afeta e é afetada pela comunicação da companhia."

Pense nos lugares onde você já trabalhou ou nas empresas de que você já foi cliente. Em algumas, a conduta dos funcionários sugere uma cultura coerente e saudável, as pessoas parecem saber o que fazer e estão satisfeitas fazendo isso. No outro extremo estão as companhias onde os funcionários parecem não se identificar com as atividades, ou talvez estejam até sabotando a empresa, prestando um serviço ruim ao consumidor, sem o conhecimento necessário sobre o trabalho. O conteúdo e a qualidade da comunicação da companhia têm muito a ver com a atitude e o comportamento dos funcionários.

Observe que a cultura oficial e a cultura vigente em uma companhia nem sempre são a mesma coisa. Oficialmente, a gerência anuncia e tenta promover uma cultura com comunicações formais, como pronunciamentos da missão da companhia e lemas. Mas, a cultura verdadeira está em um território vivo e orgânico de significados construídos diariamente, com base em vários comportamentos e formas de comunicação em todos os níveis da companhia. Perceber os pressupostos que realmente guiam a conduta das pessoas em seu local de trabalho ou de seu cliente vai ajudá-lo a ser um comunicador mais eficaz.

O PROCESSO DA COMUNICAÇÃO NAS ORGANIZAÇÕES

Embora a comunicação de uma empresa seja considerada uma rede de fluxo de informações, é preciso ter em mente que a organização empresarial é feita por pessoas, e que a comunicação com quem está dentro e fora da organização também ocorre entre indivíduos. Não esqueça que cada ato da comunicação é planejado para alcançar objetivos específicos. A discussão a seguir explica nosso enfoque à comunicação organizacional entre pessoas e ressalta as principais etapas ao enfrentar os problemas dessa comunicação.

 OA1.6

Explicar por que a comunicação nas organizações é uma forma de resolver problemas.

Comunicação organizacional como solução de problemas

Praticamente todas as tarefas relevantes que envolvem a comunicação baseiam-se na análise de uma configuração única de fatores que requerem ao menos uma solução um tanto singular. Por isso, faz sentido ver a comunicação organizacional como uma atividade de solução de problemas.

Pesquisadores de várias áreas – administração, medicina, letras e psicologia, por exemplo – estudam a solução de problemas. Eles definem **problema** simplesmente como "a lacuna entre onde você está agora e onde você quer estar".[13] Nesse âmbito, um problema nem sempre é algo negativo. Ele também pode ser uma oportunidade para melhorar uma situação ou fazer as coisas de um jeito melhor. Em uma empresa focada em objetivos, as atividades giram em torno da solução de problemas – assim como a comunicação organizacional.

A literatura sobre este assunto divide os problemas em dois tipos principais: os bem definidos e os mal definidos. O primeiro tipo pode ser resolvido com uma fórmula, como quando você está calculando quanto tem de dinheiro no orçamento do seu departamento. Mas, a maioria dos problemas no mundo real, incluindo os de comunicação organizacional, não pode ser resolvido assim. Eles não chegam até nós em embalagens bonitinhas mostrando o caminho para a melhor solução. Longe disso: eles exigem pesquisa, análise, criatividade e avaliação.

Na comunicação organizacional, como em qualquer situação de comunicação, isso ocorre em razão do papel das pessoas nessas interações – e pessoas são seres complexos e únicos. Mas, o contexto de uma empresa quase sempre é complexo, oferecendo múltiplas opções para você lidar com qualquer situação. Por exemplo, se o cliente fez uma reclamação, o que você vai fazer? Nada? Pedir desculpas? Dar a entender que a culpa é dele? Dar um desconto? Recusar-se a mudar a conta? Até um problema "simples" como esse exige que você pense sobre os efeitos de curto e longo prazo das diversas soluções possíveis.

A solução de problemas mal definidos requer que você combine recursos existentes com inovação e uma boa avaliação. Embora este livro apresente estratégias básicas para vários tipos comuns de mensagens na comunicação organizacional, você não vai conseguir resolver problemas específicos de comunicação somente ao seguir essas dicas à risca. Essas estratégias podem ser vistas como **heurísticas** – "regras" para que você não precise reinventar a roda a cada novo problema. Mas elas não dizem tudo o que você precisa fazer para resolver cada problema específico de comunicação. Você terá de decidir como adaptar cada estratégia à situação apresentada.

Isso significa que a comunicação organizacional bem-sucedida é mais desafiadora e empolgante do que você imagina. Você terá de recorrer à sua própria capacidade de interpretação e de tomada de decisões para prosperar com seus parceiros de comunicação.

É claro que as pessoas enfrentam cada caso de maneira diferente, dependendo de quem elas são, como interpretam a situação e quem elas imaginam ser os receptores. Isso significa que todas as soluções são igualmente válidas? De jeito nenhum. Ainda que não existam soluções perfeitas, análises e esforços insuficientes podem resultar em más soluções. Pensamento focado, pesquisa e planejamento não garantirão sucesso no mundo inconstante e complexo da comunicação humana, mas eles certamente maximizarão suas chances de sucesso. A próxima sessão vai ajudá-lo a fazer este tipo de análise.

Modelo de comunicação organizacional

A Figura 1.7 mostra os elementos básicos do processo de comunicação nas organizações. Embora as pessoas possam (e de fato acabam por) se comunicar sem planejamento prévio, este modelo de comunicação enfoca o que acontece quando alguém deliberadamente tenta se comunicar com outra pessoa para alcançar objetivos empresariais específicos.

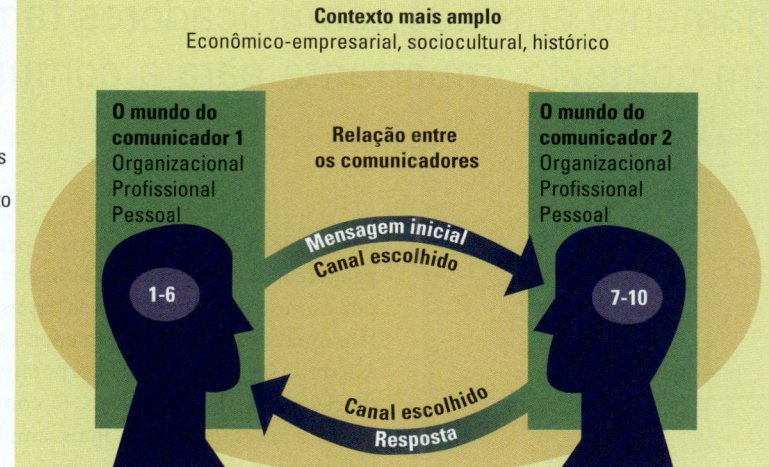

FIGURA 1.7 — Processo de comunicação nas organizações

Comunicador 1...
1. Percebe uma necessidade de comunicação
2. Define o problema
3. Procura possíveis soluções
4. Seleciona um procedimento (tipo de mensagem, conteúdo, estilo, formato, canal)
5. Redige a mensagem
6. Transmite a mensagem

Comunicador 2...
7. Recebe a mensagem
8. Interpreta a mensagem
9. Decide o tipo de resposta
10. Pode enviar uma mensagem de resposta

Você notará que os dois comunicadores na figura são simplesmente classificados como "comunicador 1" e "comunicador 2", em vez de "remetente" e "receptor", ou "comunicador" e "público". Todo ato de comunicação começa com alguém decidindo que comunicar é necessário e iniciando a comunicação com um "receptor" (termo popular em comunicação oral) ou "público" (o termo preferido em composição) no outro lado. Mas, em muitas situações, em especial aquelas envolvendo conversas em tempo real, os dois lados trabalham juntos para alcançar um entendimento mútuo. Quando um comunicador está tentando enviar uma mensagem completa e cuidadosamente preparada – como um e-mail, um relatório ou uma apresentação oral –, nessa hora os receptores já participaram de alguma maneira da construção da mensagem, por meio da memória ou da imaginação do comunicador, que pensou neles ao conceber e compor a mensagem. As denominações neste modelo pretendem expressar o esforço cooperativo por trás de cada ato de comunicação bem-sucedido.

 OA1.7
Descrever os contextos de cada etapa da comunicação organizacional.

contextos da comunicação organizacional

Algumas características já estão atuando assim que os comunicadores em nosso modelo começam a interagir.

O **contexto amplo** inclui o clima econômico-empresarial geral, a linguagem, os valores e costumes da cultura circundante, e o momento histórico em que a comunicação acontece. Pense em como estes contextos influenciam a comunicação. Por exemplo, se a economia de um país ou setor está prosperando, a mensagem do comunicador e a reposta do receptor podem ser bem diferentes do que seriam em uma economia em crise. O contexto sociocultural também afeta a comunicação. Não importa se eles estão se comunicando no contexto da cultura urbana norte-americana, da cultura de uma região particular ou de outro país, ou entre culturas: comunicador e receptor usam diferentes tipos de comunicação.

Comunicação rápida

O que um CEO procura nos candidatos que entrevista

Em uma entrevista no *The New York Times*, o CEO da Delta, Richard Anderson, enfatizou a importância das habilidades de comunicação e da consciência contextual.

Indagado se nos últimos anos houve alguma mudança nas qualidades que ele procura em um candidato, ele respondeu:

Acho que o aspecto da comunicação está ficando cada vez mais importante. As pessoas realmente têm de ser capazes de lidar com a escrita e a fala...

A segunda coisa, em minha opinião, que você deve possuir é o que nossos pilotos chamam de consciência operacional. Você tem de olhar para frente... e precisa da consciência situacional de tudo o que está acontecendo ao seu redor. Há muita coisa ocorrendo no mundo, sobretudo no cenário econômico atual.

A terceira coisa é que você precisa ser habilidoso nos negócios, mas também emocionalmente inteligente. Não basta ser a melhor pessoa operando uma calculadora HP. É preciso ter a inteligência emocional para entender o que é certo culturalmente, dentro e fora de sua empresa.

FONTE: "He Wants Subjects, Verbs and Objects," Adam Bryant, *The New York Times* 25 Apr. 2009: BU2, *The New York Times,* Web, 3 Mar. 2010.

O contexto histórico de sua comunicação também pode ser um fator determinante. Considere dois temas populares no atual ambiente de negócios, "o comprometimento do funcionário" e "o equilíbrio entre trabalho e vida pessoal". Ninguém conhecia esses conceitos antes dos anos 1960 e 1970, quando o governo norte-americano aprovou a legislação para auxiliar as funcionárias, especialmente as que eram mães. Desde então,

> "O relacionamento entre os comunicadores também estabelece um contexto importante para a comunicação."

Comunicação rápida

A escolha do canal afeta o sucesso da mensagem

"Tá oficial, vc não trabalha mais para a JNI Traffic Control. Todas as suas atribuições de trabalho não têm mais validade". Já imaginou receber uma mensagem de texto como essa? Em Sydney, na Austrália, um empregador foi processado por ter escolhido inapropriadamente este canal de comunicação para demitir um funcionário. Na decisão judicial, o juiz do trabalho foi além, afirmando que e-mail, mensagem de texto e até mesmo secretária eletrônica não são apropriados para uma comunicação organizacional oficial. Ou que tal ser notificado por mensagem de texto sobre uma conta não paga? Embora alguns acreditem ser um serviço, outros consideram a atitude inapropriada e agressiva.

A importância do canal sempre foi motivo de discórdia. Alguns argumentam ser simplesmente um meio de transmitir mensagens, outros acham que o canal escolhido já é uma mensagem em si mesmo. Porém, hoje a maioria das pessoas percebe que a escolha apropriada de palavras e do canal de comunicação contribui para o sucesso da mensagem.

Ao selecionar um canal, o comunicador precisa levar em conta vários fatores, como o conteúdo da mensagem, os níveis de competência do comunicador em usar o canal, o acesso do receptor ao canal e o ambiente. A escolha apropriada de um canal de comunicação ajuda as pessoas a melhorar a produtividade e seus relacionamentos pessoais.

muitos problemas domésticos e pessoais surgiram, movidos pela crescente responsabilidade dos cuidadores, pelo estresse por excesso de trabalho e pela exposição a outras culturas que têm uma carga de trabalho menor. Essas questões afetam tanto as conversas de alto nível corporativo quanto a comunicação diária no local de trabalho. O comunicador habilidoso está alerta a estes contextos mais amplos, que sempre exercem influência e, até certo ponto, estão em constante mudança.

O **relacionamento entre os comunicadores** também estabelece um contexto importante para a comunicação. Comunicar é mover informação do ponto A até o ponto B, mas também é a interação entre seres humanos. Seu primeiro contato com outra pessoa inicia um relacionamento mútuo, como indivíduos, como funcionários em cargos específicos ou ambos. Toda a comunicação futura entre vocês levará em conta este relacionamento.

Talvez os **contextos particulares** dos comunicadores sejam os que exercem a maior influência no ato de comunicação. Estes contextos estão inter-relacionados e podem ser:

- **Contextos organizacionais:** sabemos que o tipo e a cultura da organização que você representa definem suas escolhas na comunicação de diversas maneiras. Mas, são os contextos organizacionais do seu público que geram as respostas. Na verdade, em todo ato de comunicação organizacional, ao menos uma das partes envolvidas estará representando uma organização. O quê e como você comunica é definido pela organização que você representa. Por sua vez, a organização a que seu público pertence – suas prioridades, suas circunstâncias atuais e mesmo a velocidade do seu ritmo de trabalho – influencia muito a maneira como sua mensagem é recebida.

- **Contextos profissionais:** você sabe, desde a escola e por experiência própria, que diferentes profissionais – sejam médicos, assistentes sociais, gerentes, contadores ou envolvidos em outras áreas – possuem diferentes conhecimentos, falam de forma diferente e tendem a enfocar coisas diferentes. O que é comunicado e como será influenciado pelos cargos profissionais dos comunicadores. Fique atento porque tanto os públicos internos quanto os externos podem ocupar diferentes cargos profissionais e, portanto, preferir

> "PARA CRIAR UMA MENSAGEM DE SUCESSO OU PLANEJAR UM ATO DE COMUNICAÇÃO, VOCÊ PRECISA ESTAR BEM INFORMADO DA SITUAÇÃO."

> **"O OBJETIVO DA COMUNICAÇÃO ORGANIZACIONAL É CRIAR UM ENTENDIMENTO COMUM DE SITUAÇÕES DO AMBIENTE DE NEGÓCIOS QUE PERMITIRÁ QUE AS PESSOAS TRABALHEM JUNTAS DE FORMA BEM-SUCEDIDA."**

diferentes tipos de conteúdo e linguagem. Os funcionários de administração e engenharia, por exemplo, têm demonstrado prioridades bem diferentes, com aqueles enfocando o benefício financeiro, e estes, o avanço tecnológico.[14] Parte da comunicação bem-sucedida é ficar alerta aos diferentes contextos profissionais de seus públicos.

- **Contextos pessoais:** várias fontes formaram quem você é como pessoa: os genes herdados, sua família e educação, suas experiências de vida, sua escola, as várias pessoas com quem você entrou em contato, a cultura na qual você foi criado. Quem você é como indivíduo depende também, até certo ponto, das suas atuais circunstâncias. Os sucessos e fracassos, os relacionamentos atuais, os altos e baixos financeiros, o estado de sua saúde, seu ambiente físico — tudo pode afetar um dado ato de comunicação. Já que grande parte da comunicação organizacional é feita entre indivíduos ocupando cargos organizacionais, assuntos pessoais não costumam ser comentados. Mas é importante ter em mente seu conhecimento sobre os mundos pessoais dos comunicadores.

OA1.8
Descrever os processos da comunicação organizacional.

processo da comunicação organizacional
Ninguém sabe ao certo o que passa pelas cabeças dos comunicadores quando criam uma mensagem, mas os pesquisadores chegaram a um consenso sobre as atividades envolvidas, que normalmente ocorrem nesta ordem:

1. **Percepção da necessidade de se comunicar.** Um problema chegou até você ou você tem uma ideia sobre como atingir uma meta. Alguém enviou uma reclamação por e-mail e você precisa responder, ou talvez você tenha percebido que a companhia pode se beneficiar com a informatização de um procedimento. Não importa a situação: você sente que uma ação está em andamento e acredita que alguma forma de comunicação vai ajudar a obter os resultados desejados.

2. **Definição da situação.** Para criar uma mensagem ou planejar um ato de comunicação bem-sucedido, você precisa estar bem informado da situação. Por exemplo, se você recebeu uma reclamação de um cliente, qual é exatamente o problema? O cliente tem razão? Quais são outras informações de que você precisa para entender a situação? Esse problema é parecido com outros que você já resolveu? Como as metas da sua organização, ou você, podem ser prejudicados ou beneficiados dependendo de como você escolhe a forma de se comunicar?

3. **Avaliação das possíveis estratégias de comunicação.** Conforme a situação vai sendo definida, você começa a avaliar as opções de solução. Que tipo de comunicação você iniciará e qual é o objetivo dela? Que tipo de imagem sua, de sua empresa e de parceiros de comunicação você vai projetar em sua mensagem? Para gerar uma boa solução, você terá que pensar e pesquisar sobre seu público em potencial e seu contexto, seus próprios objetivos e contextos, seu relacionamento com cada público e outros contextos mais amplos e relevantes.

4. **Escolha da forma de ação.** Ao avaliar a situação que você definiu e as opções de comunicação, você vai considerar os possíveis custos e benefícios de cada opção e escolher a ideal. Sua decisão incluirá escolhas preliminares sobre o tipo de mensagem, conteúdo, estrutura, estilo verbal e formato visual, e o canal usado para transmitir a mensagem.

5. **Redação da mensagem.** Aqui é onde você elabora sua mensagem escrita, trabalhando cuidadosamente com o conteúdo, a estrutura, o estilo verbal e o formato visual, ou planeja a estratégia da comunicação oral com seu público. Se você se decidiu pela mensagem oral, você vai tomar notas ou mesmo escrever a mensagem ou a apresentação inteira e conceber quaisquer elementos visuais de que precisar. Se você decidiu escrever sua mensagem, você vai usar suas estratégias preferidas para compor com eficiência. Para as estratégias recomendadas pelos pesquisadores, veja a seção "Os processos de redação" no Capítulo 2.

6. **Envio da mensagem.** Quando sua mensagem está pronta ou ao menos cuidadosamente planejada, você pode transmiti-la para os receptores no canal escolhido. Você então escolhe uma boa hora para enviá-la, sabendo que, por exemplo, a manhã de segunda-feira pode não ser a melhor hora para fazer uma importante ligação para um empresário atarefado. Você também pode considerar enviar mensagens secundárias, como ligações ou e-mails de alerta, que aumentarão as chances de sua mensagem principal ser bem-sucedida. Você tem de fazer de tudo para garantir que sua mensagem não se perca entre todos os outros estímulos competindo pela atenção do seu público.

Normalmente essas atividades ocorrem nesta ordem, mas o comunicador precisa revisar etapas anteriores. Em outras palavras, resolver um problema de comunicação pode ser um processo **recorrente**. Isso vale, sobretudo, em situações que aceitam diversas soluções ou que envolvem muito o público no processo de comunicação. Um comunicador pode iniciar um ato de comunicação com certa ideia da situação e depois descobrir, com uma análise detalhada e apuração de fatos adicionais, que esta ideia precisa ser revisada e levar em conta todas as partes envolvidas e seus objetivos.

Se tudo sair conforme planejado, é isso que acontece com o receptor:

7. **Recebimento da mensagem.** O canal de sua escolha transmitiu a mensagem para cada receptor, que a detecta e decide ler ou ouvir a mensagem.

FIGURA 1.8 — Planejamento da sua estratégia de comunicação: uma abordagem à solução de problemas

Pensar cuidadosamente nos elementos de cada situação vai dar a você as melhores chances de obter uma comunicação de sucesso.

Qual é a situação?
- O que fez você pensar na necessidade de se comunicar?
- Quais são as circunstâncias e os antecedentes aplicáveis nessa situação? Ela é parecida ou não com outras que você já encontrou?
- O que você precisa descobrir para entender cada componente da situação? Onde você pode obter esta informação?

Quais são algumas das possíveis estratégias de comunicação?
- Para quem você vai dirigir sua comunicação? Quem serão seus públicos primários e secundários? Quais são seus contextos organizacionais, profissionais e pessoais? Qual é a preocupação de cada público e o que ele quer saber? Se houve algum contato anterior, qual é o seu relacionamento com esses públicos?
- Qual é a sua finalidade com cada receptor? Quais são seus contextos organizacionais, profissionais e pessoais?
- Quais são as estratégias de comunicação que podem ajudar a alcançar seus objetivos?
- De que forma os contextos amplos econômico-empresarial, sociocultural e histórico afetam o sucesso de diferentes estratégias?

Qual é a melhor forma de ação?
- Quais estratégias são impraticáveis, incompletas ou potencialmente perigosas? Por quê?
- Qual das estratégias restantes parece ser a ideal? Por quê?
- Quais serão os melhores modelos, conteúdos, estrutura, estilo e formato para sua mensagem?
- Que canal você vai usar para transmití-la?

Qual é a melhor maneira para conceber a mensagem escolhida?
- Sabendo dos seus objetivos com cada receptor, quais informações sua mensagem deve incluir?
- Que estrutura lógica (ordenação e agrupamento de informações) você deve usar?
- Que estilo você deve usar? Até que ponto você pode ser formal ou informal? Que tipos de associações sua linguagem deve ter? Que imagem de si mesmo e de seu público você deve transmitir? Que tipo de relacionamento com cada receptor sua mensagem deve promover?
- Como você pode usar formatação de texto, gráficos e/ou mídias de apoio para deixar sua mensagem mais fácil de entender?
- Quais são as expectativas de seus receptores com o canal que você escolheu?

Qual é a melhor maneira de transmitir sua mensagem?
- Existe um momento ideal para transmití-la?
- Você deve combinar a mensagem principal com outras mensagens?
- Como garantir que cada receptor receba e leia ou ouça sua mensagem?

---

8. **Interpretação da mensagem.** Da mesma maneira como você precisou interpretar a situação que motivou a comunicação, seu receptor agora tem de interpretar a mensagem que você enviou. Essa atividade não envolve somente extrair informação da mensagem, mas também identificar o propósito da sua comunicação, formando uma opinião sobre você e aqueles que você representa, e detectar os sinais do relacionamento que você quer promover entre os comunicadores. Se previu bem os contextos específicos e interesses de seu receptor, suas chances de ser interpretado corretamente são boas. O receptor pode chamar o comunicador para ajudar nesse ato interpretativo, especialmente se a comunicação for uma conversa ao vivo.

9. **Decisão de como responder.** Ao enviar uma mensagem, o seu objetivo é uma resposta específica de seu público, seja mais boa-vontade, mais informação, uma reação específica ou uma combinação destes. Se sua mensagem for cuidadosamente adaptada ao tipo de receptor, as chances de atingir a resposta desejada serão altas.

10. **Resposta à mensagem.** A resposta do receptor muitas vezes terá, pelo menos em parte, a forma da sua mensagem inicial. Quando este for o caso, o receptor está agindo como o comunicador inicial, seguindo o seu mesmo processo para gerar uma mensagem.

A Figura 1.8 lista as principais questões consideradas no desenvolvimento de uma estratégia de comunicação. Essa abordagem analítica o ajudará a pensar conscientemente sobre cada etapa do processo e aumentará as chances de você atingir os resultados desejados com suas mensagens.

COMUNICAÇÃO ORGANIZACIONAL – O QUE REALMENTE IMPORTA

O tema deste capítulo pode ser resumido assim: o objetivo da comunicação organizacional é criar um entendimento comum de situações do ambiente de negócios que permitirá às pessoas trabalharem juntas de forma bem-sucedida.

A transferência de informações de modo compreensível e no momento certo nunca foi tão crucial para as empresas. Mas, para fazer as escolhas certas quanto ao tipo, ao meio e à forma das informações, você vai precisar saber tomar as decisões certas. Cada pessoa tem seus próprios contextos e "filtros" mentais – preconceitos, padrões de referência e mundos verbais –, por isso, expressar informações em palavras de forma compreensível pode ser um verdadeiro desafio. Você e seu público podem até atribuir significados completamente diferentes para as mesmas palavras (um problema que os livros sobre comunicação chamam "desvio").

Para complicar, leve em conta o fato de que a comunicação não é somente a transmissão de informação. A criação e a manutenção de relações humanas positivas são essenciais no ambiente dos negócios e, consequentemente, para a comunicação nas organizações. Todo ato de comunicação transmite uma imagem de você e da maneira como você julga aqueles para quem fala ou escreve. Os comunicadores empresariais de sucesso prestam muita atenção à dimensão das relações humanas em suas mensagens.

Sim, a comunicação organizacional pode ser desafiadora. Mas ela também pode ser extremamente gratificante, em razão dos resultados que você alcança e das relações que constrói. As sugestões, os exemplos e os exercícios neste livro vão mostrar a direção ao sucesso. Mas será a sua habilidade de analisar e resolver problemas de comunicação específicos que colocará você neste caminho. ∎

ACESSE <http://www.grupoa.com.br> para materiais adicionais de estudo, em inglês, incluindo apresentações em PowerPoint.

módulo dois

Elementos básicos de redação e apresentações

CAPÍTULO 2 O PROCESSO DE REDAÇÃO E OS PRINCIPAIS TIPOS DE MENSAGENS EMPRESARIAIS
CAPÍTULO 3 RECURSOS VISUAIS NA COMUNICAÇÃO ORAL E ESCRITA
CAPÍTULO 4 COMO USAR O ESTILO APROPRIADO

O processo de redação
e os principais tipos de mensagens empresariais

capítulo dois

●● objetivos de APRENDIZAGEM

OA2.1 Descrever o processo de escrita e algumas estratégias eficazes de redação.

OA2.2 Descrever o uso atual da carta comercial.

OA2.3 Descrever a finalidade e as formas dos memorandos.

OA2.4 Entender o jeito certo de usar o e-mail.

OA2.5 Entender a natureza e o uso das mensagens de texto no ambiente empresarial.

OA2.6 Compreender como funcionam as mensagens instantâneas.

OA2.7 Entender a natureza e o uso das redes sociais no ambiente empresarial.

Boa parte deste livro trata da comunicação empresarial. As habilidades de comunicação verbal são importantes? Sem dúvida. E o uso de recursos visuais? É essencial. Então, por que tanta ênfase na redação?

Os executivos experientes colocam a capacidade de escrever no topo da lista de habilidades de comunicação que buscam nos candidatos a emprego que entrevistam. A qualidade na redação também é importante na hora de decidir quem vai ser promovido. Por exemplo, dos 305 executivos entrevistados em um estudo, a maioria declarou que menos da metade dos candidatos que entrevistam são desenvolvidos o bastante em "conhecimentos gerais, independência e habilidades de redação" para seguir carreira nas suas empresas.[1] À medida que as pessoas sobem na hierarquia da empresa, aumenta a quantidade de trabalho envolvendo conhecimentos, o que muitas vezes exige experiência nas formas escritas de comunicação.

Cenário de trabalho

Como administrar o seu processo de redação e escolher a forma certa de escrever

A situação é hipotética. Você é o dono de uma pequena empresa que está na luta, e trabalha duro para garantir que todos os aspectos do negócio funcionem de forma eficiente e eficaz. Hoje sua atenção está no jeito que Max Elliot, seu novo subgerente, usa para se comunicar. O principal motivo dessa preocupação é a habilidade de redação — ou falta dela — que Max deixa transparecer nos e-mails que escreve.

Está claro que Max não sabe nem a hora nem o jeito certo de usar o e-mail como canal de comunicação. Ele usa o e-mail em algumas situações formais, quando o melhor seria usar uma carta, e certos assuntos delicados não deveriam ser citados em e-mails de modo algum. Para piorar, ele não pensa muito antes de escrever suas mensagens e provavelmente nem as revisa. Às vezes, Max começa um e-mail com um assunto e termina com outro, o que deixa a mensagem confusa. Em outras, ele usa gírias como *vc*, *pq* e *blz*. Essas expressões muito coloquiais e outros problemas gramaticais dão a impressão de falta de profissionalismo.

É óbvio que Max está precisando de algumas noções de redação e do uso correto das principais formas de comunicação empresarial, o que será apresentado neste capítulo.

> **À medida que as pessoas sobem na hierarquia da empresa, aumenta a quantidade de trabalho envolvendo conhecimentos, o que muitas vezes exige experiência nas formas escritas de comunicação.**

Uma das razões para esse enfoque na redação é que, em muitos aspectos, a escrita é mais difícil do que outras formas de comunicação. Ela é o que os pesquisadores chamam de "meio enxuto". A redação não tem toda aquela quantidade de informações e *feedbacks*, nem o forte foco pessoal propiciado pela comunicação presencial ou ao telefone.[2] Quem se senta para escrever uma mensagem não tem uma rede de segurança, não tem a chance de usar expressões faciais, a linguagem corporal ou o tom de voz para completar uma escolha de palavras que muitas vezes não traduz tudo o que deve ser dito. Todo o esforço de comunicação fica a cargo dos símbolos que aparecem na tela ou no papel. Esses símbolos – o alfabeto, as palavras, a pontuação e assim por diante – não compartilham qualquer característica com as coisas que representam (a menos que você use palavras que soem como o som ao qual se referem, por exemplo, *bip*). Representar uma coisa por meio de uma fotografia é relativamente fácil. Mas representar a mesma coisa em palavras é muito mais difícil. Capturar uma realidade complexa colocando uma palavra depois da outra exige engenhosidade, disciplina e a capacidade de prever a reação do leitor durante a leitura.

A primeira seção deste capítulo vai ajudá-lo a conquistar esse feito impressionante, mas corriqueiro, no ambiente de trabalho. Vamos mostrar como decompor o processo de redação e administrar cada etapa com maestria. O restante do capítulo apresenta as principais formas de mensagens empresariais, com algumas características e convenções utilizadas. Essas discussões formam a base para os capítulos seguintes, sobre a redação de diversos tipos de mensagens.

OA2.1
Descrever o processo de escrita e algumas estratégias eficazes de redação.

PROCESSO DE REDAÇÃO

Os pesquisadores da comunicação escrita estudam o processo de redação desde a década de 1970. Ninguém se surpreendeu quando eles descobriram que cada pessoa tem um jeito próprio de escrever para cada ocasião. Esses estudos chegaram a algumas conclusões interessantes sobre a natureza desse processo e as estratégias que ajudam a aperfeiçoá-lo. Familiarizar-se com essas descobertas o tornará um redator mais intencional e eficaz.

A Figura 2.1 mostra que a preparação de um documento tem três estágios principais: o planejamento, o rascunho e a revisão. Grosso modo, esses estágios envolvem decidir o que você quer dizer, dizer isso e então dizê-lo de uma forma melhor. Cada um desses estágios é decomposto em atividades específicas, descritas na seção a seguir. Porém, como sugerem as setas, você não deve pensar que esses estágios são isolados ou que obedecem a uma sequência cronológica. Na prática, eles estão inter-relacionados – assim como as etapas da solução de problemas de comunicação organizacional discutidas no Capítulo 1, eles são **recorrentes**. Por exemplo, um redator talvez decida escrever partes da versão preliminar já na etapa de planejamento. Também é comum você se dar conta de que precisa de mais informações ainda no estágio de preparação do rascunho e constatar que é necessário revisar essa versão preliminar antes mesmo de terminá-la. Se você se preocupar demais em realizar um estágio por vez, em ordem cronológica, vai perceber que as chances de ter sucesso com suas mensagens não serão tão boas assim. Não tenha medo de intercalar esses estágios quando for necessário.

Uma regra útil para quem não tem muita experiência é usar um terço do tempo de redação em cada um desses estágios. Um erro muito comum é gastar muito tempo preparando o rascunho e reservar pouco tempo para o planejamento e a revisão. A preparação e as melhorias feitas na versão preliminar são tão importantes quanto a elaboração do rascunho. Além disso, a atenção que

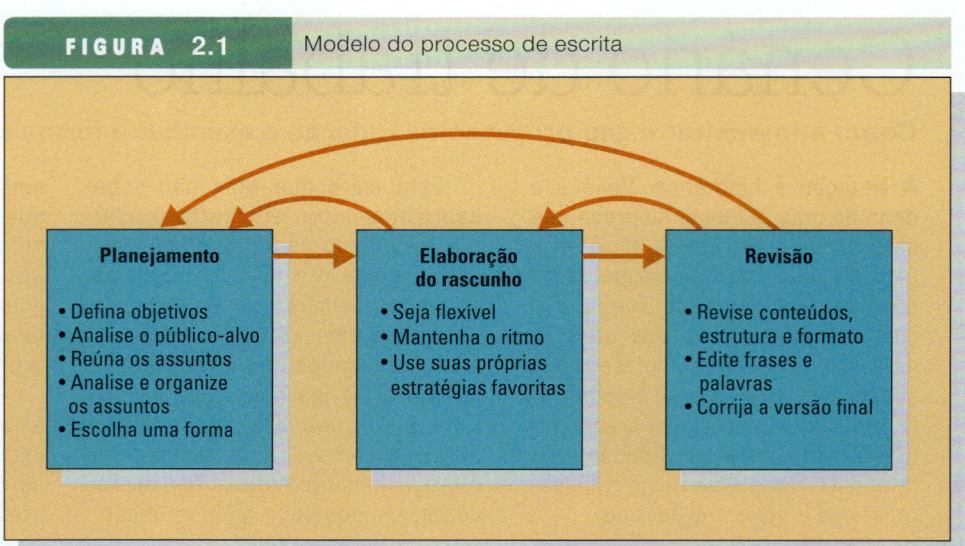

FIGURA 2.1 Modelo do processo de escrita

Planejamento
- Defina objetivos
- Analise o público-alvo
- Reúna os assuntos
- Analise e organize os assuntos
- Escolha uma forma

Elaboração do rascunho
- Seja flexível
- Mantenha o ritmo
- Use suas próprias estratégias favoritas

Revisão
- Revise conteúdos, estrutura e formato
- Edite frases e palavras
- Corrija a versão final

> "Um erro muito comum é gastar muito tempo preparando o rascunho e reservar pouco tempo para o planejamento e a revisão."

você dá aos três estágios aumenta a eficiência do processo de redação. Com o tempo, você vai acumular experiência na redação empresarial e conseguirá redigir muitas mensagens comuns, sem muito planejamento ou revisão. Mesmo assim, essas etapas permanecerão essenciais para que sua mensagem surta o melhor efeito possível.

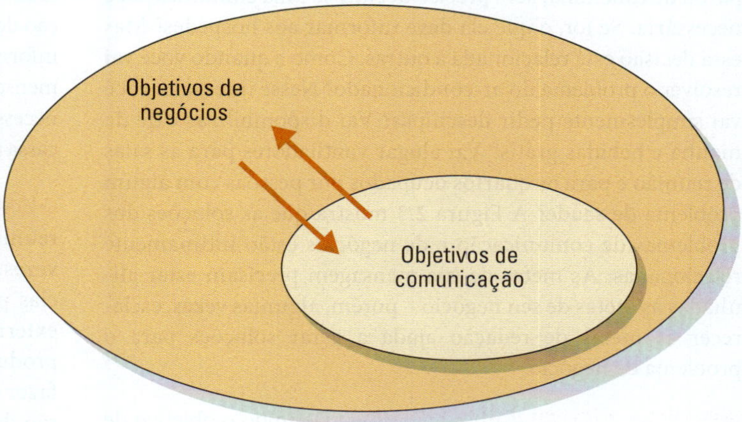

Planejamento da mensagem

O diagrama para a solução de problemas de negócios na Figura 1.8 do Capítulo 1 também serve de guia para a etapa de planejamento da redação. As perguntas mostradas na figura não deixam dúvida: você vai precisar definir o problema que quer discutir. Encontrar uma solução para ele vai exigir uma noção clara de seu público-alvo e dos contextos dele – organizacional, profissional e pessoal. Você também terá de refletir sobre os seus próprios contextos organizacional, profissional e pessoal, e sobre o impacto em potencial que eles terão no seu objetivo de comunicação. Os contextos gerais de sua comunicação também são importantes, inclusive o seu relacionamento com o leitor. Essas decisões são úteis na hora de definir o que você quer com sua mensagem.

Depois de definir o objetivo de sua mensagem, é hora de encontrar a melhor maneira de realizá-lo. Considere os diferentes tipos de conteúdo que você pode incluir na mensagem e escolha aqueles que melhor atendem à sua finalidade. Desenvolva uma ideia básica de como organizar e dar forma a esse conteúdo, escolha o canal que você vai usar e defina o estilo geral da mensagem. A maioria das pessoas tem alguma noção de como vão lidar com esses elementos já antes de começar o rascunho.

Para simplificar, agrupamos essas atividades de planejamento em cinco categorias: a análise de seu público-alvo, a obtenção e a reunião de informações, a análise e a organização do que você tem em mãos, e a escolha da estrutura, do canal e do formato da mensagem (Figura 2.2).

FIGURA 2.2 | Cinco estágios do planejamento

- Definição de objetivos
- Análise do público-alvo
- Obtenção e reunião de informações
- Análise e organização das informações
- Escolha da estrutura, do canal e do formato da mensagem

Não esqueçam que estes estágios não seguem uma ordem cronologica rígida – você pode revisar os estágios anteriores conforme sua necessidade.

FIGURA 2.3 | Inter-relação das metas de sua empresa e das metas de sua comunicação

(Diagrama: Objetivos de negócios / Objetivos de comunicação)

Não esqueça que estes estágios não seguem uma ordem cronológica rígida – você pode revisar os estágios anteriores conforme a necessidade.

definição de objetivos Como a redação no ambiente empresarial é essencialmente uma resposta a alguma

Devo pôr isso no papel?

Quando a mensagem é importantíssima, isto é, inapropriada para um texto rápido ou uma mensagem instantânea, é melhor transmiti-la oralmente ou por escrito? A segunda opção é a mais indicada nos seguintes casos:

- Você precisa de um registro escrito da comunicação.
- Você precisa que ela seja relativamente formal.
- Você acredita que consegue explicar melhor o conteúdo por escrito e quer se comunicar sem interrupções.
- Seu leitor talvez precise de tempo para refletir sobre o conteúdo da mensagem.
- Você precisa atingir um número grande de pessoas com a mesma mensagem.
- A situação não é tão delicada a ponto de exigir um canal de comunicação mais detalhado e personalizado.

> **A organização das informações que gera a reação mais positiva é aquela a ser utilizada.**

situação, uma das suas principais tarefas no planejamento é descobrir o que é preciso fazer em relação a essa situação. Na comunicação empresarial, "o que fazer" não é apenas o que você quer com sua mensagem, mas todas as ações relacionadas ao problema principal que você tem de resolver. Por exemplo, se o ar-condicionado central do hotel em que você é gerente parou de funcionar, será preciso decidir se uma comunicação é necessária. Se for, o que ela deve informar aos hóspedes? Mas essa decisão está relacionada a outras. Como e quando você vai resolver o problema do ar-condicionado? Nesse intervalo, você vai simplesmente pedir desculpas? Vai disponibilizar café da manhã e bebidas grátis? Vai alugar ventiladores para as salas de reunião e para os quartos ocupados por pessoas com algum problema de saúde? A Figura 2.3 mostra que as soluções dos problemas de comunicação e de negócios estão intimamente relacionadas. As metas de sua mensagem precisam estar alinhadas às metas de seu negócio – porém, algumas vezes, esclarecer as metas de redação ajuda a gerar soluções para o problema de negócio.

análise do público-alvo
Definido o objetivo de sua mensagem – o resultado que você quer – é hora de refletir sobre o público-alvo. Quem será afetado pelo que você escreve? Quais são as questões ou características organizacionais, profissionais e pessoais que influenciarão a resposta do público? Quais são as suas próprias questões ou características organizacionais, profissionais e pessoais que determinarão o modo como você vai redigir essa mensagem? Qual é o seu relacionamento com o leitor? Você está escrevendo a um superior? A um colega? A um subordinado? Aos clientes? As respostas a essas e outras perguntas influenciam a decisão sobre o canal de comunicação, o tom, o estilo, o conteúdo, a organização e o formato da mensagem final.

Sendo você o gerente do hotel, por exemplo, como diferiria a sua abordagem a uma declaração aos hóspedes atuais sobre o problema do ar-condicionado comparada a sua resposta à carta de um cliente reclamando sobre o problema uma semana depois? É importante analisar o público-alvo no começo do estágio de planejamento, mas você não pode deixar essa análise de lado durante seus esforços no restante dessa etapa – ou nas etapas de elaboração do rascunho ou de revisão. Tenha sempre em mente o tipo de informação mais importante para o seu público e adapte sua mensagem de acordo. Quando você não consegue atender às necessidades de seu público-alvo, sua mensagem também fracassa e sua imagem profissional é arranhada.

obtenha e reúna informações
Obter e reunir informações requer que você faça uma pesquisa. Às vezes uma pesquisa informal basta – encontrar correspondências passadas, consultar outros funcionários ou especialistas externos, obter registros de vendas, garantias e descrições de produtos, e assim por diante. Em outros casos você terá de fazer uma pesquisa formal, como levantamentos ou uma revisão de literatura sobre o assunto. O Capítulo 8 discute vários métodos e fontes a serem usados nesse tipo de pesquisa. As informações que você vai coletar ajudam a decidir o que deve ser feito e o que vai ser incluído em sua mensagem.

Porém, recuperar informações usando sua memória, imaginação e criatividade também é importante. Visualizar seus leitores e ter em mente os seus interesses é uma técnica excepcional de planejamento. Fazer uma lista de fatos relevantes também é útil. O *brainstorm*, processo de geração de soluções possíveis sem críticas iniciais, permite conceber saídas criativas. Pôr suas ideias em um diagrama reúne seus pensamentos em um único lugar. Não se acanhe e use a alternativa mais promissora para encontrar uma solução.

Comunicação rápida

Encontre as palavras certas

Às vezes você luta tanto para encontrar as palavras certas, que não consegue expressar suas ideias. Chris Garrett é especialista em marketing para a Internet e novas mídias e tem algumas sugestões para os redatores com dificuldades de expressar os próprios pensamentos: (1) tenha certeza de que conhece o ponto principal. Se você não sabe sobre o que deve escrever, é óbvio que será difícil expressar qualquer ideia em palavras. (2) Comece escrevendo sobre o conteúdo, o "miolo" da mensagem. Deixe cabeçalhos, apresentações, finalizações e a apresentação da mensagem para o fim. (3) Faça um intervalo durante a redação. (4) Redija um e-mail para um amigo tentando explicar o assunto. Ao fazer isso, os redatores acabam encontrando as palavras certas. (5) Tente explicar o assunto em voz alta, como se estivesse diante de um amigo. (6) Tome nota de ideias relevantes sem se preocupar em aprimorá-las imediatamente. Essas dicas serão úteis da próxima vez que você estiver redigindo algo e tiver "um branco".

FONTE: Chris Garrett, "Six Ways to Instantly Find the Right Words," *Copyblogger*, Copyblogger LLC, 2007, Web, 9 Feb. 2010.

analise e organize as informações obtidas Assim que você tiver uma boa quantidade de ideias, comece a analisar uma a uma. Se seus dados forem numéricos, você terá de fazer cálculos que identifiquem padrões e deem sentido a eles. Adicione outros tipos de dados para ver em que direção eles apontam, sem esquecer que as partes envolvidas podem sair perdendo ou ganhando, dependendo da escolha que fizer.

Naturalmente o seu leitor é o foco enquanto você pensa no que vai dizer em sua mensagem. Qual é o tipo de informação

---

FIGURA 2.4 — Que diferença faz o formato!

O texto a seguir inicia um memorando enviado por e-mail pelo secretário de uma universidade ao corpo docente. O assunto é a criação de dois conceitos para o desempenho acadêmico que serão adotados em breve. O formato usado é atraente? Você consegue extrair as informações sobre os novos conceitos com facilidade?

Em sua reunião realizada em 20/10/2011, a Comissão de Cursos, tendo recebido parecer favorável do Comitê de Assuntos Acadêmicos, votou pela aprovação da criação e implementação, no próximo semestre, de dois novos conceitos, "X" e "WX". Os professores deverão registrar um "X" na lista de conceitos impressa para os alunos que nunca compareceram às aulas e não apresentaram qualquer trabalho acadêmico. O "X" deve aparecer na versão impressa do relatório de conceitos e equivale a zero (0,00) pontos e, por isso, é computado no histórico escolar como os conceitos "E" e "abandono de disciplina". Os professores registrarão um "WX" para os alunos que oficialmente abandonaram a disciplina (conforme mostra a lista de notas, como EW ou W) e nunca compareceram às aulas e não apresentaram qualquer trabalho acadêmico. O conceito "WX" pode ser usado em substituição a um conceito "W" que conste no relatório de conceitos. O conceito "WX" não tem qualquer impacto no histórico escolar do aluno. Um "W" aparecerá no histórico escolar *online* do aluno e na versão impressa. O conceito "WX" identifica o abandono oficial do aluno e apenas registra a não participação. A necessidade de registrar a não participação é definida na seção "Justificativa" a seguir. Com a introdução dos conceitos "X" e "WX" para denotar a não participação, por definição todos os outros conceitos podem ser dados apenas a alunos que participaram das aulas de alguma maneira. Os professores registrarão um "UW" (abandono não oficial) apenas para os estudantes que deixaram de frequentar as aulas depois de terem apresentado alguma frequência. Anteriormente, os professores utilizavam o "UW" tanto para os alunos que nunca haviam frequentado as aulas quanto para aqueles que haviam frequentado inicialmente, mas deixaram de comparecer em algum momento durante o semestre. Nos casos de abandono oficial, os professores têm três opções disponíveis na hora de dar o conceito: "W", "WX" e "E". Se o estudante abandonou uma disciplina oficialmente, "W" (abandono) ou "EW" (abandono eletrônico) deve constar na lista de conceitos. Se o estudante participou das aulas e o abandono ocorreu de acordo com a política de abandono de disciplina do professor, conforme indicado na ementa do curso, o professor pode manter a nota "W" sem fazer alterações na lista de conceitos...

Agora, vamos examinar uma nova versão da mensagem. Quais foram as decisões relativas ao formato que deixaram o novo documento bem mais legível?

Em sua reunião realizada em 20/10/2011, a Comissão de Cursos, após obter parecer favorável do Comitê de Assuntos Acadêmicos, votou pela aprovação da criação e implementação, no próximo semestre, de dois novos conceitos, "X" e "WX".

Definição dos conceitos "X" e "WX"

- **"X" (não comparecimento às aulas):**
  Os professores deverão registrar um "X" na lista de conceitos finais dos alunos que nunca compareceram às aulas e não entregaram trabalhos acadêmicos.
  O "X" vai aparecer na versão impressa do histórico escolar e corresponde a zero pontos (0,00), o que equivale aos conceitos "E" e "abandono de disciplina".

- **"WX" (afastamento oficial, não comparecimento às aulas).**
  Os professores deverão registrar um "WX" para os alunos que oficialmente abandonaram a disciplina (conforme mostrado na lista de conceitos finais por "EW" ou "W") e nunca compareceram a qualquer aula ou apresentaram qualquer trabalho acadêmico.
  O "WX" pode ser usado em substituição a um "W" que apareça na lista de conceitos. Um conceito "WX" não tem impacto no histórico escolar do aluno. Um "W" aparecerá no relatório de conceitos *online* e na versão impressa do histórico. O "WX" caracteriza o abandono oficial da disciplina e registra apenas a não participação. A necessidade de registrar a não participação é explicada na seção "Justificativa", a seguir.

Conceitos que indicam a participação e a não participação
Com a introdução dos conceitos "X" e "WX" para representar a não participação, por definição todos os outros conceitos somente podem ser dados aos estudantes que participaram das aulas de alguma maneira.

Os professores registrarão um "UW" (abandono não oficial) apenas para os alunos que deixaram de frequentar as aulas após terem participado de algumas. Anteriormente, os professores utilizavam o "UW" para os alunos que nunca haviam frequentado a disciplina e para aqueles que haviam frequentado as aulas inicialmente, mas deixaram de comparecer em algum momento durante o semestre.

Abandono oficial
Nos casos de abandono oficial, os professores têm três opções de conceito: "W", "WX" e "E".
1. *Se o estudante abandonou a disciplina oficialmente*, "W" (abandono) ou "EW" (abandono eletrônico) aparecerá na lista de conceitos. Se o estudante participou das aulas e o abandono ocorreu de acordo com a política de abandono de disciplina do professor, conforme indicado na ementa do curso, o professor pode manter a nota "W" sem fazer alterações na lista de conceitos...

FONTE: Reproduzido com permissão do Dr. Douglas K. Burgess, Secretário da University of Cincinnati.

> **"NA HORA DE REVISAR, SEJA O SEU CRÍTICO MAIS FERRENHO."**

mais importante para ele? No exemplo do hotel, os hóspedes querem informações sobre as causas da falha no ar-condicionado, ou sobre quando o conserto ficará pronto e o que podem fazer para se sentirem confortáveis nesse intervalo? Como sempre, seu leitor-alvo é o melhor guia para decidir quais informações serão incluídas.

Esse leitor também vai ajudá-lo a organizar as informações. A organização das informações que gera a reação mais positiva é aquela a ser utilizada. Se você tem informações de que seu leitor precisa, organize-as no começo da mensagem. Esse plano, chamado **ordem direta**, é discutido no Capítulo 5. Em contrapartida, se existe a suspeita de que as informações vão causar uma reação negativa, use a **ordem indireta**. Inicie a mensagem preparando o leitor para receber as novidades da maneira mais positiva possível. No Capítulo 6 você verá que esse tipo de mensagem requer um domínio maior da organização e da escolha de palavras, em comparação com a ordem direta. Independentemente da situação, todo leitor gosta de um padrão lógico de apresentação das informações.

escolha da estrutura, do canal e do formato da mensagem
Os estudantes normalmente produzem dois tipos de escrita: o ensaio ou o artigo científico. Mas, no ambiente profissional, a variedade de formas convencionais de comunicação (isto é, os gêneros) é muito mais ampla. A forma que você escolhe tem um impacto muito forte no planejamento de sua mensagem. Por exemplo, como fazer para anunciar os serviços oferecidos por sua empresa? Você enviará um e-mail? Criará uma brochura? Um *site*? Usará uma combinação desses meios? Cada uma dessas formas tem seu próprio conjunto de convenções estilísticas e de conteúdo. Os redatores na comunicação empresarial não começam a escrever um documento sem uma noção prévia do seu tipo. No trabalho profissional, escolher o tipo de documento é uma parte importante do estágio de planejamento.

O canal ou o meio de comunicação usado têm uma relação muito estreita com o gênero da mensagem. Como você vai transmiti-la? Pelo correio? Por algum canal eletrônico? Você prefere postá-la em um *blog* ou em um *wiki*? Ou seria melhor enviá-la como uma mensagem de texto? Pensar sobre o melhor canal de envio ajuda a decidir a forma e o conteúdo da mensagem.

Já que as opções de formato têm um impacto forte nas reações do leitor, não se esqueça de levar essas escolhas em conta no estágio de planejamento. Quais são os melhores tipos e tamanhos de fonte? Que tipo de cabeçalho é mais indicado? Você vai usar algum recurso tipográfico para dar ênfase? Vai usar listas com marcadores ou números? Vai incluir elementos visuais, como logotipos, caixas de texto, imagens ou diagramas? Acertar nessas escolhas não apenas desperta o interesse do leitor, como também vai ajudá-lo a compreender mais rapidamente os principais pontos da mensagem (Figura 2.4). Incluir perguntas relativas à formatação do texto na etapa de planejamento gerará um resultado mais atraente para o leitor.

Elaboração do rascunho

O principal conselho dos especialistas quando o assunto é a elaboração de um rascunho se resume a duas palavras: seja flexível. Os redatores muitas vezes complicam a própria vida porque acham que precisam redigir um documento final já na primeira versão – os assuntos têm de estar na ordem certa e o estilo deve ser impecável. Da perspectiva cognitiva, escrever é uma tarefa relativamente difícil e, por isso, é melhor se concentrar em uma coisa por vez. Algumas sugestões ajudam a preparar uma versão preliminar de suas mensagens com eficiência – e sem sofrimento.

evite o perfeccionismo na hora de elaborar o rascunho
Você enfrentará dois problemas se tentar compor uma versão preliminar perfeita. Primeiro, vai gastar muita energia tentando aperfeiçoar as partes iniciais e esquecerá trechos importantes e os propósitos das partes finais. Segundo, esse perfeccionismo prematuro consome muito tempo na elaboração do rascunho, causa frustração e diminui a motivação de revisar a versão preliminar obtida. Você terá mais disposição de revisar a versão preliminar de sua mensagem se não ficar agonizando na tentativa de preparar um rascunho perfeito.

mantenha o ritmo
Na hora de planejar o rascunho, não deixe que problemas menores de gramática ou vocabulário o distraiam de seu objetivo – a elaboração de uma versão preliminar do documento. Faça um acordo com você mesmo: prepare um rascunho rápido e depois o revise com cuidado. Expressar as ideias de forma coerente, completa e organizada é difícil. Acostume-se a deixar a recapitulação e a avaliação do que você escreveu para o estágio de revisão.

use uma estratégia que o ajude a trabalhar de forma produtiva
Na preparação do rascunho, a ideia é seguir em frente, em um ritmo relativamente constante e com o mínimo de interrupções. Faça o que for possível para que o processo flua de modo livre e fácil. Por exemplo, escolha a hora em que você se sente mais produtivo para começar a escrever. Vá por partes. Comece com uma parte preferida. Fale alto ou escreva para você mesmo, para clarear as ideias. Faça intervalos e deixe o projeto descansar. Crie um ambiente favorável à redação. Prometa uma pequena recompensa para você mesmo a cada etapa concluída. A meta é obter um produto inicial organizado o suficiente para ser revisado mais tarde.

Revisão

Para transformar seu rascunho em uma mensagem pronta para o leitor, será preciso voltar a ele com cuidado – e várias vezes. Você disse o que pretendia? Alguém vai se ofender ou não compreender o que você escreveu? O padrão de organização escolhido é o mais indicado para a situação? As palavras usadas são as corretas para o objetivo da mensagem? Existe um jeito melhor e mais conciso de estruturar as frases? É possível levar o leitor pelos tópicos de forma contínua e tranquila? Os elementos do formato melhoram a legibilidade e realçam a estrutura do conteúdo? Na hora de revisar, seja o seu crítico mais ferrenho. Teste o que você escreveu e procure alternativas melhores.

Uma mensagem tem muitos aspectos. Por isso, use o que os redatores profissionais chamam de "níveis de editoração". São três os principais: **preparação de originais**, **editoração** e **revisão de provas**.

A **preparação de originais** trata dos pontos mais importantes: você incluiu todas as informações necessárias? O padrão de organização do texto é lógico e o mais eficaz possível? O significado global da mensagem está claro? A formatação é adequada e facilita a leitura?

Feito isso, vá para o nível de **editoração**. Aqui o foco é o estilo. Você vai examinar suas frases para ver se elas passam as informações no ritmo certo e se o leitor consegue acompanhá-lo com facilidade. As frases enfatizam as coisas certas? Elas combinam as informações de forma coerente? Certifique-se de que fez a melhor escolha de palavras para o propósito da mensagem.

No final, faça a **revisão de provas**. Nessa etapa você vai examinar aspectos editoriais específicos – ortografia, tipografia, pontuação e erros gramaticais que trazem problemas. Os comandos de edição de seu processador de texto são úteis nessa tarefa. Execute cada um desses níveis de editoração com atenção, e sua mensagem final será apurada e eficaz.

Uma última palavra sobre a revisão: busque **feedback**. Você já sabe que é difícil encontrar erros e pontos fracos no seu próprio trabalho. Encontre um colega disposto a ajudar e receba as críticas com uma mente aberta. É melhor ouvir uma correção de um colega do que de um leitor final, quando erros cruciais já não podem mais ser solucionados.

As seções a seguir descrevem os propósitos e as características específicas dos diferentes meios de envio de uma mensagem. Você encontra conselhos detalhados sobre o design físico de uma mensagem no "Capítulo B" *online*, em inglês. Independentemente do que estiver escrevendo, uma revisão metódica e abrangente vai melhorar – e muito – suas chances de alcançar seus objetivos de comunicação.

OA2.2
Descrever o uso atual da carta comercial.

CARTA

A carta é a modalidade mais antiga de envio de uma mensagem empresarial. Na antiguidade, ela foi o meio de comunicação dos chineses, egípcios, romanos e gregos. Embora a maioria tratava de assuntos militares e pessoais, algumas também eram usadas para resolver negócios.

Hoje a carta é usada sobretudo em circunstâncias relativamente formais e para se corresponder com pessoas fora de sua organização. Escrever para um leitor interno é escrever para uma pessoa que conhece você ou, se não o conhece, sabe quem você é – afinal, todos trabalham na mesma empresa. A comunicação com o público interno normalmente ocorre por canais menos formais. Mas, na hora de escrever para clientes, fornecedores,

FIGURA 2.5 Exemplo de carta no formato bloco compacto (com pontuação mista)

Fazendo a coisa certa... de primeira

Ralston's Plumbing and Heating
2424 Medville Road
Urbana, OH 45702
(515) 555-5555
Fax: (515) 555-5544

28/2/11

Sra. Diane Taylor
747 Gateway Avenue
Urbana, OH 45702

Prezada Sra. Taylor,

Obrigado por permitir que um de nossos técnicos autorizados a atendesse.

Você encontrará um cupom no valor de $25 para a sua próxima compra ou solicitação de serviço da Ralston. É nosso jeito de dizer que gostamos de tê-la como nossa cliente.

Cordialmente,

Jack Ralston

Jack Ralston
Proprietário e Presidente

(Contém anexo)

Os redatores de sucesso buscam a opinião de outras pessoas sobre documentos importantes.

cidadãos e líderes comunitários ou qualquer público externo, você deve pensar em usar o formato de carta completo: papel timbrado da empresa e todos os elementos de cortesia típicos dessa modalidade. É um gesto de respeito que esse público espera de você. Depois de estabelecer um relacionamento amistoso com esses leitores, não vai ser difícil se comunicar com eles também via e-mail ou telefone. Porém, para se comunicar com quem você não tem um relacionamento próximo, a carta é o veículo mais apropriado.

Talvez você já conheça o formato de carta comercial. A Figura 2.5 mostra um exemplo. O formato tem algumas variantes aceitáveis, mas normalmente contém os seguintes itens: data, endereço, vocativo (Prezada Sra. Smith), corpo e encerramento educado (Atenciosamente). Às vezes, alguns elementos adicionais são importantes: referência, assunto, endereço do remetente (quando o papel não é timbrado) e informações sobre anexos. Para saber mais sobre a disposição desses elementos e as orientações sobre o processamento do texto da carta, consulte "Capítulo A", em inglês, disponível no *site* do Grupo A, na página deste livro.

Há um século e mesmo até a década de 1950, a redação de uma carta de negócios era muito formal. O estilo e o tom eram rígidos e estranhos. Hoje, embora continuem formais, as cartas de negócios têm um tom e um estilo mais naturais. Como qualquer outra modalidade de redação de negócios, a carta deve ser vista como um meio de troca de informações entre pessoas reais. Da mesma forma, ela deve ser redigida obedecendo a critérios de formatação e estratégias de organização do texto que ajudam o redator a alcançar seus objetivos. É possível escrever uma carta atraente e fácil de ler, mesmo sendo formal.

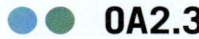

OA2.3

Descrever a finalidade e as formas dos memorandos.

MEMORANDO

Os memorandos são uma modalidade de carta interna. Em casos raros eles podem ser usados como meio de comunicação com terceiros, fora da empresa, mas costumam ser escritos por funcionários no exercício de suas funções. A principal diferença entre um memorando e outros meios de comunicação é a forma. No passado ele era impresso, mas, com a chegada do computador, passou a ser processado eletronicamente como fax. Hoje, a função do memorando – a comunicação interna – é assumida principalmente pelo e-mail. Mesmo assim, ele não desapareceu por completo. A principal utilidade do memorando é a comunicação com os funcionários que não usam o computador em suas atividades.

Algumas empresas têm papel timbrado especial para a troca de memorandos, enquanto outras usam modelos eletrônicos de memorandos em processadores de texto. Às vezes, a palavra **memorando** aparece em fonte tamanho grande no topo da página, mas algumas empresas preferem outras denominações, como **memorando inter-escritório** ou **comunicação inter-escritório**. Sob esse cabeçalho são escritos os elementos comuns a todo memorando: data, de, para e assunto (mas não necessariamente nesta ordem). Essa configuração simplificada é mostrada na Figura 2.6. Os memorandos são comunicações curtas e, por essa razão, as empresas usam papel tamanho A5 em vez do tamanho carta tradicional. Normalmente os memorandos impressos têm a rubrica do remetente, não sua assinatura.

As organizações de grande porte, sobretudo aquelas compostas por muitos departamentos e filiais, incluem

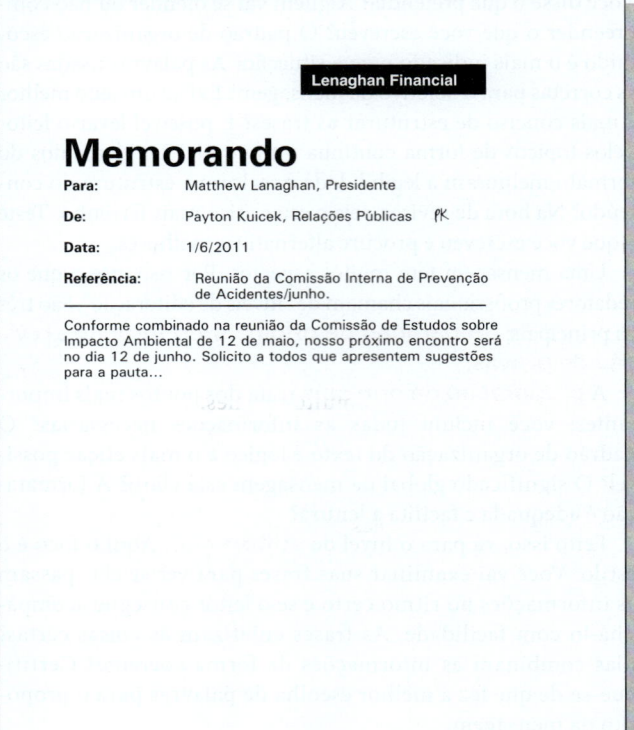

FIGURA 2.6 Formato eficiente de memorando elaborado com um modelo do Microsoft Word

Lenaghan Financial

Memorando

Para: Matthew Lanaghan, Presidente

De: Payton Kuicek, Relações Públicas PK

Data: 1/6/2011

Referência: Reunião da Comissão Interna de Prevenção de Acidentes/junho.

Conforme combinado na reunião da Comissão de Estudos sobre Impacto Ambiental de 12 de maio, nosso próximo encontro será no dia 12 de junho. Solicito a todos que apresentem sugestões para a pauta...

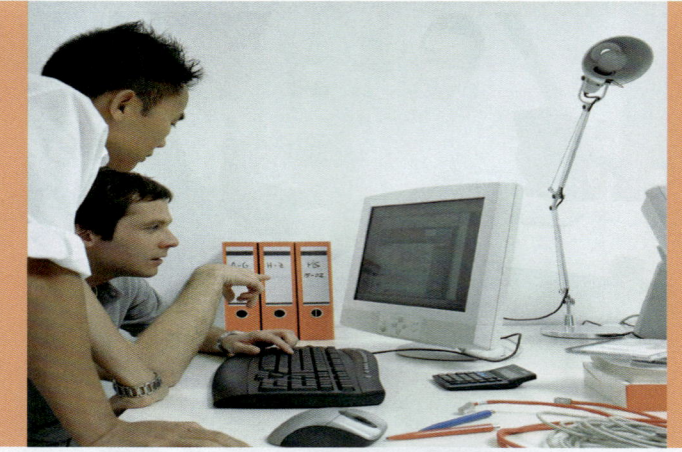

As empresas com múltiplas sedes enviam muitos de seus documentos por e-mail, mensagens instantâneas ou mesmo fax.

> **O E-MAIL AGILIZA O PROCESSO DE TOMADA DE DECISÃO, POIS PERMITE RÁPIDAS INTERAÇÕES COMUNICATIVAS ENTRE AS PARTES ENVOLVIDAS.**

informações adicionais em seus formulários de memorando, como **departamento, unidade, localização, território, número da loja** e **com cópia para** (Figura 2.7). Como um memorando em algumas empresas tem mais de um destinatário, o campo **para** precisa ser grande o suficiente para acomodar muitos nomes.

Como os memorandos são enviados e recebidos por pessoas que se conhecem e trabalham juntas, sua linguagem é casual e informal. Mas esse grau de formalidade varia bastante. De um lado estão as notas simples trocadas por colegas de trabalho; de outro, os memorandos enviados por um subalterno a um gerente, e vice-versa. O estilo do memorando típico fica entre esses extremos.

As técnicas para redigir memorandos são muito parecidas com as de outras modalidades de mensagens empresariais (a carta e o e-mail). Memorandos curtos e simples são escritos em linguagem informal, como e-mails. Os mais longos e formais são organizados de acordo com padrões apropriados para esse tipo de mensagem, discutidos nos Capítulos 5 a 7. Mesmo um relatório de tamanho médio pode ser redigido no formato de memorando. Como a maioria das mensagens de negócios, os memorandos seguem a ordem direta: primeiro o assunto principal, depois os detalhes. Porém, para escrever memorandos que tratam de assuntos delicados ou que não têm teor positivo, use a ordem indireta. As ordens direta e indireta são discutidas em detalhes nos capítulos a seguir.

OA2.4
Entender o jeito certo de usar o e-mail.

FIGURA 2.7 Papel timbrado para memorando com campos adaptados para as necessidades de uma organização com muitas sedes

PENNY-WISE STORES, INC.
MEMORANDO

Para: Data:
                 De:
Loja: Loja:
Em: Em:
Região: Região:
Com cópia para:

Assunto: Formulário para memorandos internos

Este é um exemplo de nosso modelo de memorando a ser usado para comunicações escritas dentro da empresa.

Observe que o memorando não tem um campo para saudações nem um encerramento. O redator não precisa assinar a mensagem, somente rubricá-la após o nome digitado no cabeçalho.

Observe também que a mensagem é redigida em espaço simples, com espaço duplo entre os parágrafos.

Muitos executivos usam seus telefones para enviar e receber e-mails e mensagens de texto. Com uma tela tão pequena, a concisão tem importância especial.

E-MAIL

O crescimento rápido do e-mail está entre os avanços mais interessantes da história da comunicação empresarial. Não demorou para que ele passasse a ser a modalidade principal de comunicação, a ponto de hoje, nos Estados Unidos, o número de e-mails ser maior que o de correspondências entregues pelo correio. Alguns especialistas dizem que ele é mais usado do que o telefone. Ele ganha espaço cada vez maior em organizações pequenas e grandes, e esse crescimento explosivo não para.

Prós e contras do e-mail

As razões por trás da rápida popularidade do e-mail são as vantagens que ele tem sobre seu principal concorrente, o telefone. As principais são:

- O e-mail elimina o problema da indisponibilidade. Muitas pessoas estão sempre ocupadas demais para atender ao telefone. As mensagens de e-mail acabaram com esse problema, pois ficam armazenadas na caixa de entrada até o destinatário ter tempo para lê-las.
- Ele é uma ferramenta de economia de tempo, porque permite que essas pessoas ocupadas não interrompam o que estão fazendo para atender ao telefone.
- O e-mail agiliza o processo de tomada de decisão, pois permite rápidas interações comunicativas entre as partes envolvidas.
- Ele é barato: pode ser usado ininterruptamente ao custo da conexão com a Internet.
- O e-mail mantém o registro escrito de uma comunicação.

Porém, ele também tem suas desvantagens:

- **A falta de sigilo.** "É a mesma coisa que escrever suas mensagens nas divisórias de sua estação de trabalho".[3]
- **A dificuldade de reproduzir as emoções do remetente.** Entonações de voz, expressões faciais, movimentos do corpo e outros elementos desse tipo não são veiculados nos e-mails, ao contrário das comunicações via telefone, vídeo ou presenciais.
- **O risco de ser ignorado ou adiado.** O grande volume de e-mails recebidos pode dificultar a vida do destinatário na hora de ler e responder a todos.

Elementos introdutórios

Os componentes do cabeçalho de um e-mail normalmente são padronizados, mas a aparência deles vai depender do programa que você usa. A segunda parte do seu esforço – a redação da mensagem – está longe de seguir um padrão. É nela que você vai precisar usar suas habilidades de solução de problemas.

Existem diferenças entre os diversos sistemas de e-mail, mas os componentes do cabeçalho são padronizados (Figura 2.8) e incluem os seguintes campos:

- **Para:** onde você insere os endereços eletrônicos dos destinatários. Insira os endereços corretamente, do contrário a mensagem não será enviada.
- **Cc:** se, além do destinatário principal, você deseja mandar uma cópia da mensagem para outra pessoa, digite o endereço eletrônico dela neste campo.
- **Cco ("com cópia oculta"):** use-o para enviar uma cópia para um destinatário sem que o destinatário principal saiba.
- **Assunto:** use este campo para descrever o tópico da mensagem, da maneira mais precisa possível. Ele deve dar uma noção clara sobre o que a mensagem trata, despertando o interesse do destinatário.
- **Anexos:** este campo identifica os nomes dos arquivos anexados à mensagem. Como veremos mais adiante, você deve se certificar de que o anexo é mesmo necessário.
- **Mensagem:** as informações que você precisa transmitir são inseridas aqui. O modo como você vai preencher esse campo é o assunto da próxima seção.

FIGURA 2.8 Programas de e-mail típicos

Comece a redigir sua mensagem

A maioria das mensagens de e-mail começa com o nome do destinatário. Se destinatário e remetente se conhecem, o prenome é a regra (por exemplo, "Bob" ou "Oi Bob"). Se você normalmente trata o destinatário por senhora, doutor ou senhor, use essas formas de tratamento também no e-mail. Mas você pode mudar essa saudação nas mensagens posteriores, se o remetente sinalizar que prefere um estilo mais informal. Uma saudação genérica e amistosa, como "Prezada Equipe do Controle de Qualidade", é indicada para mensagens enviadas a um grupo de pessoas. O nome completo do destinatário também é aceitável. Na hora de escrever a alguém ou a um grupo que você não conhece, identifique-se já no começo da mensagem. Essa identificação pode incluir a finalidade do e-mail e citar a empresa em que você trabalha. Títulos e cargos também ajudam.

Organize os conteúdos

Embora muitas vezes você escreva seus e-mails sob pressão de tempo, isso não significa que você pode deixar o cuidado de lado. Para a maioria das mensagens curtas e informativas, a ordem decrescente é a melhor. Nela, comum na redação de jornais, as informações mais importantes são apresentadas primeiro. As informações restantes são dadas em ordem decrescente de relevância. Use essa disposição para que o leitor ocupado conheça os fatos essenciais com mais facilidade, já no começo da mensagem, principalmente quando ele está usando um *smartphone* ou um dispositivo com tela pequena.

O e-mail segue o mesmo padrão de organização da carta e do memorando: mensagens mais complexas e formais seguem um padrão de organização mais elaborado e estratégico. Você verá que esses padrões variam, dependendo do modo como você quer que o leitor perceba os objetivos da mensagem. A dica é usar a ordem direta para redigir mensagens que têm mais chances de ser recebidas de forma positiva ou neutra. Para mensagens com teor negativo, prefira a ordem indireta, –, mas não se esqueça de preceder esse conteúdo com um texto de contextualização e explicação.

Comunicação rápida

Devo usar abreviações em meus e-mails?

Talvez devido ao fato de o e-mail ter surgido como ferramenta de comunicação com limitações de espaço e número de caracteres, algumas abreviações se tornaram muito populares:

Abçs	Abraços
Att	Atenciosamente
qd	quando
pq	porque/por que
vc	você
msg	mensagem

Mas, cuidado com elas. Se seus leitores as conhecem e não serão pegos de surpresa, use-as. Lembre-se de que elas valem para situações casuais e informais ou quando existe algum limite de caracteres para a mensagem.

Alguns e-mails longos parecem relatórios comerciais. Nesses casos, a sugestão é redigir a mensagem obedecendo ao padrão de organização e escrita específico para relatórios (Capítulos 8 e 9). Na verdade, a grande maioria de suas mensagens pode ser enviada por e-mail, desde que o destinatário não seja pego de surpresa com essa escolha.

> "A clareza tem importância especial na hora de redigir um e-mail."

Como escrever a mensagem de e-mail

As características de uma mensagem são essencialmente as mesmas das mensagens em geral, descritas no Capítulo 4. Para e-mails, agrupamos as mais importantes em quatro categorias: formalidade, concisão, clareza e etiqueta. A quinta categoria, a exatidão (discutida no "Capítulo B" *online*, em inglês) também é crucial. Os principais aspectos dessas dimensões da redação de e-mails são discutidos a seguir.

formalidade Os e-mails estão em uma faixa que vai do muito informal ao formal. Alguns parecem um bate-papo entre amigos. Outros comunicam declarações importantes sobre alguma política da alta gerência da empresa. Qual deve ser o grau de formalidade de seus e-mails de negócios? Para tomar essa decisão, leve em conta três categorias gerais: casual, informal e formal.[4]

Às vezes uma linguagem **casual** é apropriada. Reduções e pronomes pessoais são usados livremente, assim como gírias, expressões coloquiais e cabeçalhos típicos de mensagens de texto de celular; algumas frases não são completas. Essa redação não é proibida na comunicação empresarial, mas é melhor usá-la com economia e apenas com leitores que preferem essa linguagem. O estilo **informal** é o mais apropriado para redigir e-mails. Essa linguagem usa pronomes pessoais e reduções, mas é estruturada com cuidado e segue as regras gramaticais. Esse é o estilo que você vê na maioria dos exemplos positivos apresentados e na linguagem empregada neste livro. Porém, em algumas ocasiões o estilo **formal** é mais indicado. Evite reduções e não abuse de pronomes pessoais. Em comparação ao estilo informal, a distância entre o remetente e o destinatário é maior no estilo formal, logo, ele é apropriado para e-mails com as características de um relatório formal e mensagens para desconhecidos ou pessoas em posições hierárquicas mais altas.

concisão Já dissemos que o e-mail é escrito por pessoas ocupadas para pessoas ocupadas. Tanto para quem envia quanto para quem recebe, é interessante que a mensagem de e-mail seja a mais curta possível, considerando a cobertura completa do assunto. Isso implica cortar as informações desnecessárias e usar apenas as essenciais, as quais devem ser redigidas de forma concisa. (ver a Figura 2.9 para um tópico relacionado: enviar a mensagem apenas para quem precisa das informações relatadas.)

Muitas vezes a comunicação via e-mail exige uma referência a mensagens anteriores. A maneira mais fácil é selecionar o comando que inclui as outras mensagens da conversa, mas isso aumenta o tamanho dos e-mails enviados e recebidos. É melhor reescrever os trechos importantes das mensagens anteriores ou copiá-los na mensagem nova. Todo o material copiado deve ser sinalizado. Use símbolos (< >) ou cores e fontes diferentes para indicar quem escreveu esses trechos. Se você sabe que seu destinatário usa um programa de e-mail como o Outlook 2010, que agrupa os e-mails por conversa, não será preciso citar referências ou *links* à mensagem original.

clareza A clareza tem importância especial na hora de redigir um e-mail. No Capítulo 4, você verá várias técnicas para facilitar a leitura de suas mensagens. Selecione palavras que gerem significado rapidamente – curtas e conhecidas. O texto tem de ser concreto, vigoroso e preciso. As frases são curtas, assim como os parágrafos. Todos os conselhos para escrever com clareza dados no Capítulo 4 são válidos também para mensagens de e-mail.

etiqueta Claro que a polidez deve ser observada em todos os relacionamentos empresariais. Mas, a literatura especializada tem muito a dizer sobre a raiva entre os usuários de e-mail. O *flaming*, envio de mensagens hostis ou ofensivas, não tem vez no mundo empresarial. A etiqueta deve prevalecer sempre. Isso inclui as práticas discutidas no Capítulo 4 que ajudam a manter uma atmosfera boa entre destinatário e remetente.

exatidão Muitas mensagens de e-mail são escritas com rapidez e em estilo informal. Por isso, o remetente sente aquela tentação de deixar que a velocidade de composição afete o profissionalismo na revisão e na edição. Mas, "o e-mail é uma modalidade séria de comunicação empresarial e deve ser tratado

> "O *flaming*, envio de mensagens hostis ou ofensivas, não tem vez no ambiente empresarial."

FIGURA 2.9 Cuidado com o comando "responder a todos"

O comando "responder a todos" não é útil em todas as situações.
De acordo com Tracy Peterson Turner, consultora de gestão, clicar no botão "responder a todos" para enviar mensagens contribui com a sobrecarga de informações no ambiente de trabalho. Além disso, seu uso pode trazer problemas, especialmente quando a intenção é se exibir por algum motivo – ou revelar quem fez comentários anteriormente. O conselho de Tracy? "Use o comando apenas quando todas as pessoas em sua lista de destinatários precisam de fato das informações constantes na mensagem. Do contrário, responda apenas a quem iniciou a conversa por e-mail. Deixe que cada um faça o seu próprio trabalho."

FONTE: "Use the 'Reply All' Function in Email Judiciously," *SEO Copywriting*, SEO Copywriting, 2009, Web, 8 Oct. 2009.

Tecnologia rápida
Como o uso da etiqueta ajuda a transmitir a mensagem em seus e-mails

Usar a etiqueta correta em seus e-mails é tão fácil quanto compreender e identificar-se com as necessidades de seu destinatário – você envia apenas o que gostaria de receber. As perguntas a seguir o ajudarão a considerar as questões específicas de etiqueta na hora de enviar um e-mail.

- O destinatário realmente precisa receber essa mensagem?
- Ela é rotineira ou especial?
- Você tem certeza de que ela não será vista como *spam* ou uma "corrente"?
- Você se certificou de que o endereço eletrônico do destinatário está correto?
- A redação contém termos ofensivos?
- Você está de acordo com as leis de direitos autorais ao citar as fontes cuidadosamente?
- Você evitou usar humor ou sarcasmo que podem ser mal compreendidos pelo leitor?
- Você revisou sua mensagem com atenção?
- Você tem alguma restrição a essa mensagem ser distribuída a terceiros?
- A sua assinatura tem alguma citação ou ilustração ofensiva, sobretudo de caráter religioso, político ou sexual?
- O destinatário está disposto a aceitar os anexos enviados?
- Esses anexos são grandes demais para serem processados pelo sistema do destinatário?
- Os arquivos anexados têm algum vírus?

com o mesmo respeito dado a qualquer outro documento que você escreve".[5] Dito de outro modo, mesmo que o tom de sua redação seja informal, o estilo deve ser profissional, logo, você precisa revisar e editar suas mensagens com atenção aos problemas de gramática, sintaxe, ortografia e pontuação.

O **modo** como você se comunica também é uma parte importante da mensagem. Um especialista opinou sobre a importância da exatidão da redação para a imagem profissional do redator: "Os e-mails que você escreve dizem muito a seu respeito. Eles mostram que você é cuidadoso, preciso e atento – ou não. Eles provam que suas palavras devem ser levadas a sério – ou não. Eles dão a entender que você sabe do que está falando – ou não".[6] Problemas de ortografia, falta de lógica na pontuação e escolha de palavras estranhas se destacam. Esses erros causam má impressão e comprometem a credibilidade da mensagem. Você não quer que as outras pessoas pensem que você, ou sua empresa, são incompetentes.

Siga as instruções básicas quanto à escolha de vocabulário, à construção de frases e à formação de parágrafos apresentadas no Capítulo 4. Antes de clicar no botão "enviar", revise sua mensagem com cuidado.

Para encerrar a mensagem de e-mail

A maior parte das mensagens de e-mail termina com o nome do remetente – o prenome basta quando destinatário e remetente se conhecem bem. Mas, algumas mensagens, especialmente as mais formais, exigem um encerramento mais apropriado. **Obrigado** e **Atenciosamente** são escolhas populares. Abreviações são comuns em mensagens informais, por exemplo, **att, cordialmente** e **atenciosamente**, muito usados em cartas tradicionais, são válidos para mensagens que envolvem relacionamentos formais. Na hora de enviar um e-mail para uma pessoa de outra empresa, certifique-se de que sua assinatura inclui o seu cargo e a empresa em que você trabalha.

A maioria dos programas de e-mail usados hoje tem um comando para inserir uma assinatura automaticamente em suas mensagens. Alguns permitem que o usuário tenha mais de uma assinatura ou que envie mensagens sem assiná-las. Muitos redatores têm duas assinaturas, uma formal e outra informal. O importante é lembrar que você deve usar uma assinatura que dê ao leitor as informações de que ele precisa.

Evite usar o e-mail de forma inapropriada

O e-mail é muito popular e fácil de usar, mas não é o melhor veículo para todas as suas comunicações. De acordo com autoridades no assunto, "ele não deve ser usado quando:

- A mensagem é longa, complicada ou envolve uma negociação;
- as questões ou as informações precisam ser esclarecidas e discutidas;

FIGURA 2.10 Exemplo de mensagem de texto

Comunicação rápida

Os 10 piores erros de redação de e-mails

Escrever um e-mail eficaz requer reflexão e planejamento. Os 10 principais erros cometidos por gestores na hora de redigir um e-mail são: (1) usar expressões muito vagas para descrever o assunto da mensagem, por exemplo, "reunião"; (2) confundir o destinatário sobre o assunto principal da mensagem; (3) usar o campo "Cco", o que é muito indiscreto na comunicação empresarial; (4) esquecer de excluir as mensagens anteriores encaminhadas ou respondidas que o destinatário não precisa ler; (5) ignorar as regras de gramática e sintaxe; (6) evitar e-mails longos – embora haja casos em que a mensagem precisa ser extensa; (7) redigir parágrafos longos e mal organizados; (8) abusar da emoção ou usar tom e estilo inapropriados; (9) escolher o e-mail quando ele não é o veículo mais indicado para a comunicação pretendida; e (10) esquecer que o e-mail cria um registro permanente de suas decisões e comportamentos.

FONTE: Tim Flood, "Top Ten Mistakes Managers Make with Email, *WSJ*.com, The Wall Street Journal, 4 Feb. 2010, Web, 9 Feb. 2010.

- as informações são confidenciais ou delicadas, requerem segurança ou podem ser mal interpretadas;
- a mensagem tem um teor emocional forte e realmente requer um tom de voz ou um *feedback* verbal para aliviar o clima ou negociar significados;
- a mensagem é enviada para evitar o contato direto com o destinatário, em especial se ela for desagradável ou embaraçosa, ou parecer muito difícil de transmitir pessoalmente;
- a mensagem contém questões delicadas, traduz sentimentos ou é uma tentativa de resolver algum conflito. Nesses casos, o e-mail pode piorar as coisas."[7]

OA2.5
Entender a natureza e o uso das mensagens de texto no ambiente empresarial.

MENSAGENS DE TEXTO

Como o nome sugere, o serviço de mensagens de texto (também chamado SMS – *short message service*) serve para enviar mensagens curtas em geral por telefone celular. Como a proposta de uma mensagem de texto é enviar conteúdo com rapidez, a redação de um SMS é muito diferente da de outras modalidades de mensagem. As mensagens de texto normalmente têm um limite de 160 caracteres, logo, seja breve e inclua o essencial (Figura 2.10).

A necessidade de ser breve gerou muitas abreviações. Hoje elas são tantas que formam uma linguagem nova. Além disso, os redatores usam caracteres que traduzem alguma emoção:

☺ Sorriso padrão	:-! Gafe
;) Sorriso e piscadela	☹ Tristeza ou carranca
:-0 Grito	[] Abraços

O uso dessas abreviações e *emoticons* depende do relacionamento entre o remetente e seu público.

Os bons redatores de comunicação empresarial escrevem mensagens de texto que comunicam o conteúdo e permitem uma resposta igualmente curta do destinatário. Por exemplo, você fez uma reserva em uma churrascaria para uma reunião-almoço com um cliente importante, mas descobriu que ele é vegetariano. Você decide avisar seu chefe, que está em reunião. Um telefonema que interrompesse essa reunião seria muito inapropriado. Por essa razão, você decide enviar uma mensagem de texto.

Sua reação imediata seria escrever um SMS dizendo: "O cliente é vegetariano. Onde devo levá-lo para almoçar?".

Sua mensagem comunica o fato principal em poucos caracteres, mas não dá alternativa ao destinatário senão responder com uma mensagem longa que sugira outro restaurante. Além disso, talvez ela aumente a troca de mensagens para decidir horários, disponibilidade e outros fatores.

Uma versão melhorada dessa mensagem de texto seria: "O cliente é vegetariano. Vamos ao (1) Fish House, ao (2) Souplantation ou ao (3) Mandarin House? Todos estão disponíveis ao meio-dia".

Essa redação informa o fato principal em um número maior de caracteres e permite que o remetente responda simplesmente com 1, 2 ou 3. Como redator, você teve a iniciativa de prever as necessidades do leitor, identificar alternativas adequadas e reunir informações – etapas importantes não só no envio de mensagens de texto, mas também nas outras modalidades de comunicação. Você vai descobrir que mensagens claras, completas, concisas e com um tom profissional e agradável são muito úteis na comunicação empresarial.

OA2.6
Compreender como funcionam as mensagens instantâneas.

Comunicação rápida

As mensagens de texto: outra língua?

A Webopedia.com compilou um dicionário com mais de 1.200 abreviações e 40 tipos de *emoticons*. Se você não conhece o significado de WYGAM ou %-(, visite http://www.webopedia.com/quick_ref/textmessageabbreviations.asp.

Assim como na redação de e-mails, tenha cuidado na hora de usar essas abreviações e *emoticons*. É verdade que economizam tempo de digitação, mas esses recursos prejudicam a comunicação se o leitor não conhece essa linguagem. Use as configurações de autocompletar para solucionar esse problema sem erros de digitação.

"…Sou fluente em dois idiomas: português e mensagem de texto."

MENSAGENS INSTANTÂNEAS

As mensagens instantâneas, ou o bate-papo *online*, são muito parecidas com uma conversa telefônica, pois as partes se comunicam em tempo real (Figura 2.11). A principal diferença é que essas mensagens são baseadas em texto, não voz, ainda que alguns avanços mais recentes permitam o envio dessas mensagens via protocolo de voz. Muitos redatores usam as mesmas abreviações e *emoticons* das mensagens de texto. A exemplo das outras modalidades de comunicação, o uso das mensagens instantâneas depende do público-alvo e da finalidade.

As mensagens instantâneas são como telefonemas, por isso, redija essas mensagens do mesmo modo como você telefona. Se o destinatário é um amigo, sua linguagem deve representar essa amizade. Se ele é o diretor-presidente de sua empresa, um sócio ou um colega de trabalho, o relacionamento que você tem com essas pessoas vai definir o tom da mensagem. A frequência das mensagens instantâneas é determinada principalmente pela troca de informações. As respostas quase sempre são imediatas. Mesmo assim, no ambiente empresarial, você direciona o fluxo dessa troca de acordo com os seus objetivos, sem esquecer o profissionalismo no tom e no estilo.

OA2.7
Entender a natureza e o uso das redes sociais no ambiente empresarial.

REDES SOCIAIS

Você já conhece as redes sociais, como o Facebook, o MySpace, o Twitter e o LinkedIn. Se você tem seu próprio *blog*, você compartilha coisas diariamente com os seus seguidores. Talvez já tenha usado ou contribuído com um *wiki*. Esses sites de relacionamentos sociais estão cada vez mais populares – tanto que o *The New York Times* revelou que, em fevereiro de 2009, as pessoas passaram mais tempo nas redes sociais do que em seus programas de e-mail. Para o autor do artigo, isso representa "uma mudança de paradigma no envolvimento do consumidor com a Internet".[8]

Você usa esses sites para se conectar a amigos, família ou colegas de faculdade, mas muitos redatores usam as redes sociais no contexto empresarial para se comunicar com clientes e supervisores, responder a perguntas, promover produtos, formar uma rede com outros profissionais ou interagir com um colega de trabalho na sala ao lado. As empresas descobriram que essas redes promovem o sucesso pessoal e corporativo.

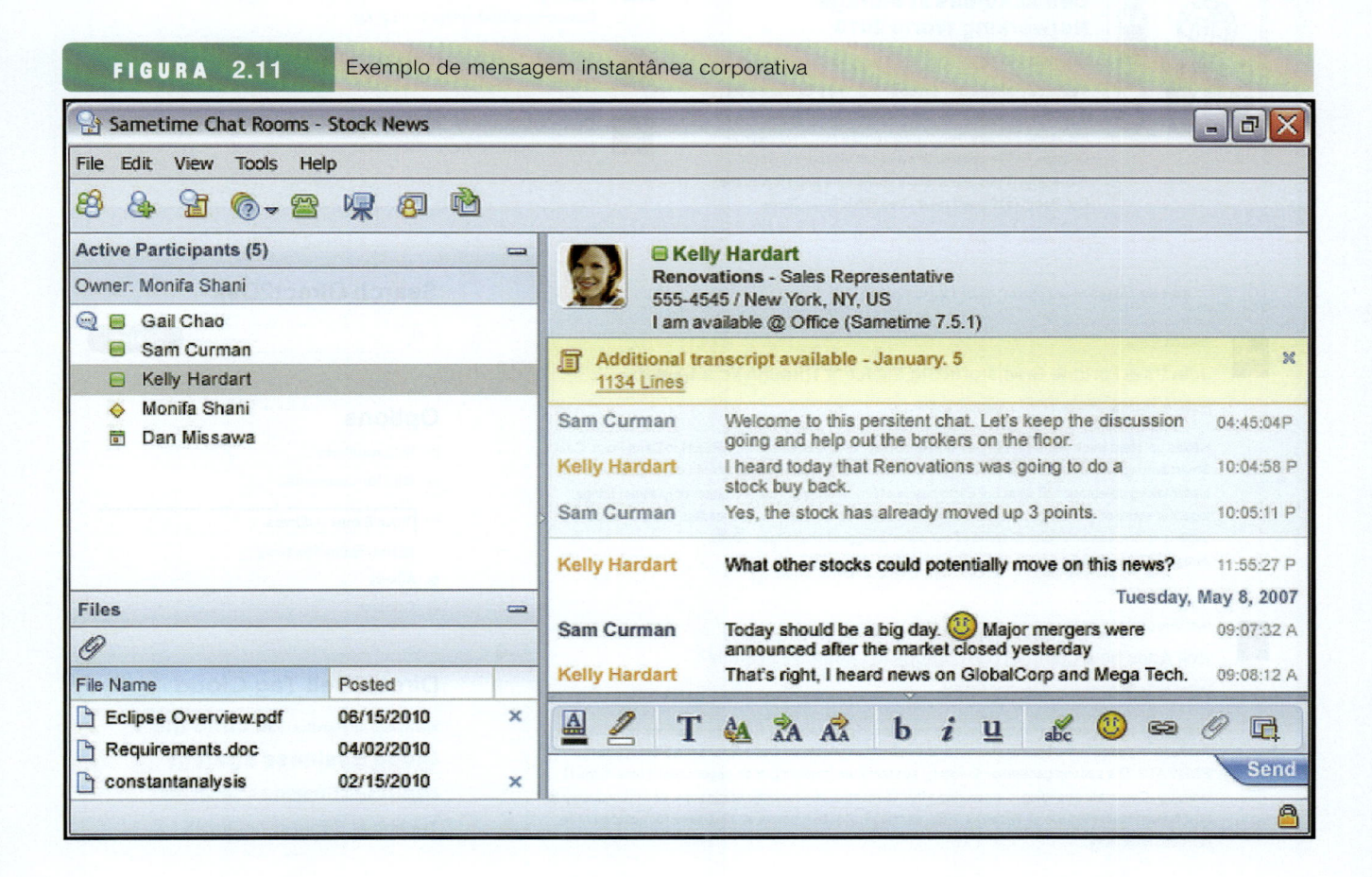

> "Você vai descobrir que mensagens claras, completas, concisas e com um tom profissional e agradável são muito úteis na comunicação empresarial."

FIGURA 2.11 Exemplo de mensagem instantânea corporativa

Uma pesquisa com 1.600 executivos revelou que "as empresas que usam as redes sociais de forma intensa tiveram um desempenho 24% melhor no quesito inovação radical, em comparação às companhias que não as usam".[9] Isso indica que os profissionais do ambiente de negócios utilizam as redes sociais com objetivos muito diferentes dos seus (ver o exemplo de *blog* corporativo na Figura 2.12).

As mensagens trocadas em uma rede social costumam ser curtas. O Twitter limita o número de caracteres em 140. Por isso, não esqueça: como nas mensagens de texto, seja breve, conciso e claro na hora de usar as redes sociais. Lembre-se também de que as mensagens trocadas nessas redes são públicas: – então, cuidado com o tom, a linguagem e o estilo para evitar constrangimentos com seu chefe, problemas jurídicos ou mesmo a demissão de seu emprego.

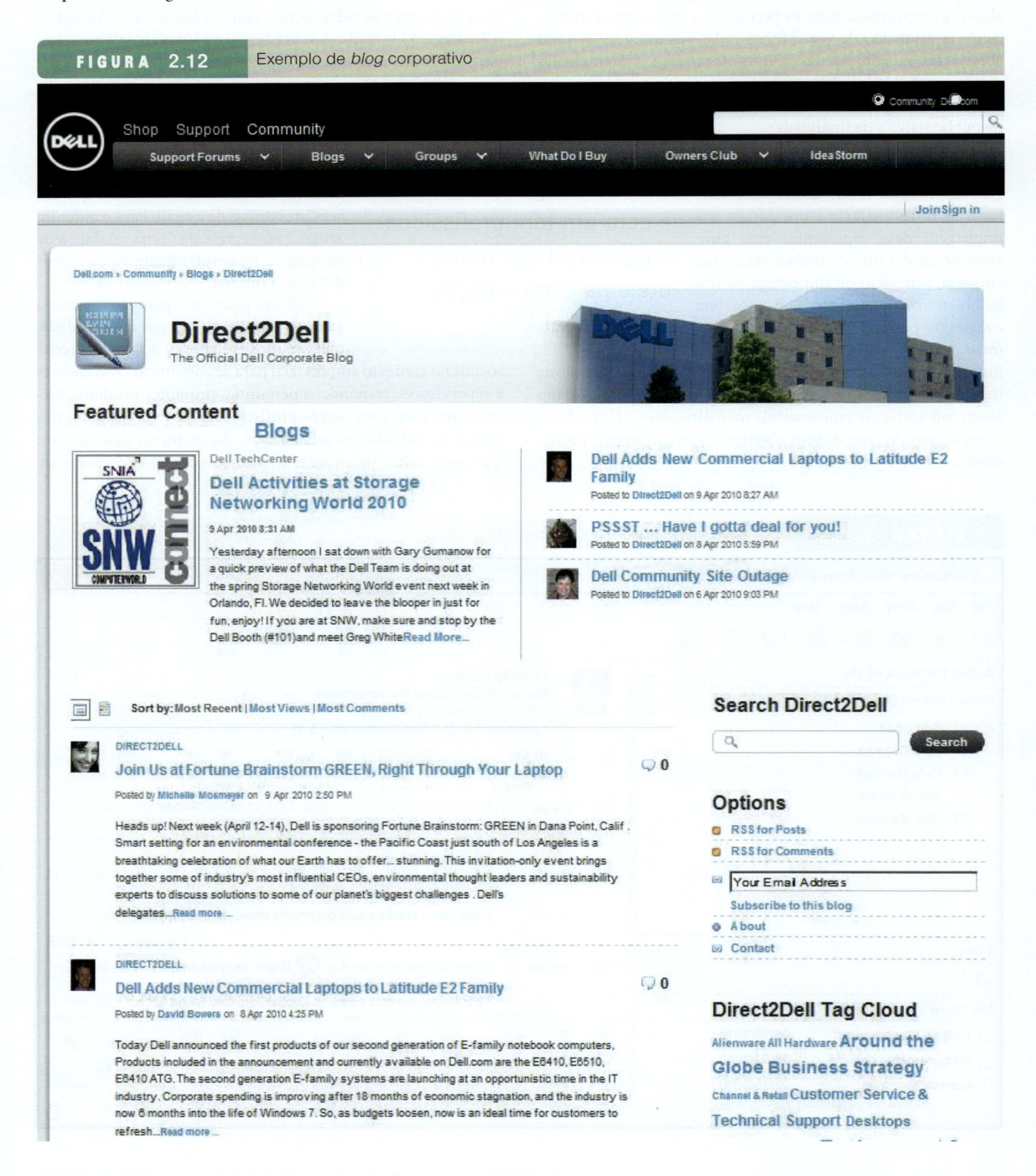

FIGURA 2.12 Exemplo de *blog* corporativo

Se você tem uma página em uma rede social, onde você é seguido por amigos e familiares, remova qualquer imagem ou postagem que você não quer que um possível empregador, sua empresa atual, um colega de trabalho ou um cliente vejam. Mesmo que você configure a privacidade de suas postagens com cuidado, você nunca sabe o que seus amigos e familiares estão compartilhando com outras pessoas. Um especialista descobriu que 40% dos empregadores consultam as redes sociais quando contratam um funcionário novo e que 80% admitem que esses conteúdos influenciam suas decisões de contratação, mesmo não estando no pleno direito de averiguar informações pessoais, como idade, raça ou histórico de saúde nessas redes.[10]

Muitas empresas controlam a movimentação de seus funcionários nas redes sociais durante o trabalho. Isso permite detectar o uso demasiado dessas redes, comportamentos antiéticos ou inapropriados, a revelação de informações sigilosas da empresa, conteúdo sexual ou anexos com vírus. Algumas instalam sistemas de monitoramento que as protegem de responsabilidades jurídicas. Como profissional no ambiente empresarial, familiarize-se com a política de uso das redes sociais adotada por sua empresa e evite escrever qualquer coisa que tenha resultados negativos para você ou para ela – ou mesmo que represente algum risco a todos os envolvidos.

Além disso, conheça as políticas de privacidade de *sites* de redes sociais, como o Facebook e o LinkedIn. Essas políticas definem como suas informações são coletadas, armazenadas e compartilhadas.

Neste capítulo, embora tenham sido discutidas as formas mais comuns de redigir e enviar mensagens no ambiente empresarial, novas modalidades surgirão, com o avanço nas tecnologias e com as mudanças nas necessidades das empresas. Ficar atento a essas mudanças e analisar os novos cenários com cuidado vai ajudá-lo a escolher a forma certa de mensagem para cada momento. ■

ACESSE <http://www.grupoa.com.br>
para materiais adicionais de estudo, em inglês,
incluindo apresentações em PowerPoint.

● ● objetivos de **APRENDIZAGEM**

OA3.1 Descrever o processo para uma comunicação visual eficaz: o planejamento, a coleta e a reunião, a análise e a organização, a escolha do formato, a veiculação, a interpretação e a avaliação.

OA3.2 Escolher o tipo certo de recurso visual para sua tarefa de comunicação.

OA3.3 Elaborar componentes visuais com base em textos, como tabelas, olho de página, fluxogramas e gráficos de processo.

OA3.4 Elaborar componentes visuais gerados com dados, como gráficos de barra, de pizza, de linha, de área, de dispersão (X-Y) e suas combinações e *mashups*.

OA3.5 Aprender a usar elementos visuais, como mapas, fotos, vídeos, desenhos, diagramas e componentes 3D.

OA3.6 Aprender a usar os conceitos de alfabetização visual em documentos e apresentações.

Recursos visuais na comunicação oral e escrita

capítulo

três

A sociedade moderna é rica em meios de comunicação. Os recursos visuais estão em todo o lugar e em todas as nossas atividades, tanto no trabalho quanto no lazer. Lemos e escrevemos relatórios que incluem imagens. Assistimos e fazemos apresentações onde o público espera ver gráficos e outros recursos visuais. Todo dia, milhões de pessoas acessam *sites* como o Flickr e o YouTube para visualizar e postar fotos e vídeos. O SlideShare.net e outros *sites* especializados estão cada vez mais populares. Na busca de informações, esses recursos visuais são usados até como palavras-chave em aplicativos de *smartphones*, como o Google Goggles. A explosão do uso de imagens para transmitir informações confirma: a alfabetização visual tem importância fundamental na comunicação eficaz.

Para alguns, os créditos (ou a culpa) desse crescimento explosivo são da tecnologia. Essas pessoas dizem que o computador permite reunir, armazenar e acessar inúmeras informações. Outros acusam a tecnologia de gerar uma sobrecarga de informações, que sufoca e paralisa a comunidade de negócios. O problema é real, mas Stephen Few, especialista em inteligência de negócios e design da informação, acredita que a tecnologia representa um leque de oportunidades. Embora às vezes ela nos deixe mais preguiçosos e dependentes do ambiente digital para relatar informações, tudo seguindo formatos padronizados, tecnologia também nos oferece um arsenal rico de ferramentas analíticas que ajudam a compreender e apresentar dados, instrumentos que precisam de um ser humano para explorar todo o seu poder.[1]

Um estudo recente com executivos examinou o impacto dos recursos visuais no trabalho em equipe. Os resultados não deixaram dúvida: os grupos que usam esses recursos têm níveis mais altos de produtividade, qualidade de resultados e ganhos de conhecimento, em comparação aos que não os usam.[2]

Não importa se você trabalha individualmente ou em grupo: para usar a comunicação de forma eficaz, você precisa ser capaz de interpretar, criar e escolher os elementos visuais certos para transmitir suas mensagens com clareza.[3]

Neste capítulo você conhecerá os princípios da comunicação visual que permitirão ao seu público extrair informações de forma rápida e precisa. As seções explicam como: (1) entender o processo de comunicação visual; (2) escolher os elementos visuais adequados para a situação; (3) administrar a utilização desses elementos com competência; (4) projetar layouts que integrem esses elementos visuais a suas comunicações de forma eficaz.

●● OA3.1
Descrever o processo para uma comunicação visual eficaz: o planejamento, a coleta e a reunião, a análise e a organização, a escolha do formato, a veiculação, a interpretação e a avaliação.

ENTENDA O PROCESSO DE COMUNICAÇÃO VISUAL

Os estágios do processo de comunicação visual são muito parecidos com os do processo de redação, abordados no Capítulo 2. O redator que segue essas etapas – o planejamento, a coleta e a reunião de informações, a análise e a organização, a escolha do formato, a localização, a interpretação e a avaliação – certamente conseguirá usar os elementos visuais com mais eficácia.

Planejamento

O planejamento dos recursos visuais que você pretende usar em um documento ou apresentação deve começar logo após seus fatos terem sido organizados. Esses recursos têm uma finalidade básica: comunicar conteúdo. Logo, use-os apenas com esse propósito. O planejamento de recursos visuais está baseado na definição do que e de como você vai comunicar os conteúdos. Esses recursos ajudam a esclarecer informações complexas ou difíceis; ilustrar relacionamentos; revelar tendências, padrões e exceções; enfatizar alguns fatos;

tornar a comunicação mais coerente; compactar e resumir dados – além, claro, de gerar e alimentar o interesse de seu público naquilo que você tem a dizer. Um recurso visual bem planejado também serve para melhorar a aparência do documento ou da apresentação que você está preparando. O resultado? Mais credibilidade para o redator e o apresentador.

Na hora de planejar um recurso visual, lembre-se de que ele servirá como suplemento para uma comunicação redigida ou falada, não como substituto para ela – o que não ocorre com os infográficos autoexplicativos e independentes, tão comuns em jornais e revistas. Os recursos visuais auxiliam as palavras. Eles se encarregam das partes difíceis, enfatizam os pontos mais importantes e destacam detalhes relevantes da comunicação. Mas, a função de transmitir a mensagem principal é sempre das palavras.

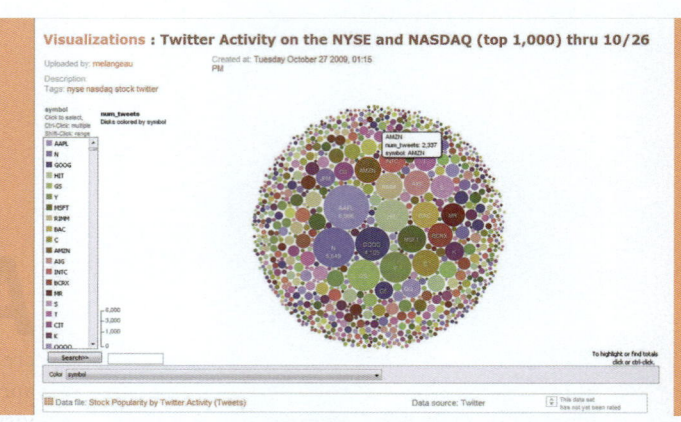

As ferramentas de data mining, *ou mineração de dados, como o aplicativo para a Internet ManyEyes da IBM, têm muitas opções para a apresentação e visualização de dados.*

Coleta e reunião de informações

As informações representadas pelos elementos visuais devem ficar na memória do público depois de a apresentação termi-

Cenário de trabalho
Como os elementos visuais ajudam a comunicar ideias

Você é revisor de provas na Pinnacle. Seu trabalho é revisar documentos e apresentações preparados por colegas. A empresa usa diversos compostos químicos na fabricação de seus produtos. Por isso, esses documentos muitas vezes são complexos e cheios de detalhes técnicos. Outros, especialmente os preparados pelos departamentos financeiro e de vendas, têm muitos gráficos e números. Com tanta informação, você sabe que a revisão dessas comunicações não é tarefa fácil.

O documento que você está revisando está repleto de estatísticas de vendas. Você se perde fácil em meio a tantos detalhes. Por que o redator não separou um tempo para resumir os números mais importantes e apresentar resultados em um gráfico? Por que ele não usou tabelas para representar alguns detalhes? A maioria dos outros documentos e apresentações que você está revisando sofre com o mesmo problema: falta de recursos visuais. Gráficos de barra, de pizza ou de

outros tipos certamente explicariam os dados de forma mais clara. É uma pena que os redatores não compreendem que as palavras sozinhas não conseguem comunicar uma mensagem com clareza – que elas precisam de um complemento visual. Se estudassem os princípios da alfabetização visual apresentados a seguir, sem dúvida o seu trabalho de revisor seria mais fácil e agradável, assim como o trabalho de quem lê esses documentos ou assiste a essas apresentações.

nar. Talvez você precise extrair informações por meio de mineração de dados que você já possua a fim de criar os elementos visuais, ou obter dados inéditos para apresentar exemplos relevantes a seu público. Seus dados inéditos podem ser internos, isto é, – aqueles que sua empresa já armazena em outro local, ou externos, isto é, informações obtidas junto a fontes públicas ou privadas. O tempo e o dinheiro gastos obtendo informações ou criando uma comunicação visual devem estar de acordo com a importância da mensagem a ser comunicada. O Capítulo 8 apresenta algumas dicas específicas para obter informações por meio de pesquisas.

Análise e organização

Após obter os dados e os fatos, agora você terá de analisar as informações a serem apresentadas e determinar a melhor maneira de organizá-las para seu público. Existem muitas ferramentas de análise de texto, mineração de dados e visualização que filtram quantidades enormes de dados coletados e armazenados regularmente. Mas, quais são os dados que você precisa destacar? Quais são as melhores cores para comunicar essas informações? Em que ponto da apresentação eles devem aparecer? Os recursos visuais escolhidos são os mais indicados para o público-alvo? Use uma abordagem de solução de problemas para encontrar a melhor resposta para essas perguntas.

Escolha do formato

Escolha os recursos visuais apropriados para o conteúdo e o contexto da comunicação. Inclua somente aqueles que ajudem o público a entender o documento ou a apresentação de forma rápida, fácil e completa.

Na hora de selecionar esses recursos, revise as informações que serão incluídas na comunicação, explorando todas as possibilidades de melhorar a veiculação das informações empregando elementos visuais. Procure as informações mais complexas, que sempre podem ficar mais claras com uma apresentação visual bem planejada, aquelas que pedem mais ênfase e as demasiadamente detalhadas para ser comunicadas apenas com palavras.

Depois de definir as informações que devem ser incluídas na comunicação, deixe que suas palavras em seus apontamentos sobre essas informações o guiem na escolha dos recursos visuais mais apropriados. Por exemplo, se as palavras indicam que você quer fazer uma comparação, revelar uma tendência ou mostrar partes de um todo, escolha um formato que envolva dados. Mas, se sua redação indica que você está descrevendo um processo, ilustrando um conceito ou mesmo retratando uma emoção, selecione outros meios, como fluxogramas, diagramas, desenhos ou fotografias. Ainda neste capítulo você vai aprender a escolher o melhor recurso visual para o tipo de informação a ser comunicado. Ao analisar as palavras em seu documento ou sua apresentação, você conseguirá determinar o formato mais indicado para seu público.

Localização e interpretação

Obtenha o melhor efeito na comunicação colocando cada recurso visual no ponto em que será discutido. Mas, a escolha do ponto exato deve ser feita com base no espaço que o recurso ocupa na página. Se o recurso for pequeno, ele pode acompanhar o texto a que se refere. Se for grande, como uma página ou uma tela inteira, insira o elemento visual após a primeira referência à informação que ele representa.

Alguns redatores gostam de colocar todos os componentes visuais no final da comunicação, normalmente em um apêndice. Isso poupa tempo de preparação, mas dificulta a leitura. O leitor precisa folhear ou clicar página por página do documento para examinar um componente visual. Use o bom senso: insira recursos visuais para melhorar a compreensão do texto que os acompanha.

Às vezes você precisa incluir recursos que não se encaixam em um ponto específico do documento ou apresentação. Por exemplo, ele serve para completar a comunicação, mas não é discutido no texto. Tabelas e gráficos podem se referir à comunicação como um todo, não a um ponto específico dela. Há também aqueles casos em que você precisa de um recurso visual apenas para uma seção de perguntas e respostas ao final da apresentação. Nessas situações, o melhor lugar para um recurso visual é o apêndice. Mas, não se esqueça de fazer referência ao apêndice para seu público em algum ponto da comunicação.

Para comunicar o conteúdo com eficácia, um recurso visual precisa estar no lugar certo. Por isso, indique a localização do recurso, na hora certa. Isto é, diga onde ele está localizado e o que ele representa. Muitas expressões são usadas para essa finalidade, como:

- … como mostra a Figura 4, …
- … indicado na Figura 4…
- … a Figura 4 mostra que…
- … (ver a Figura 4)…

Se o recurso tem um conteúdo importante, por exemplo, uma tabela detalhada, faça uma referência espontânea à informação que ele contém, como "O aumento nas vendas nos últimos três anos…".

Mas, se são as palavras que têm uma mensagem importante, como o gráfico de área da Figura 3.14 (página 48), comece com uma referência ao gráfico acompanhada de uma interpretação completa. Memorize a sigla GEE, **generalização, exemplo e exceção.**[4] Comece com um resumo do panorama. No caso da Figura 3.14, diga, "Como mostra o Gráfico 14, tanto as estimativas otimistas quanto as pessimistas indicam que os estoques de petróleo estarão altos em 2050". Após apresentar os números, dê um ou dois exemplos adicionais que atraiam a atenção do público para os resultados principais. Cite a exceção à regra, se ela existir, dizendo "Embora as estimativas otimistas calculadas usando métodos convencionais sejam duas vezes maiores do que as pessimistas, as estimativas otimistas obtidas por outros métodos são quatro vezes mais altas".

Seu público gosta de elementos visuais bem planejados, projetados e explicados. Lembre-se disso e os resultados serão muito bons.

Avaliação

O sucesso dos recursos visuais na realização de seu objetivo – a comunicação eficaz – deve ser avaliado de diversas maneiras. Analise os recursos usados considerando a integridade, a precisão, a clareza e a atratividade para o público.

Você tem a obrigação ética de apresentar dados e recursos visuais que sejam interpretados com facilidade e exatidão. Ao familiarizar-se com os erros mais comuns cometidos no uso desses recursos, você vai aprender a identificar e evitar esses erros em outros documentos. Mesmo quando os erros não são criados propositadamente para enganar o público, eles diminuem sua credibilidade, despertando – dúvidas sobre a comunicação atual e outros trabalhos que você fez.

Todo recurso visual pode representar mal as informações. Os redatores e palestrantes precisam ser diligentes ao aplicar altos padrões de qualidade na hora de usar esses recursos.[5] Escolha com cuidado as informações que devem ser representadas e os recursos mais apropriados. Preste atenção na seleção. As coisas estão representadas de forma excessiva ou insuficiente? Os dados sobre homens e mulheres são adequados ao contexto? A representação de faixas etárias é apropriada? E os grupos étnicos? As cores foram usadas da forma certa, para não despertar ou distorcer emoções? E questões sobre volume e tamanho? O número e o tamanho dos recursos são adequados para a ênfase que o assunto merece? Eles são apresentados com precisão, sem distorções ou alterações? As fotografias foram ajustadas ao contexto? Todo redator deve escolher e usar os recursos visuais com cuidado para manter a integridade da comunicação.

A precisão dos recursos visuais baseados em números é afetada por erros de escala e de formato. Os erros de escala incluem problemas relativos a tamanho, distorção e pontos zero. Certifique-se de que a escala das unidades do eixo horizontal (eixo x), bem como do eixo vertical (eixo y), seja uniforme. Se essa escala variar, o gráfico estará errado, conforme mostrado a seguir.

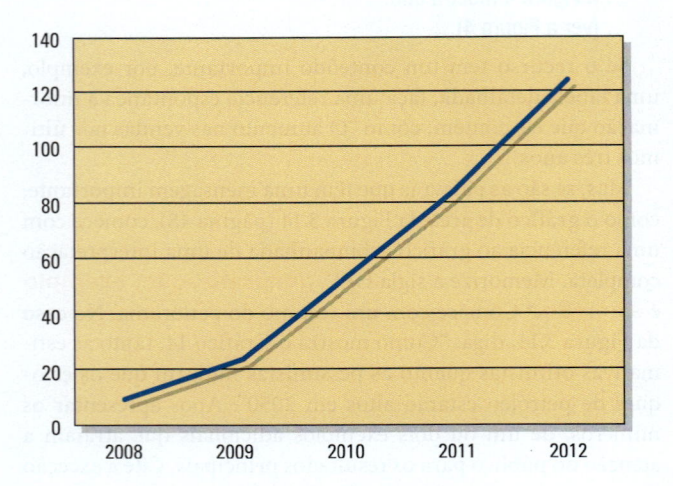

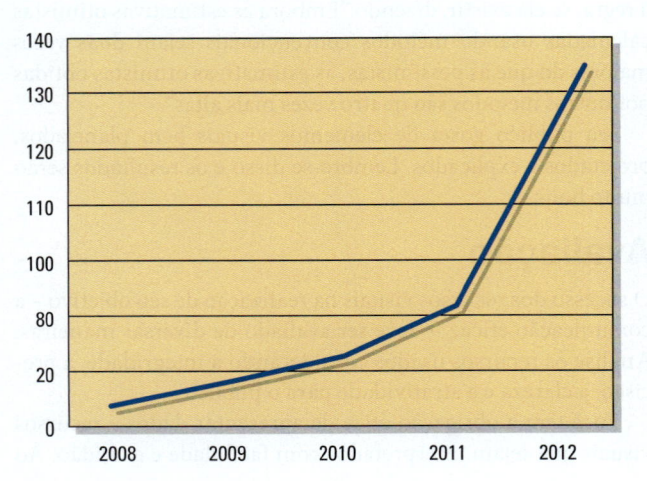

As distorções na escala são comuns quando um gráfico é alongado na vertical ou na horizontal para alterar o conteúdo transmitido. Essa expansão muda a aparência da linha. Por exemplo, quando os valores em um gráfico são representados em intervalos de meia unidade, as variações na curva são bruscas. Use o bom senso para definir a escala que represente os dados da forma mais exata possível. Veja como a curva do gráfico é alterada quando a escala horizontal é expandida.

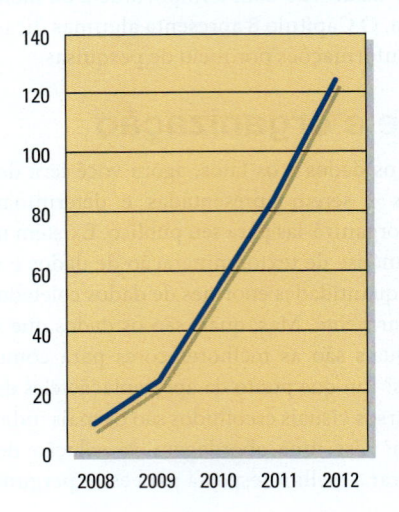

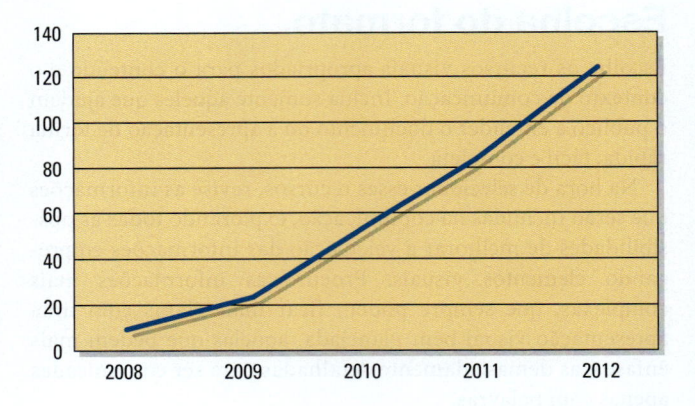

Outro tipo de erro de escala é ignorar o início das séries na definição do cruzamento dos eixos, ou ponto zero. Para manter a precisão, comece a escala no valor zero. Você vai perceber que quando as informações representadas no gráfico incluem valores muito altos, fica mais difícil mostrar toda a escala, do zero até o valor máximo. Por exemplo, se os valores estão entre 1.320 e 1.350 e o gráfico mostra toda a área, de zero a 1.350, a curva será praticamente uma reta e estará no topo do gráfico. Para resolver este problema, não comece a escala vertical com um valor alto (por exemplo, 1.300). Comece com zero e insira uma quebra de escala. Mas, fique atento: embora essa tática facilite a visualização das diferenças, existe o risco de elas parecerem exageradas. Os gráficos ilustram esse risco.

Os erros de formato também comprometem a clareza. Os mais comuns são a escolha do tipo de gráfico errado; o uso inadequado de linhas de grade, sombreamento, cor de fundo e fontes; e os problemas com legendas. Se uma empresa usa gráficos de pizza para comparar despesas anuais, o público pode tirar conclusões equivocadas. Embora esses gráficos representem

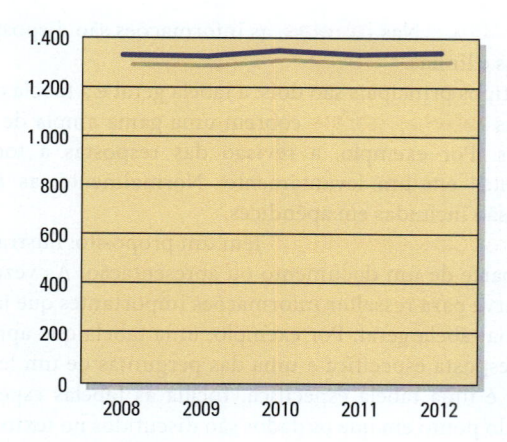

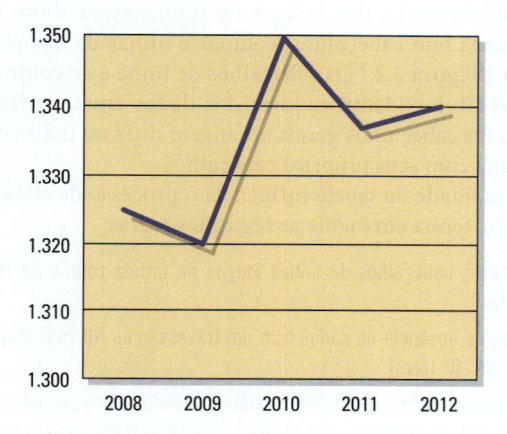

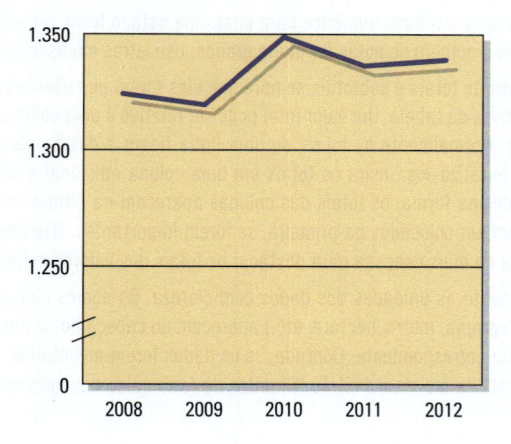

> ### Comunicação rápida
>
> **Ética visual**
>
> Você já sabe que os recursos visuais são muito úteis para o redator de comunicações empresariais. Mas, ele precisa usar esses elementos com responsabilidade a fim de apresentar imagens que comuniquem o conteúdo de forma completa e precisa. Para isso, preste atenção ao design e ao conteúdo do recurso. Esses fatores têm importância especial, porque o público muitas vezes lê o texto com rapidez, mas examina os recursos visuais com interesse. As pesquisas mostram que é mais fácil lembrar uma imagem do que um texto.
>
> Faça estas perguntas a você mesmo e avalie se está usando recursos visuais do jeito certo:
>
> - O design do recurso gera expectativas realistas?
> - Ele representa os dados com precisão?
> - A mensagem percebida pelo público corresponde à mensagem real?
> - O impacto do recurso sobre o público será adequado?
> - O elemento visual representa as informações mais importantes sem distorções?
> - Os dados são apresentados com exatidão?
>
> FONTE: Adaptado de Donna S. Kienzler, "Visual Ethics," *Journal of Business Communication* 34 (1997): 171-87, impresso.

100% da despesa total, o volume de negócios e de gastos pode aumentar ou diminuir muito de um ano para o outro. Se a cor de um setor do gráfico de pizza o destaca dos outros, o público pode se confundir. Outros problemas são a escolha de fontes muito pequenas e a falta de legendas adequadas. Tome cuidado para apresentar recursos visuais que sejam completos e precisos.

Outro desafio ético é o contexto. Muitos políticos enquadram um assunto para atender às próprias necessidades. Mas, como profissional de comunicação empresarial, você vai evitar esse problema ao tentar enquadrar suas informações com objetividade e ao apresentar seus dados de olho na reação do público. Por exemplo, você está fazendo uma apresentação sobre o custo da educação superior nos últimos 16 anos: a tendência da curva das despesas em dólar com o tempo é claramente ascendente. Mas, se você apresentar essas despesas sem levar em conta a inflação nesse período, os resultados ficarão distorcidos. A Figura 3.1[6] mostra que o custo real da educação universitária em dólar considerando a inflação é um pouco menor ou no máximo igual aos custos atuais.

Por fim, avalie os recursos que você está usando em termos da sua capacidade de reter a atenção e de ajudar o público a reter as informações apresentadas. Se eles atraem a atenção, você consegue transmitir o conteúdo. Se forem bem executados, esses recursos auxiliarão o público a absorver o que foi apresentado.

FIGURA 3.1 Ilustração de precisão de conteúdo

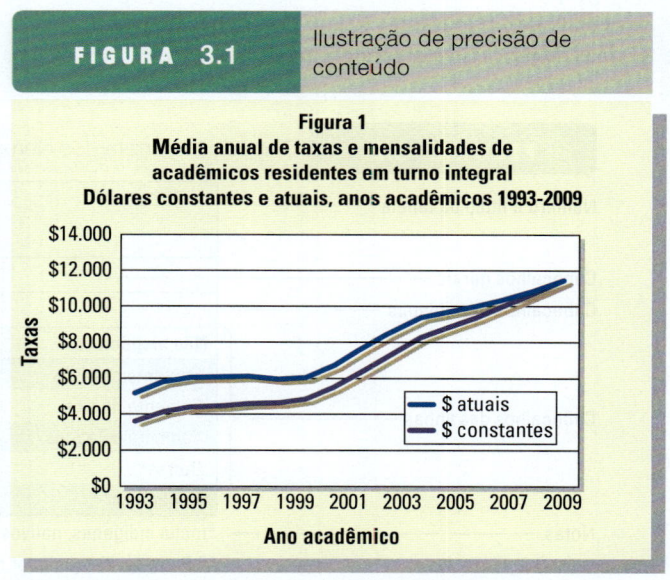

Figura 1
Média anual de taxas e mensalidades de acadêmicos residentes em turno integral
Dólares constantes e atuais, anos acadêmicos 1993-2009

FONTE: Departamento de Ensino Superior de Michigan, 2010.

Talvez a parte crucial da comunicação bem-sucedida com elementos visuais esteja na escolha correta do elemento segundo as circunstâncias. A próxima seção o ajudará nessa escolha.

OA3.2
Escolher o tipo certo de recurso visual para sua tarefa de comunicação.

ESCOLHA O RECURSO VISUAL CERTO

Muitas vezes você cai na tentação de sair criando um recurso visual para sua comunicação. Em algumas, a culpa é da tecnologia, que nos atrai com suas ferramentas. Em outras, você é vítima do desejo natural de ser criativo. Mas, é preciso resistir. Os recursos visuais mais eficazes são aqueles que se encaixam à situação. Para escolher os recursos certos, pense no tipo de informação à sua disposição e nos objetivos de sua comunicação.

Os recursos visuais usados na comunicação de informações estão em três categorias gerais: (1) material textual (palavras e números), (2) gráficos gerados com dados e (3) imagens. Os exemplos a seguir mostram que cada categoria tem suas próprias vantagens.

OA3.3
Elaborar componentes visuais com base em textos, como tabelas, olho de página, fluxogramas e gráficos de processo.

Recursos visuais baseados em texto

Este grupo de recursos inclui tabelas, olhos de página e uma variedade de fluxogramas (como diagramas de Gantt, fluxogramas de processo e organogramas).

tabelas Nas **tabelas**, as informações são dispostas em colunas e linhas.

Os tipos principais são dois: a tabela geral e a tabela específica. As **tabelas gerais** cobrem uma gama ampla de informações. Por exemplo, a revisão das respostas a todas as perguntas em um levantamento. Normalmente, as tabelas gerais são incluídas em apêndices.

As **tabelas específicas** têm um propósito: ilustrar uma dada parte de um documento ou apresentação. Às vezes esse tipo serve para ressaltar informações importantes que já estão em uma tabela geral. Por exemplo, uma tabela que apresenta uma resposta específica a uma das perguntas de um levantamento é uma tabela específica. Inclua as tabelas específicas perto do ponto em que os dados são discutidos no texto.

Além do título, das notas e de informações sobre fontes, uma tabela tem cabeçalhos, colunas e linhas de dados, como mostra a Figura 3.2.[7] Os cabeçalhos de linha e de coluna mostram os títulos identificadores dos dados em cada linha ou coluna. Os cabeçalhos gerais abrangem duas ou mais colunas, cada uma com seus próprios cabeçalhos.

A finalidade da tabela influencia o processo de elaboração. Contudo, tenha em mente as seguintes regras:

- Repita os cabeçalhos de linhas longas na última coluna da tabela, à direita.
- Indique a ausência de dados com um travessão ou ND (não disponível). Não use "0" (zero).
- Inclua notas sobre algum dado numérico usando asteriscos, adagas, adagas duplas ou símbolos equivalentes. Se você usar um número sequencial ao lado de um dado numérico para criar uma nota, o leitor vai se confundir. Se o número de notas for muito grande, use letras minúsculas.
- Apresente totais e subtotais sempre que eles forem importantes para os objetivos da tabela. Um valor total pode ser relativo a uma coluna ou uma linha. Normalmente os totais de uma linha ficam à direita. Se for preciso enfatizá-los, insira os totais em uma coluna adicional à esquerda. Da mesma forma, os totais das colunas aparecem na última linha, mas podem ser colocados na primeira, se forem importantes. Use uma borda dupla ou mais espessa para destacar os totais dos valores individuais.
- Apresente as unidades dos dados com clareza. Os nomes das unidades (quilograma, metro, hectare, etc.) aparecem no cabeçalho da linha ou da coluna correspondente. Contudo, se os dados forem monetários, insira o símbolo da moeda e o cifrão ($) antes de cada valor, em cada coluna.

FIGURA 3.2 Disposição correta dos elementos de uma tabela

Tabela I – Uso da Internet por raça ou etnia
2008 – 2014 (% da população em cada grupo)

	Real			*Projetado*			
	2008	2009	2010	2011	2012	2013	2014
Não hispânicos							
Somente brancos	72,0%	74,0%	76,1%	77,5%	79,0%	80,1%	81,2%
Somente negros	58,2%	60,5%	63,8%	66,9%	69,6%	71,7%	72,3%
Somente asiáticos	70,0%	71,2%	73,4%	75,5%	77,5%	79,5%	81,0%
Outros*	46,4%	50,0%	52,5%	55,0%	58,0%	62,0%	65,5%
Hispânicos**	53,5%	56,5%	59,5%	62,9%	65,0%	67,6%	70,0%

- Número e título da tabela
- Cabeçalhos gerais
- Cabeçalhos das colunas
- Cabeçalhos das linhas
- Notas: *Inclui indígenas, nativos do Alasca, do Havaí e das Ilhas do Pacífico e indivíduos multirraciais.
** Pode ser de qualquer raça.
- Identificação da fonte: **FONTE**: Reproduzido com permissão de eMarketer.

Alguns softwares ajudam a criar uma variedade de elementos gráficos, não importa o tamanho da base de dados.

Você não precisa apresentar seus dados numéricos sempre em uma tabela. Se o volume de informações não for grande, talvez o resultado seja mais eficaz se você as apresentar como parte do texto, por meio de guias e tabulações.

Você pode apresentar dados em uma tabela sem as linhas de grade. As **guias** são as linhas pontilhadas que você usa para unir esses elementos. Muitas vezes, uma frase que termina com dois pontos antecede a tabulação de dados neste formato. Por exemplo:

As vendas dos representantes comerciais na região centro-oeste no mês de agosto foram (por representante):

Kate McPhee	$53.517
Donald Zatyko	49.703
Bill Riedy	48.198

As **tabulações de texto** são tabelas simplificadas que contêm cabeçalhos de colunas e espaçamento padronizado, mas não são numeradas e são lidas com o texto. Por exemplo:

No mês de agosto, as vendas na região centro-oeste sofreram um forte aumento em comparação com o mês anterior:

Representante	Vendas julho	Vendas agosto	Aumento
Kate McPhee	$52.819	$53.517	$ 698
Donald Zatyko	47.225	49.703	2.478
Bill Riedy	46.838	48.198	1.360

olho de página   Muitas pessoas não percebem a importância do olho de página. Este recurso é muito útil para enfatizar pontos importantes ou quando o teor do documento não comporta muito bem outras soluções visuais. O redator seleciona uma frase, copia para uma caixa de texto, aumenta, substitui ou colore a fonte, e com isso acaba com o tédio visual de uma página ou uma tela onde só há texto. Os processadores de texto permitem que você disponha o texto ao redor de formas ou ao longo de linhas ou linhas irregulares, sem muito esforço. A Figura 3.3[8] mostra um exemplo simples, mas eficaz, para atrair a atenção para um ponto importante e despertar o interesse do leitor no material.

listas com marcadores   Use **marcadores** (•) para listar e diferenciar pontos importantes. Às vezes essas listas têm um título que identifica o assunto dos pontos. Em outras, os itens são apresentados sem títulos, como em vários capítulos deste livro. Na hora de usar marcadores, preste atenção ao paralelismo: comece cada item com palavras da mesma classe gramatical. Se os itens são subdivididos, use níveis diferentes de marcação, mudando o símbolo, a cor ou outro atributo. Setas, quadrados, triângulos ou o sinal de visto são úteis para alterar o nível da lista.

gráficos baseados em texto   Se você estudou administração de empresas, sabe que os administradores empregam uma variedade de gráficos especializados no trabalho. Muitos fazem parte das informações em um relatório. Talvez o mais comum seja o **organograma** (Figura 3.4), o qual inclui informações sobre hierarquia ou relacionamentos em uma organização. Como diz o nome, um **fluxograma** (Figura 3.5) mostra a sequência de atividades de um processo. Esses fluxogramas tradicionalmente têm *designs* e símbolos específicos para diferenciar as etapas de um processo. As variantes do organograma e do fluxograma são a **árvore de decisão** e o **mapa conceitual** ou **mental**. A árvore de decisão orienta uma pessoa a tomar uma decisão adequada. Um mapa conceitual ou mental mostra relações entre ideias e ajuda os redatores a planejar e organizar seus documentos. O **diagrama de Gantt** é uma representação visual que identifica tarefas e os dias e horários em que serão realizadas, auxiliando na finalização de projetos dentro do prazo. Você pode elaborar esses diagramas facilmente por meio de programas específicos de apresentações e desenho.

FIGURA 3.3 Exemplo de olho de página

FONTE: Reproduzido com permissão de Smart Money, Dyan Machan, "Business by Avatar", April 2010, p.36. Direitos autorais 2010 Dow Jones & Company. Todos os direitos reservados.

FIGURA 3.4 Exemplo de organograma

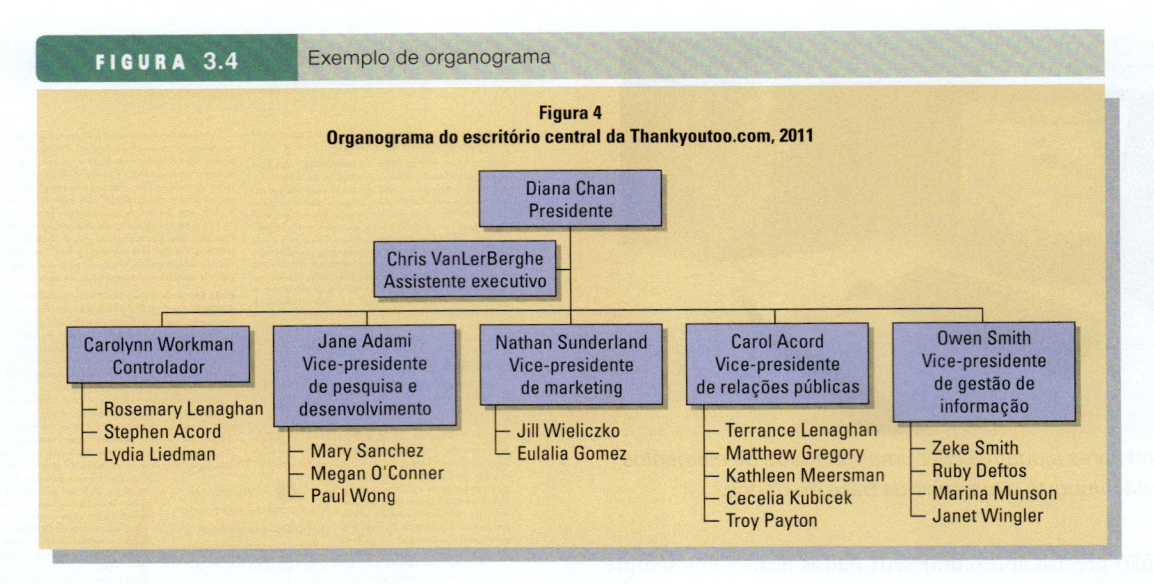

Figura 4
Organograma do escritório central da Thankyoutoo.com, 2011

- Diana Chan — Presidente
  - Chris VanLerBerghe — Assistente executivo
    - Carolynn Workman — Controlador
      - Rosemary Lenaghan
      - Stephen Acord
      - Lydia Liedman
    - Jane Adami — Vice-presidente de pesquisa e desenvolvimento
      - Mary Sanchez
      - Megan O'Conner
      - Paul Wong
    - Nathan Sunderland — Vice-presidente de marketing
      - Jill Wieliczko
      - Eulalia Gomez
    - Carol Acord — Vice-presidente de relações públicas
      - Terrance Lenaghan
      - Matthew Gregory
      - Kathleen Meersman
      - Cecelia Kubicek
      - Troy Payton
    - Owen Smith — Vice-presidente de gestão de informação
      - Zeke Smith
      - Ruby Deftos
      - Marina Munson
      - Janet Wingler

FONTE: Os autores.

FIGURA 3.5 Exemplo de fluxograma

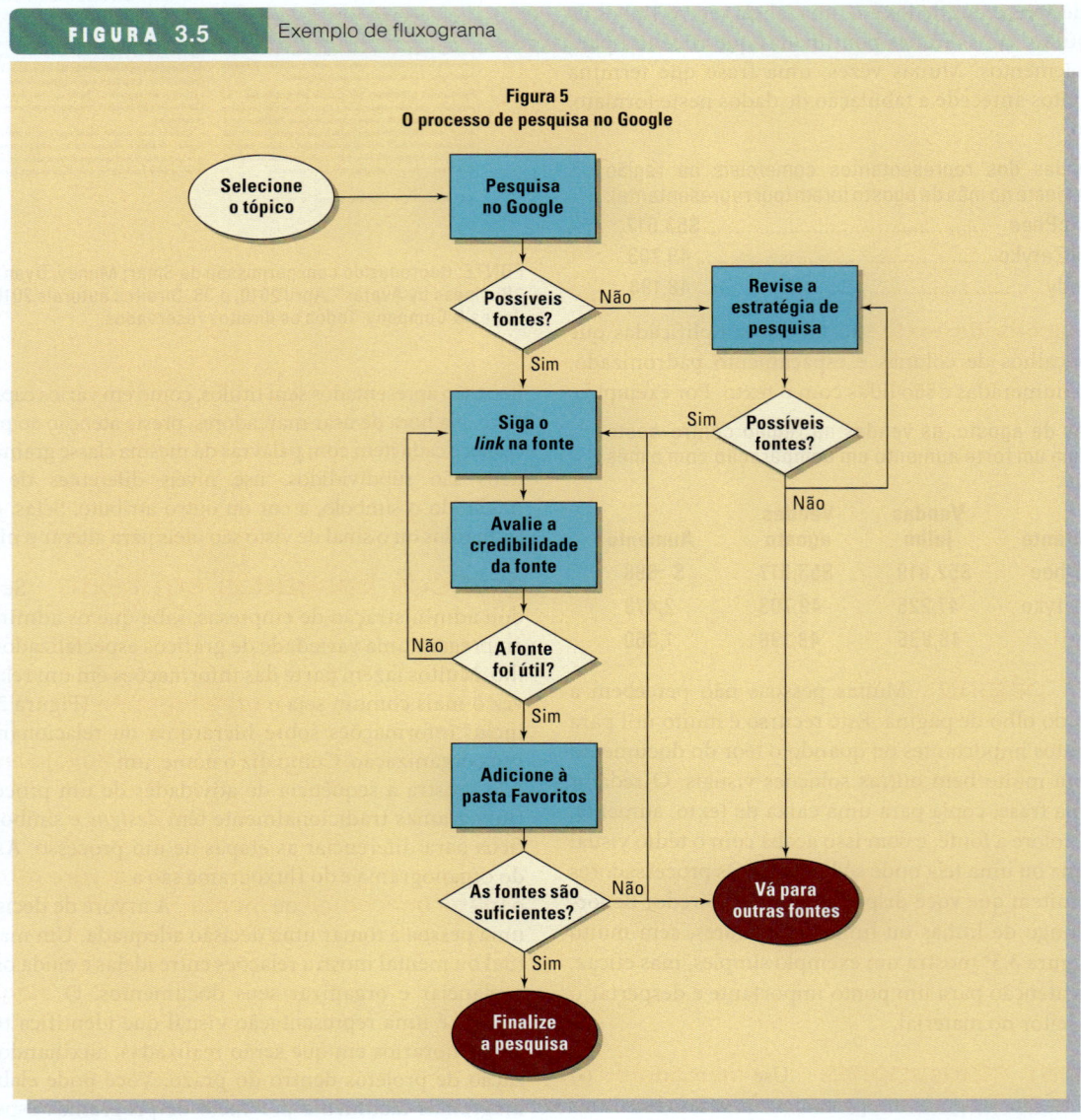

Figura 5
O processo de pesquisa no Google

- Selecione o tópico → Pesquisa no Google
- Possíveis fontes?
  - Não → Revise a estratégia de pesquisa
    - Possíveis fontes?
      - Sim → Siga o *link* na fonte
      - Não → Vá para outras fontes
  - Sim → Siga o *link* na fonte
- Avalie a credibilidade da fonte
- A fonte foi útil?
  - Não → (retorna a Siga o *link* na fonte)
  - Sim → Adicione à pasta Favoritos
- As fontes são suficientes?
  - Não → Vá para outras fontes
  - Sim → Finalize a pesquisa

FONTE: Os autores.

OA3.4

Elaborar componentes visuais gerados com dados, como gráficos de barra, de pizza, de linha, de área, de dispersão (X-Y) e suas combinações e *mashups*.

Gráficos gerados com números e suas combinações

Um gráfico é um recurso visual elaborado com dados brutos, como o gráfico de barras, de pizza, de linha e suas variantes e combinações. Essas modalidades combinadas reúnem diferentes arquivos de dados em um único gráfico.

gráficos de barra e de coluna
Os gráficos de **barra simples** e de **coluna** representam as diferenças em valores por meio de barras de comprimentos proporcionais. Use esses tipos de gráfico para comparar mudanças em quantidades em um ponto no tempo.

Como mostra a Figura 3.6,[9] as partes principais deste gráfico são as barras e as linhas de grade (o campo no qual as barras são mostradas). Essas barras podem ser dispostas na horizontal ou na vertical (o gráfico de colunas) e devem ter largura idêntica. Identifique cada barra com uma legenda, normalmente à esquerda ou abaixo dela. As linhas de grade mostram as magnitudes das barras, e as unidades (dólares, libras, milhas) são identificadas na legenda da escala, abaixo do eixo.

Quando você precisa comparar quantidades de dois ou três valores diferentes em um mesmo gráfico, use o **gráfico de barras múltiplas** ou um **gráfico de colunas**. Use cores, hachuras ou outro preenchimento para diferenciar as barras (Figura 3.7).[10] Insira uma legenda (uma explicação) em algum ponto do gráfico para representar as quantidades. O gráfico de barras múltiplas pode ficar confuso, por isso, limite as comparações de três a cinco tipos de informação.

Quando você precisa mostrar diferenças positivas e negativas, use um **gráfico de colunas bilateral**. As colunas desses gráficos começam em um ponto de referência central e podem subir ou descer, como mostra a Figura 3.8.[11] Os títulos das colunas aparecem no interior, acima ou abaixo das colunas, o que ficar melhor. Os gráficos de colunas bilaterais são muito

FIGURA 3.6 | Exemplo de gráfico de barras

Figura 6
Fontes que geram as melhores perspectivas de venda segundo o U.S. B2B Sales Professionals, janeiro de 2010

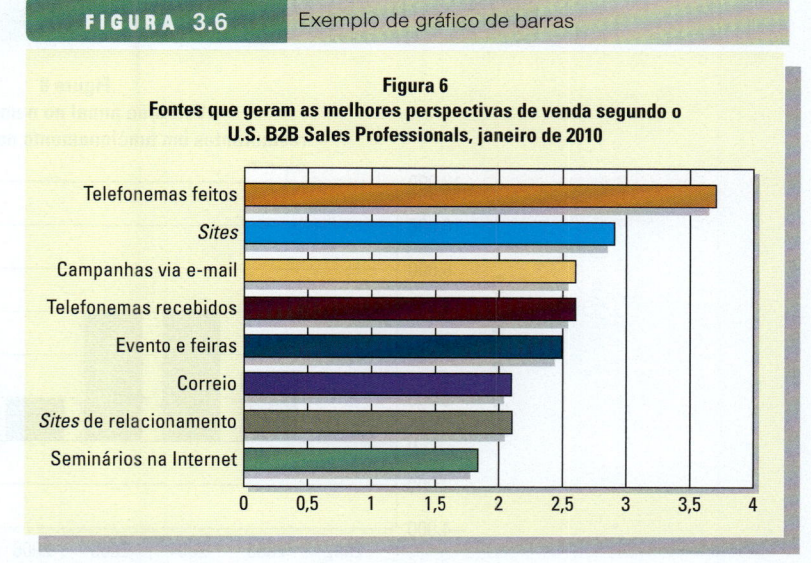

FONTE: Reproduzido com permissão de eMarketer.

FIGURA 3.7 | Exemplo de gráfico de barras múltiplas

Figura 7
Percentual de trabalhadores com acesso a benefícios específicos de "qualidade de vida" por grupo ocupacional, setor privado, março de 2007.

- Profissionais liberais, de gestão e afins
- Cargos administrativos e vendas
- Produção, transporte e movimentação de materiais
- Serviços
- Recursos naturais, construção e manutenção

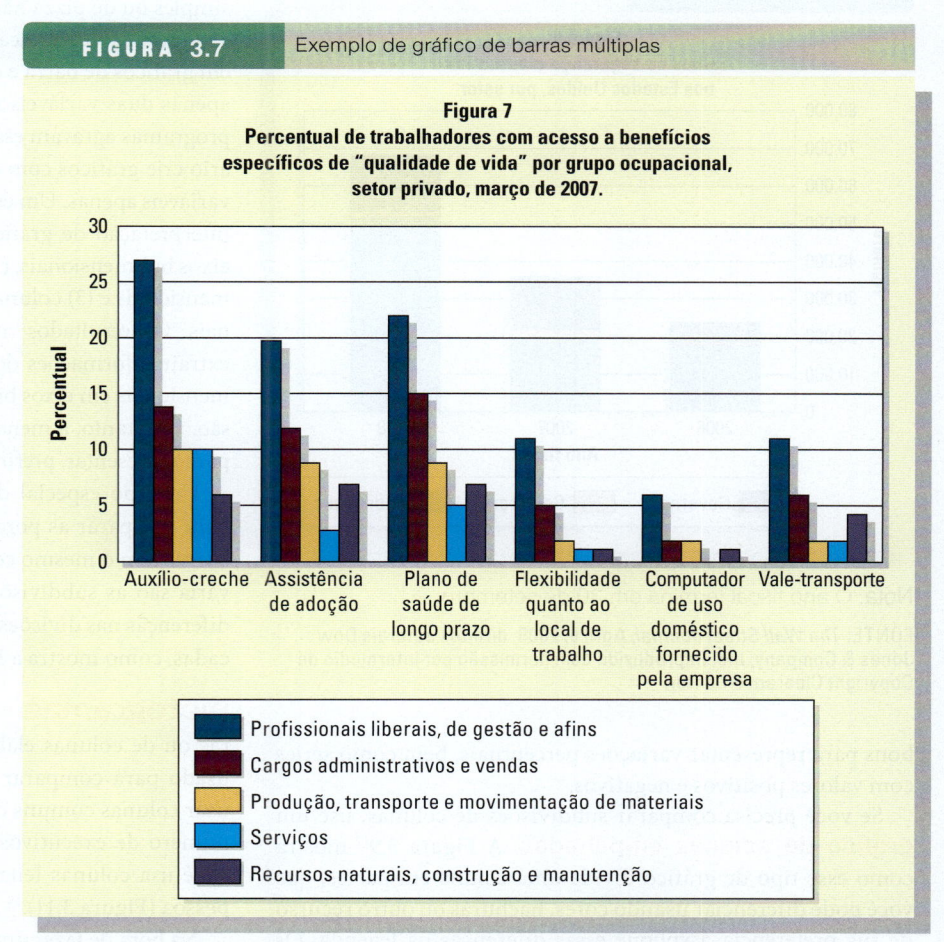

FONTE: George I. Long, "Employer Provided 'Quality-of-Life' Benefits for Workers in Private Industry," Compensation and Working Conditions, Bureau of labor Statistics, October 24, 2007, web 19 August 2009.

CAPÍTULO 3 | Recursos visuais na comunicação oral e escrita

FIGURA 3.8 Exemplo de gráfico de colunas bilateral

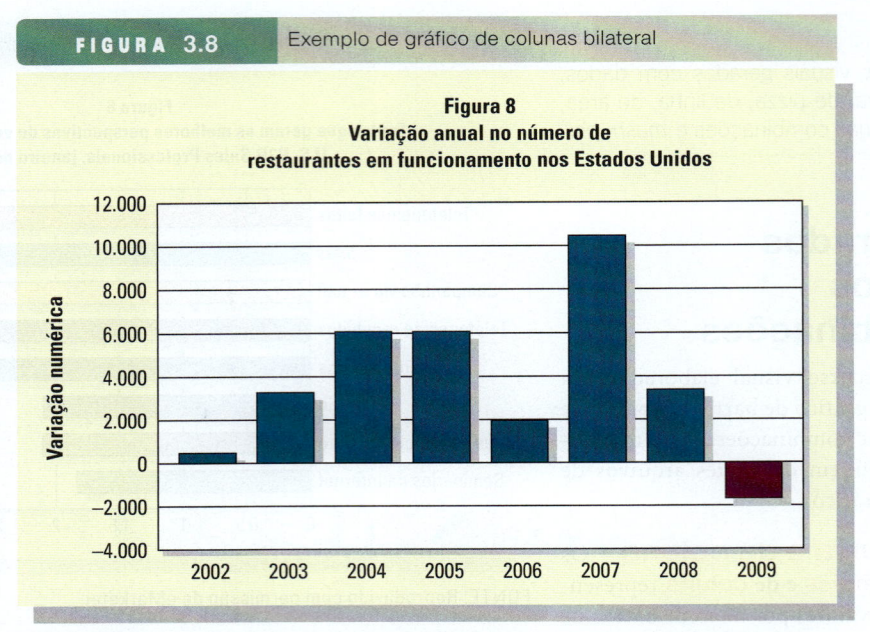

Figura 8
Variação anual no número de restaurantes em funcionamento nos Estados Unidos

FONTE: *The Wall Street Journal*, February 8, 2010, direitos autorais Dow Jones & Company, Inc. Reproduzido com permissão por intermédio de Copyright Clearance Center.

FIGURA 3.9 Exemplo de gráfico de colunas empilhadas

Figura 9
Falhas na segurança cibernética nos Estados Unidos, por setor

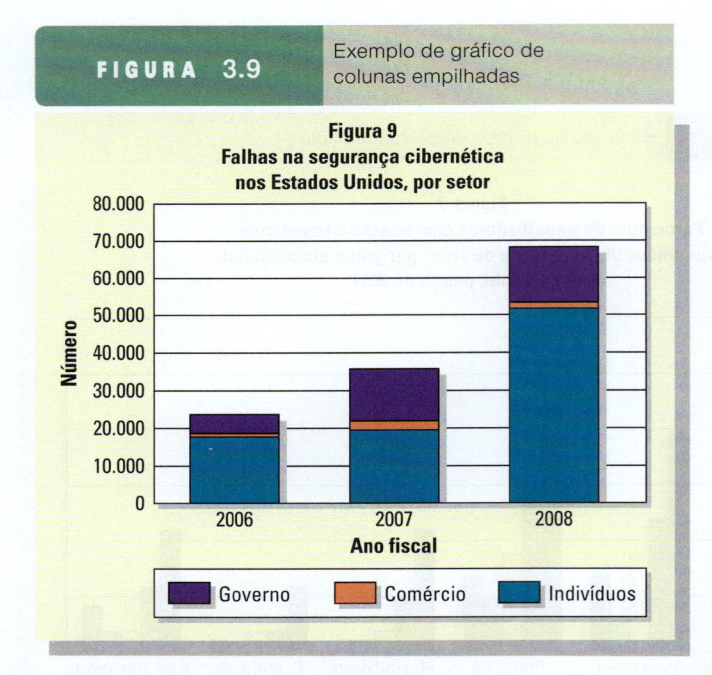

Nota: O ano fiscal termina em 30 de setembro.
FONTE: *The Wall Street Journal*, April 9, 2009, direitos autorais Dow Jones & Company, Inc. Reproduzido com permissão por intermédio de Copyright Clearance Center.

bons para representar variações percentuais, bem como séries com valores positivos e negativos.

Se você precisa comparar subdivisões de colunas, use um **gráfico de colunas empilhadas**. A Figura 3.9[12] mostra como esse tipo de gráfico divide uma coluna em partes, que você pode diferenciar usando cores, hachuras ou outro recurso de sua preferência. Explique essas diferenças na legenda. Os gráficos de colunas empilhadas talvez sejam difíceis de interpretar, porque seu público vai precisar identificar os pontos iniciais e finais e então subtrair os valores para ter uma ideia do tamanho do componente da coluna. Os gráficos de barra simples ou de pizza não têm essa desvantagem.

Outra característica que dificulta a compreensão dos dados em gráficos de barra e coluna é o uso de três dimensões quando apenas duas variáveis são comparadas. O PowerPoint e outros programas agravam esse problema, porque permitem que o usuário crie gráficos com a opção de efeito 3D com dados de duas variáveis apenas. Um estudo avaliou a velocidade e a precisão na interpretação de gráficos com (1) colunas bidimensionais em eixos bidimensionais, (2) colunas tridimensionais em eixos bidimensionais e (3) colunas tridimensionais em eixos tridimensionais. Os resultados mostraram que os leitores conseguiram extrair informações do gráfico mais simples (de colunas bidimensionais em eixos bidimensionais) com mais rapidez e precisão.[13] Portanto, a menos que você tenha mais de duas variáveis para representar, prefira gráficos bidimensionais aos em 3D.

Um tipo especial de gráfico de colunas empilhadas serve para comparar as porcentagens de subdivisões. Nele, todas as barras têm o mesmo comprimento e representam 100%. O que varia são as subdivisões nas barras. Esse gráfico compara as diferenças nas divisões do todo. As divisões podem ser identificadas, como mostra a Figura 3.10,[14] ou explicadas na legenda.

pictogramas Um **pictograma** é um gráfico de barras ou de colunas elaborado com imagens, e normalmente é usado para comparar informações. Por exemplo, em vez de usar colunas comuns compostas de linhas retas para ilustrar o número de executivos que recebem certo valor como bônus, você usa colunas feitas com o desenho simplificado de uma pessoa (Figura 3.11).[15]

Na hora de fazer um pictograma, siga as etapas de elaboração de um gráfico de barras ou de colunas e duas regras específicas. Primeiro, os desenhos devem ser de tamanho idêntico. Isto é,

FIGURA 3.10 Exemplo de gráfico de barras empilhadas base 100%

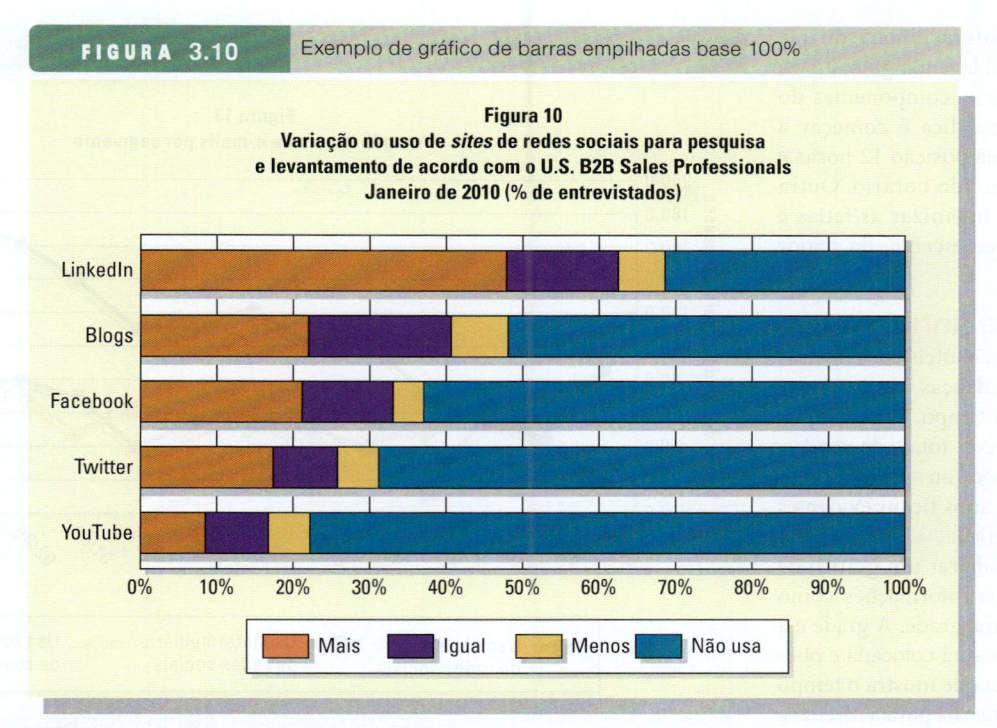

Figura 10
Variação no uso de *sites* de redes sociais para pesquisa e levantamento de acordo com o U.S. B2B Sales Professionals
Janeiro de 2010 (% de entrevistados)

[Gráfico de barras empilhadas mostrando LinkedIn, Blogs, Facebook, Twitter, YouTube com legendas: Mais, Igual, Menos, Não usa]

FONTE: Reproduzido com permissão de eMarketer.

você deve embasar as comparações apenas no número de desenhos usados, não no tamanho deles. O olho humano não é muito preciso na comparação de formas geométricas que variam em mais de uma dimensão. Por isso, ilustre as diferenças com base no número, e não no tamanho dos desenhos para garantir que os dados sejam interpretados com exatidão. Segundo, selecione imagens ou símbolos de acordo com as informações que serão ilustradas. Ao comparar as rotas de cruzeiros marítimos em todo o mundo, use a imagem simplificada de um navio. Para comparar o número de computadores usados nos principais países, use a imagem de um computador. O significado da imagem precisa ficar claro para o público na hora da apresentação.

gráficos de pizza O gráfico mais usado para comparar subdivisões de um todo é o **gráfico de pizza** (Figura 3.12).[16] Como o nome sugere, os gráficos de pizza mostram o total de informações estudadas como uma pizza (um círculo). As fatias são as partes proporcionais relativas a cada informação, e podem ser diferenciadas com legendas, cores ou hachuras. Uma fatia especial é enfatizada explodindo-a (isto é, deslocando-a um pouco para cima ou para o lado). Avaliar os valores de uma fatia a olho nu pode ser difícil, por isso, inclua percentuais em cada fatia ou próximo a elas. Além disso, se você colocar uma legenda junto a cada fatia, seu leitor enten-

FIGURA 3.11 Exemplo de pictograma

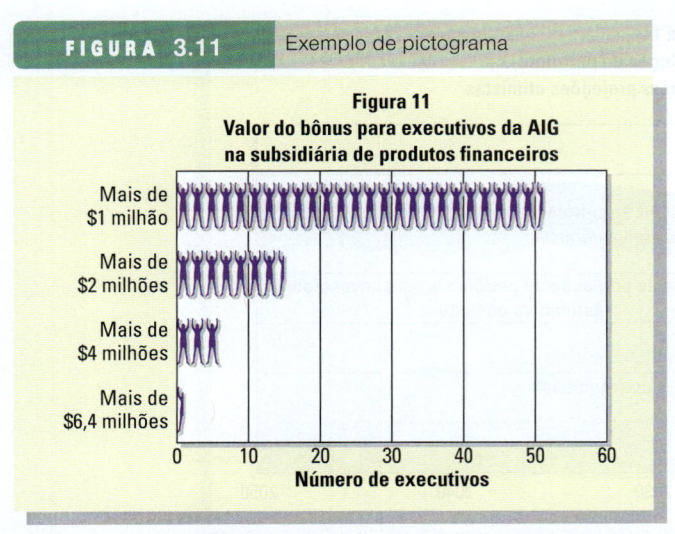

Figura 11
Valor do bônus para executivos da AIG na subsidiária de produtos financeiros

[Pictograma]
- Mais de $1 milhão
- Mais de $2 milhões
- Mais de $4 milhões
- Mais de $6,4 milhões

Número de executivos

FONTE: *The Wall Street Journal*, March 18, 2009, direitos autorais Dow Jones & Company, Inc. Reproduzido com permissão por intermédio de Copyright Clearance Center.

FIGURA 3.12 Exemplo de gráfico de pizza

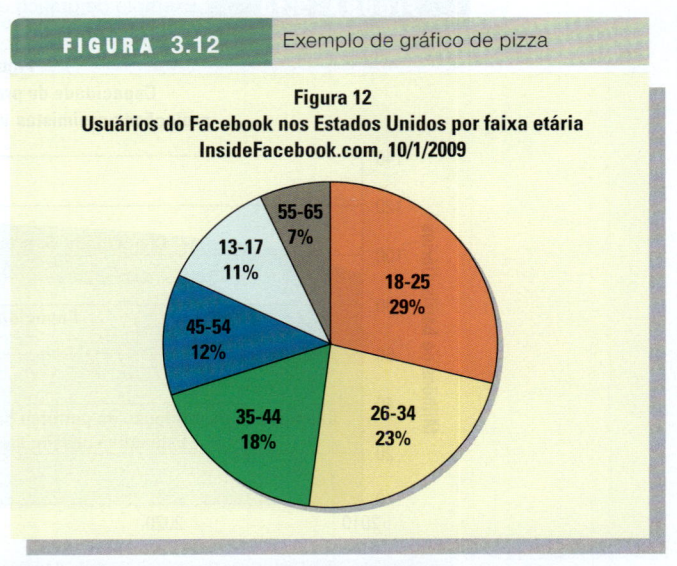

Figura 12
Usuários do Facebook nos Estados Unidos por faixa etária
InsideFacebook.com, 10/1/2009

- 18-25: 29%
- 26-34: 23%
- 35-44: 18%
- 45-54: 12%
- 13-17: 11%
- 55-65: 7%

FONTE: Justin Smith, "December Data on Facebook's US Growth by Age and Gender: Beyond 100 Million,' January 4, 2010, *Inside Facebook Gold*. Reproduzido com permissão.

CAPÍTULO 3 | Recursos visuais na comunicação oral e escrita

derá o gráfico mais facilmente do que se você usar uma legenda global para identificar todos os componentes do gráfico. Uma boa dica é começar a fatiar o gráfico na posição 12 horas e prosseguir no sentido horário. Outra maneira útil de organizar as fatias é usar a ordem decrescente, da maior para a menor.

gráficos de linha

Os **gráficos de linha** são úteis para ilustrar tendências – mudanças nas informações ao longo do tempo. Por exemplo, variações de preços, totais de vendas, nível de emprego ou produção ao longo de alguns anos ficam evidentes nesse tipo de gráfico.

Na hora de elaborar um gráfico de linha, desenhe as informações como uma linha em uma grade. A grade é a área onde a linha será colocada e obedece a uma escala que mostra o tempo no eixo X, da esquerda para a direita, e as variações da informação em questão no eixo Y, de baixo para cima. Marque os valores na escala e os intervalos de tempo com precisão nos eixos do gráfico. Esses intervalos devem ser idênticos.

Você pode comparar duas ou mais séries de informações no mesmo gráfico de linha (Figura 3.13).[17] Ao fazer essas comparações, certifique-se de diferenciar as linhas com cores ou formas (pontos, traços, linhas mistas, entre outros recursos). Você também terá de rotular esses símbolos no gráfico ou em uma legenda. Mas, o número de informações diferentes que você pode comparar nesse tipo de gráfico é limitado. Na maioria das vezes, o máximo vai de cinco a oito informações.

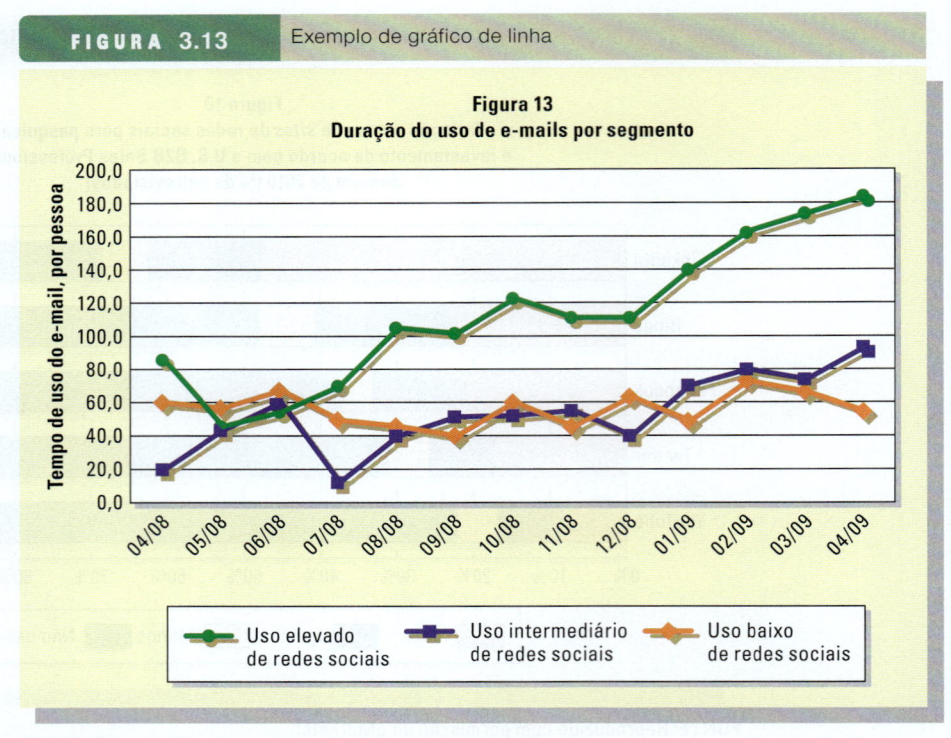

FIGURA 3.13 Exemplo de gráfico de linha

Figura 13
Duração do uso de e-mails por segmento

FONTE: Reproduzido com permissão de The Nielsen Company.

Um **gráfico de área** também é útil para mostrar as partes de uma série de dados. Mas, esse tipo apresenta apenas uma série. Você deverá construí-lo conforme a Figura 3.14,[18] com uma linha superior que representa o total da série. Em seguida, começando na base, acumule as partes, começando com a maior e terminando com a menor. Use cores ou hachuras para diferenciar as informações.

Os gráficos de linha que mostram uma quantidade de dados para tempos específicos são chamados **gráficos de variação**. Além dos valores máximos e mínimos, alguns mostram a

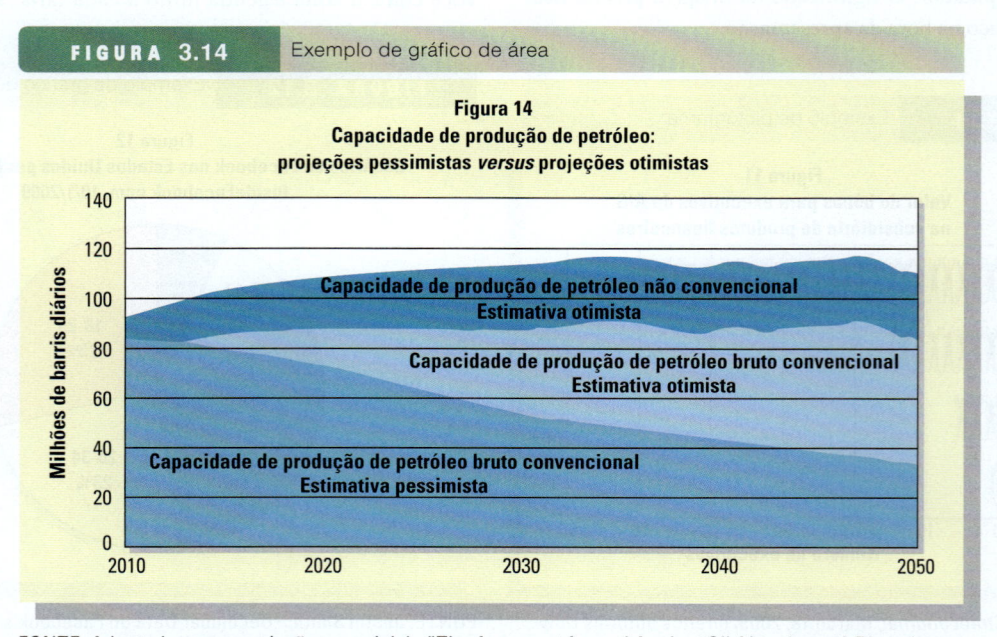

FIGURA 3.14 Exemplo de gráfico de área

Figura 14
Capacidade de produção de petróleo:
projeções pessimistas *versus* projeções otimistas

FONTE: Adaptado com permissão especial de "The Argument for and Against Oil Abundance,' *Bloomberg BusinessWeek*, 18 January 2010, p. 48.

FIGURA 3.15 Exemplo de gráfico X-Y (dispersão)

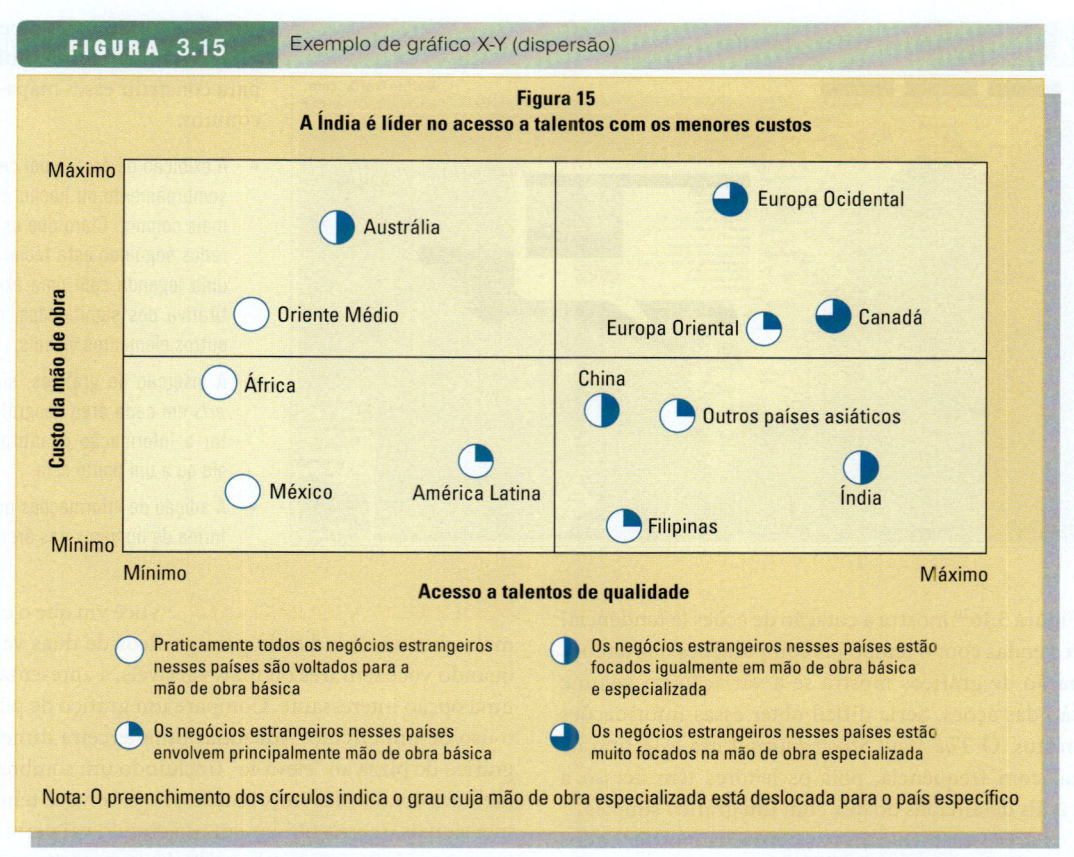

Figura 15
A Índia é líder no acesso a talentos com os menores custos

Eixo Y (Custo da mão de obra): Mínimo a Máximo
Eixo X (Acesso a talentos de qualidade): Mínimo a Máximo

Pontos plotados: Austrália, Europa Ocidental, Oriente Médio, Europa Oriental, Canadá, África, China, Outros países asiáticos, México, América Latina, Índia, Filipinas

Legenda:
- ○ Praticamente todos os negócios estrangeiros nesses países são voltados para a mão de obra básica
- ◐ Os negócios estrangeiros nesses países estão focados igualmente em mão de obra básica e especializada
- ◔ Os negócios estrangeiros nesses países envolvem principalmente mão de obra básica
- ● Os negócios estrangeiros nesses países estão muito focados na mão de obra especializada

Nota: O preenchimento dos círculos indica o grau cuja mão de obra especializada está deslocada para o país específico

FONTE: Adaptado de "The Globalization of White-Color Work: The Facts and Fallout of Next Generation Offshoring", Booz & Company/Duke University Offshoring Research Network 2006 Survey, Web 20 August 2009, http://www.booz.com. Reproduzido com permissão.

média, a mediana ou a moda. Quando representam as cotações diárias de estoques de ações, esses gráficos incluem a cotação no fechamento e o preço máximo e mínimo atingido naquele dia. Se você usar pontos que não sejam máximos e mínimos, deixe claro quais são estes valores.

gráficos X-Y (dispersão)
Muitas pessoas consideram os gráficos X-Y, ou de dispersão, uma variação do gráfico de linha. Esse tipo usa os eixos X e Y para representar valores pareados, mas os pontos não são unidos por uma linha. Por exemplo, o redator usa um diagrama de dispersão em um relatório sobre câmeras digitais para representar valores de preço e resolução para diversos produtos. O agrupamento de pontos permite confirmar um palpite sobre a causa e o efeito, mas os pontos somente podem ser interpretados para correlação – as relações de direção e intensidade.

Os pontos revelam se há (ou não) relações e se elas são positivas ou negativas. Além disso, a compactação dos pontos dá uma ideia da intensidade da relação entre eles. Quanto mais próximos a uma linha reta, maior a intensidade da correlação. Na Figura 3.15,[19] os valores pareados são o **custo da mão de obra** e o **acesso a talentos qualificados**.

combinações de gráficos e *mashups*
Combinar tipos diferentes de gráficos pode ser muito útil para o público perceber as relações entre diferentes tipos de dados. O

FIGURA 3.16 Exemplo de combinação de gráficos

FONTE: Reproduzido com permissão de Yahoo! Inc. Direitos autorais 2010 Yahoo! Inc. YAHOO! e o logo YAHOO! são marcas registradas da Yahoo! Inc.

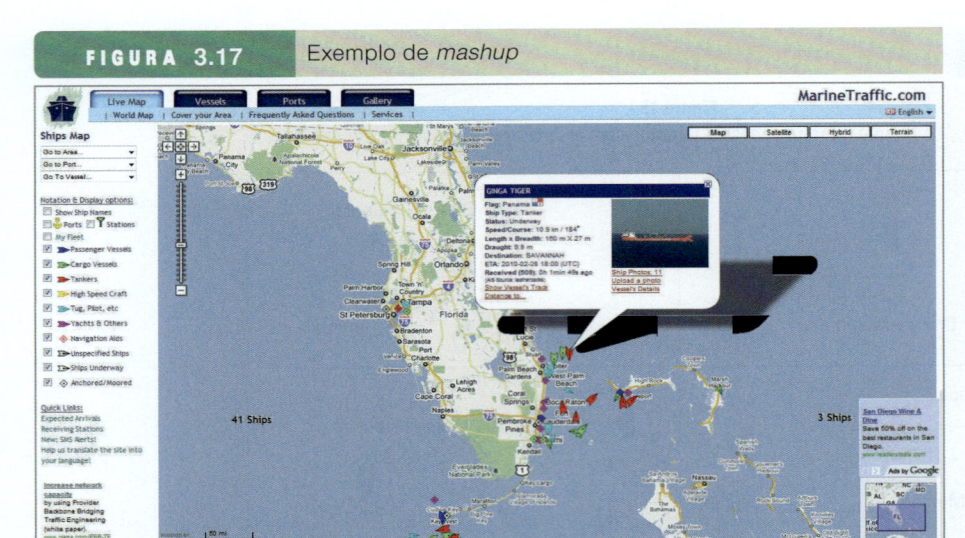

FIGURA 3.17 Exemplo de *mashup*

exemplo na Figura 3.16[20] mostra a cotação de ações (a tendência) e o volume de vendas com o tempo (as comparações dos dados). Essa combinação de gráficos mostra se a variação no volume afeta a cotação das ações. Seria difícil obter essas informações com dados brutos. O *The Wall Street Journal* usa esse tipo de recurso visual com frequência, pois os leitores têm acesso a informações mais detalhadas do que com um gráfico simples.

Os *mashups* são criados com base em arquivos de dados diferentes para formar um elemento visual novo. Certamente você já usou um *mashup* na hora de procurar uma pizzaria em um mapa. A Figura 3.17[21] mostra um exemplo deste tipo de *mashup*, com a localização, a imagem, o tipo de navio e os detalhes da costa da Flórida. Os usuários do *site* Forbes.com clicam em um ponto representando um dado em um mapa para visualizar uma tabela de fatos relacionados com esse dado – como os nomes das pessoas que moram no lugar representado no mapa.

OA3.5

Aprender a usar elementos visuais, como mapas, fotos, vídeos, desenhos, diagramas e componentes 3D.

Outros tipos de recursos visuais

Alguns recursos não estão em categorias definidas, mas nem por isso deixam de ser úteis na comunicação. Eles incluem mapas, elementos tridimensionais, fotos, diagramas, desenhos, entre outros.

mapas
Você usa um mapa para comunicar informações quantitativas (estatísticas) ou físicas (geográficas). A principal finalidade dos mapas estatísticos é a comparação de informações quantitativas com base em áreas geográficas. Essas áreas são definidas com clareza, e é possível adotar algumas técnicas para ilustrar diferenças entre elas (Figura 3.18).[22] Os mapas quantitativos são especialmente úteis para ilustrar e analisar dados complexos. Por exemplo, eles servem para mapear os padrões de tráfego em um *site* ou de compra em uma loja, bem como apresentam distribuições e localizações específicas. Você pode escolher entre muitas técnicas para construir esses mapas. Eis as mais comuns:

- A exibição de áreas com cores diferentes, sombreamento ou hachuras talvez seja a mais comum. Claro que os mapas preparados seguindo esta técnica precisam ter uma legenda com uma explicação quantitativa dos significados, das cores e de outros elementos visuais.
- A inserção de gráficos, símbolos ou *clip arts* em cada área geográfica para retratar a informação quantitativa relativa a ela ou a um ponto dela.
- A adição de informações quantitativas na forma de números nas áreas respectivas.

recursos visuais 3D
Você viu que o efeito 3D normalmente não é indicado para gráficos de duas variáveis. Mas, quando você tem três ou mais variáveis, a apresentação em 3D é uma opção interessante. Compare um gráfico de pizza elevado e o uso de um círculo. Adicionar uma terceira dimensão em um gráfico de pizza ao "elevá-lo" (incluindo um sombreamento) não melhora o valor das informações, mas, se você tem dados tridimensionais, representá-los em um círculo vai permitir que o leitor veja as informações de múltiplas perspectivas e assim fazer uma análise mais detalhada dos dados. Na verdade, Francis Crick, ganhador do Prêmio Nobel pela descoberta da estrutura do DNA, revelou que foi somente depois de ele e seus colegas terem cortado e torcido um pedaço de papel que foram capazes de entender a configuração do DNA. Hoje existem ferramentas sofisticadas de estatística, visualização e mineração de dados que vão ajudá-lo a filtrar e ver os dados de diferentes perspectivas.

Essas ferramentas tridimensionais estão começando a sair dos laboratórios de desenvolvimento para os ambientes empresariais. Muitos fatores impulsionam essa tendência. Empresas de todos os tamanhos coletam e tentam analisar quantidades muito grandes de dados detalhados, avaliando hoje não apenas os próprios dados, como também os da concorrência. Os avanços em *hardware*, *software* e aplicativos para a Internet facilitam a representação gráfica de dados quantitativos e qualitativos.

Os elementos visuais 3D ajudam os redatores a exibir os resultados das análises de dados, mas afetam o modo como os leitores examinam as informações e requerem certo tempo para familiarização. Eles permitem visualizar dados a partir de perspectivas novas e interagir com eles. Os usuários se sentem libertados das duas dimensões e conseguem alongar sua perspectiva e vislumbrar novas possibilidades. Os recursos 3D são úteis às empresas porque permitem que elas tomem decisões na hora certa, ao alavancar seus ativos de informação corporativa.

A Figura 3.19 mostra um gráfico 3D dos principais fatores que o consumidor considera na hora de comprar um *tablet*. Cinco produtos estão representados, com três variáveis: preço, duração da bateria e peso. Este recurso visual ajuda uma empresa a iden-

FIGURA 3.18 | Exemplo de mapa (quantitativo)

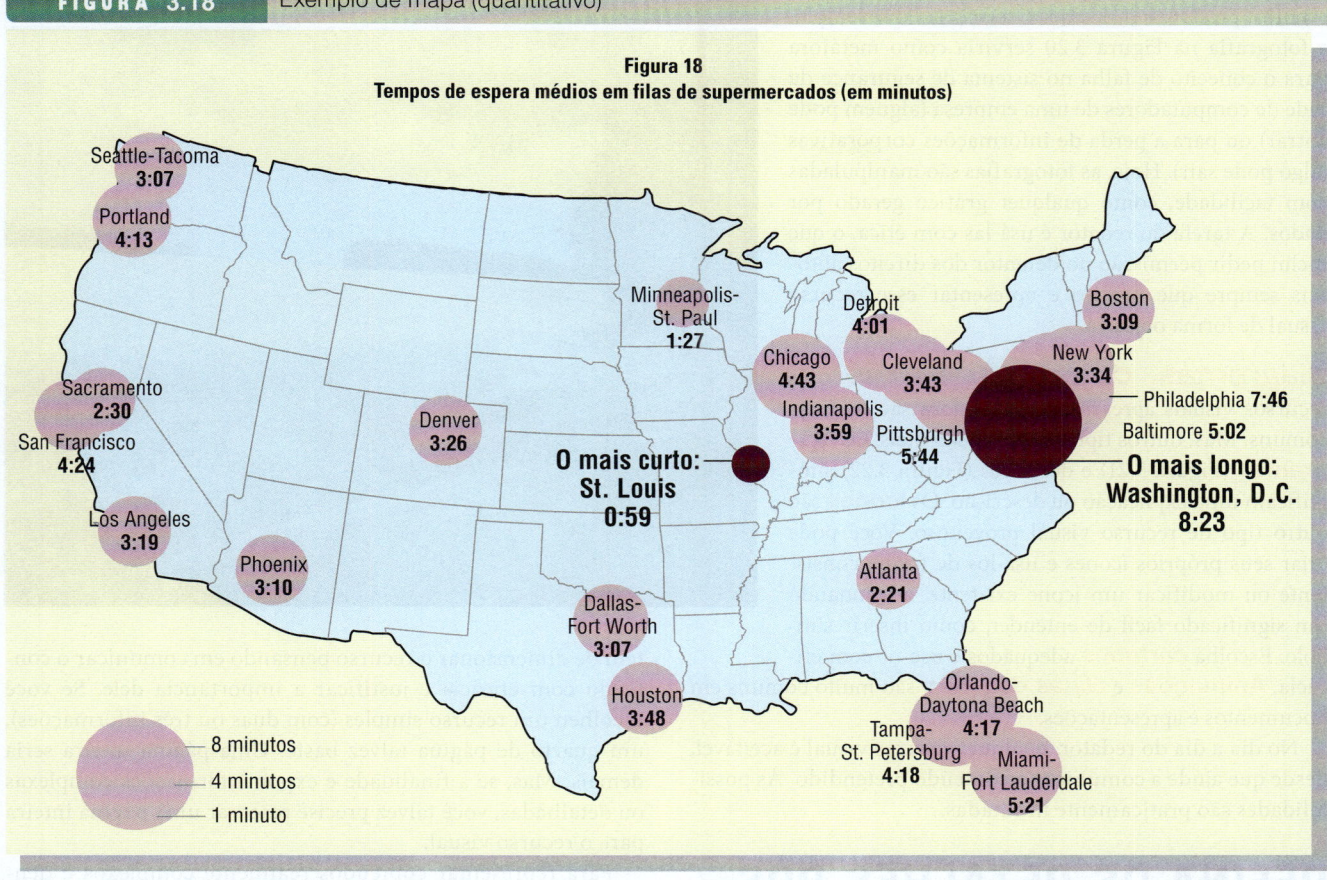

**Figura 18
Tempos de espera médios em filas de supermercados (em minutos)**

- Seattle-Tacoma 3:07
- Portland 4:13
- Sacramento 2:30
- San Francisco 4:24
- Los Angeles 3:19
- Phoenix 3:10
- Denver 3:26
- Minneapolis-St. Paul 1:27
- Dallas-Fort Worth 3:07
- Houston 3:48
- Chicago 4:43
- Indianapolis 3:59
- Detroit 4:01
- Cleveland 3:43
- Pittsburgh 5:44
- Atlanta 2:21
- Tampa-St. Petersburg 4:18
- Orlando-Daytona Beach 4:17
- Miami-Fort Lauderdale 5:21
- Boston 3:09
- New York 3:34
- Philadelphia 7:46
- Baltimore 5:02

O mais curto: St. Louis 0:59
O mais longo: Washington, D.C. 8:23

- 8 minutos
- 4 minutos
- 1 minuto

Nota: Tempo passado na fila antes de sair de um supermercado, em 2007, relatado por 1.200 clientes contratados para a finalidade.

FONTE: Carl Bialik, "Justice – Wait for it – On the Checkout line," *Wall Street Journal*, August 19, 2009. Direitos Autorais Dow Jones & Company, Inc. Reproduzido com permissão de Dow Jones & Company, Inc. via Copyright Clearance Center.

FIGURA 3.19 | Exemplo de gráfico 3D

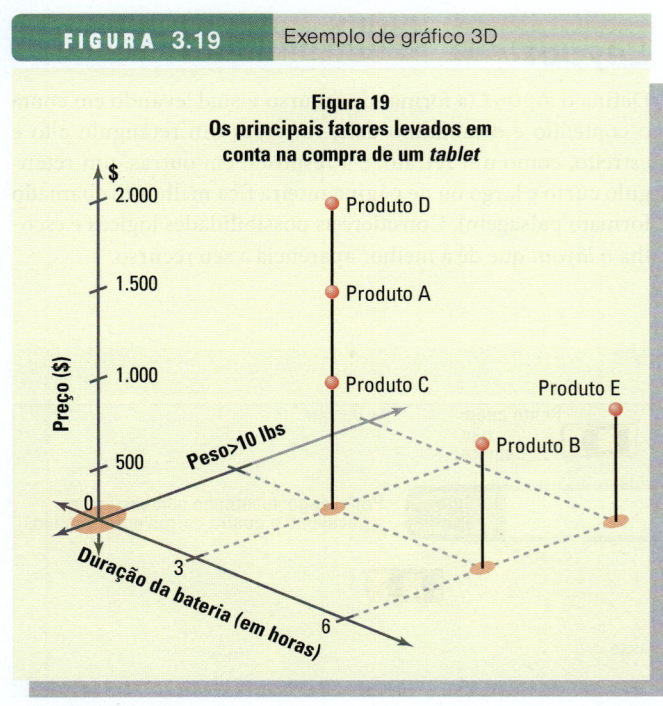

**Figura 19
Os principais fatores levados em conta na compra de um *tablet***

Eixos: Preço ($), Peso>10 lbs, Duração da bateria (em horas)
- Produto D
- Produto A
- Produto C
- Produto E
- Produto B

FONTE: Os autores.

tificar seus principais concorrentes e auxilia o consumidor a encontrar o produto que melhor se encaixa em suas necessidades. Quanto maior o número de produtos representados (isto é, quanto maior o tamanho do conjunto de dados), mais valioso é o gráfico na hora de obter informações e conhecimentos.

O uso das ferramentas de visualização 3D tem lugar certo na comunicação empresarial. Elas são especialmente úteis para ajudar o leitor a analisar, discutir e interpretar grandes quantidades de dados com muitas variáveis. Na hora de decidir se usa ou não um recurso 3D, considere o público-alvo, o contexto e os objetivos da comunicação. De modo geral, elaborar uma apresentação 3D no papel não é fácil. Você pode preparar várias apresentações em duas dimensões com os mesmos dados, mas o efeito não será o mesmo. Se o documento é apresentado *online* ou no formato digital e o leitor tem a opção de girá-lo para ter uma noção das perspectivas, provavelmente a apresentação será muito mais eficaz com um número maior de leitores. Nossa dica: use os recursos visuais 3D apropriadamente.

fotografias As câmeras fotográficas estão em todo o lugar. Algumas vêm embutidas nos telefones celulares, outras são pequenas, do tamanho de um cartão de crédito, ou mesmo menores. Na Internet, você encontra fotos à venda ou que podem ser usadas livremente. Em documentos e apresentações, as fotografias são usadas para comunicar conteúdo, eventos, produtos, processos e serviços. Por exemplo, a fotografia na Figura 3.20 serviria como metáfora para o conceito de falha no sistema de segurança da rede de computadores de uma empresa (alguém pode entrar) ou para a perda de informações corporativas (algo pode sair). Hoje, as fotografias são manipuladas com facilidade, como qualquer gráfico gerado por dados. A tarefa do redator é usá-las com ética, o que inclui pedir permissão do detentor dos direitos autorais sempre que preciso e apresentar esse recurso visual de forma objetiva.

diagramas, desenhos e mais

Os recursos visuais apresentados até agora são os mais comuns. Mas, outros tipos também são úteis. Os **diagramas** (Figura 3.21) e desenhos (Figura 3.22) simplificam uma explicação ou descrição. Os **ícones** são outro tipo de recurso visual proveitoso. Você pode criar seus próprios ícones e usá-los de forma consistente ou modificar um ícone existente, adicionando um significado fácil de entender, como inserir símbolo. Escolha *cartoons* adequados e use-os com eficácia. **Animações** e *clipes de vídeo* são muito comuns em documentos e apresentações.

No dia a dia do redator, qualquer recurso visual é aceitável, desde que ajude a comunicar o conteúdo pretendido. As possibilidades são praticamente ilimitadas.

DEFINA OS DETALHES DOS RECURSOS VISUAIS

Depois de escolher o recurso visual certo para o trabalho, é hora de pensar nos detalhes quanto ao design e à posição. Qual é o tamanho do recurso que você escolheu? Como você vai rotulá-lo? Que fontes e cores você vai escolher? Os parágrafos a seguir o ajudarão a tomar essas decisões.

Tamanho

Uma das primeiras decisões que você precisa tomar na hora de elaborar um recurso visual tem a ver com o tamanho dele. Essa escolha não deve ser conveniente, nem aleatória. Você tem de dimensionar o recurso pensando em comunicar o conteúdo com eficácia e justificar a importância dele. Se você escolheu um recurso simples (com duas ou três informações), um quarto de página talvez baste. Uma página inteira seria demais. Mas, se a finalidade é expor informações complexas ou detalhadas, você talvez precise reservar uma página inteira para o recurso visual.

Para representar conteúdos realmente complexos e densos, use uma página dupla dobrada. Ela deve ser inserida dobrada, para permitir que o leitor a abra facilmente. Escolha o ponto de dobra de acordo com o tamanho da página. Você vai ter de fazer experiências até encontrar o ponto certo para dobrar a página.

Layout

Defina o *layout* (a forma) do recurso visual levando em conta o conteúdo e o tamanho dele. Às vezes um retângulo alto e estreito, como um retrato, é a resposta; em outras, um retângulo curto e largo ou de página inteira fica melhor (o chamado formato paisagem). Considere as possibilidades lógicas e escolha o *layout* que dê a melhor aparência a seu recurso.

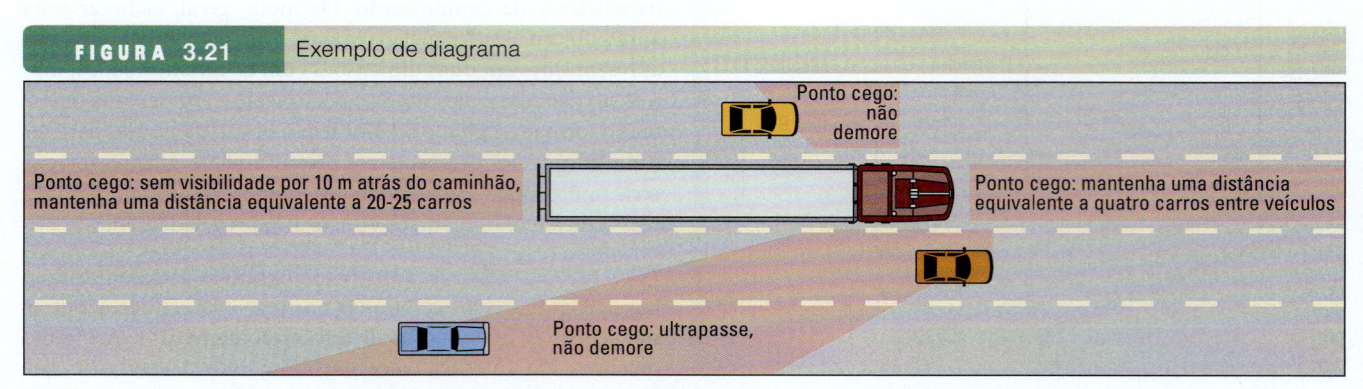

FIGURA 3.22 Exemplo de desenho

FONTE: Reproduzido com permissão de Zeke Smith © 2003.

Fonte

O estilo e o tipo da fonte que você vai usar em seu recurso visual devem ser consistentes em todo o documento. Estilo diz respeito à aparência da fonte (negrito ou itálico); tipo é a aparência da letra, isto é, **com serifa** ou **sem serifa**. Se você achar que pode variar a fonte, faça isso com critério. Certifique-se de que o design da letra que você escolher transmite uma mensagem, isto é, uma mensagem que não destoe do conteúdo do texto.

Se o leitor vai examinar o documento ou apresentação no monitor de um computador usando o Office 2007 em um sistema operacional Vista ou posterior que permita o recurso ClearType, certifique-se de usar uma das fontes otimizadas para ele, como Cambria ou Calibri. Essas fontes tem uma ótima renderização na tela. As pesquisas feitas pela Microsoft confirmam que as pessoas são capazes de ler documentos compostos nessas fontes com mais velocidade e precisão, com uma melhora de 7%, em média, na produtividade.[23]

"Isso me ajuda a saber quem está de olho no meu cargo."

O tamanho é outra variável importante. Ele deve ser apropriado ao contexto da comunicação. Lembre-se: sua prioridade ao escolher o estilo, o tipo e o tamanho de fonte adequados é melhorar a legibilidade de suas comunicações.

Réguas e bordas

Use réguas e bordas quando achar que elas melhoram a aparência do recurso visual escolhido. As réguas ajudam a diferenciar uma seção ou um recurso de outro, enquanto as bordas são úteis para destacar os elementos visuais do texto. Na maioria das vezes, você deve inserir essas bordas em torno de elementos visuais que ocupam um espaço menor do que uma página inteira. Elas também são úteis em elementos que ocupam toda uma página, mas, nesses casos, não têm muito valor prático. Exceto quando os elementos visuais não cabem no *layout* de uma página comum, não estenda bordas além das margens da página.

Cores e hachuras

Usadas do jeito certo, as cores e as hachuras ajudam os leitores a examinar comparações e distinções (Figura 3.23). As pesquisas mostram que as cores de um gráfico melhoram a compreensão, a retenção e a extração de informações. Além disso, tanto as cores quanto as hachuras conferem atratividade a uma comunicação. As cores são especialmente eficazes nesse sentido. Por isso, use-as sempre que achar prático e apropriado.

FIGURA 3.23 Efeito da cor e de hachuras em um gráfico de pizza

Clip arts

Hoje, você tem acesso fácil a bons *clip arts*, tanto que muitos redatores utilizam esse recurso em demasia. Ele confere interesse e é eficaz para atrair o leitor ou o ouvinte, mas pode ser motivo de distração ou mesmo dominar a apresentação. A regra é ter em mente a finalidade do *clip art* que você está usando: ajudar o leitor a entender o contexto. Esse recurso deve ser apropriado tanto no tipo quanto no estilo, e informar gênero, raça e idade de forma adequada. Lembre-se de que um *clip art* protegido por direitos autorais precisa de permissão para ser usado.

Fundo

Escolha a dedo as cores de fundo, as fotos e a arte de seus recursos visuais. A cor deve propiciar um contraste bom entre os dados e o fundo, e não distrair o público em relação à mensagem principal. Fotos, especialmente aquelas com um aspecto apagado, quando bem escolhidas conferem interesse e atraem o leitor. Mas, não esqueça que fotos e qualquer outra arte de fundo podem despertar significados e emoções impróprias, sem relação com a mensagem a ser transmitida. Outro aspecto a considerar no uso de recursos visuais entre culturas diferentes é a necessidade de se certificar de que a mensagem do fundo seja aquela que você quer transmitir. Para isso, faça um teste com o público-alvo.

Numerações

Os olhos de página, os *clip arts* e outros recursos visuais não precisam ser numerados. O mesmo vale para uma tabela ou uma figura única em um documento. Nos outros casos, você deve numerar todos os elementos visuais de suas comunicações. Existem muitos esquemas de numeração úteis, dependendo do estilo de elemento empregado.

Se você tem muitos elementos de duas ou mais categorias, numere cada categoria de forma consecutiva. Por exemplo, se o seu documento tem seis tabelas, cinco gráficos e seis mapas, você deve numerá-los assim: Tabela I, Tabela II, ... Tabela VI; Gráfico 1, Gráfico 2, ... Gráfico 5; Mapa 1, Mapa 2, ... Mapa 6.

Mas, se os seus elementos visuais abrangem uma mistura ampla de tipos, você pode numerá-los em dois grupos: tabelas e figuras. As figuras formam um grupo muito diversificado e podem incluir todas as modalidades de elementos, exceto as tabelas. Para exemplificar, considere um documento com três tabelas, dois mapas, três gráficos, um diagrama e uma fotografia. Você pode numerar esses elementos como Tabela I, Tabela II e Tabela III, e Figura 1, Figura 2, ... Figura 7. Por convenção, as tabelas não são agrupadas com outros tipos de recursos. Mas, não seria errado agrupar e numerar como figura qualquer elemento que não seja uma tabela, mesmo se o grupo tem um número suficiente de subgrupos (gráficos, mapas, etc.) para permitir uma numeração separada para cada um.

Elaboração de títulos e legendas

Todo gráfico ou tabela precisa de um título ou de uma legenda que descrevam os conteúdos do jeito certo. Um título é usado quando o recurso visual é exibido em apresentações orais. Uma legenda é mais comum para recursos em documentos. Como os cabeçalhos em outras partes do documento, títulos e legendas informam os conteúdos de forma concisa. Para ver se o tema está bem representado no título ou na legenda, nossa dica é adotar o que os jornalistas chamam de **lead**, isto é, as cinco perguntas básicas do jornalismo: **quem, o quê, onde, quando** e **por quê?** (Às vezes você pode incluir **como?**) Não esqueça que a concisão também é importante. Por isso, nem todos os seus títulos e legendas deverão responder a essas perguntas. Por exemplo, você pode elaborar a legenda de um gráfico comparando o volume de vendas anuais das filiais da Dell Company no Texas e na Califórnia no período 2010-2011 assim:

Quem: Dell Company
O quê: Vendas anuais
Onde: Texas e Califórnia
Quando: 2010-2011
Por quê: Comparação

O título ou a legenda podem ser, "Comparativo de vendas entre as filiais da Califórnia e do Texas da Dell Company, 2010-11". Mas, para mais concisão, use um título principal e um subtítulo. O principal pode ser "Comparativo de vendas Califórnia e Texas", e o subtítulo, "Dell Company 2010-11". Pela mesma razão, uma legenda adequada é "Comparativo de vendas Califórnia e Texas: Dell Company 2010-11".

Uma alternativa a esse tipo de cabeçalho de tópico é um cabeçalho informativo. Também chamado manchete, ele tem a forma de uma frase, neste caso, "O Texas supera a Califórnia no total de vendas de 2010". De certa maneira, ele transmite a mensagem principal do recurso visual. Você viu outro exemplo de cabeçalho informativo na Figura 3.15, uma ilustração de um gráfico X-Y (dispersão), que diz: "A Índia é líder no acesso a talentos com os menores custos".

Localização de títulos e legendas

Por convenção, os títulos de tabelas em um documento são inseridos acima delas; as legendas e outros recursos normalmente aparecem abaixo. Em apresentações, os títulos de tabelas e de outros gráficos e ilustrações normalmente são inseridos acima. Existe uma tendência de usar um mesmo tipo de letra para todos os títulos de ilustrações e de inserir os títulos de tabelas e figuras acima do elemento. Na verdade, a maioria dos aplicativos de apresentação tem como padrão a posição no alto do elemento visual. Essas práticas são simples e lógicas, mas você deve seguir a convenção para documentos e apresentações formais.

Notas de rodapé e citação de fontes

Às vezes alguma parte de um recurso visual requer uma explicação ou um detalhamento especial. Nesses casos, como no texto, use uma nota de rodapé. Essas notas são explicações concisas colocadas abaixo da ilustração, vinculadas ao elemento, que explicam por um caractere sobrescrito (um número, uma letra, um asterisco, etc.). As notas inseridas em tabelas ficam melhor abaixo delas. Para outros tipos de recursos, as notas vão após a ilustração, quando o título ou a legenda são inseridos na parte inferior dela.

Frequentemente, a última informação de um elemento visual a ser listada é o reconhecimento da fonte, ou simplesmente **fonte**. Ele faz referência a terceiros que merecem o crédito na obtenção dos dados da ilustração. Use a palavra

Um minigráfico comunica conteúdo com rapidez e se destaca do texto em um documento. Normalmente ele aparece ao lado de um trecho ou em uma tabela. Você pode criar minigráficos no Excel 2010.

	Q1	Q2	Q3	Q4	Trends
Rep 1	8.552	1.800	8.857	9.133	
Rep 2	9.458	7.594	6.930	3.920	
Rep 3	8.839	1.929	8.476	8.474	
Rep 4	5.766	2.877	9.586	10.989	
Rep 5	8.345	954	8.574	6.453	
Rep 6	7.564	8.692	11.992	8.574	
Rep 7	8.489	8.485	4.903	8.746	

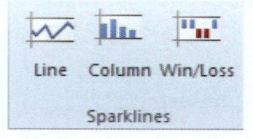

fonte seguida de dois pontos (:) e do nome da fonte. Uma nota para um dado baseado em informações obtidas pelo Departamento de Comércio dos Estados Unidos seria:

Fonte: Departamento de Comércio dos Estados Unidos.

Se os dados foram obtidos por alguém de sua equipe, você pode omitir a menção da fonte ou simplesmente informar "Os autores". Nesse caso a nota seria:

Fonte: Os autores.

OA3.6

Aprender a usar os conceitos de alfabetização visual em documentos e apresentações.

DECISÕES SOBRE O DESIGN DO DOCUMENTO

Para funcionar bem, um recurso visual precisa fazer parte do documento ou da apresentação – não competir com eles. Uma das maneiras de realizar esse objetivo é seguir as orientações do bom design de documentos. Essa iniciativa não apenas melhora a aparência, como também contribui com a legibilidade, a utilidade e o valor final de qualquer comunicação.

Os três elementos básicos do design são o *layout*, a fonte e a arte. Um quarto elemento, a cor, recentemente ganhou mais importância. O baixo custo e a facilidade de uso da cor em documentos digitais hoje são válidos também para documentos impressos. As impressoras a laser imprimem documentos de alta qualidade em cores ao mesmo custo e velocidade das impressoras preto e branco. Embora não existam regras ou orientações específicas para o uso dos princípios de design em todas as situações, como criador de documentos e apresentações, você precisa estar ciente dessas diretrizes e aplicar de forma consciente aquelas que funcionam melhor em termos da finalidade, do conteúdo, do contexto e do público-alvo de suas comunicações.

Formato

A orientação do documento ou da apresentação é a decisão mais importante que você vai tomar. Os padrões são o formato **retrato** (vertical), para documentos impressos, e **paisagem** (horizontal), para apresentações. Mas, as duas formas são flexíveis. Os documentos podem ser impressos no formato paisagem ou exibidos nessa orientação também em telas. Esse formato se presta muito bem para suas apresentações. Alguns dispositivos, como *tablets* e *smartphones*, permitem que o usuário exiba o documento na orientação preferida.

Uma regra básica muito útil é usar os padrões, uma vez que eles são o que a maioria do seu público-alvo espera. Mas, se o conteúdo aparecer melhor ou se o contexto pedir, você pode e provavelmente deve mudar a orientação de seu documento ou apresentação.

Durante décadas usamos os *layouts* sugeridos para memorandos, cartas e relatórios. Com as apresentações, essas regras não são tão rígidas. Muitas empresas usam modelos padronizados para documentos impressos e digitais. O uso de formatos consagrados e de modelos que muitas empresas de grande porte desenvolveram tem vantagens tanto para o funcionário quanto para a empresa. O funcionário tem uma ideia clara sobre o que a empresa quer ver no documento, e o modelo ajuda a lembrar o conteúdo a ser incluído. Os formatos aceitos tornam o processo mais fácil e eficiente também para o usuário das informações. A consistência em todo o documento permite que ele seja usado de modo mais eficaz. Além disso, muitas vezes a empresa inclui seu logotipo, um *slogan* ou imagens como meio de controlar a imagem de seu nome – sua marca.

Comunicação rápida

Como obter ajuda na hora de escolher o recurso visual certo

Este capítulo apresenta algumas das opções mais comuns de recursos visuais para seus textos e dados. Mas, uma ferramenta disponível *online*, a Tabela Periódica de Métodos de Visualização, contribui com mais ideias. Aponte o mouse para um dos elementos da tabela, no *site* http://www.visual-literacy.org/periodic_table/periodic_table.html e encontre maneiras novas de apresentar dados, informações, conceitos, estratégias, metáforas e combinações de recursos visuais.

Uma tela *pop-up* dá uma ideia da aparência de cada recurso na tabela. A tela a seguir mostra um exemplo de mapa mental. Com a finalidade de sua comunicação em mente, você será capaz de escolher a forma certa, confiante de que seu recurso visual não apenas é bom, como também é o mais indicado para a mensagem.

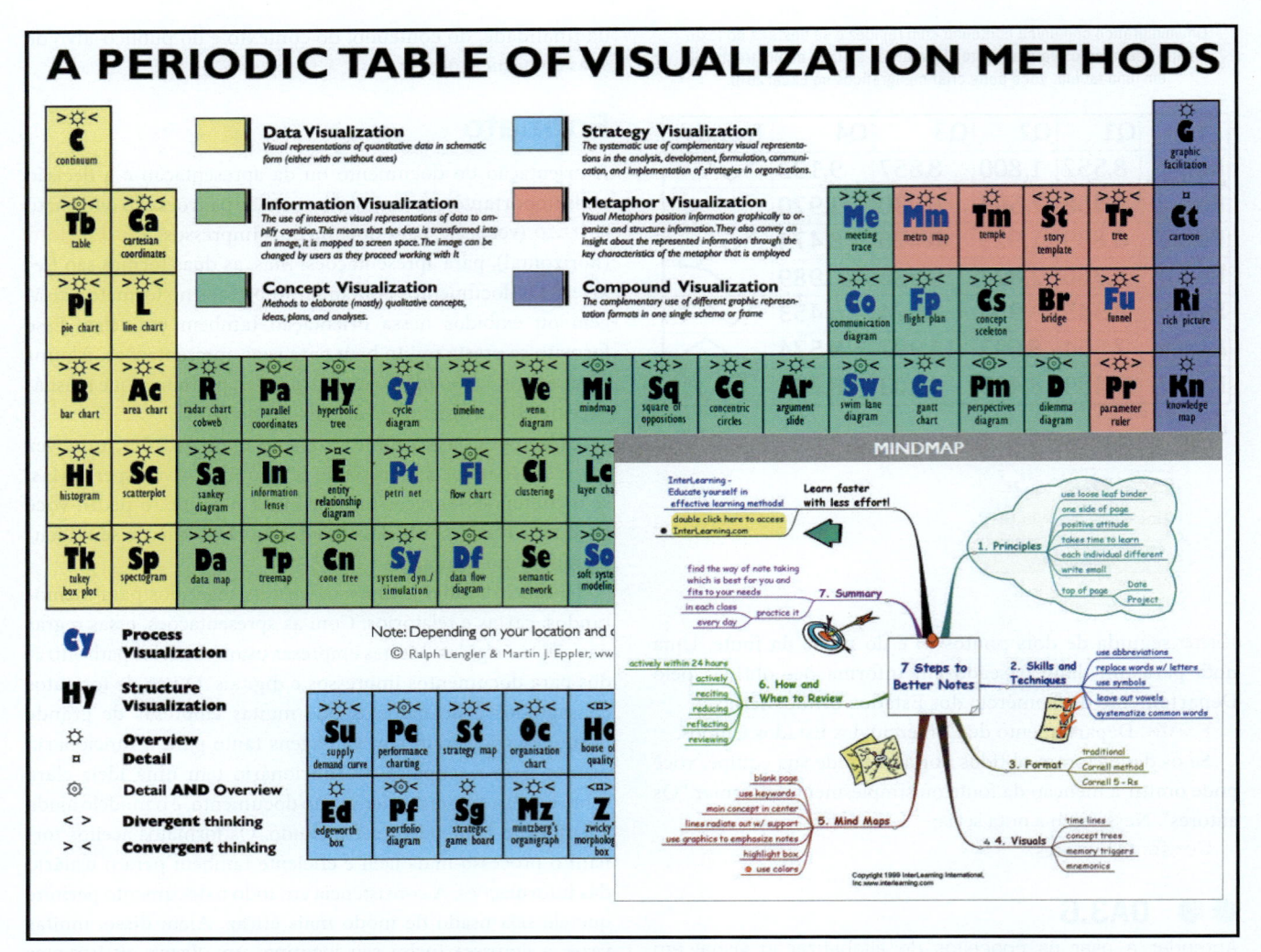

FONTE: Ralph Lengler e Martin J. Eppler, Visual-literacy.org, Universidade de Lugano (em parceria com outras três universidades suíças), sem data, Internet, 20/4/2010. Reproduzido com permissão.

Porém, algumas empresas dão mais espaço a seus funcionários para criar documentos com fins específicos ou para clientes especiais. Por isso, você vai precisar entender o *layout*.

As grades, o espaçamento e as margens também são aspectos importantes do *layout*. As grades são as linhas horizontais ou verticais que o guiam na inserção de textos e elementos visuais com precisão e consistência. Os exemplos da Figura 3.24 mostram como colocar o texto em grades de duas, três e seis colunas. As grades também representam uma oportunidade de planejar a inserção de cabeçalhos e subtítulos. Os cabeçalhos são elementos de organização do texto que não apenas ajudam o leitor a navegar por ele, como também melhoram a apresentação de conteúdos e a obtenção de informações. Não é difícil perceber a importância de dispor esses elementos no lugar certo.

Para dar a melhor aparência possível a seu documento ou apresentação, leve em conta o espaçamento, tanto interno quanto externo. O espaçamento externo é o espaço em branco – que muitas pessoas não consideram com atenção. Da mesma forma como o volume dá ênfase ao texto, o espaço em branco dá importância. Deixe um espaço em branco ao redor de seu texto ou recurso visual para destacá-lo, atraindo a atenção do leitor. Usado com eficácia, ele também melhora a legibilidade de seus documentos e apresentações, e o leitor tem a chance de descansar os olhos. Ninguém gosta de ler um texto muito compactado. Planeje a disposição do espaço em branco em seus documentos e apresentações com cuidado, e obtenha os melhores resultados.

O espaçamento interno se divide em espaçamento vertical e horizontal. O espaçamento entre as letras em uma linha é chamado **kerning**. Os processadores de texto permitem que você ajuste também o espaçamento vertical, o espaçamento **entrelinhas**. Hoje, muitas pessoas ainda usam o espaçamento simples ou duplo em documentos de negócios. É herança da era da máquina de escrever, quando o espaçamento era sempre 1/6 de polegada, isto é, uma polegada tinha seis linhas. Os *softwares* atuais permitem controlar esse aspecto com uma precisão muito maior. Na verdade, o Word 2007 define como padrão o espaçamento 1,5, que contribui para a legibilidade da fonte padrão, Calibri. O melhor espaçamento para seu documento vai depender da fonte usada e do comprimento das linhas. De qualquer forma, tome uma decisão consciente sobre o espaçamento de seu documento ou apresentação.

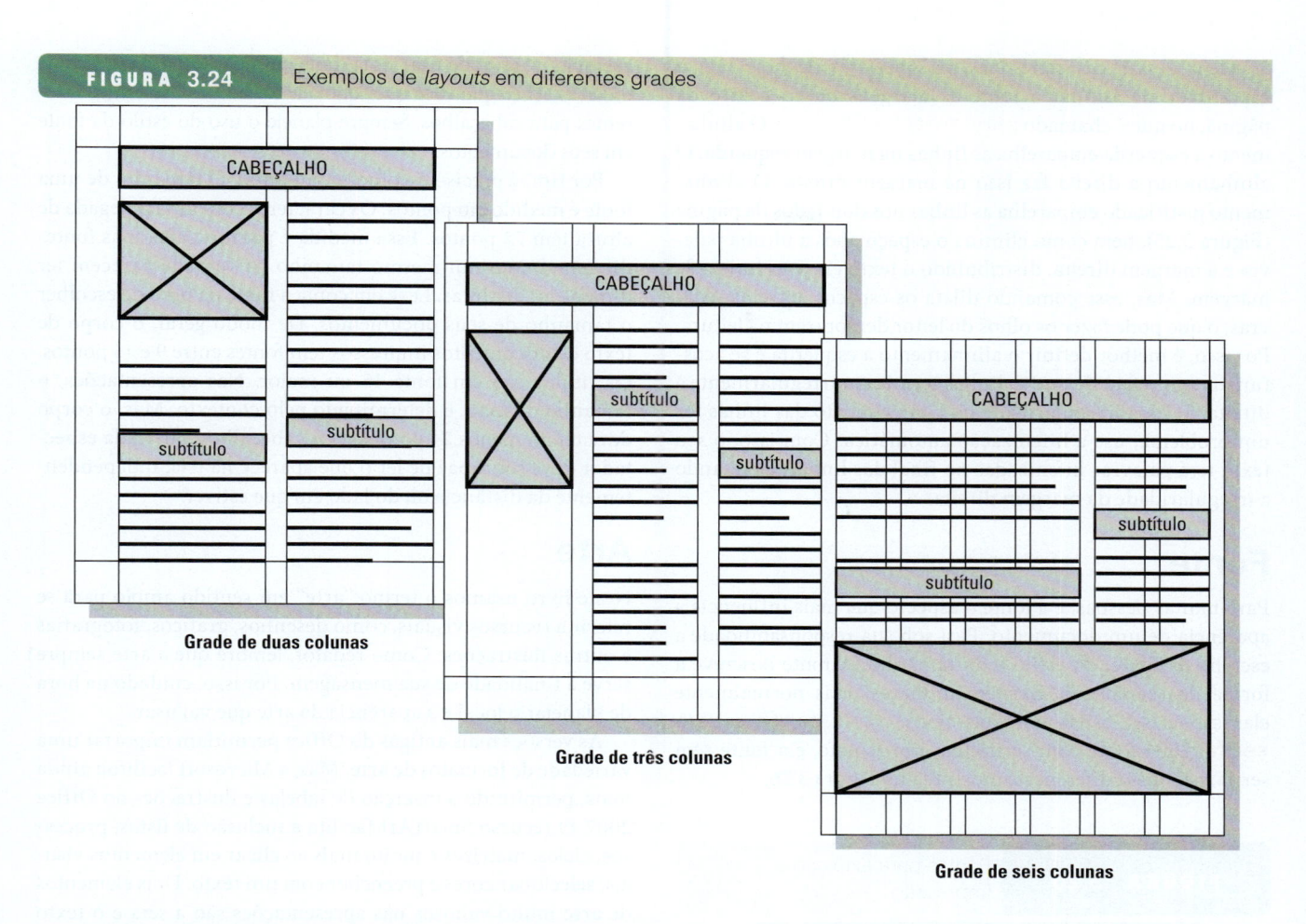

FIGURA 3.24 Exemplos de *layouts* em diferentes grades

Grade de duas colunas

Grade de três colunas

Grade de seis colunas

Outro fator do *layout* que todo redator precisa considerar é a definição de margens. Você quer que o seu documento ou apresentação pareça uma pintura bem emoldurada. Essa disposição pede que todas as margens sejam iguais. Mas, algumas empresas usam valores fixos para as margens esquerda e direita em todos os seus documentos, independentemente de sua extensão. A ideia é manter a harmonia com o cabeçalho do papel timbrado ou aumentar a produtividade na geração de documentos. Mas, as margens laterais devem ser idênticas. Os processadores de texto modernos permitem que você selecione margens iguais em todos os lados de seus documentos. Para isso, encontre o comando que centraliza o texto na vertical. As margens não serão absolutamente iguais, mas as páginas de seus documentos terão um equilíbrio horizontal e vertical. Alguns programas têm comandos como "ajustar para caber", que, a partir da definição do número de páginas, seleciona margens, tamanho de fonte e espaçamento a fim de encaixar a mensagem no espaço ideal.

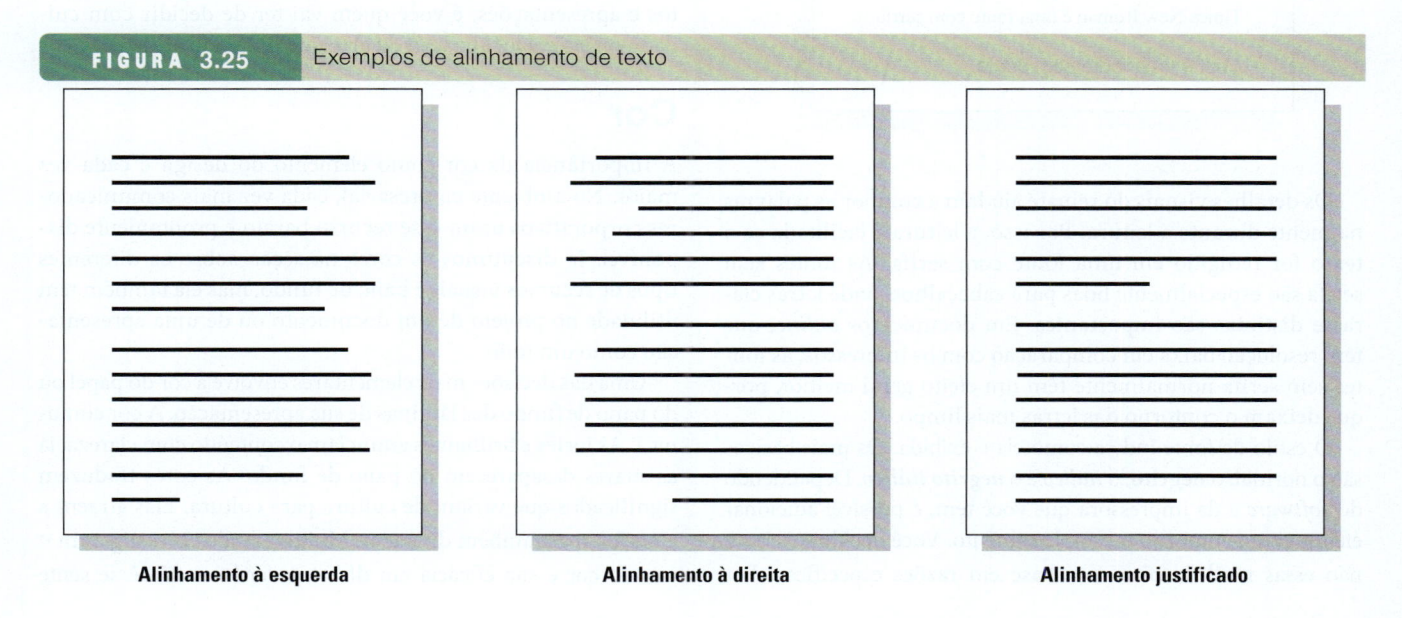

FIGURA 3.25 Exemplos de alinhamento de texto

Alinhamento à esquerda

Alinhamento à direita

Alinhamento justificado

CAPÍTULO 3 | Recursos visuais na comunicação oral e escrita

Além dessas características, os *softwares* de hoje têm a capacidade de alinhar a fonte às margens ou ao centro da página, no que é chamado **alinhamento do texto**. O alinhamento à esquerda emparelha as linhas na margem esquerda. O alinhamento à direita faz isso na margem direita. O alinhamento justificado emparelha as linhas nos dois lados da página (Figura 3.25), bem como elimina o espaço após a última palavra e a margem direita, distribuindo o texto entre as linhas de margem. Mas, esse comando dilata os espaços entre as palavras, o que pode fazer os olhos do leitor demorarem na leitura. Por isso, é melhor definir o alinhamento à esquerda e se acostumar com o fato de que as linhas terminam irregularmente à direita. Se essa irregularidade no comprimento das linhas for um problema, use a hifenização automática. Com isso, o seu texto terá palavras hifenizadas no final das linhas, atenuando a irregularidade da margem direita.

Fonte

Para muitas pessoas, é a fonte o aspecto que mais influencia a aparência de um documento. Fica sob sua responsabilidade a escolha da fonte, do estilo e do tamanho. A fonte descreve a forma dos caracteres. Existem milhares, mas normalmente elas são classificadas em dois tipos: **com serifa** e **sem serifa**. Uma fonte com serifa tem um remate, e a fonte sem serifa, não. Essa diferença é mostrada na Figura 3.26.

FIGURA 3.26 Fontes para exibição e impressão

Fontes otimizadas para exibição:

Calibri é uma fonte sem serifa.

Cambria é uma fonte com serifa.

Fontes otimizadas para impresso:

Times New Roman é uma fonte com serifa.

Arial é uma fonte sem serifa.

Os detalhes visuais do remate ajudam a compor as palavras na mente durante a leitura. Por isso, a leitura é facilitada se o texto for redigido em uma fonte com serifa. As fontes sem serifa são especialmente boas para cabeçalhos, onde letras claras e distintas são importantes. Em documentos *online*, que têm resolução baixa em comparação com os impressos, as fontes sem serifa normalmente têm um efeito geral melhor, porque deixam o contorno das letras mais limpo.

O estilo da fonte indica como ela é exibida. Os mais básicos são o normal, o **negrito**, o *itálico* e o ***negrito itálico***. Dependendo do *software* e da impressora que você tem, é possível adicionar efeitos como contorno ou sombreamento. Você decide se usa ou não essas modificações com base em razões específicas. Por exemplo, você pode usar uma fonte em negrito para apresentar todas as ações que você quer que o leitor adote. Use estilos diferentes para cabeçalhos. Sempre planeje o uso do estilo da fonte em seus documentos.

Por fim, é preciso escolher o tamanho. O tamanho de uma fonte é medido em pontos. Os caracteres com uma polegada de altura têm 72 pontos. Essa medida é padronizada, mas fontes diferentes com um mesmo tamanho na verdade parecem ter dimensões distintas. Leve em conta a fonte na hora de escolher o tamanho de seus documentos. De modo geral, o corpo de texto de documentos impressos tem fontes entre 9 e 14 pontos. Os títulos são em fonte 15 ou maior. Nas apresentações, o tamanho da fonte é determinado pelo contexto. Mas, o corpo deve ter ao menos 24 pontos, e os cabeçalhos, 30. Cada espectador deve ser capaz de ler o que aparece na tela, independentemente da distância ou do lado em que estiver.

Arte

Neste livro usamos o termo "arte" em sentido amplo para se referir a recursos visuais, como desenhos, gráficos, fotografias e outras ilustrações. Como redator, lembre que a arte sempre serve à finalidade de sua mensagem. Por isso, cuidado na hora de planejar o local e a aparência da arte que vai usar.

As versões mais antigas do Office permitiam importar uma variedade de formatos de arte. Mas, a Microsoft facilitou ainda mais, permitindo a inserção de tabelas e ilustrações no Office 2007. O recurso SmartArt facilita a inclusão de listas, processos, ciclos, matrizes e muito mais ao clicar em elementos visuais, selecionar cores e preencher com um texto. Dois elementos de arte muito valiosos nas apresentações são a seta e o texto explicativo. A seta aponta para um item específico e dirige a atenção e a interpretação do leitor. Ela não apenas ajuda a acompanhar a apresentação, como também concentra a atenção no local que o apresentador quer. Um texto explicativo (encontrado no menu Formas no PowerPoint) é semelhante. Ele foca a atenção e faz a interpretação de um trecho para o público, reforçando a ideia que o apresentador quer veicular. Mas não é porque esse recurso é fácil de empregar que você vai abusar dele. Como responsável pelo design de seus documentos e apresentações, é você quem vai ter de decidir com cuidado o tipo e a localização da arte que pretende utilizar.

Cor

A importância da cor como elemento do design é cada vez maior. No ambiente empresarial, cada vez mais comunicadores corporativos usam esse recurso barato e prontamente disponível. Já discutimos as cores na seção sobre os diferentes tipos de recursos visuais e pano de fundo, mas ela também tem utilidade no projeto de um documento ou de uma apresentação como um todo.

Uma das decisões mais elementares envolve a cor do papel ou do pano de fundo das lâminas de sua apresentação. A cor comunica. As fortes e brilhantes anunciam o conteúdo com clareza; já as suaves desaparecem no pano de fundo. As cores traduzem significados que variam de cultura para cultura. Elas atraem a atenção, mas também distraem. Muitos estudos investigaram o uso da cor e sua eficácia em diversos cenários. Você se sente mais à vontade em um cômodo pintado em azul-claro ou verde? Você come mais rápido em um restaurante com paredes vermelhas e amarelas? O seu currículo tem mais chances de ser lido se for impresso em um papel verde-limão? Fundos escuros em uma apresentação fazem o seu público pegar no sono? Você já deve ter percebido que pessoas diferentes tiram conclusões diferentes sobre a melhor maneira de usar as cores. Na dúvida, comece com a cor padrão do papel (branco) e do fundo do *slide* no PowerPoint (branco). Em seguida, adicione cores de acordo com a finalidade, o conteúdo, o contexto e o público-alvo.

Mas, talvez a característica mais útil das cores seja a capacidade de organizar conteúdos e orientar o leitor. Por exemplo, você pode usar cores diferentes nos cabeçalhos e subtítulos de seu documento ou apresentação, ou aproveitar uma cor específica para realçar pontos importantes, outra para sinalizar itens novos e uma terceira para indicar custos, por exemplo. Se você usar as cores de forma consistente para uma finalidade clara, terá mais chances de veicular sentido e atrair a atenção do público. Um dos recursos do PowerPoint baseado no uso da cor é a ferramenta esmaecer. Com ela você pode esmaecer os pontos já vistos e dirigir a atenção do leitor aos itens seguintes.

Atenção: não exagere na cor. Se o público não conseguir identificar o padrão que você adotou, as cores certamente serão motivo de distração. Com isso, você não só foge do propósito de sua comunicação, como também, o que é pior, confunde o público. Mas, considere esse recurso para organizar os seus documentos de maneira que o público acompanhe a leitura com facilidade e extraia significado das informações com rapidez e precisão.

Para concluir, ao entender esses princípios básicos da alfabetização visual, você não terá dificuldade de desenvolver as competências necessárias à compreensão de documentos e apresentações e à seleção ou criação de suas próprias imagens para, assim, comunicar ideias de forma eficaz a seu público. ∎

ACESSE <http://www.grupoa.com.br>

para materiais adicionais de estudo, em inglês, incluindo apresentações em PowerPoint.

● ● objetivos de **APRENDIZAGEM**

OA4.1 Simplificar a escrita, escolhendo palavras conhecidas e curtas.

OA4.2 Usar termos técnicos e acrônimos com cuidado.

OA4.3 Escrever de forma concreta e usar verbos na voz ativa.

OA4.4 Escrever com clareza e precisão, escolhendo as palavras certas e usando expressões idiomáticas da forma adequada.

OA4.5 Usar palavras que não discriminem as pessoas.

OA4.6 Redigir frases curtas e claras, limitando o conteúdo e economizando nas palavras.

OA4.7 Compor frases que dão a ênfase certa ao conteúdo.

OA4.8 Usar a coesão e a escolha lógica de palavras para deixar suas frases mais claras.

OA4.9 Compor parágrafos curtos e coesos, usar frases principais com eficiência e comunicar-se com coerência.

OA4.10 Adotar um estilo informal que elimina frases feitas.

OA4.11 Usar "você" nas mensagens para gerar uma boa impressão.

OA4.12 Acentuar o lado positivo das coisas com a escolha certa de palavras e sua colocação para gerar uma boa impressão e obter os efeitos desejados.

Como usar o estilo apropriado

capítulo quatro

Depois de ter analisado sua tarefa de comunicação, decidido sobre o tipo de mensagem que vai escrever e planejado os conteúdos verbais e visuais dela, você está pronto para o desafio da redação – pôr palavras, frases e parágrafos em série para comunicar o que você precisa dizer.

Cada documento que você vai redigir precisa atender aos requisitos específicos da situação. Por isso, ter em mente certas orientações vai ajudá-lo a tomar as decisões certas na redação. Este capítulo traz alguns conselhos para você fazer a escolha adequada de palavras, escrever frases e parágrafos claros e atingir o efeito desejado com os leitores. O objetivo é compor documentos que comuniquem conteúdo de forma clara, completa, eficiente e envolvente.

Cenário de trabalho

Como usar um estilo que comunica

Vamos voltar ao seu papel fictício de gerente de uma pequena empresa, apresentado no Capítulo 2. Você trabalha duro para ter certeza de que todos os aspectos de seu negócio funcionam de forma eficaz e eficiente. No momento, sua atenção está na comunicação de seus subordinados, sobretudo o modo de se comunicar de Max Elliot, o subgerente.

Você tem uma cópia de um relatório redigido por Max e enviado por e-mail na sua frente, na escrivaninha. Seguindo suas instruções, ele investigou como a empresa usa o espaço disponível e resumiu os resultados neste relatório. Já na primeira lida você se impressiona com o trabalho feito por Max. Mas, na segunda leitura, você não tem tanta certeza do que o documento revela. Eis um parágrafo que ilustra a situação:

No interesse de garantir a máxima utilização dos espaços subterrâneos do prédio que atualmente não estão destinados aos departamentos de operações, é recomendado que uma avaliação das necessidades relativas a espaços seja iniciada. A revisão do assunto deve ser iniciada na primeira oportunidade e realizada por uma equipe do administrativo sem vínculos com os departamentos de operações.

O problema de Max é muito comum na comunicação empresarial. Seu estilo de escrever é gramaticalmente correto, mas não comunica com rapidez e clareza. Ele também parece não se importar muito com seus leitores. Este capítulo apresenta o que você deve fazer para não escrever desta maneira.

A IMPORTÂNCIA DA ADAPTAÇÃO

A redação clara e eficaz começa com a adaptação de sua mensagem a seus leitores. No Capítulo 1 vimos que os leitores estão em contextos organizacionais, profissionais e pessoais específicos. Eles não compartilham vocabulários, conhecimentos ou valores idênticos. Além disso, você não tem o mesmo relacionamento com todos.

Para se comunicar de forma clara e no tom adequado, você terá de conhecer o máximo possível sobre as pessoas com quem você vai se comunicar e levar em conta as comunicações que já teve com elas. Feito isso, escolha as palavras e organize a sua mensagem para que essas pessoas a entendam e reajam do jeito que você quer. Mais do que uma mera necessidade estratégica, essa adaptação da mensagem ao público-alvo é uma demonstração de que você respeita o tempo e a energia dessas pessoas. Todos se beneficiam quando sua redação é focada no leitor.

SELEÇÃO DAS PALAVRAS CERTAS

Vamos examinar os trechos dos relatórios que duas empresas redigiram para seus acionistas:

Empresa A: Ano passado o total de vendas de sua empresa foi de $117.400.000, ligeiramente maior que os $109.800.000 relativos ao ano anterior. Após deduzir todas as despesas, tivemos $4.593.000 de lucro, comparados com os $2.380.000 em 2010. Devido a esses lucros maiores, fomos capazes de aumentar os pagamentos de seus dividendos anuais por ação dos 50 centavos pagos ao longo dos últimos 10 anos.

"A escolha das palavras certas para um documento exige que você pense sobre o público-alvo e o conteúdo da mensagem."

Empresa B: Os investimentos da companhia e os avanços em três subsidiárias não consolidadas (todas no estágio de desenvolvimento) e em empresas em que temos 50% do capital foi de $42.000.000 em 31 de dezembro de 2011, e os valores adicionais de investimentos em certas empresas com relação ao valor dos ativos líquidos nas datas de aquisição foi de $1.760.000. A participação da companhia nos ativos líquidos em 31 de dezembro de 2011 foi de $41.800.000 e nos resultados das operações relativas aos anos encerrados em 31 de dezembro de 2010 e 2011 foi de $1.350.000 e $887.500, respectivamente. A receita de dividendos foi de $750.000 e $388.000 para os anos de 2010 e 2011, respectivamente.

Qual dos dois parágrafos foi mais bem redigido? Se sua resposta é "depende dos leitores a que cada um se destina", você acertou. A escolha de palavras na primeira versão seria apropriada para um público com conhecimentos medianos sobre finanças, e a da segunda é indicada para profissionais de finanças. Estes exemplos deixam uma coisa clara: a escolha das palavras certas para um documento exige que você pense sobre o público-alvo e o conteúdo da mensagem.

É possível identificar vários princípios de estilo válidos para a maioria de seus documentos. Não importa quem são os seus leitores, a sua escolha de palavras provavelmente será mais eficaz se você tiver em mente as seguintes sugestões.

OA4.1
Simplificar a escrita, escolhendo palavras conhecidas e curtas.

Use palavras conhecidas

Não importa quem são seus leitores, evite usar palavras difíceis onde uma palavra comum cumpre sua função. Você realmente

> **USE EXPRESSÕES DA MODA COM MODERAÇÃO E APENAS EM COMUNICAÇÕES INFORMAIS COM PESSOAS QUE AS COMPREENDAM E APRECIEM.**

precisa **apurar** em vez de **descobrir**? **Principiar** em vez de **começar**? Para transmitir conteúdo com máxima eficiência, use as palavras mais simples, que não ofendam a inteligência dos leitores, nem sejam informais demais.

Uma ótima obra de referência para os redatores da comunicação empresarial – um excelente modelo dos conselhos oferecidos – é o manual editado pela Comissão da Bolsa de Valores dos Estados Unidos, o *A Plain English Handbook: How to Create Clear SEC Disclosure Documents* (disponível no *site* http:www.sec.gov/pdf/handbook.pdf).

Eis o que ele diz sobre o uso de palavras simples:

> Represente ideias complexas em palavras curtas e conhecidas. Por exemplo, use **terminar** em vez de **encerrar**, **explicar** no lugar de **elucidar** e **usar** em vez de **utilizar**. Quando existir um sinônimo simples e menor, use-o.

Use gírias e clichês com cautela

Algumas gírias e clichês estão sempre na moda, em diferentes momentos e em todas as sociedades. Por exemplo, expressões que nasceram em programas de TV, como "foi pro paredão", "você tá de onda?", ou "fala sério!" são muito comuns. Mas, "vem correndo" e "a pergunta de um milhão de reais" caíram em desuso. Um comercial produzido nos Estados Unidos em 2008 mostrava os funcionários de uma empresa se divertindo com um jogo sobre clichês usados no ambiente empresarial. Eles ouviam o clichê e marcavam em seus cartões frases como "o aniversário é nosso, mas quem ganha o presente é você" e "satisfação garantida ou seu dinheiro de volta". Expressões populares como essas estão perdendo espaço.

Gírias e clichês podem ter o efeito esperado em alguns contextos, mas existe o risco de parecerem ultrapassados. Outra desvantagem é que eles geram problemas quando a comunicação ocorre entre culturas. Use expressões da moda com moderação e apenas em comunicações informais com pessoas que as compreendam e apreciem.

Prefira palavras curtas

Palavras curtas em geral são mais eficientes do que palavras longas. É o que dizem os estudos sobre a legibilidade. Isso ocorre em parte porque as palavras curtas são mais conhecidas. Mas, existe outra explicação: o uso exagerado de palavras longas – mesmo as que o leitor compreende – deixa uma impressão de dificuldade, que em nada ajuda a comunicação.

A sugestão de usar palavras curtas não significa que todas sejam fáceis – e que as longas sejam difíceis. As exceções são muitas. Nem todo o mundo conhece monossílabos, como "loa", "juá" e "id", mas até uma criança sabe o significado de "hipopótamo", "automóvel" e "bicicleta". Entretanto, na maioria das vezes existe uma relação entre o tamanho e a dificuldade da palavra. Por isso, prefira palavras curtas, e use as longas com critério.

Os exemplos a seguir mostram essa diferença (as palavras longas e suas substitutas curtas estão em itálico).

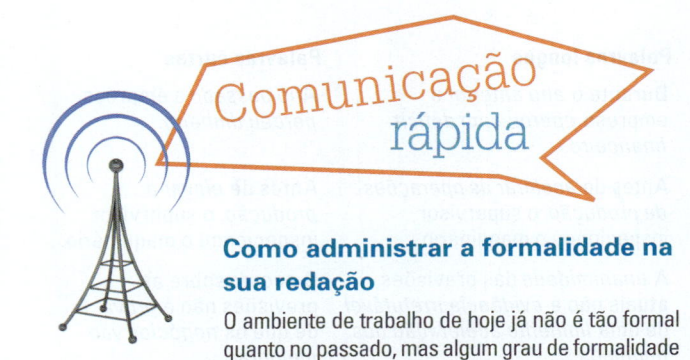

Comunicação rápida

Como administrar a formalidade na sua redação

O ambiente de trabalho de hoje já não é tão formal quanto no passado, mas algum grau de formalidade é esperado, especialmente quando você está se comunicando:

- Com alguém que não conhece.
- Com alguém em posição hierárquica superior.
- Por meios convencionalmente vistos como formais, como cartas, relatórios e propostas externas.
- Por meio de uma mensagem cerimoniosa, como uma recomendação ou um aviso especial.
- Por meio de uma mensagem muito séria, como na resposta a uma crise ou em uma repreensão oficial.

Nessas situações, é possível atingir o nível desejado de formalidade fazendo algumas substituições:

Redação informal	Redação mais formal
Olhar	Estudar, investigar, analisar
Refazer	Recompor
Ter certeza	Garantir
Ótimo	Excepcional, digno de mérito
Assim (conjunção)	Logo, portanto
Checar	Confirmar
Ver com alguém	Consultar alguém
Certo	Correto, preciso, apropriado
Não tá	Não está

Não é difícil perceber que, para ser mais formal, você às vezes vai usar mais palavras ou sílabas. Quando o leitor tem uma expectativa de formalidade, esses prolongamentos são aceitáveis. Mantenha sua redação clara e eficiente dentro do possível, sem esquecer as exigências da situação.

> **CUIDADO NA HORA DE USAR LINGUAGEM TÉCNICA AO ESCREVER UM TEXTO PARA UM PÚBLICO QUE NÃO A CONHECE.**

Palavras longas

Durante o *ano anterior* a empresa *operou com déficit financeiro*.

Antes de *acelerar as operações de produção*, o supervisor inspecionou o maquinário.

A *unanimidade* das previsões atuais não é *evidência irrefutável* de uma *iminente aceleração dos negócios*.

Esta estratégia *antiquada de comercialização* é ineficaz nas *operações empresariais contemporâneas*.

Palavras curtas

Ano passado a empresa *perdeu dinheiro*.

Antes de *elevar a produção*, o supervisor inspecionou o maquinário.

O *acordo* sobre as previsões não é *prova* de que os *negócios vão melhorar*.

Esta *velha estratégia de vendas* não vai funcionar em uma *empresa atual*.

OA4.2
Usar termos técnicos e acrônimos com cuidado.

Use termos técnicos e acrônimos com cuidado

A linguagem técnica está em todas as áreas dos negócios – na contabilidade, nos sistemas de informação, nas finanças, no marketing e na gestão. Às vezes ela é tão complexa, que é preciso elaborar dicionários com termos de diversos campos, como tecnologia, direito, finanças e outras especialidades. Existem dicionários até para subdomínios, como bancos de dados, *e-commerce* e mercado imobiliário.

Quem trabalha em um campo específico conhece os termos técnicos e acrônimos usados nele. Com o tempo você passará a usar essas expressões livremente na comunicação com as pessoas de sua área de atuação. Muitas vezes essas palavras conseguem comunicar um conteúdo que, do contrário, exigiria dezenas de palavras da língua geral para ser descrito. Outra vantagem é que a linguagem especializada sinaliza a outros especialistas que você está qualificado para se comunicar com eles em pé de igualdade.

Mas, você poderá ter problemas ao usar termos técnicos com pessoas fora de sua especialidade. Para quem esquece que nem todas as pessoas conhecem essas palavras, o resultado é uma falha na comunicação. Evite essas falhas usando termos técnicos apenas quando você tem certeza de que seus leitores os conhecem.

Não é difícil encontrar exemplos de como essas palavras são mal empregadas. Para um funcionário do instituto de seguridade social, o termo **emprego formal** significa emprego coberto pela previdência social. Contudo, para as pessoas comuns, o termo significa emprego com carteira assinada. A palavra **anuidade** tem um significado muito claro para uma pessoa da área de seguros. Para um leigo, **taxa cobrada uma vez ao ano** tem mais significado. Os especialistas da computação sabem que C++ e Java são linguagens de programação conhecidas, mas um leigo provavelmente tem ideias muito diferentes sobre esses termos.

É necessário critério na hora de usar iniciais (inclusive acrônimos). Algumas iniciais, como IBM, são muito conhecidas, já outras não, como SEO (abreviação de *search engine optimization*, ou otimização para ferramentas de busca). Na dúvida se o seu leitor conhece ou não essas abreviações, é melhor escrever as palavras por extenso e citar a abreviação entre parênteses. Talvez seja necessário explicar o que elas significam.

Não importa o seu campo de atuação. Cuidado na hora de usar linguagem técnica ao escrever um texto para um público que não a conhece.

OA4.3
Escrever de forma concreta e usar verbos na voz ativa.

Use a linguagem concreta

A marca da boa comunicação empresarial é o uso de palavras com significados claros e precisos, as chamadas palavras concretas, específicas.

Concreto é o oposto de abstrato. As palavras abstratas são vagas; as palavras concretas traduzem coisas palpáveis aos sentidos do leitor, mantendo seu interesse, porque se referem à sua experiência.

Exemplos de substantivos concretos são **cadeira, escrivaninha, computador,** *Lance Armstrong* e *Empire State Building*. Substantivos abstratos são **administração, negociação, riqueza, inconsistência, fidelidade, compati-**

> **Sopa de letrinhas**
>
> Você conhece o significado das seguintes abreviações? Elas são muito comuns no idioma inglês.
>
> B2B   CRM   EPS   FIFO   SWOT
> GAAP   ROI   SAAS   TQM   ERP
>
> Descubra o que elas significam digitando a abreviação e "significado" na caixa de pesquisa do Google ou na barra de endereços do navegador Chrome – e certifique-se de que seus leitores as conheçam antes de usá-las.

Comunicação rápida

Encontros e desencontros

Quando você pensar em usar gírias em uma comunicação transcultural, lembre-se de que mesmo uma palavra aparentemente simples pode ser interpretada de forma errada.

Alguns problemas interessantes ocorrem quando as pessoas tentam atingir um mercado aparentemente composto por um público de mentalidade coesa e um idioma em comum. O espanhol é um idioma que tem exemplos elucidativos dessas questões. Há muitos pontos em comum entre diferentes regiões em que essa língua é falada, mas algumas palavras têm significados muito diferentes. O resultado é que a mensagem a ser veiculada não é necessariamente igual à mensagem recebida.

Em seu livro *International Marketing*, Philip Cateora cita um exemplo interessante. Em espanhol, a tradução de *ball* é *bola*, que tem esse significado em muitos países que falam o idioma. Porém, em alguns ele também significa "mentira" e, em outros, ele tem uma conotação vulgar. Philip relata que uma marca de suco de laranja foi anunciada como *Jugo de China* em Porto Rico, mas, quando foi comercializada focando a população cubana de Miami, não vingou no mercado. Para os porto-riquenhos, a palavra *china* significa *laranja*, mas os cubanos não estavam interessados em comprar o que eles pensavam se tratar de um suco chinês.

FONTE: Michael White, *A Short Course in International Marketing Blunders* (Novato, CA: World Trade Press, 2002) 40-41, 22, *ebrary*, University of Cincinnati, Web, 9 Mar. 2010.

> **O uso exagerado do verbo 'ser' e da voz passiva sugam a energia de suas frases.**

---

bilidade, conservação, discriminação, incompetência e **comunicação**. Observe como é difícil visualizar o que as palavras abstratas querem dizer.

A concretude relaciona-se ao quanto você é objetivo. Veja como as palavras específicas são mais claras:

Abstrato	Específico
Um prejuízo significativo	Um prejuízo de 53%
A maioria	62%
No futuro próximo	Ao meio-dia de quinta-feira
A empresa líder de mercado	A primeira de 3.212 concorrentes

Agora vamos ver a diferença que a concretude de uma palavra faz na clareza de trechos mais longos. Eis um exemplo de redação abstrata:

> É imperativo que a companhia ponha em prática uma postura extremamente conservadora nas operações envolvendo custos durante o próximo biênio. O desempenho operacional da companhia não foi eficiente devido ao fato de haver uma preponderância de tarefas administrativas delegadas a funcionários que não estavam plenamente capacitados para executar essas atividades. As reformas de natureza administrativa recentemente implementadas que enfatizam a experiência nas economias operantes retificaram esta condição.

Redigida com foco na concretude das palavras, esta mensagem ganha outra cara:

> Precisamos reduzir nossas despesas em ao menos $2 milhões em 2011-2012. Nosso déficit de $1.350.000 em 2009-2010 foi causado pela inexperiência de nossos dois administradores, o Sr. Sartan e o Sr. Ross. Eles foram substituídos pelo Sr. Pharr e pelo Sr. Kunz, que têm 13 e 17 anos de experiência bem-sucedida, respectivamente, na gestão de operações.

Você vê que a redação específica não é só mais fácil de entender: ela também é mais informativa.

Prefira verbos na voz ativa

De todas as classes gramaticais, os verbos são os que mais ajudam a deixar sua redação interessante e viva – e por uma boa razão: eles são a ação da frase.

Mas, nem todos os verbos conferem vigor à mensagem. O uso exagerado do verbo "ser" e da voz passiva sugam a energia das frases. A diferença entre uma redação que usa muitas formas do verbo "ser" e uma redação que usa a voz ativa fica clara quando você analisa os dois trechos a seguir (as formas do verbo "ser" e seus substitutos estão em itálico):

> Todo dia, mais de 300 clientes *são* atendidos por nossa equipe de suporte. As principais tarefas das equipes de atendimento ao cliente *são* responder a perguntas, resolver problemas e educar os clientes sobre o *software*. Sem o trabalho desses especialistas, nossos índices de satisfação do cliente *seriam* muito menores do que realmente *são*.

Agora compare:

> Nossa equipe de suporte *atende* a mais de 300 clientes todo dia. Seus integrantes *respondem* a perguntas, *resolvem* problemas e edu-

cam os clientes sobre o *software*. Sem o trabalho desses especialistas, nossos índices de satisfação do cliente *cairiam* de forma significativa.

Não é fácil perceber a diferença? Os verbos na voz ativa conferem impacto a sua redação e a deixam mais curta.

Além de minimizar o uso do verbo "ser", você deve deixar sua redação mais atraente, ao empregar o que os gramáticos chamam de **voz ativa**. Lembre-se de suas lições de gramática: uma frase com um verbo que tem um objeto direto (que recebe a ação) pode ser escrita de forma direta (ativa) ou indireta (passiva). Por exemplo, a frase "O auditor analisou as contas" está na voz ativa. Na voz passiva, ficaria "As contas foram analisadas pelo auditor". Veja como a voz ativa é mais dinâmica. Para ter uma ideia mais clara das vantagens da voz ativa contra a voz passiva, compare as frases:

Voz passiva	Voz ativa
Os resultados foram relatados em nossa carta de 9 de julho.	Relatamos os resultados em nossa carta de 9 de julho.
Esta política foi apoiada por nosso sindicato.	Nosso sindicato aprovou esta política.
O escritório será inspecionado pelo Sr. Hall.	O Sr. Hall inspecionará o escritório.
As vendas de computadores foram aumentadas em 30% pela promoção mais recente.	A promoção mais recente aumentou as vendas de computadores em 30%.

Mas, a sugestão de preferir a voz ativa não significa que a voz passiva seja errada ou que nunca deva ser usada. Às vezes ela fica

Tecnologia rápida
Os corretores de gramática e estilo ajudam os redatores a escolher as palavras certas

Hoje os processadores de texto ajudam os redatores na gramática, no estilo e na ortografia. Por padrão, o Word verifica as palavras automaticamente e usa sublinhados em vermelho ou verde para distinguir erros. Mas, como mostram as telas de configurações de correção a seguir, os redatores podem escolher se querem ou não essa ajuda e definir as regras que o corretor vai usar em seus documentos. Também é possível corrigir na hora ou mais tarde. Os corretores de gramática e estilo não são tão precisos quanto os corretores de ortografia, mas identificam palavras, expressões e frases que podem ser melhoradas. Na verdade, essas ferramentas são uma maneira de resolver problemas e dão uma explicação do uso correto das palavras.

Neste exemplo, o corretor encontrou um possível erro na frase e sugeriu o uso da crase. Entretanto, é o redator quem decide se aceita ou não a sugestão. Ele indica se a crase não foi usada intencionalmente, ou por acidente, e explica a condição para que a correção seja feita.

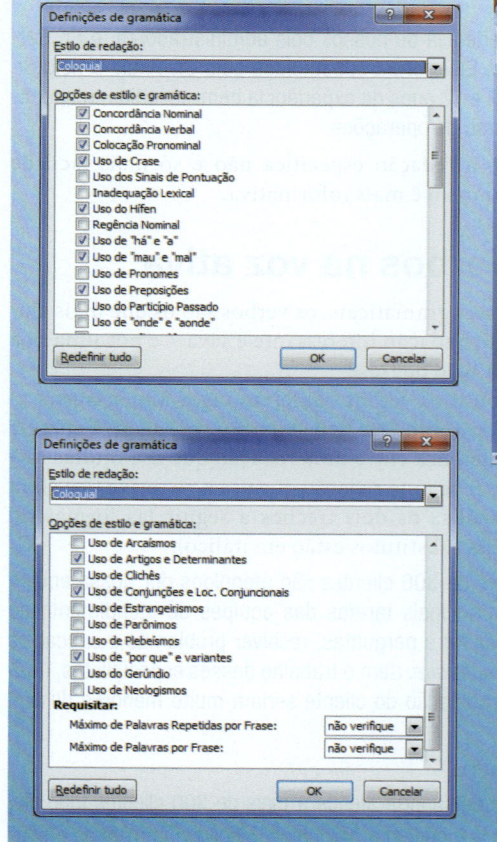

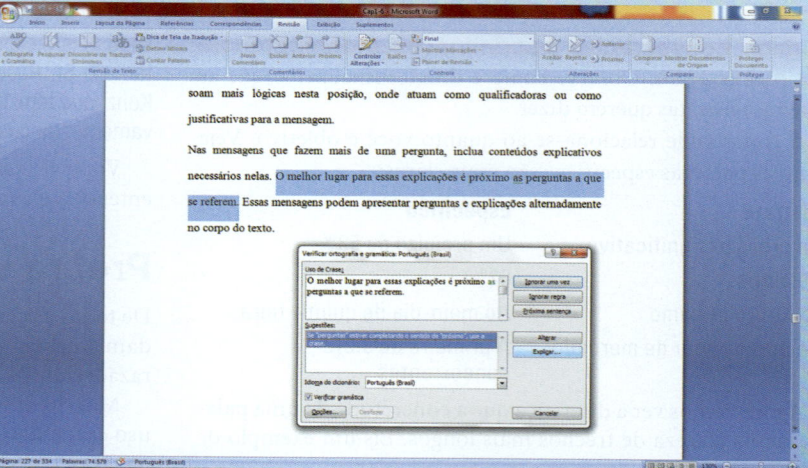

MÓDULO 2 | Elementos básicos de redação e apresentações

melhor. Por exemplo, quando o sujeito da ação não é importante para a mensagem, a voz passiva remove a ênfase do agente:

A propaganda muitas vezes é criticada devido a seu efeito nos preços.

O petróleo é refinado no Texas.

A voz passiva evita acusar o seu leitor de algo:

O dano foi causado pela exposição do material à luz do sol (em vez de "Você expôs…").

A cor desejada não foi especificada em seu pedido (em vez de "Você não especificou a cor desejada…").

Ela também é preferível quando o sujeito é desconhecido, como no exemplo:

Ano passado o equipamento foi sabotado sete vezes.

Outra situação em que a voz passiva tem um efeito melhor na frase é quando o redator não quer revelar o nome do sujeito:

Duas reclamações foram feitas sobre você.

Comunicação rápida

Tudo o que você sempre quis saber sobre a voz ativa e a passiva

Muitos redatores fazem confusão com os termos *voz ativa* e *voz passiva*. A razão é que a maioria das línguas modernas têm duas categorias de verbos: os que aceitam o objeto direto, e os que não. Por exemplo, o verbo *consertar* tem objeto direto (você pode consertar algo), já o verbo *acontecer*, não (você não pode "acontecer" alguma coisa).

As frases com verbos que aceitam objetos diretos são aquelas que podem ser escritas na voz ativa ou passiva. Quando você escreve na voz ativa, a frase está na ordem "quem + faz/fez + o que + a quem/que". Por exemplo:

Um técnico autorizado consertou a nova impressora a laser.
[quem]   [fez o que]   [a quem/que]

Quando você escreve a mesma ideia na voz passiva, o objeto direto é deslocado para o começo da frase e desloca o sujeito para o final (ou o elimina). Com essa mudança, temos:

A nova impressora a laser foi consertada por um técnico autorizado.
[o que]   [recebeu a ação]   [de quem]

A nova impressora a laser foi consertada.
[o que]   [recebeu a ação]

Esta inversão da ordem das palavras deixa a frase menos viva, menos direta e menos informativa.

Você encontra exemplos da voz passiva em sua própria redação ao procurar locuções verbais com duas ou três palavras, compostas por:

■ Uma forma do verbo "ser" (por exemplo, *é, foi, tem sido, será*).
■ Um verbo no pretérito (*instalou, reduziu, escolheu, enviou*).

Ao encontrar exemplos desses verbos – *foi instalado, tem sido reduzido, será escolhido* –, tente refazer a frase na voz ativa para melhorar o sentido e a clareza colocando o agente da ação na posição de sujeito da frase.

Comunicação rápida

Os verbos de verdade, por favor, fiquem de pé!

Certifique-se de que seus verbos são verbos de ação, não verbos camuflados, como os mostrados nas colunas central e direita, a seguir.

Verbo de ação	Forma nominal	Redação de verbos camuflados
Adquirir	Aquisição	Fazer uma aquisição
Candidatar-se	Candidatura	Apresentar uma candidatura
Assistir	Assistência	Prestar assistência a
Discutir	Discussão	Ter uma discussão
Considerar	Consideração	Levar em consideração
Investigar	Investigação	Fazer uma investigação
Julgar	Julgamento	Fazer um julgamento
Conciliar	Conciliação	Promover uma conciliação

Estes exemplos ilustram melhor essas diferenças:

Verbo camuflado inadequado	Forma verbal clara e forte
Uma *combinação foi feita* para nos encontrarmos para o café da manhã.	*Combinamos* nos encontrar para o café da manhã.
A *amortização* da conta *foi efetuada* pela equipe.	A equipe *amortizou* a conta.
A nova política de produto *envolveu a padronização* dos procedimentos.	A nova política *padronizou* os procedimentos.
Precisamos *promover uma conciliação* de nossas diferenças.	Precisamos *conciliar* nossas diferenças.
A *abertura* de uma academia de ginástica *foi promovida* pela empresa.	A empresa *abriu* uma academia de ginástica.

Mas sua redação ficará mais clara e viva ao utilizar a ordem "quem faz o quê" (sujeito, verbo, objeto) nas suas frases.

Evite exageros com verbos camuflados

Uma das construções gramaticais que você deve evitar é o verbo camuflado. Um verbo é camuflado quando a ação da frase está representada por um substantivo, o que vai exigir que outras palavras sejam adicionadas. Por exemplo, suponha que você quer escrever uma frase em que o verbo **eliminar** representa a ação. Se você usar o substantivo derivado deste verbo, **eliminação**, você precisa acrescentar palavras – talvez **foi efetuada** –

para ter uma frase completa, algo como "A eliminação do excesso foi efetuada pela equipe". Esta frase é indireta e está na voz passiva. Mas, se usar o verbo **eliminar**, a frase fica mais objetiva: "A equipe eliminou o excesso".

Como nos outros casos, redigir frases na ordem "quem faz o quê" aumenta a clareza e o impacto da mensagem. As outras estruturas normalmente geram frases complicadas, tensas e monótonas.

●● OA4.4

Escrever com clareza e precisão, escolhendo as palavras certas e usando expressões idiomáticas da forma adequada.

Deixe sua redação mais impactante: use verbos fortes.

Escolha as palavras pensando no sentido exato delas

Você já sabe que redigir exige um conhecimento considerável da língua. Mas, familiaridade com o vocabulário é apenas uma das exigências: o bom redator tem uma sensibilidade para as nuances de sentido das palavras. Assim como as pessoas, as palavras têm personalidade. Algumas são fortes, outras tímidas. Algumas são positivas e formais, outras negativas e informais. Sua tarefa como redator é escolher as palavras que melhor atingem o efeito desejado com seu público-alvo.

seja sensível à conotação Considere as diferenças entre **magnata, gigante industrial, empresário bem-sucedido** e **executivo de sucesso**. As quatro formas se referem a uma pessoa que conquistou poder e fortuna no ambiente empresarial. No entanto, elas diferem nas **conotações**, os contextos e valores que sugerem. **Magnata** traz à mente a lembrança de um chefão do começo do século XX, que usava um alfinete de gravata com um diamante – e suas práticas abusivas no ambiente de negócios. Já **executivo de sucesso** sugere uma pessoa menos presunçosa e gananciosa, que atingiu o sucesso em uma empresa. Da mesma forma, **demitir, dispensar, desligar** e **exonerar** se referem à mesma ação, mas com conotações diferentes.

Preste atenção nas associações sociais e emocionais das palavras para escrever de forma mais eficaz e competente.

não confunda palavras semelhantes O conhecimento sobre a linguagem também permite que você use as palavras no sentido literal **(denotação)** corretamente. Por exemplo, **menos** e **pouco** significam a mesma coisa para algumas pessoas. Mas, os falantes cuidadosos escolhem **menos** quando querem dizer "um número menor de itens" e **pouco**

[**Algumas escolhas de palavras são ruins, algumas, estranhas, e outras, simplesmente erradas.**]

Comunicação rápida

O problema com as expressões idiomáticas

Os falantes não nativos têm dificuldade com expressões idiomáticas em um idioma estrangeiro.

Veja o verbo preposicionado *put up with* (tolerar), da língua inglesa. Se você é um falante nativo, ele faz sentido – mas, imagine como ele soa estranho para um estrangeiro na primeira vez em que ele ouve a expressão.

Escolher a preposição adequada para descrever a ida "a" algum lugar pode ser difícil para um brasileiro que fala francês como segunda língua. A preposição vai mudar, dependendo do nome de uma cidade ou ilha (*á Paris*), do nome feminino de um país (*au Japon* [em português, Japão é substantivo masculino]), do nome masculino de um país (*en Belgique* [em português, Bélgica é um substantivo feminino), do nome de um continente (*en Amerique du Sud* [América do Sul]), do nome masculino de uma região ou Estado (*dans le Nevada*), ou do nome feminino de um Estado ou região (*en Californie* [Califórnia])!

Na comunicação com outras culturas, confira o significado das palavras em um bom dicionário de expressões idiomáticas ou outra fonte especializada. Da mesma forma, na hora de se comunicar com um falante inexperiente em seu idioma, tente minimizar o uso de expressões idiomáticas, e seja tolerante com erros que ele possa cometer.

quando se referem a uma quantidade pequena. Algumas pessoas confundem os verbos **afetar** e **efetuar**: **afetar** significa "influenciar", e **efetuar** significa "realizar". Veja mais sobre pares de palavras que causam confusão no "Cartão de revisão" deste capítulo, disponível no *site* do Grupo A.

use as expressões idiomáticas corretas

Para se tornar um redator preciso, você deve usar expressões idiomáticas corretamente. **Expressões idiomáticas** são combinações de palavras que se tornaram aceitas na língua corrente. Por exemplo, "independente de" é uma boa expressão, mas "independente em relação a" não. Pela mesma razão, você "concorda sobre" uma proposta, mas "concorda com" alguém. Outros exemplos são:

Expressão idiomática errada	Expressão idiomática certa
Autoridade relativa a	Autoridade em
Concordar para	Concordar em/com
Diferente em relação a	Diferente de
Ter uma noção com algo	Ter uma noção de algo
Igualmente tão ruim	Igualmente ruim
De acordo para	De acordo com

Você vê que algumas escolhas de palavras são ruins, algumas, estranhas, e outras, simplesmente erradas. Na dúvida de qual palavra usar ou de como ela vai ser interpretada, consulte um bom dicionário.

● ● OA4.5
Usar palavras que não discriminem as pessoas.

Evite termos preconceituosos

Ainda que termos preconceituosos não tenham uma relação direta com a clareza na redação, nossa discussão sobre a escolha de palavras não estaria completa sem uma análise do assunto. Termos preconceituosos são aqueles que ressaltam diferenças entre pessoas, normalmente de modo desrespeitoso. Dito de outro modo, eles se referem de forma negativa a pessoas ou grupos, como por gênero, raça, nacionalidade, orientação sexual, idade ou necessidades especiais. Essas palavras vão contra as noções aceitáveis de igualdade e decência, e não promovem as boas práticas nem a ética nos negócios, logo, não têm lugar na comunicação empresarial.

A discussão sobre as principais modalidades de termos preconceituosos vai ajudá-lo a redigir de forma igualitária e inclusiva.

use termos neutros

Cuidado para não usar termos que transmitam algum preconceito de gênero. Algumas vezes os termos sexistas são dirigidos a homens, mas, na maioria delas, as mulheres é quem são discriminadas. Nossas línguas evoluíram em sociedades onde prevalecia o costume de que as mulheres deveriam ser donas de casa, e era tarefa dos homens sustentar o lar com seus salários e tomar as decisões na família. Mas, os tempos mudaram. A linguagem que você usa no ambiente empresarial precisa levar em conta a diversidade sexual.

Isso significa que você deve evitar palavras que sugerem que apenas um gênero pode liderar a execução de algumas tarefas. Substitua termos como bombeiro, garçonete, deputado e diretor por combatente de incêndios, atendente, congressista e líder. Isso também significa que você deve evitar adjetivos que chamem a atenção para o gênero, como doutora advogada, *ou* consultor de moda masculino. Além disso, se você se sentir tentado a usar palavras específicas ao sexo masculino, como trabalhadores, ou expressões como o maior inimigo do homem, procure expressões mais neutras, como trabalhadores e trabalhadoras e o maior inimigo da raça humana.

Talvez as palavras mais problemáticas sejam os pronomes masculinos (**ele**, **dele**, **o**) quando se referem a ambos os sexos, como no exemplo, "O universitário faz as refeições **dele** no restaurante da faculdade". Se a universidade é mista, o termo **dele** exclui as estudantes do sexo feminino. Historicamente, os termos **seus/suas** sempre valeram para os dois gêneros. Mas, hoje muitas pessoas do ambiente empresarial discordam e se sentem ofendidas com o uso do pronome masculino.

VOCÊ SABIA?

Em 2008, as mulheres eram 46,5% da mão de obra nos Estados Unidos, e 39% delas tinham cargos de gestão, eram profissionais liberais ou afins.

FONTE: "Quick Stats on Women Workers, 2008," *US Department of Labor, Women's Bureau*, US DOL, 2010, Web, 9 Mar. 2010.

GRANTLAND®

— A diversidade em nosso quadro de pessoal é uma de nossas principais metas, porque é a coisa certa a fazer.

— É isso. É a única razão.

— Claro, também precisamos de boas ideias, bons funcionários e bons clientes.

FONTE: GRANTLAND® Direitos autorais Grantland Enterprises, www.grantland.net.

> "ALGUMAS PALAVRAS ESTEREOTIPAM OS INTEGRANTES DE UM GRUPO EM TERMOS DE RAÇA, NACIONALIDADE OU ORIENTAÇÃO SEXUAL."

Evite esses problemas adotando três técnicas (Figura 4.1). Primeiro, redija a frase e elimine o termo injurioso. O exemplo anterior fica, "O universitário almoça no restaurante da faculdade". Outros exemplos são:

Sexista	Neutro
Se um cliente paga à vista, *ele* é colocado em nossa lista de clientes preferenciais.	O cliente que paga à vista é colocado em nossa lista de clientes preferenciais.
Quando um funcionário não autorizado entra em uma área restrita, *ele* está sujeito à demissão.	O funcionário não autorizado que entra em uma área restrita está sujeito à demissão.
Um supervisor não é responsável por qualquer prejuízo se *ele* não foi negligente.	O supervisor que não é negligente não é responsável por qualquer prejuízo.

A segunda maneira de evitar o uso sexista de pronomes masculinos consiste em usar uma forma plural. Felizmente, o idioma português tem formas pronominais no plural (*deles, eles*) que se referem a ambos os sexos. Sendo assim, as frases anteriores ficam:

Se os clientes pagam à vista, *eles* são colocados em nossa lista de clientes preferenciais.

Quando funcionários não autorizados entram em uma área restrita, *eles* estão sujeitos à demissão.

Os supervisores não são responsáveis por qualquer prejuízo se *eles* não forem negligentes.

A terceira forma de evitar o preconceito com termos como **ele, dele** ou **o** é substituir essas palavras por expressões neutras. Nas mais comuns, você usa os dois gêneros na frase: **ele** ou **ela, ele/ela, o(a), os(as), você** ou **pessoa**. Usadas nas frases anteriores, teríamos:

Se um(a) cliente paga à vista, *ele/ela* é colocado(a) em nossa lista de clientes preferenciais.

Quando um(a) funcionário(a) sem autorização entra em uma área restrita, *ele/ela* está sujeito(a) à demissão.

Você não é responsável por qualquer prejuízo, se não for negligente.

FIGURA 4.1 Como evitar *ele*, *dele* e *o*

- Elimine o pronome pessoal.
- Use os pronomes pessoais no plural (**eles, deles**).
- Use uma expressão neutra, como ***ele/ela*** ou ***você***.

Use moderadamente as construções com os dois gêneros (ele/ela), pois a redação fica estranha quando eles aparecem muitas vezes. Evite frases como, "Tentar fazer um(a) funcionário(a) pensar que tem um bom desempenho ao elogiá-lo(a) mesmo que não seja verdade vai confundi-lo(a) mais tarde, quando ele/ela perceber que um(a) colega está sendo promovido(a) antes dele(a)".

Exemplos de redação que sinaliza algum preconceito com gênero são muito comuns. Na hora de decidir quais palavras você vai ou não usar, recorra ao bom senso. Lembre-se de que sua meta é usar termos justos, que não ofendam seu público-alvo.

evite os estereótipos de raça, nacionalidade ou orientação sexual

Algumas palavras estereotipam os integrantes de um grupo em termos de raça, nacionalidade ou orientação sexual. Elas são muito injustas e com frequência reforçam valores errados e indesejáveis. As características dos integrantes de uma minoria variam muito. Por isso, não é justo sugerir que os judeus sejam sovinas, que os italianos sejam integrantes da Máfia, que os hispânicos sejam preguiçosos, que os afrodescendentes sejam capazes de executar apenas trabalhos braçais, que homens homossexuais sejam efeminados, e assim por diante. Às vezes, as referências injustas a uma minoria são sutis e não intencionais, como no exemplo, "Fizemos os primeiros testes de marketing em áreas de baixa renda da cidade. Usando uma amostra composta por 200 famílias de afrodescendentes, descobrimos…". Estas palavras sugerem que apenas afrodescendentes vivem em áreas de baixa renda.

As palavras que insinuam que um integrante de uma minoria luta para atingir algo que é comum e fácil para outros grupos também são injustas. Elas podem ser bem-intencionadas, mas têm mensagens preconceituosas sutis. Por exemplo, uma referência a um gerente de recursos humanos chinês pode dar a entender que os chineses não têm competências nesta área.

Elimine as palavras preconceituosas de sua redação ao adotar duas medidas simples. Primeiro, trate todas as pessoas com igualdade, sem relação com as chances de pertencerem a uma ou outra minoria. Uma minoria é citada apenas nos casos raros em que for estritamente necessário ao conteúdo da mensagem. Segundo, preste atenção no efeito de suas palavras. Pergunte-se como elas o afetariam se você pertencesse à minoria a que se referem. Se você se sentir ofendido, encontre palavras mais neutras.

evite os estereótipos de idade

O seu cuidado com as palavras preconceituosas deve incluir aquelas que discriminam as pessoas por conta da idade – tanto as jovens quanto as idosas. Muitas pessoas acima dos 55 anos já se aposen-

No ambiente de negócios, homens e mulheres de todas as raças e idades trabalham lado a lado, com respeito mútuo. Além de parcial, é contraproducente usar palavras que discriminam qualquer pessoa.

turma, e a sua gerente Courtney provavelmente não vai gostar de ouvir você dizer que ela tem as opiniões dela por ser da **geração X**. Lembre-se: use esses rótulos apenas quando forem relevantes e apropriados.

evite os estereótipos das necessidades especiais

Algumas pessoas portadoras de necessidades especiais são sensíveis a palavras discriminadoras. Muitas vezes, vemos ou lemos sobre uma pessoa com esse tipo de necessidade que conseguiu ter um desempenho melhor do que o de outras pessoas. O bom senso diz que não devemos estereotipar os portadores de necessidades especiais. Mas, às vezes isso ocorre. Você deve evitar rótulos negativos e comportamentos condescendentes com relação à idade, e faça o mesmo com os portadores de necessidades especiais. Por exemplo, em vez de descrever alguém como surdo-mudo, use o termo **deficiente auditivo**. Evite gírias como surto ou ataque; use **convulsões**, **epilepsia** ou outro termo objetivo. Adjetivos como **aleijado** ou **retardado** precisam ser evitados. Faça um esforço para desenvolver uma atitude imparcial e demonstre-a com uma escolha cuidadosa de palavras.

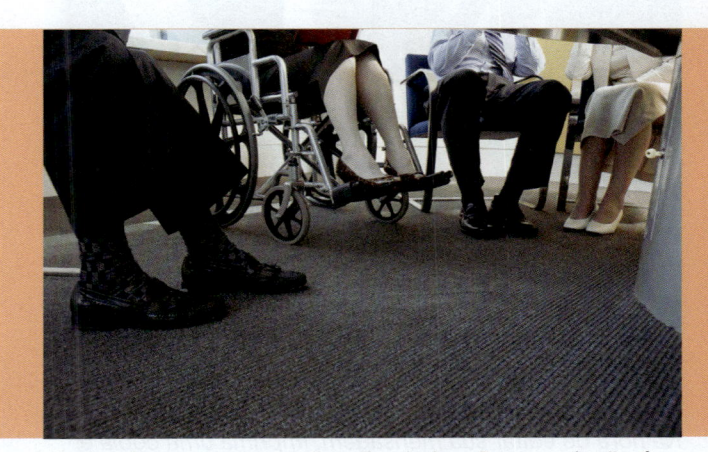

taram, mas isso não significa que sejam sedentárias, como tantas vezes são retratadas. Elas também não são fracas, esquecidas, ou atrasadas com relação à modernidade. Algumas não se incomodam quando são chamadas de **pessoas da terceira idade**, outras sim. Cuidado com termos como **maduro** e **idoso**. Talvez **aposentado, experiente** ou **veterano** sejam mais indicados. Da mesma forma, antes de chamar alguém de jovem (como em **um contador jovem, uma jovem talentosa**), tenha certeza de que a referência à idade da pessoa tenha uma razão plausível.

Tenha cuidado também com o uso de rótulos populares relativos a gerações. A literatura sobre gestão tem termos como *baby boomer* e *millenial* para fazer referência a diferentes gerações. Mas, essas palavras podem ser discriminatórias nas mensagens da comunicação empresarial. O seu colega Frank não gosta de ser chamado como o **baby boomer** da

A primeira etapa para evitar discriminação na redação é colocar-se no lugar do leitor.

Comunicação rápida

Qual é o limite da diversidade?

O seu chefe tem o direito de dizer o que vestir e de proibir unhas decoradas, tatuagens e *piercings*?

De acordo com o *site* sobre direitos dos trabalhadores EmployeeIssues.com, a resposta é sim – desde que a política sobre a aparência dos funcionários seja clara e aplicada igualmente a todos.

Assim como podem exigir o uso de um uniforme, os empregadores têm o poder de definir os tipos de roupa aceitáveis. Por exemplo, eles podem definir "estilo informal" de maneira a excluir camisetas, bermudas, chinelos e semelhantes. A não ser que façam parte de sua religião, tatuagens e *piercings* podem ser motivo de repreensão ou mesmo demissão – desde que essas regras tenham sido estabelecidas com clareza pela gerência.

Mas, a aparência profissional não implica abandonar sua herança cultural ou étnica, diz Kali Evans-Raoul, fundadora de uma empresa de consultoria em imagem para minorias. Todos precisam "equilibrar a expressão de si mesmo e a realidade do ambiente de trabalho", diz ela. Você não usa um uniforme em casa, então, não espere poder se vestir como quer no trabalho.

Para evitar conflitos relativos à sua identidade no trabalho, procure uma empresa que tenha valores semelhantes aos seus e siga a política dela sobre a aparência pessoal.

FONTES: "Dress Cody Policy," *Employee-Issues.com*, EmployeeIssues.com, 2003-2010, Web, 9 Nov. 2010; Dan Woog, "Your Professional Image: Balance Self-Expression with Workplace Expectations," *Monster.com*, Monster.com, 2010, Web, 9 Mar. 2010.

Algumas palavras finais sobre palavras

São muitas coisas para lembrar na hora de escolher as palavras certas. Pressionado pelo tempo, você se sente tentado a pegar um atalho e escolher – como disse o escritor Mark Twain – "a prima em segundo grau" da palavra mais apropriada. Mas, lembre-se: a escolha de palavras pode fazê-lo perder um negócio ou arruinar um relacionamento. O esforço de comunicar o que é preciso, com clareza, legibilidade e da forma certa, é um esforço que vale à pena.

ESCREVA FRASES CLARAS

Você tem muitas informações em mãos ao se sentar para redigir uma mensagem. Mas, como você as transforma em uma comunicação clara e coerente?

Sua primeira tarefa provavelmente será agrupar e ordenar as informações – isto é, planejar a organização ou a estrutura global da mensagem. Cedo ou tarde você vai perceber que redigir uma mensagem clara na verdade envolve entender como costurar conteúdos em uma série de períodos. Quantas informações são apresentadas em cada frase? Qual é a melhor ordem de apresentá-las?

Os conselhos a seguir o ajudarão a responder a essas perguntas e melhorar suas chances de sucesso na comunicação.

● ● **OA4.6**
Redigir frases curtas e claras, limitando o conteúdo e economizando nas palavras.

Limite o conteúdo das frases

O público-alvo da comunicação empresarial normalmente prefere períodos simples, curtos e eficientes, não complexos e longos. Ter muito a fazer em um curto espaço de tempo é um problema crônico nesse ambiente. Ninguém, nem o executivo, nem um funcionário recém-contratado, quer ler uma mensagem que desperdice seu tempo.

Na hora de editar sua mensagem, imprima uma cópia e revise no papel.

Tecnologia rápida

As estatísticas de legibilidade ajudam o redator a avaliar o tamanho e a dificuldade do documento

Os corretores de gramática e estilo permitem visualizar as estatísticas de legibilidade. Esses dados relatam o número de palavras, caracteres, parágrafos e períodos de um documento, e informam as médias de caracteres por palavra, de palavras por período e de períodos por parágrafo.

O relatório ao lado foi gerado para um artigo científico. A média de 18,5 palavras por período é um pouco alta para um documento empresarial, mas aceitável para os leitores do documento original. O escore de Flesch-Kincaid confirma que o grau de legibilidade é 9,4, muito alto para documentos empresariais, mas apropriado para a comunidade científica. Porém, o escore Flesch Reading Ease indica que o redator deveria revisar o documento para melhorar a legibilidade, mesmo para este público-alvo específico. O valor de 59,3 está um pouco abaixo do intervalo de 60-70 recomendado pela Microsoft.

Readability Statistics	
Counts	
Words	1625
Characters	7716
Paragraphs	30
Sentences	85
Averages	
Sentences per Paragraph	3.8
Words per Sentence	18.5
Characters per Word	4.5
Readability	
Passive Sentences	9%
Flesch Reading Ease	59.3
Flesch-Kincaid Grade Level	9.4

Dar preferência a frases curtas poupa o tempo do leitor e evita problemas de comunicação. As pesquisas sobre legibilidade dão conta de que quanto mais palavras e relacionamentos existem em uma frase, maiores são as chances de problemas de compreensão. A mente consegue reter uma quantidade limitada de informações em um dado tempo. Por isso, fornecer muitas informações em uma frase aumenta o risco de não realizar o objetivo de sua comunicação. Duas versões do mesmo conteúdo ilustram esse ponto:

Frase longa	Frases curtas e mais claras
Alguns especialistas em recursos humanos discordam da ideia de expandir as faixas salariais para incluir valores pagos a *trainees* porque temem que, por meio de omissão ou preconceito, os iniciantes recebam os valores mais baixos por mais tempo do que o permitido e também porque receiam que isso promoveria a diferença entre os intervalos mínimos e máximos.	Alguns especialistas em recursos humanos discordam da ideia de expandir a faixa salarial normal para incluir os salários pagos a *trainees* por duas razões. Primeiro, eles temem que os iniciantes sejam mantidos na faixa inferior por mais tempo do que deveriam, por causa de preconceito ou omissão. Segundo, eles receiam que a expansão aumentaria a diferença entre o intervalo de valores mínimos e máximos.

Sem dúvida, a vasta maioria dos leitores de comunicações empresariais prefere a segunda versão, com frases mais curtas e palavras de transição úteis.

Mas, lembre-se: o que faz uma frase curta e legível é função das competências do leitor. Os estudos sobre legibilidade sugerem que a redação voltada para um leitor adulto comum tem em média de 16 a 18 palavras por frase. Essa média aumenta para os leitores mais avançados e diminui para os menos. Você precisa medir o comprimento de suas frases levando em conta a situação.

Além disso, a preferência por frases curtas não significa que você deva somente usar frases curtas. Na verdade, evite usá-las em demasia. Quando isso ocorre, o resultado é um texto truncado e que soa muito elementar. Você deve redigir frases fáceis de compreender, que mantenham o fluxo uniforme das ideias.

Veja este exemplo. A frase extraída das anotações de um funcionário é muito longa:

> Quando um funcionário muda de posto, a cobertura relativa ao novo cargo passa a valer na data da mudança, a menos que, se devido a um problema físico ou doença resultante da idade avançada, um funcionário passe de uma função para outra e essa mudança resulte em um novo salário que esteja no intervalo dos menores valores por hora em negociação, em cujo caso o funcionário pode, dependendo da empresa, continuar com o seguro de vida em grupo e com o seguro por morte acidental e o seguro por invalidez que ele tinha antes da troca.

A ideia se perde na quantidade de palavras e relacionamentos na frase. No mínimo, o resultado é a vagueza na comunicação – senão a total falta de compreensão.

Agora vamos examinar a mesma mensagem, escrita com frases curtas. Os significados ficam mais claros, mas as interrupções distraem e perturbam. Imagine ler um documento longo escrito neste estilo:

> Um funcionário pode trocar de posto. A mudança talvez resulte em uma faixa salarial menor. A nova cobertura tem efeito quando isso acontece. A mudança de posto precisa ser devido a um problema físico. Ela também pode ser devido a uma doença. A idade avançada pode ser outra razão. A empresa talvez interfira no assunto. Ela pode permitir que o funcionário continue com o seguro por morte acidental. Ela pode permitir que ele continue com o seguro por invalidez permanente.

O parágrafo a seguir apresenta um meio termo entre estes dois extremos. A melhoria é evidente, utilizando, de modo geral, frases mais curtas, mas combinando os conteúdos de acordo com a necessidade:

> A nova cobertura passa a valer quando, devido a uma deficiência física, doença ou idade, a troca de cargo de um funcionário resulta em um salário menor. Mas, dependendo do caso, a empresa pode permitir que a cobertura antiga continue.

As seções a seguir sobre concisão, ênfase e coesão de frase ajudam a decidir a quantidade de conteúdo que cada período deve informar.

VOCÊ SABIA?

Um estudo descobriu que 95% dos executivos e gerentes fazem uma lista de atividades diárias, mas 99% não finalizam todas as tarefas listadas. Este é o ambiente em que as pessoas ocupadas vão ler as mensagens que você vai escrever.

FONTE: Chuck Martin, *Tough Management: The 7 Winning Ways to Make Tough Decisions Easier, Deliver the Numbers, and Grow the Business in Good Times and Bad* (New York: McGraw-Hill, 2005) xiv, impresso.

Não redija suas comunicações como se fosse um burocrata sem rosto.

Comunicação rápida

Etiqueta empresarial – depende de onde você está

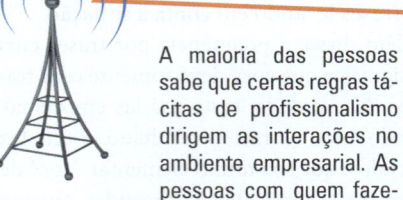

A maioria das pessoas sabe que certas regras tácitas de profissionalismo dirigem as interações no ambiente empresarial. As pessoas com quem fazemos algum negócio esperam uma demonstração de respeito em nossas ações, palavras e até em nossa aparência.

Mas, o que é considerado apropriado varia de situação para situação, de setor para setor e de país para país. Por exemplo, roupas informais e um comportamento descontraído são comuns em empresas de pequeno porte. Alguém que se comporta de modo formal é visto como rígido e rude. Em um cenário mais formal, como um banco ou um escritório de executivos de uma grande organização, existem mais restrições sobre roupas e até sobre o que é motivo de risada no ambiente de trabalho.

A comunicação entre culturas exige algumas considerações adicionais. Por exemplo, de acordo com um *site* pesquisado por alunos de um curso de MBA da University of Texas-Dallas, uma mulher usar salto alto ou uma blusa sem mangas ou um homem vestir qualquer coisa que não seja terno e gravata são vistos como sinais de impolidez na China. Os chineses também se sentem ofendidos com gestos muito amplos com as mãos, ações que envolvam toques nos lábios, ou quando alguém aponta para eles durante o diálogo.

Para aprender mais sobre a etiqueta empresarial, consulte obras sobre o assunto e adapte os conselhos dos autores às situações específicas que você enfrenta.*

FONTE: "China" *InternationalBusinessCenter.org*, International Business Center, 1998-2008, Web, 10 Mar. 2010.
* Esta edição em inglês sugere que o leitor consulte algumas obras sobre etiqueta empresarial, como *The Etiquette Edge: The Unspoken Rules for Business Success*, de Beverly Langford (New York: AMACOM, 2005) e *Global Business Etiquette: A Guide to International Communication and Customs*, de Jeanette S. Martin e Lillian H. Cheney (Westport, CT: Praeger, 2008).

Economize nas palavras

O limite no número de palavras em uma frase tem relação com a economia nas palavras. As coisas que você escreve podem ser expressas de formas diferentes, algumas curtas, outras longas. As mensagens curtas poupam o tempo do leitor e são mais claras e interessantes.

Às vezes, os redatores de comunicações empresariais se esforçam para usar um estilo repetitivo, um "blá-blá-blá", esperando que soem mais formais ou eficientes. Mas, isso é um erro. Os leitores se impressionam com uma linguagem clara e eficaz, não com uma prosa monótona. Evite esse erro ao levar em conta esses tipos de excesso e ao excluir esses recheios de sua redação.

Faça o teste da monotonia

Se os seus verbos são fortes, suas frases variam em comprimento e enfatizam as ideias certas, então sua escrita terá um ritmo interessante e atraente.

Por isso, leia em voz alta o que você escreve. Se perceber que sua voz está monótona, você provavelmente terá de pôr em prática uma ou mais regras apresentadas neste capítulo.

expressões desnecessárias

Um hábito que deixa a redação carregada é o uso de expressões desnecessárias. Essas podem ser substituídas por palavras mais curtas, sem perda de significado. A pequena economia feita ao retirá-las de seu texto tem resultados positivos.

Por exemplo:

No caso de o pagamento não ser feito em janeiro, as operações serão interrompidas.

A expressão **no caso de** é inútil. Ela pode ser substituída por uma pequena palavrinha: **se**.

Se o pagamento não for feito em janeiro, as operações serão interrompidas.

Pela mesma razão, a expressão que inicia a frase a seguir aumenta o seu tamanho, desnecessariamente:

Apesar do fato de terem recebido ajuda, eles não conseguiram exceder sua cota.

Embora é um substituto mais econômico:

Embora tenham recebido ajuda, eles não conseguiram exceder a cota.

A lista parcial de expressões desnecessárias (com sugestões de substitutos) vai ajudá-lo a eliminá-las de sua redação.

Expressão desnecessária	Substituto curto
No momento atual	Hoje
Durante o tempo	Enquanto
Para a finalidade de	Para
Por motivo de	Porque, já que
Pela quantia de	Por
No intervalo de	Durante
No futuro próximo	Logo
Em poucos casos	Raramente
Em virtude do fato de	Uma vez que, porque
Com relação a, em referência a	Sobre

O excesso de frases muito curtas deixa o texto elementar, por isso, combine ideias onde for apropriado para os seus leitores adultos.

Comunicação rápida

O estudo sobre a Starbucks

Um estudo sobre a Starbucks feito por Fugere, Hardaway e Warshawsky confirma a importância dos conselhos oferecidos neste capítulo. Os pesquisadores selecionaram dois exemplos reais de redação. Um foi escrito no que chamaram de linguajar corporativo típico – palavras grandes e frases longas. O outro seguiu um estilo direto e claro, que enfatizamos aqui. As identidades das empresas não foram reveladas. Os pesquisadores pediram a um grupo de clientes da Starbucks de Atlanta, nos Estados Unidos, que escolhessem, em uma lista com 30 características psicológicas comuns (15 positivas e 15 negativas), aquelas que associavam a cada tipo de redação. Os clientes da Starbucks não gostaram da amostra de frases de estilo corporativo e escolheram palavras como *desagradável, rude, teimoso* e *pouco confiável*. Mas gostaram das frases do estilo direto e claro, o qual foi descrito com termos como *agradável, energético, amistoso, inspirador* e *entusiasmado*.

FONTE: Brian Fugere, Cheksea Hardaway, and Jon Warshawsky, *Why Business People Speak Like Idiots* (New York: The Free Press, 2005) 17, impresso.

---

palavras em excesso

Para escrever com economia, elimine palavras que não adicionam coisa alguma à frase. Assim como as expressões desnecessárias, muitas vezes usamos palavras inúteis por hábito. Eliminar estas palavras em excesso às vezes requer que toda a frase seja refeita. Em outras, elas simplesmente podem ser retiradas.

A frase a seguir mostra o uso de palavras em excesso no relatório de uma empresa:

Estou escrevendo para avisar você que os dados dos últimos anos indicam uma elevação constante nas disposições orçamentárias.

As palavras no começo da frase sinalizam o óbvio e nada acrescentam ao sentido. Observe como a frase fica mais forte sem elas – sem perda de significado:

Os dados dos últimos anos indicam uma elevação constante nas disposições orçamentárias.

Outro exemplo:

O seu desempenho foi bom o bastante para *permitir que ele* se qualificasse para a promoção.

A palavra **permitir** não acrescenta sentido à frase.

O seu desempenho foi bom o bastante para que ele se qualificasse para a promoção.

As frases a seguir ilustram melhor o uso de palavras em excesso. Nesses casos, elas podem ser eliminadas sem alteração do sentido.

Existem... Há... Você realmente precisa dessas palavras?

Uma das maneiras mais comuns de começar uma frase com muitas palavras envolve o uso de verbos impessoais, como *existir* e *haver*.

Qual das seguintes frases tem uma redação mais direta?

Existem muitas razões para as pessoas visitarem nosso *site*.

As pessoas visitam nosso *site* por muitas razões.

Da próxima vez que você se sentir tentado a começar uma frase com os verbos *existir* ou *haver*, pare e pense: posso dizer a mesma coisa de modo mais eficiente, indo direto ao assunto da frase?

Contém palavras em excesso	Elimina as palavras em excesso
Existem quatro regras *que* devem ser observadas.	Quatro regras precisam ser observadas.
As máquinas *que foram* danificadas pelo incêndio foram consertadas.	As máquinas danificadas pelo incêndio foram consertadas.
Com o exame dos registros de produção, *eles* descobriram o erro.	O exame dos registros de produção revelou o erro.
O presidente é *da opinião de que* o imposto foi pago.	O presidente *acredita* que o imposto foi pago.
É essencial que a receita seja usada para saldar a dívida.	A receita *precisa* ser usada para saldar a dívida.
Ele criticava todos *com quem fazia contato*.	Ele criticava todos os que encontrava.

repetição desnecessária de palavras e ideias

Você já sabe que repetir palavras aumenta o tamanho da frase. Essa repetição às vezes tem uma finalidade, como dar ênfase ou gerar algum efeito específico. Mas, na maioria das vezes, ela não tem utilidade, como mostram estes exemplos:

Não recebemos seu pagamento que cobre as faturas que cobrem as compras de junho e julho.

Seria melhor escrever:

Não recebemos o pagamento pelas faturas que cobrem as compras de junho e julho.

Outro exemplo é:

Ele afirmou que acredita que sejamos responsáveis.

A seguinte frase elimina os *quês*:

Ele afirmou sua confiança em nossa responsabilidade.

As repetições de ideias por meio do uso de palavras diferentes que significam a mesma coisa **(presente grátis, fatos reais, história pregressa)** também aumenta o tamanho de suas frases. Essas redundâncias não são lógicas e em geral não têm qualquer justificativa.

Eis outros exemplos de redundâncias e de soluções para elas:

Repetição desnecessária	Repetição eliminada
Por favor, *assine o seu nome no verso* do cheque.	Por favor, *endosse* o cheque.
Todos nós precisamos nos reunir às *10h30 da manhã*.	Precisamos nos reunir às 10h30.
É preciso conhecer os *elementos básicos fundamentais* da redação clara.	É preciso conhecer os *fundamentos* da redação clara.
O *consenso geral* é que o imposto é injusto.	O *consenso* é que o imposto é injusto.

Usar *que* ou não usar *que*?

Você consegue ler a seguinte frase sem cometer um erro?

> Descobrimos a razão de nosso desempenho ruim na competição acirrada de um fornecedor local.

Nela, adicionar a palavra *que* pode melhorar a leitura:

> Descobrimos que a razão de nosso desempenho ruim era a competição acirrada de um fornecedor local.

Em sua busca por uma frase curta, não elimine os *quês* que melhoram a clareza.

Quando uma frase tem duas ou mais ideias, a ênfase é dividida. Essa divisão depende do modo como você redige a frase. Se as duas ideias são apresentadas de forma equivalente (em orações independentes, por exemplo), elas têm ênfases idênticas. Mas, se não forem apresentadas desta forma (em uma oração dependente e uma independente, por exemplo), a oração independente terá mais ênfase.

O exemplo a seguir esclarece a importância da ênfase que você dá a suas informações. Você tem duas informações para transmitir. Uma diz respeito ao prejuízo da empresa no ano passado. A outra é o recorde de vendas no mesmo período. Você pode apresentar essas informações de pelo menos três maneiras. Na primeira, você dá a mesma ênfase às duas informações, em duas frases curtas e separadas:

> A empresa perdeu dinheiro ano passado. Este prejuízo ocorreu apesar do recorde em vendas.

Na segunda, você apresenta as duas informações na mesma frase, com ênfase no prejuízo.

> Embora a empresa tenha batido um recorde de vendas ano passado, tivemos prejuízo.

Na terceira, você também apresenta as duas informações na mesma frase, mas agora a ênfase é no recorde de vendas:

> ## "DESTAQUE INFORMAÇÕES, TRATE-AS COMO IGUAIS OU REDUZA A ÊNFASE. A DECISÃO É SUA."

●● OA4.7
Compor frases que dão a ênfase certa ao conteúdo.

Determine as frases que dão a ênfase certa ao conteúdo

As frases que você redige devem dar a ênfase certa aos conteúdos. As comunicações no ambiente empresarial têm inúmeras informações e graus de importância distintos. Algumas são muito importantes, como a conclusão em um relatório ou o objetivo de uma mensagem. Outras não. Sua tarefa como redator é compor frases que comuniquem a importância de cada item.

O tamanho da frase afeta a ênfase. As frases curtas e simples normalmente são mais enfáticas do que as longas e densas. As curtas se destacam e atraem a atenção para o conteúdo. Já as longas tendem a dar menos ênfase aos conteúdos – simplesmente porque apresentam mais material para o leitor.

ÊNfase certa na SÍlaba certa

A sílaba tônica de uma palavra é uma característica das línguas. Mas, em frases e parágrafos, é você quem decide o que deve ser enfatizado. Faça essa escolha com cuidado, pensando em seu público-alvo e no efeito que você quer dar a sua redação.

Duas maneiras de administrar a ênfase

Coordenada: redija informações de igual importância em estruturas equivalentes (por exemplo, uma oração principal para cada informação).

Subordinada: represente informações menos importantes em expressões e orações subordinadas que modifiquem a ideia principal.

> Apesar do prejuízo no ano passado, a empresa bateu um recorde de vendas.

Qual delas você vai escolher? A resposta depende do que você precisa enfatizar. Considere o assunto com atenção e ouça o bom senso. Mas a questão está clara: sua escolha faz toda a diferença.

Os próximos parágrafos mostram a importância de pensar de forma lógica sobre a ênfase. No primeiro, as informações têm a ênfase de uma frase curta e nenhuma se destaca. Porém, elas não têm a mesma importância e não merecem ênfases idênticas. Observe também o efeito truncado resultante da sucessão de frases:

> O prédio principal foi inspecionado em 1º de outubro. O Sr. George Willis inspecionou o prédio. O Sr. Willis é vice-presidente da companhia. Ele descobriu que o prédio tem 600 m² de área disponível para operações. Ele também descobriu que o prédio tem 220 m² de área disponível para estoques. A nova loja precisa de no mínimo 550 m² de espaço. Ela precisa de 185 m² de espaço para estoques. Logo, o prédio principal excede as necessidades de área para a nova

Cada vez mais executivos se comunicam fora de seus escritórios. Eles querem e precisam que as mensagens que chegam a eles comuniquem com facilidade e rapidez.

loja. Portanto, o Sr. Willis concluiu que o prédio principal é adequado às necessidades da empresa.

No parágrafo a seguir, algumas das informações foram subordinadas, mas sem lógica. As informações de fato importantes não recebem a ênfase merecida. Logicamente, esses dois pontos deveriam ser ressaltados: (1) o prédio é grande o bastante e (2) o espaço para estoques excede as exigências mínimas.

O Sr. George Willis, que inspecionou o prédio principal em 1º de outubro, é vice-presidente da companhia. Sua inspeção, que concluiu que o prédio é grande o bastante para a nova loja, revelou esses fatos. O prédio tem 600 m² de área disponível e 220 m² de espaço para estoques, o que é mais do que a exigência de 550 m² e 185 m² de espaço para operações e para estoques, respectivamente.

O terceiro parágrafo coloca ênfase nos pontos importantes. A frase inicial curta enfatiza as conclusões. Os fatos que dão suporte à conclusão de que o prédio excede as exigências de espaço mínimo para operações e estoques são enfatizados em orações principais. Os menos importantes, como a referência a George Willis, são tratados de forma subordinada. Além disso, as informações mais importantes estão nos pontos de ênfase – o começo e o fim:

O vice-presidente George Willis inspecionou o prédio principal em 1º de outubro concluiu que ele é grande o bastante para a nova loja. Os 600 m² de espaço para operações excedem a área mínima necessária em cerca de 50 m². Os 220 m² de espaço para estoques excedem a área mínima necessária em aproximadamente 35 m².

Os exemplos anteriores mostram como a construção da frase influencia a ênfase. Destaque informações, trate-as como iguais ou reduza a ênfase. A decisão é sua. Mas isso precisa ser o resultado da consideração cuidadosa de sua finalidade e de seus leitores, não uma mera questão de acaso.

OA4.8

Usar a coesão e a escolha lógica de palavras para deixar suas frases mais claras.

Dê coesão a suas frases

As frases boas têm coesão. Todas as partes precisam formar um pensamento único e claro. Dito de outro modo, todos os componentes de uma frase devem ter uma razão lógica para estarem lado a lado.

Dois problemas acabam com a coesão de uma frase: (1) ideias não relacionadas e (2) excesso de detalhes.

ideias não relacionadas   Ideias sem relação uma com a outra são o principal problema de coesão. Redigir uma frase com duas ou mais ideias não constitui erro gramatical, mas elas precisam de uma razão para estarem juntas. As ideias devem combinar para completar o único objetivo da frase.

Comunicação rápida

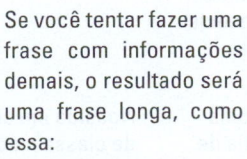

Frases longas que vão e vêm

Se você tentar fazer uma frase com informações demais, o resultado será uma frase longa, como essa:

Embora desejemos receber todas as inscrições, estamos interessados particularmente em candidatos que tenham ao menos três anos de experiência, embora consideraremos os que têm menos experiência, que tenham um diploma universitário na área ou que tenham um certificado de treinamento no setor, e também consideraremos a fluência no idioma italiano como uma vantagem.

Uma frase que vai e vem é aquela que vai de um ponto para outro e volta para o ponto inicial, como esta:

Um *blog* pode conferir visibilidade a uma empresa, embora ele seja trabalhoso de manter, mas o tempo passado no *blog* valerá à pena se ele gerar um *buzz* entre clientes em potencial.

Nestes casos, reduza as frases a um tamanho legível, use conectores adequados (*além disso*, *por outro lado*) e não troque de direção com frequência.

As versões mais legíveis dessas frases difíceis são dadas a seguir:

Desejemos receber todas as inscrições, mas estamos particularmente interessados em candidatos que (1) tenham ao menos três anos de experiência, (2) tenham menos experiência, mas apresentem um diploma universitário ou certificado na área. Fluência no idioma italiano também é uma vantagem.

Um *blog* pode conferir visibilidade a uma empresa. É verdade que manter um *blog* consome tempo, mas se ele gerar *buzz* entre os clientes em potencial, o tempo será bem empregado.

CAPÍTULO 4 | Como usar o estilo apropriado

> **Todos os componentes de uma frase devem ter uma razão lógica para estarem lado a lado.**

Três táticas básicas ajudam a dar coesão a sua frase: (1) redija as ideias em frases separadas, (2) subordine uma ideia à outra, e (3) adicione palavras que indiquem a relação entre elas. As duas primeiras são exemplificadas nas revisões da seguinte frase:

O Sr. Jordan é nosso gerente de vendas, e é formado em direito.

Talvez as duas ideias estejam relacionadas, mas as palavras não dizem como. Melhore a frase rearranjando as ideias em frases separadas:

O Sr. Jordan é nosso gerente de vendas. Ele é formado em direito.

Você também pode manter as duas informações em uma única frase, subordinando uma à outra. A oração principal dá coesão à frase.

O Sr. Jordan, nosso gerente de vendas, é formado em direito.

As versões revisadas da frase mostram como a adição de palavras esclarece a relação entre as ideias:

excesso de detalhes Inserir muitos detalhes em uma frase esconde a ideia principal. Se o detalhe for importante, faça uma frase separada para ele.

Isto é o que você precisa aprender neste capítulo: use frases curtas. As longas, cheias de detalhe, às vezes não têm coesão, como mostram estes exemplos:

Excesso de detalhe	Frases melhoradas
Nossos escritórios em Nova York, considerados atraentes na década de 1990, hoje precisam desesperadamente de uma reforma, como no caso da maioria dos escritórios que não receberam manutenção e que, por isso, foram abandonados.	Considerados atraentes na década de 1990, nossos escritórios em Nova York não foram mantidos de forma adequada. Como uma reforma seria muito cara, nós os abandonamos.

> **A REDAÇÃO PERDE LÓGICA QUANDO OS REDATORES MISTURAM DOIS TIPOS DIFERENTES DE FRASE.**

Nossa produção cresceu em janeiro, e nossos equipamentos estão desgastados.

As duas ideias não parecem relacionadas. É possível melhorá-la separando as ideias em frases. Ao examinar a frase com atenção, logo percebe-se que as duas ideias na verdade estão relacionadas, mas a redação não explicita essa relação. Vejamos o que ocorre na seguinte versão:

Embora nossos equipamentos estejam desgastados, nossa produção aumentou em janeiro.

Estes pares de frases contrastantes ilustram bem esta técnica:

Conteúdos sem relação	Frases melhoradas
Nossa região é a metade sul do estado, e nossas equipes de venda não conseguem atender toda ela.	Nossa região, a metade sul do estado, é tão grande, que nossas equipes de venda não conseguem atender toda ela.
Usar o cálculo do custo de vida é fácil, mas nenhuma ferramenta funciona bem se não for explicada com clareza.	Usar o cálculo do custo de vida é simples, mas, como qualquer outra ferramenta, ela não vai funcionar bem se não for explicada com clareza.
Tentamos rastrear o isolamento Plytec pedido para nós em 1º de outubro, sobre o qual você buscou informações em uma mensagem de 10 de outubro, mas não conseguimos localizá-lo, embora vamos despachar o produto pedido em regime de urgência imediatamente.	Vamos enviar o isolamento Plytec imediatamente. Após sua requisição de 10 de outubro, tentamos rastrear o seu pedido de 1º de outubro, mas não conseguimos.
Em 2007, quando eu, uma garota de classe média de uma cidade pequena, comecei a estudar na Universidade de Bradley, que é amplamente conhecida por seu programa de administração de empresas, defini meu objetivo como uma carreira em uma grande empresa pública.	Nascida em uma família de classe média de uma cidade pequena, entrei para a Universidade de Bradley em 2007. Escolhi esta universidade por seu programa de administração de empresas, muito conhecido. Já naquela época defini meu objetivo como uma carreira em uma empresa pública de grande porte.

[**Colocar um complemento no lugar errado ou não dar a ele algo para completar é uma das muitas maneiras de deixar a frase sem lógica ou estranha.**]

Redija as frases de maneira lógica

Provavelmente seu professor já escreveu "estranho" ao lado de uma frase sua. A razão desse problema quase sempre é a redação sem lógica. Os próximos parágrafos vão ajudá-lo a evitar alguns dos tipos mais comuns de frases sem lógica. Mas, lembre-se de que muitas dessas frases desafiam os esforços para explicá-las. A melhor maneira de se proteger desse problema é usar a intuição e fazer uma boa revisão de sua comunicação.

construções combinadas

A redação perde lógica quando os redatores misturam dois tipos diferentes de frase. Por exemplo, você consegue descrever o que está errado na seguinte frase, sobre corte de custos?

Primeiro encontramos materiais menos caros, depois um método de produção mais econômico foi desenvolvido.

Se você disse que a primeira metade usou a voz ativa, e a segunda, a voz passiva, acertou. Mudanças desse tipo dificultam o acompanhamento da frase. Observe como ela melhora se for redigida como:

Primeiro encontramos materiais menos caros, depois desenvolvemos um método de produção mais econômico.

O problema é parecido nessa frase:

O consumidor deveria ler o rótulo com informações nutricionais, mas muitas vezes as pessoas não param para fazer isso.

Você percebeu que o sujeito mudou, da terceira pessoa do singular (consumidor) para a terceira pessoa do plural (pessoas)? A frase revisada se torna mais fácil de ler:

Os consumidores deveriam ler o rótulo com informações nutricionais, mas muitas vezes eles não param para fazer isso.

Às vezes começamos escrevendo um tipo de frase e mudamos antes de terminar, mesclando partes de frases diferentes sem qualquer lógica. Por exemplo:

Uma vez que nossos vendedores não têm experiência nos fez ficar abaixo da cota.

Se você reescrever a frase de uma das maneiras a seguir (mudando o sujeito ou o predicado), a estranheza desaparece:

Uma vez que nossos vendedores não têm experiência, ficamos abaixo da cota.

Nossos vendedores inexperientes nos fizeram ficar abaixo da cota.

Estas frases ilustram melhor este ponto:

Construção mista	Frases melhoradas
Algumas atividades em que a empresa participa incluem acomodações acessíveis, conservação de parques e controle de resíduos.	Algumas causas que a empresa apoia incluem acomodações acessíveis, conservação de parques e controle de resíduos.
A rotação de cargos é quando você treina pessoas deslocando-as de cargo em cargo.	A rotação de cargos é um método de treinamento em que as pessoas são deslocadas de cargo.
Saber que ela tinha objeções em relação ao preço foi a razão pela qual permitimos que ela devolvesse as mercadorias.	Como sabíamos que ela tinha objeções em relação ao preço, permitimos que ela devolvesse as mercadorias.
Minha educação formal foi concluída em 2008, e então comecei a trabalhar como gerente na Home Depot.	Completei minha educação formal em 2007 e então comecei a trabalhar como gerente na Home Depot.
O custo destas escrivaninhas é mais barato.	O custo destas escrivaninhas é menor (*ou* Estas escrivaninhas custam menos).

construções incompletas

Certas palavras usadas no começo de uma frase sinalizam que o restante terá um conteúdo específico. Tome cuidado para atender às expectativas do leitor. Por exemplo, a seguinte frase está tecnicamente incompleta:

Ela estava tão feliz com a festa de despedida organizada para ela.

Comunicação rápida

Não me faça rir

Alguns complementos têm efeito humorístico, mesmo sem essa intenção. Veja estes exemplos:

O paciente foi encaminhado para um psicólogo com vários problemas emocionais.

Dois carros foram anunciados como roubados pela polícia ontem.

Por favor, examine a brochura com sua família que vem anexa.

Para evitar esse efeito, coloque os complementos no lugar certo.

FONTE: "Misplaced Modifiers: Lost and Found," *infoplease*, Pearson Education, 2000-2009, Web, 10 Mar. 2010.

> **"A EXPECTATIVA DO LEITOR É QUE ELEMENTOS DE UM MESMO TIPO SEJAM REDIGIDOS DA MESMA MANEIRA EM UMA FRASE."**

Ela estava tão feliz... que o quê? Que ela enviou uma mensagem de agradecimento a todos? Que fez uma doação para a biblioteca em nome da empresa? Em uma frase como esta, ou complete com o conteúdo esperado, ou exclua o "tão".

Veja a oração incompleta que inicia esta frase:

Com a gestão de tempo, ele é o mestre das multitarefas.

Você pode corrigir este problema de duas maneiras:

No quesito gestão de tempo, ele é o mestre das multitarefas.

Na gestão de tempo, ele é o mestre das multitarefas.

Complementos isolados ou mal colocados

Colocar um complemento no lugar errado ou não dar a ele algo para completar é uma das muitas maneiras de deixar a frase sem lógica ou estranha. Veja:

Acreditando que o preço cairia, os compradores foram instruídos a não comprar agora.

A frase parece correta... mas não faz sentido. Parece que os compradores acreditavam que o preço cairia – mas, se acreditavam, por que alguém teria de instruí-los a não comprar agora? O problema é que as pessoas a quem a oração inicial se refere foram omitidas. Por essa razão, ela é vista como um complemento isolado.

Corrija este problema colocando os agentes certos após a frase de abertura.

Acreditando que o preço cairia, instruímos os compradores a não comprar agora.

O que dificulta a leitura desta frase?

Preparamos uma lista de possibilidades utilizando as informações que obtivemos na feira de negócios.

Sem dúvida, não são as "possibilidades" que estão usando as informações. A frase ficaria mais clara se a parte final fosse expressa com mais lógica:

Usando as informações que obtivemos na feira de negócios, preparamos uma lista de possibilidades na área de Chicago.

paralelismo problemático

A expectativa do leitor é que elementos de um mesmo tipo sejam redigidos da mesma maneira em uma frase. Problemas com paralelismo violam essa expectativa lógica.

Como usar o paralelismo com os itens semelhantes nesta frase?

Eles demonstram espírito comunitário por meio de doações anuais para a United Way, oferecendo material grátis para a Habitat for Humanity, e seus funcionários atuam como voluntários nas escolas locais.

Uma das maneiras é:

Eles demonstram seu espírito comunitário fazendo doações anuais à United Way, oferecendo materiais grátis para a Habitat for Humanity, e atuando como voluntários em escolas locais.

Além destas, outras regras gramaticais ajudam a evitar construções sem lógica e a escrever frases claras.

REDIJA PARÁGRAFOS CLAROS

A redação eficaz de parágrafos também é importante para a clareza nas suas comunicações. Os parágrafos mostram onde os tópicos começam e terminam, ajudando o leitor a organizar as informações mentalmente. A redação estratégica de parágrafos também destaca algumas ideias.

A concepção de parágrafos exige a capacidade de organizar e explicar informações, bem como envolve prever as reações de seus leitores e estruturar conteúdos para obter o efeito desejado. As dicas a seguir vão ajudá-lo a usar os parágrafos da melhor maneira possível.

OA4.9

Compor parágrafos curtos e coesos, usar frases principais com eficiência e comunicar-se com coerência.

Dê coesão a seus parágrafos

Como qualquer frase, todo parágrafo deve ter coesão. Aplicada à estrutura de um parágrafo, coesão significa que ele se concentra em um único tópico ou ideia, que tudo nele desenvolve o mesmo assunto. Ao finalizar a redação de um parágrafo, você deve ser capaz de dizer "Este parágrafo está coeso, porque suas partes estão relacionadas".

Um problema de coesão é mostrado no parágrafo a seguir, de uma carta de um candidato a uma vaga de emprego. O objetivo do parágrafo é resumir a educação do candidato e, por isso, todas as frases precisam se referir a este assunto. A terceira frase (em itálico) fala de qualidades pessoais, o que compromete a coesão do parágrafo. Retirar esta frase soluciona o problema:

Na universidade cursei as disciplinas básicas de contabilidade e algumas matérias especializadas em tributos, contabilidade internacional e segurança das informações. Também cursei uma disciplina na área comportamental, com ênfase nos relacionamentos humanos. *Por compreender o valor desses relacionamentos empresariais, participei ativamente de organizações, como a Sigma Nu (a fraternidade social), a Alpha Kappa Psi (a fraternidade profissional), a Intramural Soccer e A Capella.* Escolhi algumas disciplinas eletivas para aperfeiçoar minha formação geral em administração relacionadas a investimentos, redação de relatórios financeiros, políticas financeiras e sistemas de gestão de informações. O currículo em anexo fornece uma lista completa de meus estudos em negócios.

Mantenha os parágrafos curtos

Como regra, você deve manter seus parágrafos curtos. Essa sugestão complementa as dicas sobre coesão: parágrafos curtos tendem a ser mais coesos.

Como dissemos, os parágrafos ajudam o leitor a acompanhar o plano de organização do autor. A redação marcada por parágrafos curtos identifica mais detalhes desse plano. Além disso, ela é atraente para o leitor, pois em geral as pessoas preferem ler textos com quebras de parágrafos frequentes.

"A frase principal serve como uma espécie de cabeçalho do parágrafo, e as outras frases contam os detalhes."

O comprimento do parágrafo é função do conteúdo – do que deve ser incluído para dar coesão a ele. As pesquisas sobre legibilidade sugerem um comprimento médio de oito linhas para documentos maiores, como relatórios. Parágrafos curtos são apropriados para mensagens.

Dê o foco certo a cada parágrafo.

Algumas palavras sábias sobre a simplicidade

É muito mais difícil ser simples do que complicado.
— John Ruskin

Torne tudo o mais simples possível, mas não mais simples.
— Albert Einstein

O talento mais importante é o de nunca usar duas palavras quando uma basta.
— Thomas Jefferson.

Não esqueça que essas dicas são gerais. Alguns bons parágrafos podem ser bem longos – muito acima do comprimento médio. Outros podem ser muito curtos – com uma linha apenas. Estes são especialmente apropriados para enfatizar os pontos principais em uma mensagem de negócios. Um parágrafo de uma linha talvez seja tudo o que você precisa como um encerramento para uma mensagem ou uma abertura que desperte a atenção de seu leitor.

Uma regra útil é questionar a coesão de todos os parágrafos longos – os que têm mais de 10 linhas, por exemplo. Se você concluir que esse parágrafo tem coesão, deixe-o como está. Mas, se você detectar que ele tem mais de um tópico, redija cada um em seu próprio parágrafo.

Use as frases principais do jeito certo

Usar frases principais é uma boa maneira de organizar parágrafos. Essas frases expressam a ideia principal de um parágrafo, enquanto as outras se organizam em torno dela, dando-lhe suporte. De certa forma, a frase principal serve como uma espécie de cabeçalho do parágrafo, e as outras frases contam os detalhes. É verdade que nem todo parágrafo precisa ter uma frase principal. Alguns apresentam ideias, listam itens em série ou mostram um conjunto de fatos que não levam a uma conclusão. A ideia central desse tipo de parágrafo é difícil de pôr em uma única frase. Mesmo assim, você deve usar a frase principal sempre que possível. Isso faz você se concentrar na ideia central do parágrafo e o ajuda a verificar a coesão dele.

O ponto em que você vai inserir a frase principal é função do assunto, das expectativas do leitor e do plano do redator, mas você tem três escolhas: o começo, o fim ou o meio. As próximas seções esclarecem essas possibilidades.

frase principal no começo
A organização mais comum de um parágrafo começa com a frase principal e continua com o conteúdo de suporte. Na verdade, esta organização é tão apropriada para a redação empresarial que um manual de redação de uma empresa sugere que ela seja adotada em todos os parágrafos.

CAPÍTULO 4 | Como usar o estilo apropriado

Para ilustrar a redação de um parágrafo que começa com a frase principal, vamos analisar um parágrafo que descreve as respostas de economistas a um questionário com suas opiniões sobre a atividade comercial do ano que estava para começar. Os fatos apresentados são: 13% dos economistas acreditam em um aumento, 28% esperam pouca ou nenhuma mudança, 59% acreditam em uma queda e 87% destes pensam que essa queda virá no primeiro trimestre. A conclusão óbvia – e o assunto da frase principal – é que a maioria espera um declínio no primeiro trimestre. Usamos este raciocínio para compor o parágrafo a seguir:

> A maioria dos economistas consultados acredita que a atividade comercial vai cair durante o primeiro trimestre do próximo ano. Dos 185 economistas entrevistados, 13% acreditam em um aumento na atividade comercial e 28% preveem pouca ou nenhuma mudança no cenário atual de atividade elevada. Os 59% restantes preveem uma recessão. Entre estes, praticamente todos (87%) acreditam que a queda começará no primeiro trimestre.

frase principal no fim do parágrafo

A segunda forma mais comum de organizar um parágrafo coloca a frase principal no fim, normalmente como uma conclusão. Os parágrafos desse tipo apresentam os detalhes de suporte e levam o leitor a uma conclusão:

> O papel expressivo dos estoques no cenário econômico não deve ser negligenciado. No momento, os estoques representam um suprimento equivalente a 3,8 meses. Seu valor em dólar é o maior da história. Porém, em comparação com o aumento nas vendas, eles não são tão grandes. Na verdade, eles estão na faixa considerada segura. *Logo, os estoques provavelmente não causarão uma redução na atividade econômica.*

frase principal no meio do parágrafo

A terceira forma de organizar um parágrafo coloca a frase principal no interior dele. Ela é pouco usada, mas, às vezes, é útil, como no exemplo:

> Inúmeros materiais foram usados na fabricação desta peça, muitos deles com resultados satisfatórios. *Contudo, o material 329 é superior aos demais.* Quando manufaturada com este material, a peça fica quase duas vezes mais resistente do que nos casos em que o segundo melhor material é usado. Seu peso é reduzido em 60g. Mas, o mais importante: este material é o mais barato.

O que este parágrafo está *fazendo*?

Cada parágrafo precisa deixar algo claro. Mas, ele também precisa contribuir para sua estratégia de comunicação como um todo.

Então, pergunte a você mesmo não apenas o que cada parágrafo está dizendo, mas o que ele está *fazendo*. Dando mais apoio ao assunto? Explicando por que algo aconteceu? Preparando a próxima pergunta do leitor? Passando do que você não consegue fazer para o que você consegue? Tenha uma ideia clara da finalidade de cada parágrafo e você provavelmente terá uma representação objetiva do conteúdo.

Deixe de lado os detalhes desnecessários

Você deve incluir apenas as informações essenciais à finalidade de seus parágrafos.

A melhor maneira de escolher o conteúdo de seus parágrafos é colocar-se no lugar do leitor. Quais são as informações adicionais que podem ser úteis ou convincentes? Quais são as informações de que ele precisa? Como elas serão usadas? Se você seguir essas orientações, provavelmente deixará de incluir muitas coisas que inicialmente fariam parte do parágrafo.

> "Como qualquer frase bem redigida, um bom parágrafo leva o leitor de um ponto ao outro com continuidade e lógica."

O parágrafo a seguir, de uma mensagem a um funcionário, tem excesso de informações:

> Ao rever os registros de pessoal da base de dados de nossa empresa, descobri que muitos itens em seu arquivo estavam incompletos. A seção "histórico de trabalho" tem espaços vazios relativos a três informações. O primeiro é o período de emprego. O segundo é o nome da empresa. O terceiro é o tipo de trabalho realizado. Em seu registro consta apenas o nome da empresa, dois itens estão em branco. Os anos em uma função não foram informados. Esta informação é importante. O registro é revisado por seus supervisores toda vez que existe uma oportunidade de promoção ou de um aumento salarial. Portanto, ele deve ser completado.

A mensagem diz muito mais do que o leitor precisa saber. O objetivo é fazê-lo atualizar seus dados pessoais. Todo o resto tem valor questionável e a versão revisada é muito melhor:

> Uma revisão recente de seus registros pessoais mostrou que eles estão incompletos. Faça o *login* no portal da empresa assim que possível e atualize seus registros.

Deixe seus parágrafos coerentes

Como qualquer frase bem redigida, um bom parágrafo leva o leitor de um ponto ao outro com continuidade e lógica. Ele indica com clareza como as diferentes informações se relacionam umas com as outras em termos da lógica e do objetivo aparente do redator. A qualidade de permitir que o leitor prossiga pelo texto com facilidade, sem temas secundários ou retornos a pontos já discutidos, é chamada **coerência**.

A melhor maneira de dar coerência a sua mensagem é dispor as informações na ordem lógica – uma ordem apropriada para a estratégia do caso. Essas decisões são tão importantes para a redação da mensagem, que dedicamos capítulos inteiros aos diferentes padrões de organização. Mas, a organização lógica não é o bastante. Muitas técnicas são úteis para costurar informações, como os recursos de transição. Nesta seção, vamos discutir os três principais: a repetição de palavras-chave, o uso de pronomes e o uso de palavras de transição (Figura 4.2).

FIGURA 4.2	Como melhorar a coerência

Depois de organizar o material seguindo uma ordem lógica, você deve dar coerência a suas frases e parágrafos, de acordo com três questões básicas:

- Repetição de palavras importantes
- Uso de pronomes (para se referir a algo dito antes)
- Emprego de palavras de transição apropriadas

repetição de palavras-chave Repetir as palavras-chave de uma frase na outra permite conectar ideias sucessivas de forma contínua. As seguintes frases mostram este recurso de transição (as palavras-chave estão em itálico). Elas são de uma mensagem redigida para recusar um pedido para apresentar uma série de palestras em um programa de treinamento em publicidade:

Uma vez que seu programa de treinamento é muito bem planejado, estou ciente de que ele oferecerá um serviço realmente *valioso* para os profissionais da comunidade. Mas, para ser *valioso* de verdade, acredito que você concorda comigo, o programa precisa considerar o tempo necessário para uma preparação completa. Como estou com muitos compromissos na próxima semana, poderia sugerir que você convidasse Seth Greenley para realizar a seção de treinamento na redação de anúncios?

Evite o *este* vago

Quando usar a palavra *este* ou suas variantes para se referir a uma ideia anterior, use também um substantivo depois dela – por exemplo, "este plano", "esta melhoria" – para deixar a referência clara.

uso de pronomes Os pronomes se referem a palavras usadas anteriormente na frase ou no parágrafo e, por isso, fazem uma boa transição entre ideias. Os pronomes demonstrativos (**este, esse, estes, esses** e suas variantes) às vezes são muito úteis. As frases a seguir (com os pronomes demonstrativos em itálico) ilustram esta técnica:

Desde a apresentação de nosso Modelo V, há nove anos, os consumidores sugeriram apenas uma melhoria – o controle de voz. Neste intervalo, realizar esta melhoria foi o objetivo da equipe de pesquisa da Atkins. Hoje, sentimos orgulho em dizer que esses esforços tiveram sucesso.

palavras de transição Nas conversas do dia a dia, você costura muitos de seus pensamentos com palavras de transição. Mas, quando está escrevendo, você nem sempre as usa quando deveria. Preste atenção nos pontos onde essas palavras podem ajudar o leitor a ir de um ponto a outro em seus parágrafos.

Entre as palavras de transição mais comuns estão **além disso, apesar de, em comparação com, contudo, logo, portanto, por exemplo** e **também**. (Veja mais exemplos na página 236.) Elas ligam pensamentos, indicando a natureza da relação entre o que foi e o que será dito a seguir.

Observe como as expressões de transição (em itálico) no seguinte parágrafo sinalizam as relações entre as partes e guiam o leitor no percurso das ideias:

Três razões justificam a desistência de explorar a pedreira de Crowton. *Primeiro*, a rocha-mãe na área de Crowton é questionável. O fracasso das explorações geológicas recentes na área parece confirmar as suspeitas de que os depósitos estão prestes a se esgotar. *Segundo*, as distâncias entre a pedreira de Crowton e os principais mercados aumentam muito os custos de transporte. Claro que qualquer economia em custos de transporte melhora os lucros da empresa. *Terceiro*, a obsolescência da maior parte dos equipamentos da unidade de Crowton indica que este é o melhor momento para uma mudança. Os equipamentos ultrapassados na unidade podem ser reciclados.

A linguagem usada em uma mensagem comunica mais do que a mensagem. Ela informa o quanto o redator é amistoso, dedicado e cuidadoso – entre outras qualidades.

As palavras de transição **primeiro, segundo** e **terceiro** ressaltam o padrão de organização do parágrafo e facilitam o acompanhamento das ideias pelo leitor.

Não esqueça que esses recursos de transição também podem ser usados entre parágrafos – para uni-los, mantendo o foco da mensagem e guiando o leitor. Busque coerência a nível de parágrafo e do documento como um todo.

COMO REDIGIR PARA UM EFEITO POSITIVO

Como o Capítulo 1 deixou claro, toda mensagem de negócios têm uma dimensão de relacionamento humano. Usar o estilo adequado exige administrar o tom e o conteúdo. Para alcançar o objetivo de sua comunicação, você precisa tanto de clareza quanto de um efeito emocional positivo.

Obter um efeito positivo em suas mensagens é principalmente uma questão de qualidade da redação e de compreensão do modo como as pessoas reagem às palavras. Algumas técnicas e posturas discutidas nas próximas seções vão ajudá-lo nessa tarefa.

OA4.10
Adotar um estilo informal que elimina frases feitas.

Use um estilo informal

Uma técnica útil que melhora o tom da mensagem é a linguagem coloquial. Essa linguagem é acolhedora e natural e, por ser a mais usada, também é a mais facilmente entendida.

Redigir em um estilo coloquial não é tão fácil quanto parece. Diante da tarefa de escrever, você se sente tentado a mudar de personagem e começa a redigir com palavras excessivamente formais e pretensiosas. O resultado é um estilo frio e artificial – que não gera o efeito positivo que você procura para suas mensagens. Estes exemplos ilustram este problema e apresentam uma solução.

Comunicação rápida

Vantagens da redação empresarial positiva

Kim Cameron, professor da University of Michigan e pioneiro na nova área chamada *Positive Organizational Scholarship* (estudos organizacionais positivos), pesquisa as relações entre os atributos positivos e o sucesso organizacional. Ele identificou quatro estratégias de liderança "que tendem a produzir resultados duradouros e promissores":

1. **Clima positivo.** Os líderes que promovem "a compaixão, a gratidão e o perdão" ajudam a criar organizações mais produtivas.
2. **Relacionamentos positivos.** Quando os líderes recompensam os funcionários "energizadores positivos" – que deixam as pessoas "motivadas, inspiradas e cheias de vitalidade", o desempenho é melhorado.
3. **Comunicação positiva.** A linguagem afirmativa tem vantagens. "Em um estudo com equipes com níveis de desempenho baixos, médios e altos, o fator mais importante na previsão do desempenho das organizações foi a relação entre declarações positivas e negativas".
4. **Significado positivo.** Os líderes que reforçam a importância do trabalho dos funcionários motivam resultados mais positivos.

FONTE: Ann Pace, "Unleashing Positivity in the Workplace," *Training + Development* Jan. 2010: 40-44, impresso.

Estilo frio e artificial

Em anexo encontra-se a brochura sobre a qual você indagou.

Esta mensagem acusa o recebimento de seu pedido de 10 de maio, de quatro dúzias de calças *Docker*. Consta a informação de que a mercadoria será despachada pela UPS, segundo suas instruções de 16 de maio.

Anexada vai a notificação de sua anuência aos padrões descritos.

Estilo coloquial

A brochura que você pediu vai em anexo.

Quatro dúzias de calças *Docker* deverão ser entregues em sua loja no dia 18. Conforme suas instruções, elas foram enviadas hoje, via UPS.

A notificação de sua concordância com os padrões descritos segue em anexo.

Elimine as frases feitas

As frases feitas (que muitos conhecem como **clichês**) são expressões usadas por hábito em certas situações. Empregadas sem critério, essas frases e expressões não têm serventia. Como diz o nome, são como produtos prontos para ser usados em série.

Por serem adotadas com frequência, as frases feitas traduzem uma impressão de tratamento rotineiro que nem sempre vai impressionar o leitor de modo favorável. Esse tratamento mostra que o redator não tem qualquer preocupação especial com ele, que a situação está sendo encarada como qualquer outra. Em contrapartida, se você escolher palavras específicas para a ocasião, a impressão será a de preocupação e interesse no leitor. A escolha cuidadosa de palavras é mesmo a melhor opção para gerar uma boa impressão.

Tecnologia rápida
Os corretores de gramática e estilo identificam clichês, expressões coloquiais e jargões

Eles não são perfeitos, mas os corretores de gramática e de estilo ajudam a identificar alguns clichês, expressões coloquiais e jargões que se infiltram na redação. O corretor mostrado na tela diz que encontrou um clichê e oferece duas alternativas de correção. Clique no botão Explicar e veja a justificativa das sugestões. Este *software* é útil, mas, como redator, você não pode deixar de lado a capacidade de identificar as expressões batidas e triviais que o programa não reconhece. Você vai precisar refazer essas frases para deixá-las mais claras e objetivas.

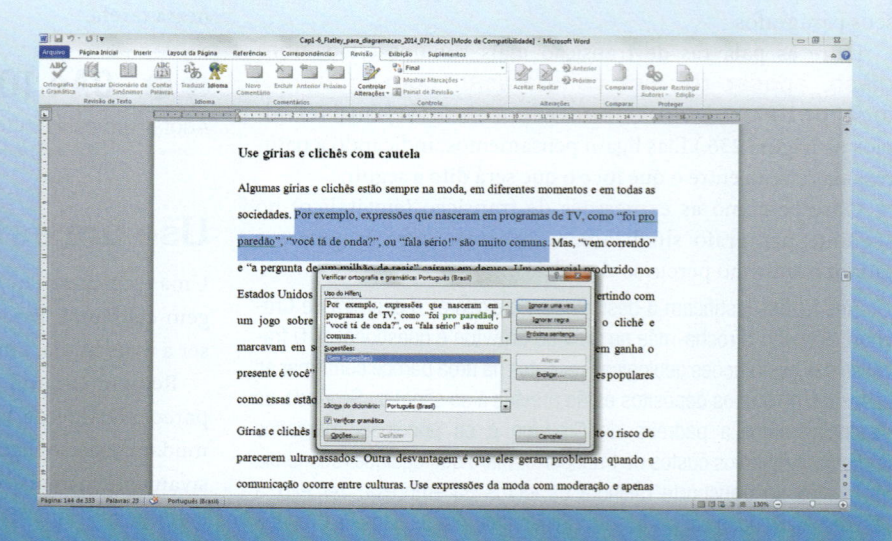

MÓDULO 2 | Elementos básicos de redação e apresentações

Alguns exemplos de frases feitas que você certamente conhece são listados a seguir. Ainda que soem apropriadas, essas expressões se tornaram repetitivas, de tanto que são usadas:

Em caso de necessidade, por favor, *não hesite em pedir ajuda*.
Esta mensagem é para acusar o recebimento de...
Esta mensagem é para informar que...
Obrigado pelo interesse.
Chegou até mim a informação de que ... (uma expressão de conotação negativa e lugar-comum)

Você não precisa conhecer todas as frases feitas para parar de usá-las. Apenas escreva na linguagem típica de uma conversação adequada e trate seus leitores como as pessoas que realmente são.

●● OA4.11
Usar "você" nas mensagens para gerar uma boa impressão.

Use "você" nas suas mensagens

O uso da segunda pessoa do discurso é mais uma das técnicas que aproxima o leitor da mensagem que você está passando. De modo geral, a redação enfatiza os interesses e as preocupações do leitor, pois destaca o(s) **você(s)** e o(s) **seu(s)**, não o **nós** e o(s) **nosso(s)**. Veja a seguir alguns exemplos:

1ª pessoa	2ª pessoa
No passado, *fomos* muito tolerantes com os atrasos nos pagamentos de suas contas e, portanto, *exigimos* o pagamento imediato desta vez.	Se *você* deseja continuar usufruindo das vantagens das compras a crédito, *você* precisa saldar sua dívida agora.
Recebemos o seu relatório de 1º de maio.	Obrigado por *seu* relatório de 1º de maio.
Precisamos que você assine o comprovante de venda antes de efetuar o débito em conta.	Para que o preenchimento de *seus* registros esteja completo, por favor, envie o *seu* relatório de janeiro.

●● OA4.12
Acentuar o lado positivo das coisas com a escolha certa de palavras e sua colocação para gerar uma boa impressão e obter os efeitos desejados.

Na comunicação presencial, as palavras, a voz, as expressões faciais e os gestos se unem para criar o efeito desejado. Na redação, a palavra escrita precisa fazer tudo isso sozinha.

Dê ênfase ao lado positivo

Na maioria das situações, é melhor usar a redação positiva do que a negativa nas mensagens de negócios.

Mas, isso não quer dizer que as palavras negativas sejam proibidas na redação empresarial. Essas palavras são poderosas e há casos em que você vai precisar usá-las. As palavras positivas despertam uma mentalidade mais cooperativa no leitor e enfatizam os aspectos agradáveis dos objetivos. Outra vantagem é que elas criam uma boa impressão, útil na construção de relacionamentos.

Veja o caso de um executivo que precisou negar o pedido de uma associação local de moradores para usar as instalações da empresa para uma reunião. Para atenuar a recusa, o executivo poderia deixar o grupo usar uma sala de reuniões, mas que talvez fosse muito pequena para a finalidade. O executivo compôs uma resposta totalmente negativa:

Six Chix Por Kathyrn LeMieux

CAPÍTULO 4 | Como usar o estilo apropriado

Lamentamos informar que *não* poderemos permitir que os senhores utilizem nosso auditório para a reunião, uma vez que o Clube de Investimentos Sun City fez esta solicitação primeiro. Contudo, podemos deixar que os senhores usem a sala de conferências, mas esta tem capacidade para 60 pessoas apenas.

As palavras negativas estão em itálico. Primeiro, a mensagem redigida positivamente "**Lamentamos** informar" é um sinal claro de más notícias. "**Não poderemos** permitir" tem um tom ríspido. Observe também que a parte relativa às boas notícias é prejudicada pela palavra limitadora.

Se o executivo tivesse buscado uma forma mais positiva de abordar a mesma situação, ele teria escrito:

O Clube de Investimentos Sun City já reservou o auditório para este sábado, mas podemos oferecer nossa sala de conferências, com capacidade para 60 pessoas.

Esta versão não tem uma única palavra negativa. As duas abordagens alcançam o objetivo principal: negar o pedido. Mas, os efeitos no leitor são muito distintos. Não resta dúvida sobre qual abordagem gera a melhor impressão no leitor.

Fique sempre atento a palavras muito negativas. Elas traduzem pensamentos desagradáveis ou contraproducentes que distraem o leitor do objetivo de sua mensagem. Alguns exemplos são **erro, problema, engano, prejuízo, perda** e **fracasso**, além de palavras que negam – como **não, recusar** e **parar**. Tente também evitar a redação que culpa o leitor ou se concentra no que você não pode fazer. Eis os seguintes exemplos (as palavras negativas estão em itálico):

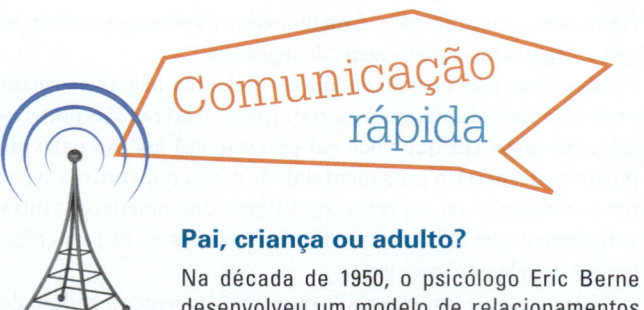

Negativas	Positivas
Você *não* nos informou as especificações do tecido da cadeira que você pediu.	Para finalizar o pedido, por favor, informe as especificações do tecido da cadeira no cartão em anexo.
Não é permitido fumar, exceto no saguão.	O fumo é permitido apenas no saguão.
Não poderemos fazer a entrega antes de sexta-feira.	Podemos entregar a mercadoria na sexta-feira.
Lamentamos informar que precisamos negar o seu pedido de crédito.	No momento, podemos vender nossas mercadorias a você apenas mediante pagamento em dinheiro.
Você deveria saber que a lente da câmera *não pode* ser limpa com papel-toalha, o que está explicado claramente nas instruções de uso.	As instruções explicam por que a lente da câmera somente pode ser limpa com um pano macio.

O esforço para acentuar o lado positivo talvez envolva mais do que a escolha de palavras: ele exige o uso competente da ênfase. Já dissemos que você deve aproveitar a estrutura da frase a seu favor. Se você tem informações positivas, coloque-as na oração principal da frase – ou faça uma frase curta em separado para elas. Essas táticas enfatizam o lado positivo dessas informações. Se você tem informações negativas, atenue esse efeito ao colocá-las em uma oração subordinada:

Embora o seu plano não seja executável no momento, gostaríamos que você o submetesse outra vez no próximo ano, quando teremos mais recursos para implementá-lo.

Outra maneira de administrar a ênfase é considerar onde as boas e as más notícias devem ser colocadas na mensagem.

O começo e o final da redação normalmente têm mais ênfase do que as partes centrais. Esta regra de ênfase é válida quer a redação seja uma mensagem completa, um parágrafo ou uma frase (Figura 4.3). Para alguns especialistas, a energia mental intacta do leitor justifica o uso da ênfase no começo. Outros acham que as últimas partes se salientam, porque são as que ficam na memória do leitor. Independentemente da explicação, as pesquisas sugerem que esta técnica de ênfase funciona.

Comunicação rápida

Pai, criança ou adulto?

Na década de 1950, o psicólogo Eric Berne desenvolveu um modelo de relacionamentos chamado "Análise Transacional" que, de tão útil, é usado até hoje.

No centro deste modelo está a ideia de que em todas as nossas transações com os outros (e com nós mesmos), as pessoas ocupam uma das seguintes posições: pai, criança ou adulto.

- Um *pai* é um ser condescendente, que mima, protege, culpa, critica e pune.
- Um *filho* é um ser desinibido, emotivo, sem restrições, obediente, que chora, é irresponsável e/ou egoísta.
- Um *adulto* é razoável, responsável, dedicado e flexível.

De acordo com o modelo, o "ser" que você projeta desperta nos outros o desejo de ocupar a posição complementar a ele. Logo, atuar como um "pai" faz as outras pessoas agirem como uma "criança" e vice-versa, mas atuar como um adulto induz os outros a serem adultos.

No ambiente de negócios, não importa se a mensagem é interna ou externa. O seu esforço deve sempre se concentrar em uma relação adulto-adulto. A cortesia e o profissionalismo vão induzir comportamentos idênticos de seus leitores.

"Somos uma companhia limitada. Limitada pelo pessimismo de Allen, pela personalidade forte de Elizabeth e pela recusa de David a trabalhar aos finais de semana."

FONTE: Direitos autorais © Randy Glasbergen. Reproduzido com permissão.

FIGURA 4.3 — A ênfase com base na posição

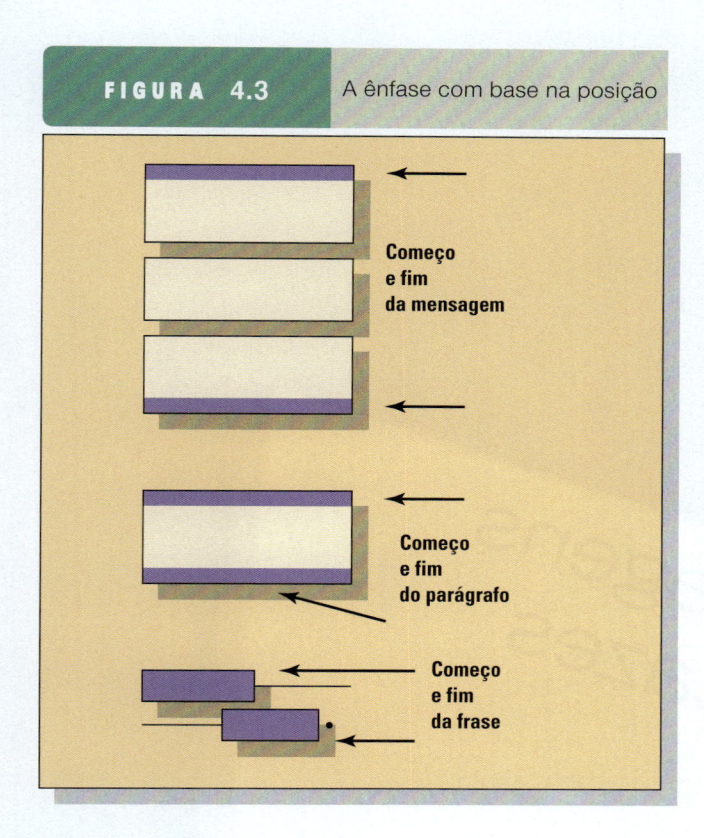

- Começo e fim da mensagem
- Começo e fim do parágrafo
- Começo e fim da frase

Se usássemos esta técnica no exemplo anterior, o parágrafo seria redigido como:

Diante das recentes restrições ao crédito, aprovamos as sugestões que representam uma economia de recursos e não sejam dispendiosas. Embora o seu plano não seja executável no momento, gostaríamos que você o submetesse outra vez no próximo ano, quando teremos mais recursos para implementá-lo.

Assim como o uso do "você", a ênfase excessiva no lado positivo pode gerar mensagens falsas e manipulativas. Esta técnica é questionável especialmente quando ela induz o leitor a negligenciar um ponto negativo importante – o encerramento de um serviço, por exemplo, ou uma informação sobre um produto que não seja seguro.

Quando for ético e apropriado, veja o copo como 50% cheio, não 50% vazio.

Não deixe que seus esforços para agradar o leitor tornem sua redação insincera ou desonesta. Além de moralmente questionável, seria uma forma errada de fazer negócios. Por outro lado, você não deve se iludir com a natureza da realidade. Tudo aquilo que representamos em nossas comunicações – dados, eventos, pessoas ou situações – não tem apenas um único significado. A maioria dos fenômenos pode ser vista de diversos ângulos. A fim de realizar o objetivo de sua comunicação e gerar uma boa impressão, reflita antes de deixar sentimentos negativos invadirem suas mensagens. Na maioria das vezes, você vai perceber que o copo está 50% cheio, não 50% vazio, e descobrir que sua perspectiva melhorou durante o processo de redação. ■

ACESSE <http://www.grupoa.com.br>

para materiais adicionais de estudo, em inglês, incluindo apresentações em PowerPoint.

módulo três

Mensagens eficazes

CAPÍTULO 5 COMO REDIGIR MENSAGENS NEUTRAS E DE BOAS NOTÍCIAS
CAPÍTULO 6 COMO REDIGIR MENSAGENS COM MÁS NOTÍCIAS
CAPÍTULO 7 COMO REDIGIR MENSAGENS E PROPOSTAS PERSUASIVAS

Como redigir mensagens neutras e de **boas notícias**

capítulo cinco

•• objetivos de APRENDIZAGEM

OA5.1 Avaliar adequadamente a provável reação de um leitor a uma mensagem sua.

OA5.2 Descrever o plano básico para uma mensagem direta.

OA5.3 Redigir pedidos de informação claros e bem estruturados.

OA5.4 Redigir respostas favoráveis diretas, ordenadas e amigáveis.

OA5.5 Compor termos de concessão que reconquistem a confiança perdida.

OA5.6 Redigir avisos de recebimento de pedidos e outras mensagens de agradecimento que gerem boa impressão.

OA5.7 Redigir reclamações diretas que expliquem os fatos de forma objetiva e cortês.

OA5.8 Redigir comunicações internas claras e eficazes.

A maior parte das mensagens empresariais usa um plano direto de organização. Isto é, a mensagem começa com o ponto mais importante e prossegue com informações adicionais ou que dão suporte à ideia principal. Se você lembrar o que o Capítulo 1 disse sobre a natureza do ambiente de negócios, entenderá por quê. A comunicação é central para a atividade humana organizada. Particularmente no mundo dos negócios, as pessoas têm uma necessidade muito forte de saber o que fazer, por que e como. Elas realizam uma tarefa entendendo que têm uma função a cumprir e precisam de informações para que a desempenhem direito. Quando o público-alvo externo interage com as empresas, ele também espera e precisa de certos tipos de informação, o mais rápido possível. Não é errado dizer que as mensagens diretas são o sangue que corre nas veias de praticamente toda atividade empresarial.

Existem infinitos tipos de mensagens. Em muitos aspectos, uma empresa é única, logo, ela desenvolve os seus próprios tipos de mensagens diretas – os padrões, as finalidades, os estilos e os formatos que prefere para suas comunicações. Apesar disso, uma mensagem direta tem uma estrutura básica. Algumas situações que exigem uma abordagem direta são tão comuns, que é possível identificar modelos para muitos dos tipos mais corriqueiros dessas mensagens.

Este capítulo começa descrevendo um plano básico para a redação de todas as mensagens que se enquadram na categoria direta. Adaptamos este plano básico a algumas das situações – externas e internas – mais comuns no ambiente de negócios. Mostramos como cada uma dessas situações exige um tratamento especial e como este deve ser feito. Ao atentar a essas exigências específicas, você não terá problemas em adaptar sua redação a qualquer tipo de cenário.

> **Se você está buscando ou dando informações, comece sua mensagem deixando isso bem claro.**

OA5.1
Avaliar adequadamente a provável reação de um leitor a uma mensagem sua.

AVALIAÇÃO PRELIMINAR

No Capítulo 1, mostramos que qualquer mensagem que não seja voltada para circunstâncias rotineiras ou automatizadas exige uma reflexão sobre a situação, os leitores e os seus objetivos. Uma boa maneira de começar a definir o plano básico de sua mensagem é avaliar a provável reação de seu leitor ao que você tem a dizer. Se a reação for negativa, uma organização indireta será mais indicada. Esses planos são discutidos nos próximos capítulos. Mas, se a reação for positiva ou neutra, a melhor abordagem será a direta – aquela que deixa claro o objetivo da mensagem já no começo, sem retenções de conteúdo, explicações preliminares ou expressões preparatórias. O plano básico para este tipo de abordagem direta é descrito a seguir.

OA5.2
Descrever o plano básico para uma mensagem direta.

MODELO GERAL DA COMUNICAÇÃO DIRETA

Comece com o objetivo

Comece com o seu objetivo. Se você está buscando ou dando informações, comece sua mensagem deixando isso bem claro. Não importa o ponto principal de sua mensagem: comece com ele.

Em alguns casos, você precisa iniciar a comunicação com uma expressão, uma oração ou mesmo uma frase que situe o leitor, ainda mais se ele não está esperando sua mensagem ou não conhece você ou sua empresa. Uma breve introdução do motivo da mensagem com algumas palavras de abertura é útil, mas informe o motivo da mensagem assim que possível. Por exemplo, a expressão "Recebemos o seu pedido de informações de 7 de maio" só diz o óbvio. Esses comentários iniciais precisam ser curtos, e a mensagem tem de ser iniciada sem delongas. Com isso, finalize o primeiro parágrafo e deixe que o restante da mensagem se encarregue dos detalhes.

Como tratar do restante do objetivo

Tudo o que for necessário para completar o objetivo de sua mensagem deve compor o restante dela. Se você abordar todos os seus objetivos no começo (como em um pedido de informações no qual uma única pergunta é feita), sua mensagem está pronta. Se perguntas, respostas ou informações adicionais forem necessárias, trate cada uma de forma sistemática – listando as perguntas ou dispondo as informações em parágrafos separados. Se estas partes tiverem explicações ou comentários individuais, inclua tudo. Em suma, você diz tudo o que tem a dizer.

Termine com uma cortesia adaptada à situação

Finalize sua mensagem com um comentário amistoso apropriado, exatamente como faria se estivesse frente a frente com o leitor.

Essas palavras de cortesia serão mais bem recebidas quando forem adaptadas à mensagem. É verdade que encerramentos padrão, como "Por favor, retorne resposta assim que possível" e "Obrigado pela atenção", são positivos, porque sinalizam um agradecimento sincero. Nada há de errado com um "muito obrigado" genuíno. O problema está na natureza rotineira, no jeito de frase feita dessas expressões. Uma reação mais positiva do leitor é resultado de uma expressão individualizada para ele, de acordo com a mensagem – por exemplo, "Se você responder a essas perguntas sobre a Sra. Hill o mais breve possível, ela e eu ficaremos muito agradecidos".

Porém, lembre-se de que expressões como "assim que possível" ou "dentro do possível" podem ter significados diferentes para você e seu leitor. Se você precisa de uma resposta em determinada data, deixe isso claro para o leitor e explique a razão, para que ele entenda a importância da prontidão da resposta. Você pode escrever, por exemplo, "Sua resposta a essas perguntas antes do dia 1º de julho vai ajudar a Sra. Hills e a nós com nossos prazos para o preenchimento do cargo de contador".

Agora, vamos ver como você pode adaptar este modelo geral para que se encaixe às situações mais comuns das mensagens diretas.

OA5.3
Redigir pedidos de informação claros e bem estruturados.

Cenário de trabalho

Como redigir pedidos rotineiros de informações

Você é o assistente do vice-presidente de operações da Pinnacle Manufacturing Company outra vez. Suas tarefas envolvem ajudar o seu chefe em uma série de atividades, muitas delas exigem a redação de mensagens.

No momento o seu chefe está trabalhando com um grupo de executivos da empresa para escolher a sede para uma filial regional. Eles optaram por um local no centro da cidade, mas, falta encontrar o melhor prédio. Como presidente desse grupo de trabalho, seu chefe aceitou a responsabilidade de encontrar prédios comerciais. Claro que ele delegou grande parte desse esforço a você.

Tendo encontrado três conjuntos adequados, você agora vai obter as informações pertinentes sobre cada um, que ajudarão os executivos a tomar a decisão certa. O primeiro prédio, que você encontrou nos classificados de um jornal local, tem 300 m², mas o anúncio nada mais informa sobre ele. Por isso, você vai ter de redigir uma mensagem em busca de mais informações para a equipe de executivos.

PEDIDOS ROTINEIROS

Escolha um tipo de abertura

A abertura de um pedido comum deve se concentrar no objetivo principal, como recomendamos na seção anterior.

O objetivo é pedir informações, então, comece com uma pergunta. Essa pergunta de abertura é de dois tipos: específica ou geral.

Ela pode ser uma das perguntas específicas que você tem de fazer (se houver mais de uma). É preferível que ela prepare o caminho para as que virão depois. Por exemplo, se o seu objetivo é obter informações sobre o prédio de escritórios descrito no quadro "Cenário de trabalho", comece assim:

Você poderia, por favor, enviar algumas informações adicionais sobre a planta do conjunto comercial anunciado na edição de segunda-feira do Sentinel Times*?*

No corpo da mensagem, inclua as questões adicionais específicas ao conjunto comercial.

A alternativa é formular a pergunta inicial como um pedido genérico por informações. As perguntas específicas vêm depois. Esta frase de abertura mostra como é um pedido genérico:

Você poderia me enviar uma descrição das características do conjunto de salas para escritório com 300 m² anunciado na edição de segunda-feira do Daily Journal*?*

Não importa se você abre a mensagem com uma pergunta genérica ou específica: certifique-se de que o seu leitor terá uma noção exata da finalidade da comunicação.

Informe e explique tudo do modo adequado

Talvez você tenha de incluir explicações ou informações adicionais para ajudar o leitor a responder suas perguntas. Se você não explicar o bastante ou se interpretar mal o conhecimento do leitor, a leitura ficará mais difícil. Por exemplo, as respostas a suas perguntas sobre o espaço para escritórios da Pinnacle Manufacturing talvez dependam das características ou das necessidades específicas da empresa. Sem saber como a Pinnacle Manufacturing usará esse espaço, nem o melhor corretor de imóveis conseguirá achar um meio de responder a suas perguntas ou sugerir um prédio de escritórios mais adequado às necessidades da companhia.

Os executivos quase sempre apertam as mãos como sinal de cortesia ao final de uma reunião. Os redatores fazem o mesmo, mas com encerramentos positivos e um tom cortês em suas mensagens.

CAPÍTULO 5 | Como redigir mensagens neutras e de boas notícias

Onde e como você inclui as informações explicativas necessárias dependem da natureza da mensagem. Na maioria das vezes, um bom lugar para material explicativo genérico é antes ou depois do pedido direto no parágrafo de abertura. Essas informações ajudam a amenizar o efeito surpresa que uma pergunta inicial direta possa ter. Geralmente elas soam mais lógicas nesta posição, onde atuam como qualificadoras ou como justificativas para a mensagem.

Nas mensagens que fazem mais de uma pergunta, inclua conteúdos explicativos. O melhor lugar para essas explicações é próximo às perguntas a que se referem. Essas mensagens podem apresentar perguntas e explicações alternadamente no corpo do texto.

Estruture as perguntas

Após fazer a pergunta inicial e fornecer quaisquer informações importantes, sua mensagem tem duas direções a seguir. Se o pedido envolver apenas uma questão, você alcançou seu objetivo e pode proceder com um encerramento cortês para terminar a mensagem. Se você precisa fazer mais de uma pergunta, desenvolva uma lista organizada e lógica no corpo da mensagem.

Responder a pedidos que não incluem explicações adequadas pode ser frustrante.

Tenha certeza de que suas perguntas se destacam na mensagem. Use alguns truques. Primeiro, sinalize cada pergunta com um marcador (●, ○, ■). Mas, faça uma por vez. Combinar duas ou mais perguntas em uma retira a ênfase individual e induz o leitor a ignorar algumas delas.

> "Se você não explicar o bastante ou se interpretar mal o conhecimento do leitor, a leitura ficará mais difícil."

Comunicação rápida

"Twittiqueta": novas tecnologias, novas expectativas

Com o aumento da popularidade das novas modalidades de comunicação e tecnologia, algumas práticas de uso se tornam mais aceitáveis do que outras. Em uma época em que todos "tuítam" algo no Twitter rotineiramente, até na comunicação empresarial muitos redatores usam o aplicativo para mensagens rápidas. A "Twittiqueta", os padrões do uso profissional do *site*, é cada vez mais comum entre os usuários. É fácil achar que o limite de 140 caracteres facilitaria a redação. Mas, o fato de os tuítes serem curtos e diretos não impede que as coisas deem errado em um tempo muito curto. A *PCWorld* dá algumas dicas para garantir que o seu público entenda a sua mensagem:

- Use um *blog* em vez do Twitter para mensagens maiores, em vez de postar muitos tuítes. Os seus seguidores podem ficar confusos com a "rolagem da opinião" sobre um assunto, especialmente se você não costuma postar muitos tuítes em série.
- Reflita sobre o tipo de mensagem – mensagem privada (mensagem com um D antes do nome do usuário destinatário) ou pública (mensagem @) – apropriada para o seu público e sua finalidade.
- Verifique a ortografia e evite o excesso de abreviações. Os smartphones têm o teclado QWERTY e, por isso, a *PCWorld* aconselha evitar a linguagem de abreviaturas, a menos que você realmente precise de espaço. Além disso, "não importa quantas pessoas não consigam entender a mensagem, a grafia correta ainda é importante no Twitter".
- Tente redigir os seus tuítes em uma só frase.
- Se você está retuitando e exceder os 140 caracteres, reduza o tamanho da mensagem ou edite o retuíte, mas preserve o sentido e a linguagem original sempre que possível.
- Lembre-se de que o Twitter é público. Não poste o que você não quer que todos vejam.

FONTE: Christopher Null, "Twitter Etiquette: How to Tweet Politely," *PC World*, PCWorld Communications, Inc., 28 July 2009, Web, 27 Apr. 2010.

> [**Evite perguntas que podem ser respondidas com um simples *sim* ou *não*, a menos que você realmente queira essa resposta.**]

Segundo, faça cada pergunta em um parágrafo separado sempre que sua explicação e outros comentários pertinentes justifiquem essa organização no texto.

Terceiro, ordene ou classifique suas questões com números. Números cardinais (1, 2, 3) ou ordinais (primeiro, segundo, terceiro) ou mesmo letras salientam as perguntas em uma lista, além de oferecer ao leitor um guia de verificação e referência para responder às perguntas.

Quarto, você pode estruturar suas perguntas na forma interrogativa. Perguntas de verdade se salientam no texto. Frases que meramente informam a necessidade de informação não atraem muito a atenção. Coisas como "Seria bom se você pudesse me informar..." e "Preciso saber se..." não são perguntas. Elas não perguntam coisa alguma – elas apenas sugerem. As questões que se destacam são as que de fato são redigidas no modo interrogativo. "Você poderia, por favor, me

Tecnologia rápida
Marcadores com imagens dão um toque especial

Os processadores de texto facilitam a redação de listas com marcadores ou números. A maioria dos redatores usa números para deixar clara uma ordem ou classificação, e marcadores para listar itens aleatórios ou de relevância equivalente. Mas, existe uma maneira muito fácil de despertar o interesse nessas listas com os aplicativos atuais. Em vez de selecionar um dos seis marcadores padrão, personalize esses marcadores com imagens. O Microsoft Word inclui uma seleção atraente de marcadores com imagens em diversas cores e estilos. Alguns são mostrados a seguir. Mas, você pode escolher outras imagens para importar e usar como marcador.

Basta apontar e clicar na imagem que você quer importar para instantaneamente criar um marcador. Em uma mensagem para os seus integrantes, que se reuniram em Incline Village, NV, o diretor executivo da Associação de Comunicação em Negócios usou marcadores com imagens para listar os itens que os integrantes deveriam levar consigo nos passeios pela região. O redator sugeriu o seguinte:

- Binóculos, para observar as paisagens espetaculares.
- Roupas adequadas para o clima, como casacos impermeáveis com capuz para proteção contra chuvas repentinas.
- Câmeras com lentes panorâmicas, para fotos de paisagens.

Marcadores diferentes foram empregados em uma lista de itens para uma viagem aos cassinos. Esses marcadores com imagens sem dúvida despertaram o interesse nos itens relacionados, pois diferenciam as listas. Usados com critério, esses marcadores customizados chamam a atenção do leitor na hora de apresentar itens em lista.

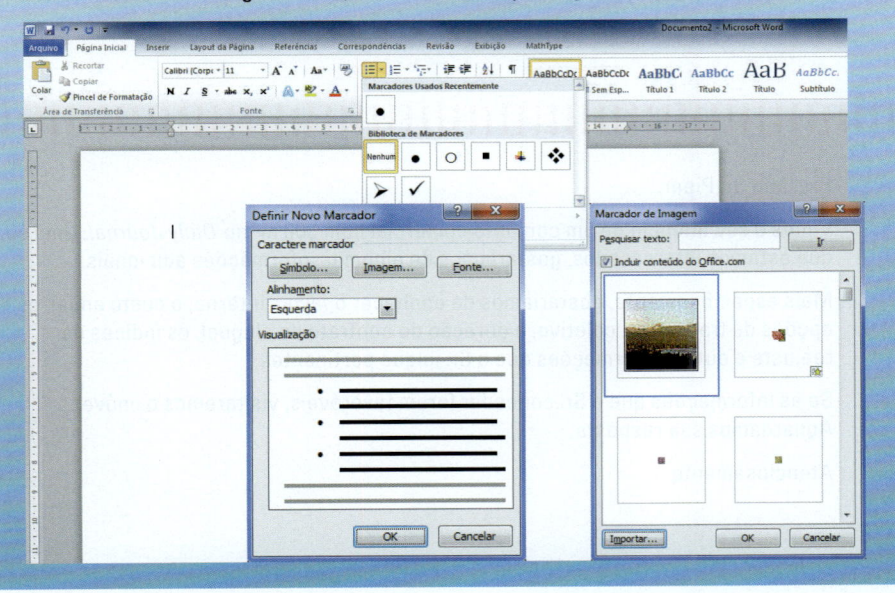

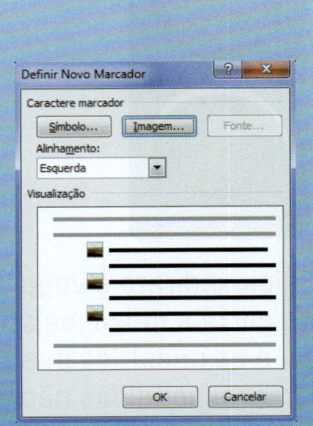

informar...?", "De quanto seria a economia...?", "De quantos problemas contratuais estamos falando...?".

Evite perguntas que podem ser respondidas com um simples **sim** ou **não**, a menos que você realmente queira essa resposta. Por exemplo, "Você tem essa cadeira em azul?" talvez não seja o que você quer saber. Uma redação melhor seria "Quais são as cores disponíveis desta cadeira?". Muitas vezes, você descobre que é possível combinar uma questão com resposta sim/não nessa explicação para compor uma pergunta melhor e mais concisa. Por exemplo, a estrutura "Este programa roda no Windows? Usamos o Vista" fica melhor quando redigida como: "Este programa roda no Windows Vista?".

Encerre com uma palavra de cortesia

Encerrar uma mensagem com uma expressão gentil, como descrevemos no plano básico, é apropriado em qualquer tipo de mensagem de negócios. Vamos salientar mais uma vez que as palavras de encerramento têm o melhor efeito quando se encaixam na finalidade da comunicação específica. Lembre-se de incluir também prazos e razões importantes.

Revise a ordem

Em resumo, o plano recomendado para uma mensagem comum em busca de informações é:

- Concentre-se no ponto principal – uma pergunta específica que define a mensagem como um todo ou um pedido geral por informações.
- Inclua as explicações necessárias – onde for apropriado.
- Inclua todas as perguntas, mesmo se forem muitas.
- Destaque as perguntas individualmente com marcadores, numeração, parágrafos separados ou interrogações.
- Use um encerramento com palavras de cortesia adaptado a cada caso.

Redigir pedidos de informações requer cuidado na escolha de palavras. O leitor quer compreender tudo o que é solicitado.

Exemplos contrastantes

As mensagens reproduzidas nas páginas a seguir são exemplos bons e ruins de como redigir pedidos de informações sobre espaço para escritório para a nova sede regional da Pinnacle (ver o quadro "Cenário de trabalho"). A primeira segue o padrão indireto, e a segunda, o direto. Elas são apresentadas como cartas, conforme indica "Prezado" na saudação e "Atenciosamente" no encerramento. Mas, os assuntos a que dizem respeito são válidos também para outras formas de comunicação.

Além disso, você pode estudar os dois Exemplos de Caso nas páginas 97 e 98. Os comentários nas margens desses exemplos ajudam a ver como estas mensagens na verdade seguem as dicas deste capítulo.

O primeiro exemplo foi sinalizado com uma luz vermelha. Neste livro, usaremos esse sinal para indicar um mau exemplo. Os bons são marcados com uma luz verde.

mensagem indireta A mensagem menos eficiente começa devagar, com informações óbvias. Mesmo quando o redator acha que essas informações precisam ser comunicadas,

O início indireto e vago desta carta a deixa mais longa, e as questões que devem ser respondidas não estão em destaque.

Prezado Sr. Piper,

Vimos o seu anúncio de um conjunto comercial com 300 m² no *Daily Journal*. Uma vez que estamos interessados, gostaríamos de algumas informações adicionais.

Mais especificamente, gostaríamos de conhecer o *layout* interno, o custo anual, as opções de transporte coletivo, a duração do contrato de aluguel, os índices de reajuste e outras informações que o Sr. julgue pertinentes.

Se as informações que o Sr. conceder forem favoráveis, visitaremos o imóvel. Aguardamos sua resposta.

Atenciosamente,

elas não merecem a ênfase da frase de abertura. Ele revela a finalidade da mensagem apenas no segundo parágrafo, e não há perguntas – apenas tópicos. As informações que ele deseja foram listadas em série, em uma frase, e não estão em destaque. O encerramento é formatado e sem personalidade.

mensagem direta e eficaz O segundo exemplo, a seguir, começa diretamente pedindo informações. A justificativa é breve, mas completa. As perguntas, com explicações inseridas quando necessário, foram formuladas para se destacar no texto. Por isso, elas facilitam a composição de respostas. A mensagem encerra solicitando, de forma cortês e apropriada, um rápido retorno.

OA5.4
Redigir respostas favoráveis diretas, ordenadas e amigáveis.

RESPOSTAS GENÉRICAS FAVORÁVEIS

Quando você responde favoravelmente a um pedido de informações, sua meta principal é informar a seus leitores o que eles querem saber. Como as reações deles diante de seu objetivo também serão favoráveis, redigir uma mensagem direta é essencial.

Comece com a resposta

Você já deve ter percebido, nos exemplos anteriores, que o caráter direto de uma mensagem consiste em dar ao leitor o que ele quer saber já no início. Quando uma resposta envolve uma única pergunta, você começa com ela. Quando ela envolve mais de uma, o melhor a fazer é responder uma – de preferência a mais importante. No quadro "Cenário de trabalho" (p. 96), esta abertura dá a resposta de imediato:

Sim, você pode usar o Eco-Treat para prevenir o mofo.

Uma alternativa seria começar dizendo que você vai informar ao leitor o que ele precisa saber – que você está atendendo a seu pedido. Na verdade, essa abordagem não é direta, porque retarda a revelação das informações pedidas. Mas, é um começo de mensagem favorável, porque responde ao pedido e elimina o risco de a comunicação parecer abrupta – uma das críticas contra os começos diretos. Eis exemplos deste tipo de abertura:

Obrigado por pedir informações sobre o Eco-Treat.

A seguir são dadas as respostas a suas perguntas sobre o Eco-Treat.

"Primeiro a boa notícia: se eu conseguir curá-lo, ficarei famoso no mundo todo."

Prezado Sr. Piper,

O Sr. poderia, por favor, responder às seguintes perguntas sobre o conjunto comercial de 300 m² anunciado na edição de 28 de junho do *Daily Journal*? Este espaço parece adequado para receber nossa nova sede regional, a ser inaugurada em sua cidade em agosto.

- O *layout* desses escritórios é adequado para um grupo de dois administradores, uma recepcionista e sete funcionários? Se possível, por favor, envie um diagrama do imóvel.
- Qual é o valor do aluguel anual?
- Quais são as despesas de condomínio incluídas (limpeza, manutenção e outras)?
- Qual é o material das paredes e do piso?
- Quais são as opções de transporte coletivo e como é o acesso ao aeroporto?
- Quais são as exigências relativas à duração do contrato?
- É possível enviar fotos do interior e do exterior do imóvel?

Aguardamos as informações pedidas sobre o imóvel. Esperamos ter um espaço adequado a nossas necessidades até o dia 21 de junho.

Atenciosamente,

Esta carta direta e organizada começa com o pedido e usa uma lista com marcadores para ordenar as perguntas.

> **COMO EM QUALQUER REDAÇÃO CLARA, ESFORCE-SE PARA DAR UMA ORDEM LÓGICA A SUAS RESPOSTAS, TALVEZ RESPONDENDO ÀS QUESTÕES NA MESMA ORDEM EM QUE O SEU LEITOR AS APRESENTOU NA MENSAGEM ORIGINAL DELE.**

Identifique a mensagem sendo respondida

Como esse tipo de mensagem é uma resposta a outra, você deve identificar a comunicação inicial que você está respondendo. Isso ajuda o leitor a lembrar ou encontrar a mensagem inicial. Se a resposta for redigida em um e-mail, a mensagem original será mostrada nele. Para mensagens em papel, use uma linha de assunto (Assunto: seu pedido de informações sobre o Eco-Treat, de 2 de abril), como mostram os exemplos de formato no *site* deste livro. Você também pode se referir à mensagem no corpo de texto (conforme pedido em sua mensagem de 2 de abril). Faça essa identificação preferivelmente no começo de sua resposta.

Arranje as respostas com lógica

Se você está respondendo a uma pergunta apenas, você não tem muito a fazer após abordá-la no começo da mensagem. Você a responde com todos os detalhes pedidos pela situação e apresenta alguma explicação ou outras informações necessárias. Feito isso, você pode concluir a mensagem.

Mas, se você está respondendo a duas ou mais perguntas, o corpo de sua mensagem se converte em uma série de respostas. Como em qualquer redação clara, esforce-se para dar uma ordem lógica a suas respostas, talvez respondendo às questões na mesma ordem em que o seu leitor as apresentou na mensagem original dele. Você também pode numerar as respostas, especialmente se o leitor numerou as perguntas, ou redigir as respostas em parágrafos separados, para destacá-las.

Use suas habilidades na hora de redigir negativas

Quando a resposta envolve notícias ruins ao lado de notícias boas, você vai precisar de cuidado para lidar com os fatos desagradáveis. As notícias ruins se destacam. Se você não

> **Como as respostas comuns eram redigidas no final do século XIX?**
>
> O modelo de carta a seguir era usado para responder a pedidos de informações e aparece na página 75 do livro *Type-Writing and Business Correspondence* de O. R. Palmer, publicado em 1896. Este livro foi uma obra de referência neste assunto.
>
> Prezados Senhores,
>
> Foi recebido o vosso pedido, datado de 18 de dezembro, no qual estão inclusos os croquis de um tanque. Em resposta a vossa solicitação, por obséquio, submeta-nos as seguintes informações:
>
> [Neste ponto existe uma lista de materiais para o tanque.]
>
> Confiantes de que nosso preço ser-lhes-á satisfatório, e de que seremos honrados com a vossa digníssima preferência, subscrevemo-nos.
>
> Mui respeitosamente,

Cenário de trabalho

Como redigir respostas favoráveis

Você ainda está no papel de assistente do vice-presidente de operações da Pinnacle Manufacturing Company e, no momento, está respondendo a algumas mensagens que recebeu.

A maioria de suas respostas é favorável. Isto é, você diz ao leitor o que ele deseja saber. Por exemplo, hoje você tem um problema desse tipo em sua caixa de entrada. É uma mensagem de um possível comprador da Eco-Treat, uma tinta desenvolvida pela Pinnacle. Depois de ver um anúncio, este cliente em potencial fez algumas perguntas específicas sobre o produto. Acima de tudo, ele quer saber sobre a real capacidade da Eco-Treat de impedir a proliferação de mofo. Você tem evidências de resultados? Garante essa propriedade do produto? A tinta é segura? Qual é o custo de um galão? Uma demão basta para obter uma boa cobertura?

Você consegue responder a todas essas perguntas de maneira positiva, menos uma. Certamente você vai relatar esse ponto negativo (que são necessárias duas demãos para uma boa cobertura), mas com o cuidado de dar a ele apenas a ênfase que merece. A resposta essencialmente conterá boas notícias. O leitor é um bom cliente em potencial e, por isso, você vai se esforçar para gerar uma boa impressão.

Exemplo de caso
Pedido comum de informações (sobre um programa de treinamento)

Esta mensagem de e-mail foi enviada pelo gerente de treinamento de uma empresa para o diretor de um programa de treinamento. O gerente recebeu algumas informações sobre o programa, mas precisa de mais dados. A mensagem foi redigida com essa finalidade.

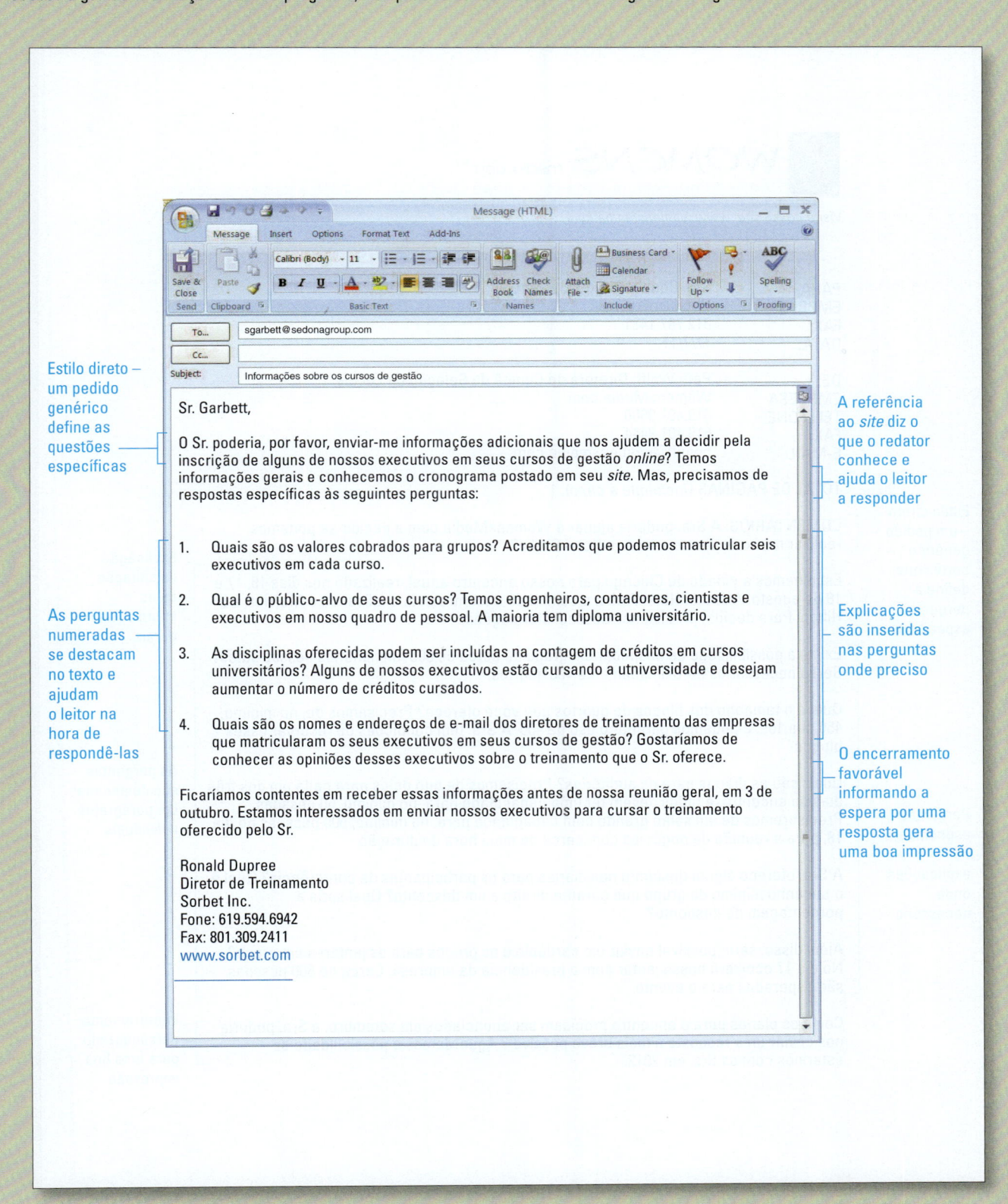

To... sgarbett@sedonagroup.com
Cc...
Subject: Informações sobre os cursos de gestão

Sr. Garbett,

O Sr. poderia, por favor, enviar-me informações adicionais que nos ajudem a decidir pela inscrição de alguns de nossos executivos em seus cursos de gestão *online*? Temos informações gerais e conhecemos o cronograma postado em seu *site*. Mas, precisamos de respostas específicas às seguintes perguntas:

1. Quais são os valores cobrados para grupos? Acreditamos que podemos matricular seis executivos em cada curso.

2. Qual é o público-alvo de seus cursos? Temos engenheiros, contadores, cientistas e executivos em nosso quadro de pessoal. A maioria tem diploma universitário.

3. As disciplinas oferecidas podem ser incluídas na contagem de créditos em cursos universitários? Alguns de nossos executivos estão cursando a utniversidade e desejam aumentar o número de créditos cursados.

4. Quais são os nomes e endereços de e-mail dos diretores de treinamento das empresas que matricularam os seus executivos em seus cursos de gestão? Gostaríamos de conhecer as opiniões desses executivos sobre o treinamento que o Sr. oferece.

Ficaríamos contentes em receber essas informações antes de nossa reunião geral, em 3 de outubro. Estamos interessados em enviar nossos executivos para cursar o treinamento oferecido pelo Sr.

Ronald Dupree
Diretor de Treinamento
Sorbet Inc.
Fone: 619.594.6942
Fax: 801.309.2411
www.sorbet.com

Anotações laterais:

- Estilo direto – um pedido genérico define as questões específicas
- As perguntas numeradas se destacam no texto e ajudam o leitor na hora de respondê-las
- A referência ao *site* diz o que o redator conhece e ajuda o leitor a responder
- Explicações são inseridas nas perguntas onde preciso
- O encerramento favorável informando a espera por uma resposta gera uma boa impressão

CAPÍTULO 5 | Como redigir mensagens neutras e de boas notícias

Exemplo de caso
Pedido comum de informações
(sobre a hospedagem em um hotel)

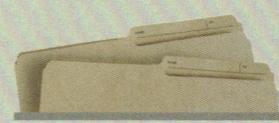

Esta mensagem de fax para um hotel pede informações sobre hospedagem para uma associação profissional. Para decidir sobre um hotel, a gerência da empresa precisa responder a algumas perguntas específicas.

WOMENS media.com
The Self Improvement Site for Women

Visite nosso site: www.womensmedia.com

PARA: Sra. Connie Briggs, Gerente
EMPRESA: Hotel Drake
FAX: 312.787.1431
DATA: 17/7/11

DE: Patti Wolff, Diretora do Comitê de Seleção de Locais
EMPRESA: WomensMedia.com
TELEFONE: 619.401.9600
FAX: 619.401.9444
E-MAIL: pwolff@womensmedia.com

TOTAL DE PÁGINAS (*incluindo a capa*): 1

COMENTÁRIOS: A Sra. poderia ajudar a WomensMedia.com a decidir se podemos realizar nosso encontro anual no Hotel Drake? [*Estilo direto – um pedido genérico cortês que define a pergunta específica*]

Escolhemos a cidade de Chicago para nosso encontro anual, realizado nos dias 16, 17 e 18 de agosto. Além do Hotel Frake, o comitê do encontro está analisando o Marriott e o Hilton. Para decidir, precisamos dessas informações: [*Explicação da situação dá as informações gerais*]

Existe a possibilidade de hospedar um grupo de cerca de 600 funcionários nessas datas? Serão necessários aproximadamente 400 quartos.

Qual é o tamanho dos blocos de quartos que você oferece? Precisamos de, no mínimo, 450 quartos, e podemos garantir o uso de 400. A Sra. tem condições de reservar esses blocos?

Quais são as diárias para os auditórios? Precisamos de oito deles para cada um dos três dias do encontro, e todos devem ter uma capacidade para, no mínimo, 60 pessoas. Precisaremos de um salão grande com capacidade para, no mínimo, 500 pessoas no dia 18, para a reunião de negócios com cerca de meia hora de duração. [*As perguntas são destacadas em parágrafos individuais*] [*Perguntas específicas com explicações onde necessário*]

A Sra. oferece algum desconto nas diárias para os participantes da conferência? Qual é o tamanho mínimo do grupo que garante direito a um desconto? Qual seria a porcentagem de desconto?

Além disso, seria possível enviar um cardápio e os preços para os jantares em grupo? No dia 17 ocorrerá nosso jantar com a presidência da empresa. Cerca de 500 pessoas são esperadas para o evento.

Como os planos para o encontro precisam ser anunciados em setembro, a Sra. poderia nos enviar uma resposta o mais breve possível? Aguardamos a possibilidade de estarmos com os Srs. em 2013. [*Encerramento personalizado gera uma boa impressão*]

Tecnologia rápida
Ferramentas de atalho ajudam o redator a melhorar a produtividade e a qualidade

Os atalhos ajudam os redatores a poupar tempo e melhorar a qualidade. Um dos mais fáceis de usar é a ferramenta de AutoCorreção do Word (mostrada na tela) ou o QuickCorrect do WordPerfect. Esta ferramenta substitui uma palavra automaticamente por outra, de acordo com as definições do usuário. As configurações padrão normalmente corrigem erros de ortografia. Mas, é possível usar o comando para substituir abreviações ou expressões usadas repetidamente.

Se você digita o termo Associação de Comunicação Empresarial muitas vezes, é possível definir a ferramenta de AutoCorreção para substituir a abreviatura ACE pelo termo completo, como mostra a tela à direita. Esses atalhos poupam tempo e melhoram a qualidade da mensagem, substituindo erros de digitação.

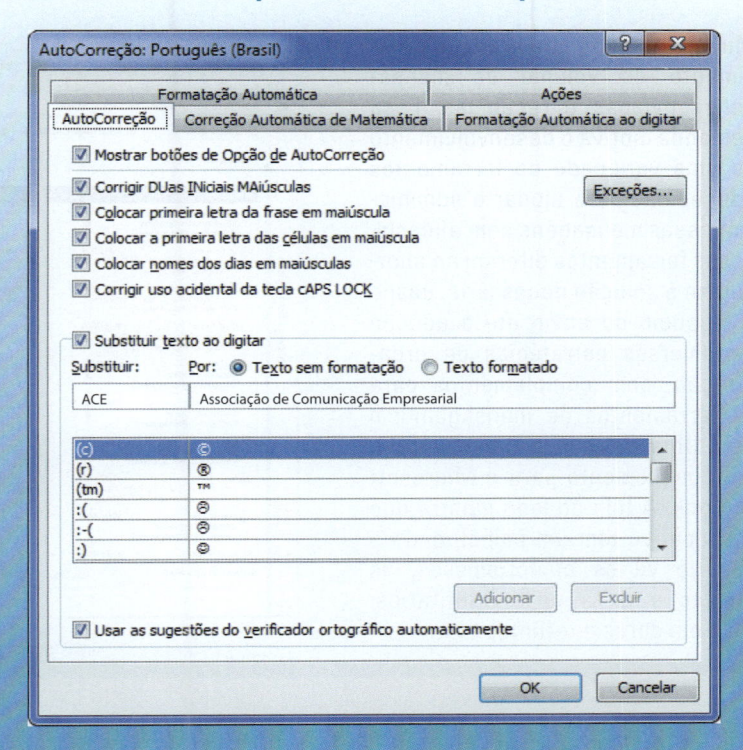

---

tomar essa precaução, essas informações provavelmente ficarão mais salientes do que deveriam. Nas mensagens rotineiras e diretas, subordine as más notícias e enfatize as boas.

Dar a ênfase certa às partes com notícias boas ou ruins exige o uso das técnicas discutidas no Capítulo 4, especialmente a localização. Isto é, coloque as boas notícias em posições de ênfase – no começo ou no final de parágrafos ou no final da mensagem. As notícias desagradáveis ocupam locais secundários, como no segundo parágrafo. Outro aspecto é o uso da ênfase de espaço. Isso implica menor espaço disponível para as partes com notícias ruins e mais espaço para as boas. Escolha cuidadosamente as palavras e elabore frases que comuniquem o efeito desejado: use palavras positivas e evite palavras negativas. A meta principal é apresentar as informações em sua resposta de maneira que o leitor se sinta bem em relação a você e a sua empresa. Se as notícias ruins forem o foco de sua mensagem ou se o objetivo for dar notícias ruins, use a abordagem indireta discutida no Capítulo 6.

Assunto: seu pedido de 3 de abril.

Prezado Sr. Motley,

Recebi sua mensagem de 3 de abril, na qual você pede informações sobre a tinta Eco-Treat. Gostaria de informá-lo que agradecemos o seu interesse e que adoraríamos fazer negócios com o Sr.

Em resposta a sua pergunta sobre quantas demãos são necessárias para cobrir superfícies novas, lamento informar que normalmente são exigidas duas demãos. A tinta é à prova de mofo. Isso é garantido. Ela foi testada exaustivamente em nossos laboratórios. Ela é segura quando usada seguindo as instruções.

George Moxley

Este e-mail é indireto e ineficiente.

CAPÍTULO 5 | Como redigir mensagens neutras e de boas notícias

Tecnologia rápida
O ClearContext ajuda a administrar e-mails, tarefas e calendários

Muitos estudos previram o crescimento do volume de mensagens enviadas e recebidas. Essa demanda motiva o desenvolvimento de uma variedade de ferramentas concebidas para ajudar a administrar essas mensagens com eficácia. Essas ferramentas diferem na abordagem à solução necessária, desde o bloqueio do envio até a adoção de diversas estratégias de organização, com complementos para as ferramentas de mensagem em uso. Uma delas é o ClearContext, um complemento para o Microsoft Outlook. A tela ao lado mostra que o aplicativo tem um painel, onde o usuário vê os compromissos, as tarefas e os e-mails prioritários, tudo em cores diferentes.

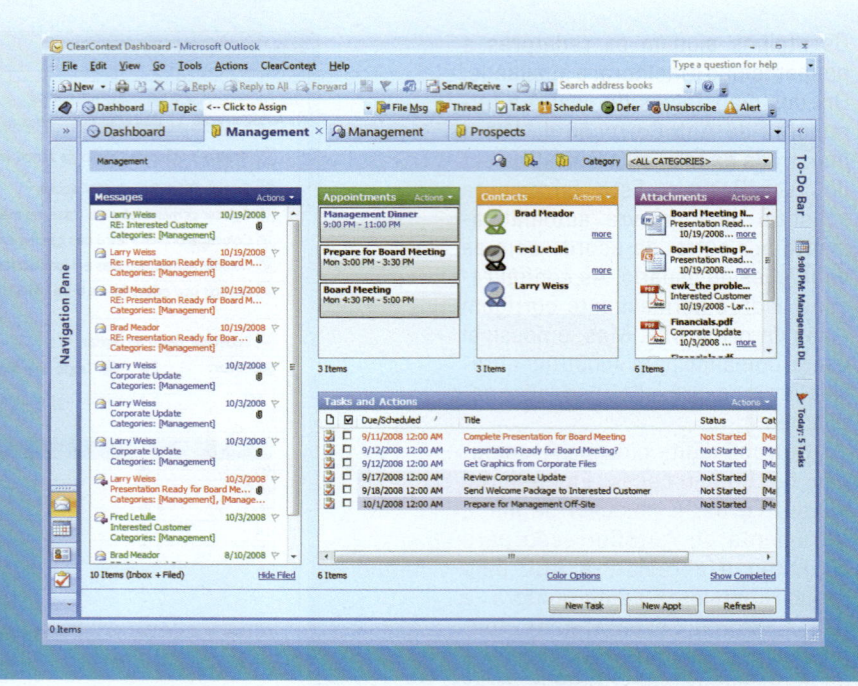

Considere os extras

Para gerar uma boa impressão e abrir caminho para negócios futuros, considere incluir alguns extras em suas mensagens. São coisas que você diz e faz, mas que não são estritamente necessárias. Por exemplo, um comentário ou uma pergunta que demonstrem interesse na requisição feita pelo leitor, algumas informações adicionais que podem ser valiosas e uma sugestão sobre como usar as informações dadas. Na verdade, um extra é qualquer coisa que ajude sua mensagem a ser mais do que uma resposta rápida e comum. Às vezes, esses extras são a diferença entre o sucesso e o fracasso no esforço de gerar uma boa impressão.

Este e-mail direto responde à pergunta do leitor imediatamente e usa uma linguagem positiva.

Assunto: Seu pedido por informações sobre a Eco-Treat de 3 de abril.

Prezado Sr. Motley,

Sim, a tinta Eco-Treat previne a formação de mofo, ou devolvemos seu dinheiro. Temos certeza, porque ela foi testada em todas as condições mais comuns de uso. Em todos os testes, o produto teve um desempenho excelente.

Se o Sr. seguir as instruções contidas na lata do produto com atenção, a Eco-Treat se mostra realmente segura. Conforme as orientações, o Sr. deve usar a tinta apenas em cômodos bem ventilados — nunca em uma área fechada ou sem circulação de ar.

Um galão da Eco-Treat normalmente é o bastante para uma demão em uma área de 45 m² que já tenha recebido uma demão de fundo. Mas, para obter o melhor resultado em uma parede nova, são necessárias duas demãos. Nessas superfícies, o Sr. deve utilizar um galão para cada 18 m² para ter uma cobertura duradoura.

Agradecemos o seu interesse na Eco-Treat, Sr. Motley. Esta tinta à prova de mofo garantirá ao Sr. uma bela proteção para suas paredes por cinco anos ou mais.

George Moxley

Na maioria dos relacionamentos presenciais nos ambientes de negócios, as pessoas se comunicam com uma abordagem direta cortês. Tenha isso em mente ao redigir as suas mensagens.

Os exemplos de como esses itens servem para fortalecer a boa impressão em uma mensagem são muitos e variados. Um executivo que responde a um pedido feito por um professor universitário em busca de informações sobre as operações da empresa pode completar a informação solicitada com dados de outras fontes. Um redator técnico esclarece dúvidas muito específicas com explicações mais simples. No exemplo da tinta Eco-Treat, informações adicionais (como a área de cobertura de um galão) seriam úteis. Esses itens extras motivam o leitor a ir adiante na construção de um relacionamento comercial com você.

Encerramento cordial

Como em qualquer mensagem direta, o encerramento deve ser cordial, composto com palavras amistosas adaptadas a cada caso. Por exemplo, você pode encerrar a mensagem sobre a tinta Eco-Treat assim:

> Se puder ajudá-lo na hora de decidir se a Eco-Treat atende a suas necessidades, entre em contato outra vez.

Revisão do plano

Recapitulando: o seguinte plano vai ajudá-lo a redigir respostas favoráveis às mensagens que recebe.

- Comece com a resposta ou afirme que você está atendendo ao pedido.
- Identifique a mensagem a que você está respondendo. Pode ser junto com outra informação ou em uma frase separada.
- Continue respondendo às questões, com lógica e ordem.
- Atenue a ênfase em informações negativas.
- Considere a inclusão de extras.
- Empregue um encerramento amigável adaptado ao caso.

Exemplos contrastantes

Uma comparação de e-mails diferentes em resposta ao pedido de informações sobre a Eco-Treat deixa clara a técnica de responder a pedidos corriqueiros. A primeira mensagem, na página 99, viola muitos dos padrões definidos neste e nos capítulos que já estudamos. A segunda, na página seguinte, atende às exigências de uma boa mensagem no ambiente corporativo. Ela leva em conta as necessidades do leitor e os objetivos de negócio do redator.

resposta indireta e apressada A mensagem ineficaz começa indiretamente, com uma declaração óbvia sobre o recebimento do pedido por informações. Ela é bem-intencionada, mas a segunda frase também não dá respostas. O segundo parágrafo começa com as informações pedidas, mas a posição e a redação enfatizam a resposta mais negativa. Em seguida, vêm as respostas apressadas e rotineiras às outras perguntas. As informações são mínimas, e o encerramento não é amigável.

eficácia da resposta direta A mensagem mais apropriada começa diretamente com a resposta mais favorável. Então, ela apresenta as outras respostas, cada qual com a ênfase e a linguagem positiva que merecem. Ela subordina a única resposta negativa por meio da posição, do volume de tratamento e da estrutura da frase. As informações mais agradáveis seguem após a resposta negativa. O encerramento é como uma conversa amistosa, com uma sutil estratégia de venda. "Sabemos que o Sr. gostará da beleza duradoura desta tinta à prova de mofo" indica positivamente a compra e o sucesso no uso do produto.

OA5.5

Compor termos de concessão que reconquistem a confiança perdida.

TERMOS DE CONCESSÃO

Quando você se compromete com uma concessão, o seu cliente fica feliz. Você está corrigindo um erro, está fazendo o que foi pedido. Como em outras situações positivas, uma mensagem escrita na ordem direta é apropriada.

Exemplo de caso
Mensagem comum de resposta
(resposta favorável ao pedido de um professor)

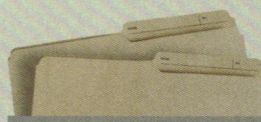

Este e-mail é uma resposta ao pedido feito por um professor por dados de produção que serão usados em um projeto de pesquisa. O redator dá as informações pedidas, mas restringe o seu uso.

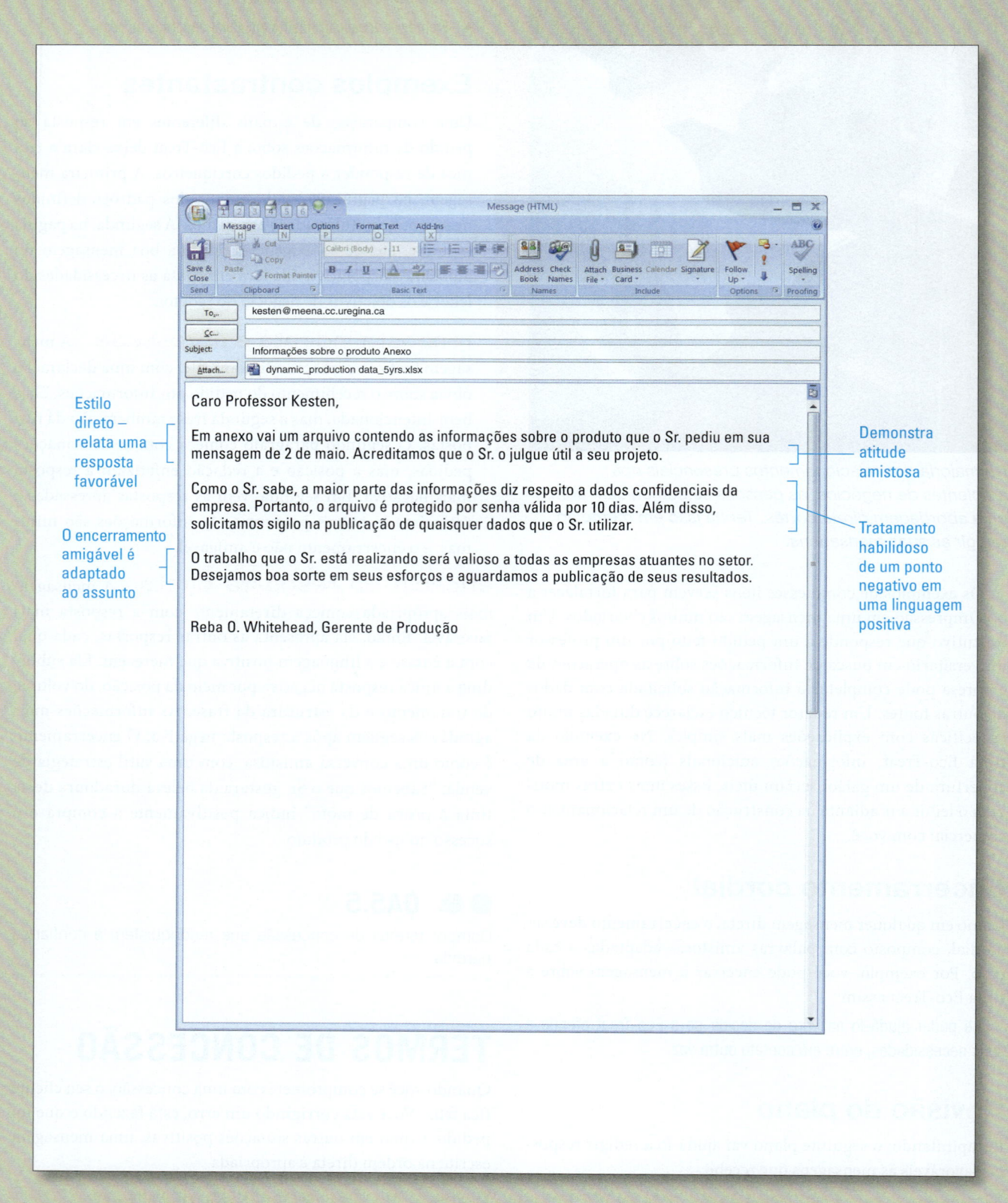

To: kesten@meena.cc.uregina.ca
Cc:
Subject: Informações sobre o produto Anexo
Attach: dynamic_production data_5yrs.xlsx

Caro Professor Kesten,

Em anexo vai um arquivo contendo as informações sobre o produto que o Sr. pediu em sua mensagem de 2 de maio. Acreditamos que o Sr. o julgue útil a seu projeto.

Como o Sr. sabe, a maior parte das informações diz respeito a dados confidenciais da empresa. Portanto, o arquivo é protegido por senha válida por 10 dias. Além disso, solicitamos sigilo na publicação de quaisquer dados que o Sr. utilizar.

O trabalho que o Sr. está realizando será valioso a todas as empresas atuantes no setor. Desejamos boa sorte em seus esforços e aguardamos a publicação de seus resultados.

Reba O. Whitehead, Gerente de Produção

Anotações:
- Estilo direto — relata uma resposta favorável
- O encerramento amigável é adaptado ao assunto
- Demonstra atitude amistosa
- Tratamento habilidoso de um ponto negativo em uma linguagem positiva

Exemplo de caso
Mensagem comum de resposta (pedido por informações detalhadas)

Em resposta a um pedido sobre a experiência de uma empresa com um conjunto comercial, esta carta numera as respostas obedecendo a mesma numeração no pedido original. A abertura apresenta a lista numerada de respostas apropriadamente com uma declaração que indica uma resposta favorável.

Merck & Co., Inc.
One Merck Drive
P.O. Box 100, WS1A-46
Whitehouse Station, NJ 08889
http://www.merck.com

MERCK

7/8/11

Sra. Ida Casey, Gerente de Vendas
Liberty Insurance Company
1165 Second Ave.
Des Moines, IA, 50318-9631

Cara Sra. Casey,

[Estilo direto – informa que o leitor concorda com o pedido]

Seguem as informações sobre o nosso uso temporário de um conjunto comercial, conforme pedidas em seu fax de 3 de agosto. Para sua conveniência, numerei as respostas de forma a corresponder à sequência de solicitações em sua comunicação original. *[Define a listagem]*

[Listagem ordenada das respostas]

1. Nossos executivos têm opiniões diversas sobre a eficácia do conjunto comercial. A princípio, a opinião geral foi negativa, mas hoje parece que a oposição ao uso dessas salas diminuiu.

2. A opção de usar o conjunto definitivamente representa uma economia de recursos. Os custos com aluguel nos subúrbios são muito menores do que na cidade; a economia anual foi estimada em 30%.

3. A transição criou certa indisposição entre os funcionários que ficaram no centro da cidade, mesmo após assegurarmos que suas cargas de trabalho não aumentariam.

4. Começamos usando as salas a pedido de diversos representantes de vendas, que haviam lido sobre a experiência de outras empresas com seu uso. Fizemos um teste em uma região por um ano, com voluntários, antes de implementar a mudança em toda a companhia.

5. Estamos dispostos a compartilhar com a Sra. a lista de instalações que queremos usar outra vez. Além disso, envio uma cópia de nossa política corporativa, que descreve os detalhes de uso dessas salas.

[Respostas completas, mas concisas]

[Encerramento amistoso adaptado à situação]

Se, após ler essas informações, a Sra. tiver alguma outra dúvida, por favor, fique à vontade para escrever outra vez ou entrar em contato com nossos representantes de venda para informações em primeira mão. Desejamos à Sra. e a sua empresa boa sorte na implementação do uso dessas salas em suas operações. *[Oferece um item extra para gerar uma boa impressão]*

Cordialmente,

David M. Earp

David M. Earp
Gerente de Escritório

Cenário de trabalho

Como escrever um termo de concessão

Ainda na sua função na Pinnacle, desta vez você recebeu um e-mail de um cliente insatisfeito. Parece que a Sra. Bernice Watson, dona da loja Tri-Cities Hardware, está irritada porque algumas das 30 luminárias estilo antigo que ela comprou na Pinnacle foram entregues danificadas. "O bojo de vidro de 17 itens veio quebrado", escreveu ela, "certamente porque foram mal embalados". Ela havia pedido as luminárias para uma liquidação especial. Na verdade, diz ela, os produtos já foram até anunciados. A liquidação começa nesta sexta-feira, e ela quer uma solução: ou o envio de lâmpadas em condições de venda, ou o seu dinheiro de volta.

Claro que você vai atender ao pedido da Sra. Watson. Você vai enviar um e-mail para ela dizendo que os produtos estão a caminho. Além disso, você quer manter esta cliente e, por isso, vai tentar reconquistar a confiança perdida, apresentando uma explicação sincera para o problema. Essa mensagem está na categoria de concessão.

Considere as necessidades especiais

A mensagem contendo termos de concessão tem muito em comum com os tipos de mensagens já discutidos. Você começa diretamente, com a resposta que traz boas notícias. Em seguida, se refere à mensagem que está respondendo e encerra em um tom amistoso. Mas, essa situação nasceu de uma experiência desagradável e, por essa razão, duas necessidades específicas têm de ser atendidas. Uma é superar as impressões negativas na mente do leitor. A outra é reconquistar a confiança na sua empresa e nos seus produtos e serviços que o cliente talvez tenha perdido nessa experiência.

necessidade de superar impressões negativas

Para entender a primeira necessidade, coloque-se no lugar do leitor. Algo ruim aconteceu – um produto foi entregue danificado, um equipamento não funcionou ou a venda foi perdida. A experiência não foi agradável. Apresentar um termo de concessão resolve a maior parte do problema, mas alguns pensamentos negativos podem continuar incomodando. Você vai precisar trabalhar para superar essas opiniões.

Tente fazer isso com palavras que tenham algum efeito positivo. Por exemplo, na abertura da mensagem, faça mais do que apenas apresentar uma resposta positiva. É possível gerar uma boa impressão, como neste exemplo:

O cheque anexado no valor de $189,77 é nossa maneira de provar que valorizamos a sua satisfação.

A mensagem deve evitar palavras que desnecessariamente lembrem a situação desagradável que você está solucionando. Fuja de palavras negativas que podem ser usadas para descrever o que deu errado – **erro, complicação, prejuízo, quebrado** e **perda**. Mesmo algumas palavras genéricas, como **problema, dificuldade** e **mal-entendido**, assumem uma conotação negativa. A linguagem negativa coloca a queixa do cliente no foco da mensagem. Mas, sua meta é ir do problema até a solução – a reclamação do cliente vai ser atendida. A única maneira de alcançar isso é usar uma linguagem positiva e focada no leitor.

Este e-mail é indireto e negativo.

Assunto: Luminárias antigas danificadas.

Sra. Watson,

Recebemos sua reclamação de 1º de maio, relatando que nosso carregamento de luminárias estilo antigo chegou até a Sra. com 17 itens danificados. Lamentamos o inconveniente causado e compreendemos a sua insatisfação.

De acordo com nossa prática padrão, investigamos a situação a fundo. Aparentemente, o problema resultou da negligência de um funcionário temporário inexperiente. Tomamos as medidas corretivas para garantir que encomendas futuras sejam embaladas com mais cuidado.

Tenho a satisfação de informar que hoje despachamos os produtos em substituição aos itens danificados. Eles deverão chegar antes de sua liquidação começar. Nosso motorista recolherá os itens danificados na hora da entrega.

Mais uma vez, lamentamos os problemas que esta situação causou à Sra.

Stephanie King

> **"A MENSAGEM DEVE EVITAR PALAVRAS QUE DESNECESSARIAMENTE LEMBREM A SITUAÇÃO DESAGRADÁVEL QUE VOCÊ ESTÁ SOLUCIONANDO."**

Os pedidos de desculpa comuns nessas mensagens também são negativos. Eles são bem-intencionados, mas expressões, como "apresentamos nossas sinceras desculpas pelo inconveniente causado", têm um valor questionável. Elas enfatizam os acontecimentos negativos que motivam o pedido de desculpas. Se você sinceramente acredita que deve desculpas ou que esse pedido é esperado pelo leitor, faça isso e corra o risco de criar um efeito negativo. Mas, faça isso o quanto antes e siga em frente. Não repita o pedido de perdão no fim da mensagem. Na maioria das vezes, os seus esforços para corrigir um problema por si só mostram que você se preocupa com os interesses de seu leitor.

necessidade de reconquistar a confiança perdida

Exceto nos casos em que a razão da dificuldade é comum ou ocasional, você vai precisar recobrar a confiança do leitor. O que e a maneira como você vai fazer isso dependem da situação. Você terá de avaliá-la para entender o que aconteceu. Se for preciso corrigir um procedimento malfeito ou substituir um produto defeituoso, faça o que tiver de ser feito. Então, informe ao leitor as providências tomadas da maneira mais convincente e positiva possível. Se o problema original foi raro ou inevitável, explique essas características. Às vezes você terá de esclarecer como um produto deve ser usado ou mantido. Em outras, será necessário revender o produto. Claro que, independentemente do que você fizer, é preciso atuar com ética – com base na verdade e na integridade.

Revisão do plano

Quando aplicamos essas duas necessidades especiais ao plano básico discutido, conseguimos criar um plano específico para a mensagem de concessão:

- Comece em estilo direto – com as boas notícias.
- Identifique a mensagem que você está respondendo.
- Evite palavras e expressões negativas que remetam ao problema.
- Reconquiste a confiança perdida, fornecendo explicações ou ações corretivas.
- Conclua com um comentário amistoso e positivo.

Termos de concessão contrastantes

As mensagens de concessão (nas páginas 104 e 105) são uma resposta ao problema no quadro "Cenário de trabalho" e ilustram estas técnicas. A primeira foi redigida na ordem indireta e com um tom pouco amigável, e não é eficaz. O caráter direto e positivo da segunda a torna a melhor escolha.

Assunto: Seu e-mail de 1º de maio sobre a fatura 1248

Sra. Watson,

Foram cuidadosamente embaladas 17 luminárias estilo antigo que devem chegar a sua loja em tempo para sua liquidação de sábado. Nosso motorista partiu hoje pela manhã com instruções especiais para lhe entregar os produtos na sexta-feira.

Como sua satisfação com nossos produtos e serviços é prioridade absoluta para nós, verificamos com atenção todos os nossos procedimentos de expedição. Tudo indica que as mercadorias enviadas para a Sra. foram embaladas por um funcionário temporário que estava substituindo um embalador experiente, em licença médica. Este funcionário mais experiente está de volta ao trabalho e tomamos todas as providências para garantir um desempenho melhor de nossa mão de obra temporária.

Como a Sra. sabe, essas luminárias hoje são um dos itens de maior venda em nossa empresa no setor de iluminação. Estamos confiantes de que elas contribuirão para o sucesso de sua liquidação.

Stephanie King

Este e-mail é direto e positivo. Ele se concentra na solução, não no problema.

Exemplo de caso
Mensagem de termo de concessão (explicação a um erro humano)

Esta mensagem de e-mail concede a ação requisitada na reclamação de um cliente que recebeu uma capa de couro para laptop com um monograma errado. O redator não tem desculpa para oferecer, porque o erro foi humano. Sua explicação é positiva e convincente.

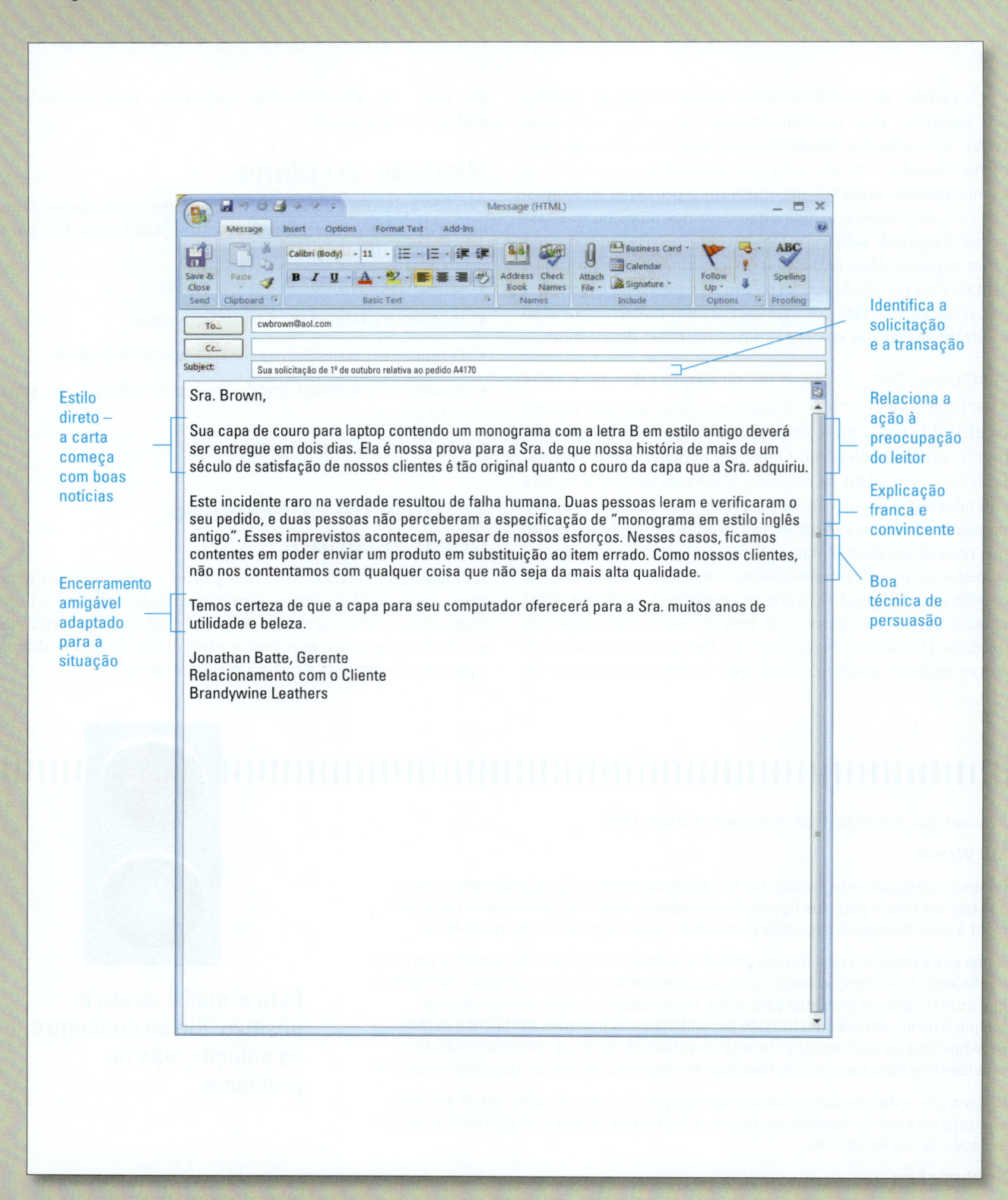

To: cwbrown@aol.com
Cc:
Subject: Sua solicitação de 1º de outubro relativa ao pedido A4170 — *Identifica a solicitação e a transação*

Sra. Brown,

Estilo direto – a carta começa com boas notícias

Sua capa de couro para laptop contendo um monograma com a letra B em estilo antigo deverá ser entregue em dois dias. Ela é nossa prova para a Sra. de que nossa história de mais de um século de satisfação de nossos clientes é tão original quanto o couro da capa que a Sra. adquiriu. — *Relaciona a ação à preocupação do leitor*

Este incidente raro na verdade resultou de falha humana. Duas pessoas leram e verificaram o seu pedido, e duas pessoas não perceberam a especificação de "monograma em estilo inglês antigo". Esses imprevistos acontecem, apesar de nossos esforços. Nesses casos, ficamos contentes em poder enviar um produto em substituição ao item errado. Como nossos clientes, não nos contentamos com qualquer coisa que não seja da mais alta qualidade. — *Explicação franca e convincente / Boa técnica de persuasão*

Encerramento amigável adaptado para a situação

Temos certeza de que a capa para seu computador oferecerá para a Sra. muitos anos de utilidade e beleza.

Jonathan Batte, Gerente
Relacionamento com o Cliente
Brandywine Leathers

Exemplo de caso
Aviso de recebimento de pedido *online*

Esta mensagem de e-mail agradece ao leitor por ter feito um pedido e o convida para participar da pesquisa de opinião *online* sobre os produtos da empresa.

De: Gardeners Supply (gardeners@e-news.gardeners.com).
Enviado: Quinta-feira, 8/1/12 9:08
Para: KATHRYN.RENTZ@UC.EDU
Assunto: Sua opinião sobre nossos produtos

GARDENER'S SUPPLY COMPANY — Novas características: Opinião dos clientes

Prezada Kathryn,

Agradecimento ao leitor — Obrigado por fazer compras na Gardener's Supply. Esperamos que você esteja satisfeita com os itens adquiridos e que este ano o seu jardim seja o melhor!

Sua satisfação com os nossos produtos é importante para nós, e queremos saber sua opinião sobre eles. Recentemente incorporamos as avaliações dos clientes em nosso *site*, o que nos ajuda a melhorar a seleção de nossos produtos e auxilia jardineiros a encontrar os melhores produtos para suas necessidades. — *Aborda outro objetivo da mensagem*

Oferece uma vantagem ou um benefício ao leitor — Gostaríamos que você avaliasse com seus comentários e opiniões alguns ou mesmo todos os produtos que você adquiriu conosco. Outros entusiastas da jardinagem vão gostar de ouvir suas opiniões e conselhos. Além disso, você talvez queira saber o que outros jardineiros têm a dizer!

Toda vez que fizer um comentário sobre algum produto em nosso *site*, o seu nome participará de um sorteio mensal de um prêmio de $1.000 (ver o regulamento a seguir).

Eis alguns dos itens que você comprou recentemente. Clique em um deles e dê sua opinião.

Luvas masculinas impermeáveis
★ Classifique e comente

Conjunto de três pares de luvas
★ Classifique e comente

Apresenta uma confirmação visual do pedido

Facilita a participação com links

Gera uma boa impressão com um encerramento cortês — Obrigado por seu tempo e por sua atenção.

Equipe de parceiros da Gardener's Supply

Direitos autorais © America's Gardening Resource, Inc. 2008.

Cenário de trabalho

Avisos de recebimento de pedido e outras mensagens de agradecimento

A próxima tarefa que você vai encontrar em sua caixa de entrada é um pedido de tintas e material de pintura. Ele foi enviado pelo Sr. Tony Lee, da Central City Paint Company, um novo cliente que a Pinnacle finalmente conseguiu atrair, depois de meses. Normalmente, você envia uma mensagem rotineira para dar aviso de recebimento de pedido. Mas, neste caso, a situação é diferente. Você percebe a necessidade de acolher este novo cliente e cultivar um bom relacionamento, pensando nas vendas futuras.

Após verificar o seu estoque e se certificar de que as mercadorias serão despachadas para o Sr. Lee ainda hoje, você está pronto para escrever uma mensagem especial de recebimento do pedido e agradecer pelo negócio recém-fechado.

[**...os avisos de recebimento redigidos para cada caso às vezes são melhores, sobretudo para clientes novos ou pedidos muito grandes.**]

abordagem negativa e lenta A mensagem ineficaz começa com um comentário óbvio sobre o recebimento da reclamação. Ela lembra, de forma vívida, tudo o que deu errado e explica penosamente o que aconteceu. O resultado é que as boas notícias ficam para depois. Após dois parágrafos que só servem para atrasar as coisas, a mensagem finalmente dá uma notícia boa. Ela é bem-intencionada, mas o encerramento deixa o leitor com a lembrança do problema.

técnica direta e positiva A mensagem a seguir, melhor do que a anterior, usa uma linha de assunto para identificar a transação. As palavras de abertura dizem à leitora o que ela mais quer ouvir, com um tom positivo, que melhora a mensagem. Após uma explicação segundo o ponto de vista do leitor, a mensagem parte para uma recapitulação do que ocorreu. Sem uma única palavra negativa, ela esclarece o que causou o problema e o que foi feito para impedir que ele se repita. Após lidar com o assunto essencial de recolher as luminárias danificadas, a mensagem encerra com uma abordagem de revenda, distanciada do problema original.

OA5.6
Redigir avisos de recebimento de pedidos e outras mensagens de agradecimento que gerem boa impressão.

AVISOS DE RECEBIMENTO DE UM PEDIDO

Em sua carreira profissional, você vai se deparar com situações nas quais a etiqueta pessoal e empresarial requer mensagens de agradecimento. Essas mensagens podem ser curtas ou longas, formais ou informais. Mas, elas talvez ocorram junto com outros assuntos, por exemplo, a confirmação de um pedido. Esta seção se concentra em um tipo específico de mensagem de agradecimento – o agradecimento por um pedido – e outras mensagens mais genéricas para outras ocasiões no ambiente de negócios.

Avisos de recebimento de pedidos

Os avisos de recebimento são enviados para informar o andamento de um pedido. Esses documentos dizem quando as mercadorias foram ou serão despachadas. Muitas empresas usam um formulário ou uma mensagem automática para estas situações. Algumas preferem correspondências impressas e padronizadas com campos para marcar ou preencher, mas os avisos de recebimento redigidos para cada caso às vezes são melhores, sobretudo para clientes novos ou pedidos muito grandes.

Um aviso de recebimento redigido com atenção faz mais do que sua função, embora esta tarefa sempre seja a principal nesse tipo de documento. Essas mensagens também geram uma boa impressão quando têm um toque humano, personalizado e gentil. O leitor se sente bem fazendo negócios com uma empresa que se preocupa, e quer continuar a fazer negócios com ela. Para manter essa boa impressão com clientes fidelizados, revise o modo como você redige esses avisos com regularidade.

Objetividade gera boa impressão nos avisos de recebimento

Como as outras mensagens neste capítulo, a melhor maneira de começar um aviso de recebimento é dando boas notícias – as mercadorias foram despachadas. O final? Um encerramento para gerar uma boa impressão. Exceto quando uma das mercadorias pedidas for despachada mais tarde, o restante do aviso é dedicado a gerar uma boa impressão. Comece já na abertura enfatizando a entrega da mercadoria, não o mero envio:

Tecnologia rápida
O uso de tabelas ajuda a organizar dados e facilita a leitura

Não é difícil elaborar tabelas em um documento, pois o recurso disponível permite criar ou importar planilhas ou arquivos de dados. Nos dois casos, você coloca as informações em colunas e linhas e insere os detalhes nas células.

É possível formatar cabeçalhos e dispor fórmulas nas células. A tabela a seguir é um exemplo que pode ser usado em uma resposta favorável a um pedido de informações sobre locais em potencial para um evento em Chicago.

Organizar informações em tabelas facilita as coisas tanto para o redator quanto para o leitor. Um redator cuidadoso inclui títulos de linhas e colunas conforme a necessidade, o que ajuda o leitor a extrair as informações com rapidez e precisão.

Nome do hotel	Endereço	Diária de quartos *standard* para uso da sala de convenções	Avaliação dos hóspedes
Chicago Marriott Downtown	540 North Michigan Avenue, Chicago, IL 60611-3869	$409	4,2
Drake Hotel	140 East Walton Street, Chicago, IL 60611-1545	$309	4,3
Palmer House Hilton	17 East Monroe Street, Chicago, IL 60603-5605	$252	4,4

Fonte: Hotels.com

As tintas Protect-O e os suprimentos pedidos em 4 de abril deverão ser entregues na quarta-feira. As mercadorias foram despachadas de nosso depósito hoje pela DHL.

O aviso também pode incluir um agradecimento sincero pelo pedido, especialmente quando ele for o primeiro deste cliente. Qualquer outra coisa que venha a ser útil nesse aspecto – informações sobre produtos ou serviços novos, por exemplo – deve ser incluída. Demonstrar disposição de continuar a fazer negócios com este cliente é um gesto amigável no encerramento.

Tato nos avisos de recebimento de pedido

Às vezes a tarefa de acusar recebimento é dificultada pela incapacidade de enviar de imediato as mercadorias pedidas. Talvez você não tenha esses produtos em estoque, ou o leitor não tenha informado tudo o que você precisava saber sobre eles. De um modo ou de outro, há um atraso. Em alguns casos, esses atrasos são comuns e esperados, e não são um problema sério. Nessas situações, use a abordagem direta. Mas, você terá de minimizar qualquer notícia negativa para não enviar uma mensagem com más notícias. Use uma linguagem positiva para minimizar o efeito de informações negativas enfocando o que **pode** ou **vai** acontecer, não o que **não** aconteceu ou **não vai** acontecer.

Por exemplo, se um pedido for vago, administre as informações de que você precisa sem dar a entender que está acusando o leitor de não ter fornecido dados suficientes. Por exemplo, você nada ganha ao escrever, "Você não especificou a cor dos telefones que deseja". Mas, você vai gerar uma boa impressão se escrever, "Para enviar os telefones certos que você pediu, por favor, marque sua escolha de cores no espaço especificado". Esta frase administra o assunto de forma positiva e facilita a realização desta ação, demonstrando uma atitude gentil.

Pela mesma razão, lide com informações de pedidos atrasados com tato, enfatizando o lado positivo da mensagem. Por exemplo, em vez de escrever, "Não conseguiremos enviar os

---

Prezado Sr. Lee,

O seu pedido de 4 de abril solicitando $1.743,30 em tintas Protect-O e outros suprimentos foi recebido. Estamos satisfeitos em ter esse grande pedido, e esperamos que ele marque o começo de um relacionamento longo entre o Sr. e nossa empresa.

Conforme suas instruções, o valor do pedido é este mesmo. Enviaremos as mercadorias hoje pela DHL.

Contamos com o Sr. para pedidos futuros.

Atenciosamente,

Este adia a revelação de informações importantes.

> "...você terá de minimizar qualquer notícia negativa para não enviar uma mensagem com más notícias."

cartuchos de impressora antes do dia 9", redija, "Enviaremos os cartuchos de impressora com rapidez até você, assim que nossos estoques sejam reabastecidos, via transportadora, no dia 9 de maio". Se o período de atraso for maior do que o cliente espera ou maior do que os 30 dias permitidos por lei, talvez você deva dar uma alternativa ao cliente. Ofereça um produto ou serviço equivalente. Dar uma escolha a um cliente é um gesto de boa-vontade.

Em alguns casos, os atrasos geram decepções muito grandes, forçando-o a redigir mensagens com más notícias. Uma discussão mais completa de como você deve lidar com notícias negativas é dada no Capítulo 6.

Resumo da estrutura do aviso de recebimento e de mensagens de agradecimento

Para escrever um aviso de recebimento de pedido ou uma mensagem de agradecimento:

- Use a ordem direta. Comece agradecendo ao leitor por algo específico (por exemplo, o pedido).
- Continue com seus agradecimentos ou com mais informações.
- Use uma linguagem positiva, com tato, para lidar com pedidos atrasados ou sem todas as informações de que você precisa.
- Busque um segundo objetivo, se for apropriado (por exemplo, revender um produto ou confirmar um acordo).
- Encerre com um comentário gentil, personalizado para o assunto.

Avisos de recebimento contrastantes

As duas mensagens (páginas 109 e 110) exemplificam uma técnica má e uma boa de acusar o recebimento do pedido do Sr. Lee. Você já sabe que o exemplo adequado segue o plano descrito nos parágrafos anteriores.

pista lenta para uma mensagem favorável
O exemplo inadequado na página 109 começa no estilo indireto, enfatizando o recebimento do pedido. Ele tem a intenção de ser amigável, mas a segunda frase adia o que o leitor mais quer saber. Além disso, a carta é redigida do ponto de vista do redator (observe a ênfase no "nós").

A mensagem direta dá as boas notícias logo, e cria uma boa impressão com a linguagem positiva usada.

Prezado Sr. Lee,

Sua seleção de tintas Protect-O e outros suprimentos foi despachada hoje, via DHL, e deve ser entregue na quarta-feira. Conforme o Sr. pediu, enviamos a fatura no valor de $1.743,30, incluindo os impostos.

Este é o seu primeiro pedido conosco. Por isso, damos ao Sr. as boas-vindas ao círculo de representantes da Protect-O. Nossa representante, a Sra. Cindy Wooley, competente consultora técnica na área de tintas e pintura, telefonará ao Sr. periodicamente para oferecer a assistência necessária.

Aqui, em nossa fábrica matriz, faremos o possível para que o Sr. tire o melhor proveito dos produtos da linha Protect-O. Daremos o melhor de nós para prestar ao Sr. o serviço mais eficiente. Além disso, continuaremos desenvolvendo as melhores tintas do mercado – como a nossa nova linha de produtos Eco-Treat. Como o Sr. verá em nosso catálogo em anexo, a Eco-Treat é um verdadeiro avanço na proteção antimofo.

Ficamos realmente felizes com o seu pedido, Sr. Lee, e estamos determinados a atendê-lo bem no futuro.

Atenciosamente,

Cenário de trabalho

A redação de mensagens de reclamação

Você vai desempenhar o papel de Bernice Watson, uma das clientes da Pinnacle e dona da Tri-Cities Hardware. Nos últimos dias, você esteve preparando a sua liquidação de primavera. Você fez muitos pedidos a fornecedores e anunciou os produtos em promoção. Tudo ia bem, até hoje, quando as luminárias antigas da Pinnacle chegaram. Você pediu 30, mas os bojos de vidro de 17 delas chegaram quebrados. Claro que elas foram mal embaladas.

Agora, você terá de fazer um pedido urgente para o fornecedor solucionar o problema. Envie um e-mail para a Pinnacle, pedindo a substituição dos itens danificados antes do começo de sua liquidação, ou a devolução do seu dinheiro. Classificamos esta mensagem como de reclamação.

acesso rápido para a apresentação de notícias boas A mensagem mais apropriada começa no estilo direto, informando ao Sr. Lee que ele vai receber o que pediu. O restante é uma acolhida ao cliente e uma oferta sutil de venda. Observe o bom uso da ênfase no leitor e a linguagem positiva. A mensagem termina com uma nota de agradecimento e uma sugestão amistosa de negócios futuros.

OA5.7
Redigir reclamações diretas que expliquem os fatos de forma objetiva e cortês.

RECLAMAÇÕES DIRETAS

Às vezes as coisas dão errado entre uma empresa e seus clientes (por exemplo, uma mercadoria foi perdida ou danificada durante

> "Tenha certeza de redigir a reclamação em tom objetivo e profissional, pois isso ajuda a manter a boa vontade do leitor."

o transporte, ou o cliente recebeu uma fatura errada). Essas situações não são rotina em uma empresa. Na maioria das vezes, a prática comum é atender às expectativas dos clientes. Como as mensagens de queixa não são sobre circunstâncias comuns e envolvem notícias ruins, muitas são redigidas em estilo indireto, discutido no Capítulo 6. Mas, há casos quando a objetividade na redação de uma reclamação é apropriada. Por isso, discutimos a importância de uma queixa direta neste capítulo.

Como usar o estilo direto

A maioria das empresas deseja saber quando algo dá errado com seus produtos ou serviços a fim de corrigir o problema e satisfazer os clientes. Com frequência, para lidar com essas queixas de maneira fácil e rápida, basta telefonar para a empresa e resolver a questão. Mas, às vezes você precisa fazer uma reclamação por escrito, se um registro for necessário. Ou, dependendo das opções no menu de atendimento ao cliente da empresa, uma

---

Assunto: Nosso pedido nº 7135.

Sr. Goetz,

Conforme seus registros, em 7 de março pedimos 30 luminárias estilo antigo (nosso pedido nº 7135). As unidades foram recebidas em 14 de março (fatura nº 715C).

No momento da entrega, nosso supervisor de expedição e recebimento percebeu que algumas embalagens continham vidro quebrado. Uma inspeção detalhada revelou que o vidro de 17 luminárias estava quebrado. Fizemos outra inspeção e descobrimos que os seus empacotadores haviam sido negligentes, uma vez que a quantidade de material de proteção era muito pequena nessas embalagens.

Para mim, é difícil compreender um sistema de embalagem que permite que erros assim aconteçam. Já havíamos anunciado essas luminárias em nossa liquidação de primavera, que começa neste sábado. Queremos novas luminárias ou nosso dinheiro de volta.

Megan Adami

Esta mensagem adia a reclamação e se concentra no problema.

> [**Uma mensagem firme, mas educada (...) usa linguagem objetiva para dizer o que deu errado.**]

queixa via e-mail ou postada no *site* da companhia talvez seja mais eficiente do que uma reclamação. Na hora de redigir uma reclamação sobre assuntos para os quais não há uma expectativa de resistência do leitor para atendê-la, use o estilo direto (por exemplo, para retirar uma cobrança indevida de sua conta). Tenha certeza de redigir a reclamação em tom objetivo e profissional, pois isso ajuda a manter a boa vontade do leitor. Se usar palavras como **queixa** ou **decepção**, você diminui as chances de resolver a questão rapidamente.

Como organizar a reclamação direta

Você previu que o leitor vai atender a seu pedido sem resistir. Portanto, uma queixa direta começa com a própria reclamação, passa por uma explicação e termina com uma saudação cortês.

como começar uma reclamação direta

Uma reclamação direta deve começar: com a queixa. Ela deve ser uma declaração educada e objetiva do que você precisa. Se ela soar muito direta, é indicado atenuá-la um pouco com alguma explicação. Mas, a queixa direta deve estar no começo de sua mensagem. Veja este exemplo:

> Por favor, corrija o valor da fatura (nº 6379) de nosso pedido de 10 de maio, excluindo o valor em excesso de $7,50 pelo transporte.

explique o problema

O corpo de uma mensagem com uma reclamação direta deve dar todas as informações de que o leitor precisa para compreender o assunto. Continuando no mesmo exemplo, o parágrafo intermediário a seguir prossegue com a reclamação:

> Uma vez que nosso pedido totalizou $73,50, conseguimos aproveitar sua oferta de transporte grátis de pedidos de $50 ou mais, logo, não deveríamos ter de pagar o frete.

Alguns problemas são imprevisíveis. Por isso, redija uma reclamação clara, completa e imparcial para solucioná-lo.

A mensagem direta apresenta o pedido imediatamente e usa uma linguagem objetiva.

Assunto: Bojos de vidro quebrados em 17 luminárias antigas (Fatura 1248)

Por favor, envie 17 luminárias antigas em substituição às que foram entregues com o bojo de vidro quebrado. Precisamos dos produtos no sábado, já que os anunciamos em nossa liquidação anual de primavera. Se não for possível substituí-las, solicitamos a devolução do valor pago.

Na hora da entrega, nosso gerente de expedição e recebimento percebeu que havia vidro quebrado em algumas das embalagens. Ele acredita que a causa tenha sido a falta de material de proteção. Podemos devolver os produtos danificados ou descartá-los, conforme sua preferência.

Sei que situações como estas ocorrem, apesar de todas as precauções. Estou confiante de que você vai substituir as unidades danificadas, com sua cortesia usual.

Cenário de trabalho

Redação de mensagens internas

Em seu papel de assistente do vice-presidente de operações da Pinnacle Manufacturing Company, redija um pedido de informações sobre os custos de uma conferência no hotel Timber Creek Lodge.

Becky Pharr, sua superior, teve uma reunião com Remigo Ruiz esta manhã sobre o próxima conferência das equipes de vendas no Colorado. Na ocasião, Remigo se incumbiu da tarefa de obter estimativas dos custos de viagem, hospedagem, recreação e espaços de reunião. Redija uma mensagem de lembrete para ele em nome de sua chefe, especificando as informações necessárias.

As comunicações internas são as mensagens geradas dentro da empresa, enviadas entre os funcionários. A maioria é redigida como memorandos ou e-mails, mas muitas são distribuídas entre os funcionários, fixadas em quadros de avisos, ou divulgadas no *site* ou na intranet da empresa.

> "...não esqueça que ser franco não significa ser indelicado."

use um encerramento amigável O seu encerramento deve conter uma expressão de boa vontade. Um encerramento simples talvez seja o bastante: Por favor, envie uma cópia da fatura com o valor corrigido para jsmith@americanmortgage.com. Esperamos continuar fazendo negócios com a National Office Supplies.

Mensagens de reclamação contrastantes

As duas mensagens de e-mail nas páginas 119 e 120 são exemplos contrastantes para lidar com o problema da Tri-Cities Hardware com as luminárias. A primeira é lenta e ríspida, enquanto a segunda é educada, mas direta e firme.

mensagem demorada e ríspida A primeira mensagem começa devagar, com uma longa explicação da situação. Alguns detalhes no começo são úteis, mas não merecem a ênfase dada. O problema não é descrito antes do segundo parágrafo. A redação está clara, mas é muito forte. As palavras são de raiva, parecendo um insulto. O redator tem uma atitude de superioridade com o leitor. Essas palavras provavelmente vão encontrar resistência, não aceitação. A redação negativa continua no encerramento, deixando uma impressão ruim.

mensagem firme, mas educada A segunda mensagem segue o plano que sugerimos anteriormente. Um cabeçalho com o assunto identifica a situação com rapidez. A mensagem começa com uma declaração sobre a reclamação. Em seguida, em um tom claro, ela usa uma linguagem objetiva para dizer o que deu errado. O final é racional e indica que o redator está interessado em resolver a questão, e não em pôr a culpa no leitor.

OA5.8
Redigir comunicações internas claras e eficazes.

MENSAGENS INTERNAS

A formalidade das mensagens internas varia muito. Em uma ponta está a troca de e-mails e memorandos informais e casuais entre funcionários sobre assuntos do trabalho e, na outra, os documentos formais sobre políticas, diretivas e procedimentos da empresa. Claro que entre esses extremos existem muitos graus de formalidade.

Mensagens internas informais

Os documentos na base da escala de formalidade parecem uma conversa: são respostas rápidas a necessidades de trabalho. Raramente há tempo ou existe alguma necessidade de redigir uma mensagem cuidadosa ou muito planejada. A meta é simples: trocar informações necessárias na rotina operacional da empresa.

A franqueza descreve o tom dessas mensagens altamente informais ou mesmo daquelas que circulam em níveis mais formais. Os participantes dessas comunicações trocam informações e opiniões diretas. Eles escrevem cientes de que todos estão trabalhando com uma meta em comum (o melhor para a empresa). Todos desejam e esperam uma comunicação objetiva. Mas, não esqueça que ser franco não significa ser indelicado. Até nas mensagens mais rápidas você deve se preocupar em ser amigável, gentil e positivo.

Mensagens moderadamente formais

As mensagens no nível intermediário de formalidade foram discutidas anteriormente. Elas costumam requerer mais cuidado na redação e seguem um padrão direto. Elas começam com o ponto mais importante e prosseguem com os detalhes. Por isso, muitas iniciam com uma frase típica sobre o assunto. Nos memorandos, a abertura repete as informações na linha do assunto e inclui informações adicionais necessárias para caracterizar a situação. O restante da mensagem é composto por uma discussão lógica sobre as informações dadas. Quando a mensagem tem itens em sequência, eles podem ser numerados.

As sugestões para a redação de mensagens internas relativamente formais são muito parecidas com as dicas que já demos. A Figura 5.1 mostra um memorando direto, conciso e atraente (aquele que você deve escrever para quadro "Cenário de trabalho" anterior). O tom é formal intermediário, estando acima do casual, mas mantendo o jeito de conversa. A redação, clara e organizada na ordem direta, começa com o objetivo e aborda as informações de forma prática. É direta, mas gentil.

Mensagens muito formais

As mensagens internas mais formais merecem atenção especial, pois nelas são apresentadas as políticas, as diretivas e os

---

FIGURA 5.1 — Exemplo de mensagem formal intermediária

Esta mensagem é moderadamente formal, mas tem um tom de conversa.

DATA:	1/4/11
PARA:	Remigo Ruiz
DE:	Becky Pharr
ASSUNTO:	Pedido de informações sobre os custos da conferência no Timber Creek Lodge

Conforme combinamos hoje em nossa reunião em meu escritório, por favor, providencie as informações sobre os custos envolvidos em nossa conferência anual das equipes de vendas no hotel Timber Creek Lodge, em Timber Creek Village, Colorado. Nosso encontro começa na segunda-feira, dia 5 de junho, pela manhã. Por isso, a chegada está prevista para a noite do dia 4. A partida será após uma sessão rápida no dia 9.

As informações específicas de que precisamos são:

- Os custos de viagem para os 43 participantes, incluindo as passagens de avião até Denver e o translado entre o aeroporto e o hotel. Os nomes e as cidades em que residem os participantes estão em uma lista em anexo.
- Os custos de hospedagem para o período de cinco dias, inclusive as despesas com jantar no hotel. Como você sabe, estamos considerando a possibilidade de os participantes fazerem suas refeições em restaurantes das imediações.
- Os custos das instalações de lazer no hotel.
- Os custos relativos às salas de conferências e equipamentos (projetores, púlpitos, etc.). Precisamos de uma sala de conferências grande o bastante para acomodar os 43 participantes do evento

Gostaria de ter essas informações até o dia 15 de abril. Se você precisar de detalhes, entre em contato no telefone x 3715 ou via e-mail, Pharr@pinnacle.com.

FIGURA 5.2 — Exemplo de mensagem interna altamente formal

Esta mensagem é clara e estabelece uma boa relação com os funcionários.

DATA:	10/6/2011
PARA:	todos os funcionários
DE:	Terry Boedeker, Presidente
ASSUNTO:	Economia de energia

No esforço para poupar nossos recursos, as seguintes medidas entram em vigor a partir de hoje:

- Os termostatos serão regulados para manter a temperatura em 23°C durante o tempo em que o ar-condicionado ficar ligado.
- Todos os equipamentos de ar-condicionado serão desligados às 16h, de segunda à sexta-feira.
- Os aparelhos serão ligados o mais tarde possível, pela manhã, para que a temperatura adequada seja atingida 30 minutos antes de o expediente começar.
- Os níveis de iluminação serão reduzidos a aproximadamente 538 a 645 lm/m² em todas as áreas de trabalho. A iluminação dos corredores será reduzida a 53-107 lm/m².
- A iluminação externa será reduzida dentro do possível, sem comprometimento da segurança.

Além disso, pedimos que nossos funcionários:

- Apaguem as luzes que não são necessárias para o trabalho.
- Mantenham as janelas fechadas quando o sistema de ar-condicionado estiver em operação.
- Desliguem todos os monitores de computador e impressoras no final do dia.

Acreditamos que essas medidas representarão uma economia significativa de energia para nós, e agradecemos a todos pelos esforços nesse sentido.

procedimentos da empresa. Normalmente redigidas pelos executivos aos subordinados, essas mensagens administrativas são reunidas em manuais, armazenadas avulsas ou atualizadas à medida que novos conteúdos são desenvolvidos.

Essas mensagens geradas nos níveis mais altos da empresa são mais formais do que a maioria das comunicações internas comuns. Seu caráter oficial explica o porquê. Muitas têm estilo direto, mas, em função da natureza dos conteúdos, isso pode variar. A meta sempre é dispor informações da forma mais lógica possível, para facilitar a compreensão com rapidez. As informações dadas nessas mensagens frequentemente envolvem uma sequência de pontos. Por isso, numerá-los tem um resultado eficaz. Outro aspecto importante é que esses documentos precisam ser de fato entendidos e acompanhados. Por essa razão, a redação precisa ser clara para todos, mesmo aqueles com competências comunicativas menores. A Figura 5.2 apresenta uma mensagem interna altamente formal, bem redigida.

Esta mensagem é direta, mas observe a gentileza do redator e o uso de **nós** e **nossos**. Na hora de redigir uma mensagem direta, os gerentes competentes usam essas estratégias para manter as boas relações com os funcionários. Atitudes como essas são úteis quando um superior precisa dar alguma notícia ou fazer algum pedido que encontrará resistência nos funcionários. Na verdade, nessas situações, uma ordem indireta seria mais apropriada, como veremos nos Capítulos 6 e 7. Porém, para a maioria das comunicações internas, a ordem direta é esperada e aceita pelos funcionários.

Assunto: Políticas de frete inconsistentes

A Pinnacle Manufacturing vem sofrendo aumentos de custos com fretes e uma queda na receita com a atividade nos últimos dois anos, com um impacto em nossa capacidade de alcançar nossos objetivos financeiros. A equipe do depósito investigou a fundo as razões desse aumento, e chegou a nós a informação de que um número muito alto de pedidos está saindo de Cedar Rapids (1) como fretes não faturáveis ao cliente e/ou (2) como cargas noturnas ou por terra.

A Pinnacle Manufacturing tem apenas um produto para o qual o frete não é cobrado – a tinta Chem-Treat. Nos outros casos, o frete deveria ser cobrado do cliente. **Portanto, com validade imediata, exceto para a tinta Chem-Treat, para a qual o contrato de compra prevê entrega no dia seguinte (em dias úteis) sem custos, a Pinnacle Manufacturing passará a faturar de seus clientes os fretes de seus produtos. O Departamento Financeiro avaliar**á **todos os pedidos, para garantir que deixem os termos de cobrança de frete bem claros.**

O frete aéreo da Pinnacle Manufacturing se enquadra em algumas categorias, que incluem o frete de produtos para clientes e o transporte de materiais de marketing para clientes atuais e potenciais. Não existe um programa para o cliente ou um programa de marketing para o qual a Pinnacle Manufacturing forneça transporte aéreo (exceto a Chem-Treat). **Portanto, com validade imediata, exceto para a tinta Chem-Treat, para a qual o contrato de compra prevê frete aéreo (com entrega em dias úteis) sem custo, a Pinnacle Manufacturing deixará de despachar produtos em frete aéreo a seus clientes, a menos que os custos relativos sejam faturados do cliente. Além disso, também com validade imediata, os fretes de materiais de vendas/marketing serão despachados por transporte terrestre, não aéreo.**

Esta mudança na política da empresa terá impacto em alguns de nossos processos, exigindo mais planejamento para que nossos produtos cheguem até o cliente de forma profissional e na hora certa, motivando nossos funcionários a impedir a ocorrência de problemas de última hora. Acredito que uma boa parcela das questões envolvendo fretes, do ponto de vista financeiro, são problemas visíveis para nossa equipe de Cedar Rapids. Agradeço antecipadamente a cada um de vocês por aderirem a esta nova política. Temos sorte de contar com uma excelente equipe de distribuição em Cedar Rapids. Esta equipe precisa de toda a nossa ajuda para que os altos padrões de expedição e controle de estoques equivalham a um desempenho financeiro otimizado.

As exceções às políticas de cobrança de frete e de transporte aéreo devem ser trazidas a mim para aprovação antes de o pedido dar entrada no sistema.

Dean Young

Vice-presidente de operações

Esta mensagem indireta desperdiça tempo e enfatiza o negativo.

> **COMO EM QUALQUER CONTATO, TERMINE SUA MENSAGEM COM PALAVRAS APROPRIADAS E AMIGÁVEIS, QUE PROMOVAM UMA IMAGEM PROFISSIONAL.**

Como resumir a estrutura das mensagens internas

Aplicar essas considerações especiais ao plano geral de mensagens diretas permite elaborar um plano específico para comunicações internas.

Na hora de redigir uma mensagem interna, lembre das seguintes dicas:

- Organize o texto no estilo direto.
- Escolha o tom certo (formal ou informal) e o meio de comunicação.
- Seja claro e gentil.
- Coloque as informações na ordem certa.

OUTRAS SITUAÇÕES QUE EXIGEM UMA MENSAGEM DIRETA

Já discutimos as situações em que uma mensagem direta é apropriada. Mas, existem outras, é claro. Você vai precisar

Esta mensagem direta é fácil de entender e associar ao assunto. O tom é direto, mas gentil.

Assunto: Adaptações em nossa política de fretes

Gostaríamos de lembrar a todos os pontos principais de nossa política de fretes:

Custos de fretes:

- *A tinta Chem-Treat* é o único produto para o qual o frete **não** é cobrado do cliente.
- *Todos os outros produtos* **tem frete faturado** do cliente (inclusive os materiais de marketing e vendas).

Transporte aéreo:

- Os materiais de marketing e vendas devem ser despachados por transporte terrestre, não aéreo.
- *A tinta Chem-Treat* pode ser despachada via frete aéreo, **sem custos** para o cliente, conforme consta no contrato de compra.
- *Os fretes de todos os outros produtos* **são faturados** do cliente.

O faturamento dos custos de frete de nossos clientes realizado de forma precisa e consistente melhora a satisfação com nossos serviços. Além disso, o crescimento de nossas receitas com frete vai nos ajudar a atingir nossas metas financeiras e controlar nossos custos com expedição e controle de estoques.

Para garantir que nossos clientes recebam os produtos com rapidez, consulte o cronograma de transporte e expedição na intranet da Pinnacle.

O Departamento Financeiro avaliará todos os pedidos para garantir que os fretes sejam faturados corretamente. Se você tem alguma dúvida relativa à política de fretes da empresa ou precisa aplicar uma exceção, entre em contato comigo no ramal 555.

Dean Young,

Vice-presidente de operações

saber lidar com elas usando as técnicas que explicamos e ilustramos. Para isso, não se esqueça de informar o objetivo da mensagem já no começo. Aborde as outras informações necessárias na ordem lógica. Escolha as palavras com atenção, para traduzir o sentido exato da mensagem. Isto é, você deve considerar as chances de redigir com foco no interlocutor, pesando o efeito que o tom positivo ou negativo de suas palavras tem no sentido. Como em qualquer contato, termine sua mensagem com palavras apropriadas e amigáveis, que promovam uma imagem profissional. ■

ACESSE <http://www.grupoa.com.br>
para materiais adicionais de estudo, em inglês, incluindo apresentações em PowerPoint.

• • objetivos de **APRENDIZAGEM**

OA6.1 Determinar quais são as situações que requerem a ordem indireta para obter a reação mais eficaz.

OA6.2 Redigir mensagens em estilo indireto de acordo com um plano básico.

OA6.3 Redigir uma reclamação indireta que leve a uma concessão e mantenha a boa impressão.

OA6.4 Utilizar tato e cortesia na recusa a uma solicitação.

OA6.5 Redigir uma resposta de recusa, com concessão, que minimize e supere uma má impressão.

OA6.6 Redigir avisos negativos que mantenham uma boa impressão.

Como redigir mensagens com más notícias

capítulo seis

Como qualquer profissional de recursos humanos, Joan McCarthy, Diretora de Comunicação e RH da Comcast Cable, às vezes precisa dar notícias desagradáveis a seus funcionários sobre cobertura do plano de saúde, mudanças na organização ou outro assunto. O seu conselho? "Equilíbrio, não enrolação, é a chave. Comunicações frequentes e sinceras na medida certa entre o bom e o ruim vão muito mais longe na hora de restaurar e manter a confiança de um funcionário do que a mais criativa das embromações."

Às vezes, McCarthy dá notícias ruins diretamente. Em outras, adota uma abordagem mais gradual. Não importa o padrão, "O importante é comunicar aberta e honestamente". Mas, você também deve equilibrar o negativo "reforçando o positivo, colocando as notícias em perspectiva, mostrando o que a organização está fazendo para ajudar". Com isso é possível "dar notícias ruins sem comprometer a credibilidade da empresa, mantendo intactos o moral e a confiança dos funcionários".

Este capítulo apresenta algumas estratégias para minimizar o impacto negativo das más notícias tanto no ambiente interno quanto externo.

OA6.1
Determinar quais são as situações que requerem a ordem indireta para obter a reação mais eficaz.

OA6.2
Redigir mensagens em estilo indireto de acordo com um plano básico.

SITUAÇÕES QUE EXIGEM A ABORDAGEM INDIRETA

No Capítulo 5 você viu que lidar com tarefas complicadas que envolvem comunicação muitas vezes exige a ordem indireta. Esta ordem é eficaz especialmente quando você precisa dizer "não" ou relatar notícias decepcionantes. A principal razão para usar esta abordagem é que aspectos negativos são recebidos de forma mais positiva quando uma explicação é dada antes. Ela pode até convencer o leitor de que a posição do redator é correta. Além disso, uma explicação amortece a surpresa de uma notícia ruim. Sem ela, a mensagem fica desnecessariamente repreensiva, o que acaba com qualquer boa impressão.

Como usar uma frase atenuante

As mensagens indiretas que apesentam notícias ruins muitas vezes começam com uma **frase atenuante**, uma abertura que identifica o assunto da mensagem, mas não revela abertamente as notícias ruins a caminho. Isto é, ela menciona o tópico, mas não mostra o que o resto da mensagem vai dizer.

Uma frase atenuante pode ser neutra ou positiva. A neutra simplesmente sinaliza o recebimento da mensagem anterior de seu leitor e mostra que você sabe o que ela dizia. A positiva agradece ao leitor por ter chamado a sua atenção para a questão ou por ser um cliente ou funcionário importante para a empresa. É preciso ter cuidados especiais ao iniciar uma mensagem com um tom positivo. Você não quer elevar as

> "Uma explicação amortece a surpresa de uma notícia ruim. Sem ela, a mensagem fica desnecessariamente repreensiva, o que acaba com qualquer boa impressão."

Mas, talvez você precise usar o estilo direto em algumas situações negativas. Se você acha que sua resposta negativa será aceita naturalmente, use o estilo direto. Por exemplo, nos relacionamentos entre compradores e vendedores, os dois entendem que atrasos ou erros ocorrem nos pedidos de vez em quando. Por isso, as mensagens que informam algum problema são vistas como rotineiras e redigidas no estilo direto. Ele também pode ser usado quando você conhece bem o leitor e sente que a franqueza é apreciada. Mas, esses casos são menos comuns do que aqueles em que o estilo indireto é preferível.

Como no capítulo anterior, primeiro descrevemos um plano básico. Em seguida, adaptamos este plano para situações específicas no ambiente de negócios – neste caso, são quatro. Primeiro, veremos uma reclamação indireta, baseada na reclamação comum ou neutra que você aprendeu no Capítulo 5. Depois, você vai conhecer a recusa a um pedido, um tipo comum de mensagem empresarial, e outro tipo especial de recusa – a negativa a um pedido de ajuste. Por fim, vamos ver como redigir avisos negativos, uma forma de mensagem de más notícias com características singulares.

PLANO INDIRETO BÁSICO

O plano básico de cinco etapas mostrado a seguir não vale para todas as mensagens negativas, mas é útil em muitas.

expectativas do leitor, indicando que está prestes a dar as notícias que ele espera ouvir, pois isso somente dificultaria sua tarefa de manter um bom relacionamento.

Alguns argumentam que não começar uma mensagem com boas notícias é indício de más notícias para o leitor atento. Se este for o caso, por que não começar logo com as notícias ruins? De fato, uma abordagem direta é melhor para informar algo desagradável a alguns tipos de leitores. Por exemplo, você está escrevendo para avisar aos clientes que uma peça do carro que compraram tem um defeito e que eles devem retornar com o carro à concessionária imediatamente. Seria antiético não revelar a informação mais importante já no parágrafo de abertura. Mas, na maioria das situações, os leitores preferem uma apresentação gradual do ponto negativo principal da mensagem. Isso dá a chance de se preparar para o que vai ser dito – e mesmo quando eles suspeitam que as notícias não sejam boas, essa frase atenuante é um sinal de consideração pelos sentimentos deles.

Como preparar o terreno para as más notícias

Você precisa pensar sobre os fatos de cada caso e decidir se e como vai dizer "não" ou dar algum tipo de notícia ruim. Também é importante descobrir como apresentar as suas razões para que o leitor aceite as notícias da forma mais positiva possível.

Comunicação rápida

Mantenha a sua imagem

Principalmente na hora de dar uma notícia ruim, lembre-se da importância do conceito de *face*, como definem Kathy Domenici e Stephen W. Littlejohn, especialistas em gestão de conflito:

Usamos a metáfora da *face* para representar o desejo universal de se apresentar com dignidade e honra. A ideia provavelmente nasceu na China, onde o termo se refere à respeitabilidade relativa ao caráter e ao sucesso de uma pessoa...

Uma face pode ser "perdida", "mantida", "protegida" ou "melhorada". Esses resultados são obtidos com o trabalho de comunicação, ou preservação da face. Definimos *preservação da face como o conjunto de práticas coordenadas nas quais os comunicadores constroem, mantêm, protegem ou ameaçam a dignidade pessoal, a honra e o respeito*. A preservação construtiva da face é um dos aspectos essenciais de toda a comunicação interpessoal. Feita do jeito certo, ela reforça nossa própria competência como comunicadores e torna a interação mais compensadora e menos estressante.

Todo elemento de uma mensagem de más notícias – desde o uso de um parágrafo atenuante inicial, até a adoção de um encerramento cortês – vai ajudá-lo na preservação de face positiva diante do seu leitor.

FONTE: *Facework: Bridging the Theory and Practice* (Thousand Oaks, CA: Sage, 2006) 10-11, impresso.

[**É possível mostrar que suas razões para a decisão negativa na verdade vão beneficiar o leitor no longo prazo.**]

Nesse esforço, talvez seja necessário explicar a imparcialidade de alguma ação ou revelar os motivos de uma decisão. Citar opiniões de especialistas que você e o leitor respeitam é uma alternativa. Também é possível mostrar que suas razões para a decisão negativa na verdade vão beneficiar o leitor no longo prazo.

Não importa a estratégia de explicação que você escolher: as razões devem ir após a sua frase atenuante e preceder a má notícia. Dito de outro modo, o parágrafo após a frase ou parágrafo atenuante deve começar explicando a situação para que, na hora de dar a notícia ruim, o leitor esteja preparado para recebê-la do jeito mais favorável possível. Eis alguns exemplos.

Como dar uma notícia ruim de forma positiva

Feito isso, você vai dar a notícia ruim. Se você desenvolveu o seu raciocínio de forma convincente, a informação desagradável parecerá um desfecho lógico. Apresente-a do modo mais positivo possível, de acordo com a situação. Nessa hora, é preciso ter certeza de que a mensagem negativa seja clara – que sua abordagem positiva não deu a impressão errada.

Uma frase ou um parágrafo atenuante em uma mensagem com más notícias ajuda a amenizar a decepção do leitor.

Pode parecer estranho, mas uma técnica muito útil é apresentar sua argumentação de forma impessoal. Para ilustrar, em uma mensagem que recusa um pedido de reembolso, é possível escrever as palavras negativas, "Uma vez que você rompeu o lacre, a lei estadual nos proíbe de devolver o produto a nossos estoques". A alternativa é escrever a mesma coisa, mas com palavras positivas, "A lei estadual nos proíbe de devolver qualquer produto com lacre violado a nossos estoques".

Às vezes é possível retirar o lado negativo de notícias ruins criando uma ligação com um benefício para o leitor. Por exemplo, se iniciar a redação de uma política da companhia com "buscando a imparcialidade" ou "pensando na segurança de nossos hóspedes", você sinaliza que todos os seus clientes, mesmo o leitor, terão uma vantagem importante com a nova regra.

Os seus esforços para apresentar esta parte da mensagem positivamente devem enfatizar as palavras positivas, como mostramos no Capítulo 4. Mas, certifique-se de que elas traduzem a sua mensagem com precisão e sinceridade. A meta é apresentar os fatos de um jeito benéfico, não enganar o leitor.

> **NOS CASOS EM QUE VOCÊ PREVÊ A RESISTÊNCIA A UMA RECLAMAÇÃO, É PRECISO PREPARAR O LEITOR PARA VER O SEU PEDIDO COM UMA CABEÇA ABERTA.**

Ofereça uma solução alternativa

A maioria das situações negativas apresenta oportunidades de ajudar o leitor a resolver o seu problema.

Se alguém quer organizar um evento na sede de sua empresa e você precisa dizer "não", talvez sugira outros locais. Se alguém quer informações que você não tem, provavelmente você saiba de alguma maneira de essa pessoa obter informações equivalentes. Se você não pode dedicar o seu tempo ou oferecer o serviço que alguém pede, é provável que conheça quem pode. Como alternativa, se disponha a ajudar o leitor em outra oportunidade. Se você precisa anunciar um corte nos benefícios de um funcionário, considere sugerir uma maneira de ele complementar essa vantagem por conta própria. Reservar tempo para ajudar o leitor dá uma demonstração sincera de preocupação com a situação dele. Por essa razão, essa iniciativa é uma das estratégias mais poderosas de manter uma boa impressão.

Dar ao leitor uma alternativa para resolver o problema dele ajuda a gerar uma boa impressão em uma mensagem negativa.

Encerre com um tom positivo

Mesmo que você consiga apresentar uma notícia ruim com muita habilidade, encerre sua mensagem com uma observação que abra caminho para comunicações futuras. A sua meta é deslocar a atenção do leitor para coisas mais positivas – o que poderia ser dito se você estivesse frente a frente com ele. Dê preferência a comentários específicos para o caso, que não lembrem a mensagem negativa. Essas observações devem deixar claro que você valoriza e ainda considera positivo o relacionamento com o leitor.

A seguir vamos apresentar algumas adaptações a esse plano básico para quatro situações comuns envolvendo mensagens negativas. Elas vão ajudá-lo a adaptar este plano às demais situações.

OA6.3

Redigir uma reclamação indireta que leve a uma concessão e mantenha a boa impressão.

RECLAMAÇÕES INDIRETAS

Na seção sobre a redação de reclamações no Capítulo 5, você aprendeu que as coisas podem dar errado no ambiente empresarial. Nas situações de erro óbvio, uma mensagem de reclamação é útil para pedir uma correção diretamente, informando os dados que causaram o problema. Mas, nos casos em que você prevê a resistência a uma reclamação, é preciso preparar o leitor para ver o seu pedido com uma cabeça aberta. Do contrário, você acaba fazendo o leitor dar um "não" como resposta já no começo.

Prever a reação do leitor exige refletir cuidadosamente sobre as circunstâncias. Se uma quantidade grande de dinheiro ou de tempo está na jogada, espere resistência para a correção do problema. Se os fatos forem incomuns e a empresa não tiver uma política para a situação, prepare-se para explicar o ocorrido antes de solicitar o que quer. Além disso, os tempos estão difíceis e é provável que o leitor diga qualquer desculpa para evitar despesas extras envolvidas na concessão que você pede. Todos nós já passamos por isso. Existem muitas razões para uma empresa recusar uma concessão. Mas, se você acredita que existe uma possibilidade, escolha o padrão indireto.

O problema com essa mensagem indireta é que ela trata de um assunto negativo. Você vai precisar achar um jeito de discutir o que aconteceu sem indispor o leitor. Siga os conselhos a seguir.

Escolha o tom certo

No Capítulo 5 você viu que a sua meta na redação de uma reclamação direta ou indireta é obter a solução que quer. Nas indiretas, o caráter da mensagem ajuda a atenuar a decepção com a situação e prepara o leitor para aceitar o seu pedido. Como nas reclamações diretas, você não apresenta a sua questão com uma linguagem acusatória e subjetiva. Não deixe de expor os fatos com objetividade e lógica. Isso permite que o leitor entenda a gravidade do problema e aceite que a solução pedida é justa.

Cenário de trabalho

Como redigir reclamações indiretas

Você é Jeff Sutton, proprietário e presidente da Sutton Creative Services. Você recebeu uma conta de uma empresa de eventos, a Regal Banquet Center, pela festa de final de ano de sua empresa semana passada. O valor cobrado é $1.410,00, que incluiu um elegante jantar de três pratos e as bebidas para 27 funcionários de sua empresa.

A comida foi boa, como a reputação do local. Mas, houve dois problemas. Primeiro, o aquecimento do salão estava muito forte. Você pediu para regularem os aquecedores, sem sucesso. Você teria aberto as janelas, mas o salão não tinha janela alguma (o que também não o agradou). Segundo, você teve a impressão de que não havia garçons em número suficiente. Alguns de seus funcionários tiveram de esperar um bom tempo pela comida. Por isso, os primeiros a receber as refeições tiveram de começar a comer antes dos outros ou esperar que todos fossem servidos, para então ingerir a comida fria. Esse problema de sincronização arruinou o jantar e a programação da noite.

Você se sentiu constrangido com esses problemas. Eles tiveram um efeito negativo para você e seus esforços de agradecer a seus funcionários pelo trabalho que fazem em sua empresa. Você sabe que imprevistos acontecem, mas acredita que não deve pagar o valor integral da conta por essa experiência negativa. Você vai ter de escrever uma mensagem de reclamação indireta pedindo um ajuste no valor.

> [A apresentação objetiva dos fatos é informativa e ajuda o leitor a perceber que a solução que você pede é razoável.]

Comece a reclamação indireta com uma frase atenuante

Até uma mensagem indireta precisa identificar o problema com clareza. Iniciar uma mensagem dessas com uma declaração dramática do problema em um cabeçalho de assunto ou em um parágrafo inicial exageraria a ênfase no lado negativo. Em contrapartida, começar com uma frase atenuante que identifique o assunto ajudará a absorver o golpe. Por exemplo, se o pintor não usou a tinta certa em seus novos escritórios, comece com uma reclamação indireta, com um cabeçalho de assunto:

> Assunto: tinta personalizada para o novo prédio de escritórios

Após, inicie a mensagem com um parágrafo como este:

> Ontem, quando o contramestre da equipe de pintores me informou que a pintura de nossos novos escritórios estava pronta, descobri que a cor das paredes não era a cor personalizada escolhida.

O objetivo é identificar o tópico e traduzir uma noção geral de que algo deu errado, além de manter o leitor aberto aos fatos apresentados na sequência.

Descreva o problema com clareza

A situação é ruim. Mas, você precisa descrever os fatos com objetividade, ordem e lógica. Você descobre que passou horas planejando a mudança da empresa para a nova sede e vê tudo dar errado porque o pintor usou a tinta errada. Mesmo assim, evite palavras fortes demais para descrever o problema. Sua escolha deve ser apresentada de um jeito realista, mas gentil. Suas palavras têm de representar o problema de forma completa e precisa, dando ao leitor as informações necessárias para que ele o solucione do jeito certo.

Relate as consequências de obter produtos ou serviços insatisfatórios. Este começo de mensagem ilustra a situação:

> A finalização da pintura no momento combinado afeta a conclusão e os custos das tarefas realizadas por outros prestadores de serviço. Sem dúvida, o problema tem consequências nos custos e em todas as outras etapas do projeto, não apenas na pintura.

O redator informa os fatos usando as palavras "no momento combinado" e "afeta… outros prestadores de serviço", sem acusar o leitor de incompetência ou descaso. A apresentação objetiva dos fatos é informativa e ajuda o leitor a perceber que a solução que você pede é razoável.

Como pedir uma correção

Diferentemente da reclamação neutra comum, onde você muitas vezes deixa que o leitor se encarregue da solução do problema com base no bom senso, a solução para uma reclamação indireta costuma ser atendida com o pedido do que você acha certo e razoável. Uma das maneiras de saber se a solução que você quer é razoável ou não consiste em decidir se você vai fazer negócios com a empresa outra vez, depois de ela atender a sua reclamação. No exemplo dado no quadro "Cenário de trabalho", um leitor simplesmente exige uma garantia de que no futuro os jantares na casa de eventos serão feitos em salões mais confortáveis e com o número adequado de funcionários. Ele também pode pedir um reembolso, uma refeição grátis, um desconto em um evento futuro ou uma combinação dessas compensações. Os fatos que você apresenta devem conduzir o leitor a seu pedido, de forma lógica.

Como encerrar causando uma boa impressão

Os temas das reclamações indiretas são negativos, mas, na hora de encerrar a sua mensagem, mantenha uma boa impressão. Para isso, sua proposta de solução precisa ser razoável. Terminar sua mensagem com um tom positivo e aberto para futuros contatos também ajuda.

Preparação de uma mensagem de reclamação indireta

Use este resumo dos pontos anteriores para delinear a sua mensagem de reclamação indireta:

- Identifique o assunto da mensagem para que o leitor a leia com a cabeça aberta.
- Apresente os fatos de forma objetiva e lógica.
- Identifique uma solução ou alternativas razoáveis que vão satisfazê-lo.
- Encerre com uma declaração positiva e confiante no sucesso da solução, que mantenha a boa imagem.

Exemplos contrastantes de mensagens de reclamação indiretas

As mensagens a seguir contrastam duas maneiras de lidar com o problema de Jeff Sutton com a casa de eventos Regal Banquet Center. A primeira é grosseira e ríspida, e a segunda, gentil, firme e objetiva.

mensagem grosseira e ríspida Já no começo da primeira mensagem – uma carta que o leitor está enviando, com um cheque em valor menor do que o combinado – há um insulto. "A quem possa interessar" revela que o redator considera o leitor uma pessoa, não uma empresa. A expressão também transfere do redator ao funcionário incumbido de abrir as correspondências o poder de decidir quem vai ler a carta. O parágrafo de abertura é mais uma afronta, que mostra o estado emocional do redator, com uma linguagem raivosa. O meio da mensagem continua nesse tom negativo, acusando o leitor com o uso de os **Srs.** e **seus**, tudo com uma linguagem carregada de emoção. A redação negativa prossegue, até o encerramento, dei-

Este exemplo é ríspido, por conta do uso extremo de palavras negativas e do tom acusatório da mensagem.

Assunto: ajuste na conta

A quem possa interessar,

Acabei de receber uma conta no valor de $1.410,00 pela festa de fim de ano de minha empresa na Regal Banquet Center. Eu simplesmente me recuso a pagar pelos serviços abaixo do padrão que os Srs. ofereceram no evento.

Em primeiro lugar, os Srs. nos colocaram em um salão sem janelas, muito embora tivéssemos feito uma reserva com semanas de antecedência. O salão era muito abafado. Pedi a seus funcionários que ajustassem a temperatura, mas aparentemente ninguém atendeu à solicitação. Como o salão não tinha janelas, tivemos de ficar ali, encharcados em suor em nossos trajes. Como se não bastasse, os garçons demoraram para trazer nossa comida e, por essa razão, algumas pessoas terminaram de comer quando outras sequer haviam sido servidas. Isso arruinou o jantar e nossa programação daquela noite.

Eu havia recebido boas indicações de seus serviços, mas agora me arrependo de tê-los escolhido para um evento importante de minha empresa. A experiência ruim e caótica teve efeitos negativos para mim e para o valor que meus funcionários me dão. Em anexo vai um cheque de $1.000,00, o qual é mais do que justo.

Atenciosamente

Jeff Sutton, Proprietário e Presidente
Sutton Creative Services

xando uma má impressão. Essa redação provavelmente gera resistência do leitor, não cooperação.

mensagem firme, mas gentil A segunda mensagem segue o plano sugerido. Um cabeçalho de assunto abre caminho para o que vem na sequência. Posteriormente, em um tom que mostra firmeza, não raiva, o redator diz o que deu errado. Então ele pede uma solução específica. O final usa uma persuasão sutil, sugerindo a confiança no leitor. As palavras usadas não deixam dúvida do interesse do leitor em continuar esse relacionamento.

OA6.4
Utilizar tato e cortesia na recusa a uma solicitação.

PEDIDOS RECUSADOS

A recusa de um pedido é sempre uma má notícia. O seu leitor pede algo, mas você precisa dizer "não". Claro que o seu principal objetivo é dar esta notícia, o que pode ser feito facilmente com uma recusa direta. Mas, como executivo educado e cuidadoso, você tem um objetivo secundário: manter a boa impressão. Para isso, será preciso convencer o seu leitor de que a recusa é justa e razoável.

Como desenvolver a estratégia

Encontrar uma explicação justa e razoável vai exigir que você pense bem sobre os fatos. Primeiro, considere por que você está recusando o pedido. Então, supondo que suas razões sejam justas, tente encontrar o melhor meio de explicá-las ao leitor. Nessa hora, coloque-se no lugar dele. Tente imaginar como sua justificativa será recebida. O resultado será a estratégia a ser usada em sua mensagem.

Uma explicação muito comum é que a política da empresa não permite. Ela pode funcionar, mas somente se a política da empresa for justificável e explicada com clareza. Muitas vezes você deve recusar, simplesmente porque os fatos justificam a recusa – isto é, você está certo e o leitor está errado. Nesses casos, o melhor a fazer é rever os fatos, cuidando para não acusar ou insultar o leitor, apelando para a noção de jogo limpo. Mas, há outras explicações, e você vai escolher aquela que melhor se adapta à situação.

Assunto: fatura nº 3712 para a festa de fim de ano da Sutton, 12/12/11.

Cara Sra. Sanchezs,

Realizamos nossa festa de fim de ano em sua casa de eventos na noite de 12 de dezembro. Tenho em mãos a fatura relativa aos serviços prestados, no valor de $1.410,00. Embora a comida estivesse excepcional, preciso dizer que não tivemos uma experiência muito boa.

Fomos acomodados no Salão C. Como a Sra. sabe, ele não tem janelas e não é um dos melhores que a Sra. tem. Uma vez que havíamos feito a reserva com dois meses de antecedência, eu esperava um ambiente mais agradável para este evento especial. Além disso, o local tinha a desvantagem de não ter um controle adequado de temperatura. Os garçons foram compreensivos, mas não conseguiram impedir que a temperatura no salão subisse muito. Isso causou desconforto para meus 27 funcionários.

Outro aspecto é que, aparentemente, o número de garçons em serviço na nossa festa foi insuficiente. A refeição estava boa, mas foi servida sem cronometragem, o que fez algumas pessoas acabarem de comer antes mesmo de outras serem servidas. Por isso tivemos de iniciar a nossa programação, marcada para após o jantar, quando algumas pessoas ainda estavam comendo.

De modo geral, o evento não representou um agradecimento muito impressionante para meus funcionários, que se dedicam em seu trabalho. Diante desses fatos, a alteração do valor da fatura para $1,000.00 é justa para uma experiência que, tenho certeza, não representa o nível costumeiro de atendimento ao cliente da Regal.

Obrigado,

Jeff Sutton, Proprietário e Presidente
Sutton Creative Services

Esta mensagem mais cuidadosa, mas sincera, libera o leitor para fazer o que é justo e conserva uma boa impressão.

Cenário de trabalho

Como recusar pedidos

Vamos supor outra vez que você é o assistente do vice-presidente da Pinnacle. Hoje o seu chefe o incumbiu da tarefa de responder a um pedido da sede regional da Associação Nacional dos Funcionários da Segurança Pública. Essa nobre organização pediu à Pinnacle que contribuísse para o seu fundo de bolsas de estudo para crianças carentes.

O pedido é persuasivo. Ele enfatiza que o fundo de bolsas de estudo da organização está com dificuldades financeiras. O resultado é que a associação não consegue cuidar de todas as crianças das famílias carentes que a procuram. Muitas são filhos de oficiais mortos no exercício da função. Você se comoveu com o pedido, e gostaria de ajudar, mas não pode.

Você não pode contribuir no momento porque a política da Pinnacle não permite. Mesmo que você não goste dos efeitos desta política nesses casos, você acha que ela é boa. A cada ano a Pinnacle destina uma quantia fixa – dentro do possível – como contribuição a ser distribuída a diferentes instituições, de acordo com o que o conselho de administração da empresa julga apropriado. Infelizmente, todo o dinheiro destinado a esta finalidade este ano já foi distribuído. Você terá de recusar o pedido de ajuda, ao menos por agora. Você pode se oferecer para considerar esta solicitação outra vez no próximo ano.

A sua resposta precisa relatar as más notícias, mas sem acabar com as esperanças de oferecer ajuda à associação no futuro. Você gosta desta instituição e quer que ela aprecie a Pinnacle. Por isso, vai tentar lidar com a situação com delicadeza. A tarefa vai exigir sua melhor estratégia e o máximo de suas competências em redação.

Defina a explicação já no começo

Após escolher a explicação que você vai apresentar, comece a mensagem com palavras que preparem o terreno. Por exemplo, veja o caso no quadro "Cenário de trabalho" a recusa do pedido de ajuda financeira a uma associação. Veja este parágrafo de abertura:

> A sua organização faz um excelente trabalho de educação de crianças carentes. A exemplo de muitos esforços desse tipo, ela merece a ajuda de quem está em condições de dá-la.

Esta opinião direta sobre o assunto marca a mensagem como uma resposta ao pedido. Ela não diz "sim" ou "não". A segunda frase define a explicação. Ela mostra que a empresa não está em condições de cooperar e, assim, ajuda o leitor a aceitar a explicação que vem em seguida.

Como apresentar a explicação de forma convincente

Como qualquer plano básico, a próxima etapa é apresentar o seu raciocínio. Para isso, use as suas melhores técnicas de persuasão: a escolha de palavras positivas, a ênfase certa, a lógica convincente e os detalhes de apoio. Use todas as suas competências de apresentação a fim de convencer o seu leitor.

Como lidar com a recusa de forma positiva

O modo como você vai lidar com a recusa é uma consequência lógica de seu raciocínio. Se você embasou a sua explicação de um jeito convincente, a recusa é uma conclusão lógica e sem surpresas. Se você fez o seu trabalho direito, o seu leitor até apoiará a recusa. Mas, como a recusa é a parte mais negativa da mensagem, não dê

Quando você apresenta um pedido de desculpas, certifique-se de que ele é sincero, como aquele apresentado pelos executivos da Toyota por conta dos problemas no acelerador e na embreagem de seus veículos.

a ela muita ênfase. Informe a recusa com rapidez, clareza e de forma positiva. Além disso, não a coloque em posições de ênfase, como no começo ou no fim de um parágrafo.

Para informar a recusa com rapidez, use o menor número de palavras que conseguir. Se você se demorar, usando três ou quatro frases quando uma basta, haverá muita ênfase na recusa.

Às vezes você consegue deixar a mensagem clara, sem dar as notícias ruins de forma explícita. Por exemplo, se você precisa recusar o pedido de um integrante da comunidade para usar a colônia de férias de sua empresa para um evento de arrecadação de doações, você dirá "não" claramente se informar que a colônia de férias é de uso exclusivo dos funcionários e apresentar alternativas. Mas, tenha certeza de que sua mensagem não deixe dúvidas sobre sua resposta. Ser vago em sua

Comunicação rápida

Você acha que dizer "não" nos Estados Unidos é complicado...

Nos Estados Unidos, manter a boa impressão com o leitor na hora de enviar uma mensagem negativa nem sempre é fácil, mesmo quando você usa uma abordagem positiva, como sugerimos neste capítulo. Mas, essa dificuldade talvez seja ainda maior se você estiver se comunicando com um leitor asiático.

Para Linda Beamer e Iris Varner, especialistas em comunicação empresarial intercultural, "as culturas asiáticas são famosas por dizerem 'sim'. Na verdade, no Japão, os ocidentais ouvem *sim* e vão para casa felizes da vida, mas, na verdade, os japoneses disseram *não*".

Por quê? Beamer e Varner explicam: Dizer "não" é mais difícil em culturas muito fundamentadas no contexto (as culturas nas quais os comunicadores dependem muito de indícios contextuais para interpretar o significado das palavras). Como fazem na hora de comunicar algum problema, essas pessoas preferem não expressar uma recusa em palavras. Em chinês, *não* às vezes é dito como *isso pode ser difícil*. O equivalente em japonês é um suspiro forte e palavras prolongadas...

Nessas culturas, uma negativa frequentemente é apoiada em uma expressão que reverta a situação. Por exemplo, uma pessoa que precisa recusar um convite para jantar com um sócio pode dizer, "Você deve estar muito cansado e quer passar uma noite tranquila". Com isso, a pessoa que ouve a recusa não perde a pose. Mas, essa recusa é entendida em uma cultura muito dependente do contexto.

Aprenda as preferências de comunicação de seus leitores ao preparar mensagens eficazes para dar notícias ruins entre culturas.

FONTE: *Intercultural Communication in the Global Workplace*, 5th ed. (McGraw-Hill/Irwin: New York, 2011), 194-195, impresso.

---

resposta vai forçá-lo a escrever uma mensagem bem mais complexa e negativa.

Para declarar a sua recusa de um jeito positivo, estude os efeitos de suas palavras. Expressões duras, como **eu recuso, não vou** e **não posso**, destoam. O mesmo vale para desculpas surradas, como "Lamento informar que" e "Desculpe por ter de dizer que". Na maioria das vezes, você consegue expressar a sua recusa de acordo com uma política de ação positiva. Por exemplo, em vez de escrever "A sua apólice de seguros não cobre danos a edificações anexas à propriedade", redija "A sua apólice de seguros cobre apenas os danos à casa". O representante de um atacado, em vez de redigir "Precisamos recusar", pode negar um desconto com "Damos descontos apenas quando...". Em alguns casos, o seu trabalho envolve instruir o leitor. Isso não apenas explica a sua recusa, como também gera uma boa impressão.

Proponha uma concessão, quando for prático

Dependendo da situação, faça uma concessão para comunicar a recusa de forma positiva. Isto é, diga o que você pode fazer (a concessão), deixando claro o que não pode. Por exemplo, ao redigir algo como "O melhor que podemos fazer é...", fica claro que você não pode atender ao pedido do leitor. Frases como estas não têm conotação negativa e são úteis na maioria das situações.

Encerre com uma boa impressão

Até a recusa mais bem preparada vai sempre ser a parte mais negativa de sua mensagem. As notícias são ruins, por isso, o lei-

Dar notícias que as pessoas não querem ouvir exige um esforço de comunicação muito cuidadoso.

CAPÍTULO 6 | Como redigir mensagens com más notícias

> "A MELHOR MANEIRA DE ENCERRAR UM ASSUNTO DEPENDE DOS FATOS, MAS A ABORDAGEM DEVE SER POSITIVA E ADAPTADA À SITUAÇÃO."

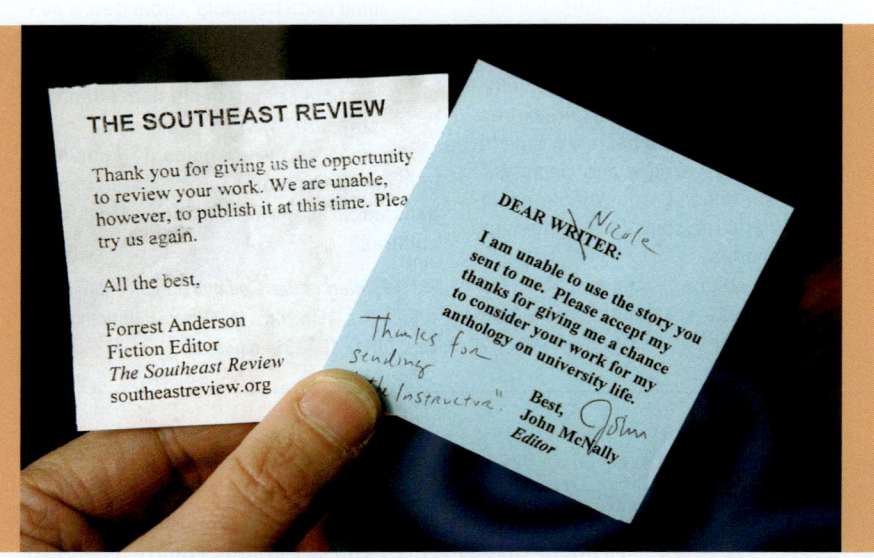

Para recusar um pedido, lembre-se de que um "não" pode ser muito decepcionante. Faça o que for possível e razoável para poupar o leitor desse sentimento.

tor fica descontente. Essa sensação vai de encontro ao seu objetivo de gerar uma boa impressão. Para que o leitor aceite as más notícias, você vai precisar fazê-lo pensar em coisas mais agradáveis.

A melhor maneira de encerrar um assunto depende dos fatos, mas a abordagem deve ser positiva e adaptada à situação. Por exemplo, se a sua recusa envolve uma contraproposta, fale mais sobre ela. Você também pode fazer algum comentário amistoso sobre o assunto do pedido, desde que não remeta o leitor às notícias ruins. Na verdade, o assunto final da mensagem pode ser qualquer observação que pareceria gentil se você estivesse frente a frente com o leitor. A principal exigência é que suas palavras gerem uma boa impressão.

Pedidos de desculpas surrados estão fora de questão. "Mais uma vez, gostaria de dizer que lamento que precisamos recusar" é um exemplo típico desse jeito de redigir. O mesmo vale para apelos por compreensão, como "Espero sinceramente que o Sr. compreenda por que precisamos tomar esta decisão". Isso soa egoísta e enfatiza as notícias ruins.

Adapte o plano básico para recusar pedidos

Quando adaptamos a análise anterior ao plano básico, obtemos esta rotina para recusar um pedido:

Este mau exemplo de recusa é ríspido, porque é direto e o foco está nos interesses do redator.

Assunto: o seu pedido por doações

Sra. Cangelosi,

Lamentamos informar que não podemos atender a seu pedido por uma doação para o fundo de bolsas de estudo de sua associação.

Recebemos tantos pedidos por contribuições, que fomos obrigados a alocar uma quantia fixa anual para esta finalidade. O montante reservado este ano já foi doado. Por isso, não podemos considerar pedidos adicionais. Contudo, poderemos avaliar sua solicitação no próximo ano.

Lamentamos profundamente não podermos ajudá-la agora, e esperamos que a Sra. entenda a nossa posição.

Mark Stephens

- Comece com palavras que indiquem uma resposta ao pedido, que sejam neutras com relação à resposta e estabeleçam a estratégia.
- Apresente a sua justificativa ou explicação com uma linguagem positiva.
- Recuse o pedido do jeito mais positivo possível.
- Inclua uma contraproposta ou concessão, se for apropriado.
- Termine com um comentário específico que gere uma boa impressão.

Exemplos contrastantes de mensagens de recusa

A vantagem da ordem indireta nas mensagens de recusa é mostrada nos exemplos contrastantes nas páginas 128 e 129. Ambas são claras nesse propósito, mas, apenas a que usa a ordem indireta tem chances de causar uma boa impressão.

rispidez na recusa direta O primeiro exemplo afirma as más notícias já no começo. Esse tratamento indelicado coloca o leitor em uma posição pouco receptiva. O resultado é que ele se sente menos inclinado a aceitar a explicação. Esta é clara, mas observe o uso desnecessário de palavras negativas **(já foi doado, lamentamos, não podemos considerar)**. Observe também como as palavras de encerramento deixam no leitor a lembrança de que recebeu notícias desagradáveis.

tato e cortesia em uma recusa indireta O segundo exemplo lida com a mensagem negativa com muita habilidade. A abertura informa o assunto, e é neutra. A redação prepara a explicação que segue. Esta é lógica e clara, e não destoa da abertura. Sem palavras negativas, a explicação leva o leitor para a recusa, com continuidade. Observe que a recusa também é abordada sem palavras negativas e, mesmo assim, é objetiva. O encerramento gentil é adaptado à situação.

OA6.5
Redigir uma resposta de recusa, com concessão, que minimize e supere uma má impressão.

RECUSAS COM CONCESSÃO

As recusas com concessão são um tipo especial de pedido recusado. O seu leitor pede uma solução para um problema. Normalmente você concorda, porque quer corrigir algum erro que cometeu. Mas, às vezes os fatos não justificam essa correção. É quando você tem de dizer "não".

Defina a estratégia

A principal diferença entre este e os outros tipos de mensagem de recusa é que a sua empresa provavelmente tem orientações claras e razoáveis sobre o que deve ou não ser considerado um pedido legítimo de concessão. Por isso, você não vai passar muito tempo descobrindo por que não pode atender ao pedido do leitor. Você tem boas razões para recusar. O desafio está em dizer "não" sem perder um relacionamento positivo e contínuo com o leitor.

Defina as suas razões

Com a sua estratégia em mente, comece sua mensagem com palavras que a informem. Ela é uma resposta à mensagem de outro leitor, por isso, dê ciência de que conhece a comunicação anterior ao fazer uma referência de data já no início, ou ao deixar claro que você está escrevendo sobre uma situação específica.

Uma boa maneira de definir a sua estratégia é começar com um ponto de comum acordo com o leitor e explicar o caso como uma exceção. Por exemplo, um pedido por uma concessão para um problema com um aparelho de ar-condicionado poderia começar assim:

Assunto: o seu pedido por doações para bolsas de estudo

Sra. Cangelosi,

Os seus esforços para manter um fundo para bolsas de estudo para as crianças necessitadas de sua associação são louváveis. Desejamos que suas iniciativas nessa nobre causa tenham êxito.

Na Pinnacle, estamos dispostos a apoiar causas justas, sempre que possível. É por essa razão que, sempre em janeiro, destinamos uma quantia máxima para contribuições assistenciais. Em seguida, os valores são distribuídos entre os diversos grupos assistenciais elegíveis, até alcançar o valor estipulado. Uma vez que nossas contribuições para este ano já foram alocadas, estamos colocando sua organização em nossa lista para doações no próximo ano.

Desejamos à Sra. boa sorte em seus esforços para ajudar a educar os filhos dos membros de sua associação.

Mark Stephens

Esta recusa é melhor, pois usa o estilo indireto.

Comunicação rápida

Como dizer "não" dizendo "sim"

William Ury, especialista em negociação, explica por que nossos esforços de dizer "não" muitas vezes causam desconforto e não são eficazes: Nós humanos somos máquinas caracterizadas pela capacidade de reação. Nossos "nãos" tendem a ser uma reação. Ficamos acomodados por causa do medo e da culpa. Atacamos porque sentimos raiva. Evitamos porque sentimos medo. Para não cair nessa tripla armadilha, é preciso ser proativo, olhar para frente e ter um propósito em mente.

A primeira coisa que Ury recomenda é que os sentimentos negativos fiquem só na sua cabeça. Quando forem embora, então você pode pensar sobre o seu "sim" – as coisas que você deseja proteger e apoiar ao dizer "não". Com base nesse modo de pensar sobre as coisas importantes para você, é mais fácil dizer "não" com calma e elegância. Além disso, você pode convidar o seu leitor a considerar soluções alternativas.

Em suma, um "não" positivo, como diz Ury, é um *sim! Não. Sim?* O primeiro "sim" expressa o seu interesse, o "não" representa o seu poder e o segundo "sim" mantém o relacionamento.

FONTE: *The Power of a Positive No: Save the Deal, Save the Relationship – and Still Say No* (New York: Bantam Dell, 2008) 28, 17, impresso.

> [O desafio está em dizer "não" sem perder um relacionamento positivo e contínuo com o leitor.]

Cenário de trabalho

Como recusar um pedido de concessão

No seu trabalho na Pinnacle, às vezes você tem de lidar com uma pessoa insatisfeita. Hoje você tem essa tarefa, pois um e-mail chegou de manhã, com uma reclamação forte pedindo uma compensação por conta de um pedido de tecidos da Pinnacle Do-Craft. A Sra. Arlene Sanderson, que faz a reclamação, explica que um tecido Do-Craft que sua estofaria usou em uma mobília de uso externo desbotou completamente em menos de 10 meses. Com fotos em anexo para provar o que diz, ela defende que o produto tinha defeito e quer seu dinheiro de volta – o valor integral, $2.517,00.

A inspeção das fotografias mostra que o tecido foi exposto à forte luz do sol por períodos prolongados. Os tecidos da linha Do-Craft são apenas para uso interno. Essa informação está no manual do produto e no catálogo da Pinnacle. Na verdade, você não consegue entender direito como a Sra. Sanderson não percebeu esse detalhe quando fez o pedido por catálogo. De qualquer forma, a Pinnacle não é responsável e não precisa devolver o dinheiro. Ao mesmo tempo, você quer manter a fidelidade da cliente. Agora você vai redigir uma mensagem que deixe isso claro. A discussão a seguir ensina como fazer esse tipo de mensagem.

> **Uma boa maneira de definir a sua estratégia é começar com um ponto de comum acordo com o leitor e explicar o caso como uma exceção.**

Você está certo ao pensar que um ar-condicionado de janela Whirlpool de 18.000 BTUs deveria refrescar um apartamento comum com três cômodos.

A explicação que segue esta frase vai mostrar que o apartamento não é comum.

Outra estratégia consiste em defender a tese de que o pedido de concessão vai além do que é razoável aceitar. Um começo como este prepara a declaração:

> Ajudar famílias a aproveitar lares bem decorados a preços acessíveis é um de nossos objetivos mais gratificantes. Fazemos tudo o que é razoável para atingí-lo.

A explicação que segue essa frase vai mostrar que a concessão pedida ultrapassa o que pode ser esperado dentro dos limites razoáveis.

Defenda a sua posição

Ao apresentar suas razões para a recusa, esclareça as políticas e práticas de sua empresa condizentes com o caso. Sem acusar o leitor, chame a atenção dele para os fatos relevantes – por exemplo, o item em questão caiu na água, o material impresso não podia ser usado em alguns casos, a garantia venceu. Reunir políticas e fatos faz o leitor tirar conclusões lógicas de que a concessão não pode ser feita.

"Desculpe, mas acreditamos que o cliente somente está certo algumas vezes, em certas circunstâncias, e nenhuma se aplica a você."

Como em toda mensagem que traz más notícias, termine esta recusa com um comentário positivo e apropriado. Reforce a noção de que você se preocupa com a empresa do leitor ou com a qualidade de seus produtos. Se não causar má impressão, escreva sobre produtos ou serviços novos que possam interessar ao leitor. Nem pedidos de desculpa, nem palavras que remetam ao problema são apropriadas aqui.

[**Nem pedidos de desculpa, nem palavras que remetam ao problema são apropriadas na conclusão de sua mensagem.**]

Como recusar de forma positiva e encerrar a sua mensagem com cortesia

Não importa o tipo de mensagem de recusa: a negativa sempre resulta de uma explicação. É uma consequência lógica. Você redige com clareza, do jeito mais positivo que as circunstâncias permitem. Por exemplo, esta é clara e não tem palavras negativas.

> Por estas razões, poderemos pagar apenas quando os seus funcionários embalarem as mercadorias.

Se for preciso um acordo, apresente-o com uma linguagem positiva:

> Diante dos fatos, o melhor que podemos fazer é consertar o equipamento, sem custos.

Como adaptar o plano básico

Vamos aplicar essas considerações gerais ao plano básico para obter um plano específico para recusas com concessões:

- Comece com palavras sobre o assunto, neutras sobre a decisão e que estabeleçam a sua estratégia.
- Apresente a estratégia que explique ou justifique, atentando aos fatos e sendo positivo.
- Recuse com clareza e de forma positiva, talvez apresentando uma contraproposta.
- Termine com palavras positivas e amistosas que mantenham o caminho aberto para um contato futuro.

CAPÍTULO 6 | Como redigir mensagens com más notícias

Exemplo de caso
Pedido recusado
(como recusar um convite para palestrar)

Este exemplo mostra uma boa estratégia para não aceitar um convite para palestrar em uma conferência.

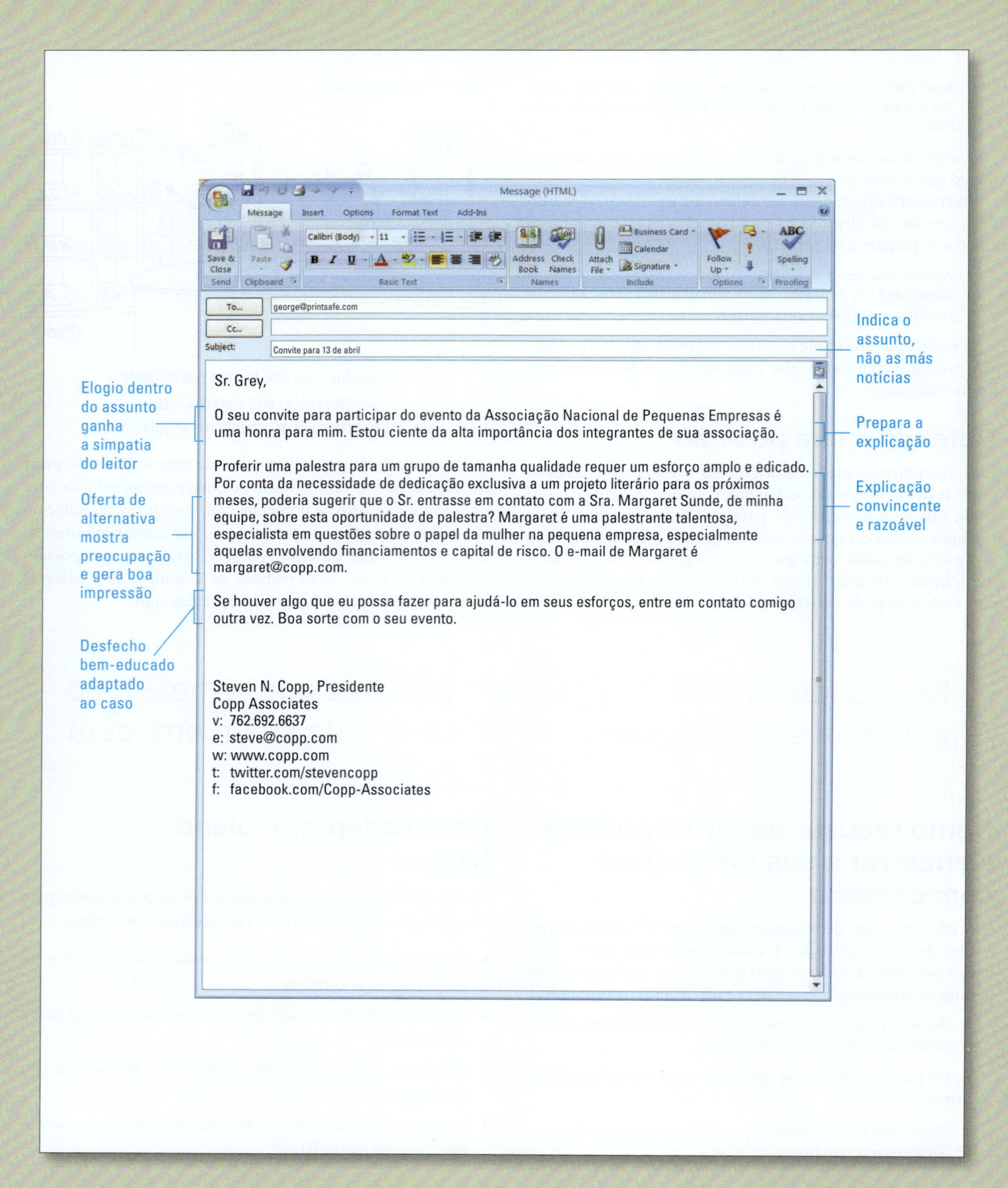

To...: george@printsafe.com
Subject: Convite para 13 de abril

> *Indica o assunto, não as más notícias*

Sr. Grey,

O seu convite para participar do evento da Associação Nacional de Pequenas Empresas é uma honra para mim. Estou ciente da alta importância dos integrantes de sua associação.

> *Elogio dentro do assunto ganha a simpatia do leitor*

> *Prepara a explicação*

Proferir uma palestra para um grupo de tamanha qualidade requer um esforço amplo e edicado. Por conta da necessidade de dedicação exclusiva a um projeto literário para os próximos meses, poderia sugerir que o Sr. entrasse em contato com a Sra. Margaret Sunde, de minha equipe, sobre esta oportunidade de palestra? Margaret é uma palestrante talentosa, especialista em questões sobre o papel da mulher na pequena empresa, especialmente aquelas envolvendo financiamentos e capital de risco. O e-mail de Margaret é margaret@copp.com.

> *Oferta de alternativa mostra preocupação e gera boa impressão*

> *Explicação convincente e razoável*

Se houver algo que eu possa fazer para ajudá-lo em seus esforços, entre em contato comigo outra vez. Boa sorte com o seu evento.

> *Desfecho bem-educado adaptado ao caso*

Steven N. Copp, Presidente
Copp Associates
v: 762.692.6637
e: steve@copp.com
w: www.copp.com
t: twitter.com/stevencopp
f: facebook.com/Copp-Associates

---

132 | MÓDULO 3 | Mensagens eficazes

Exemplos contrastantes de mensagens recusando concessões

As duas mensagens no fim das páginas 134 e 135 mostram o jeito certo e errado de lidar com uma recusa da Pinnacle de devolver o dinheiro gasto com um tecido que desbotou. A mensagem ruim, ríspida e ofensiva, destrói a boa impressão. A boa, que usa as técnicas descritas, tem mais chances de manter a boa imagem do redator.

rispidez em uma mensagem direta

O e-mail ruim começa brusco, com uma declaração direta da recusa. A linguagem é negativa (lamentamos, precisamos recusar, reclamar, negar, prejuízo, inconveniente). A explicação é igualmente insolente. Além disso, ela é ofensiva ("Não consigo compreender como a Sra. não percebeu..."). Não há tato. A redação é na primeira pessoa do singular. Até o encerramento é negativo, pois lembra a notícia desagradável.

tato e cortesia em uma recusa indireta

A mensagem apropriada, bem redigida, começa com uma conversa amigável sobre um ponto de acordo que também abre caminho para a explicação. Sem acusações, raiva ou palavras negativas, ela revisa os fatos do caso, os quais mostram que a empresa não teve culpa. A recusa é clara, mesmo quando é feita por alusão, sem palavras diretas. Ela é cuidadosa, não usa negativas e não tem ênfase exagerada. O encerramento apresenta algumas sugestões úteis para o caso específico – que podem virar realidade em uma venda futura. Gentileza e uma abertura para a revenda estão em toda a mensagem, mas especialmente no final.

Tecnologia rápida
Modelos de e-mail ajudam a reutilizar e personalizar mensagens

Os modelos ajudam a inserir partes comumente reutilizadas em suas mensagens. Relatórios mensais a seu chefe ou recusas a pedidos de reserva em seu hotel lotado ficam mais fáceis de redigir quando você tem um modelo básico de mensagem. No Outlook 2007 e 2010, isso é tarefa fácil. Após redigir a mensagem pela primeira vez, salve-a como modelo do Outlook. Da próxima vez que você precisar dela, é possível fazê-la aparecer no menu Ferramentas clicando em Formulários e selecionando Escolher Forma. Em seguida, selecione Modelos do Usuário para exibir a sua lista de modelos e clique em um deles. Quando a mensagem abrir, digite o texto em qualquer uma das caixas de texto criadas e modifique as informações pertinentes ao caso.

Passar um pouco mais de tempo criando e polindo sua mensagem original garante que você vai reutilizar apenas mensagens bem redigidas.

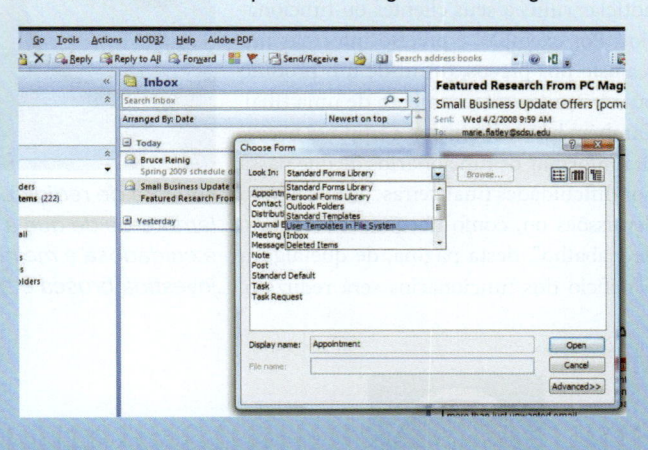

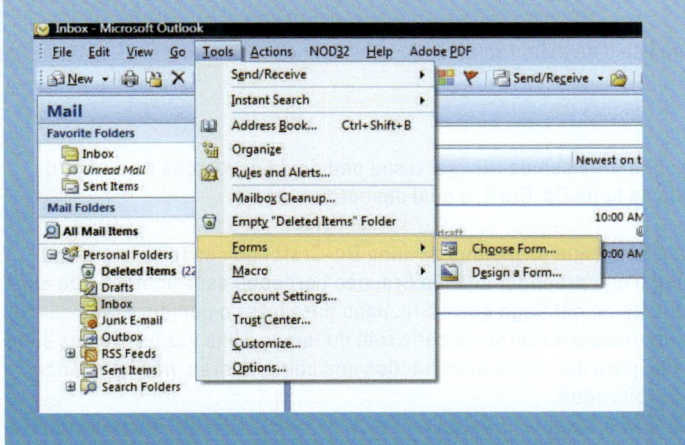

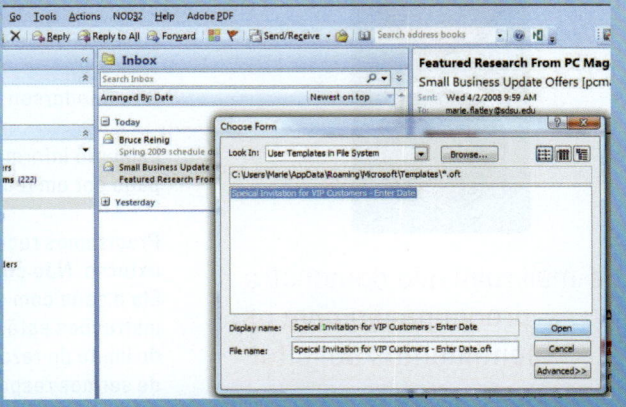

Cenário de trabalho

Como redigir um anúncio negativo

Em seu papel de assistente da vice-presidência de administração da Pinnacle, surgiu a necessidade de redigir uma mensagem com más notícias. A sua chefe acabou de sair de uma reunião com a alta gerência da empresa. Nela, foi decidido que 25% do valor do prêmio do seguro saúde dos funcionários seriam deduzidos do salário. Até agora, a Pinnacle pagava o valor integral. Mas, os custos crescentes com o plano de saúde forçam a empresa a reduzir esses benefícios, especialmente porque os lucros sofreram uma queda nos últimos meses. Alguém tem de ceder se a Pinnacle quiser continuar competitiva no mercado, sem demitir funcionários. Os administradores decidiram que medidas de redução de despesas teriam de ser tomadas, como essa redução no valor pago pelo plano de saúde. A mensagem que você vai redigir para os funcionários é um anúncio negativo.

OA6.6
Redigir avisos negativos que mantenham uma boa impressão.

ANÚNCIOS NEGATIVOS

Existem situações em que a empresa deve notícias ruins a seus clientes ou funcionários. Por exemplo, é preciso informar um reajuste nos preços, o fim de um produto ou serviço, ou o fechamento de uma filial. Também há vezes em que a empresa necessita informar os funcionários de que passa por dificuldades financeiras, de que haverá demissões ou, como no quadro "Cenário de trabalho", desta página, de que algum benefício dos funcionários será reduzido.

Na hora de redigir um anúncio negativo, lembre-se de que a abordagem indireta e cuidadosa é melhor do que uma investida brusca e "ruidosa".

A redação desses anúncios segue as dicas dadas neste capítulo.

Defina a estratégia

A primeira coisa a fazer na hora de redigir um anúncio negativo é definir a estratégia geral de redação. A ordem vai ser direta ou indireta?

Na maioria dos casos, a ordem indireta é preferida (com uma frase atenuante). Esse caminho é especialmente indicado quando existe a chance de o leitor se surpreender, se decepcionar ou ficar com raiva com uma abordagem direta. No planejamento de um anúncio indireto, pense sobre o tipo de frase de abertura atenuante que vai usar, a espécie de explicação necessária, o jeito de redigir a notícia e o modo como você vai dar a entender que considerou os interesses do leitor.

O e-mail ruim não demonstra preocupação com os sentimentos do leitor.

Assunto: seu e-mail de 3 de maio reclamando sobre danos

Sra. Sanderson,

Lamento informar que precisamos recusar o seu pedido de devolução de dinheiro pago por um tecido da linha Do-Craft, o qual desbotou.

Precisamos recusá-lo porque os tecidos da linha Do-Craft não são feitos para uso externo. Não consigo compreender como a Sra. não percebeu essa limitação de uso. Ela é dada com clareza no catálogo que a Sra. usou para fazer o pedido. Essas instruções estão impressas no verso de cada rolo do tecido. Uma vez que fomos além do limite do razoável para dar essas informações aos compradores, não há chance de sermos responsabilizados.

Esperamos que a Sra. entenda nossa posição. Lamentamos ter de recusar o seu pedido.

Marilyn Cox, Relacionamento com o Cliente

> **EVITE COMEÇAR SUA EXPLICAÇÃO COM PALAVRAS QUE SINALIZEM AS NOVIDADES DESAGRADÁVEIS, COMO *INFELIZMENTE* OU *CONTUDO*.**

Prepare o caminho para as más notícias

Como nas mensagens negativas anteriores, planeje o começo de seu anúncio indireto com cuidado. Pense sobre a situação e escolha uma estratégia que prepare ou comece a explicar e justificar o anúncio. Uma boa dica é começar com informações que deem essa justificativa, ou palavras elogiosas focadas no bom relacionamento que você tem com o leitor. Sua escolha deve preparar o leitor para aceitar as notícias desagradáveis que virão.

Explique a situação

Na maioria das vezes, o primeiro parágrafo abre caminho para você dar razões ou explicações gerais no parágrafo seguinte, antes de dar a notícia ruim. Para redigir esta parte, evite começar com palavras que sinalizem as novidades desagradáveis, como **infelizmente** ou **contudo**. Ao contrário, inicie descrevendo a situação que gerou a necessidade de um anúncio negativo. Uma boa dica é começar com uma história, explicando os acontecimentos por trás da situação atual. Informe o bastante para o leitor, para que ele perceba que você está fazendo o melhor que pode – considerando os interesses dele – nessas circunstâncias.

Como apresentar notícias ruins de um jeito positivo

Como nas outras situações negativas vistas, use palavras positivas e evite comentários negativos desnecessários na hora de dar a notícia propriamente dita. Você está redigindo um anúncio, e precisa se certificar de que todos os detalhes importantes estão sendo abordados. As pessoas talvez não estejam esperando

---

Assunto: sua mensagem de 3 de maio sobre o tecido Do-Craft

Sra. Sanderson,

Certamente a Sra. tem o direito de esperar o melhor dos tecidos da linha Do-Craft, que são resultado de anos de experiências. Todos os nossos produtos são fabricados dentro dos mais altos padrões de qualidade.

Como queremos que nossos produtos satisfaçam a nossos clientes, inspecionamos cuidadosamente as fotografias do tecido 103 da linha Do-Craft que a Sra. enviou. Ficou claro que ele foi exposto à intensa luz do sol por longos períodos. Sabemos que os produtos da linha Do-Craft não são resistentes à luz do sol, o que é explicitamente informado em toda a nossa publicidade, bem como no catálogo que a Sra. usou para efetuar a compra. Além disso, essas instruções estão estampadas no verso do tecido. Nessas circunstâncias, tudo o que podemos fazer é sugerir à Sra. que troque o produto por um de nossos tecidos projetados para ambientes externos. Como a Sra. pode ver em nosso catálogo, todos os produtos de nossa linha 200 são recomendados para este fim.

A Sra. também poderá se interessar pelo novo tecido de algodão Duck Back, da nossa linha 500. Estes tecidos de algodão têm uma camada impermeabilizante, preço acessível e ótima resistência ao sol e à chuva. Se pudermos ajudá-la a escolher um desses produtos, por favor, entre em contato via e-mail no endereço service@pinnacle.com.

Marilyn Cox, Relacionamento com o Cliente

Este e-mail é indireto, tem tato e é útil.

Exemplo de caso
Carta recusando a devolução do dinheiro pago por um vestido

Uma cliente de outra cidade adquiriu um vestido caro do redator. Ela devolveu o produto três semanas depois, pedindo o dinheiro de volta. A cliente explicou que o vestido não servia bem e que ela não gostou dele. Mas, as manchas de transpiração no tecido indicam que ela na verdade usou o produto. Esta carta apresenta a recusa ao pedido da cliente de um jeito bem habilidoso.

MARIE'S Fashions

103 BREAKER RD. HOUSTON, TX 77015   713-454-6778   Fax: 713-454-6771
www.mariesfashion.com - facebook.com/mariesfashion - twitter.com/mariesfashion

19/2/2011

Sra. Maud E. Krumpleman
11 Kyle Avenue E
College Station, TX 77840-2415

Prezada Sra. Krumpleman,

[A abertura revela o assunto de um ponto de vista neutro]

Compreendemos a sua preocupação com o vestido que a Sra. devolveu no dia 15 de fevereiro. Como de costume, estamos dispostos a fazer o possível, dentro do razoável, para solucionar o problema. *[Preparação da explicação]*

[Revisão dos fatos dá apoio à posição do redator]

Nossas iniciativas em cada caso são determinadas pelos fatos. Quando um item de vestuário é devolvido, normalmente devolvemos o dinheiro. Claro que, para atender a nossas obrigações com os nossos clientes no quesito qualidade, todos os itens devolvidos precisam estar em condições de serem revendidos. Como a Sra. sabe, nossos clientes esperam apenas o melhor de nós, e investimos nossos esforços nesse fim. Logo, uma vez que as manchas de transpiração em seu vestido impedem a revenda, precisamos considerar realizada a venda dele para a Sra. Estamos retornando o produto para o seu endereço. Com ele a Sra. encontrará um cupom especial para ajuste, o qual garantirá que a Sra. tenha um vestido do tamanho certo, sem custos. *[Bom controle da situação — sem raiva ou acusações]* *[Ênfase no que a loja pode fazer para reestabelecer a boa imagem]*

[Linguagem positiva na recusa]

[Encerramento gentil abre espaço para negócios futuros]

Assim, quando for conveniente, permita-nos fazer os ajustes em seu lindo vestido, de acordo com as suas instruções. Esperamos poder atendê-la em breve.

Cordialmente,

Marie O. Mitchell

Marie O. Mitchell
Proprietária

dm

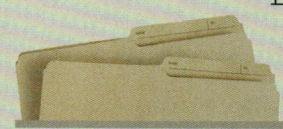

Exemplo de caso
Anúncio negativo que informa um ajuste de preço

Neste exemplo, uma operadora de TV a cabo informa um cliente sobre o aumento da mensalidade. A abertura cordial estabelece um contato amigável e leva a uma explicação da ação. As notícias são apresentadas com clareza, mas de forma positiva. O encerramento gera uma boa impressão e continua com a cordialidade anterior.

Heartland Cable TV, Inc.
37411 Jester Road, Kansas City, MO 64106
Telefone: 815.555.1212
Fax: 815.555.1213
www.heartlandcabletv.com

14/3/2011

Sra. Ellen Butler
396 Scott Street
Kansas City, MO 64106

Prezada Sra. Butler,

Abertura cordial — A sua operadora de TV a cabo está trabalhando para fornecer à Sra. o melhor da TV por assinatura. Acreditamos que tivemos sucesso nesse esforço. A quantidade de programas oferecidos está aumentando, com a Heartland tendo se tornado a empresa-líder na transmissão em HD e tecnologia de gravação.

Informações positivas no final do parágrafo — Além disso, estamos nos esforçando para manter o custo desses serviços o mais baixo possível, com o mesmo padrão elevado. Ano passado fomos capazes de realizar este objetivo e de repassar uma economia de cerca de 20% para dois de nossos serviços *premium*. Como a Sra. deve ter visto nos noticiários, nossos custos continuam subindo. Logo, para manter os nossos objetivos de oferecer alta qualidade aos menores preços, anunciamos um reajuste na mensalidade a partir de 1º de abril. O custo mensal de seu pacote básico com 59 canais aumentará em $1,50 (de $37,99 para $39,49). O custo de serviços *premium* (por exemplo, HBO, Cinemax e pacotes HD) não sofrerão alterações.

(Explicação abre caminho para as más notícias. As más notícias são dadas pela ótica dos interesses do leitor.)

Em nossos constantes esforços de melhorar as opções de entretenimento oferecidas, estamos planejando várias opções novas. Consulte nossa revista eletrônica mensal para conhecer essas novidades.

(Sugestão de negócios futuros)

Palavras gentis para concluir — Temos o prazer de tê-la como cliente, e garantimos que continuaremos nos esforçando para trazer até a Sra. o melhor no serviço de TV a cabo no mercado.

Cordialmente,

Carlos H. Rodriguez

Carlos H. Rodriguez
Presidente

essas notícias desagradáveis. Portanto, elas querem saber os motivos e os aspectos da situação. Se quiser que elas acreditem que fez o possível para evitar a situação negativa, você vai ter de provar que o seu esforço foi verdadeiro. Se os leitores tiverem de fazer alguma coisa, as ações envolvidas devem ficar claras. Além disso, preveja e aborde todas as dúvidas que possam surgir na cabeça dos leitores.

Foque nos próximos passos ou nas vantagens restantes

Muitas vezes, dar uma notícia ruim significa que as coisas mudaram. Um produto popular é tirado de linha, ou os funcionários terão de pagar por algo que no passado era oferecido sem custos. Por essa razão, lidar com um anúncio negativo com frequência exige que você inclua o esforço de ajudar as pessoas a resolver o problema que as notícias criam para elas. Nas situações onde você não tem algo a oferecer – por exemplo, o anúncio de um reajuste de preços – sempre é possível fazer as pessoas se sentirem bem ao chamar a atenção para os benefícios que continuarão a desfrutar. Foque nas coisas boas que não mudaram, ou talvez aponte para algo positivo ou interessante no futuro.

Encerre o anúncio com um tom positivo e motivador

As palavras finais devem consolidar o seu esforço de tratar do assunto de um jeito positivo. Escolha as palavras mais apropriadas para a situação – uma previsão otimista para o futuro, uma expressão sincera de gratidão, uma afirmação do relacionamento positivo que você tem com os seus leitores.

Revise o plano

Quando adaptamos o plano básico usando as instruções dadas, obtemos dicas específicas para redigir anúncios negativos na ordem indireta:

- Comece com uma frase atenuante que abra caminho para a explicação das notícias ruins.
- Apresente a justificativa.
- Dê as notícias desagradáveis de forma positiva, mas clara.
- Ajude a resolver o problema que elas geram para o leitor.
- Conclua com palavras gentis, que gerem boa impressão.

Exemplos contrastantes de anúncios negativos

Compare o exemplo bom de anúncio negativo, da próxima página, com o exemplo ruim a seguir. O ruim foi redigido na ordem direta que, em alguns casos, é aceitável – mas não neste. O bom segue o padrão já discutido.

o estilo direto assusta o leitor
Com seu anúncio já no começo, o exemplo inadequado claramente deixa o leitor em alerta. Ele não está preparado para receber a mensagem negativa e talvez nem compreenda a razão dessa notícia desagradável. A explicação vem depois, mas o leitor já não está muito receptivo quando a lê. A mensagem termina com uma repetição da notícia ruim.

a explicação convincente começa com uma mensagem educada
O exemplo melhor segue o padrão indireto, como sugerimos. As palavras de abertura têm a tarefa de convencer o leitor da necessidade das iniciativas tomadas. Após uma explicação convincente, o anúncio é feito com lógica. Talvez ele não tenha uma recepção positiva de todos, mas ele é uma dedução razoável dos fatos apresentados. Após o anúncio, o redator oferece uma ajuda para o leitor lidar com a nova situação. O último parágrafo lembra o leitor das vantagens inalteradas e garante que a gerência entende os interesses dele. O anúncio termina com uma nota de agradecimento amigável.

O jeito direto neste caso envia uma mensagem negativa.

A nossos funcionários,

A administração da Pinnacle lamenta que a partir de 1º de fevereiro os seus funcionários passarão a contribuir com 25% do valor do prêmio do plano de saúde oferecido pela empresa. Como todos sabem, no passado a empresa sempre arcou com o valor integral.

Esta decisão é resultado principalmente do aumento dos custos com planos de saúde, mas os lucros da Pinnacle também caíram nos últimos meses. Diante deste cenário financeiro difícil, precisamos encontrar maneiras de reduzir despesas.

Esperamos que todos entendam os motivos dessa decisão e aproveitamos para pedir que todos ajudem a diminuir as despesas da empresa.

Cordialmente,

Estilo direto em casos especiais

Em algumas situações é provável que o leitor reaja de modo favorável a uma apresentação direta das más notícias. Por exemplo, se as notícias negativas são esperadas (como ocorre quando outra fonte as revela antes), o impacto pode ser desprezado. Além disso, o estilo direto é apropriado quando o anúncio da empresa informa uma solução ou vantagens novas concebidas para atenuar os efeitos de uma notícia ruim. Como em qualquer anúncio que tenha algum elemento negativo, esta parte deve ser redigida com uma linguagem positiva. Outro aspecto importante é que a mensagem deve terminar com uma nota amigável. O anúncio de uma loja sobre o encerramento de um programa de fidelidade do cliente é mostrado no "Exemplo de caso" na página seguinte.

"Não sei por que vocês estão irritados conosco. As desculpas que demos não são excelentes?"

A todos os funcionários,

Em todo o território dos Estados Unidos, empresas de todos os tamanhos estão lutando para acompanhar os crescentes custos com planos de saúde. Legisladores, operadoras e executivos têm dificuldade de encontrar soluções para o custo dos prêmios dos planos, que não para de crescer.

Essa situação é uma realidade em nossa empresa. Os prêmios que pagamos pela cobertura de nosso plano de saúde cresceram 34% nos últimos dois anos, e o valor de nossos gastos é desconhecido, uma vez que ações judiciais e detalhes da mais recente reforma no setor de saúde serão revelados apenas nos próximos anos. Enquanto isso, como vocês sabem, nossas vendas estão abaixo do esperado há alguns meses.

É imperativo que encontremos, no curto prazo, uma solução para cobrir essas despesas. Sua gerência considerou muitas opções, e rejeitou medidas como redução de salários e de mão de obra. Entre as soluções que serão implementadas, a única que afeta vocês diretamente diz respeito ao plano de saúde empresarial. A partir de **1º de março** passaremos a deduzir 25% do custo com prêmios. As outras medidas de economia se darão em nível corporativo.

Jim Taylor, do Departamento de Recursos Humanos, anunciará uma reunião para informar sobre suas opções de plano de saúde. Planos familiares, planos menos dispendiosos ou com maiores descontos e um fundo flexível de pagamentos estão entre as melhores opções disponíveis. Vocês também poderão conversar com Jim após a reunião para obter consultas individualizadas. Ele tem muitos conhecimentos sobre as soluções disponíveis e certamente dará conselhos específicos à situação de cada um.

Nosso plano de saúde empresarial há tempos está entre os melhores de nossa cidade e em nosso setor. Aqueles que decidirem continuar no plano atual não perceberão qualquer mudança na cobertura ou nos pagamentos adicionais. Todos os nossos gerentes entendem que um plano de saúde forte é essencial para o sucesso da empresa, e faremos o possível para manter estas vantagens sem comprometer a saúde financeira da companhia. Agradecemos a sua cooperação e compreensão.

Cordialmente,

Este exemplo de anúncio indireto segue o padrão de apresentação de notícias ruins.

Exemplo de caso
Mensagem negativa direta, anunciando o encerramento de um programa

Uma empresa decidiu encerrar um programa de fidelidade do cliente e, para informar a adoção de um novo plano a todos os clientes, usou um anúncio direto.

A coisa perfeita
Um pouquinho de tudo para todos

Helio Yang
Champaign, IL 61821
(224) 764-0017
theperfectthing.com
hyang@theperfthing.com

14/6/2011

Ms. Joan Marion
14411 Imperial Point
Largo, FL 33773

Prezada Sra. Marion,

Como nossa cliente há muito tempo, a Sra. gostará de saber que estamos encerrando o Programa Cliente Preferencial, a fim de oferecer uma série de novas opções.

— Declaração direta de boas notícias e uma possível vantagem para o leitor

Explicação clara das mudanças —

A partir de 1º de janeiro, converteremos os seus pontos acumulados na forma de um cupom em valor igual ou superior ao total de seus pontos. O novo total é informado no cupom em anexo. A Sra. poderá usá-lo das seguintes maneiras:

- Ao comprar em nossas lojas, apresente nosso cupom no caixa.
- Ao comprar via um de nossos catálogos, informe o número do cupom ao agente do serviço ao cliente, anexe-o em seu pedido ou digite o número em seu pedido pela Internet.

— Apresentação clara e objetiva do modo como usar o cupom

Em todos esses casos, a Sra. poderá resgatar o valor do cupom em suas compras. Se a Sra. tiver alguma dúvida, entre em contato pelo telefone 1-800-343-4111.

Encerramento amigável e que abre caminho para negócios futuros —

Obrigado por sua fidelidade. Em breve a Sra. será informada sobre novas e interessantes oportunidades de compra e economia em nossas lojas.

Cordialmente,

Helio Yang

Helio Yang, Diretor
Relacionamento com o Cliente

Contém anexo

A coisa perfeita: um pouquinho de tudo para todos

OUTRAS MENSAGENS INDIRETAS

O tipo de mensagem negativa redigida no estilo indireto que estudamos neste capítulo é muito comum. Mas, há outros tipos, como as mensagens persuasivas e as cartas de candidatos a emprego, que são positivas. Estas são abordadas nos capítulos a seguir. Você deverá redigir todos os tipos de comunicação indireta ao adaptar as técnicas que explicamos e ilustramos neste capítulo. ■

ACESSE <http://www.grupoa.com.br> para materiais adicionais de estudo, em inglês, incluindo apresentações em PowerPoint.

objetivos de APRENDIZAGEM

OA7.1 Descrever as estratégias importantes para redigir qualquer mensagem persuasiva.

OA7.2 Redigir pedidos persuasivos hábeis, que comecem indiretamente, desenvolvam o raciocínio de forma convincente, encerrem com uma boa impressão, e gerem uma ação do leitor.

OA7.3 Discutir as questões éticas com relação às mensagens de vendas.

OA7.4 Descrever as etapas do planejamento de malas-diretas.

OA7.5 Compor mensagens de vendas que chamem a atenção, apresentem convites de forma convincente e abram caminho para uma ação, com eficácia.

OA7.6 Redigir propostas bem organizadas e persuasivas

Como redigir mensagens e propostas persuasivas

capítulo sete

Até certo ponto, tudo o que você escreve em seu trabalho é para persuadir – convencer o leitor de que você é profissional, traduzir uma imagem positiva de sua empresa, promover um bom relacionamento. Mas, existem aqueles casos em que a persuasão é o principal objetivo. Nessas situações, o leitor tem uma posição inicial, e a sua tarefa como redator é fazê-lo adotar uma postura mais favorável para você e sua empresa. Vencer esse desafio requer competência analítica afiada, pensamento estratégico e uma redação hábil.

Você está propondo algo de que o leitor provavelmente discorda ou não quer fazer. Nesses casos, é melhor redigir uma mensagem em ordem indireta. A estratégia de preparar o leitor para aceitar a sua ideia é muito melhor do que despejar o conteúdo no começo e então defender a sua proposta com dificuldade no restante da mensagem. Na situação ideal, você deve organizar sua mensagem persuasiva para que, desde o cabeçalho do assunto até o final do texto, o leitor concorde com você. Quando o leitor está do seu lado do começo ao fim, suas chances de sucesso são maiores.

A seguir damos conselhos gerais para redigir mensagens persuasivas. Na sequência, explicamos como a ordem indireta é usada em dois tipos de mensagens: o pedido persuasivo e a mensagem de vendas. Por fim, abordamos outra categoria importante de redação persuasiva: a proposta. Você vai ver que essas comunicações podem ser redigidas tanto na ordem direta quanto indireta, dependendo se são ou não esperadas pelo leitor.

OA7.1
Descrever as estratégias importantes para redigir qualquer mensagem persuasiva.

DICAS SOBRE PERSUASÃO

Todas as dicas dadas sobre como você deve adaptar a sua comunicação a seus leitores são válidas para as mensagens persuasivas – só que muito mais. Levar o leitor de uma posição desinteressada ou mesmo oposta para uma posição de interesse e cooperação é uma tarefa e tanto. Para isso, siga algumas dicas.

Conheça o seu leitor

Não importa o tipo de mensagem persuasiva: você vai precisar pensar no assunto da perspectiva do leitor. Para saber que tipo de apelo vai ter sucesso com ele, descubra o que puder sobre os valores, os interesses e as necessidades dele. As empresas especializadas em campanhas de mala-direta e e-mails gastam muito dinheiro para obter essas informações. Elas usam uma variedade de técnicas de pesquisa para coletar informações demográficas (como idade, gênero, renda e endereço) sobre os seus públicos-alvo, compilar listas de destinatários com base nos interesses dos consumidores e comprar listas de clientes de outras organizações que tiveram sucesso com públicos-alvo específicos.

Mas, até a pessoa com a tarefa de escrever uma mensagem persuasiva interna ou externa aumenta suas chances de sucesso se aprender o que puder sobre os leitores que vão receber essa comunicação. Converse com a equipe de atendimento ao cliente sobre os tipos de telefonemas que recebem, estude o banco de dados de clientes da empresa, converse com as pessoas na hora do cafezinho ou *online*, compartilhe suas ideias com os colegas. A persuasão eficaz depende tanto do conhecimento quanto da imaginação e da lógica.

Conhecer o seu leitor permite se concentrar nos interesses dele.

Escolha e desenvolva vantagens para o leitor-alvo

Ninguém é persuadido a fazer alguma coisa sem uma boa razão. Às vezes essa razão está relacionada a uma recompensa mensurável, ou **tangível**. Por exemplo, a pessoa poupa dinheiro, tempo ou adquire um objeto desejado. Mas, frequentemente as recompensas persuasivas são **intangíveis**. As pessoas querem facilitar a vida, conquistar prestígio ou ter mais liberdade. Talvez desejem se identificar com uma causa, sentir que estão ajudando alguém ou fazendo a coisa certa. Na busca por apelos que conquistem o leitor, não subestime o poder das vantagens intangíveis, especialmente quando você pode oferecê-las junto com um benefício tangível.

Na hora de escolher as vantagens que você vai citar em suas mensagens persuasivas, não esqueça que elas podem ser **intrínsecas, extrínsecas** ou uma combinação das duas. As vantagens intrínsecas são obtidas automaticamente, na hora em que o leitor atende a seu pedido. Por exemplo, se você está tentando persuadir as pessoas a ir ao jantar de premiação da sua empresa, o prazer de compartilhar os sucessos dos colegas é uma vantagem intrínseca. O sorteio de um brinde é uma vantagem extrínseca. A refeição seria uma combinação – não a principal atração do evento, mas é muito importante. As vantagens intrínsecas estão intimamente relacionadas ao que você está pedindo para as pessoas, enquanto as extrínsecas são adicionais e não têm efeito prolongado. Deixe que as vantagens intrínsecas façam o trabalho de convencimento. Na verdade, o foco exagerado nos benefícios extrínsecos talvez diminua o valor das principais vantagens aos olhos do leitor.

Ao apresentar essas vantagens, tome cuidado para que o leitor entenda exatamente o que elas fazem por ele. A literatura sobre vendas faz uma distinção útil entre **características** do produto e **vantagens** para o comprador. Ao dizer que um serviço de telefonia móvel usa um certo tipo de tecnologia, você está descrevendo uma característica. Ao dizer que a tecnologia melhora a conexão ou diminui a queda de ligações, você está descrevendo uma vantagem. O poder de persuasão de um benefício está no quanto ele permite prever as características do produto ou serviço recomendado, de acordo com o mundo do leitor.

Uma técnica comum para alcançar este objetivo é usar o que chamamos de **pintura do cenário**, que consiste em uma descrição que representa o leitor em uma situação fictícia, desfrutando dos benefícios prometidos. Este exemplo é de uma pintura de cenário do *site* da Carnival Cruise Lines:

O seu tempo está curto para férias cheias de diversão? Nossos cruzeiros para a Baixa Califórnia, no México, vão fazer você mudar de ideia. Você vai aproveitar as belezas naturais da região, em um cruzeiro de três noites até Ensenada. Relaxe na tranquilidade das praias privativas antes de visitar as modernas lojas da Avenida Palmera, para comprar joias novas – *duty-free*, claro.

Você tem um dia de sobra? Nossos cruzeiros de quatro noites na Baixa Califórnia vão até a Ilha de Catalina. Quem sabe você encontre alguma celebridade de Hollywood enquanto toma banho de sol nas praias paradisíacas da Ilha Esmeralda?

A pintura do cenário é muito comum nas mensagens de vendas, mas também pode ser usada em outras mensagens persua-

As vantagens extrínsecas, como os sorteios de brindes, são um incentivo, mas as intrínsecas normalmente são mais persuasivas.

sivas, até nas internas. Não importa a situação ou a estratégia: certifique-se de fornecer detalhes suficientes para o leitor perceber as vantagens no que você está pedindo para ele fazer.

Saiba usar três tipos de apelos

O primeiro especialista em persuasão de que se tem notícia, o filósofo grego Aristóteles, viveu há mais de 2.500 anos, mas muitos dos conceitos que desenvolveu são amplamente ensinados e usados até hoje. Sua divisão dos apelos persuasivos em três categorias tem importância especial: os baseados na **lógica (logos)**, na **emoção (pathos)** e no **caráter (ethos)**. Os três tipos entram em ação em todas as mensagens persuasivas – na verdade, é possível dizer que eles atuam em todo tipo de mensagem. Como redator de uma mensagem persuasiva, você terá de pensar com atenção especial no modo como vai administrar esses apelos e naqueles que serão enfatizados de acordo com seu público-alvo.

Na prática, esses tipos de apelo nem sempre podem ser diferenciados, mas, para ter uma noção das opções disponíveis, considere um por vez. Que tipo de apelo lógico você vai usar – a economia de dinheiro, de tempo? Um produto mais confiável e eficaz? E os apelos emocionais? Mais *status* social? Mais *sex appeal*? Maior popularidade? Não esqueça os apelos baseados no caráter. Que tipo de imagem de você mesmo e de sua empresa vai cair bem com o leitor? Você vai convidar uma celebridade ou um especialista para apoiar o seu produto ou servir de porta-voz? Não só na hora de planejar, como também no momento de revisar a sua mensagem, avalie os seus apelos. Certifique-se de que escolheu e desenvolveu aqueles que têm mais chances de persuadir o seu público-alvo.

Facilite as coisas para seu leitor aceitar o apelo

Às vezes os redatores se concentram tanto na criação de apelos persuasivos que acabam deixando de lado a clareza na hora de definir a ação pedida e não mostram como ela é fácil de realizar. Se você quer que as pessoas doem dinheiro ou comprem o seu produto, diga a elas onde e como. Se for preciso, forneça um envelope pré-pago ou um endereço eletrônico. Você quer que os funcionários deem sugestões para a melhoria dos produtos ou das operações da empresa, então diga a eles exatamente onde e como apresentar suas ideias e facilite as coisas para eles. Você quer que as pessoas lembrem a importância da segurança no trabalho e da economia de recursos, então apresente as técnicas específicas para essas metas e fixe dicas nos locais certos. Especificar e facilitar a ação desejada são essenciais para que os seus leitores abandonem a resistência e aceitem o seu pedido.

Com essas dicas gerais em mente, passamos para os três tipos de redação persuasiva no ambiente empresarial: os pedidos, as mensagens de venda e as propostas.

Pintar uma cena vívida, que mostra as vantagens, ajuda você a persuadir o seu público.

CAPÍTULO 7 | Como redigir mensagens e propostas persuasivas

OA7.2

Redigir pedidos persuasivos hábeis, que comecem indiretamente, desenvolvam o raciocínio de forma convincente, encerrem com uma boa impressão, e gerem uma ação do leitor.

PEDIDOS PERSUASIVOS

Os pedidos persuasivos são comuns no ambiente de trabalho. Como no quadro "Cenário de trabalho" a seguir, você talvez precise redigir uma mensagem para solicitar doações ou pedir mais um funcionário ou algum equipamento específico à gerência. Às vezes é necessário persuadir um cliente em potencial a vir a uma reunião em que você vai explicar as vantagens de seus produtos. Em outra situação, você tenta convencer os seus funcionários a mudar algum comportamento.

Não importa se o leitor é interno ou externo. Se existe o risco de o pedido encontrar resistência, vá devagar e calcule os passos que vai seguir. É preciso persuadir o seu leitor a atender ao pedido, antes mesmo de você formulá-lo. Isto é, você deve apresentar os fatos e uma argumentação lógica em defesa de sua ideia de modo convincente. Mas, esse tipo de apresentação exige um plano.

Defina o plano de persuasão

Desenvolver o seu plano de persuasão envolve três tarefas inter-relacionadas: definir o que você quer, descobrir as prováveis reações do leitor e escolher a estratégia persuasiva para vencer a resistência do leitor e causar uma resposta positiva.

Reflita sobre os objetivos por trás de seu pedido. A solicitação de uma doação única é redigida de forma muito diferente de uma que tenta criar um doador fiel e constante. Na tarefa de convencer os funcionários a deixar para os clientes as vagas no estacionamento mais próximas à porta, a mensagem que demonstra que você quer que eles façam isso de boa vontade é muito diferente daquela em que você simplesmente os ordena a obedecer à determinação. No contexto das metas de sua organização e do seu relacionamento com os leitores, os seus objetivos como redator são os principais aspectos que definem as características da mensagem persuasiva.

Aprenda com os gregos: ethos, logos e pathos – todos vão ajudar você a persuadir o seu leitor.

Cenário de trabalho

Como fazer um pedido convincente

Vamos voltar ao seu cargo fictício na Pinnacle. Como executivo de futuro, você passa uma boa parte de seu tempo trabalhando para a comunidade. A Pinnacle quer que você faça esse trabalho voluntário como uma estratégia de relações públicas. Para você, a iniciativa é gratificante em termos pessoais.

Você é o presidente do comitê de arrecadação de recursos do programa Junior Achievement da cidade e, no momento, concentra todos os seus esforços na busca de apoio financeiro para o programa junto a empresários locais. Você tem um grupo de trabalhadores que visita esses empresários. Mas, essas visitas consomem tempo, e são muitas.

Na pauta da reunião de hoje do conselho de administração do programa Junior Achievement constava o problema de fazer contato com os empresários. Um diretor sugeriu enviar uma carta para convencê-los a doar recursos. O conselho recebeu a ideia com entusiasmo. Com o mesmo entusiasmo, o conselho incumbiu você de redigir a carta.

Não é uma tarefa comum de redação. Os empresários provavelmente contribuirão, mas não vão dar dinheiro sem uma boa razão. Na verdade, a primeira reação deles diante de um pedido assim é negá-lo. Por isso, você vai ter de vencer essa resistência e persuadi-los. De fato, sua tarefa é desafiadora.

> **NÃO IMPORTA SE O LEITOR É INTERNO OU EXTERNO. SE EXISTE O RISCO DE O PEDIDO ENCONTRAR RESISTÊNCIA, VÁ DEVAGAR E CALCULE OS PASSOS QUE VAI SEGUIR.**

Já dissemos que estudar as necessidades e os interesses dos leitores é essencial no planejamento de sua mensagem persuasiva. Lembre tudo o que você sabe sobre o público-alvo e se coloque no lugar dele. Examine o pedido da forma como os leitores provavelmente vão interpretá-lo. Antecipe as vantagens para eles e tente prever quaisquer objeções. É com reflexão e imaginação que o seu plano ganha forma.

O plano específico que você vai desenvolver depende da realidade da situação. Mostre ao leitor que ele terá a chance de ganhar dinheiro ou poupar tempo ou de obter alguma vantagem em termos de imagem ou prestígio. Em alguns casos, você pode até persuadi-lo ao apelar às emoções, como sua busca pela beleza, felicidade, serenidade, etc. Sempre é possível convencer o leitor de que ele se sentirá bem se fizer a coisa certa. Você decide quais são as vantagens que têm mais chances de convencer o leitor.

Em sua carreira, muitas vezes você vai precisar pedir algo. Este capítulo ensina como.

Um tipo muito especial de pedido persuasivo apresenta a solicitação como a solução de um problema. Nesta estratégia, primeiro você expõe um problema que você e o leitor compartilham – uma técnica de persuasão **em pé de igualdade** – e mostra como aquilo que você propõe vai solucionar o problema de todos. Muitas cartas pedindo doações começam com essa isca, com fatos assustadores sobre a situação da economia, o meio ambiente, as condições de vida em algum lugar do planeta. Essa estratégia também é útil com públicos internos não receptivos a uma proposta direta de ação, mas que, assim como você, acreditam que algo deve ser feito.

As situações em que um pedido persuasivo é necessário são oportunidades muito boas para pôr em prática suas competências de análise, criatividade e julgamento. Elas vão ajudá-lo a planejar mensagens que mudarão a opinião e motivarão os leitores para a ação.

Comunicação rápida

Como planejar uma argumentação convincente

O filósofo britânico Stephen Toulmin, um dos mais aclamados estudiosos da lógica, criou um modelo de argumentação considerado muito útil. Entender os três componentes do modelo – *pretensão*, *evidência* e *garantia* – ajuda a redigir com mais persuasão.

Uma *pretensão* é uma declaração. Por exemplo, se você está tentando vender os seus serviços de tratamento de gramados, a sua pretensão principal talvez seja "nossos serviços vão ajudar você a ter um gramado mais verde e saudável".

A *evidência* é o que dá suporte à pretensão. No exemplo, você fornece detalhes sobre os compostos químicos, fotos do "antes" e do "depois" do tratamento, e depoimentos de clientes. Para ser persuasiva, a evidência precisa ser *crível*, *suficiente* e *claramente relevante* em relação à pretensão.

A *garantia* é o valor ou a suposição que torna a evidência convincente para o seu público-alvo. Para avaliar todas as evidências em nosso exemplo, os leitores teriam de acreditar que os produtos químicos são o caminho certo para um gramado saudável, que a grama deve parecer viçosa e homogênea, e que as opiniões dos outros clientes são importantes. Nosso argumento não funciona se as pessoas se preocupam com os riscos de os produtos serem prejudiciais ao meio ambiente, se acreditam que um gramado deve ter uma aparência natural ou se não se preocupam com a opinião de estranhos.

Para preparar um convite persuasivo, comece com a garantia – explore os valores que o seu público-alvo tem. Depois, apresente as suas pretensões e escolha as evidências com base nesses valores.

> **"Se você está redigindo um pedido, como uma mensagem, com uma solução para um problema, comece com o objetivo que você e os seus leitores têm em comum."**

Como conquistar a atenção no começo da mensagem

O objetivo da abertura das mensagens indiretas discutidas no Capítulo 6 é dar uma explicação. Nos pedidos persuasivos, o objetivo é o mesmo. Sua mensagem deve começar levando o leitor para sua estratégia principal. Mas, a abertura tem uma meta adicional: conquistar a atenção.

Você precisa atrair o leitor no começo deste tipo de mensagem. Lembre-se: você está escrevendo para alguém que não pediu essa comunicação e talvez nem concorde com o objetivo dela. Comece sua mensagem de um jeito interessante para que o leitor se torne receptivo.

Defina o que o seu leitor vai achar atraente, como uma declaração que desperte a curiosidade ou alguma emoção:

Enquanto degustávamos um banquete na noite passada, 31 órfãos na Missão de San Pablo tinham apenas feijão frito para comer.

Talvez uma frase oferecendo ou sugerindo uma vantagem:

Até um jornal ou uma xícara de café custa mais! Mas este é o custo de nossa assinatura da TV local, com desconto, que ajuda a manter a televisão pública em atividade em nossa comunidade.

As perguntas fazem as pessoas pensarem. Em muitos casos, elas são eficazes para iniciar uma mensagem:

Como uma carta apresentando um questionário que pedia as opiniões dos médicos sobre diversos assuntos:

Como médico, qual é a sua opinião sobre a importância dos prontuários eletrônicos na prática da medicina?

Ou uma mensagem pedindo a cooperação das lideranças empresariais para promover uma feira:

Qual seria o seu lucro se 300 mil visitantes chegassem a nossa cidade em uma única semana?

Se você está redigindo um pedido, como uma mensagem, com uma solução para um problema, comece com o objetivo que você e os seus leitores têm em comum. Por exemplo, um de seus gerentes de projeto se aposentou e você quer que um funcionário da equipe do escritório seja promovido ao cargo. O desafio é que nunca funcionário algum do escritório teve a chance de assumir um cargo de gerência. Por isso, qualquer proposta direta com essa finalidade seria recebida com resistência pelos executivos da companhia. Para trazê-los para o seu lado, comece sua mensagem com fatos de que ninguém discorda: alguém se aposentou, as funções do cargo são importantes e é preciso encontrar alguém com as competências necessárias com rapidez. O cabeçalho de assunto de um e-mail deste tipo poderia ser redigido como, "A redistribuição das tarefas de Jim Martin" (que tem a aceitação unânime), não "A promoção de Kathy Pearson" (que seus leitores não aceitam, a menos que você os tenha preparado).

Não importa a situação: o caráter indireto da abertura de sua mensagem deve envolver os leitores logo que a receberem e fazê-los seguir a linha de raciocínio que os levará a aprovar o seu pedido.

Desenvolva o pedido

Após a abertura, prossiga em sua meta de persuadir o leitor. Sua tarefa agora consiste em apresentar o raciocínio escolhido com lógica e ordem.

Como qualquer argumento para convencer, vá além de uma mera lista de pontos: use detalhes convincentes. Você está tentando penetrar em uma mente neutra ou resistente e, por isso, vai precisar usar o interesse do leitor com eficácia. Preste atenção especial no significado de suas palavras e na clareza de expressão. Use a lógica e as emoções do jeito certo, e projete uma imagem atraente. Além disso, o seu leitor talvez fique impaciente se você adiar a revelação de seu objetivo. Logo, cada palavra conta.

Como fazer o seu pedido de um jeito claro e positivo

Após apresentar a sua persuasão, passe para o que você está querendo obter. Você tentou preparar o leitor e, se fez isso certo, ele provavelmente está preparado para aceitar o seu pedido.

Tente atrair o leitor já no começo da mensagem persuasiva.

Como nas mensagens negativas, o seu pedido exige cautela na escolha de palavras. Evite aquelas que não têm relação com ele e as que remetem a imagens e ideias que não ajudem você. As palavras que lembrem os motivos para recusar o pedido são especialmente prejudiciais, como no seguinte exemplo:

> Sei que os executivos como você têm pouco tempo livre, mas, por favor, considere aceitar um cargo no conselho de administração do Fundo de Amparo a Crianças Carentes.

A frase a seguir se encaixa bem no ponto principal da estratégia de persuasão, e é mais eficiente:

> Como suas competências organizacionais são extremamente necessárias, você poderia aceitar um cargo no conselho de administração do Fundo de Amparo a Crianças Carentes?

O seu pedido pode ou não encerrar a mensagem, dependendo das necessidades do caso. Embora o final seja um ponto de ênfase, você deve aproveitá-lo ao máximo, acompanhando o pedido com algumas explicações. Isso é especialmente eficaz quando você precisa fazer um esforço de persuasão muito longo. Nesses casos, você não vai poder simplesmente apresentar todas as suas razões antes de seu objetivo. Por outro lado, é possível terminar uma apresentação mais simples com o pedido. Mesmo nesses casos, talvez seja preciso acompanhar a solicitação com um apelo final. As mensagens nas páginas 150 e 151 mostram esta estratégia, que associa o pedido a uma vantagem, se o leitor o atender.

Resumo do plano de redação de pedidos

A discussão anterior resume o plano básico para redigir pedidos persuasivos:

- Inicie com palavras que (1) atraiam a atenção e (2) definam a estratégia.
- Desenvolva o pedido usando uma linguagem convincente e o "você".
- Apresente o pedido com clareza e sem negativas (1) no final da mensagem ou (2) acompanhado de palavras que mantenham o clima do apelo.

Um apelo final pode representar o sucesso de seu pedido.

Ingredientes do sucesso na obtenção de doações

Jerold Panas, especialista na arrecadação de doações, realizou muitas pesquisas com grupos de foco para encontrar a chave do sucesso nessa atividade. As respostas se resumem em três Es e um I.

- Empatia – a capacidade de entender os valores e interesses do público-alvo.
- Energia – a determinação de dedicar esforços na arrecadação de doações.
- Entusiasmo – o comprometimento evidente com a obtenção de doações.
- Integridade – a sinceridade e honestidade da pessoa que pede as doações.

FONTE: *Asking: A 59-Minute Guide to Everything Board Members, Volunteers, and Staff Must Know to Secure the Gift* (Medfield, MA: Emerson & Church, 2007) 17-20, impresso.

Exemplos contrastantes de pedidos persuasivos

As diferenças entre dois pedidos persuasivos ficam claras em duas cartas contrastantes, que pedem doações ao programa Junior Achievement. A mensagem da página 152 é direta e pouco eficaz em sua persuasão. Já a segunda (na página 153), segue o plano básico e é claramente melhor.

abordagem egoísta e ríspida

A carta pouco eficaz começa com o pedido que, por se opor aos desejos do leitor, quando apresentado na forma direta, provavelmente vai gerar uma reação negativa. Além disso, os comentários envolvendo a quantia a ser doada soam como uma repreensão, não uma sugestão. A explicação dada é fraca e inconsistente. No geral, a carta foi mal redigida. Ela não usa o "você" com consistência. Mas, o pior problema talvez seja a persuasão propriamente dita: ela vem muito tarde. O encerramento interesseiro não é um bom lembrete do objetivo da comunicação.

persuasão habilidosa em estilo indireto

A segunda mensagem demonstra que as prováveis reações do leitor foram previstas. A abertura desperta interesse e prepara a estratégia de persuasão. O uso eficaz do "você" está em todo o texto. É só depois de o leitor ter sido convencido dos méritos do pedido que a mensagem faz a pergunta fatídica. As palavras finais fazem o leitor pensar sobre as vantagens de dar uma resposta positiva.

Exemplo de caso
Pedido persuasivo externo por informações sobre candidatos a emprego

Nesta carta, o editor de uma publicação voltada ao público empresarial pede informações a um executivo. Ele quer redigir um artigo sobre as qualidades que os candidatos a emprego devem ter. Atender a este pedido vai exigir tempo e esforço do executivo e, por isso, a persuasão indireta é mais apropriada.

FastTrack
Jumpstarting Your Business Career

20 de novembro de 2012

Sra. Adelade O. Romano
Diretora de RH
Chalmers-DeLouche, Inc.
17117 Proden Road
St. Paul, MN 55108

Prezada Sra. Romano,

[Uma pergunta de abertura pede atenção] Quais são as pistas que a Sra. encontra nos formulários de candidatos a emprego a fim de avaliar o caráter e a necessidade de uma pessoa para sua empresa? **[O tópico de abertura define uma explicação]**

[Uma explicação é apresentada de forma lógica] Os jovens que entram no mercado de trabalho estão ansiosos por qualquer pista que os ajude a conseguir um bom cargo. Eles querem conhecer o que passa pela cabeça dos gerentes de RH na hora de escolher um candidato. Em nossa coluna "Apresentações que falam por si", o objetivo é enviar uma mensagem específica a esse público. Pensando na praticidade, estamos buscando informações junto a pessoas atuantes nesta área, que realmente conhecem os segredos da contratação.

[O pedido evolui a partir da apresentação de um apelo] Recentemente um amigo em comum, Max Mullins, contou-me sobre seus esforços para encontrar a pessoa mais indicada entre 250 candidatos. Quais são os pontos específicos que a Sra. procura nessas pessoas? Quais são as qualidades que diferenciam uma das outras? Quando as coisas ficam sérias, quais são os detalhes que a ajudam a tomar a decisão final? Os jovens profissionais de hoje estão ansiosos por respostas a estas perguntas. **[Explicação é direta – apela sutilmente à boa vontade de ajudar]**

A Sra. poderia nos ajudar a resolver os problemas deles ao anotar sua opinião sobre uma população diversificada desses candidatos e ao conceder uma entrevista a mim sobre suas ideias. Naturalmente, todas as informações sobre os candidatos seriam mantidas sob sigilo.

[As últimas palavras lembram o apelo inicial] <u>Seria possível compartilhar suas opiniões comigo e centenas de jovens profissionais?</u> Por favor, telefone ou envie um e-mail para marcarmos uma entrevista em um horário conveniente para a Sra. É muito provável que, por meio desta carta, a Sra. contribua para o sucesso de um líder futuro em sua própria empresa. Pelo menos você servirá de referência a muitos jovens, que tentam conseguir "aquele" emprego, tão importante para eles neste momento. **[Declaração clara do pedido]**

Cordialmente,

Charlotte C. Clayton

Charlotte C. Clayton
Editora assistente

405 Perrin Ave.
Austin, TX 78716
512-437-7080
Clayton@fasttrack.com

Exemplo de caso
Pedido persuasivo interno para que os funcionários doem sangue

O redator quer que os funcionários participem de um mutirão anual de doação de sangue na empresa. Ele precisa convencê-los da importância da iniciativa e vencer a resistência deles. Esta mensagem será enviada a cada um deles em envelopes recicláveis. Revisado e impresso com permissão do Dr. Joseph A. Steger, Presidente Emérito, University of Cincinnati.

AMBERLY
Engineering & Construction

Departamento de Relacionamento com a Comunidade
Caixa de correspondência 12
123 Jackson Street
Edison, Colorado 80864
(719) 777-4444
CommunityRelations@Amberly.com

27 de fevereiro de 2012

[Abre com uma pergunta que atrai a atenção e é focada]

Você ajudou a salvar a vida de Brad Meyer?

[Narra uma história envolvente com detalhes específicos]

Alguns anos atrás, um funcionário da Amberly estava dirigindo o seu automóvel para ir à festa de casamento de um amigo, quando um carro que vinha na direção oposta, guiado por um motorista embriagado, invadiu a pista contrária. Brad não lembra o acidente. Mas ele lembra os dois meses passados no hospital, as várias cirurgias e a fisioterapia.

[Usa um apelo baseado em uma pessoa; convida o leitor a se identificar com esses "salva-vidas"]

Sem a ajuda de pessoas como nós, Brad não teria sobrevivido. Os funcionários da Amberly salvam vidas regularmente. Somos doadores de sangue. Por favor, salve uma vida e junte-se a nós, nesta sexta-feira, 19 de março, para o mutirão de doação anual da Amberly.

Sua ajuda é necessária para que o evento tenha sucesso.

Doar sangue é fácil. Todo o processo não dura mais de 45 minutos.

Doar sangue é seguro. Os profissionais de saúde experientes da Central de Doação Steinmetz estarão no local, conduzindo o procedimento exatamente como fazem em uma clínica.

[Evita expressões como "retirar sangue" ou "agulha" – que soariam desagradáveis]

Doar sangue é tranquilo. A equipe da Steinmetz estará na Sala 401, Prédio B, entre 9h00 da manhã e 3h00 da tarde. Para poupar tempo, marque uma hora. Telefone para a Central de Doação Steinmetz, no número 777-1170.

[Lida com alguma possível objeção do leitor]

Doar sangue é importante. Ninguém sabe quem será o próximo que vai precisar, mas uma coisa é certa – ele só estará disponível se pessoas saudáveis e atenciosas reservarem um tempo para doá-lo. O acidente de Brad exigiu 110 bolsas – mais de 45 litros – de sangue. Uma vez que 110 pessoas reservaram 45 minutos, Brad Meyer tem toda uma vida pela frente para agradecer.

Separe alguns minutos para reservar um horário no verso desta carta. Em seguida, devolva-a para o departamento de Relacionamento com a Comunidade, Caixa de Correspondência 12, até o dia 15 de março. Acompanhe o sucesso da campanha clicando no *link* Amberly Lifesavers, na página inicial da intranet da empresa.

[Esclarece e facilita o pedido]

[Relembra a abertura que apela para a emoção e a liga a um apelo lógico – você ou alguém em sua família pode precisar]

Brad e outras famílias – como a sua ou a minha – que um dia poderão precisar, dizem:

Muito obrigado,

John M. Piper

John M. Piper
Diretor, Relacionamento com a Comunidade

CAPÍTULO 7 | Como redigir mensagens e propostas persuasivas

MENSAGENS DE VENDAS

Todo o mundo sabe que as mensagens de vendas estão entre as mais comuns no ambiente empresarial. Elas são muito importantes na maioria das estratégias de negócios, tanto que hoje constituem um gênero próprio, aperfeiçoado e altamente profissionalizado – tudo com o apoio de extensas pesquisas junto aos consumidores. Pense nas cartas de venda típicas que você recebe. A mensagem no envelope, os elementos visuais, o aspecto, o texto – tudo foi cuidadosamente planejado. Em muitas delas, esse material é coordenado com outras mídias, como comerciais na TV, e-mails e postagens na Internet. Claro que muitas dessas mensagens são concebidas por profissionais de propaganda. As mensagens pedindo doações também. Então, por que estudar a redação de mensagens de vendas?

Como profissional do ambiente de negócios, você vai se deparar com situações em que alguém vai pedir para ajudar a definir uma campanha de vendas. Afinal, é provável que você conheça bem o produto ou serviço que será oferecido e as vantagens que eles têm para os consumidores em potencial. É por isso que você precisa estar familiarizado com as convenções das mensagens de vendas e ser capaz de oferecer suas próprias ideias para o sucesso dessas estratégias.

O conhecimento sobre técnicas de vendas também vai ajudar você em muitas atividades, especialmente a redação de outros tipos de mensagens empresariais. Em certo sentido, a maior parte delas envolve a venda de alguma coisa – uma ideia, uma linha de raciocínio, sua empresa, até você mesmo. As técnicas de vendas são mais valiosas do que muita gente imagina. Quando terminar de ler este capítulo, você vai entender por que.

OA7.3
Discutir as questões éticas com relação às mensagens de vendas.

Questione a aceitabilidade das mensagens de vendas

Começamos nossa discussão sobre mensagens de vendas com um aviso: elas são uma área controversa da comunicação empresarial. Isso ocorre por dois motivos. Primeiro, elas normalmente não são desejadas. Segundo, muitas usam táticas persuasivas questionáveis do ponto de vista ético. Você sabe por experiência própria que uma mala-direta nem sempre é bem recebida. Chamadas de *junk mail*, essas correspondências quase sempre acabam na lixeira, sem serem lidas. Mesmo assim, elas devem ser eficazes – o ramo da mala-direta continua forte.

A venda presencial é apenas uma parte do negócio. Muitas vendas ocorrem via Internet, e-mail ou correio.

Esta abordagem direta e insípida provavelmente não vai persuadir.

Prezado Sr. Williams,

O Sr. pode fazer uma doação para o programa Junior Achievement? Definimos o valor mínimo para doações de empresas em $50, mas quantias maiores são bem-vindas.

A organização realmente está precisando de seu apoio. Hoje, cerca de 900 jovens não poderão participar das atividades do programa, a menos que consigamos arrecadar doações. O programa Junior Achievement é muito importante. Como líder empresarial, o Sr. deveria apoiá-lo.

Se o Sr. ainda não conhece o programa, vou explicar. Ele é uma organização voltada para jovens do ensino médio que trabalham com executivos locais para criar pequenas empresas e administrá-las. Neste processo, os alunos conhecem o nosso sistema econômico. Isso é bom, e merece receber a sua ajuda.

Esperamos receber a sua generosa doação.

Cenário de trabalho

Como conceber mensagens de vendas

Você é Anthony A. Killshaw, consultor de sucesso na área de restaurantes. Nos últimos 12 anos, você acumulou conhecimentos especializados sobre o setor da gastronomia. Você se especializou na maioria das atividades típicas de um restaurante: a concepção de cardápios, o controle e a compra de alimentos, a organização da cozinha, o atendimento. Seus feitos também incluem um sistema simplificado de obtenção e análise de dados que permite avaliar a maioria dos problemas a fundo e com rapidez. Os testemunhos de muitos clientes satisfeitos provam que o sistema funciona.

Saber que o seu sistema é eficiente é uma coisa. Fazer este conhecimento chegar a clientes em potencial é outra. Por isso, você decidiu divulgar o seu trabalho, escrevendo a gerentes de restaurantes sobre o que tem a oferecer.

No momento, o seu plano de vender esses serviços não está definido. Mas, você acha que vai oferecê-los por e-mail, por ser um jeito fácil e rápido de atingir os seus clientes em potencial. As chances de eles lerem suas mensagens são maiores, comparadas ao correio comum. Talvez uma mensagem básica que convide os leitores a visitar o seu *site* seja uma boa ideia. Ele dá muitos detalhes – muito mais do que você poderia disponibilizar via e-mail.

Como a redação de uma mensagem de vendas exige habilidades específicas, você decidiu contratar uma agência de publicidade local – com experiência neste tipo de atividade. Mas, você tem uma ideia bastante clara do que quer e, por isso, não vai deixar todo o trabalho na mão dos publicitários. Você vai dizer a eles o que quer que a mensagem informe e terá a palavra final sobre o que é aceitável.

Prezado Sr. Williams,

Neste exato momento, em sua cidade, 620 adolescentes estão administrando 37 empresas. Eles comandam o show. A única ajuda que recebem de um adulto vem dos profissionais que dão alguns conselhos a eles.

No último mês de setembro, esses jovens se candidataram a cargos em algumas filiais de empresas e escritórios. Eles criaram planos para administrar operações. Por exemplo, um grupo planejou criar *sites* para pequenas empresas locais. Outro decidiu organizar um show de rock. Outro decidiu publicar informativos eletrônicos para as corporações atuantes na área. Após definir os planos, esses garotos lançaram estoques de ações – e os venderam. Com o dinheiro arrecadado, começaram suas operações. Hoje eles estão trabalhando. Em maio, saldarão as despesas de suas empresas e prestarão contas aos acionistas.

O que está por trás dessas realizações tão impressionantes? Como o Sr. provavelmente já sabe, é o programa Junior Achievement. Desde 1919, o programa sem fins lucrativos ensina os detalhes dos negócios, da economia e do empreendedorismo aos adolescentes do ensino médio. As parcerias firmadas com voluntários e professores ajudam estes adolescentes a ganhar experiência prática no mundo dos negócios, enquanto aprendem as bases da economia e da responsabilidade financeira. Outro ponto positivo é que eles descobrem como resolver problemas em um clima de cooperação. É uma situação vantajosa para todos os envolvidos.

Para continuar nesse caminho de sucesso, o programa precisa da ajuda de todos nós. Nos 13 anos em que ele atua em sua cidade, ele recebeu o apoio entusiasmado das lideranças empresariais locais. Mas, com mais de 900 jovens na lista de espera, nossos planos para o próximo ano precisam incluir uma expansão das atividades. É por isso que, como voluntário que sou, peço ao Sr. que também ajude a manter o programa vivo para mais jovens, contribuindo com $50 (o valor é deduzível do imposto de renda de sua empresa). Sua ajuda vai cobrir os custos com materiais, eventos especiais e bolsas de estudo, preparando mais adolescentes para um futuro brilhante nos negócios.

Por favor, faça sua doação agora, completando o nosso formulário *online* no *site* <www.juniorachievement.org>. O Sr. estará ajudando nossos garotos, nossas escolas e nossa comunidade.

Cordialmente,

Esta carta indireta, interessante e detalhada tem muito mais chances de sucesso.

Hoje muita gente está começando a perceber que as mensagens de vendas enviadas por e-mail criam uma hostilidade cada vez maior em quem as recebe. Conhecidas como *spam*, essas mensagens não são solicitadas e despertam muita aversão.

Uma provável explicação é que elas entulham nossas caixas de entrada. Outra é que esses e-mails também são um fardo para os provedores, o que acaba aumentando os custos para os usuários. Ainda há o fato de elas invadirem a privacidade. Alguns anunciantes via e-mail adotam práticas antiéticas e usam cabeçalhos enganosos ou têm endereços inválidos para escapar dos mecanismos de filtragem e fazer os remetentes abrirem suas mensagens.[1] Independentemente das explicações, a resistência a essas mensagens é uma realidade, e você vai precisar considerar esses obstáculos na hora de usar esse meio de venda.

Mas, ainda bem que alguém teve a ideia de criar uma forma mais aceitável

Os pedidos persuasivos e as mensagens de vendas chegam sem ser convidados. Eles têm suas próprias metas, mas provavelmente encontrarão a resistência do leitor. A menos que despertem o interesse logo que chegam, é quase certo que acabarão no cesto de papéis.

A acusação de que as mensagens persuasivas usam táticas antiéticas infelizmente é verdadeira em muitos casos. Essas táticas variam, desde o uso de recursos visuais e redação enganosos e a omissão de informações importantes, até o uso da dimensão emocional para causar uma boa impressão. Em uma ação movida no Estado do Missouri, Estados Unidos, a Publishers Clearing House foi condenada por adotar táticas enganosas no envio de mensagens que diziam que os destinatários haviam vencido um prêmio, quando na verdade nada haviam ganho.[3] Em outro exemplo, uma empresa de roupas de cama *online* enviava cartas aos pais de calouros das universidades, dizendo que os seus filhos precisariam comprar lençóis específicos para o tamanho dos colchões das casas do estudante. Mas, a empresa omitia o fato de que apenas uma entre quatro acomodações estudantis tinha camas maiores que o padrão. Outra coisa importante é que as imagens

> "AS TÁTICAS ANTIÉTICAS VARIAM DESDE RECURSOS VISUAIS E REDAÇÃO ENGANOSOS ATÉ O USO DA DIMENSÃO EMOCIONAL PARA CAUSAR UMA BOA IMPRESSÃO."

de vendas por e-mail. No **e-mail autorizado,** ou ***opt-in* e-mail marketing,** os clientes em potencial se cadastram para receber as promoções de uma empresa no próprio *site* ou permitem a inclusão dos seus endereços de e-mail em um catálogo, *call center* ou outro meio. Em alguns meios, os clientes em potencial informam os produtos, serviços e tópicos específicos de interesse. Os anunciantes adaptam suas mensagens a esse perfil e o cliente recebe apenas o que quer ver. Segundo um artigo publicado pela eMarketer, as listas de permissão representam um passo muito importante no sucesso de campanhas de marketing.[2] Práticas como essa ajudam a amenizar o problema dos e-mails não desejados.

Comece a redigir uma mensagem de vendas estudando a fundo o produto ou serviço oferecido.

atuam em nível muito elementar. Por isso, elas têm um poder de persuasão maior, evadem a capacidade de julgamento do recipiente e levantam questionamentos éticos.[4]

Todas as mensagens persuasivas são parciais por natureza. O redator tem um ponto de vista preferido e quer persuadir o leitor a adotá-lo. Por isso, se você levar em conta a dimensão ética da comunicação, que é importante em todos os tipos de mensagens, vai ver que nas mensagens persuasivas o papel dela é crucial. Ouça a voz da consciência, coloque-se no lugar do leitor para encontrar o melhor modo de representar o seu assunto e fazer o seu público-alvo abraçar a sua causa.

> **NA MAIORIA DAS MENSAGENS DE VENDAS, UM APELO DEVE SE DESTACAR COMO ELEMENTO PRINCIPAL – MENCIONADO NO COMEÇO, REFORÇADO NO MEIO E REITERADO NO FIM.**

OA7.4
Descrever as etapas do planejamento de malas-diretas.

Prepare-se para redigir uma mensagem de vendas

Antes de começar a redigir uma mensagem de vendas, você vai ter de descobrir tudo o que puder sobre o produto ou serviço oferecido. É simplesmente impossível tentar vender mercadorias e serviços sem nada saber sobre eles e sem poder dizer aos clientes em potencial o que precisam conhecer. Antes de comprar um produto, esses clientes vão querer saber como ele é feito, como funciona e o que faz ou não faz. A primeira etapa na redação de mensagens de vendas é sempre a mesma: estudar o produto ou serviço a fundo.

Mas, você também deve conhecer os seus leitores. Você deve saber por que eles precisam desse produto ou serviço específico. Tudo o que conseguir descobrir ajuda: a condição econômica, a idade, a nacionalidade, a escolaridade e o nível cultural. Quanto mais você souber sobre os seus leitores, mais será capaz de adaptar os elementos de sua mensagem de vendas a seu público-alvo.

Nas grandes empresas, é o departamento de pesquisa de marketing que normalmente coleta informações sobre os clientes em potencial. Se você não tem o auxílio de uma equipe como essa, vai precisar obter os dados necessários por conta própria. Se não tem tempo para essa pesquisa, siga o seu instinto lógico. Por exemplo, a natureza de um produto diz algo sobre quem vai comprá-lo. Um equipamento industrial é adquirido por uma pessoa com conhecimentos técnicos. Perfumes franceses caros são comprados por pessoas nas faixas de renda mais altas. Auxílio funeral é adquirido por idosos das classes menos privilegiadas. Se você está comprando uma *mailing list*, deverá receber dados como idade, sexo, raça, educação, renda e estado civil. Às vezes essas listas também incluem interesses, faixas de gastos ou padrões de consumo.

Muitas empresas de marketing utilizam grupos de foco para aprender mais clientes em potencial.

Determine o apelo principal

Com o seu produto ou serviço e os clientes em potencial em mente, você está pronto para criar a mensagem de vendas. A tarefa envolve a escolha e a apresentação de seus apelos emocionais, lógicos, baseados no caráter ou uma combinação destes. Na maioria das mensagens de vendas, um apelo deve se destacar como elemento principal – mencionado no começo, reforçado no meio e reiterado no fim. Outras vantagens podem ser citadas nos pontos apropriados, mas a mensagem deve enfatizar o pedido principal.

Os apelos emocionais – concebidos para despertar os sentidos e emoções – são vistos na grande maioria dessas mensagens. Mas, eles predominam nas mensagens voltadas para produtos e serviços que não têm uma função discernível. O seguinte exemplo ilustra esse apelo em uma mensagem criada para vender um perfume associando a magia de lugares distantes à fragrância exótica do produto:

> Passeie pelos corredores dos castelos reais nas noites de Londres. Dance em uma sacada em Budapeste com vista para o Danúbio. Vá em busca de romance, juventude e alegria nas capitais mais encantadoras dos cinco continentes. É lá que você vai encontrar a mágica da fragrância Jamais.

Os apelos lógicos são mais racionais. Esse tipo de apelo inclui estratégias baseadas nas chances de ganhar e poupar dinheiro, de realizar um bom trabalho, de usar um produto do jeito certo. Um trecho de uma mensagem criada para vender assinaturas de uma revista mostra um apelo racional (poupar dinheiro):

> Estamos reduzindo a assinatura anual de $36 para $28, uma economia de 22%. Isso significa que você vai receber 12 edições novas e cheias de informação da *Science Digest* por apenas $2,33 por exemplar. Você economiza ainda mais se assinar por um período de 2 ou 3 anos.

Muitas empresas de marketing recorrem a grupos de foco para aprender mais sobre possíveis clientes.

Os apelos baseados no caráter convencem com argumentos como, "eu uso este produto, você também deveria" ou "eu tenho autoridade no assunto, você deveria fazer o que recomendo". A propaganda utiliza personalidades do esporte, da música ou especialistas para vender produtos. Esses anúncios utilizam apelos baseados no caráter de forma bem contundente. As próprias empresas traduzem um "caráter" atraente em suas campanhas de vendas. Observe como o seguinte trecho, de uma carta da revista *Consumer Reports*, usa a identidade da empresa como tática de persuasão:

A *Consumer Reports* está ao seu lado. Somos uma organização sem fins lucrativos voltada para a proteção ao consumidor. Isto é, não nos curvamos às grandes empresas ou aos interesses internacionais – nossa única responsabilidade é com você. Quem não depende de anunciantes (como outras publicações que dizem defender o consumidor) pode mostrar as coisas como elas são.

As pessoas compram um produto porque querem se identificar com ele e ser identificadas com uma empresa vencedora, socialmente responsável ou "bacana", como ela se retrata na comunicação de vendas que produz.

Independentemente do tipo, os apelos estão em todo o lugar. Considere os mais adequados para o seu produto, serviço e leitor. Os apelos emocionais são indicados para produtos como perfumes, mercadorias de estilo, chocolates e iguarias. Mas, pneus, ferramentas e equipamentos industriais são vendidos de forma mais eficaz com apelos racionais. Quase todo produto pode ser promovido com um apelo base-

Um porta-voz famoso adiciona um apelo baseado no caráter.

[**Considere os apelos mais adequados para o seu produto, serviço e leitor.**]

Comunicação rápida

A popularidade crescente dos documentos oficiais

Um tipo de literatura de vendas que muitas empresas adotam é o documento oficial. Ele sempre foi usado para informar os funcionários públicos sobre os assuntos de Estado, mas, com o tempo, se popularizou como uma estratégia de venda mais indireta do que a oferta tradicional.

Um documento oficial empresarial normalmente começa com uma descrição de uma situação, como um tipo de problema que a empresa do destinatário enfrenta ou enfrentará em breve ou uma necessidade que ela tem. Às vezes esta parte do documento se estende por vários parágrafos ou páginas, sem sequer mencionar o produto ofertado. A parte seguinte do documento oficial apresenta os produtos ou serviços como solução para o problema ou necessidade. A finalidade principal desse tipo de comunicação é educativa. O objetivo de vender é secundário.

Por exemplo, um documento oficial recente de uma empresa de telefonia iniciava com uma descrição das forças competitivas que ameaçavam as prestadoras. Em seguida ele apresentava o produto da companhia – que integrava serviços de voz, vídeo e dados – como resposta a soluções individuais. A maioria dos documentos oficiais, como este exemplo, é redigida de empresa para empresa. Eles informam os parceiros no setor sobre novas tecnologias ou outros tipos de produtos que podem beneficiar todas as partes envolvidas.

Muitos documentos oficiais são formatados e ilustrados com capricho, como se fossem produzidos pelos profissionais de uma revista. Na verdade, eles são parecidos com artigos que sutilmente promovem algum produto em revistas sobre negócios. O *site* de Michael A. Stelzner *WhitePaperSource* (http://www.whitepapersource.com) contém conselhos de redação e exemplos desses documentos.

> **PARA SABER O QUE VOCÊ VAI TER DE DIZER EM SUA MENSAGEM PRINCIPAL, DECIDA ANTES QUAIS SÃO AS INFORMAÇÕES ADICIONAIS QUE SERÃO INCLUÍDAS E COMO ELAS DARÃO SUPORTE À IDEIA PRINCIPAL.**

ado no caráter. A combinação de apelos é a melhor estratégia em muitas situações, mas certifique-se de que eles atuam juntos e criam um efeito coerente.

O modo como o comprador vai usar o produto normalmente é o que define uma estratégia de vendas. Vender cosméticos ao consumidor final usando apelos emocionais é fácil. Mas oferecer cosméticos a um varejista (cujo maior interesse é vender ao cliente final) vai exigir apelos racionais. Um lojista se interessa no potencial emocional de um cosmético apenas na medida em que o produto atrai o cliente. As principais dúvidas desse comerciante são "o produto vende?", "qual é o retorno?" e "quanto vou faturar?".

Determine a aparência da correspondência

Quando você redige uma mensagem de vendas que vai ser enviada pelo correio ou e-mail, parte de seu esforço deve ser concentrado na definição da aparência da comunicação. Para saber o que você vai ter de dizer em sua mensagem principal, decida antes quais são as informações adicionais que serão incluídas e como elas darão suporte à ideia principal.

Veja a campanha de mala-direta concebida pela Scotts Lawn Service (ver o exemplo de caso na página 160). Essa correspondência foi enviada em um envelope branco de 29 × 22 cm

A mala-direta pode incluir muitos elementos extras, além da mensagem principal.

contendo as palavras "Análise de gramado para (o endereço do destinatário)". Mas, o tipo de envelope e a redação usada traduzem a ideia de um documento oficial personalizado.

O envelope continha 3 folhas de 18 × 26 cm:

- A página principal tinha a carta de vendas impressa em fonte em negrito no canto superior direito, anunciando uma **"Análise grátis e sem compromisso do gramado de (o endereço do destinatário)"**. O verso apresentava seis depoimentos sob o cabeçalho **"Veja a opinião de nossos clientes sobre a Scotts LawnService"**.
- A segunda página, em papel de qualidade, continha imagens de "antes" e "depois" de um gramado, com o título **"Agora você pode ter um lindo gramado verde e uniforme... a *Scotts LawnService* faz o serviço!"**. No verso, vários apelos de caráter para a empresa eram mostrados sob o cabeçalho **"Veja por que você pode esperar mais da Scotts LawnService do que de qualquer outro serviço de manutenção de gramados"**.
- Uma cópia do formulário "ANÁLISE DE GRAMADO GRATUITA", com os dizeres "A SER COMPLETADO POR (o nome do destinatário), (endereço do destinatário)" e a palavra "AMOSTRA" impressa na diagonal da página.

A última parte é um envelope com um formulário destacável para ser preenchido e devolvido. As duas partes avisam mais uma vez "Análise de Gramado SEM COMPROMISSO".

O autor dessa comunicação detalhada decidiu que a análise de gramado sem compromisso deveria ser o gancho da venda. O principal benefício para o leitor seria o gramado bonito que esta análise viria a propiciar. Depois de tomar essa decisão, o redator escolhe o que vai colocar em primeiro plano na carta, os outros itens que serão incluídos e como coordenar a carta e esses extras. Mesmo quando um designer gráfico ou um especialista em publicações projeta os elementos dessa comunicação, você vai precisar planejar o modo como as partes do pacote atuam juntas, especialmente em malas-diretas complexas como esta.

As mensagens de e-mail podem incluir todos os elementos editoriais disponíveis no computador. Apresente a mensagem de forma criativa, com cores, fontes diferentes, caixas de texto, arte e muito mais. Inclua *links* de suporte ao material e ao procedimento de pedido. Você também pode incluir anexos. Como no pacote de mala-direta, o pacote de vendas por e-mail usa muitos elementos para persuadir o leitor e disponibilizar todas as informações necessárias para finalizar a venda.

> **O cabeçalho do assunto em um e-mail é o ponto principal para atrair a atenção do leitor.**

OA7.5
Compor mensagens de vendas que chamem a atenção, apresentem convites de forma convincente e abram caminho para uma ação, com eficácia.

Como ganhar atenção

O começo de toda mensagem de vendas tem um elemento essencial: chamar a atenção. Senão, fracassam. Como essas mensagens são enviadas sem ser pedidas, as chances de ser bem recebidas não são as melhores. Na verdade, às vezes elas são indesejadas. Se não conquistarem a atenção do leitor de cara, nem serão lidas.

Nas malas-diretas, o envelope contendo a mensagem é o primeiro elemento que deve chamar a atenção. O leitor reconhece esse tipo de comunicação com facilidade e joga no lixo na hora. Por essa razão, muitos redatores de malas-diretas adicionam algum elemento que chama a atenção já no envelope. Pode ser uma oferta ou um presente ("O seu presente está aqui dentro"), uma mensagem de vendas curta ("12 meses da revista *Time* com 60% de desconto no preço de banca"), uma imagem e uma mensagem, como uma foto de um navio de cruzeiro e "O Taiti e muito mais com preços reduzidos". Um envelope com aparência oficial às vezes também é usado. Mensagens curtas e simples também, como "material pessoal e frágil" e "esperamos a sua resposta". As opções que você tem são muitas.

Mas, o e-mail não tem envelope. A atenção começa nos campos "de", "para" e "assunto". Como explica um especialista, deixe bem claro quem você é e identifique a sua empresa.[5] Muitas mensagens de *spam* escondem essas identidades, mas você não quer que o leitor veja sua comunicação com maus olhos. Além disso, trate-o pelo nome. Muitos leitores excluem mensagens mesmo quando essa identificação está clara, mas a honestidade da intenção induz alguns a continuar lendo.

O cabeçalho do assunto em um e-mail é o ponto principal para atrair a atenção do leitor. É nele que a sinceridade e a simplicidade vão dar o tom da conversa. Ele deve informar o tópico da mensagem, como "O melhor meio de ganhar $60 mil no primeiro mês". Outra coisa que você deve evitar é o sensacionalismo, por isso, não use caixa alta, pontos de exclamação, cifrões e "ofertas grátis". Na verdade, se você usar esses elementos ou outras expressões que identificam *spam* no cabeçalho, existe o risco de seu e-mail ser redirecionado para a pasta de lixo eletrônico. Um e-mail com um cabeçalho contendo "Como aumentar os lucros de seu restaurante" enviado a uma lista de gerentes e proprietários desse tipo de estabelecimento tem mais chances de ser aberto e lido do que uma mensagem com um cabeçalho contendo 'Você precisa ler isso!" enviada sem distinção a milhares de leitores.

Muitas vezes o envelope contém o primeiro esforço de persuasão do leitor.

Como prender a atenção do leitor já no começo da mensagem

As primeiras palavras de sua mensagem também precisam atrair a atenção. O leitor precisa se sentir compelido a continuar lendo. Use a criatividade, mas o jeito como você vai fazer isso deve ser útil no contexto de sua estratégia. Não basta chamar a atenção. Isso é fácil, quando nada mais é necessário. Em uma mensagem de vendas, uma pequena explosão, um choque elétrico ou uma bomba de gás desagradável certamente chamariam a atenção do leitor, mas não ajudariam você a vender o seu produto.

Uma das formas mais eficientes de ganhar a atenção do leitor é uma pergunta ou uma declaração que apresenta uma necessidade que o produto vai satisfazer. Por exemplo, uma mensagem com um apelo racional para um varejista se utiliza da necessidade dele:

> Este produto está entre os mais vendidos – e com 12% de desconto.

Outro exemplo de como atrair a atenção é visto neste começo de um e-mail para promover um serviço de teleconferências:

> Precisamos de apenas 30 dias para mostrar a você um tipo completamente diferente de reunião pela Internet: sem travamento, sem queda de conexão, produtivo e, ainda por cima, divertido. Você vai ver.

O parágrafo a seguir é de uma mensagem para vender um pacote de férias em uma colônia de pesca em um lago e usa um apelo emocional:

> A linha de seu anzol gira no ar, cai na agua e dança na superfície límpida e tranquila do lago. No fundo, um cardume de percas prateadas nada calmamente. Você sente um puxão. A batalha começou!

Você vê que o parágrafo apela para a magia da emoção, coisa típica que uma venda emocional faz. Mas, o exemplo a seguir tem um tom diferente, pois atrai o interesse contando uma história por meio de um apelo com base no caráter:

> Em 1994, três empreendedoras se encontraram para tomar uma providência sobre a falta de informações sobre a saúde da mulher.

Não importa a estratégia de abertura: ela deve apresentar ou conduzir ao aspecto central da venda.

> **EM NENHUMA OUTRA ÁREA DA COMUNICAÇÃO EMPRESARIAL O USO DO 'VOCÊ' É TÃO IMPORTANTE QUANTO NA REDAÇÃO DE VENDAS.**

Aprenda com os blogueiros

Quer aprender como os blogueiros persuadem os leitores? Confira o copyblogger.com, um dos *blogs* mais populares na Internet. A inscrição é grátis e permite acessar tutoriais, aprender sobre diferentes mídias para propaganda e ler artigos interessantes, como estes:

"Ten Timeless Persuasive Writing Techniques" (As 10 técnicas imortais da redação persuasiva).

"The Seven Harsh Realities of Social Media Marketing" (As sete verdades duras do marketing nas redes sociais).

"How Twitter Makes You a Better Writer" (Como o Twitter vai melhorar as suas habilidades de redator).

"Five Grammatical Errors that Make You Look Dumb" (Os cinco erros gramaticais que deixam você com cara de bobo).*

Você também pode ler as respostas dos leitores aos artigos, pesquisar tópicos de interesse e clicar em links para sites semelhantes.

*<http://www.copyblogger.com/>, acessado em 15/4/2010.

Desenvolva um argumento persuasivo

Depois de ganhar a atenção do leitor, prossiga com a estratégia de vendas que concebeu: você define uma necessidade e, então, apresenta o seu produto ou serviço como uma solução eficaz.

O plano de sua mensagem de vendas varia caso a caso. Mas, ele provavelmente segue padrões gerais determinados pela escolha de apelos. Se o apelo principal for emocional, por exemplo, a abertura da mensagem define um clima emocional que você manterá em todo o texto. Assim, você vai vender o seu produto com base nos efeitos que ele tem nos sentidos do leitor e, para isso, vai descrever a aparência, a textura, o aroma e o sabor de um jeito bem vívido, para que o leitor consiga imaginar o produto, senti-lo – e desejá-lo. O objetivo é criar uma necessidade emocional que o produto vai satisfazer.

Se você escolher um apelo racional como tema central, a descrição das vendas deve ser baseada em material factual. Você terá de descrever o produto com base no que ele pode fazer pelo seu leitor, não no apelo aos sentidos. Escreva sobre as qualidades, a durabilidade, a economia propiciada, os lucros e a facilidade de uso – com os pés no chão.

Na hora de usar apelos baseados no caráter, você enfatiza os atributos de uma pessoa conhecida e escolhida a dedo para isso. Ou, se o caráter sendo promovido for o da própria empresa, você terá de dar prova de que ela é especializada e confiável, trata o cliente por "você" e defende os produtos ou serviços que oferece.

A redação que vai transmitir a sua mensagem de vendas muitas vezes difere bastante daquela usada na redação empresarial do dia a dia. A redação de vendas quase sempre é informal, rápida e agressiva. Ela recorre a técnicas consideradas incorretas ou inapropriadas em outras modalidades de redação no ambiente de negócios: fragmentos de frases, parágrafos de uma frase só, linguagem coloquial. As estratégias são muitas. O exemplo de caso mostra bem isso, destacando o uso de alguns recursos de ênfase, como sublinhados, negritos, maiúsculas, pontos de exclamação e cores. Todos os tipos de elementos visuais, gráficos e fontes são possíveis. Por essa razão, os parágrafos quase sempre parecem truncados. A sua mensagem de venda vai competir pela atenção do leitor com outras do mesmo gênero. Nesse ambiente de excesso de informações, a redação agressiva e os efeitos visuais que ajudam a processar os pontos da mensagem com rapidez se tornaram uma norma na redação de vendas profissional.

Enfatize o "você"

Em nenhuma outra área da comunicação empresarial o uso do "você" é tão importante quanto na redação de vendas. O sucesso de uma mensagem desse tipo está no interesse do leitor. Use esse pronome sem limites em toda a sua mensagem, principalmente na hora de apresentar vantagens para o leitor.

Como um bom advogado, você deve preparar um bom argumento capaz de persuadir.

CAPÍTULO 7 | Como redigir mensagens e propostas persuasivas

Exemplo de caso
Mala-direta para vender um serviço de tratamento de gramados

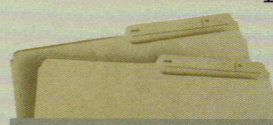

Esta carta de vendas usa os três tipos de apelos (lógico, emocional e de caráter) e vem acompanhada de muitos outros elementos, como fotos do "antes" e do "depois", depoimentos de clientes satisfeitos e um formulário solicitando uma "análise gratuita de seu gramado" com o nome e o endereço do cliente impressos.

Scotts LawnService®
271 2nd Street
Saddle Brook, NJ 07663

Anuncia a vantagem imediata que leva à vantagem principal: um gramado bonito

Análise gratuita
do gramado de Dan Adams
14111 Scottslawn Rd

27 de março de 2012

À Família Adams
14111 Scottslawn Rd
A/C Dan Adams
Marysville, OH 43041-0001

VOCÊ VAI VER O NOSSO CAMINHÃO NA SCOTTSLAWN ROAD MUITAS VEZES ESTE ANO!

Faz parecer que a Scotts já viu o gramado do cliente

Prezada Família Adams,

Vocês sabem o que há de errado com o seu gramado?

O que você precisa fazer para proteger o seu gramado contra ervas daninhas, insetos invisíveis e doenças prejudiciais? Telefonar para a Scotts LawnService®! Desenvolvemos os NOVOS Ortho Weed-B-Gon Pro® e Ortho® Max™ Pro Insect Control para lidar com ervas daninhas resistentes e problemas causados por insetos.

Usa uma "prova social" – faça o que muitos de seus vizinhos fazem

Consulte a Scotts LawnService, como tantos de seus vizinhos que tinham esses problemas. Você verá como tratamos esses gramados durante a estação.

Agora você pode ter um profissional da Scotts LawnService inspecionando o seu gramado em busca de possíveis problemas.

Sugere que você precisa chamar um especialista

Elabora a postura da Scott como empresa composta por profissionais competentes

Examinaremos o seu gramado minuciosamente e prestaremos um relatório detalhado sobre o que será encontrado e o que você precisa fazer para mantê-lo verde, compacto e saudável.

Além disso, essa Análise de Gramado GRÁTIS não tem qualquer custo, e é feita sem compromisso.

Ligue grátis para 1-800-736-0205 nas próximas duas semanas e a Scotts LawnService vai preparar uma Análise de Gramado GRÁTIS para você. É fácil, e você não precisa sair de casa. A análise inclui nossas recomendações sobre o Programa de Tratamento de Gramados da Scotts certo para a sua grama, além de um orçamento sem compromisso.

Faz diversos apelos lógicos

Os apelos emocionais e lógicos geram confiança nos profissionais da empresa

Se você decidir se tornar um cliente da Scotts LawnService, prepararemos um programa certo, para dar a você o gramado que sempre quis. Usamos os fertilizantes profissionais e de liberação lenta Scotts® em seu gramado – você verá a diferença.

Avaliamos o seu gramado em todas as visitas, prevendo e resolvendo problemas que podem ocorrer e assumindo a responsabilidade pela evolução do tratamento. É por isso que a Scotts LawnService oferece uma Garantia de Satisfação do Cliente.

A ação solicitada é clara e fácil, associada ao principal benefício

Chame a Scotts LawnService agora ou envie o envelope com postagem paga em anexo para pedir a sua Análise de Gramado GRÁTIS, sem compromisso. É a primeira etapa para você ter um gramado verde, compacto e saudável, de que você vai se orgulhar.

Cordialmente,

Mike Pribanic
Mike Pribanic
Gerente, North Jersey

Um lembrete final do principal benefício e a primeira etapa a executar

P.S.: É muito importante começar logo para desfrutar de um belo gramado em toda a estação. Informe o seu telefone no formulário, destaque e envie no envelope pré-pago. Para obter o serviço com mais rapidez, telefone para 1-800-736-0205 e receba a Análise de Gramado GRÁTIS.

Comunicação rápida

Percepções da economia comportamental sobre as vendas

Quando você está pensando em como usar gírias em uma comunicação transcultural, lembre-se de que mesmo uma palavra aparentemente simples pode ser interpretada de forma errada.

- **Torne os custos do produto menos dolorosos.** Deixar o dinheiro partir é uma forma de perda, por isso, tente minimizá-la. Welch sugere "permitir que os clientes atrasem o pagamento". Alguns clientes simplesmente não são capazes de abrir mão de uma quantia muito grande de vez. Mesmo que sejam, eles tendem a achar que esses pagamentos imediatos são "muito desagradáveis". Oferecer um adiamento, mesmo pequeno, pode aumentar as chances de venda. Outra estratégia é influenciar a percepção do consumidor sobre a origem do dinheiro. Segundo Welch, " ganhos repentinos e mesadas são gastos com muita facilidade", em comparação com salários ou poupanças. O dinheiro de diferentes fontes tem o mesmo valor, mas os clientes não têm essa percepção. Talvez seja por isso que o apelo do tipo "apenas alguns centavos ao dia" funciona. Quantias pequenas são como uma mesada, mas as grandes são como uma mão no salário ou nas economias do consumidor.

- **Domine o jeito de usar uma opção padrão.** As pessoas não querem abrir mão de algo que já têm. Por isso, conceba uma oferta que permita continuar com o que se tem – por exemplo, diga que um presente está reservado para o cliente – a fim de tornar o seu apelo mais persuasivo.

- **Não sobrecarregue o cliente com escolhas.** O excesso de alternativas compromete a compra. Welch cita um estudo em que os clientes de uma loja que provaram 24 geleias compraram menos unidades do que aqueles que degustaram apenas seis. Oferecer muitas escolhas exige mais do cliente e "aumenta a probabilidade de que cada escolha fique com uma aura negativa – a noção de que uma opção vai exigir que você abra mão de características desejáveis" das outras. O que você deve aprender com isso? Disponibilize poucas escolhas, e torne todas atraentes.

- **Posicione a sua opção preferida com cuidado.** O que as pessoas estão dispostas a pagar é influenciado pelo contexto do produto. Por exemplo, os frequentadores de um restaurante tendem a pedir o segundo vinho mais caro ou o segundo mais barato. Welch explica que "as que ficam com a primeira opção sentem que pediram algo especial, sem exageros. Já as que ficam com a segunda acham que conseguiram uma barganha, mas não compraram um produto barato demais". Considere esta tendência ao citar as quantias em uma mensagem que pede doações, por exemplo.

FONTE: Adaptado com permissão de "A Marketer's Guide to Behavioral Economics," *McKinsey Quarterly*, McKinsey & Company, Feb. 2010, Web, 15 Apr. 2010.

[**Em qualquer mensagem persuasiva, cada palavra influencia o jeito como o leitor vai reagir.**]

A melhor maneira de descrever as técnicas que usam o pronome "você" nas mensagens de venda é por meio de exemplos. Vamos supor que você esteja redigindo uma mensagem de vendas para um varejista. Um dos pontos que você quer ressaltar é que o fabricante vai ajudar a vender o produto com uma campanha publicitária: "Os produtos HomeHealth serão anunciados nas próximas três edições da revista *Self*". Ou você pode redigir a mensagem com base no que a campanha significa para o leitor: "Os seus clientes vão ler sobre os produtos HomeHealth nas próximas três edições da revista *Self*". Ver as coisas do ponto de vista do leitor ajuda a explorar o poder de persuasão. Estes exemplos mostram a importância de apresentar os fatos como vantagens:

Fatos	Vantagens
As meias Aristocrat são produzidas em três cores.	Você pode escolher três tons muito bonitos.
O Regal pesa apenas alguns gramas.	O peso reduzido do Regal facilita como nunca a tarefa de aspirar o pó de um cômodo.
A Lime-Fizz é uma bebida carbonatada com sabor limão.	Os seus clientes voltarão para beber o sabor refrescante da Lime-Fizz.
A Baker's Dozen é embalada em uma caixa retangular com um *design* inovador.	A nova embalagem retangular da Bakier's Dozen cabe perfeitamente em sua prateleira e o seu *design* inovador vai chamar a atenção de seus clientes.

Talvez você deva usar a pintura do cenário, colocando o leitor em um contexto simulado que destaque o apelo do produto. A empresa de vestuário J. Peterman ficou famosa usando esta técnica, demonstrada nos trechos de uma campanha publicitária para uma linha de calças femininas:

Praia Nikki, Mangos, Club Bed, Wet Willies.
O agito constante de South Beach.
E a noite segue.
Já é de manhã?

Arte das palavras

Lembra a *pintura do cenário* no começo deste capítulo? Ela é especialmente útil para criar mensagens de vendas vívidas.

Comunicação rápida

A importância da vividez nas mensagens de vendas

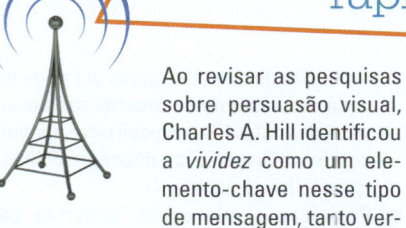

Ao revisar as pesquisas sobre persuasão visual, Charles A. Hill identificou a *vividez* como um elemento-chave nesse tipo de mensagem, tanto verbal quanto visual.

As pesquisas mostram que é mais fácil persuadir os leitores com uma imagem ou uma história vívida do que com estatísticas. Por exemplo, a imagem de uma criança com fome ou uma história detalhada sobre a criança têm mais poder de persuasão do que os dados sobre milhares de crianças famintas.

Mas, isso não parece lógico, afinal, um número maior de exemplos normalmente impressiona mais do que apenas um. Como diz Hill, as reações à vividez não têm base lógica. Um caso apresentado de forma vívida desperta respostas emocionais e imediatas, não racionais. De fato, o poder de convencimento da emoção é maior que o da razão.

Hill apresenta uma hierarquia de vividez, com as informações mais vívidas no topo, e as menos vívidas, na base:
- Experiência real
- Imagens em movimento, com som
- Fotografia
- Pintura realista
- Desenho
- Narrativa descritiva
- Análise impessoal e abstrata
- Estatísticas

Encontre maneiras de incluir detalhes vívidos e atraentes – na forma de palavras ou elementos visuais – nos pontos principais de sua mensagem persuasiva. Mas, certifique-se de fazer isso com ética.

FONTE: "The Psychology of Rhetorical Images," *Defining Visual Rhetorics*, ed. Charles A. Hill and Marguerite Helmers (Mahwah, NJ: Lawrence Erlbaum, 2004) 25-40, impresso.

> **"Você precisa ter certeza de apresentar informações suficientes para poder finalizar a venda."**

Após aquele sono de beleza até o meio-dia, as pessoas bonitas passam o resto do dia fazendo compras, saboreando drinks e analisando a competição.

Se você fosse passar usando essas calças, você passaria no teste.

Escolha as palavras com cuidado

Em qualquer mensagem persuasiva, cada palavra influencia o jeito como o leitor vai reagir. Tente se colocar no lugar do leitor na hora de escolher as palavras para sua mensagem. Algumas têm um significado muito parecido, mas efeitos emocionais distintos. Por exemplo, **seleção** dá a entender uma escolha, mas **preferência** implica a primeira escolha. Eis alguns exemplos de como um simples adjetivo muda o efeito de uma frase:

- O tamanho *pequeno* do NuPhone...
- O tamanho *compacto* do NuPhone...
- O tamanho *elegante* do NuPhone...

Colocar o pedido em uma perspectiva positiva também é uma boa técnica de persuasão. Os leitores tendem a escolher soluções a problemas que evitam aspectos negativos. Por exemplo:

Redação original	Redação positiva
O sorvete Tastee tem 9 g de gordura por porção.	O sorvete Tastee é 95% livre de gorduras.
Nosso novo papel para impressão a laser reduz o prejuízo com papel inutilizado por borrões em 2%.	Nosso novo papel para impressão a laser garante cópias livres de borrões em 98% das vezes.

Inclua as informações necessárias

Claro que as informações que você vai apresentar e o modo como vai fazer isso são aspectos importantes. Mas, você precisa ter certeza de apresentar informações suficientes para poder finalizar a venda. Não deixe as dúvidas de seus leitores sem resposta. Faça todo o esforço necessário para vencer quaisquer objeções. Inclua todas as informações básicas em sua mensagem, do jeito mais claro e convincente possível.

Você já sabe que também terá de decidir como distribuir as informações nos componentes de sua comunicação ou no layout de uma tela. Quando o meio é o correio, a carta faz o papel principal na persuasão, com os anexos ou *links* dando informações suplementares. Esses extras são úteis para fornecer descrições detalhadas, listas de preços, diagramas e imagens – em resumo, todas as informações válidas que não ficariam bem na carta. Direcione a atenção dos leitores para esses elementos com frases como "você encontra os comentários de nossos vizinhos satisfeitos na brochura em anexo", "como mostra a página 7 do catálogo em anexo", ou "leia os depoimentos de clientes satisfeitos nos retângulos azuis".

Ao enviar uma mensagem por e-mail, as informações de apoio precisam ser inseridas na mensagem ou apresentadas em *links* ou anexos que instiguem o leitor. Mas, evite mensagens muito longas ou com excesso de conteúdo. Divida a mensagem visualmente em pedaços (ver o exemplo de caso nas páginas 163 e 164), pois isso

Exemplo de caso
E-mail de vendas para persuadir profissionais a participar de um seminário

Esta mensagem usa apelos lógicos e baseados no caráter. Observe como os parágrafos curtos e os trechos em negrito e sublinhado facilitam a leitura e despertam o interesse.

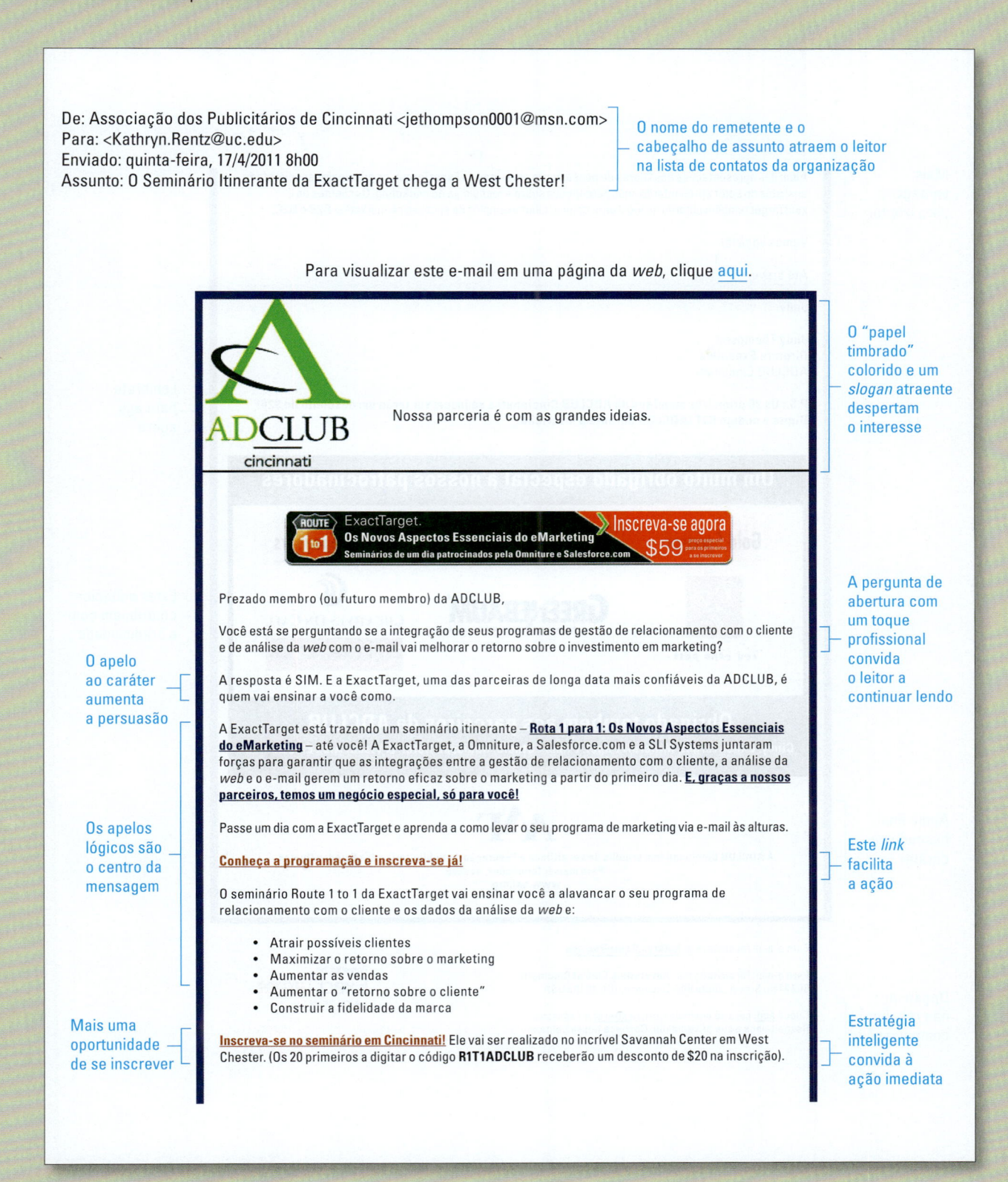

De: Associação dos Publicitários de Cincinnati <jethompson0001@msn.com>
Para: <Kathryn.Rentz@uc.edu>
Enviado: quinta-feira, 17/4/2011 8h00
Assunto: O Seminário Itinerante da ExactTarget chega a West Chester!

O nome do remetente e o cabeçalho de assunto atraem o leitor na lista de contatos da organização

Para visualizar este e-mail em uma página da *web*, clique aqui.

ADCLUB cincinnati — Nossa parceria é com as grandes ideias.

O "papel timbrado" colorido e um slogan atraente despertam o interesse

ROUTE 1 to 1 — ExactTarget. Os Novos Aspectos Essenciais do eMarketing
Seminários de um dia patrocinados pela Omniture e Salesforce.com
Inscreva-se agora $59 preço especial para os primeiros a se inscrever

Prezado membro (ou futuro membro) da ADCLUB,

Você está se perguntando se a integração de seus programas de gestão de relacionamento com o cliente e de análise da *web* com o e-mail vai melhorar o retorno sobre o investimento em marketing?

A pergunta de abertura com um toque profissional convida o leitor a continuar lendo

A resposta é SIM. E a ExactTarget, uma das parceiras de longa data mais confiáveis da ADCLUB, é quem vai ensinar a você como.

O apelo ao caráter aumenta a persuasão

A ExactTarget está trazendo um seminário itinerante – **Rota 1 para 1: Os Novos Aspectos Essenciais do eMarketing** – até você! A ExactTarget, a Omniture, a Salesforce.com e a SLI Systems juntaram forças para garantir que as integrações entre a gestão de relacionamento com o cliente, a análise da *web* e o e-mail gerem um retorno eficaz sobre o marketing a partir do primeiro dia. **E, graças a nossos parceiros, temos um negócio especial, só para você!**

Passe um dia com a ExactTarget e aprenda a como levar o seu programa de marketing via e-mail às alturas.

Conheça a programação e inscreva-se já!

Este link facilita a ação

O seminário Route 1 to 1 da ExactTarget vai ensinar você a alavancar o seu programa de relacionamento com o cliente e os dados da análise da *web* e:

Os apelos lógicos são o centro da mensagem

- Atrair possíveis clientes
- Maximizar o retorno sobre o marketing
- Aumentar as vendas
- Aumentar o "retorno sobre o cliente"
- Construir a fidelidade da marca

Inscreva-se no seminário em Cincinnati! Ele vai ser realizado no incrível Savannah Center em West Chester. (Os 20 primeiros a digitar o código **R1T1ADCLUB** receberão um desconto de $20 na inscrição).

Mais uma oportunidade de se inscrever

Estratégia inteligente convida à ação imediata

Exemplo de caso (continuação)

Mais vantagens para o leitor

Além das apresentações dos líderes de pensamento em e-mail da ExactTarget, os principais especialistas e analistas do setor apresentarão suas percepções sobre a tecnologia do marketing. Os clientes da ExactTarget também estarão no local para compartilhar exemplos de sucesso no marketing B2B e B2C.

Vemos você lá!

Até breve,

Judy

Judy Thompson
Diretora Executiva
ADCLUB Cincinnati

P.S.: Os 20 primeiros membros da ADCLUB Cincinnati a se inscrever terão um desconto de $20! Digite o código R1T1ADCLUB durante a inscrição.

Lembrete para agir agora

Um muito obrigado especial a nossos patrocinadores

Gold Sponsor — red echo post

Silver Sponsor — GREENEBAUM

Bronze Sponsors — CREATIVES ON CALL, STEINHAUSER

Obrigado também aos parceiros da ADCLUB
Cincy, Exact Target, Millcraft Papel, Primax Studio, Radisson Hotel, & Visual Aids Electronics

Estes anúncios contribuem com a credibilidade

AAF

A ADCLUB Cincinnati tem orgulho de ser afiliada à Federação de Publicitários dos Estados Unidos.
Para mais informações, acesse
www.aaf.org.

Apelo final baseado no caráter

Este e-mail foi enviado a: Kathryn.Rentz@uc.edu

Este e-mail foi enviado por: **Adversting Club of Cincinatti**
602 Main Street, Suite 806 Cincinatti, OH, 45202 USA

Clique aqui para se descadastrar ou alterar o cadastro.
Respeitamos a sua privacidade. Conheça nossa política.

Powered by **ExactTarget.** Learn more.

Opção de não receber comunicações

> **DEPOIS DE DESPERTAR O INTERESSE DO LEITOR EM SEU PRODUTO OU SERVIÇO, A PRÓXIMA ETAPA LÓGICA É PREPARAR A VENDA.**

diminui o efeito negativo das mensagens muito longas. Use sua imaginação para escolher as cores, a formatação e as fontes das caixas de texto a fim de aumentar a eficácia da apresentação. As correspondências enviadas pelo correio e por e-mail têm os mesmos objetivos: dar aos leitores tudo o que precisam para fechar a venda e a escolha de ler apenas o que desejam.

Preparando a venda

Depois de despertar o interesse do leitor em seu produto ou serviço, a próxima etapa lógica é preparar a venda. Afinal, é para isso que você está se esforçando. É uma conclusão natural do esforço de vendas que você fez.

O que você vai escrever para preparar a venda depende de sua estratégia. Se o seu esforço de venda for grande, a preparação para a ação também deve ser. Você pode até pensar em redigir esta parte como um comando ("Peça a sua cópia hoje – antes de mudar de ideia"). Se a sua estratégia de vendas for mais suave, use uma pergunta direta ("Posso enviar uma cópia para você hoje?"). Mas, a preparação para a ação sempre deve ser específica e clara. Para obter o melhor efeito, ela deve guiar o leitor pelas etapas necessárias:

Marque suas preferências no cartão de pedido e envie pelo correio ainda hoje.

Para começar a desfrutar da *House and Garden*, ligue 1-888-755-5265. Certifique-se de ter em mãos o seu código da promoção para receber o desconto de 40%.

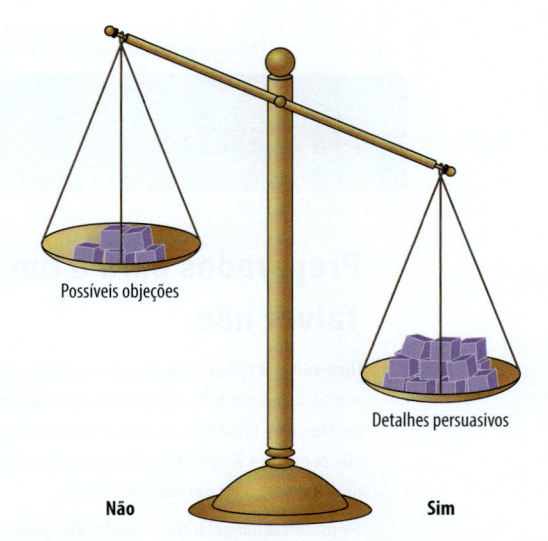

Dê aos leitores informações o bastante para fazê-los dizer "sim".

Pela mesma razão, na venda por e-mail você precisa facilitar a ação. Defina um simples clique – em um formulário ou na primeira parte do processo de pedido. Algumas palavras cumprem esta função muito bem: "Basta clicar no botão abaixo para pedir a sua capa personalizada para iPhone agora" e "Faça o *download* de nosso novo catálogo de brindes empresariais no *site* http://thankyoutoo.com". Muitos e-mails de vendas (Figura 7.1) facilitam a ação desejada com a inclusão de diversos pontos para a finalidade.

Mesmo quando você convence os leitores, às vezes eles adiam as coisas. Por isso, você deve incitar a ação imediata. "Compre agora" e "escolha já o seu" são alternativas para pôr essa estratégia em prática – embora existam pessoas que não gostem desse tom peremptório. Mesmo assim, essa tática é muito usada. Uma maneira um pouco mais branda e aceitável de acelerar a ação consiste em atrelá-la a uma razão prática:

…para tirar proveito desta oferta de três dias.

…para você se preparar para a correria de Natal.

…para você começar a desfrutar agora…

Outra forma eficiente de encerrar uma mensagem de vendas é usar algumas palavras que remetam ao apelo principal. Associar a ação aos benefícios que o leitor vai ter fortalece o esforço de venda. Uma mensagem para vender DVDs da Maxwell a varejistas ilustra esta técnica. Após preparar o esforço de venda, a mensagem pede ação e inclui um pedido:

Como mostra este exemplo, a maior parte das correspondências de vendas enviadas pelo correio inclui uma carta e um grupo organizado de elementos de apoio.

FIGURA 7.1 E-mail que informa vários *links* para a ação desejada

---

De: Angie's List (angieslist@angieslist.com)
Enviado: segunda-feira, 1/3/2010 10h17
Para: Rentz, Kathryn (rentzkc)
Assunto: Os problemas com encanamento são um incômodo

Junte-se à Angie's List e economize $20 na assinatura anual ou na taxa de adesão!
Use o código promocional **PIPES2** até 3/7.

Problemas para visualizar esta mensagem? Clique aqui.
Adicione angieslist@angieslist.com a seu catálogo de endereços. Atualizar as preferências de e-mail.

Link 1 — **Angie's list.**

Preparados para o fim da neve? Talvez não.

Uma série de tempestades causou estragos nos encanamentos de muitas casas em todo o país neste inverno. Se você encontrar um problema na tubulação ou passar por uma situação de emergência, consulte a Angie's List para encontrar os melhores encanadores para dar um jeito nisso.

Se os canos congelaram, cuidado! Eles podem estourar. Para piorar, o gelo impede a detecção de vazamentos. Quando o gelo derreter, as chances de você ter um problema são grandes, o que vai exigir os cuidados de um encanador profissional competente. Encontre um hoje, quando você se juntar à Angie's List.

Contamos com você na lista!

Cordialmente

Angie Hicks

Sócia Fundadora

Link 3 — **INSCREVA-SE AGORA**

Inscreva-se na Angie's List com o código promocional PIPES2 até 3/7 e economize $20 na assinatura anual ou na taxa de adesão!

Inscreva-se na Angie's List com o código promocional PIPES2 até 3/7 e economize $20 na assinatura anual ou na taxa de adesão!

Use PayPal — *Link* 2

Se você tem um amigo que gostaria de convidar para se juntar à Angie's List, encaminhe este e-mail a ele.

FONTE: Reproduzido com permissão.

...e comece a lucrar com os DVDs da Maxwell, que vendem rápido.

Outro exemplo: uma mensagem anunciando um pacote de férias em uma colônia de pesca lembra as diversões após o pedido de ação:

É a sua reserva para uma batalha com as percas mais competitivas em Southland.

Adicione um *post-scriptum*

Diferentemente de outras mensagens onde um *post-scriptum* (P.S.) parece ser algo que o redator esqueceu de dizer, ele faz parte do design das mensagens de vendas, onde é usado de diversas maneiras: para encorajar o leitor a atuar, enfatizar o apelo principal, atrair a atenção para anexos ou sugerir que o

Comunicação rápida

As estratégias persuasivas variam de cultura para cultura

Na hora de redigir mensagens persuasivas, fique alerta e adapte o texto à cultura do público-alvo.

Por exemplo, os leitores das comunicações de vendas na Inglaterra e na China usam essencialmente os mesmos elementos, mas há algumas diferenças importantes:

- Na Inglaterra, as cartas de vendas usam frases para chamar a atenção do leitor ou um *post-scriptum* para pressioná-lo. Mas, as correspondências chinesas deste tipo não têm essas estratégias aparentemente insistentes.
- Os dois tipos de cartas contêm uma saudação, mas ela é mais formal na China (por exemplo, "Honorável Empresa" em vez de "Prezado Sr."). Outra diferença é que as cartas chinesas usam palavras educadas após a saudação, ao passo que as inglesas vão direto para a venda.
- As cartas inglesas normalmente descrevem as vantagens do produto usando "você", mas os chineses acham que o pronome não é respeitoso o bastante e tendem a usar "nós" (como em "nosso objetivo constante é produzir carros de luxo, de alto padrão e ótima qualidade").
- Nos dois países, as cartas desse tipo enfatizam as vantagens do produto, mas as cartas chinesas não citam muitos detalhes, especialmente relacionados ao preço.
- Na hora de fazer o pedido, as cartas chinesas são menos forçosas que as inglesas, e preferem um estilo mais brando, como "se você está interessado em nossos produtos, por favor, entre em contato".
- Nos dois países, as cartas usam um encerramento educado. Mas, em vez de "cordialmente", os chineses tentam promover a cooperação e o respeito mútuo com encerramentos como "desejamos saúde ao Sr.".

FONTE: Zhu Yunxia, "Building Knowledge Structures in Teaching Cross-Cultural Sales Genres," *Business Communication Quarterly* 63.4 (2000): 49-69, impresso.

[**O *post-scriptum* faz parte do design das mensagens de vendas.**]

leitor repasse a mensagem de venda. Muitos profissionais sabem usar um *post-scriptum* com eficiência:

P.S.: Não esqueça! Se você acha que a *Action* não é para você, devolvemos todo o seu dinheiro. Temos certeza de que nossa revista se tornará uma de suas favoritas.

P.S.: Rápido! Faça economia enquanto durar esta oferta.

P.S.: Nossa revista é um presente diferente e atraente. Você conhece alguém que estará de aniversário em breve?

P.S.: Clique agora para fazer o seu pedido e participar de nosso concurso que premiará o vencedor com um *smartphone* Nexus One.

Disponibilize a opção de descadastramento para o destinatário do e-mail

Até 1/1/2004, a chance de o destinatário se descadastrar da *mailing list* do remetente era uma gentileza. Hoje, graças a uma lei específica, a opção é uma exigência legal nos Estados Unidos.[6] Disponibilize esta opção em um lugar de destaque – talvez antes da mensagem (na Figura 7.1, ela está no *link* "Atualizar as preferências de e-mail"). De acordo com uma autoridade no assunto, essa opção equivale a dizer "OK, podemos entrar?".[7]

Revise o plano básico para a mensagem de vendas

As dicas dadas o ajudarão a preparar um plano básico para a redação de mensagens de vendas. Ele é parecido com o plano AIDA (atenção, interesse, desejo, ação) desenvolvido há quase um século por revisores de malas-diretas. Mas, não esqueça que no dia a dia as mensagens de vendas são muito variáveis. A criatividade e a imaginação geram técnicas inovadoras a todo o momento. Apesar disso, lembre-se sempre do plano básico:

- Obtenha a atenção do leitor de um jeito favorável.
- Desperte o desejo dele, apresentando os apelos, enfatizando os fatos de apoio e o ponto de vista do leitor.
- Inclua todas as informações necessárias – use um pacote de vendas planejado (brochuras, folhetos, *links* e outros elementos).
- Promova a venda solicitando a ação do leitor e lembrando o apelo principal.
- Se for possível, adicione um *post-scriptum*.
- Na redação de e-mails, disponibilize a opção de se descadastrar de sua *mailing list*, dentro da lei.

Exemplos contrastantes

As mensagens de e-mail das páginas 168 e 169 mostram um esforço ruim e um eficiente para vender os serviços de consultoria em gastronomia Killshaw.

fraqueza de um plano sem lógica O cabeçalho do assunto da mensagem ineficiente apresenta o apelo principal, mas é insípido e genérico. A frase de abertura é um mero anúncio do que o consultor faz. Na continuação, a mensagem oferece os serviços. Aberturas como essas não fazem muito para atrair a atenção ou despertar o desejo. A descrição dos serviços dada na sequência está na primeira pessoa do singular. A explicação dos serviços específicos é um pouco melhor. A mensagem diz o que o consultor faz, mas não é interessante. A preparação para a ação é mais uma sugestão do que um pedido. O encerramento sugere uma vantagem para o leitor, é verdade, mas o esforço chegou tarde.

apresentação habilidosa de um apelo racional A mensagem eficaz segue o padrão de vendas convencional descrito. O apelo principal é racional, o que é válido para o caso. O cabeçalho do assunto desperta interesse, pois o principal pedido da mensagem foca no interesse do leitor e o ajuda a descobrir o que vai ganhar com o serviço. A primeira frase dá continuidade ao apelo com um testemunho que prende a sua atenção, e as frases seguintes explicam o serviço rapidamente e de um jeito interessante. Esta parte está cheia de menções das vantagens (lucros, eficiência, corte de custos). Após a venda ser apresentada, a mensagem pede uma ação. A última frase associa a ação com a vantagem principal – ganhar dinheiro. Uma nota sobre como se descadastrar é gentil e está de acordo com a lei.

OA7.6
Redigir propostas bem organizadas e persuasivas.

PROPOSTAS

As propostas compartilham algumas características dos relatórios: os dois gêneros exigem que as informações sejam coletadas e apresentadas com cuidado. Visualmente eles até que são parecidos; nas modalidades mais formais, ambos usam os mesmos tipos de material introdutório (folha de rosto, carta de apresentação, sumário e assim por diante). Algumas propostas usam o estilo direto, que a maioria dos relatórios também usa. Mas, existe uma diferença fundamental: as propostas são intencionalmente **persuasivas**. Os redatores deste gênero de comunicação não informam com objetividade: eles redigem com um resultado específico em mente e têm interesses que não revelam. As próximas seções apresentam os principais tipos de propostas e dão dicas de como prepará-las.

Tipos de propostas

As propostas variam muito em finalidade, tamanho e formato. A finalidade vai da aquisição de um cliente importante à compra de uma copiadora nova para o seu departamento. Elas podem ter de uma página a centenas e ser preparadas como e-mail, carta ou mesmo um relatório longo e detalhado. Normalmente, uma proposta é escrita, mas você pode pensar em apresentá-la oralmente ou como uma combinação das duas formas. Como nos outros tipos de comunicação empresarial, o contexto define as características específicas de uma dada proposta. Mas, elas podem ser classificadas em internas, externas, solicitadas ou não solicitadas (Figura 7.2). As propostas não solicitadas são as mais comuns.

Esta mensagem na primeira pessoa não consegue demonstrar as vantagens para o leitor.

Assunto: um plano para aumentar lucros

Sra. Collins,

A Sra. provavelmente já ouviu falar sobre os serviços de gestão de restaurantes que presto e, agora, tenho o prazer de oferecê-los à Sra.

Com 12 anos de experiência, aprendi os detalhes da gestão de restaurantes. Conheço os custos certos da alimentação e sei como encontrar outros problemas relativos a custos, tanto nas compras quanto na venda. Sei como desenvolver um cardápio para o máximo de lucro, e estudei a organização e o funcionamento de uma cozinha. Além disso, sei como o serviço deve ser conduzido para obter os melhores resultados.

Com todo esse conhecimento, concebi um sistema simplificado para analisar um restaurante e encontrar os pontos fracos. Isso é feito principalmente com base nos registros das refeições adquiridas pelos clientes e nas faturas e na análise no local. Conforme explico em meu *site* (http://www.restaurantimp.com), o meu sistema detecta os pontos com problemas, indicando exatamente onde eles podem ser corrigidos.

Posso conceder à Sra. as vantagens de meu sistema por apenas $1.500 – $700 agora e $800 quando a Sra. receber o meu relatório final sobre as suas operações. Se a Sra. fornecer pelo correio as informações pedidas em meu *site*, mostrarei a você como ganhar mais dinheiro.

Larry Kopel

Consultor

internas ou externas As propostas podem ser **internas** ou **externas**. Isto é, elas são redigidas para outras pessoas em sua organização, ou para leitores que não fazem parte dela.

As razões para preparar uma proposta interna variam, mas é muito provável que um dia você terá de redigir uma. Ela é o meio principal de obter o que precisa para melhorar um processo ou implementar uma mudança em sua empresa. Independentemente de você querer um computador mais avançado, melhorias no ambiente de trabalho, um treinamento especializado, verbas para viagem ou funcionários novos, você terá de defender a sua posição perante a gerência. Claro que a própria empresa providencia muito do que você precisa como funcionário. Mas, quando os recursos são apertados, como quase sempre são, você precisa persuadir os seus superiores a entregar o dinheiro a você, e não para outro funcionário ou departamento. Mesmo que a sua ideia seja melhorar as operações da empresa de alguma maneira – por exemplo, ao tornar um procedimento mais eficiente ou reduzir os seus custos – você vai ter de persuadir alguém. As empresas assumem posturas conservadoras na hora de fazer mudanças. Por isso, a gerência quer provas convincentes de que os problemas e os custos com mudanças vão valer à pena.

Assunto: um sistema comprovadamente eficiente de análise de custos que garante mais lucros a você

Sra. Collins,

"O Killshaw me ajudou a aumentar os lucros de meu restaurante em $35.000 ao ano!"

Com essas palavras, Bill Summers, proprietário do famoso Pirate's Cove, de Boston, juntou-se às centenas de proprietários de restaurantes que têm prova, no faturamento mensal, de que o meu sistema de análise de custos vai aumentar os seus lucros.

O meu plano que vai ajudá-la a aumentar os seus lucros é resultado de pesquisas constantes ao longo de 12 anos de estudos e serviços de consultoria com restaurantes em todo o país. Ao longo desse período, descobri que, quando os custos com alimentos *in natura* excedem 40%, os valores perdidos pelos proprietários são enormes. Rastreei as causas desses prejuízos e sou capaz de detectar os pontos problemáticos em seu estabelecimento – o que é comprovado com o aumento de receita!

Para aumentar os seus lucros, tudo o que a Sra. precisa fazer é enviar o seu histórico de compras e faturas dos seus clientes e contas de um período de 30 dias e permitir que eu observe as suas operações por um dia. Após analisar as minhas descobertas, redijo e entrego à Sra. um relatório revelador que dirá quanto dinheiro o seu restaurante deveria na verdade arrecadar e como fazê-lo.

O relatório dá detalhes de quais itens do cardápio representam os maiores custos. Além disso, a Sra. saberá como corrigir esses problemas. A Sra. conhecerá os "campões em vendas" que dão lucros – e os "retardatários", que consomem o faturamento. Além disso, a Sra. aprenderá a melhorar a sua eficiência operacional. Em síntese, a Sra. obterá sugestões práticas que mostrarão como reduzir despesas, aumentar o volume das vendas e elevar o faturamento entre 10 e 20%.

Para conhecer os detalhes do serviço, consulte as informações apresentadas em meu *site* <http://www.restauranteim.com/>. Em seguida, permita-me provar para a Sra., como fiz para outros tantos proprietários de restaurantes, que conseguirei aumentar suas receitas este ano. Este lucro adicional pode ser seu com um modesto investimento de $1.500 ($700 à vista e os $800 restantes quando a Sra. receber o relatório do plano de lucros). Envie as informações solicitadas em meu *site* por e-mail, e deixe o resto por minha conta. Os $35.000 ou mais que a Sra. poderá faturar vão deixá-la feliz por ter contratado meu serviço!

Larry Kopel

Consultor

A Sra. recebeu esta mensagem por ter demonstrado interesse e baixado o artigo técnico publicado em meu *site*. Se a Sra. preferir se descadastrar de nossa lista, clique em descadastrar.

A redação enfatizando o "você" e os detalhes conferem um forte apelo a esta mensagem.

CAPÍTULO 7 | Como redigir mensagens e propostas persuasivas

Cenário de trabalho

A redação de propostas

Você é Evan Lockley, vice-presidente de gestão de contas da Whitfield Organizational Research. A sua empresa coleta informações internas para companhias que querem aperfeiçoar suas técnicas de gestão, o fluxo de informações, o moral dos funcionários, os processos operacionais e outros fatores. Para manter o fluxo de clientes, a Whitfield precisa redigir muitas propostas para esse tipo de serviço.

Como gerente das contas de clientes e redator-chefe de propostas, sua tarefa no momento é redigir uma proposta para a RT Industries, que está prestes a implementar um sistema de planejamento de recursos empresariais (ERP). Isso vai exigir que os funcionários de todos os departamentos – desde as compras até estoques e design, produção e expedição – aprendam sobre o sistema e digitem os dados dos respectivos setores. Se a implementação der certo, a gerência da RT Industries conseguirá, apenas com o clique do mouse, prever o desempenho de todos os setores com exatidão. Mas, a adoção de um sistema desses é uma enorme mudança organizacional: existe o risco de não dar certo, e a RT sabe disso. É por essa razão que a empresa quer pagar uma outra empresa de pesquisa organizacional para acompanhar o processo e garantir que ele terá o máximo de êxito. A RT convidou a Whitfield, entre outras empresas, para pedir um orçamento para o serviço.

Você e um de seus principais pesquisadores visitaram a equipe de implementação na RT Industries para conhecer mais sobre o sistema que escolheram e as preocupações específicas que a empresa tem. A Whitfield tem experiência no acompanhamento desse tipo de mudança organizacional, e você tem um bom palpite de que as chances de vencer essa licitação são boas. Mas, é preciso apresentar uma proposta. Como você vai redigi-la e gerar uma impressão positiva? Como vai se certificar de que a RT Industries vai escolher a sua empresa, e não uma concorrente? Continue a leitura para aprender a compor propostas persuasivas.

Outro aspecto é que a prática da terceirização hoje é muito popular. Muitas empresas adotam um sistema em que os departamentos competem com terceiros na apresentação de projetos. Como diretor de publicações técnicas de uma empresa, por exemplo, você talvez concorra com uma empresa de consultoria em redação técnica pela oportunidade e pelos recursos para redigir a documentação *online* de sua empresa. Se você não for convincente, pode acabar com uma equipe menor – ou mesmo ficar sem emprego. Não há dúvida: a capacidade de redigir uma proposta interna persuasiva é uma habilidade importante.

As propostas externas têm muitas finalidades, mas as mais comuns são obter negócios para uma empresa ou fundos de uma organização financiadora. As empresas de consultoria – em treinamento, serviços financeiros, tecnologia da informação ou em qualquer outra especialidade empresarial – dependem de propostas externas para sobreviver. Se essas empresas não conseguem convencer as companhias a escolher os serviços que oferecem, não ficarão no mercado por muito tempo. As empresas que fornecem produtos a outras, como uniformes, computadores ou matérias-primas, também precisam preparar propostas para conquistar clientes. A venda *business-to-business* é um palco importante das propostas externas.

Mas, essas propostas também são elementos-chave em outros esforços. Uma empresa propõe uma fusão com outra, a prefeitura de uma cidade propõe que uma loja de departamentos grande decida se estabelecer no município, um professor universitário redige uma proposta para obter recursos para pesquisa. Muitas organizações comunitárias e sem fins lucrativos dependem das propostas para obter os recursos de suporte a suas atividades. Elas preparam propostas para fundações filantrópicas, pessoas em condições financeiras favoráveis, empresas ou agências governamentais. Dependendo da natureza da organização para a qual você trabalha, a proficiência na redação de propostas externas é essencial.

solicitada ou não solicitada As propostas também podem ser classificadas em **solicitadas** ou **não solicitadas**. A primeira é redigida em resposta a um convite de uma empresa, fundação ou agência governamental que tem necessidades a atender ou metas a cumprir. A segunda, como diz o nome, é enviada sem um pedido oficial.

O principal meio para solicitar propostas é a carta-convite. Pedidos de orçamento ou licitações se enquadram nesta modalidade. O formato é variável, desde anúncios curtos até documentos com 50, 100 ou mais páginas, dependendo do escopo e da complexidade do projeto. Os conteúdos também variam. As cartas-convite são objeto de muita pesquisa. Algumas, como o pedido por propostas para empresas de TI para o projeto e a implementação de tecnologias e infraestrutura, precisam ser pesquisadas em detalhe, assim como a proposta que elas solicitam. Dependendo da organização, a carta-convite inclui uma declaração das necessidades da empresa, as diretrizes para a elaboração da proposta (a data final, a validade, o processo de submissão, o formato e o conteúdo) e o processo de aprovação, além de informações úteis, como o histórico da solicitante.

Na hora de responder a uma carta-convite, tenha cuidado com as orientações que ela dá. Em algumas empresas, a sua proposta é descartada se não for entregue até a data limite ou não tiver uma seção exigida. Isso é comum especialmente nas propostas pedidas por órgãos governamentais, que têm diretrizes e orientações extremamente regulamentadas, o que é compreensível (Figura 7.3). Por outro lado, a maior parte das cartas-convite dá algum espaço para compor a sua proposta do jeito certo.

FIGURA 7.2 Tipos de proposta

- Interna ou externa
- Solicitada ou não solicitada

FIGURA 7.3 — Carta-convite enviada pela Secretaria de Assuntos Especiais para as Pequenas Empresas dos Estados Unidos

Com uma proposta bem redigida, uma empresa tem mais chances de vencer contratos do governo. Mas, os redatores devem obedecer com cuidado as orientações dadas. A carta-convite para esse projeto relativamente simples tem 91 páginas.

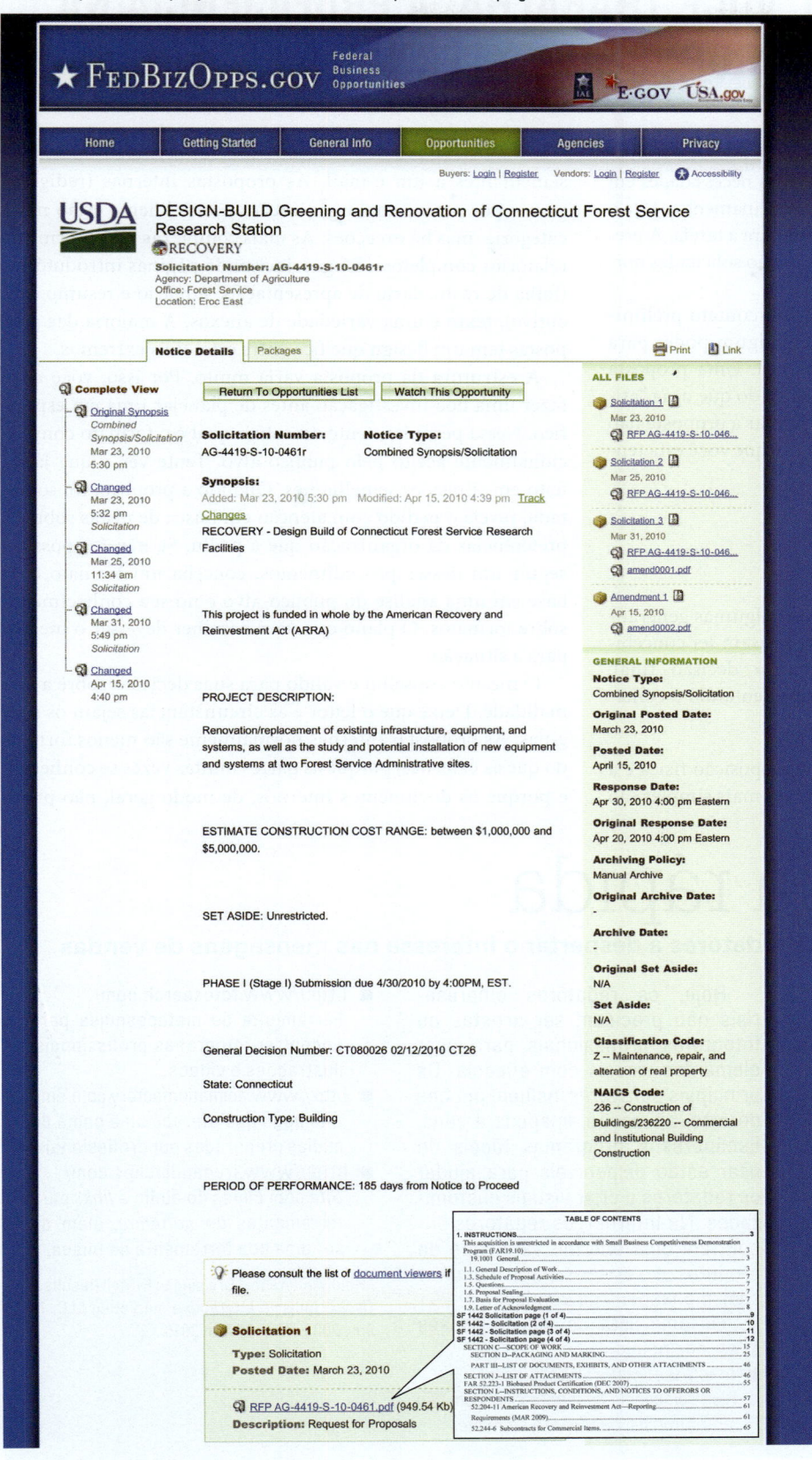

Você vai precisar saber como tirar proveito dessa flexibilidade para tornar sua proposta a mais convincente. Claro que você tem a liberdade de responder apenas às cartas-convite que dão uma chance de vitória à sua organização (ou, se a carta for interna, uma oportunidade de dar destaque ao seu departamento).

Nas situações do ambiente empresarial, as propostas solicitadas normalmente são enviadas após reuniões preliminares entre as partes envolvidas. Por exemplo, se uma empresa precisa de algum equipamento de produção, os compradores identificam os possíveis fornecedores em um grupo conhecido, examinam os equipamentos que outras empresas do setor usam ou pedem informações em suas redes profissionais. Feito isso, iniciam as reuniões com esses fornecedores em potencial para discutir as necessidades da empresa. Esses fornecedores são convidados a apresentar uma proposta. Quanto mais relacionamentos você tem com empresas que podem usar os seus produtos ou serviços, maiores são as chances de ser convidado para uma reunião preliminar e apresentar uma proposta. Na verdade, um especialista disse que o sucesso de uma proposta depende mais das conversações e do relacionamento entre as partes do que da proposta propriamente dita.[8] Outro acredita que "muitas propostas são vencidas ou perdidas antes mesmo de a carta-convite ser enviada".[9]

Mesmo quando você prepara uma proposta para o governo ou uma fundação, é aconselhável – a menos que a carta-convite proíba especificamente – entrar em contato com o órgão encarregado de fornecer os recursos e discutir as suas ideias com ele.

O trabalho envolvido na apresentação de propostas não solicitadas é maior. Afinal, nesses cenários, o leitor não requisitou as suas ideias ou serviços. Por essa razão, a sua proposta deve ser parecida com uma mensagem de vendas e atrair a atenção do leitor e destacar a necessidade que precisa ser atendida. Feito isso, ela apresenta os produtos ou serviços que atendem a essa necessidade. Esforce-se para inspirar confiança em todo o texto. Por exemplo, se você quer fornecer treinamento para os funcionários de uma empresa, o seu alvo são as

> **DEPENDENDO DA NATUREZA DA ORGANIZAÇÃO PARA A QUAL VOCÊ TRABALHA, A PROFICIÊNCIA NA REDAÇÃO DE PROPOSTAS EXTERNAS É ESSENCIAL.**

necessidades do leitor nesta área. Discuta essas necessidades em detalhe, mostre as vantagens de seu plano de treinamento e faça o leitor acreditar que a sua empresa é a melhor para a tarefa. A preparação cuidadosa e estratégica de propostas não solicitadas normalmente tem sucesso.

Como nas propostas solicitadas, faça um contato preliminar com a pessoa na organização que tem algum poder para dar início a seu plano, sempre que possível. Uma proposta enviada a alguém que você conhece é melhor do que uma "atirada para o alto". O melhor a fazer é considerar a proposta não solicitada como parte de um relacionamento que você está tentando criar ou manter.

Formato e conteúdo das propostas

Uma proposta é única, mas é possível fazer algumas generalizações. Para terem sucesso, as propostas precisam ser concebidas pensando naqueles que vão tomar a decisão final, enfatizando os elementos persuasivos e apresentando o conteúdo com clareza de formato e estilo.

formato e formalidade
A disposição física e a formalidade das propostas variam muito. As mais simples são semelhantes a um e-mail. As propostas internas (redigidas para e por pessoas na organização) normalmente estão nesta categoria, mas há exceções. As mais complexas têm a forma de relatórios completos e longos, incluindo páginas introdutórias (folha de rosto, carta de apresentação, sumário e resumo executivo), texto e uma variedade de anexos. A maioria das propostas tem um design que fica entre estes dois extremos.

A estrutura da proposta varia muito. Por isso, você deve fazer uma boa investigação antes de planejar uma em específico. Nessa pesquisa, tente descobrir qual é o formato convencionalmente aceito pelo público-alvo. Tente ver o que já foi feito em situações semelhantes. Quando a proposta foi solicitada, reveja o pedido com atenção em busca de pistas sobre as preferências da organização que a pediu. Se não for possível seguir um desses procedimentos, conceba um formato com base em uma análise do público-alvo e no seu conhecimento sobre formatos. O plano que você escolher deve ser o melhor para a situação.

O mesmo conselho é válido para suas decisões sobre a formalidade. Deixe que o leitor e as circunstâncias sejam os seus guias. As propostas internas normalmente são menos formais do que as externas, porque as partes muitas vezes se conhecem e porque os documentos internos, de modo geral, não preci-

Tecnologia rápida
Elementos visuais ajudam os redatores a despertar o interesse nas mensagens de vendas

As mensagens de vendas — tanto impressas quanto em e-mails bem elaborados — muitas vezes incluem arte e animações para aumentar o apelo visual e chamar a atenção. Em um experimento recente que comparou e-mails no formato HTML e em vídeo, a Holland America descobriu que a mensagem em vídeo tinha uma taxa de cliques 33% maior que a mensagem em HTML. Além disso, quando os leitores acessavam o *site*, a permanência média era de 9 minutos, em comparação aos 5 minutos na mensagem em HTML. Outro aspecto é que a mensagem em vídeo era vantajosa no custo, apenas 20% maior do que a em HTML.*

Hoje, os redatores empresariais não precisam ser artistas ou fotógrafos profissionais para usar elementos visuais com eficácia. Os principais *softwares* incluem opções de arte, animação, imagens e sons. Escâneres e programas fáceis de usar estão disponíveis para ajudar os redatores a criar visuais customizados. Na Internet, os redatores encontram uma enorme variedade de produtos e serviços para melhorar suas mensagens de vendas.

Eis uma lista de alguns desses *sites*, em inglês:
- http://webclipart.about.com/
  Rica coleção de *links* para *sites* com *clip arts*, tutoriais, *hardware* e *software*.
- http://www.fotosearch.com/
  Ferramenta de metapesquisa para encontrar fotografias profissionais, ilustrações e vídeos.
- http://www.animationfactory.com/em/
  Site pago que oferece uma gama de mídias preparadas por profissionais.
- http://www.freeaudioclips.com/
  Site com clipes de áudio e *links* para ferramentas de *software*, além de ser uma boa ferramenta de busca.

*Heidi Anderson, "Cruising to E-Mail Results," *ClickZ*, Incisive Interactive marketing LLC, 10 July 2003, Web, 15 Apr. 2010.

> **O principal meio para solicitar propostas é a carta-convite.**

sam ser muito formais. Mas, se a proposta envolve uma mudança ou iniciativa importante, a apresentação formal – oral, escrita ou ambas – talvez seja melhor. Pela mesma razão, as propostas externas também podem ser informais, se forem curtas e as partes se conhecerem. Muitas dessas comunicações são redigidas no formato de carta, e com sucesso. Como acontece com qualquer outro tipo de mensagem, o conhecimento sobre o leitor e a adaptação às circunstâncias são essenciais.

conteúdo Não importa se a proposta é interna ou externa, solicitada ou não, o seu objetivo principal como redator é sempre o mesmo: apresentar um argumento convincente. Todos os elementos da proposta – desde o título, passando pela carta de apresentação, os cabeçalhos, a organização do conteúdo, até o estilo – precisam contribuir com o argumento básico.

Para conceber a sua proposta de acordo com este princípio, você precisa conhecer os seus leitores e as necessidades deles (que talvez estejam em um pedido de orçamento). Você também tem de saber como vai atender a essas necessidades. Com base nisso, desenvolva o seu argumento principal. Qual é a sua vantagem competitiva? O valor do dinheiro? A conveniência? A confiabilidade? Será possível atender essas necessidades ou a missão do cliente com o que você tem a oferecer? Alguns ou todos os itens anteriores? O modo como você enquadra o seu argumento depende de como você acha que a proposta vai ser avaliada.

O leitor de uma proposta comercial faz essa avaliação usando três critérios básicos:

- A necessidade da solução (Precisamos disso? Isso vai resolver o nosso problema?)
- As qualificações do proponente (O autor da proposta, pessoa física ou jurídica, vai mesmo conseguir concretizar o que é proposto na data limite e dentro do orçamento?)
- O retorno sobre o investimento (A despesa em dinheiro ou o consumo de tempo são justificáveis?)

Se você consegue responder a essas perguntas com um "sim", do ponto de vista do destinatário da proposta, as chances de ganhar o contrato ou a aprovação da gerência são boas.

Depois de definir o que você deve propor e por que, é hora de descobrir como. Se a carta-convite tem orientações sobre conteúdos e organização da proposta solicitada, siga-as. Do contrário, você é quem vai definir os componentes de sua proposta. As possibilidades sobre os conteúdos são muitas, mas reflita sobre os oito tópicos listados a seguir. Eles são

Não importa se a proposta é solicitada ou não: ela precisa ser eficaz na hora de apresentar uma imagem completa do que está sendo proposto. Esforce-se para atender às necessidades do leitor. Só assim ele tomará a decisão a seu favor.

Muitas organizações sem fins lucrativos dependem de doações para sobreviver.

Comunicação rápida

Em 2006, David Meerman Scott, pesquisador e autor de diversos livros, realizou um estudo para identificar as expressões mais usadas no marketing. Após consultar outros profissionais de relações públicas para criar uma lista de candidatos, ele utilizou as ferramentas de mineração de texto da Factiva para encontrar essas palavras e expressões em cerca de 388 mil *releases* de empresas norte-americanas entre janeiro e dezembro daquele ano.

Algumas das palavras e expressões mais utilizadas foram:

Flexível
Robusto
Fácil de usar
De ponta
Essencial à missão
Líder de mercado
Classe mundial
Adaptável
Padrão do setor
Pronto para uso
Inovador

E a expressão vencedora (ou perdedora)? "De última geração".

Em 2008, Scott estudou 711.123 *releases* de empresas dos Estados Unidos e descobriu que muitos desses termos ainda estavam no

E o prêmio de clichê mais usado no marketing vai para...

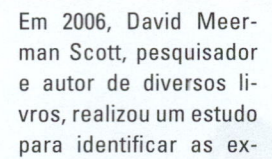

topo da lista – ao lado de "inovar", "principal fornecedor", "alavancagem" e outras expressões repetitivas.

O conselho de Scott é simples: em vez de usar esse "palavreado", explique como os seus produtos "resolvem os problemas do cliente" com termos descomplicados.

FONTES: "The Gobbledygook Manifesto," *Change This*, 800-CEO-READ, 8 Aug. 2007, Web, 7 Apr. 2009; "Top Gobbledygook Phrases Used in 2008 and How to Avoid Them," *WebInkNow*, David Meerman Scott, 8 Apr. 2008, Web, 15 Apr. 2010.

[**Para terem sucesso, as propostas precisam ser concebidas pensando naqueles que vão tomar a decisão final, enfatizando os elementos persuasivos e apresentando o conteúdo com clareza de formato e estilo.**]

---

amplos e genéricos, mas é possível combiná-los ou subdividi-los de acordo com a necessidade, para adaptá-los à realidade da situação (ver páginas 176-182).

1. **Finalidade do redator e necessidade do leitor.** A declaração da finalidade do redator (apresentar a proposta) e da necessidade do leitor (como a redução da rotatividade de representantes comerciais em campo) é uma forma adequada de começar. Se o relatório for uma resposta a um convite, essa declaração deve estar de acordo com ele (por exemplo, "conforme descrito em seu anúncio de 10 de julho"). O começo desta proposta é um bom exemplo:

Conforme pedido na reunião de 10 de julho com Alice Burton, Thomas Cheny e Victor Petrui em sua sede em Calgary, a Muchinson and Associates apresenta a seguinte proposta para a realização de uma pesquisa que deve investigar a alta rotatividade de seus representantes comerciais atuantes em campo. Avaliaremos a satisfação das equipes com a função atual, analisaremos os registros de entrevistas de demissão e compararemos as compensações oferecidas pela empresa e as práticas de recursos humanos com as normas do setor, a fim de identificar as causas da evasão de seu quadro de pessoal.

Se uma proposta é enviada sem solicitação, o começo dela precisa atender a um requisito adicional: atrair a atenção. Você já sabe que as propostas não solicitadas são muito parecidas com uma mensagem de vendas. O público-alvo não está ansioso por receber esse tipo de comunicação. Por isso, elas devem iniciar pensando em vencer a resistência do leitor. A maneira eficaz de fazer isso é resumir os pontos mais importantes da proposta, enfatizando as vantagens dela. Essa técnica é ilustrada no começo de uma proposta não solicitada enviada por um consultor a um cliente em potencial:

Palavras sábias de um redator profissional de propostas

Uma proposta ou doação é o começo de um relacionamento. O leitor entra em contato com sua empresa ou organização para definir a base de uma aliança construtiva e positiva. A sua proposta é a cara que você está apresentando ao cliente ou fonte de financiamento. Se eles se sentirem confortáveis com ela, eles se sentirão à vontade com a sua empresa ou organização.

FONTE: Richard Johnson-Sheehan, *Writing Proposals*, 2nd ed. (New York: Pearson/Longman, 2008) 232-33, impresso.

Comunicação rápida

Os sete pecados capitais da redação de propostas

1. Falta de foco nos problemas e nos pontos positivos da empresa do cliente – o conteúdo soa genérico.
2. Falta de estrutura persuasiva – a proposta se resume a um "monte de informações despejadas".
3. Falta de diferenciação entre as empresas.
4. Falha em oferecer uma proposição de valor atraente.
5. Pontos-chave obscuros – falta impacto, nada é enfatizado.
6. Problemas de legibilidade porque o texto está repleto de jargões, é muito longo ou excessivamente técnico.
7. Assassinos da credibilidade – erros de digitação, de gramática e de pontuação, o nome do cliente está errado, inconsistência no formato, entre outros.

FONTE:, Tom Sant, *Persuasive Business Proposals* (New York: American Management Association, 2004) 11, impresso.

A sua estratégia de marketing está funcionando?

O Twitter, os *blogs*, o Facebook, o LinkedIn, os fóruns *online*... todos surgiram muito rápido, e tem mais a caminho. Você usa essas ferramentas do melhor modo possível?

Uma auditoria em três etapas feita pela Mattox e Associates vai descobrir. Com base no acesso a suas mídias sociais e apenas um dia de entrevistas em sua empresa, nossos especialistas vão descobrir...

A declaração inconfundível da finalidade e do problema talvez seja a parte mais importante da proposta. Se você não mostrar de cara que sabe o que tem de ser feito e tem um plano para isso, o restante da proposta possivelmente tenha sido redigido em vão.

Mostre a seus leitores que o seu plano é perfeito para eles.

2. **Histórico.** Uma revisão das informações gerais ajuda a entender o problema. Por exemplo, a proposta de uma universidade para obter bolsas de estudo fica melhor com uma revisão da atuação da instituição na área de estudo em que as bolsas seriam usadas. A proposta de uma empresa para uma fusão com outra companhia deve abordar os desenvolvimentos que justificam a iniciativa. A proposta de um CEO para o conselho de administração sugerindo que a empresa seja reestruturada tem de apresentar as informações gerais que justifiquem a ideia.

3. **Necessidade.** As informações gerais têm uma relação muito estreita com a necessidade que a proposta deve atender. Elas podem ser usadas para definir a necessidade. Mas, é possível apresentar a necessidade sem esse elemento e, por isso, tratamos dela em separado. Você talvez esteja se perguntando se esta seção é válida em situações onde uma carta-convite foi enviada. Afinal, quando enviam uma carta-convite, os leitores já sabem do que precisam, não? Em muitos casos, a resposta é não, não exatamente. Muitas vezes eles pensam que conhecem as próprias necessidades, mas você vê coisas que eles não percebem. Além disso, descrever o problema deles já pensando em abrir caminho para a solução que você vai propor ajuda no seu esforço de persuasão. Independentemente da situação, detalhar as necessidades da organização vai ajudar os seus leitores a entender que você compreende as necessidades deles.

4. **Descrição do plano.** A descrição do que o redator propõe está no centro de uma proposta. É a principal mensagem e deve ser apresentada de forma concisa, clara e ordenada, com títulos e subtítulos nos locais certos. É preciso dar detalhes suficientes para convencer o leitor de que o plano é lógico, exequível e apropriado. Além disso, ela deve identificar o que ele vai gerar, isto é, apontar para os resultados tangíveis da proposta.

5. **Vantagens da proposta.** Você deve facilitar a vida dos leitores para que percebam como a ação que você propõe trará as vantagens apresentadas. Uma declaração breve sobre os benefícios deve vir antes da proposta na forma de uma carta de apresentação, um resumo executivo ou um parágrafo de abertura. Mas, você vai precisar detalhar essas vantagens no corpo de sua proposta: a seção que descreve o seu plano vai mostrar como cada parte dele tem uma vantagem embutida. Também é possível usar uma seção em separado para explicar os benefícios. Como na redação de mensagens de vendas, quanto maior a necessidade de persuadir, mais você deve destacar as vantagens.

A exposição lógica das vantagens em uma proposta é ilustrada com um bom exemplo: o pedido de uma universidade por recursos para um programa de capaci-

Exemplo de caso
Proposta interna não solicitada pedindo financiamento para uma oportunidade de profissionalização

Esta proposta enviada por e-mail pede a uma empresa que patrocine a mensalidade da associação de um funcionário a uma organização profissional. Já no cabeçalho de assunto, o redator tenta evitar dizer alguma coisa com a qual o leitor – neste caso, o chefe do departamento de comunicação – não concorda. Depois de expor a quantidade certa de informações gerais e as vantagens possíveis, o redator apresenta o pedido e descreve o custo com palavras positivas. A oferta de tentar o vínculo por um ano ajuda a tornar proposta modesta.

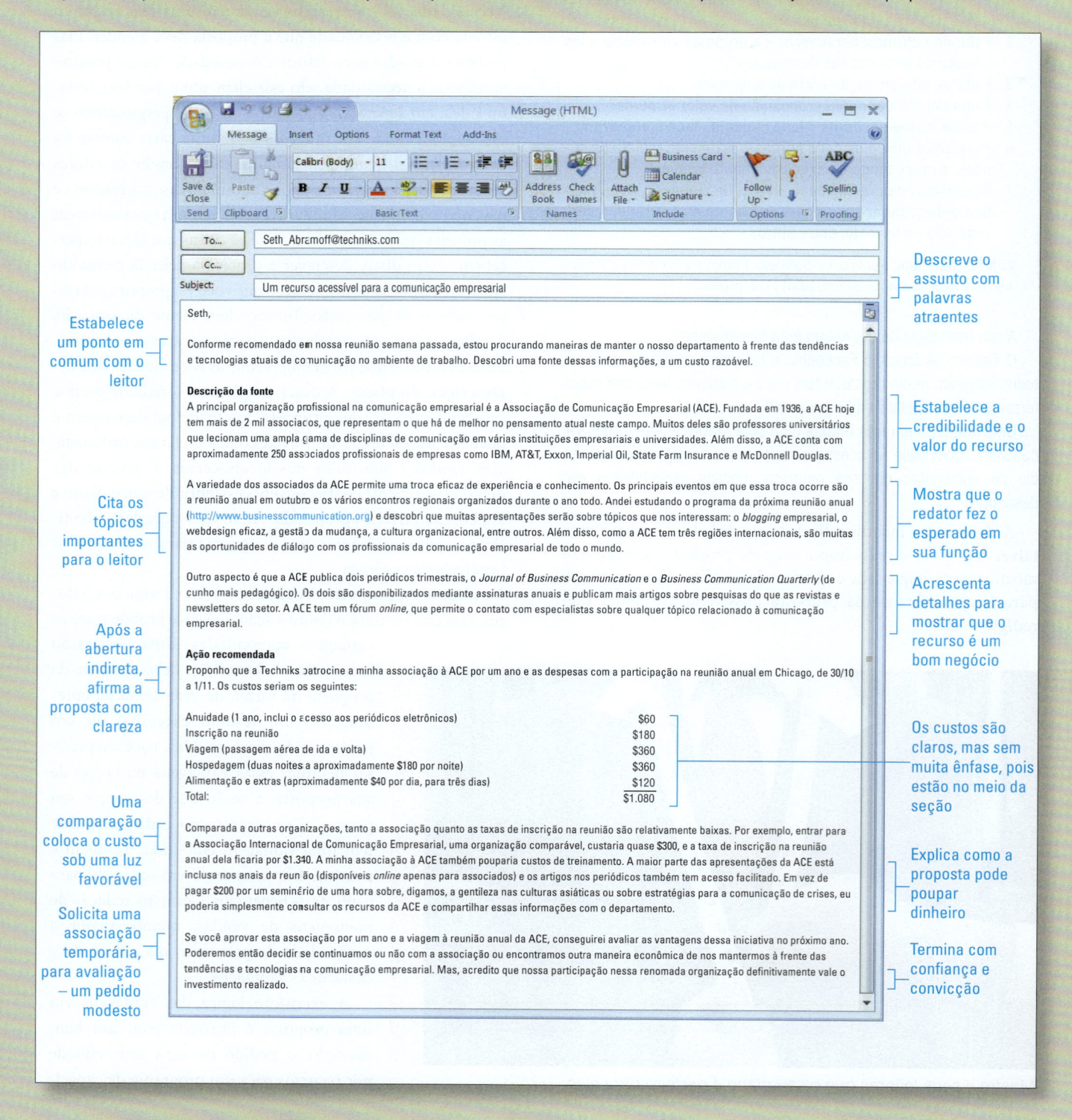

To: Seth_Abramoff@techniks.com
Cc:
Subject: Um recurso acessível para a comunicação empresarial

Seth,

Conforme recomendado em nossa reunião semana passada, estou procurando maneiras de manter o nosso departamento à frente das tendências e tecnologias atuais de comunicação no ambiente de trabalho. Descobri uma fonte dessas informações, a um custo razoável.

Descrição da fonte

A principal organização profissional na comunicação empresarial é a Associação de Comunicação Empresarial (ACE). Fundada em 1936, a ACE hoje tem mais de 2 mil associados, que representam o que há de melhor no pensamento atual neste campo. Muitos deles são professores universitários que lecionam uma ampla gama de disciplinas de comunicação em várias instituições empresariais e universidades. Além disso, a ACE conta com aproximadamente 250 associados profissionais de empresas como IBM, AT&T, Exxon, Imperial Oil, State Farm Insurance e McDonnell Douglas.

A variedade dos associados da ACE permite uma troca eficaz de experiência e conhecimento. Os principais eventos em que essa troca ocorre são a reunião anual em outubro e os vários encontros regionais organizados durante o ano todo. Andei estudando o programa da próxima reunião anual (http://www.businesscommunication.org) e descobri que muitas apresentações serão sobre tópicos que nos interessam: o *blogging* empresarial, o webdesign eficaz, a gestão da mudança, a cultura organizacional, entre outros. Além disso, como a ACE tem três regiões internacionais, são muitas as oportunidades de diálogo com os profissionais da comunicação empresarial de todo o mundo.

Outro aspecto é que a ACE publica dois periódicos trimestrais, o *Journal of Business Communication* e o *Business Communication Quarterly* (de cunho mais pedagógico). Os dois são disponibilizados mediante assinaturas anuais e publicam mais artigos sobre pesquisas do que as revistas e newsletters do setor. A ACE tem um fórum *online*, que permite o contato com especialistas sobre qualquer tópico relacionado à comunicação empresarial.

Ação recomendada

Proponho que a Techniks patrocine a minha associação à ACE por um ano e as despesas com a participação na reunião anual em Chicago, de 30/10 a 1/11. Os custos seriam os seguintes:

Anuidade (1 ano, inclui o acesso aos periódicos eletrônicos)	$60
Inscrição na reunião	$180
Viagem (passagem aérea de ida e volta)	$360
Hospedagem (duas noites a aproximadamente $180 por noite)	$360
Alimentação e extras (aproximadamente $40 por dia, para três dias)	$120
Total:	$1.080

Comparada a outras organizações, tanto a associação quanto as taxas de inscrição na reunião são relativamente baixas. Por exemplo, entrar para a Associação Internacional de Comunicação Empresarial, uma organização comparável, custaria quase $300, e a taxa de inscrição na reunião anual dela ficaria por $1.340. A minha associação à ACE também pouparia custos de treinamento. A maior parte das apresentações da ACE está inclusa nos anais da reunião (disponíveis *online* apenas para associados) e os artigos nos periódicos também tem acesso facilitado. Em vez de pagar $200 por um seminário de uma hora sobre, digamos, a gentileza nas culturas asiáticas ou sobre estratégias para a comunicação de crises, eu poderia simplesmente consultar os recursos da ACE e compartilhar essas informações com o departamento.

Se você aprovar esta associação por um ano e a viagem à reunião anual da ACE, conseguirei avaliar as vantagens dessa iniciativa no próximo ano. Poderemos então decidir se continuamos ou não com a associação ou encontramos outra maneira econômica de nos mantermos à frente das tendências e tecnologias na comunicação empresarial. Mas, acredito que nossa participação nessa renomada organização definitivamente vale o investimento realizado.

Anotações laterais:

- Descreve o assunto com palavras atraentes
- Estabelece um ponto em comum com o leitor
- Estabelece a credibilidade e o valor do recurso
- Cita os tópicos importantes para o leitor
- Mostra que o redator fez o esperado em sua função
- Acrescenta detalhes para mostrar que o recurso é um bom negócio
- Após a abertura indireta, afirma a proposta com clareza
- Os custos são claros, mas sem muita ênfase, pois estão no meio da seção
- Uma comparação coloca o custo sob uma luz favorável
- Explica como a proposta pode poupar dinheiro
- Solicita uma associação temporária, para avaliação – um pedido modesto
- Termina com confiança e convicção

Exemplo de caso
Proposta externa solicitada para a contratação de serviços de pesquisa

Uma empresa de design e produção convidou prestadoras de serviços de pesquisa para propor planos de acompanhamento da implementação de um sistema de ERP na companhia – tecnologia da informação que integra todas as funções da empresa, desde pedidos, passando pela entrega, contabilidade e gestão do cliente. O grau intermediário de formalidade da proposta enviada em resposta à carta-convite é apropriado, considerando a brevidade da proposta e o fato de as partes já se conhecerem.

WHITFIELD Organizational Research

7 Research Parkway, Columbus, OH 45319 614-772-4000 Fax: 614-772-4001
www.whitfieldresearch.com

---

3 de fevereiro de 2012

Sra. Janice Spears,
Gerente de Operações
RT Industries
200 Midland Highway
Columbus, OH 45327

Prezada Janice,

[Identifica o contexto da proposta e demonstra agradecimento pelo convite] Obrigado por convidar a Whitfield Organizational Research a apresentar uma proposta para a carta-convite 046 "Estudo sobre a implementação do InfoStream na RT Industries". Nossa resposta está em anexo.

[Lembra o leitor sobre o encontro anterior, que foi agradável] Ficamos muito satisfeitos com a reunião que tivemos para conhecer mais sobre os seus objetivos para esta pesquisa. Os conselhos de especialistas dão suporte a sua decisão de acompanhar a implementação do InfoStream. Como você sabe, o caminho para a adoção de um sistema de ERP é cheio de histórias de fracassos, caos e prejuízos financeiros. **[Reforça a necessidade da pesquisa]** Uma pesquisa atualizada e precisa vai ajudar você a ter sucesso nesta iniciativa.

[Resume as vantagens da empresa proponente] A Whitfield Organizational Research está bem qualificada para ajudar você neste projeto. Nossa equipe é experiente e utilizará uma variedade de técnicas de pesquisa minimamente invasivas, eficientes e acessíveis, a fim de obter informações confiáveis sobre a recepção e o uso do InfoStream por seus funcionários. Além disso, estamos familiarizados com os sistemas de ERP e conseguiremos dar início à coleta de dados necessários rapidamente. Como a Whitfield é uma empresa local, você poupará custos com acomodação e transporte.

[Elogia a empresa solicitante, mostra o conhecimento do leitor sobre ela e apresenta os benefícios de escolher a empresa convidada] A cultura do envolvimento do funcionário coloca a RT Industries na lista de Melhores Empresas para Trabalhar do Estado de Ohio desde 2006. A pesquisa que propomos, realizada por pesquisadores experientes e respeitados da Whitfield, vai ajudar você a manter a sua cultura de produção neste período de mudanças profundas. Outra vantagem é que ela garante que você colha os frutos deste investimento.

[Solicita uma ação do leitor indiretamente] A oportunidade de trabalhar com a RT Industries nessa iniciativa tão empolgante é muito bem-vinda.

Cordialmente

Evan Lockley

Evan Lockley
Vice-presidente, Gestão de Contas

Exemplo de caso (continuação)

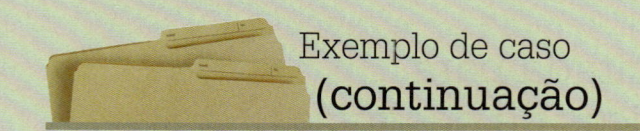

Resposta à carta-convite 046:
Estudo sobre a implementação do InfoStream na RT Industries

Proposta enviada pela
Whitfield Organizational Research
3/2/2012

Resumo executivo

A RT Industries iniciou uma mudança empresarial importante com a aquisição de um *software* de ERP, o InfoStream. Para acompanhar o efeito desta mudança nas atitudes do quadro de pessoal e nos processos de trabalho da empresa, a RT busca a assistência de uma empresa de pesquisa com experiência em estudos organizacionais.

A Whitfield Organizational Research tem longa experiência em pesquisas com funcionários e domina os conhecimentos sobre *softwares* de ERP. Nossa proposta inclui um plano em quatro etapas para o primeiro ano de implementação do sistema. Ele gerará três produtos principais: um relatório inicial, um intermediário e um no final do ano. Nossa metodologia é multifacetada, causa o mínimo de interrupções e é eficaz em termos de custos.

Os resultados gerarão uma imagem confiável de como o InfoStream está sendo recebido e usado pelo quadro de pessoal da RT. A Whitfield também prestará consultoria à RT sobre a gestão de intervenções adequadas durante o processo, a fim de aumentar o sucesso desta inovação em toda a empresa.

Fornece uma visão geral clara do problema, da finalidade e das vantagens

Objetivos do projeto

A RT Industries investiu mais de $1,6 milhão e mais de 1.000 horas de trabalho na compra e no treinamento do sistema de ERP InfoStream. Nos próximos 12 meses em que a RT integrará o sistema em toda a sua empresa, que tem mais de 800 funcionários, quantias e horas adicionais serão investidas no projeto. Com isso, o investimento final poderá chegar a $2 milhões. Adotar este sistema é uma das mudanças mais caras e abrangentes que uma empresa pode implementar.

Demonstra conhecimento sobre a empresa, lembra o investimento que deve ser protegido

Como comentou Jeri Dunn, CIO da Nestle USA na *CIO Magazine* sobre os conhecidos problemas que a empresa teve com o seu *software* de ERP, "A implementação de um *software* não tem a ver com o *software*, mas com a gestão da mudança". Um sistema de ERP afeta o trabalho diário de praticamente todos os funcionários de uma empresa. O tema mais comum nas histórias de fracasso na implementação de sistemas de ERP – que são muitas – é a falta de atenção à experiência do funcionário nesse tipo de transição. Manter o dedo no pulso da organização durante essa mudança profunda é essencial para maximizar o retorno sobre este investimento.

Reforça a necessidade da pesquisa

Nossa pesquisa vai determinar

- Como os funcionários estão interagindo com o InfoStream em seu trabalho.
- Como o novo sistema está mudando os processos de trabalho.
- Como o sistema está afetando o ambiente geral ou a "cultura" da empresa.

Declaração das vantagens, apresentada de forma lógica

A Whitfield projetou um plano de pesquisa multimetodológico em quatro etapas para obter esses dados. Nossos relatórios periódicos mostrarão como o InfoStream está sendo integrado na vida da empresa. O resultado é a possibilidade de orçar e

Exemplo de caso (continuação)

Whitfield Organizational Research 2

implementar intervenções, como a adoção de comunicações estratégicas e de treinamentos adicionais. Além disso, será possível descobrir onde os processos precisam ser adaptados ao novo sistema.

A implementação de uma mudança dessa magnitude certamente vai gerar um *feedback*, seja na forma de queixas de funcionários, seja como críticas construtivas. A equipe da Whitfield vai obter esse *feedback* de forma positiva e coordenada, e compilar os resultados em um formato utilizável. Os achados permitirão à gestão da RT enfrentar os problemas iniciais e diminuir as chances de problemas futuros. A pesquisa também contribuirá com os esforços de gestão da mudança, dando voz aos funcionários da RT no processo e permitindo que o *feedback* gerado ajude no sucesso da iniciativa.

Os relatórios

As informações necessárias serão fornecidas de acordo com o disposto a seguir. Todas as datas são baseadas na data inicial 1/7/2012.

Data aproximada	Relatório:
1/10/2012	Relatório escrito sobre o estudo **inicial** de 12-14 processos de trabalho e das atitudes dos funcionários e sobre a pesquisa em toda a empresa.
1/2/2013	Relatório escrito **intermediário** sobre os processos de trabalho e as atitudes dos funcionários e sobre a pesquisa em toda a empresa.
30/6/2013	Relatório **final** (escrito e oral) sobre os processos de trabalho e as atitudes dos funcionários e sobre a pesquisa em toda a empresa.

Os leitores podem ver de antemão os produtos da pesquisa proposta

Métodos e cronogramas antecipados

A pesquisa iniciará em 1/7/2012, a data prevista para a adoção do InfoStream na RT, e vai até aproximadamente 30/6/2013, um ano depois. Como mostra a tabela a seguir, a pesquisa terá quatro componentes principais. A Parte III formará a parte principal do projeto.

Parte da pesquisa e período	Finalidade	Métodos
Parte I (julho 2012)	Obtenção de informações básicas, recrutamento de participantes	Obter dados sobre a RT (história, produtos/missão, estrutura organizacional/cultura, etc.). Entrevistas com os funcionários na RT e na InfoStream sobre o motivo de a RT cogitar adotar um sistema de ERP, de a empresa ter comprado o InfoStream, e sobre o quanto os funcionários na RT estão familiarizados com o sistema. Neste período, também trabalharemos com a equipe do COO para recrutar participantes para a etapa principal (Parte III).

Detalhes do projeto, em um formato claro

Exemplo de caso (continuação)

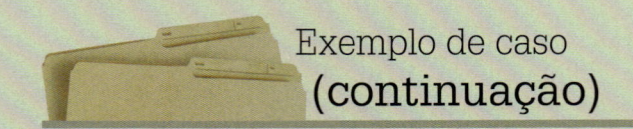

Whitfield Organizational Research 3

Parte da pesquisa e período	Finalidade	Métodos
Parte II (julho 2012)	Obter a perspectiva da equipe de implementação do InfoStream	Entrevista do tipo grupo de foco com a equipe de implementação do sistema da RT, enfatizando os objetivos e as preocupações relacionados à implementação. A previsão de duração é de 1 hora. Os participantes compartilharão *feedbacks* adicionais individualmente, após a reunião, ou por e-mail.
Parte III (julho-setembro 2012; novembro 2012-janeiro 2013; março-maio 2013)	Avaliação do impacto do InfoStream nos processos e nas atitudes dos funcionários	Condução de três rodadas com 1 a 2 horas de duração com 12 a 14 funcionários da RT para acompanhar o uso do InfoStream. O ideal seria ter um ou dois participantes oriundos das principais áreas da empresa e a representação de diversos níveis hierárquicos.
Parte IV (setembro 2012, janeiro 2013, maio 2013)	Avaliação da recepção do InfoStream em toda a empresa	Três pesquisas pela Internet durante o ano para acompanhar as atitudes gerais sobre a implementação do InfoStream.

Este plano seguirá o seguinte cronograma:

	7/12	8/12	9/12	10/12	11/12	12/12	1/13	2/13	3/13	4/13	5/13	6/13
Pesquisa inicial	■											
Grupo de foco	■											
Primeira rodada de entrevistas	■	■	■									
Primeira pesquisa pela Internet			■									
Relatório inicial				■								
Segunda rodada de entrevistas					■	■						
Segunda pesquisa pela Internet							■					
Relatório intermediário								■				
Terceira rodada de entrevistas									■	■		
Terceira pesquisa pela Internet											■	
Relatório final												■

Linha do tempo facilita a visualização do que vai acontecer a cada momento

Exemplo de caso (continuação)

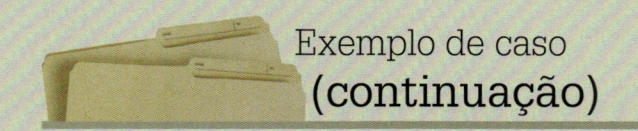

Whitfield Organizational Research 4

Estrutura da entrevista e vantagens

As Partes I, II e IV fornecem informações essenciais sobre o projeto e sua recepção, mas os dados mais valiosos serão gerados na Parte III, que compreenderá as entrevistas com os funcionários escolhidos da RT no local de trabalho. A obtenção de dados sobre o contexto de trabalho desses funcionários é a única maneira confiável de saber o que realmente acontece em termos da experiência diária dessas pessoas. Eis nossa metodologia de obtenção desses dados:

Entrevista inicial:
- Obter informações básicas sobre os participantes (quanto tempo trabalham na RT, quais são suas funções, qual é a experiência que têm com informática, quanto treinamento receberam sobre o InfoStream).
- Perguntar a eles como usam o InfoStream em tarefas simples.
- Pedir a eles que preencham um questionário sobre como usam o InfoStream.
- Revisar as respostas, pedindo que expliquem oralmente por que deram essas respostas.
- Pedir que tomem notas ou nos enviem e-mails relatando as experiências interessantes que tiveram com o InfoStream.
- Tomar notas sobre interrupções, interações e outras atividades que ocorrem durante a entrevista.

Com base nos dados obtidos nessas entrevistas, avaliaremos como os processos de trabalho dos entrevistados se inserem no contexto do InfoStream. Também documentaremos como o sistema afeta as atitudes dos participantes e suas interações com os outros funcionários e departamentos. Verificaremos nossos achados com os participantes para garantir a precisão dos resultados, antes de incluí-los no relatório inicial.

Entrevista intermediária:
- Perguntar aos participantes se têm alguma experiência interessante a relatar com o InfoStream e/ou quaisquer mudanças que ocorreram nas tarefas que realizam com o sistema.
- Pedir aos participantes que preencham o mesmo questionário respondido na primeira entrevista.
- Discutir com eles as razões para quaisquer mudanças em suas respostas, em comparação com o primeiro questionário.
- Observar quaisquer interações ou atividades durante a entrevista.
- Verificar os achados com os participantes para garantir a precisão dos resultados antes de incluí-los no relatório intermediário.

Entrevista final:
- Será conduzida como a segunda entrevista.
- Incluirá questões que permitam aos participantes comentar sobre o projeto e o InfoStream.

As vantagens deste método de entrevistas:
- Uma vez que os pesquisadores estarão presentes fisicamente no contexto do ambiente de trabalho dos funcionários, eles **obterão um número significativo de informações**, observadas ou relatadas pelos funcionários, **em um período curto**.
- Os funcionários terão de discutir suas respostas em detalhes e, por essa razão, o pesquisador **conhecerá o verdadeiro significado das respostas dadas**.

Seção especial detalha a metodologia exclusiva da empresa proponente e ajuda a explicar a etapa mais cara do plano

Exemplo de caso (continuação)

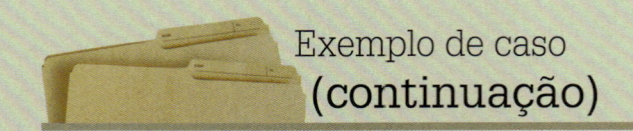

Whitfield Organizational Research   5

- Pedir aos funcionários que confirmem os achados da pesquisa **representará outra forma de validação e os motivará a dar respostas sinceras e completas**.

O que as entrevistas vão descobrir, especificamente

Conceberemos as entrevistas e pesquisas no âmbito de toda a empresa para descobrir o quanto:

- O InfoStream facilita ou dificulta o trabalho dos participantes, ou como facilita em algumas maneiras e dificulta em outras.
- O InfoStream melhora ou não a eficácia no trabalho.
- O InfoStream melhora ou não a eficiência no trabalho.
- Os participantes acreditam que o InfoStream ajuda a empresa em termos gerais.
- Os participantes estão satisfeitos com as instruções que receberam sobre o sistema.
- O InfoStream altera as interações dos participantes com os colegas.
- O InfoStream altera as interações dos participantes com os seus superiores.
- O InfoStream afeta a atitude geral dos participantes com relação ao trabalho.

O resultado será uma imagem detalhada e confiável de como o InfoStream atua em diferentes níveis e em todas áreas da RT Industries, o que permitirá que a gerência da empresa interfira onde for necessário.

[Nota lateral: Uma lista completa do que os leitores mais querem saber aumenta o desejo de contratar a proponente]

Os custos

Como somos uma empresa local, não há despesas com hospedagem ou transporte.

Componente da pesquisa	Estimativa de horas	Custos
Parte I (investigação inicial)	6 horas	$300
Parte II (grupo de foco com equipe de implementação)	3 horas (inclui preparação e análise)	$300
Parte III (três rodadas de entrevistas no local)	474 horas	$18.960
Parte IV (três rodadas de pesquisas na Internet)	48 horas	$1.920
Preparação dos relatórios	90 horas	$3.600
		Total: $25.080

[Nota lateral: Detalhamento dos custos explica as despesas, mas sem pormenores para que o leitor identifique itens específicos]

Nossas credenciais

A Whitfield Organizational Research é reconhecida pela American Society for Training and Development como líder regional em consultoria empresarial. Temos muita experiência em gestão da mudança, em psicologia organizacional, em métodos de pesquisa quantitativa e qualitativa e na formação de equipes. Nossa familiaridade com os *softwares* de ERP, construída com a participação em projetos de clientes como Orsys e PRX Manufacturing, confirma nossa competência para atender às necessidades da RT. Currículos e referências são enviados pelo correio, sob pedido, ou podem ser acessados em <www.whitfieldresearch.com>.

[Nota lateral: As credenciais eficientes da proponente se concentram apenas nas qualificações relevantes para a situação]

Quando sua proposta não é solicitada, o desafio é maior.

tação de trabalhadores idosos deve sublinhar a rentabilidade que essa iniciativa traria para as empresas locais. Outro exemplo: uma proposta oferecendo um serviço de consultoria a restaurantes pode enfatizar vantagens como a melhoria da eficiência, a redução de furtos por funcionários, a economia de custos com alimentos e o aumento dos lucros.

6. **Custos e outros aspectos específicos.** Você apresentou o plano, agora é a vez de definir exatamente quanto ele vai custar. Talvez seja preciso incluir outros aspectos, como cronogramas, padrões e meios de avaliação do desempenho, equipamentos e suprimentos necessários, garantias e necessidades de mão de obra. Preveja e aborde as questões que possam surgir e apresente as suas reivindicações do jeito mais positivo possível.

7. **Prova de que você pode cumprir o que promete.** Às vezes a organização proponente é quem define a própria capacidade de cumprir suas promessas. Isso implica apresentar informações sobre questões como qualificação de seu quadro de pessoal, o sucesso que teve em casos parecidos, a adequação de seus equipamentos e instalações, seus procedimentos operacionais, sua consciência ambiental e sua condição financeira. Sempre que essas informações servirem de prova da capacidade de sua organização de cumprir o que propõe, use-as. Nas propostas externas, resista à tentação de incluir currículos longos e generalistas. Escolher apenas os detalhes mais persuasivos sobre os funcionários de sua empresa é melhor. Se incluir currículos, adapte todos à situação.

8. **Comentários finais.** Na maioria das propostas que enviar, instigue ou sugira a ação que você quer que o leitor realize. Esse esforço de convencimento normalmente é incluído em uma carta de apresentação, mas se não houver uma, ele pode aparecer na conclusão da proposta. Como alternativa, inclua um resumo dos pontos principais de sua proposta ou dê um último impulso na conclusão.

Não importa o que você está redigindo (uma proposta, um pedido, uma mensagem de vendas ou outro tipo de comunicação), a arte da persuasão pode ser um dos seus ativos mais valiosos. Aliar as dicas deste capítulo a suas próprias ferramentas de solução de problemas vai ajudá-lo a se preparar para aquelas situações em sua carreira em que você precisará da cooperação e do suporte de outras pessoas. ■

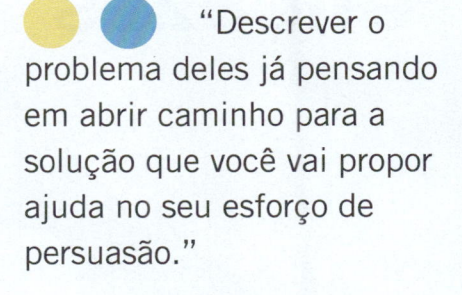

> "Descrever o problema deles já pensando em abrir caminho para a solução que você vai propor ajuda no seu esforço de persuasão."

NOVO E MELHORADO

© 2005 Ted Goff
www.tedgoff.com

"Precisamos de algo para vir após esta parte. Alguma ideia?"

ACESSE

<http://www.grupoa.com.br>

para materiais adicionais de estudo, em inglês, incluindo apresentações em PowerPoint.

CAPÍTULO 7 | Como redigir mensagens e propostas persuasivas

módulo quatro

Relatórios eficazes

CAPÍTULO 8 PREPARAÇÃO E REDAÇÃO DE RELATÓRIOS
CAPÍTULO 9 REDAÇÃO DE RELATÓRIOS CURTOS

Preparação
e redação de relatórios

• • objetivos de APRENDIZAGEM

OA8.1 Definir um problema e uma finalidade com clareza na redação.

OA8.2 Listar os fatores envolvidos em um problema.

OA8.3 Explicar a diferença entre pesquisa primária e secundária.

OA8.4 Obter fontes secundárias usando métodos de pesquisa diretos e indiretos.

OA8.5 Avaliar a confiabilidade de *sites*.

OA8.6 Descrever o processo de busca nos registros de uma empresa.

OA8.7 Conduzir um experimento sobre um problema na empresa.

OA8.8 Conceber um estudo observacional sobre um problema na empresa.

OA8.9 Usar técnicas de amostragem para realizar um levantamento.

OA8.10 Elaborar um questionário, desenvolver um plano de trabalho e conduzir um estudo-piloto para uma pesquisa.

OA8.11 Explicar o uso de estratégias qualitativas, como grupos de foco e entrevistas.

OA8.12 Explicar as orientações para conduzir pesquisas com ética no ambiente empresarial.

OA8.13 Explicar os erros mais comuns na interpretação e desenvolver atitudes e práticas que propiciem uma interpretação correta.

OA8.14 Organizar informações em um esboço usando as divisões tempo, local, quantidade, fator, ou uma combinação delas.

OA8.15 Transformar um esboço em um sumário cujo formato e redação tenham significado lógico.

OA8.16 Redigir relatórios focados, objetivos, consistentes no tempo, uniformemente relacionados e interessantes.

OA8.17 Preparar relatórios em colaboração.

A quantidade de relatórios a serem redigidos no futuro vai depender da organização em que você trabalha. Se você trabalha para uma empresa com menos de 10 funcionários, provavelmente este número não será muito grande. Mas, se sua organização for de médio ou grande porte, você certamente terá de redigir muitos. Quanto maior a empresa, maior a complexidade. Quanto maior a complexidade, maior a necessidade de informações para administrá-la.

A natureza dos negócios de sua empresa também influencia a quantidade e o tipo de relatórios que você vai redigir. A Comissão de Valores Mobiliários dos Estados Unidos exige que todas as empresas de capital aberto emitam relatórios financeiros regularmente. Os principais produtos de uma empresa de consultoria são os relatórios com informações e aconselhamento a seus clientes. Uma empresa contratada por um governo também tem de atender a necessidades específicas na redação de relatórios. A frequência e o tipo de relatório que você terá de redigir dependem de seu empregador. Mas, fique certo de que a redação de relatórios será uma parte expressiva de sua carreira no ambiente de negócios.

Cenário de trabalho
Como preparar e redigir relatórios no trabalho

Você é o assistente administrativo do presidente da Technisoft Inc. Uma boa parte de seu trabalho nessa empresa desenvolvedora de *softwares* envolve obter informações para o seu chefe. Ontem, por exemplo, você examinou o problema do tempo abusivo que os funcionários passam navegando na Internet. Alguns dias antes, a sua tarefa foi determinar as causas da insatisfação dos funcionários em uma das filiais da empresa. Você também já investigou a recomendação de um supervisor para mudar um processo de avaliação. A lista é longa, porque o seu trabalho é investigar problemas.

A redação de relatórios também é. Você precisa descobrir coisas, pesquisar e relatar o que averigua, e tem boas razões para preparar esses documentos. Os relatórios escritos são registros permanentes, que podem ser estudados a qualquer hora e enviados facilmente a grupos de pessoas. Ninguém duvida de que os relatórios são um meio prático e eficiente de transmitir informações.

O trabalho de redigir esses documentos não é exclusividade sua. Essa tarefa é comum em todos os departamentos de uma empresa. Por exemplo, os engenheiros relatam os problemas técnicos que detectam; os contadores preparam relatórios sobre as operações financeiras à gerência cotidianamente; as equipes de produção descrevem aspectos operacionais de seus setores; os vendedores preparam relatórios sobre tópicos do mercado. A redação de relatórios ocorre em toda a sua organização, sendo vital para as operações não só da sua, mas de qualquer outra empresa.

Trabalhar com públicos externos também é essencial para o sucesso de uma organização. Nas consultorias, os relatórios são o principal canal com o cliente. Nas empresas de capital aberto, eles são exigidos por lei e devem ser divulgados ao governo e aos acionistas. Dependendo da natureza do negócio, uma empresa precisa preparar e redigir relatórios de impacto ambiental, de práticas de contratação ou de padrões de qualidade, e enviá-los a diversas agências reguladoras.

Alguns desses documentos são preparados por indivíduos, mas o número de relatórios redigidos em colaboração cresce sem parar. Mesmo quando uma única pessoa é a principal responsável pela tarefa, contribuições de terceiros normalmente são necessárias. Na verdade, a redação de relatórios se baseia em diversas habilidades de comunicação, desde a obtenção de informações até a apresentação delas com clareza.

Este capítulo e o seguinte vão ajudá-lo a se preparar para essa modalidade essencial de comunicação empresarial.

DEFINIÇÃO DE RELATÓRIO

Você talvez já tenha uma boa noção do que é um relatório. Mesmo assim, nem sempre é fácil definir esse documento. Até as definições elaboradas pelos estudiosos no assunto divergem. Alguns definem relatório como um documento que inclui qualquer apresentação de informações; outros limitam essa modalidade ao âmbito formal. A definição que preferimos é intermediária: **relatório é uma comunicação ordenada e objetiva de informações reais que tem uma finalidade empresarial**.

Um relatório é uma comunicação ordenada, preparada com cuidado. Essa atenção distingue os relatórios das trocas casuais de informações. O caráter **objetivo** de um relatório é a sua abordagem imparcial. Sua finalidade é a apresentação de fatos, sem a influência humana. Na nossa definição de relatório, a palavra **comunicação** possui um sentido amplo. Ela cobre todos os meios de transmitir sentido: a fala, a escrita, o uso de elementos visuais ou uma combinação destes.

O ingrediente básico de todos os relatórios é a **informação real**, que se baseia em eventos, estatísticas e outros dados. Mas, nem todos os relatórios são empresariais. Cientistas, médicos, ministros, estudantes – todos redigem esses documentos. Para ser classificado como empresarial, um relatório precisa ter uma **finalidade empresarial**.

"Para ser classificado como empresarial, um relatório precisa ter uma finalidade empresarial."

Esta definição é específica o bastante para dar significado ao termo, e ampla o suficiente para incluir variantes. Por exemplo, alguns relatórios (os que contêm informações) apenas apresentam fatos. Outros (os analíticos) vão além, e incluem interpretações e, às vezes, conclusões. Os relatórios de recomendação vão ainda mais longe, com conselhos para ações futuras. Alguns são muito formais, tanto no estilo quanto na apresentação. Outros são altamente informais. Nossa definição aceita todas essas variantes.

DETERMINE O PROBLEMA DO RELATÓRIO

A tarefa de redigir um relatório com lógica começa com uma necessidade, a qual vamos denominar de forma genérica nesta discussão como **problema**. Alguém ou algum grupo (normalmente os seus superiores) precisa de informações para uma finalidade empresarial. Talvez essa necessidade envolva

Comunicação rápida

Práticas da redação de relatórios e lei Sarbanes-Oxley

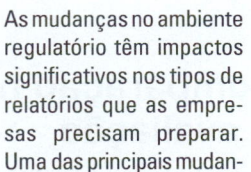

As mudanças no ambiente regulatório têm impactos significativos nos tipos de relatórios que as empresas precisam preparar. Uma das principais mudanças vistas recentemente foi a adoção da lei Sarbanes-Oxley, em 2002.* Ela se aplica a todas as empresas de capital aberto e objetiva impedir escândalos financeiros como os que envolveram a Enron, a Arthur Andersen, a Tyco e a WorldCom, além de restaurar a confiança do investidor. Ela obriga as empresas a submeter relatórios regulares sobre suas práticas a auditores externos e avaliações dessas práticas à Comissão de Valores Mobiliários (a SEC, nos Estados Unidos), além dos relatórios financeiros corriqueiros (como os balanços anuais). Mas, os diretores financeiros não são as únicas pessoas que têm de preparar mais relatórios. Os gerentes, os funcionários dos escritórios e os profissionais de TI também têm de compor mais relatórios sobre os procedimentos e controles relacionados a transações financeiras e registro de dados. O cumprimento dessa lei gerou milhares de diretivas internas e mais relatórios.

É impossível prever todos os tipos de relatórios que você terá de redigir. Sua empresa, as necessidades dela ou o ambiente empresarial mudam de uma hora para outra, logo, esteja preparado para adaptar suas habilidades de análise de problemas, de obtenção de dados, de interpretação e de redação a essas mudanças.

*Para mais informações, consulte o *site* da Comissão de Valores Mobiliários, <http://www.sec.gov/about/laws.shtml#sox2002> e o *site* Beginner's Guide, <http://beginnersguide.com/accounting/sarbanesoxley>.

---

apenas informações, talvez uma análise delas ou mesmo uma recomendação. Não importa: alguém com uma necessidade (um problema) vai autorizá-lo, seja oralmente ou por escrito, a fazer o trabalho.

Depois de ser informado sobre o problema do relatório, a primeira tarefa é defini-lo com clareza na mente. Por mais banal que pareça, muita gente realiza essa tarefa ao acaso. Com isso, o relatório não alcança o objetivo que pretende.

Análise preliminar

Ter uma imagem clara do problema é uma questão de obter as informações necessárias para entendê-lo e de usar a lógica. Coletar as informações certas envolve muitas tarefas, dependendo do problema. Pode ser buscar o material dos arquivos da empresa, discutir o problema com especialistas, analisar registros e conversar com aqueles que autorizaram o relatório. Prossiga com essa análise preliminar até ter as informações de que você precisa para entender o problema.

OA8.1
Definir um problema e uma finalidade com clareza na redação.

Apresente o problema e a finalidade com clareza

A maioria dos relatórios tem uma declaração do **problema** e sua **finalidade**. Essa declaração é importante para você na hora de planejar e redigir o documento – e para quem vai recebê-lo.

Para você, essa declaração é um guia que o mantém no caminho do projeto. Ela pode ser revisada, aprovada ou avaliada por terceiros, cuja ajuda no processo é valiosa. O mais importante é que expressar o problema e a finalidade por escrito força você a refletir. Mas, independentemente de como você vai enquadrar o problema e a preparação, lembre-se de que o conceito que você tem desses aspectos pode mudar durante a investigação. Como nos outros tipos de redação empresarial, a preparação de um relatório envolve a revisão do que você fez antes **(recorrência)**, como vimos no Capítulo 2.

Na versão final de seu relatório, a declaração do problema e da finalidade são componentes essenciais da introdução do documento, da carta de apresentação ou do resumo executivo. Ela orienta o leitor e informa o caminho que o relatório vai tomar.

A declaração do problema é uma apresentação clara da razão ou da motivação que você tem para redigi-lo e quase sempre é preparada no estilo direto: "As vendas da empresa estão caindo".

Mas, a declaração do problema não é a única que vai guiar a sua pesquisa na preparação do relatório. Você também precisa escrever uma declaração de finalidade (chamada **objetivo** ou **meta** da investigação). Muitas são redigidas como uma pergunta ou uma oração iniciada com um verbo no infinitivo. Por exemplo, se o problema é que a Companhia X quer saber por que as vendas estão caindo, sua declaração de finalidade poderia ser "Determinar as causas da queda nas vendas da Companhia X" ou "Por que as vendas da Companhia X estão caindo?".

OA8.2
Listar os fatores envolvidos em um problema.

DETERMINE OS FATORES

Depois de definir o problema, examine os fatores que precisam ser pesquisados para resolvê-lo.

Estes fatores são de três tipos: subtópicos do tema geral do relatório, hipóteses que devem ser testadas, e as bases de comparação (em relatórios que envolvem esse tipo de estratégia).

> **Depois de definir o problema, examine os fatores que precisam ser pesquisados para resolvê-lo.**

Use subtópicos nos relatórios com informações

Quando o problema envolve a obtenção de informações, você deve definir as principais áreas em que elas são indispensáveis. O relatório que descreve as atividades da Companhia X no último trimestre é um exemplo. Você vê que o relatório contém apenas informações – ele não exige análise, conclusão ou recomendações. Ele requer apenas a apresentação de dados. O esforço mental se resume a determinar quais subdivisões do tópico geral devem ser incluídas. Após avaliar as possibilidades, é possível desenvolver um plano como este:

Declaração de finalidade: descrever as operações da Companhia X de 1º de janeiro a 31 de março.

Subtópicos:
1. Produção
2. Vendas e promoção
3. Condição financeira
4. TI
5. Desenvolvimento de produto
6. Recursos humanos

Hipóteses para os problemas que precisam de solução

Alguns relatórios mostram por que algo vai mal e indicam uma saída. Na análise de problemas desse tipo, procure explicações ou soluções para eles: as **hipóteses**. Elas são formuladas e testadas, e a aplicabilidade de cada uma ao problema em questão é validada ou não.

Por exemplo, o problema consiste em determinar por que as vendas de uma loja caíram. Durante a preparação da investigação, pense nas possíveis explicações (hipóteses) para essa queda. A sua tarefa é estudar, pensar, decidir e levar em conta quaisquer soluções plausíveis, como estas:

Declaração de finalidade: descobrir por que as vendas na filial de Springfield estão caindo.

Hipóteses para as causas dessa queda:
1. As atividades da concorrência
2. As mudanças na economia local
3. Os problemas envolvendo os produtos
4. As transformações no ambiente (na população, na política, etc.)

Teste essas hipóteses na investigação que segue. Você vai ver que uma, duas, todas podem explicar o problema – ou nenhuma. Neste caso, procure outras hipóteses para avaliação.

Bases de comparação nos estudos de avaliação

Quando o problema envolve uma avaliação, seja isolada ou em comparação com outra questão, você vai precisar de uma base de avaliação. Isto é, defina as características que você vai avaliar. Em alguns casos, o procedimento envolve mais que uma simples lista desses atributos: os critérios usados para avaliá-los devem ser incluídos.

Veja o problema de uma empresa que precisa definir a cidade que melhor se encaixa em seus planos de expansão. Obviamente haverá a comparação entre três cidades. As bases de comparação são os fatores que determinam o sucesso do tipo de esforço envolvido. Uma avaliação cuidadosa destes fatores ajuda você a preparar um plano como este:

Declaração de finalidade: determinar se a nova sede da Companhia Y deve ser construída na cidade A, B ou C.

A redação de relatórios exige que você se esforce, mantendo a clareza de ideias em todos os estágios do processo. Para definir qual é o problema em questão, a finalidade do relatório e reunir os fatos, talvez seja preciso consultar mais de uma fonte de informações.

> **OS MATERIAIS USADOS NA PESQUISA SECUNDÁRIA NORMALMENTE SÃO OS MAIS BARATOS, ACESSÍVEIS E COMPLETOS.**

Bases de comparação:
1. Disponibilidade de mão de obra qualificada
2. Estrutura tributária
3. Postura da comunidade
4. Estrutura de transporte
5. Proximidade dos mercados

Todos os fatores escolhidos para a investigação podem ter seus próprios fatores secundários. No último, os sistemas de transporte das três cidades talvez tenham alternativas aquáticas, além do transporte aéreo, terrestre e ferroviário. É possível comparar a mão de obra usando o grau de capacitação ou de sindicalização. Essas divisões também se ramificam. Os trabalhadores qualificados seriam categorizados por habilidades específicas: engenheiros, programadores, redatores técnicos e designers gráficos. Prossiga com a segmentação enquanto ela se mostrar útil.

OA8.3
Explicar a diferença entre pesquisa primária e secundária.

COMO OBTER AS INFORMAÇÕES NECESSÁRIAS

Duas formas de pesquisa são úteis para coletar as informações necessárias para redigir o seu relatório: a pesquisa primária e a secundária. A pesquisa secundária usa materiais publicados por outras pessoas, como periódicos, brochuras, livros e publicações digitais. Esta modalidade talvez seja a primeira que você vai usar em sua investigação preliminar. Já a pesquisa primária traz informações inéditas e achados novos obtidos com levantamentos, entrevistas e observações.

Para ser um redator de relatórios eficiente, você terá de se familiarizar com as técnicas de pesquisas primárias e secundárias descritas a seguir.

OA8.4
Obter fontes secundárias usando métodos de pesquisa diretos e indiretos.

Como fazer uma pesquisa secundária

Uma vez definidos os fatores de seu relatório, agora é hora de fazer uma pesquisa organizada em busca de informações secundárias.

Os materiais usados nesse tipo de pesquisa normalmente são os mais baratos, acessíveis e completos. Mas, se quiser tirar o máximo proveito deles, terá de saber o que está procurando – e onde e como encontrar.

Essa tarefa pode ser complexa e desafiadora. Para encarar esse desafio, é preciso antes se familiarizar com o funcionamento de uma biblioteca ou de outros repositórios de materiais secundários, e aprender as artimanhas para encontrar esses materiais. Não esqueça que a pesquisa precisa ser metódica para ser confiável e completa.

No passado, os pesquisadores usavam um sistema de cartões para manter os registros das fontes que utilizavam. Esse sistema era combinado e adaptado a um sistema computacional, sem grandes dificuldades. O sistema manual de organização exigia que o pesquisador preenchesse dois conjuntos de cartões. O primeiro era formado por informações sobre as fontes. O pesquisador numerava esses cartões consecutivamente à medida que as fontes apareciam. O segundo era composto por cartões contendo as notas sobre cada fonte. Cada um desses cartões tinha um vínculo com a sua fonte, mediante um código de numeração de fontes.

Os sistemas computacionais das bibliotecas de hoje permitem imprimir, baixar, enviar por e-mail ou transferir as citações presentes nas bases de dados. Isso permite identificar um único número, sem registrar o número da fonte em um cartão. O resultado não apenas é mais legível do que a escrita manual, como também mais completo. Alguns pesquisadores recortam os resultados impressos e colam em uma folha de papel. Outros digitam esses itens em bases de dados que eles próprios constroem. Existem aqueles que exportam os itens diretamente para uma base de dados especializada. *Softwares* específicos organizam e numeram essas referências. Com a popularização dos *laptops*, muitos pesquisadores tomam notas nesses dispositivos, não em cartões. É possível vincular essas notas à fonte original usando um número, como no sistema manual.

Não importa se você usa um sistema manual, computadorizado ou uma combinação deles na sua pesquisa secundária, um sistema metódico é essencial.

Para encontrar informações com eficiência, vá diretamente até elas – ou, de forma indireta, comece com um recurso que aponta para o caminho. Na primeira opção, você vai precisar conhecer o tipo de informação de que precisa e a fonte que a armazena. A seção a seguir aborda os tipos comuns de fontes diretas, antes de examinar os caminhos para obter informações indiretamente.

> "Não importa se você usa um sistema manual, computadorizado ou uma combinação deles na sua pesquisa secundária, um sistema metódico é essencial."

abordagem direta Depois de escolher o tipo de informação para a sua pesquisa, é hora de ir para o próximo desafio. Mas, com tanto material disponível, como você vai encontrar o que precisa? Muitas empresas preocupadas com o controle de custos contratam profissionais para essa tarefa, que cobram entre $0 e 120$ por hora e despesas adicionais. Algumas companhias preferem manter a confidencialidade no processo de coleta de informações; já outras empregam bibliotecários ou delegam a tarefa aos próprios funcionários. Se você não sabe muito sobre a organização de uma biblioteca ou de material *online*, você corre o risco de desperdiçar um tempo precioso em buscas sem resultado. Mas, se está familiarizado com alguns materiais de referência básicos, talvez seja capaz de ir direto até as informações necessárias. Se a abordagem direta não funcionar, existem muitos métodos indiretos eficazes para encontrar o que você precisa.

A abordagem direta é aconselhável quando você está em busca de informações quantitativas ou factuais. A seção de referência de sua biblioteca é o seu ponto de partida. Sozinho ou com a ajuda de um bibliotecário, é ali que você vai encontrar as fontes mais completas de fatos e números. Não é possível conhecer todas, mas como pesquisador no ambiente de negócios, você deveria se familiarizar com algumas das mais importantes. Essas fontes são disponibilizadas nos formatos impresso e digital, logo, esteja preparado para usar os dois.

Enciclopédias As enciclopédias são as fontes mais conhecidas de informações diretas, tendo valor especial principalmente no começo de uma pesquisa. São fontes de material básico e informações gerais para criar uma introdução sobre o tópico que você está pesquisando. As enciclopédias têm artigos ou seções específicas elaboradas por especialistas que, muitas vezes, incluem uma breve bibliografia.

Entre as enciclopédias gerais, duas merecem destaque aqui: a *Enciclopédia Americana* e a *Enciclopédia Britânica*. Hoje, a *Britânica* está disponível *online* por assinatura (britannica.com). Mas, a *Wikipedia* e a *Infoplease* também são muito populares. As enciclopédias especializadas, como a *Encyclopedia of Banking and Finance and Insurance*, a *Encyclopedia of Business and Finance*, a *Encyclopedia of Small Business*, a *Concise Encyclopedia of Advertising*, a *Encyclopedia of Emerging Industries*, a *Encyclopedia of Macroeconomics* e a *Worldmark Encyclopedia of the Nations*, também são úteis.

Diretórios biográficos Uma fonte direta de informações biográficas sobre pessoas de renome atuais ou do passado é chamada diretório biográfico. Os mais conhecidos são o *Who's Who in America* e o *Who's Who in the World*. Essas publicações anuais resumem as vidas das pessoas que alcançaram destaque. Você encontra iniciativas semelhantes lançadas para regiões geográficas específicas – *Who's Who in the East* e *Who's Who in the South and Southwest*, por exemplo. Para informações sobre norte-americanos famosos no passado, consulte o *Dictionary of American Biography*. Esse tipo de informação também é disponibilizado na seção de referência do *LexisNexis Academic Universe* (ver Figura 8.1). Além dos *links* para diretórios bibliográficos, há *links* para notícias sobre a pessoa estudada.

Algumas publicações especializadas são úteis na busca por informações sobre pessoas em determinados setores profissionais. Entre as mais importantes estão o *Who's Who in Finance and Industry*, o *Standard & Poor's Register of Corporations,*

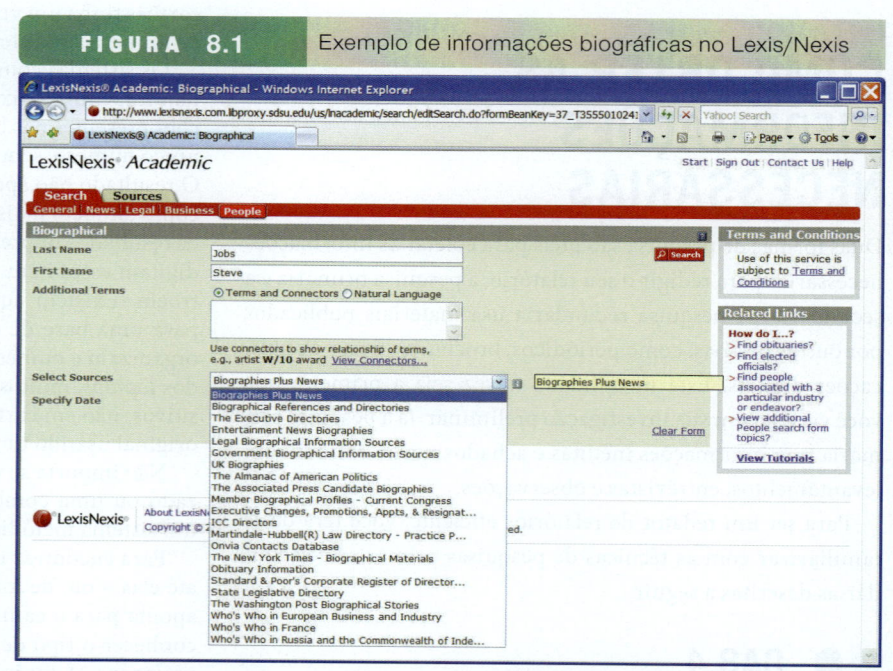

FIGURA 8.1 Exemplo de informações biográficas no Lexis/Nexis

FONTE: Direitos autorais 2010. LexisNexis, uma divisão da Reed Elsevier Inc. Todos os direitos reservados. Os logotipos da LexisNexis e da Knowledge Burst são marcas registradas da Reed Elsevier Properties Inc. e são usados com permissão da LexisNexis.

Directors, and Executives, o *Who's Who in Insurance* e o *Who's Who in Technology*. Existem diretórios biográficos para quase todas as áreas profissionais e corporativas.

Almanaques Os almanaques são guias úteis com estatísticas e informações reais. Simples, concisas e seletivas na apresentação de dados, essas publicações não devem ser menosprezadas. O *The World Almanac and Book of Facts*, publicado pela Funk & Wagnalls, é uma excelente fonte de informações gerais e estatísticas, assim como o *Time Almanac*, cuja área de destaque é a de informações gerais de todo o mundo. O *The New York Times Almanac* apresenta muitos dados em tabelas e oferece uma ótima cobertura de negócios e economia.

O U.S. Census Bureau é uma fonte rica e acessível de informações sobre empresas.

Há muitos almanaques *online*, como o Infoplease.com, que cobre diversos tópicos e tem uma seção exclusiva para negócios (<http://www.infoplease.com/almanacs/html>).

Diretórios de negócios Para informações de empresas ou dos produtos que fabricam, os diretórios de negócios são a fonte de referência que você deve consultar. Eles compilam detalhes de áreas de interesse específicas, sendo chamados também de **catálogos, listas, registros** ou simplesmente **fontes**. Dois dos diretórios mais completos e indispensáveis na pesquisa empresarial são o *The Million Dollar Directory* (lista de empresas norte-americanas preparada pela Dun & Bradsteet) e o *ThomasNet* (lista de fabricantes, distribuidores e prestadores de serviço disponibilizada sem custos em <http://www.thomasnet.com>). Os diretórios que ajudam a encontrar relações entre uma organização e suas subsidiárias incluem o *America's Corporate Families* e o *Who Owns Whom* (ambos publicados pela Dun & Bradstreet), além do *Directory of Corporate Affiliations*. Milhares de publicações desse tipo estão disponíveis, tanto que existe um diretório para elas, o *Directory in Print*.

Publicações oficiais Os governos nacionais, estaduais e municipais publicam centenas de milhares de títulos a cada ano. Na verdade, o governo norte-americano é a maior editora do mundo. Levantamentos, catálogos, folhetos, periódicos – a lista parece não ter fim. São vários os departamentos, as secretarias e as agências que coletam, preparam e publicam de tudo. Por essa razão, o desafio em usar publicações oficiais está em encontrar o que você precisa em meio a tanto material. Essa tarefa pode ser tão complexa, que talvez você tenha de recorrer a métodos indiretos. Contudo, se você está familiarizado com algumas fontes essenciais, a abordagem direta vai gerar os resultados esperados.

Nos Estados Unidos, muitos redatores consultam o *Monthly Catalog of U.S. Publications*. Publicado pela Superintendência de Documentação, ele inclui uma lista abrangente de títulos anuais ou mensais e um índice alfabético de agências de publicação. Ele está disponível no *site* <http://www.gpoaccess.gov/databases/>. A Superintendência de Documentação também publica o *Selected United States Publications*, uma lista mensal de títulos de interesse geral vendidos ao público.

Algumas publicações úteis na pesquisa em negócios incluem o *Census of Population and Housing*, o *Annual Housing Survey*, o *Consumer Income*, o *Population Characteristics*, o *Census of Governments*,

Hoje você consegue fazer uma pesquisa secundária online acessando uma variedade de bancos de dados, diretórios e sites.

CAPÍTULO 8 | Preparação e redação de relatórios

o *Census of Retail and Wholesale Trade*, o *Census of Manufacturers*, o *Census of Agriculture*, o *Census of Construction Industries*, o *Census of Transportation*, o *Census of Service Industries* e o *Census of Mineral Industries*. O *Statistical Abstract of the United States* também é muito prático, assim como o *Survey of Current Business*, o *Monthly Labor Review*, o *Occupational Outlook Quarterly* e o *Federal Reserve Bulletin*. É fácil perceber que as fontes governamentais são muitas.

Dicionários

Os dicionários são úteis na busca do significado, da grafia e da pronúncia de palavras e locuções. Os publicados no formato eletrônico têm outros recursos, como a pronúncia em arquivos de áudio e a busca por palavras quando você conhece o significado. Existem dicionários da língua geral e os especializados. A versão completa de um dicionário é útil, mas os pequenos dicionários muitas vezes ajudam a solucionar dúvidas mais simples.

Uma curiosidade: o nome Webster pode ser usado por qualquer editora. Os dicionários muitas vezes incluem características como manuais de estilo, de sinais, de símbolos e tabelas de pesos e medidas. Essas obras de referência refletem o uso da língua, por isso, certifique-se de que tem a edição mais atual. Os conteúdos de um dicionário variam. De uma edição para outra, palavras novas são adicionadas e as existentes podem ganhar uma acepção nova ou mudar de grafia.

A língua inglesa tem muitos dicionários de qualidade: o *American Heritage Dictionary*, o *Random House Webster's College Dictionary* e o *Merriam-Webster's Collegiate Dictionary*. Para ter uma versão atualizada de um bom dicionário sempre à mão, assine o Merriam-Webster no *site* <http://www.m-w.com/>.*

Os dicionários especializados enfocam uma área técnica específica. Alguns bons dicionários de negócios, em inglês, são o *Dictionary of Business Terms*, o *The Blackwell Encyclopedic Dictionary of Management Information Systems*, o *The Blackwell Encyclopedic Dictionary of Accounting*, o *The Blackwell Encyclopedic Dictionary of Business Ethics*, o *The Blackwell Encyclopedic Dictionary of Finance*, o *Dictionary of Taxation*, o *Dictionary of International Business Terms*, o *Concise Dictionary of Business Management*, o *Dictionary of Marketing and Advertising*, o *Dictionary of Accounting*, o *Routledge Dictionary of Economics*, o *A Dictionary of Business Management*, e o *Dictionary of Finance and Banking*. Você também encontra dicionários de acrônimos e abreviaturas, como o *Acronyms, Initialisms and Abbreviations Dictionary* e o *Abbreviations Dictionary*.

* N. de E.: No Brasil, os dicionários mais populares são o Houaiss e o Aurélio.

Fontes de dados estatísticos

Hoje, as empresas dependem muito de informações estatísticas. Elas são úteis não apenas nas operações diárias, como também no planejamento de produtos, expansões e estratégias. Esse tipo de informação é encontrado nas publicações que já descrevemos, especialmente nas do governo. Mas, as fontes *online* são muitas e disponibilizam dados antes mesmo de serem publicados oficialmente. As informações estatísticas também são acessíveis nas fontes listadas na Figura 8.2.

Para facilitar a coleta e a recuperação de dados estatísticos por setor, o governo dos Estados Unidos desenvolveu um sistema de classificação, chamado *Standard Industrial Classification* (SIC). Na década de 1930, ele usava um código de quatro dígitos para todos os setores industriais do país.

Em 1997, o governo norte-americano adotou um novo sistema de classificação industrial – o *North American Industry Classification System* (NAICS) – para substituir o SIC. O NAICS é mais flexível e incorpora as mudanças na economia global, o que permite aos Estados Unidos, ao México e ao Canadá comparar dados estatísticos com mais eficiência. Ele também é maior que o antecessor, com novos setores, como os de informação, de saúde e assistência social, e o de serviços profissionais, científicos e técnicos. Os Estados Unidos e o Canadá começaram a usar o NAICS em 1997, e o México o adotou em 1998. A primeira compilação de dados estatísticos do NAICS foi publicada em 1999.

Algumas dessas publicações abrangentes, mas básicas, incluem o *Statistical Abstract of the United States* e o *Standard & Poor's Statistical Service*. Estas fontes são o ponto de partida quando você não conhece outras, mais especializadas. Elas apresentam dados históricos sobre a indústria, o comércio, a mão de obra e a agricultura dos Estados Unidos, além de dados setorizados de acordo com os códigos do SIC/NAICS e muitos indicadores, como o índice de preços do produtor, índices usados no setor de imóveis e cotações de ações. Além destes, o *Statistical Abstract of the United States* contém um guia muito útil com fontes de dados estatísticos.

Se você não tem certeza de onde encontrar essas informações, vários guias são úteis. O *American Statistics Index* é um catálogo de estatísticas publicado por todas as agências governamentais. Ele identifica a agência, descreve as estatísticas e permite o acesso a essas informações por categoria. A *Encyclopedia of Business Information Sources* apresenta uma lista de fontes de informações gerais e algumas fontes de dados estatísticos. O *Statistical Reference Index* publica dados estatísticos de fontes não governamentais, como associações de empresas e de profissionais. Estes três diretórios vão ajudar você a encontrar estatísticas especializadas.

> [**Os dicionários refletem o uso da língua, por isso, certifique-se de que você tem a edição mais atual.**]

Serviços de informações sobre empresas Algumas instituições privadas fornecem uma variedade de informações a profissionais corporativos, especialmente investidores. Muitas bibliotecas assinam esses serviços e permitem o acesso conveniente dos pesquisadores a dados valiosos e oportunos.

A Mergent, Inc., uma das organizações mais conhecidas no ramo, publica um manual semanal em cinco áreas: produtos industriais, produtos industriais de venda livre, bancos e finanças internacionais, assuntos municipais e assuntos nacionais. Esses relatórios resumem dados financeiros e operacionais das principais empresas norte-americanas e fornecem informações que um investidor precisa ter em mãos para avaliar o potencial de investimento do mercado de ações e de outros ramos de atividade. O *Corporation Records*, publicado pelo Standard & Poor's *Net Advantage*, apresenta informações semelhantes na forma de um folheto. Tanto a Mergent quanto a Standard & Poor's disponibilizam vários serviços, inclusive o *Moody's Investors Service* e o *Value Line Investment Survey*.

Outra organização com títulos muito úteis para os pesquisadores do ambiente empresarial é o The Gale Group, Inc, que fornece muitos serviços, como previsões e dados de mercado por país, produto e empresa. O *Business and Company Resource Center*, que a Gale disponibiliza *online*, é outra publicação muito útil. Esta base de dados dá acesso a centenas de milhares de dados de empresas e permite buscas por nome da companhia, símbolo na bolsa de valores e códigos SIC e NAICS, além de artigos em jornais e revistas, perfis de empresas, relatórios de investimento e ações e processos na justiça. Os usuários têm a opção de imprimir as informações de que precisam ou enviá-las via e-mail.

A Figura 8.2 apresenta uma lista de recursos adicionais úteis, como o *Hoover's Online* e o *Factiva*. Muitos podem ser acessados no *site* da biblioteca de sua universidade.

Fontes internacionais No ambiente empresarial globalizado de hoje, prepare-se para encontrar informações de outros países. Muitas das fontes discutidas têm equivalentes internacionais. O *Principal International Businesses* lista informações básicas sobre as principais companhias em todo o mundo. O *Major Companies of Europe* e o *Japan Company Handbook* são duas fontes de dados sobre empresas nestas regiões. A *International Encyclopedia of the Social Sciences* cobre todas as áreas importantes das ciências sociais, inclusive as biografias de pessoas famosas nesses campos de investigação. Existem dicionários gerais e especializados, como o *Dictionary of International Business Terms*, da Barron's, que inclui os termos mais comuns dos negócios. Há nomes comerciais no *International Brands and Their Companies*, publicado pelo The Gale Group. Se você está em busca de bibliografias e resumos, o *Foreign Commerce Handbook* é uma excelente fonte. Informações estatísticas estão disponíveis no *Index to International Statistics and Statistical Yearbook*, e no *site* da Divisão de Estudos Estatísticos do Departamento de Assuntos Econômicos e Sociais das Nações Unidas (<http://unstats.un.org/unsd/>). O Departamento de Estatísticas do Trabalho dos Estados Unidos (<http://www.bls.gov/bls/other.htm>) disponibiliza *links* para muitos portais de dados estatísticos de diversas nações. Use uma boa ferramenta de tradução (ver o conteúdo *online* deste livro) para obter informações diretamente. Muitas bibliotecas têm obras de referência com informações sobre marketing internacional, exportações, tributos e comércio.

Hoje, muitas universidades e algumas bibliotecas municipais oferecem consultas *online* a bibliotecários virtuais. Em alguns casos, é possível obter respostas diretas, especialmente para dúvidas sobre como citar certos tipos de dados em algum formato específico, como os estilos APA, Chicago ou MLA.* Esses bibliotecários também podem orientá-lo na busca por informações, o que os torna um recurso indireto para essa finalidade.

como usar os métodos indiretos Às vezes, você não sabe que recurso fornece as informações de que precisa. Nesses casos, prepare uma lista de termos-chave relacionados ao tópico para servir como termo de pesquisa em catálogos, bases de dados ou mecanismos de busca na Internet. Os recursos mais gerais vão ajudar você a encontrar os recursos específicos. Mantenha registros bibliográficos completos para citar em seu estudo ou projeto, incluindo nomes, data, volume, edição e números de página.

A obtenção de materiais secundários deve ser ordenada e completa. Você não pode depender do material que tem facilmente em mãos. É preciso usar os serviços de empréstimo de bibliotecas, por exemplo, ou obter documentos relevantes da própria empresa. Verifique todas as fontes que usa. Não poupe tempo na consulta de sumários, índices e notas de rodapé ou de fim nas páginas que você está pesquisando. Esse esforço vai ajudar você a avaliar a confiabilidade dessas informações e encontrar fontes adicionais.

Catálogos *online* Hoje, a maioria das bibliotecas cataloga os seus acervos *online*, o que abre caminho para você localizar muitas fontes com base em palavras-chave, título, autor e assunto ou outros parâmetros relevantes. Siga a nossa dica: familiarize-se com esses catálogos, especialmente nos sistemas que você consulta com mais frequência. Usar essas técnicas com eficiência e eficácia gera muitos resultados.

> "Algumas instituições privadas fornecem uma variedade de informações a profissionais corporativos, especialmente investidores."

* N. de E.: No Brasil, o órgão responsável pela normalização técnica é a Associação Brasileira de Normas Técnicas (ABNT).

FIGURA 8.2 — Lista de recursos com base em perguntas de consulta (as fontes que têm endereços eletrônicos estão disponíveis ao público)

Onde encontro notícias e tendências sobre o ambiente empresarial?

ABI Inform Complete no ProQuest

Business & Company Resource Center

Business & Industry Database (inclui artigos de mais de 900 publicações especializadas)

Business Source Premier

Factiva (inclui as agências de notícias Dow Jones e Reuters e o *The Wall Street Journal*, e mais de 8 mil outras fontes de todo o mundo)

LexisNexis Academic, seções de notícias e negócios

Wilson OmniFile Full Text Mega

Onde encontro informações sobre empresas?

The Annual Reports Library (<http://www.zpub.com/sf/arl/>)

Business & Company Resource Center

Business Source Premier

Nos *sites* das empresas

D&B's (Dunn & Bradstreet's) *International Million Dollar Database*

D&B's *Million Dollar Database*

Factiva

Hoover's Online

LexisNexis Academic, seção de negócios

Marketline (informações básicas sobre aproximadamente 10 mil empresas globais, inclusive norte-americanas)

Mergent Online (informações sobre aproximadamente 25 mil empresas norte-americanas e 35 mil empresas internacionais)

SEC Filings and Forms (EDGAR) (inclui os relatórios 10-K e anuais)

Standard & Poor's NetAdvantage

Thomson Research (Fornece informações sobre cerca de 12 mil companhias nos Estados Unidos; a Worldscope inclui dados sobre empresas norte-americanas e internacionais)

Value Line Research Center

Como encontro informações sobre empresas específicas?

Business Insight

Frost & Sullivan

Global Market Information Database

ICON Group International (ver os relatórios por setor, país e estatísticas culturais)

IBISWorld

MarketLine

MarketResearch.com Academic MergentOnline, Relatórios setoriais

Plunkett Research Online

Standard & Poor's NetAdvantage, setor das indústrias

Como encontro informações biográficas e de contato de empresários?

American Business Directory (<http://library.dialog.com/bluesheets/html/bl0531.html>)

Biographical Dictionary of American Business Leaders

Biography Reference Bank

D&B's (Dunn & Bradstreet's) *Million Dollar Database*

LexisNexis Academic, seção de referência e biografias

Standard & Poor's NetAdvantage (ver os registros de executivos)

Who's Who in Finance and Business (inclui um centro de pesquisa biográfica)

Como encontro informações fornecidas pelo governo norte-americano?

Business.gov (regulamentações e normas, pesquisas, recursos)

Fedstats (<http://www.fedstats.gov/>)

STAT-USA (inclui a biblioteca State of the Nation Library)

U.S. Bureau of Labor Statistics (<http://www.bls.gov>; dados detalhados sobre emprego e economia, inclui o *Monthly Labor Review* e o *Occupational Outlook Handbook*)

U.S. Census Bureau (<http://www.census.gov>; com *links* para o *Statistical Abstract of the United States*)

U.S. Government Printing Office (<http://www.gpoaccess.gov>; *site* abrangente sobre as publicações do governo dos Estados Unidos)

U.S. Small Business Administration (<http://www.sba.gov/>)

Como encontro informações sobre outros países e o comércio internacional?

Economist Intelligence Unit – ISI Emerging Markets

Europa World Yearbooks

Global Market Information Database

SourceOECD (da Organização para a Cooperação e Desenvolvimento Econômico, OCDE)

STAT-USA/Internet (<http://www.stat-usa.gov>)

Biblioteca do Congresso dos Estados Unidos, <http://lcweb2.loc.gov/frd/cs/cshome.html>

Departamento de Estado dos Estados Unidos (<http://www.state.gov>)

The World Factbook (<http://www.cia.gov/cia/publications/factbook/>)

WDI Online (Indicadores de Desenvolvimento do Banco Mundial)

Links para cada país no Yahoo! (<http://dir.yahoo.com/Regional/Countries/>)

Como encontro informações sobre cidades?

American FactFinder (<http://factfinder.census.gov/home/saff/main.html?_lang=en>)

Sites das cidades em questão

Bases de dados de cidades e países (<http://www.census.gov/prod/www/abs/ccdbo.htm/>)

Sourcebook America (CD-ROM)

Cities of the World (obra de referência em quatro volumes)

FONTE: Compilado com a ajuda dos bibliotecários Wahib Nasrallah, da University of Cincinnati, e Patrick Sullivan e Michael Perkins, da San Diego State University.

"A OBTENÇÃO DE MATERIAIS SECUNDÁRIOS DEVE SER ORDENADA E COMPLETA."

Dois parâmetros de consulta a esses catálogos precisam ser bem compreendidos: as **palavras-chave** e o **assunto**. Quando você faz uma pesquisa com base nas palavras-chave, o sistema vai pedir para você digitar termos e expressões de indexação. Feito isso, ele vasculha os registros em busca de publicações que contenham essas palavras. Quando você faz uma pesquisa por assunto, o sistema pesquisa uma biblioteca com base nos tópicos que armazena. Isto é, você precisa conhecer o tema exato que vai pesquisar. Você encontra expressões definidoras de assuntos no *site* da Biblioteca do Congresso dos Estados Unidos (<http://authorities.loc.gov>, clique em "Search Authorities"). Alguns mecanismos de busca fazem referências cruzadas. Por exemplo, o mecanismo sugere, "Veja *Comunicação intercultural*", mesmo que você tenha digitado "comunicação transcultural". A busca por assunto encontra as obras catalogadas em tópicos específicos, até as com termos diferentes, como **comunicação intercultural, comunicação internacional, comunicação global** e **diversidade**. Se você executar múltiplas pesquisas no critério palavras-chave usando estes termos, você pode ficar sem os títulos que não tenham essas palavras, como o livro *How to Negotiate Anything with Anyone around the World*, de Frank Acuff. Na busca por assunto, você encontra um livro sobre gestão com um capítulo sobre comunicação intercultural, mas sua ênfase pode ser outra, como a gestão de conflitos ou de crises.

Os catálogos *online* estão sempre disponíveis. Basta digitar as palavras corretamente, que eles sempre apresentam uma lista precisa e completa de fontes. Você também consegue modificar ou refinar a sua pesquisa com base em parâmetros como data de publicação, idioma, tipo de material, autor ou título.

Esses catálogos são uma fonte útil de informações sobre os acervos de bibliotecas. Aprender a usá-lo poupa tempo, bem como agiliza e aperfeiçoa suas pesquisas.

Bases de dados *online* Os catálogos *online* ajudam você a encontrar livros e outros itens nos acervos de bibliotecas. Para achar artigos de jornais, revistas ou periódicos, consulte um índice geral ou especializado no tópico de sua pesquisa. Hoje, a maior parte dos índices disponíveis *online* é atualizada periodicamente.

Comece sua pesquisa consultando a literatura especializada em uma base de dados *online*. Os sistemas de informação atuais são muito bons e têm alta capacidade de processamento. Por isso, as informações que no passado eram registradas em papel podem ser acessadas via diretórios, enciclopédias e índices no formato digital. Essas bases de dados usam diversos mecanismos de busca, mas antes você vai precisar saber qual delas tem as informações de que você precisa.

Muitas bases de dados são criadas por serviços de informação privados ou governamentais. Entre as mais úteis para os pesquisadores empresariais estão a *ABI/Inform*, a *Business Source Premiere*, a *Factiva*, e a *Lexis/Nexis Academic*. A *ABI/Inform* e a *Business Source Premiere* são as mais completas, com acesso a centenas de periódicos especializados na pesquisa empresarial e publicações importantes no setor. A maioria dos artigos é disponibilizada como texto integral ou resumos detalhados. Essas bases permitem a busca com uma linguagem básica, orientada e natural. Já a *Factiva* publica notícias gerais, internacionais e empresariais, além de diversas edições do *The Wall Street Journal*, incluindo informações atualizadas sobre empresas e setores

As publicações no site do Departamento de Emprego dos Estados Unidos são atualizadas e fáceis de acessar.

CAPÍTULO 8 | Preparação e redação de relatórios 195

> **Para achar artigos de jornais, revistas ou periódicos, consulte um índice geral ou especializado no tópico de sua pesquisa.**

públicos dos Estados Unidos. A *Lexis-Nexis* disponibiliza o texto integral de artigos sobre temas internacionais e de negócios, além de informações jurídicas e de referência.

Agora que você conhece o ponto de partida, é hora de aplicar suas habilidades de pesquisa. Um bom conhecimento da lógica booleana e de como usá-la nas bases de dados (ou mecanismos de busca na Internet) ajuda a extrair as informações necessárias. A lógica booleana é baseada em três operadores primários: E, OU e NÃO. Se os resultados gerarem um excesso de citações, refine a pesquisa. Como nos catálogos *online*, a maioria das bases de dados no modo guiado ou avançado permite refinar a pesquisa por tipo de publicação e data. Mas, o uso dos operadores booleanos aperfeiçoa ainda mais a busca, eliminando citações não relacionadas ou que não abordam a fundo o problema pesquisado.

O operador E tem função de refino e instrui o computador a encontrar citações com dois termos. O operador NÃO tem a mesma função e dá instruções para eliminar citações com um termo específico. Ele deve ser usado como último recurso, porque retira da pesquisa fontes que podem ser úteis. Por exemplo, se você está buscando artigos sobre capital de risco e usa o operador NÃO para eliminar empresas ponto.com, é possível que ele exclua algum texto interessante sobre o tema e que cite esse tipo de companhia, ou retire um que as compare com outras empresas financiadas com capital de risco. Se a busca gerar poucos resultados, o operador OU pode ser usado para expandir a pesquisa, adicionando variantes ou sinônimos ao termo básico de busca.

Para expandir a busca por artigos sobre empresas ponto.com E contadores, faça a sua pesquisa com "contadores OU controladores".

Se tiver dificuldade para encontrar os termos de que precisa para expandir a pesquisa, procure palavras-chave ou indexadores nos artigos que você já encontrou. Muitas vezes essas publicações são uma fonte de ideias sobre outros termos a ser usados na busca. Se ela continuar apresentando poucos resultados, verifique se digitou corretamente os termos de busca. Melhore as suas competências para usar os operadores booleanos e obtenha as informações de que precisa na hora certa.

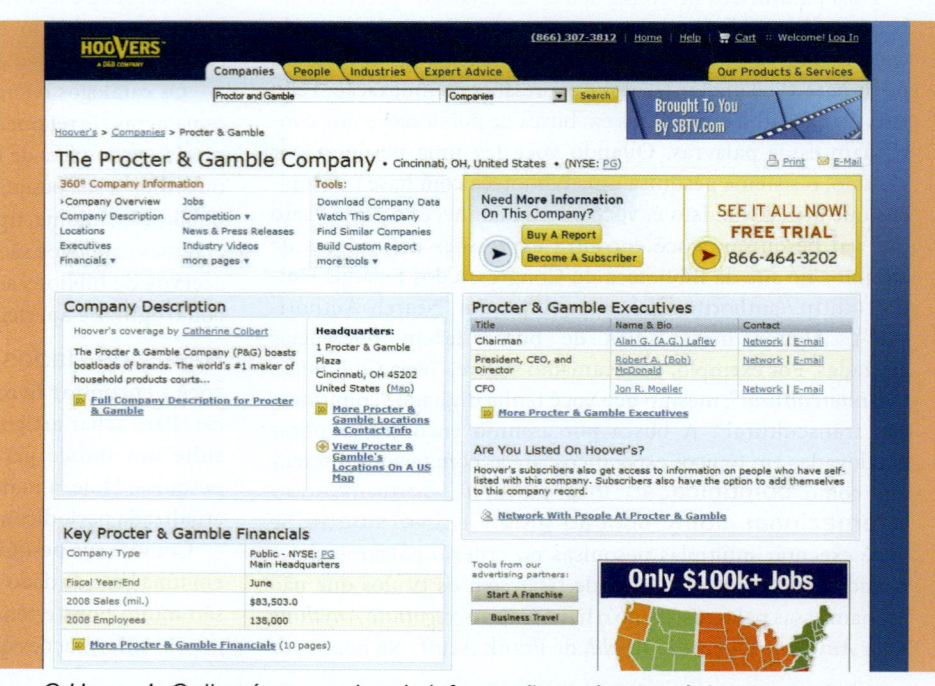

O Hoover's Online é um serviço de informações sobre negócios por assinatura que publica informações confiáveis, detalhadas e de alta qualidade sobre muitas empresas.

Internet A Internet é uma rede de redes. Originalmente financiada pela Fundação Nacional de Ciências, dos Estados Unidos, hoje nenhuma organização é proprietária ou administra a rede mundial de computadores. Os usuários trabalham juntos para desenvolver padrões que estão sempre mudando. A rede tem uma variedade imensa de recursos, muitos deles extremamente úteis para as empresas. Como não há uma pessoa oficialmente no controle, encontrar informações nem sempre é fácil. Mesmo assim, a Internet oferece algumas ferramentas úteis de pesquisa e de recuperação de dados.

Essas ferramentas buscam arquivos e textos em diversos tópicos, pesquisando títulos e os documentos correspondentes. Como a Internet é um meio de publicação em franca expansão, os navegadores e portais mais importantes incorporaram *links* de pesquisa em suas páginas. A maior parte desses *links* usa os buscadores do Google, do Bing, do ASK e do Yahoo!. Esses mecanismos compilam os seus índices com base nas informações que você fornece, mas alguns usam robôs ou uma combinação dos dois. O Google tem telas limpas e simples (Figuras 8.3 a 8.7) e oferece muito mais do que uma busca por *sites*. Na página inicial do navegador você consegue buscar imagens, grupos, diretórios e notícias, bem como *links* para busca avançada e ferramentas de tradução. A Figura 8.3 mostra

> **"Se a busca gerar poucos resultados, o operador OU pode ser usado para expandir a pesquisa, adicionando variantes ou sinônimos ao termo básico de busca."**

FIGURA 8.3 — Tela do *site* de busca Google

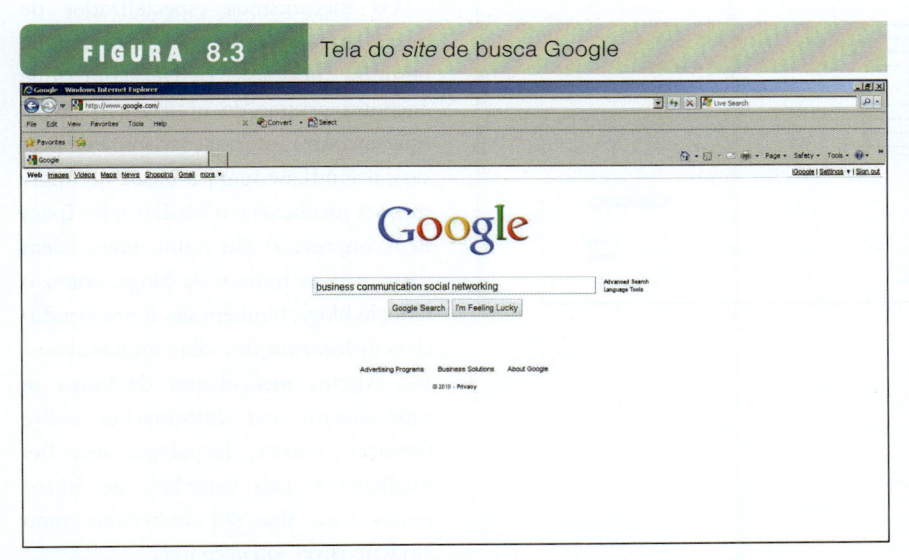

FONTE: Google Inc., reproduzido com permissão.

FIGURA 8.4 — Resultados de uma busca no Google

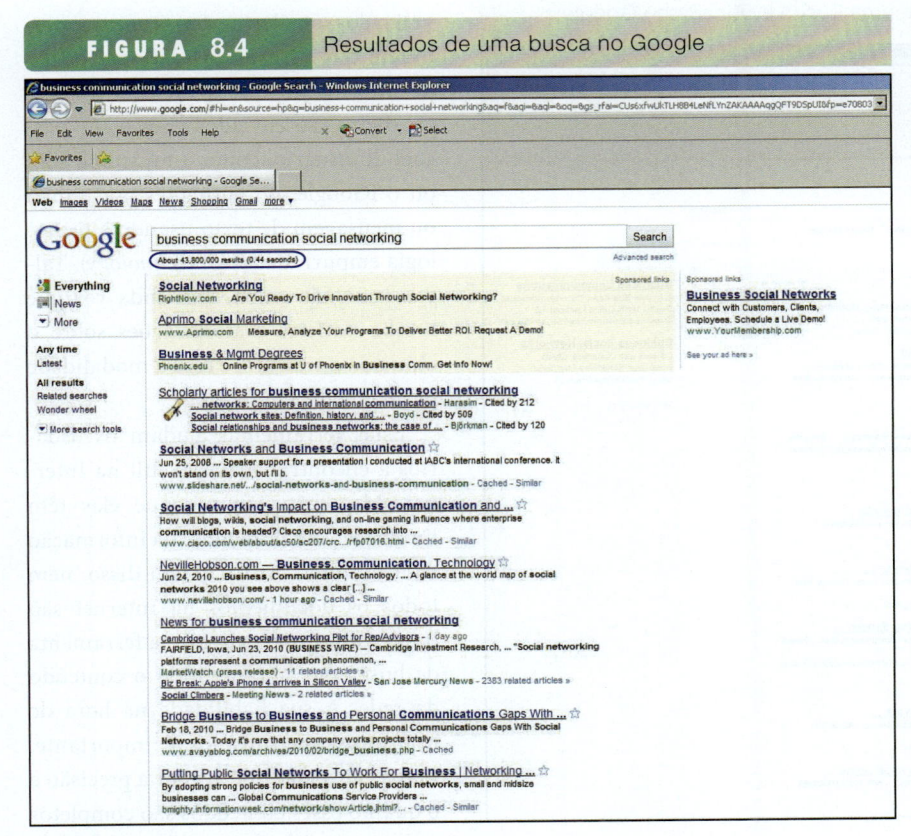

FONTE: Google Inc., reproduzido com permissão.

termos de pesquisa digitados sem o operador booleano E. O Google faz isso automaticamente com todos os termos que você digita na caixa de pesquisa, o que poupa o seu tempo. A busca é feita quando você tecla Enter ou clica no botão Pesquisa Google. Veja a busca mostrada na Figura 8.4: 43,8 milhões de resultados em 0,44 segundo.

Para refinar a busca, use a ferramenta de pesquisa avançada (Figura 8.5). Observe como a primeira linha **(todas estas palavras)** usa um operador E embutido, e a terceira linha **(pelo menos uma)** emprega um operador OU embutido. Esta modalidade também permite que você busque por idioma (neste caso, o inglês) e domínio (.gov). Os resultados desta pesquisa estão na Figura 8.6: 143.000 *links* em 0,25 segundo. Para refinar ainda mais, o usuário pode clicar no *link* **encontrar páginas semelhantes ou que vinculam a um URL**. A tela obtida (Figura 8.7) mostra cerca de 54 resultados com alguma relação com o *site* www.cisco.com.

Mas, estas são apenas algumas características do Google. Aprenda todas as técnicas e ferramentas dos mecanismos de busca que você usa com mais frequência. Elas são muito úteis e vão ajudar a encontrar as informações de que você precisa com rapidez.

Os mecanismos de busca evoluem para atender às mudanças de conteúdo na Internet. A toda hora surge uma novidade nessas ferramentas. Os mecanismos de metabusca permitem digitar os termos de pesquisa uma única vez. Ela ocorre simultaneamente em diferentes mecanismos individuais, e os resultados são reunidos em uma única página. O Dogpile, o Kartoo, o Mamma, o Metacrawler e o Search.com estão entre os

FIGURA 8.5 — Exemplo de busca avançada no Google

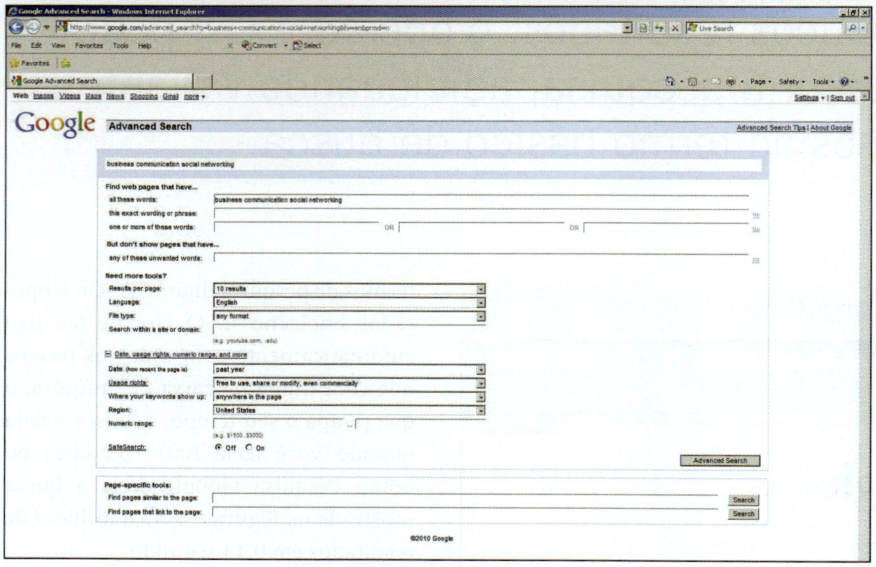

FONTE: Google Inc., reproduzido com permissão.

FIGURA 8.6 — Resultados de uma busca avançada no Google

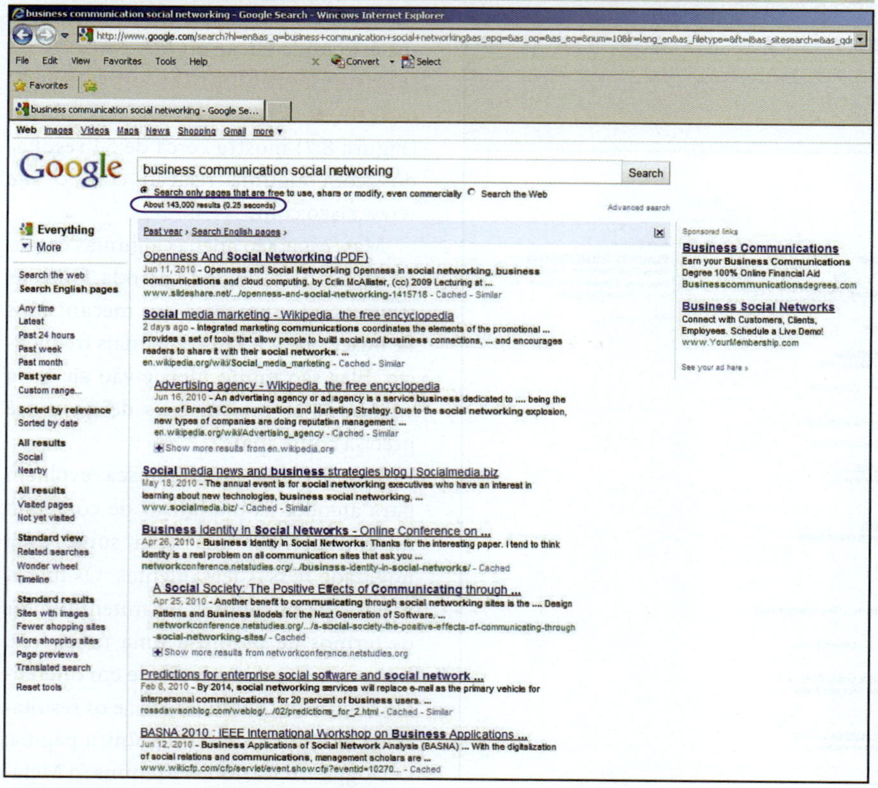

FONTE: Google Inc., reproduzido com permissão.

mais conhecidos. Você encontra os *links* para estes e outros mecanismos no *site* deste livro. As Figuras 8.8 e 8.9 mostram como o Dogpile vasculha outros mecanismos de busca para obter resultados com a expressão "etiqueta nos jantares de negócios" e combina tudo o que encontra em uma página de fácil visualização.

Os mecanismos especializados de busca, como o Yahoo! People Search (que pesquisa pessoas), o Deja.com (que encontra grupos de notícias), o Edgar (que encontra informações sobre empresas), o FindLaw (para a busca de informações jurídicas) e o Mediafinder (para itens impressos) são muito úteis. Além disso, vários índices de blogs, como o Google Blogs, também são fontes produtivas de informações sobre muitos assuntos. Alguns mecanismos de busca se especializam em informações sobre finanças, música, tecnologia sem fio, medicina e uma variedade de outros temas. Esses sites são conhecidos como "*web* invisível" ou *deep web*.

Outra forma de coletar informações na Internet usa agentes digitais personalizados, ou alertas. Esses agentes permitem que os usuários definam o tipo de informação que querem encontrar. Os dados são enviados para o *site* pessoal do usuário, como o my.yahoo.com ou o iGoogle, ou entregues por e-mail ou mensagem de texto usando a tecnologia empurrada (*push technology*). Talvez você não saiba, mas toda vez que recebe notícias e atualizações sobre o clima ou o trânsito, é essa a modalidade de tecnologia empregada.

Estas ferramentas ajudam os usuários a encontrar material útil na Internet. Mas, não esqueça que elas têm limitações. Avalie a fonte da informação com um olho crítico. Além disso, nem todos os documentos na Internet são indexados, e não existe uma ferramenta de busca que abranja todo o conteúdo da rede. A sua habilidade na hora de usar esses mecanismos é importante, mas a capacidade de avaliar a precisão e o quanto esses conteúdos são completos é essencial.

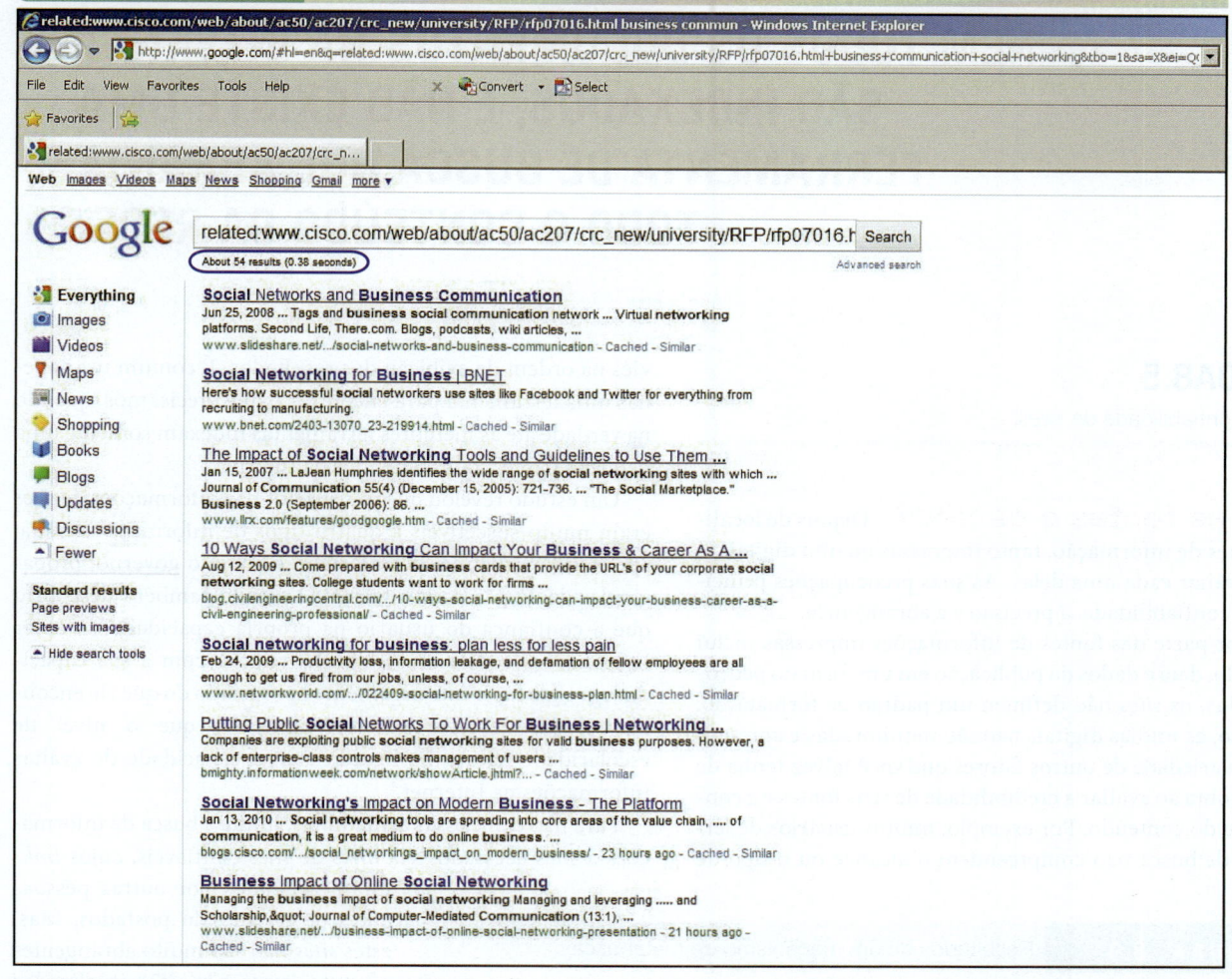

FIGURA 8.7 Resultados de uma pesquisa de páginas semelhantes no Google

FONTE: Google Inc., reproduzido com permissão.

FIGURA 8.8 Ferramenta de metabusca – Dogpile

CAPÍTULO 8 | Preparação e redação de relatórios 199

> **"NEM TODOS OS DOCUMENTOS NA INTERNET SÃO INDEXADOS, E NÃO EXISTE UMA FERRAMENTA DE BUSCA QUE ABRANJA TODO O CONTEÚDO DA REDE."**

OA8.5
Avaliar a confiabilidade de *sites*.

avalie as fontes e os *sites* Depois de localizar as fontes de informação, tanto impressas quanto digitais, é hora de avaliar cada uma delas. As suas preocupações principais são a confiabilidade, a precisão e a abrangência.

A maior parte das fontes de informações impressas inclui autor, título, data e dados da publicação em um formato padronizado. Mas, os *sites* não definem um padrão de formatação. Além disso, as mídias digitais não são monitoradas e apresentam uma variedade de outros fatores que você talvez tenha de levar em conta ao avaliar a credibilidade de suas fontes e a confiabilidade do conteúdo. Por exemplo, muitos usuários de ferramentas de busca não compreendem o alcance ou o tipo de viés na ordem de exibição dos resultados. É comum usar apenas uma ferramenta para encontrar o que precisamos, quando na verdade até as melhores ferramentas indexam somente uma pequena parcela dos conteúdos da Internet.

Um estudo revelou que os usuários das informações de *sites* eram muito suscetíveis a quatro tipos de informação errada: apelos de marketing, desinformação sobre o governo, propaganda ideológica e *sites* falsos. O estudo também descobriu que a confiança do usuário na própria capacidade de obter informações confiáveis não tinha relação com a sua capacidade real de fazer um julgamento apropriado do que ele encontra. Outra descoberta interessante foi que o nível de escolaridade não tinha ligação com a capacidade de avaliar informações na Internet.[1]

Para não cair nessas armadilhas, limite a busca de informações a *sites* acessados via *links* de *sites* confiáveis, cujos *links* foram avaliados por outras pessoas antes de terem sido postados. Mas, estes *sites* não são muito abrangentes e, muitas vezes, não estão atualizados na divulgação de *links* de fontes novas. Por isso, desenvolver a habilidade e o hábito de avaliar *sites* de forma crítica ainda é a melhor opção. Aperfeiçoe essa habilidade ao manter o costume de checar a finalidade, as qualificações, a validade e a estrutura dos *sites* que você usa.

FIGURA 8.9 Resultados de um mecanismo de metabusca

- **Finalidade.** Por que as informações são apresentadas? Para explicar? Informar? Persuadir? Vender? Serem compartilhadas? Quais são as inclinações do provedor? Quem é o público-alvo? Qual é a postura do *site*? Ela é irônica? Satírica? Ou uma paródia?

- **Qualificações.** Quais são as credenciais do provedor de informações? Qual é a natureza dos patrocínios que ele tem? Ele dá informações sobre como fazer contato? Elas são precisas? E completas, com nome, endereço, e-mail e telefone? As informações são claras, bem redigidas e organizadas?

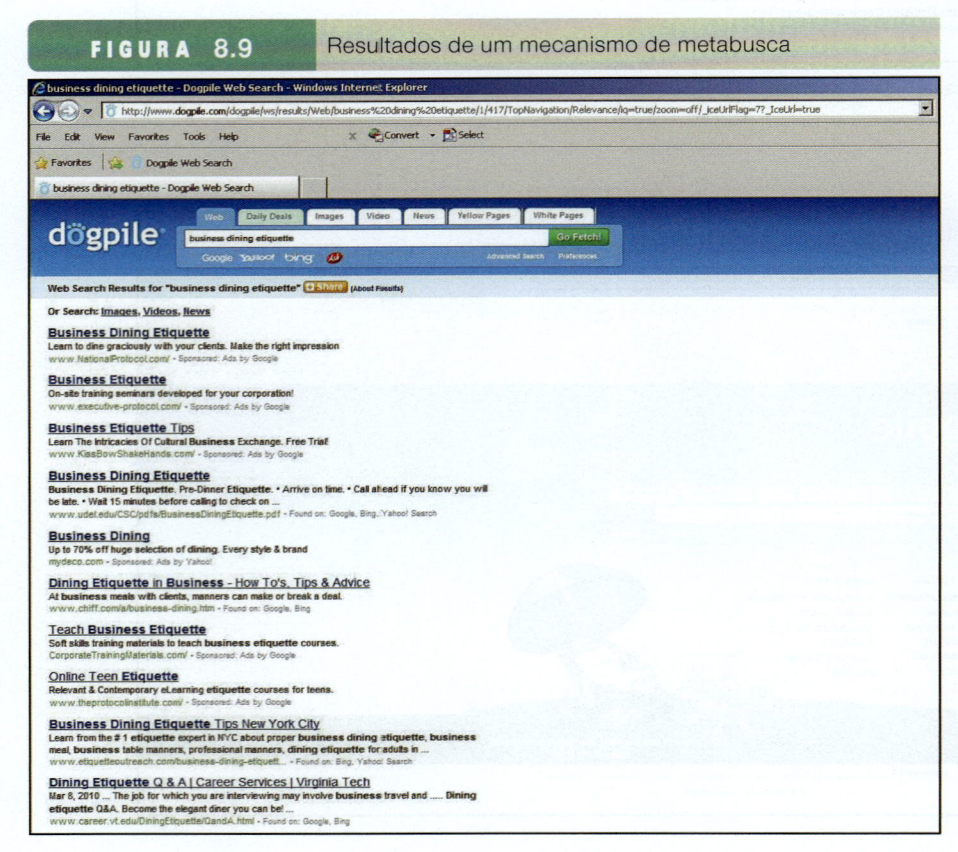

> **Ser um crítico dos *sites* que você usa o ajuda a desenvolver a habilidade de efetivamente filtrar a vasta quantidade de dados que encontrará.**

- **Validade.** Em que outros locais você pode encontrar as informações de que precisa? Elas vêm de uma fonte confiável? Foram resumidas com precisão e no contexto certo? Elas estão atualizadas? Quando foram criadas? Quem as postou? O *site* já foi validado? Quem tem *links* nele? (No Google, digite *link*:*url* para encontrar *links*). Há quanto tempo o *site* existe? Ele é atualizado regularmente? Os *links* funcionam? Eles representam outras opiniões? Estão bem organizados? Eles têm notas? O *site* recebeu avaliações ou comentários? As informações citadas são autênticas?
- **Estrutura.** Como o *site* está organizado, desenhado e formatado? A estrutura dele apresenta uma determinada ênfase? Ele atrai seu público-alvo?

Ser um crítico dos *sites* que você usa o ajuda a desenvolver a habilidade de efetivamente filtrar a vasta quantidade de dados que encontrará.

Como fazer uma pesquisa primária

Quando as informações de que precisa não estão disponíveis em fontes secundárias, você terá de buscá-las em primeira mão. Isto é, você vai fazer uma pesquisa primária, que possui cinco métodos básicos:
1. A busca de transações nos registros da empresa
2. A experimentação
3. A observação
4. O levantamento
5. A pesquisa qualitativa

OA8.6
Descrever o processo de busca nos registros de uma empresa.

pesquisa nos registros da empresa Como muitos dos problemas enfrentados pelas empresas hoje envolvem várias fases de suas operações, os **registros internos de transações** – dados de produção e de vendas, informações sobre marketing e registros contábeis – são uma excelente fonte de dados primários.

Não há regras definidas para coletar e reunir informações em registros internos. Os sistemas de registro variam muito. Cada empresa tem o seu. Mas, siga estas dicas durante a sua investigação. Primeiro, como em qualquer outra pesquisa, você precisa ter uma ideia clara das informações necessárias. Pesquisas indefinidas, sem critérios, não são bem vistas – muito menos produtivas. Segundo, compreenda as regras básicas para analisar esses registros. Resolva qualquer dúvida sobre confidencialidade ou acesso antes de começar. Terceiro, se você não está familiarizado com os registros de uma empresa ou com o modo de acessá-los, trabalhe em colaboração com alguém que esteja. A complexidade e a sensibilidade desses materiais exige que sejam avaliados no contexto certo.

OA8.7
Conduzir um experimento sobre um problema na empresa.

como conduzir um experimento Originado nas ciências, um experimento é uma técnica muito útil na pesquisa no ambiente de negócios, uma forma organizada de realizar um teste em qualquer área do conhecimento. É um caminho sistemático para manipular um fator de um problema, mantendo os outros constantes. Você avalia qualitativa ou quantitativamente quaisquer mudanças decorrentes do que você faz e, então, insere o que descobre no contexto do problema.

Por exemplo, você está realizando uma pesquisa para determinar se a nova embalagem de um produto vai aumentar as vendas. Você começa escolhendo duas cidades parecidas em todas as características que podem influenciar os resultados da pesquisa. Em seguida, obtenha informações sobre as vendas nas duas cidades escolhidas por um período de tempo específico antes do começo do experimento. Depois, em um segundo intervalo de tempo, introduza o novo *design* de embalagem em uma das cidades e continue comercializando o produto na embalagem antiga na outra. Agora, você acompanha de perto os números das vendas e mantém constante a propaganda, as condições econômicas, a concorrência e outros fatores que podem afetar a variável de estudo. No final do experimento, você avalia as razões das diferenças nas vendas nas duas cidades em relação à nova embalagem.

Essas experiências devem ser concebidas de acordo com o que o problema específico exige. Mas, alguns aspectos fundamentais são comuns a todas. Familiarize-se com dois dos mais comuns – o "antes e depois" e o "antes e depois controlado". Eles vão ajudar você a entender e aplicar as técnicas de pesquisa primária.

Desenho experimental "antes e depois" O desenho experimental mais simples é o "antes e depois". Nele, mostrado na Figura 8.10, você seleciona um grupo de indivíduos para teste, mensura a variável de estudo e introduz o fator experimental. Após um período de tempo especificado, quando o fator presumivelmente exerce a sua influência, você mede a variável de estudo outra vez. Se houver diferenças, você pode argumentar que o fator avaliado, mais algum fator que você não conseguiu controlar, é responsável por elas.

Tecnologia rápida
Como fazer pesquisas repetidas usando o menu favoritos no navegador

A maior parte das versões mais recentes dos navegadores da Internet suporta a navegação por guias, que permite pesquisar conteúdos com rapidez e eficiência, repetidamente. A tela a seguir mostra o Internet Explorer 9 com guias abertas (no topo) para pesquisar o termo comunicação transcultural em dois *sites* de busca – o Dogpile e o Mamma. É possível adicionar todas as guias no menu Favoritos com um clique. A tela no centro mostra como nomear uma pasta como *Pesquisas transculturais* na coleção de guias. Depois de salvas, você pode abrir todas as guias na pasta e realizar as pesquisas simultaneamente com um clique na seta da pasta, como mostra a tela inferior.

Qualquer pesquisa que você tenha de fazer muitas vezes pode ser configurada dessa maneira e reaberta sempre que preciso, para ver os resultados mais recentes.

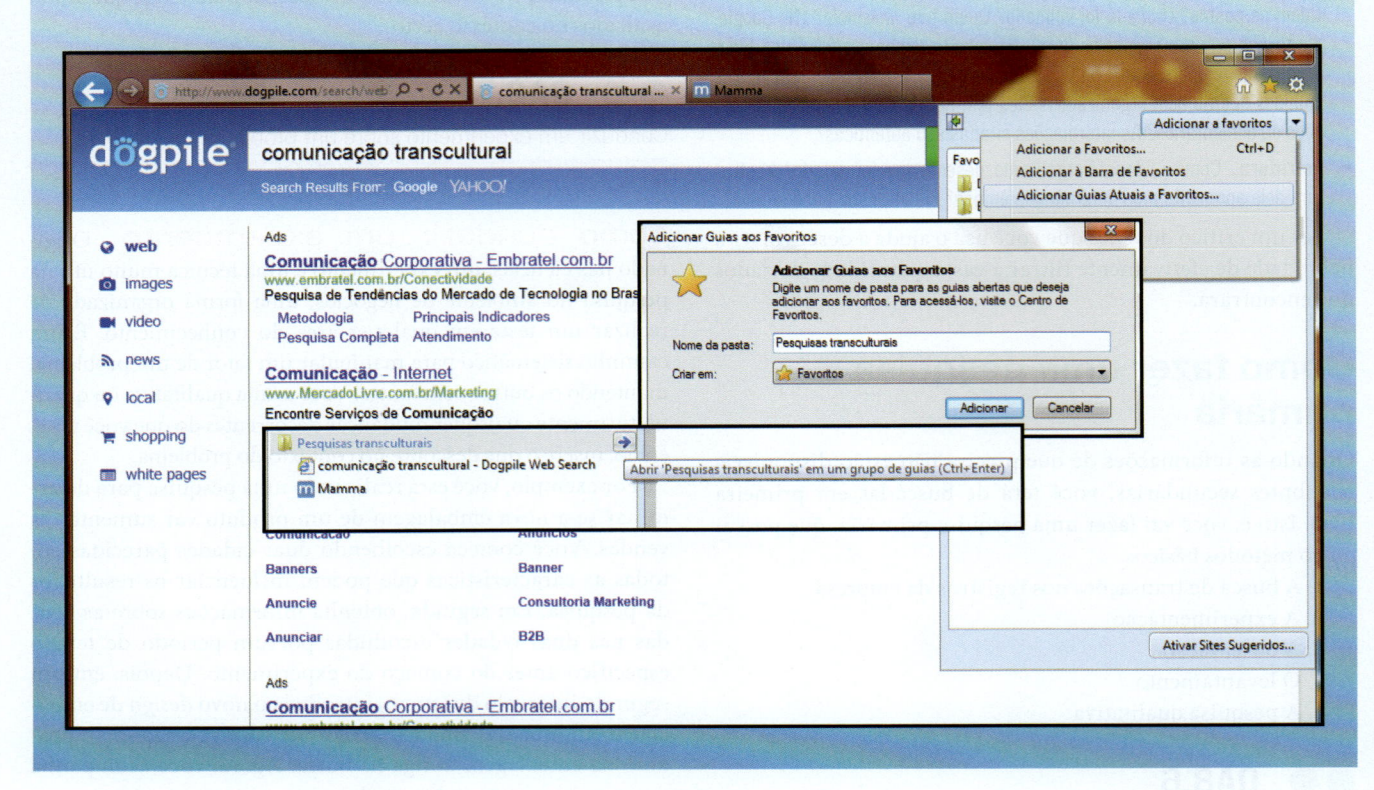

FIGURA 8.10 — Desenho experimental "antes e depois"

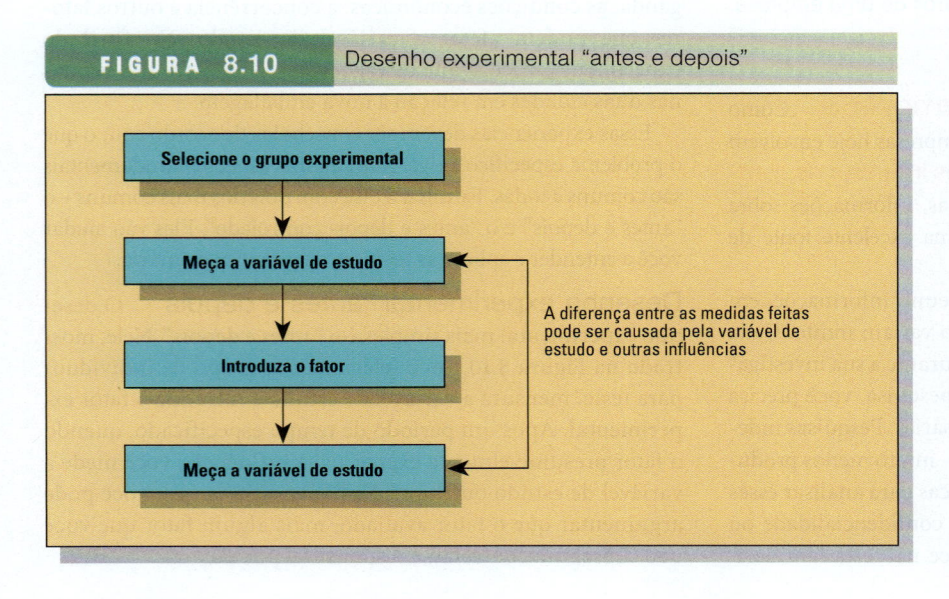

- Selecione o grupo experimental
- Meça a variável de estudo
- Introduza o fator
- Meça a variável de estudo

A diferença entre as medidas feitas pode ser causada pela variável de estudo e outras influências

---

Veja como usar o método. Você está realizando uma pesquisa para um varejista a fim de investigar o efeito da propaganda no ponto de venda. A primeira etapa é escolher um produto para a pesquisa: uma marca de lâmina de barbear. A segunda é registrar as vendas do produto por uma semana, sem anúncios do produto no ponto de venda. Em seguida, você introduz a variável de estudo: o anúncio. Na semana seguinte, você registra as vendas outra vez e, no final deste período, compara as vendas com os números da semana anterior. Um aumento seria explicado pela introdução do anúncio. Assim, se 500 embalagens foram vendidas nos sete dias em que não havia anúncio algum do produto

> **A observação consiste em olhar para algo com uma finalidade em mente – notar os eventos envolvidos em um problema e registrar o que você vê de modo sistemático.**

no ponto de venda e se 600 foram adquiridas na semana seguinte, você conclui que essas 100 unidades adicionais comercializadas são resultado da presença da propaganda.

Mas, não é difícil reconhecer que esse desenho experimental tem desvantagens. Não é lógico pressupor que o aumento nas vendas ocorra só por conta da variável de estudo. As vendas das lâminas de barbear podem ser afetadas por uma variedade de fatores: mudanças no clima, fatores sazonais (como as férias de verão) e propagandas de outros produtos. Na melhor das hipóteses, você conseguiu mostrar que a presença de um anúncio no ponto de venda influencia a compra do produto.

Desenho experimental "antes e depois controlado"

Para avaliar a influência de fatores que não sejam a variável de estudo, você vai usar desenhos experimentais mais complexos. Essas abordagens introduzem um meio de controle para mensurar outros fatores de influência. A mais simples é o desenho experimental "antes e depois controlado".

Você seleciona não um, mas dois grupos: o grupo experimental e o grupo de controle. Antes de introduzir o fator experimental, você mede a variável a ser estudada em cada grupo. Em seguida, introduz o fator experimental apenas no grupo de teste.

No final do período experimental, você mede a variável de estudo nos dois grupos outra vez. As diferenças entre a primeira e a segunda mensuração no grupo experimental podem ser explicadas por dois aspectos: o fator experimental e outras influências. Mas, a diferença entre a primeira e a segunda mensuração no grupo de controle pode ser explicada apenas com base nas outras influências, já que ele não foi exposto ao fator experimental. Assim, comparar o "depois" dos dois grupos permite avaliar a influência do fator experimental isoladamente, como mostra o diagrama na Figura 8.11.

No desenho experimental "antes e depois controlado" que você concebeu para testar a influência da propaganda no ponto de venda, você escolhe duas marcas de lâminas de barbear e mede as vendas de ambas por uma semana. No final deste período, introduz o anúncio de uma delas no ponto de venda, mede as vendas por mais uma semana, e compara os resultados das duas marcas. A diferença entre as vendas da marca que foi anunciada e as vendas da que não foi vai indicar a influência do fator experimental (o anúncio), independentemente das mudanças que outros fatores possam causar.

Por exemplo, se 400 unidades da marca do grupo de controle (sem o anúncio no ponto de venda) são vendidas na primeira semana e 450 são comercializadas na segunda, o aumento de 50 unidades (12,5%) pode ser atribuído a fatores distintos, não ao anúncio. Se 500 unidades da marca investigada são vendidas na primeira semana e 600 são vendidas na segunda, a razão para esse aumento de 100 unidades pode ser tanto o anúncio quanto outro fator. Para distinguir, você observa que outros fatores causaram uma elevação de 12,5% nas vendas do grupo de controle. Isso permite inferir que uma parcela equivalente no aumento nas vendas da marca estudada se deve a outros fatores de influência. Tomando como base as 500 unidades da marca estudada vendidas na primeira semana (sem o anúncio no ponto de venda), esses 12,5% equivalem a 63 unidades. Isto é, das 100 unidades adicionais vendidas na presença de um anúncio no ponto de venda, 63 são resultado de outros fatores e 37 foram comercializadas presumivelmente porque os clientes que as compraram foram influenciados pelo anúncio.

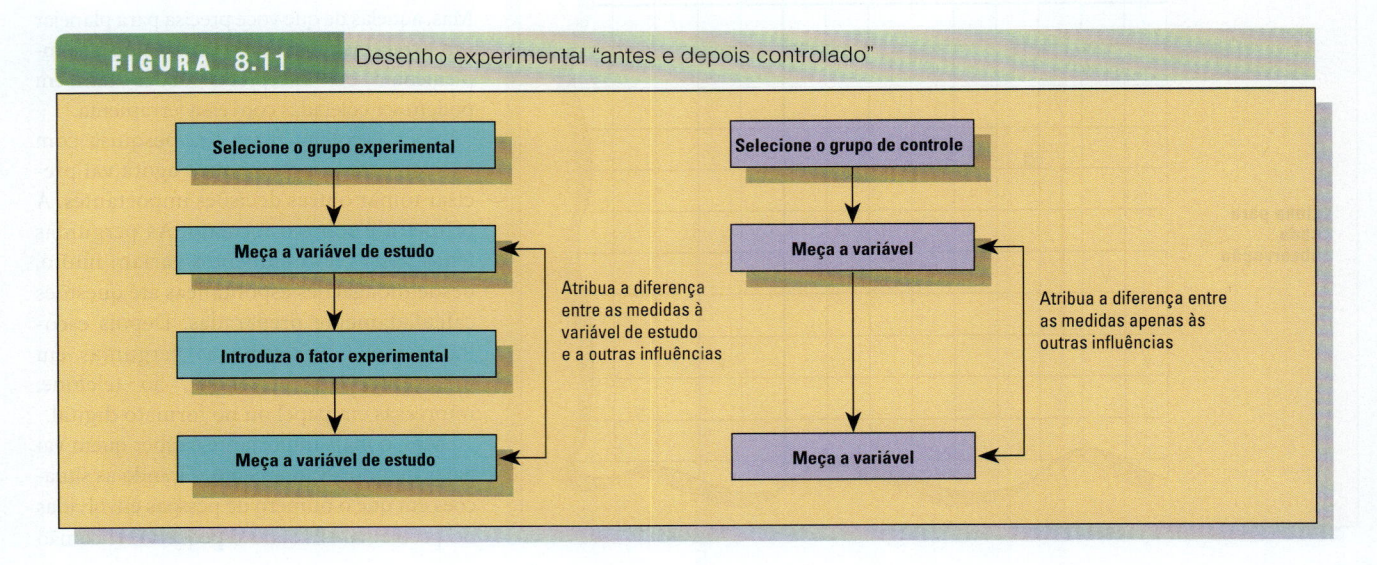

FIGURA 8.11 Desenho experimental "antes e depois controlado"

OA8.8

Conceber um estudo observacional sobre um problema na empresa.

como usar a técnica de observação

Como em qualquer experimento, a observação é essencial na ciência – e muito útil no ambiente empresarial. Em termos simples, ela consiste em olhar para algo com uma finalidade em mente – notar os eventos envolvidos em um problema e registrar o que você vê de modo sistemático. Ao observar algo, você não manipula os detalhes do que vê. Você toma nota dos eventos exatamente como ocorrem.

Como técnica de pesquisa independente, a observação de um fenômeno difere da observação que você usa no registro dos efeitos das variáveis de estudo em uma situação experimental. No último caso, ela é uma das etapas do experimento, não um fim em si mesma. Não confunda essas duas abordagens.

Para ver como a observação opera como técnica de investigação no ambiente de negócios, considere a seguinte situação. Você trabalha para uma rede de *fast food*, como o McDonald's. A empresa quer verificar a qualidade e a consistência de alguns itens do cardápio em toda a rede. Ela contrata compradores-fantasma, observadores que vão servir de veículo para você coletar informações sobre a temperatura, o frescor do alimento e a velocidade de atendimento de diversos itens. O método também vai revelar informações importantes que outras metodologias não são capazes de apresentar.

A observação deve ser concebida de acordo com as exigências do problema em estudo. Isso vale para todas as técnicas de pesquisa primária. Mas, por praxe, a etapa de planejamento tem duas fases. Na primeira, você elabora um formulário de coleta de dados. Na segunda, você concebe um procedimento para observar e registrar as informações que você quer.

O formulário de coleta na forma de uma tabela permite obter os dados com facilidade e clareza. Esses instrumentos não são padronizados, mas um conceito muito usado (Figura 8.12) é o de uma linha para cada observação. Os cabeçalhos no alto da página sinalizam as colunas onde o observador faz as marcações na célula indicada. O formulário identifica as características que devem ser observadas e requer o registro de detalhes potencialmente importantes, como data, duração, local de observação e nome do observador.

Os procedimentos de observação devem garantir que as informações sejam completas e representativas. Todos têm foco claro, etapas definidas e condições que asseguram a qualidade dos dados. Por exemplo, o procedimento para averiguar a gentileza dos funcionários com os clientes ao telefone inclui um cronograma detalhado das chamadas, instruções específicas sobre o que deve ser perguntado e orientações para lidar com as diferentes respostas que o observador vai obter. A essência é que o procedimento adotado não deixe perguntas importantes sem resposta.

Vamos discutir duas técnicas de pesquisa primária adicionais – os levantamentos e a pesquisa qualitativa – nas seções a seguir.

OA8.9

Usar técnicas de amostragem para realizar um levantamento.

Como coletar informações em um levantamento

A premissa básica do levantamento como método de pesquisa primária é simples: a melhor maneira de obter respostas a alguns tipos de informação é fazer perguntas. Essas informações incluem dados pessoais, opiniões, avaliações e outros materiais importantes. Mas, aquelas de que você precisa para planejar um experimento ou uma observação e complementar ou interpretar dados também podem ser coletadas com essa ferramenta.

Você escolheu fazer sua pesquisa com base em um levantamento e agora vai precisar tomar outras decisões importantes. A primeira é sobre o formato. As perguntas feitas nesses levantamentos variam muito, desde indagações espontâneas até questões calculadamente preparadas. Depois escolha o meio. Apresente as perguntas em uma entrevista presencial, ao telefone, impressas em papel ou no formato digital.

Mas, o mais importante é saber quem vai participar do levantamento. Tirando as situações em que o número de pessoas envolvidas no problema estudado é pequeno, você não

FIGURA 8.12 — Trecho de um formulário de registro de observações comum

Projeto 317, preferências por calçados femininos de uso diário

Observador: H. C. Hoffman Data: 17 de Agosto
Local: 311 Commerce, Dallas Hora: 13:00 – 15:00

Características observadas / **Linha para cada observação**

COR								SALTO			
MA	PR	BR	VD	CI	AM	AZ	VE	LA	0	1/2	1	2
✓											✓	
					✓				✓			
		✓										
	✓											
	✓											
✓											✓	
			✓									

> **OS DOIS ASPECTOS IMPORTANTES QUE VOCÊ DEVE LEVAR EM CONTA NA AMOSTRAGEM SÃO O CONTROLE DO ERRO AMOSTRAL E O CONTROLE DO VIÉS.**

consegue chegar a todos os indivíduos de grupos grandes. Por isso, escolha uma amostra de participantes que represente o grupo todo, com a maior precisão possível. Você vai ver que existem muitas maneiras de definir esse processo de amostragem.

amostragem como uma base
A teoria da amostragem é a base para a maior parte das pesquisas com levantamentos. Mas, ela tem outras aplicações. Por exemplo, os compradores de grãos avaliam a qualidade de uma carga examinando alguns quilogramas do produto. Os supervisores de controle de qualidade inspecionam uma pequena porcentagem dos produtos prontos para distribuição e assim determinam se os padrões de produção foram observados. Os auditores contratados por grandes corporações avaliam os registros contábeis por amostragem. A amostragem costuma ser usada pela economia e pela praticidade. Mas, para uma amostra ser representativa de um grupo maior, ela deve ser escolhida com critério.

Os dois aspectos importantes que você deve levar em conta na amostragem são o controle do erro amostral e o controle do viés. O primeiro é resultado da falta de representatividade da amostra. Toda amostra tem um erro amostral, mas você pode reduzi-lo usando técnicas específicas: a amostragem probabilística e a não probabilística.

técnicas de amostragem probabilística
As amostras probabilísticas são baseadas na seleção casual. Todo elemento em uma população tem uma probabilidade não nula de ser selecionado.[2] Essas técnicas incluem as amostragens aleatória simples, aleatória estratificada, sistemática e por área ou por grupo.

Amostragem aleatória A amostragem aleatória é a técnica usada na lei geral da amostragem. Por definição, é aquela que dá a cada membro do grupo estudado a mesma chance de ser incluído na amostragem. Para garantir isso, você precisa antes identificar todos os membros do grupo em uma lista. Em seguida, com um método aleatório, selecione os membros para a sua amostra.

Por exemplo, se você está estudando as atitudes de 200 funcionários no ambiente de trabalho e determina que 25 entrevistas serão suficientes para gerar as informações de que precisa, coloque os nomes dessas 200 pessoas em um recipiente, misture e retire 25. Como cada um deles têm chances iguais de ser escolhido, a sua amostra será aleatória e representativa.

Amostragem aleatória estratificada Este tipo de amostragem subdivide o grupo e realiza seleções aleatórias nessas subdivisões. O tamanho de cada subgrupo normalmente é proporcional à porcentagem que ele tem no grupo maior. Se um subgrupo for muito pequeno para gerar resultados significativos, você talvez tenha de escolher uma amostra desproporcionalmente grande. Claro que quando o estudo exige um tratamento estatístico do grupo total, a proporção real dos subgrupos deve ser recuperada.

Vamos supor que você precisa determinar as necessidades curriculares de cinco mil estudantes universitários. Você decidiu investigar 20% da população total de matriculados, isto é, mil alunos. Para construir uma amostra, primeiro divida a lista de matriculados por atividade acadêmica: administração, artes, enfermagem, engenharia e assim por diante. Após, retire uma amostra aleatória de cada grupo. Tome o cuidado para que o número escolhido seja proporcional à porcentagem do grupo na população total de estudantes matriculados. Assim, se 30% dos estudantes estão cursando administração, você vai selecionar 300 alunos deste curso aleatoriamente para a sua amostra. Se 40% estão cursando artes, selecione 400 estudantes.

Amostra sistemática A amostragem sistemática não é aleatória no sentido literal da palavra, mas é na prática. Ela é a técnica de selecionar uma amostra a intervalos constantes (a cada enésima unidade) com base na lista de itens estudados. O intervalo é baseado no tamanho da lista e da amostra desejada. Por exemplo, se quiser uma amostra de 10% de uma lista de dez

> **A amostragem por área ou por grupo não está limitada a divisões geográficas. Você pode adaptá-la a diversas aplicações.**

Os pesquisadores frequentemente estudam uma amostra que representa o grupo estudado.

mil unidades, você pode escolher o décimo item a cada intervalo de 10.

Mas, a sua amostra não seria verdadeiramente aleatória. Como os itens têm um lugar designado na lista original, suas chances de seleção não são iguais. Para corrigir este problema, use um método de seleção equiprovável para determinar o *n* que vai usar. Se você escolheu o número 7 aleatoriamente, você deve selecionar os números 7, 17, 27 e assim por diante, até o 9.997 para formar a sua amostra. Mas, se você selecionou o número 10, os outros membros serão o 20, o 30, até o membro de número 10.000. Com esse procedimento, você compõe a sua amostra de acordo com o método da amostragem sistemática.

Tecnologia rápida

As ferramentas de levantamento ajudam o redator a organizar, analisar e relatar os resultados de questionários

As ferramentas de levantamento, tanto os *softwares* proprietários quanto as disponíveis na Internet, ajudam você a preparar questionários profissionais e a reunir e analisar os dados que coleta. Algumas dessas ferramentas, como as da Qualtrics.com e da SurveyMonkeycom, têm versões gratuitas e pagas. Os *softwares* proprietários permitem elaborar e organizar questionários, além de converter esses documentos no formato html para publicação fácil na Internet. Os programas baseados na Internet ajudam a criar, distribuir e administrar a coleta de dados *online* para questionários.

As telas para a entrada de dados listam os tipos de perguntas e o design que você quer. Elas organizam o questionário automaticamente, mas dão a liberdade de mudar as perguntas de lugar ou alterar a ordem e a disposição dos itens conforme a necessidade. Essas ferramentas também viabilizam perguntas abertas. Todas as questões são salvas em uma biblioteca e podem ser usadas novamente. Bibliotecas de levantamentos adaptáveis a finalidades específicas também estão disponíveis na rede.

Como mostra a tela, a Qualtrics gera uma variedade de dados e ajuda você a ver os resultados com clareza e precisão à medida que os questionários são enviados.

As empresas usam essas ferramentas em muitas aplicações, como nas avaliações de programas de treinamento, na obtenção de *feedback* de funcionários sobre políticas e procedimentos, em estudos longitudinais de práticas em vigor (como receitas de publicidade na rede), nas pesquisas de opinião com clientes atuais e em potencial e na obtenção de *feedback* sobre a satisfação do cliente.

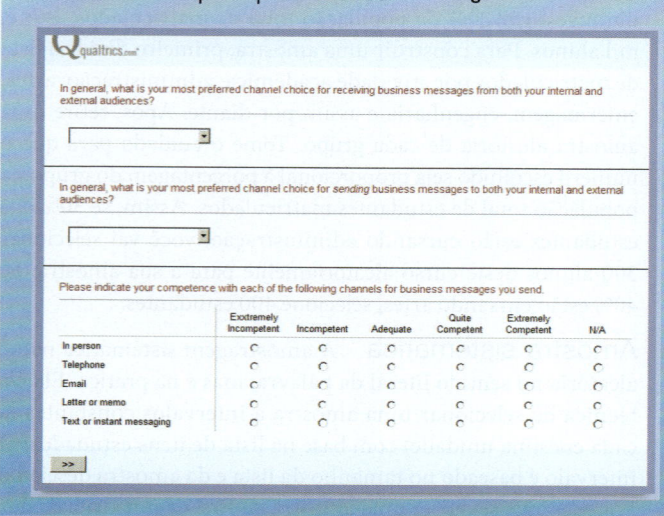

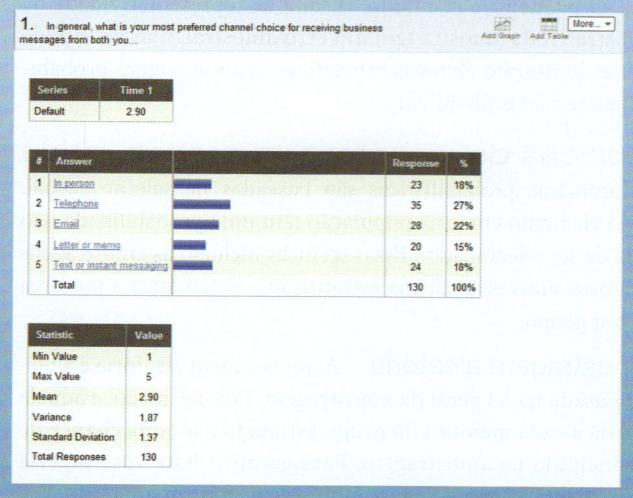

> [**Na amostragem por cadeias de referência, os membros são identificados por outros membros que pertencem a uma amostra aleatória.**]

Amostragem por área ou por grupo Na amostragem por área, os itens que vão compor uma amostra são retirados em etapas. Essa técnica é apropriada quando a área estudada é grande e pode ser segmentada em componentes gradualmente menores. Por exemplo, se você quer compor uma amostra por área para uma cidade, use os dados de um censo para dividi-la em distritos homogêneos. Com um método de amostragem equiprovável, você seleciona um determinado número de distritos que vai incluir na próxima etapa do processo. Feito isso, divida cada um dos distritos em subdistritos – quarteirões, por exemplo. Prosseguindo, escolha um número desses quarteirões e subdivida cada um em moradias. Por fim, selecione as moradias que vai incluir na amostragem para sua pesquisa.

A amostragem por área ou por grupo não está limitada a divisões geográficas. Você pode adaptá-la a diversas aplicações. Por exemplo, ela é a técnica apropriada para levantamentos de funcionários por setor de atividade econômica. Nessas situações, você seleciona aleatoriamente um número de empresas de um setor. Feito isso, faz o mesmo com unidades organizacionais e segmenta cada companhia em divisões, departamentos, seções e assim por diante, até identificar os funcionários que vai pesquisar.

técnicas de amostragem não probabilística Estas técnicas são baseadas em uma probabilidade desconhecida de um membro de uma população ser escolhido para a amostra, e incluem a amostragem por conveniência, por cotas e por cadeias de referência.[3]

Amostragem por conveniência Esta amostragem inclui os membros convenientes e cuja obtenção não envolve gastos. Quando um professor usa os seus alunos para uma pesquisa, esta amostra é de conveniência. Ela é muito usada para representar um número muito grande de membros com economia e e rapidez, principalmente nas pesquisas exploratórias.

A amostragem **por julgamento** ou **especialista** é um tipo de amostragem por conveniência. Nela, o pesquisador confia no próprio julgamento para identificar os membros apropriados para a amostragem. A prática de prever o resultado de uma eleição com base nos resultados de um distrito específico usa esta técnica de amostragem.

Amostragem por cotas Esta técnica de amostragem não aleatória também é chamada **amostragem controlada** e é usada sempre que a constituição proporcional do universo em estudo está disponível. Ela exige que você consulte a composição do universo durante a composição da amostra e selecione os itens certos para que a sua amostra tenha as mesmas características e nas mesmas proporções que o universo. Isto é, ela decreta que você defina cotas (números reais) para cada característica que você vai considerar no problema da pesquisa. Mas, você seleciona os itens individuais nessas cotas aleatoriamente.

Imagine que você precisa fazer uma pesquisa com um grupo de 4 mil alunos de uma universidade, com uma amostra de 10%. A Figura 8.13 mostra que existem alternativas para determinar a composição da amostra, dependendo do foco da pesquisa. Mas, não esqueça que, independentemente das características que você escolher, as cotas que representam os segmentos individuais precisam representar 100% e o número de itens na amostra deve ser 400. Lembre-se também de que,

FIGURA 8.13 Exemplo de amostragem por cotas

	Número no universo	Percentual do total	Número a ser entrevistado
Número total de estudantes matriculados	4.000	100	400
Sexo			
Masculino	2.400	60	240
Feminino	1.600	40	160
Moradores de fraternidade			
Membros	1.000	25	100
Não membros	3.000	75	300
Estado civil			
Casado	400	10	40
Solteiro	3.600	90	360
Período na universidade			
Calouro	1.600	40	160
Segundo ano	1.000	25	100
Terceiro ano	800	20	80
Quarto ano e superior	400	10	40
Formados	200	5	20

dentro dessas cotas, você vai usar um método equiprovável para selecionar os membros de sua amostra.

Amostragem por cadeias de referência
Na amostragem por cadeias de referência, os membros são identificados por outros membros que pertencem a uma amostra aleatória. Esta técnica é usada para localizar membros quando a população é muito pequena ou difícil de alcançar. Por exemplo, você precisa fazer uma pesquisa com técnicos que têm o certificado Seis Sigma Black Belt. Para obter uma amostra grande o bastante para justificar a pesquisa, você pode perguntar a técnicos de sua cidade natal que já têm este certificado se conhecem pessoas que também o receberam. Outro exemplo: você está fazendo um levantamento com os usuários de um aplicativo para a gestão de projetos. Pesquise um grupo de usuários e pergunte a eles se conhecem outras pessoas que também usam o aplicativo. É possível postar um anúncio em um *blog* ou fórum na Internet pedindo nomes.

OA8.10
Elaborar um questionário, desenvolver um plano de trabalho e conduzir um estudo-piloto para uma pesquisa.

como elaborar o questionário
A maioria dos instrumentos planejados para a coleta de informações segue um plano (impresso ou digital) chamado **questionário**. Um questionário consiste em um grupo de perguntas em um arranjo formal, com espaços para as respostas. Contudo, até o mais simples dos questionários precisa ser bem planejado. Por quê? Porque os resultados devem ser **confiáveis**. O teste de confiabilidade de um questionário é avaliar como ele pode ser usado repetidas vezes e ainda assim gerar resultados semelhantes. Ele também precisa ser **válido**, isto é, medir o que ele deve medir. Um questionário é o esboço de uma análise do problema. Na hora de elaborar um questionário, você deve observar algumas regras que variam de acordo com o problema. Discutimos a seguir as regras mais gerais e importantes.

> "As pessoas normalmente estão mais dispostas a responder perguntas que permitem uma resposta dentro de intervalos de uma grandeza, não valores específicos."

Evite perguntas com vieses
Uma pergunta com viés influencia a resposta. Por exemplo, "O sabonete Dove é o seu favorito?" induz o entrevistado a responder a favor do produto. Algumas pessoas que responderiam afirmativamente a esta pergunta informariam o nome de outra marca se a pergunta fosse "Qual é a sua marca favorita de sabonete?".

Perguntas precisam ser fáceis de entender
As perguntas que não estão claras para todos os entrevistados provavelmente levarão a um erro na pesquisa. Infelizmente, é difícil determinar com antecipação o que os participantes não entendem. Mais tarde você vai aprender que a melhor maneira de identificar perguntas obscuras é testá-las antes de usá-las. Mas, fique alerta para algumas formas de confusão.

Uma delas é a vagueza na redação, por exemplo, na seguinte construção: "Como você usa o banco?". Além do entrevistador, alguém mais entendeu exatamente o que essa pergunta quer descobrir? Outro problema é o uso de palavras que os entrevistados não compreendem, como na pergunta "Você lê o informativo interno regularmente?". As palavras **informativo interno** têm um sentido específico, não geral, e **regularmente** podem ter muitos significados para pessoas diferentes. Combinar dois tipos de pergunta em uma também causa esse problema, "Por que você comprou um Ford?" na verdade está fazendo duas perguntas: "O que você gosta em um Ford?" e "O que você não gosta nos automóveis de outras montadoras?".

Evite perguntas que abordem questões de preconceito ou orgulho pessoais
Por motivos de orgulho ou preconceito, algumas pessoas não conseguem responder a perguntas sobre áreas delicadas, como idade, renda, moral e hábitos pessoais. Por exemplo, quantas pessoas responderiam à pergunta "Você escova os dentes diariamente?". Quantas pessoas informam sua verdadeira idade? Quantos cidadãos admitem evadir parte dos impostos que devem?

Mas, alguém pode pensar, "e se essas informações forem essenciais para a solução do problema?". A resposta a esta pergunta está no uso de meios menos diretos. Por exemplo, para indagar sobre a idade, os entrevistadores normalmente perguntam quando o entrevistado concluiu o ensino médio, quando ele casou ou outra informação do gênero e usam a resposta para inferir a idade dele. É possível estimar a idade por aproximação, mas apenas se o contexto aceitar estimativas grosseiras. Em outro exemplo, os entrevistadores pedem informações sobre temas inofensivos, como ocupação, área em que o entrevistado vive e padrão de vida, e usam esses dados para estimar a renda pessoal. Outra possibilidade consiste em perguntar "Você está na faixa de 18 a 24 anos, de 25 a 40 anos ou acima dos 40?". Esta técnica funciona bem com perguntas sobre renda pessoal. As pessoas normalmente estão mais dispostas a responder perguntas que permitem uma resposta dentro de intervalos de uma grandeza, não valores específicos. Às vezes essas técnicas são difíceis de usar, mas elas evitam os resultados enviesados que as perguntas diretas com frequência geram.

Procure fatos
Alguns estudos exigem opiniões, mas, na maioria das vezes, é mais seguro você ir atrás dos fatos. Os seres humanos simplesmente não são narradores fiéis de suas opiniões. Com frequência somos vítimas de nossas limitações na hora de nos expressar, e damos opiniões de um jeito errado não porque não as temos, mas porque nunca paramos para pensar nelas.

Quando você precisa obter opiniões, o mais indicado é registrar os fatos e então avaliar o que há por trás deles. Mas, esta técnica só é boa quando a capacidade de avaliação do entrevistador também for boa. Uma análise lógica dos fatos por pessoas treinadas é preferível a uma opinião dada às pressas, no calor do momento.

Uma das violações mais comuns a essa premissa é resultado do uso de generalizações. Há casos em que os entrevistados são convidados a generalizar uma resposta com base em muitas experiências passadas. A pergunta, "Quais revistas você lê regularmente?" é um bom exemplo. Além da confusão gerada pela palavra **regularmente** e do fato de que a pergunta desafia a memória do entrevistado, ela induz a generalizações. Essa pergunta fica melhor se for reformulada: "Que revistas você leu este mês?". Neste caso, você incluiria uma lista de revistas que o entrevistado poderia assinalar.

Solicite apenas as informações que podem ser lembradas
Nossa memória é limitada, por isso, o questionário deve pedir as informações que conseguimos lembrar. Para tanto, você vai precisar conhecer os aspectos básicos da memória humana.

O caráter recente dos fatos é o princípio mais importante da memória. As pessoas lembram eventos insignificantes transcorridos nas últimas horas. Mas, no dia seguinte, já esqueceram uma boa parte deles. Um mês depois talvez nenhum desses eventos reste na memória do entrevistado. Por exemplo, ele consegue lembrar o que consumiu no almoço no dia da entrevista, ou mesmo no almoço de dois, três dias antes. Mas, é provável que o entrevistado não lembre o que almoçou um ano atrás.

O segundo princípio relativo à memória é que os eventos importantes são lembrados por períodos longos. Provavelmente você se lembra de seu primeiro dia na escola, do dia de seu casamento, de um acidente de trânsito, de uma ceia de Natal. Esses eventos envolveram um estímulo muito forte – um requisito para a retenção do fato na memória.

O terceiro princípio diz que fatos relativamente insignificantes podem ser lembrados por períodos de tempo longos com base em alguma associação importante. Uma pessoa normalmente não lembra o que teve para o almoço há um ano, mas talvez ela se lembre dessa refeição se ela ocorreu em uma festa de casamento, no Natal ou no primeiro dia de aula na universidade. Claro que a memória é estimulada não pela refeição, mas pela associação com algo mais importante.

Planeje o layout com competência
O *design* do questionário deve ser planejado pensando na facilidade de registro, análise e tabulação das respostas. Esse planejamento é feito levando em conta três aspectos importantes.

Primeiro, reserve espaço suficiente para registrar as respostas. Sempre que for prático, use um sistema que permita ao entrevistado marcar uma resposta. Esse sistema deve contemplar todas as respostas, inclusive as condicionais. Por exemplo, uma pergunta direta pode ter três respostas: "Sim____", "Não____" e "Não sei____".

Segundo, forneça um espaço para identificar e descrever o entrevistado. Em alguns casos, informações como idade, sexo e faixa de renda são essenciais para a análise do problema. Mas, há casos em que você pode solicitar poucos dados, ou mesmo nenhum.

Terceiro, use a melhor sequência de perguntas. Começar com uma pergunta interessante tem vantagens no âmbito psicológico. Em alguns casos, é melhor seguir uma ordem de evolução das perguntas. Algumas questões devem vir antes, porque as respostas vão ajudar a explicar as outras perguntas na sequência. Mas, para determinar a sequência de perguntas, faça uma análise lógica e adequada, não importa a situação.

Use uma escala sempre que apropriado
Às vezes é bom medir a intensidade dos sentimentos do entrevistado sobre algo (uma ideia, um produto, uma empresa, por exemplo). Uma forma de escala é sempre útil nesses casos.

As melhores técnicas para introduzir uma escala em um questionário são a classificação e o critério de notas. São técnicas simples e consideradas por muitos como as mais práticas. Existem técnicas mais sofisticadas,[4] mas estas vão além da proposta deste livro.

Na técnica de classificação, você pede ao entrevistado para classificar algumas respostas segundo uma ordem de preferência (1, 2, 3, etc.). Por exemplo, em um levantamento para determinar as preferências do consumidor por cremes dentais, o entrevistado pode classificar os produtos A, B, C, D e E em ordem de preferência. Neste exemplo, as alternativas podem ser comparadas segundo o nível de preferência de cada uma. Este método de classificação e resumo dos resultados é confiável e simples.

A técnica de critério de notas define uma escala gráfica com todas as atitudes possíveis relativas a um assunto e dá um valor numérico a cada uma. O entrevistado indica a posição de sua opinião na escala. Na maioria das vezes, as posições são descritas com palavras, como na Figura 8.14.

A técnica das notas lida com o subjetivo, não o objetivo. Por isso, às vezes é melhor usar mais de uma pergunta sobre a questão analisada. É lógico que a média das respostas de uma pessoa a essas perguntas dá uma noção mais confiável, em comparação a cada uma das respostas isoladamente.

escolha a maneira de fazer as perguntas
Existem três maneiras principais de obter respostas a suas perguntas: o contato pessoal (frente a frente), o telefone e o correio (impresso ou eletrônico). Você escolhe a maneira que, no seu caso específico, propicia a melhor amostra, os custos mais baixos e os melhores resultados. O que queremos dizer com **melhor amostra** é a melhor representatividade dos entrevistados em relação ao grupo estudado. Os **resultados** são as informações de que você precisa. A Figura 8.15 mostra que existem outros fatores que influenciam a sua resposta.

FIGURA 8.14 Exemplo de pergunta com critério de notas

1. Qual é a sua opinião sobre a legislação trabalhista atual?

Opõe-se fortemente	Opõe-se moderadamente	Opõe-se pouco	Neutro	Um pouco a favor	Moderadamente a favor	Fortemente a favor
○	○	○	○	○	○	○

FIGURA 8.15 — Comparação dos métodos de coleta de dados

	Pessoal	Telefone	*Online*	E-mail
Custos com coleta	Alto	Médio	Baixo	Baixo
Tempo para a coleta	Médio	Baixo	Médio	Alto
Tamanho amostral em função do orçamento	Pequeno	Médio	Grande	Grande
Quantidade de dados por entrevistado	Alta	Média	Baixa	Baixa
Grande alcance de público	Sim	Sim	Não	Sim
Grande alcance de uma amostra dispersa	Não	Talvez	Sim	Sim
Alcance de locais específicos	Sim	Talvez	Não	Não
Interação com os entrevistados	Sim	Sim	Não	Não
Grau de viés do entrevistador	Alto	Médio	Zero	Zero
Intensidade do viés de não resposta	Baixa	Baixa	Alta	Alta
Apresentação de estímulos visuais	Sim	Não	Sim	Talvez
Necessidade de treinar o entrevistador em campo	Sim	Sim	Não	Não

FONTE: Pamela L. Alreck and Robert B. Settle, *The Survey Research Handbook,* 3rd ed. (Burr Ridge, IL: McGraw-Hill/Irwin, 2004) 33, impresso. Reproduzido com permissão da McGraw-Hill Companies.

uma versão em escala reduzida do levantamento e vai testar o seu plano. Com base no que você aprender com ele, modifique o questionário e o plano de trabalho para o levantamento propriamente dito.

OA8.11

Explicar o uso de estratégias qualitativas, como grupos de foco e entrevistas.

Como fazer uma pesquisa qualitativa

A pesquisa qualitativa tem uma abordagem predominantemente interpretativa à investigação. O pesquisador começa com uma pergunta geral sobre o que ele precisa aprender e então estuda os fenômenos naturais para obter impressões ou mesmo desenvolver outras perguntas mais pertinentes sobre o tema pesquisado. Ele usa ferramentas de pesquisa que geram dados verbais, como revisões dos registros da empresa, entrevistas presenciais, grupos de foco e observação direta.

desenvolva o plano de trabalho Depois de selecionar a maneira de fazer as perguntas, é hora de desenvolver um plano de trabalho para o levantamento. Faça um esforço concentrado para prever e determinar como lidar com qualquer problema que surja pelo caminho. Se você está fazendo um levantamento pela Internet ou por e-mail, crie uma mensagem explicativa que induza os entrevistados a responder ao questionário, que diga a eles o que fazer e que esclareça quaisquer dúvidas (Figura 8.16). Se o levantamento for presencial ou pelo telefone, inclua essas informações nas instruções para os entrevistadores. Desenvolva um plano de trabalho antes de fazer o estudo-piloto, que discutiremos a seguir. Teste este plano durante o estudo-piloto e faça as modificações necessárias com base nessa experiência.

conduza um estudo-piloto Antes de fazer o levantamento, é aconselhável conduzir um estudo-piloto com o questionário e o plano de trabalho. Um estudo-piloto é

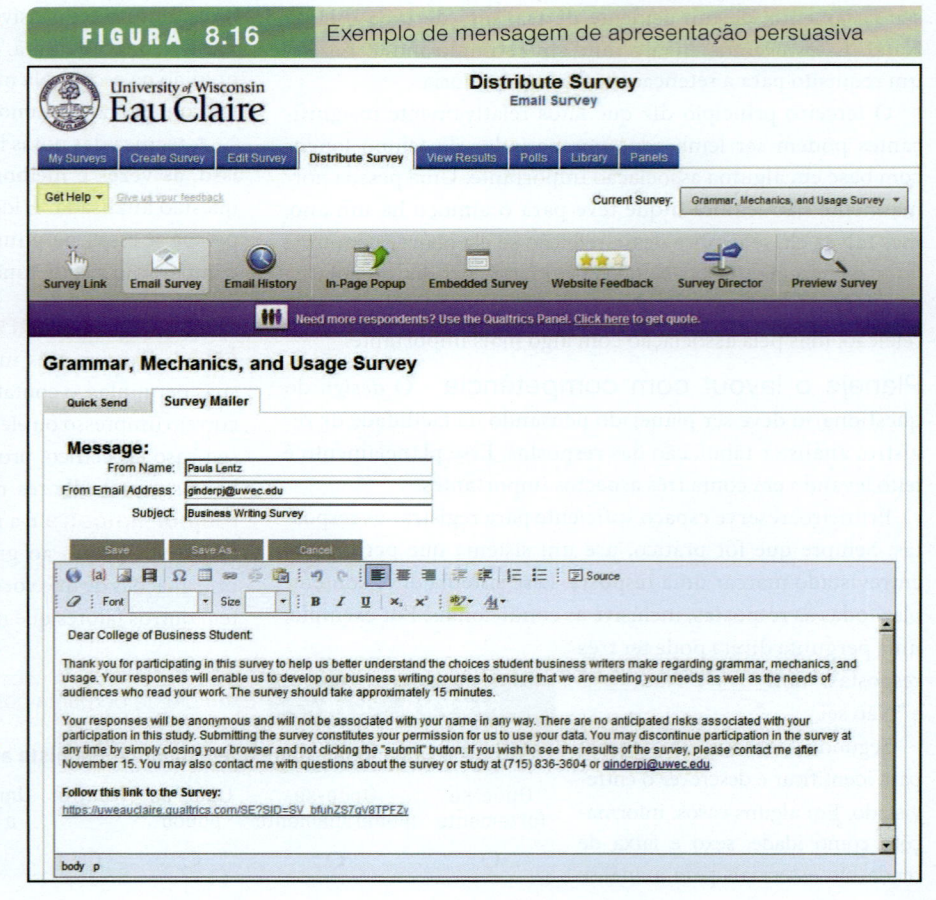

FIGURA 8.16 — Exemplo de mensagem de apresentação persuasiva

> **"NÃO IMPORTA SE VOCÊ ESTÁ FAZENDO UMA ENTREVISTA PRESENCIAL, CONDUZINDO UM GRUPO DE FOCO OU USANDO QUALQUER OUTRA FERRAMENTA DE COLETA DE DADOS: É PRECISO DECIDIR COMO REGISTRAR ESSAS INTERAÇÕES."**

Com a pesquisa qualitativa, você não consegue fazer uma análise estatística ou aplicar os achados a populações maiores. Ela possibilita interpretar os dados em um nível mais localizado.

como organizar um grupo de foco

A finalidade dos grupos de foco é reunir pessoas para descobrir suas crenças ou atitudes relativas ao tópico da pesquisa. Por exemplo, se você quer encontrar informações sobre como um dos produtos de sua empresa pode ser aperfeiçoado, reúna um grupo de pessoas que usa este produto para discutir o que gostam ou não nele.

Como moderador da discussão, você estrutura a conversa com perguntas que motivem os participantes a revelar dados importantes. Mas, você também pode dar liberdade para dizerem o que pensam. Você já deve ter percebido que quando um assunto é discutido por um grupo de pessoas, mais ideias novas são geradas do que quando ele é analisado por indivíduos de forma isolada. O grupo de foco faz um *brainstorm* de ideias que revelam dados importantes. Claro que você também precisa garantir que essas pessoas compartilhem suas noções livremente. Algumas das dicas dadas no Capítulo 10 para motivar a participação em projetos escritos e reuniões também vão facilitar a coordenação desses grupos. Hoje, um grupo de foco não precisa ser presencial. Os avanços tecnológicos permitem conduzir um grupo de foco *online* ou mesmo por telefone.

como realizar entrevistas presenciais

Se você decidir que uma conversa frente a frente é o melhor meio para obter dados e responder às perguntas na sua pesquisa, organize entrevistas presenciais ou mesmo pelo telefone. Talvez as pessoas estejam mais dispostas a trocar ideias e opiniões nesse tipo de entrevista, e não quando estão em um grupo.

A preparação é muito parecida com a de um levantamento. Primeiro, decida quem você vai entrevistar (a sua amostra). Feito isso, elabore as perguntas. Mas, a natureza das questões em uma entrevista pessoal é um pouco diferente. Muitos pesquisadores preferem perguntas com respostas fechadas, com apenas uma resposta (por exemplo, responder a uma pergunta com "sim" ou "não", escolher uma faixa etária de uma lista, ou selecionar uma nota em uma escala), o que possibilita analisar os dados obtidos com rapidez. Outros preferem perguntas de resposta aberta quando fazem entrevistas presenciais porque a natureza conversacional do ambiente permite aos participantes dar respostas ricas, detalhadas e variadas. Nesse tipo de entrevista, há também a oportunidade de fazer perguntas adicionais, que não seriam possíveis em um levantamento por escrito.

Não importa se você está fazendo uma entrevista presencial, conduzindo um grupo de foco ou usando qualquer outra ferramenta de coleta de dados: é preciso decidir como registrar essas interações. Não é possível depender da memória. Em alguns casos, basta tomar nota do que você vê ou ouve. Em outros, você talvez tenha de filmar a sessão de entrevista para observar comportamentos não verbais (como tom de voz, expressões faciais e gestos) que influenciam a interpretação de uma resposta específica. Depois você vai usar um sistema de codificação para transcrever tudo o que foi gravado.

Avalie e relate os dados

Obter informações é uma das etapas do processo de elaboração de relatórios. Mas, você vai ter de avaliar o que coletou. Nas pesquisas secundárias, questione a credibilidade da fonte, considerando métodos de coleta de dados e a capacidade de tirar conclusões dos fatos apresentados. O autor apresenta conclusões apoiadas pelos dados? As fontes são confiáveis? Os dados ou as interpretações têm algum viés? Existem lacunas nos dados ou na interpretação deles? Você precisa ser um bom juiz do material e descartá-lo se ele não atender a seus padrões de qualidade.

Quanto à pesquisa primária, este capítulo discutiu como planejar e realizar a coleta de dados primários do jeito certo. Com dados de qualidade em mãos, é hora de interpretar tudo com precisão e clareza para o leitor. A próxima seção disponibiliza conselhos úteis para a interpretação de dados.

Quando você não tem certeza se o leitor tem a experiência necessária para entender uma estatística descritiva, como medidas de tendência central e tabulações cruzadas, apresente a análise estatística e explique o que ela significa. Não se surpreenda se tiver de explicar os detalhes de análises univariadas, bivariadas e multivariadas. Em muitos casos, um gráfico será providencial, porque mostra tendências e relacionamentos com clareza. Alguns programas estatísticos, como o SPSS e o SAS, analisam, relatam e expressam dados em gráficos. Não esqueça a responsabilidade ética de divulgar os seus dados de forma completa e honesta.

Omitir erros ou limitações da coleta de dados é considerado tão grave quanto ocultar erros ou variações de práticas corretas. Claro que uma distorção deliberada dos dados, primários ou secundários, é antiética. A sua responsabilidade é comunicar os achados do relatório com exatidão e clareza.

OA8.12
Explicar as orientações para conduzir pesquisas com ética no ambiente empresarial.

Como fazer uma pesquisa ética

Muitas empresas e instituições acadêmicas e médicas têm diretrizes para a pesquisa com seres humanos e comitês de ética para garantir que as leis e políticas de pesquisa sejam obedecidas. Familiarize-se com essas políticas antes de iniciar uma pesquisa.

O princípio básico dessas políticas é que os participantes têm o direito ao consentimento informado. Isto é, eles têm o direito de conhecer a natureza da participação no estudo e os riscos associados. Além disso, a participação é voluntária, e os participantes têm a escolha de abandonar o estudo a qualquer momento. Só porque concordaram em participar não quer dizer que vão precisar ir até o fim. Os participantes também têm de se informados se sua participação e os dados coletados deles são confidenciais (isto é, só o pesquisador e o participante conhecem os dados) ou anônimos (somente o participante os conhece).

Esses direitos dos participantes exigem que você prepare uma proposta para um comitê de ética, uma carta e um formulário de consentimento informado. Isso faz parte do planejamento de seu projeto.

Tecnologia rápida

Softwares gerenciadores de referências ajudam a documentar fontes

A guia Referências do Word 2007, embora não seja tão completa quanto a de *softwares* específicos, como o ProCite, o End-Note ou mesmo o RefWorks, com base na Internet, representa uma mão na roda para os redatores na administração de suas fontes.

Depois de selecionar o tipo de fonte a ser citada, abrirá uma janela solicitando as informações necessárias. Você digita os dados e escolhe o formato que vai usar (APA, Chicago, MLA ou outro). O Word insere a sua citação no formato certo e cria uma página de referências ou obras citadas para você.

O gerenciador de referências é útil na hora de colocar em ordem e fazer a pontuação correta de suas fontes. Mas, você terá de revisar a ortografia, o uso das maiúsculas, a precisão das informações e a completude das citações.

Se usar essas ferramentas com sabedoria, perceberá o quanto são úteis para reunir e organizar fontes bibliográficas. O "Capítulo E", em inglês, no *site* deste livro, explica melhor esses recursos.

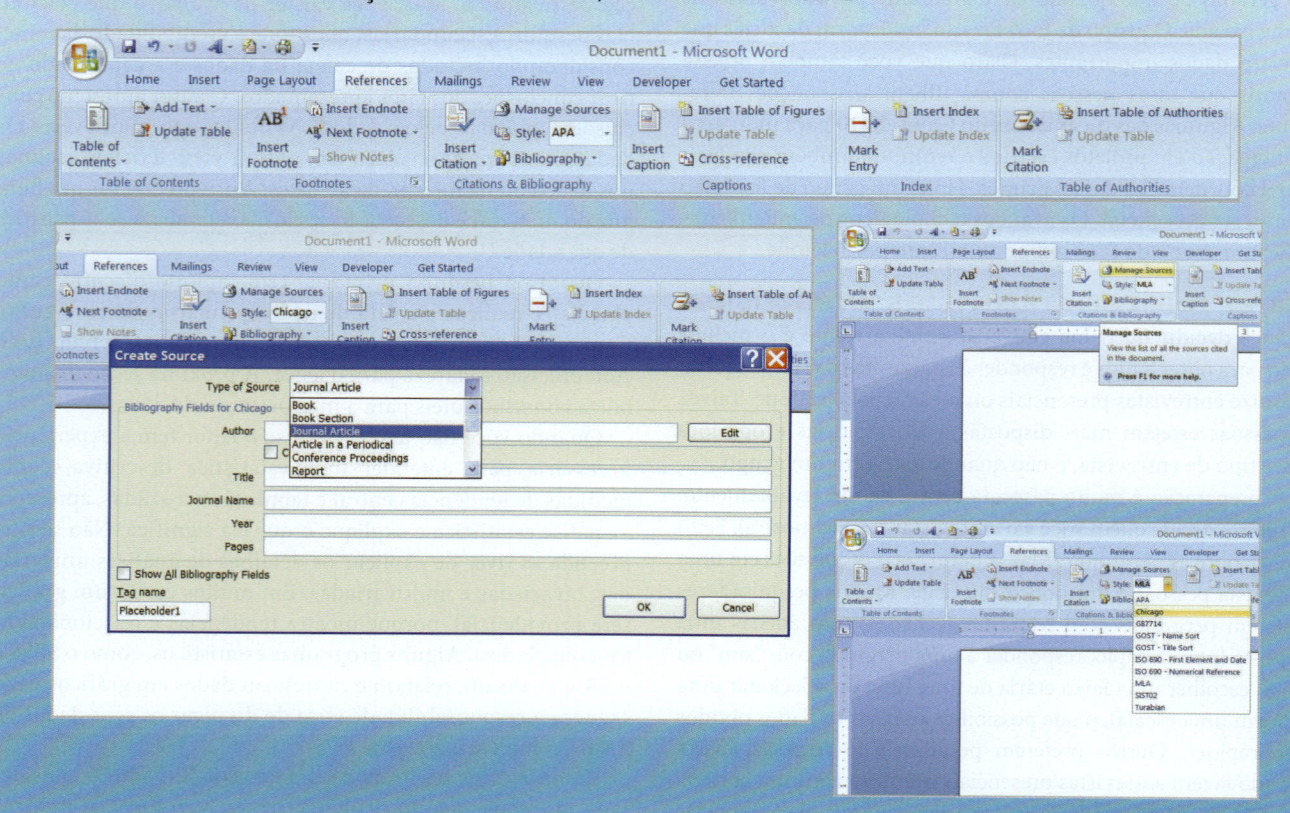

OA8.13
Explicar os erros mais comuns na interpretação e desenvolver atitudes e práticas que propiciem uma interpretação correta.

COMO INTERPRETAR AS DESCOBERTAS DE SUA PESQUISA

A próxima etapa do processo de redação de relatórios é a interpretação das informações que você obteve. Na verdade, você já fez um pouco do trabalho de interpretação quando chega nesta etapa: você teve de interpretar os elementos da situação quando definiu o problema e fez a mesma coisa enquanto analisava os dados para ter certeza de que tinha as informações suficientes. Mas, a pesquisa terminou e agora você terá de elaborar a interpretação que vai dar forma e conteúdo ao relatório. Faça isso com o problema e o leitor em mente. As suas descobertas devem ser válidas para o problema estudado, do contrário não serão soluções lógicas. Também devem atender às necessidades dos leitores, ou não serão relevantes e úteis para eles. Se o problema e a finalidade da pesquisa sempre estiveram focados no leitor durante o processo, a análise lógica e objetiva dos dados será uma consequência natural.

A interpretação é um processo mental e o modo como você interpreta os seus dados varia caso a caso. Mesmo assim, as dicas gerais a seguir são fundamentais nesse processo.

Dicas para evitar o erro humano

Para evitar certas tendências humanas que induzem ao erro de interpretação, lembre-se destes conselhos:

Interpretar fatos não exige apenas habilidades analíticas e julgamento objetivo. É preciso dar atenção a questões éticas.

Você tem razão. Este relatório faz mesmo você parecer um tolo.

1. **Relate os fatos como eles são.** Não faça coisa alguma para torná-los mais ou menos interessantes. Qualquer esforço para deixar a interpretação mais atraente compromete a integridade dela.
2. **Não pense que as conclusões são obrigatórias.** Quando os fatos não dão suporte a uma conclusão, resuma as descobertas e simplesmente conclua que não há conclusão. É comum ver os redatores acharem que, se não concluíram alguma coisa, é porque fracassaram na investigação.
3. **Não interprete a falta de provas como prova contrária.** O fato de você não conseguir provar que algo é verdadeiro não significa que ele seja falso.
4. **Não compare dados que não podem ser comparados.** Quando você examina os relacionamentos entre conjuntos de dados, assegure que eles tenham pontos em comum — que você não está comparando abacaxis com laranjas.
5. **Não tire conclusões de causa e efeito sem lógica.** O fato de dois conjuntos de dados parecerem afetar um ao outro não quer dizer que isso ocorra. Use o bom senso. Determine se uma relação de causa e efeito é possível ou não.
6. **Tenha cuidado com dados não confiáveis ou não representativos.** A maior parte das informações encontradas em fontes secundárias é incorreta até certo ponto. As causas são muitas: erros na coleta, viés de pesquisa, equívocos no registro. Tenha cuidado especial com dados coletados por grupos que defendem algum interesse (organizações políticas ou que dão apoio a alguma causa social, por exemplo). As fontes devem ser confiáveis. Lembre-se de que as interpretações que você faz não são melhores do que os dados interpretados.
7. **Não simplifique demais as coisas.** A maioria dos problemas no ambiente de negócios é complexa. Muitas vezes você despreza partes importantes dessas questões.
8. **Adapte o seu argumento a seus dados.** Os redatores inexperientes têm a tendência de usar poucos fatos para generalizar demais. Se você aprendeu algo sobre um fenômeno, não pense que as suas interpretações são automaticamente válidas para outros fenômenos semelhantes. Se a pesquisa mostrou qual é a fonte de um problema, não pressuponha que você pode propor as soluções. Às vezes estas soluções fazem parte de um projeto totalmente distinto. Apresente apenas os argumentos que têm o suporte das evidências. Quando você não tem certeza de como torná-los fortes, use expressões como "é possível que", "é provável" e "os resultados sugerem".

Atitudes e práticas apropriadas

Além de estar alerta às principais causas de erro, é possível melhorar a interpretação dos resultados adotando alguns procedimentos simples:

> "Na elaboração do esboço, use qualquer sistema de numeração ou formatação que permita perceber a estrutura lógica dos conteúdos."

1. **Seja prudente.** Você é o juiz da interpretação. Examine todos os lados de cada questão sem emoções ou preconceitos. O seu principal objetivo é elaborar as interpretações mais confiáveis da situação.
2. **Consulte outras pessoas.** Raramente uma cabeça pensa melhor do que duas. Você vai lucrar se discutir as suas interpretações com os colegas.
3. **Teste as suas interpretações.** O verdadeiro teste de validade de suas interpretações está no quanto elas são aplicáveis no contexto do problema da empresa. Mas, é possível tirar algumas conclusões plausíveis dos dados por meio de dois testes.
   - O primeiro é o *teste da experiência*. Ele usa o que está na base de toda metodologia científica – a razão. Você avalia cada interpretação que faz, perguntando a si mesmo "Isso parece razoável, levando em conta tudo o que sei ou presenciei?".
   - O segundo é o *teste negativo*, a aplicação de um ponto de vista crítico. Você começa fazendo uma interpretação oposta à inicial. Depois examina essa interpretação oposta diante das evidências disponíveis, talvez até com um argumento em favor dela. Feito isso, você compara as duas interpretações e fica com a mais bem embasada.

Ferramentas estatísticas na interpretação

Muitas informações que você coleta são quantitativas – isto é, expressas em números. No estado bruto, esses dados são muito volumosos, da ordem de dezenas, centenas ou mesmo de milhares de algarismos. Para usá-los do modo certo, você vai precisar encontrar caminhos para simplificá-los e facilitar a vida do leitor, que só assim poderá captar o sentido geral deles. As técnicas estatísticas têm muitos métodos de análise de dados. Conheça essas metodologias e aperfeiçoe a sua capacidade de interpretação. Uma revisão estatística abrangente vai além dos objetivos deste livro, mas você deve se familiarizar com os métodos descritos nos próximos parágrafos.

Provavelmente a ferramenta mais útil para você na redação de relatórios seja a *estatística descritiva* – que mede a tendência central, a dispersão, os quocientes e a probabilidade. As medidas de tendência central, como a média, a mediana e a moda, ajudam você a encontrar um valor em comum em uma série que apropriadamente descreve o universo dos dados. Já as medidas de dispersão – os intervalos, a variância e o desvio-padrão – são úteis para descrever como uma série de dados se espalha. Os quocientes (que expressam uma quantidade como um múltiplo de outra) e as probabilidades (que determinam quantas vezes algo ocorre em relação ao número total de possibilidades) também ajudam a revelar o significado dos dados em uma análise. Além desses parâmetros básicos, existem abordagens estatísticas e inferenciais igualmente úteis. Estas e outras técnicas são descritas em *softwares* estatísticos e em fontes de referência sobre o assunto.

Mas, fica o alerta: a sua tarefa como redator é ajudar o leitor a interpretar as informações. Às vezes, alguns cálculos estatísticos que ficam sem uma explicação apropriada – mesmo que ela seja elementar para você – podem confundir o leitor. Por essa razão, explique com clareza ao leitor as técnicas estatísticas que você usou empregando recursos visuais quando necessário. Use gráficos, tabelas e outros elementos para ajudar o leitor a compreender os resultados de sua análise. Lembre-se de que a estatística é uma ferramenta útil para a interpretação, não uma substituta. Sempre que você diminuir o volume de dados na análise, explique tudo, de forma a garantir o acesso do leitor ao significado dos resultados.

OA8.14
Organizar informações em um esboço usando as divisões tempo, local, quantidade, fator ou uma combinação delas.

COMO VOCÊ VAI ORGANIZAR AS INFORMAÇÕES EM SEU RELATÓRIO

Quando termina de interpretar as suas informações, você sabe a mensagem que o seu relatório vai transmitir. Agora você está pronto para organizar a apresentação desta mensagem. O objetivo é arranjar as informações seguindo uma ordem lógica, que atenda às necessidades do leitor.

Natureza e vantagens de um esboço

Neste estágio do processo, um esboço é uma ferramenta valiosa. O esboço bom é aquele que agrupa tudo segundo uma ordem lógica e relaciona as ideias de acordo com uma hierarquia. Você pode fazer um esboço mental, mas um plano escrito é melhor, principalmente para os relatórios mais longos. O tempo usado na elaboração de um esboço é bem gasto, porque aumenta a eficiência e a ordem no processo de preparação de um rascunho. Se o relatório for longo, esse esboço também vai ser a base para o sumário.

Se você seguiu todas as etapas metodicamente até agora, talvez já tenha um esboço preliminar, uma lista dos tópicos que você fez quando planejou como iria pesquisar o seu problema. Talvez você tenha adicionado a essa lista as descobertas que fez quando interpretou os seus dados. Mas, na hora de transformar o seu plano de pesquisa em um plano de relatório, faça um esboço mais convincente. O seu objetivo é criar o padrão mais lógico e útil de organização para os seus leitores.

Na elaboração do esboço, use qualquer sistema de numeração ou formatação que permita perceber a estrutura lógica dos conteúdos. Se for preciso, use o sistema convencional ou decimal para sinalizar níveis. O sistema convencional emprega algarismos romanos para sinalizar os títulos e letras do alfabeto e algarismos arábicos para os subtítulos:

Sistema convencional

I. Título da primeira seção
  A. Subtítulo, primeira parte
  B. Subtítulo, segunda parte
    1. Terceiro nível, primeira parte
    2. Terceiro nível, segunda parte
      a. Quarto nível, primeira parte
        (1) Quinto nível, primeira parte
          (a) Sexto nível, primeira parte
II. Título da segunda seção
  A. Subtítulo, primeira parte
  B. Subtítulo, segunda parte

O sistema decimal usa números inteiros para as seções principais, sendo acompanhados de decimais e dígitos adicionais nos diferentes níveis de subtítulos. Isto é, a numeração aumenta sucessivamente:

Sistema decimal

1.0 Título da primeira seção
  1.1 Subtítulo
  1.2 Subtítulo
    1.2.1. Terceiro nível
    1.2.2. Terceiro nível
      1.2.2.1. Quarto nível

Lembre-se de que, neste estágio, o esboço é uma ferramenta útil para você, mesmo que o documento final seja voltado para o seu leitor. A menos que outras pessoas queiram ver uma versão atualizada do trabalho em andamento, não passe muito tempo se preocupando com a aparência do esboço. Você pode mudá-lo à medida que o relatório evolui. Por exemplo, indique no esboço as seções que tenham algum elemento visual ou faça alguma nota sobre uma transição entre seções que venha à mente. O principal esforço na definição do formato e na redação exata do esboço é feito quando você o usa para criar os títulos e o sumário da versão final do relatório.

Organização por divisão

Dividir os conteúdos em seções menores é uma maneira metódica de criar um esboço. Você examina todas as informações e identifica as partes principais. Este primeiro nível de divisão permite dividir o esboço em títulos (I, II, III, etc, com algarismos romanos, como na Figura 8.17).

Tecnologia rápida
Ferramentas de aplicação ajudam a identificar e esboçar fatores

O *Inspiration* (ou a sua versão para a Internet, *mywebspiration.com*) é uma ferramenta de elaboração de mapas conceituais voltada para a criação de esboços de documentos. O exemplo mostra como as pessoas ou os grupos fazem um *brainstorm* dos fatores de um relatório que investiga a adoção de políticas ecologicamente corretas em um escritório. Usando a exibição em diagrama ou esboço (ou ambas, mostradas nas telas ao lado), o redator lista o maior número possível de ideias. Os itens e os relacionamentos podem ser rearranjados mais tarde.

O *software* atualiza os símbolos no esboço à medida que mudanças são feitas. Os usuários podem alternar os diferentes modos de exibição e trabalhar com aquele que melhor se encaixa às finalidades do relatório.

Quando o redator estiver pronto para começar a escrever, exporte o esboço ou o diagrama para o Word, um arquivo RTF ou o Google Docs.

Você também pode publicar o seu trabalho em uma página na Internet, em um *blog* ou em um wiki.

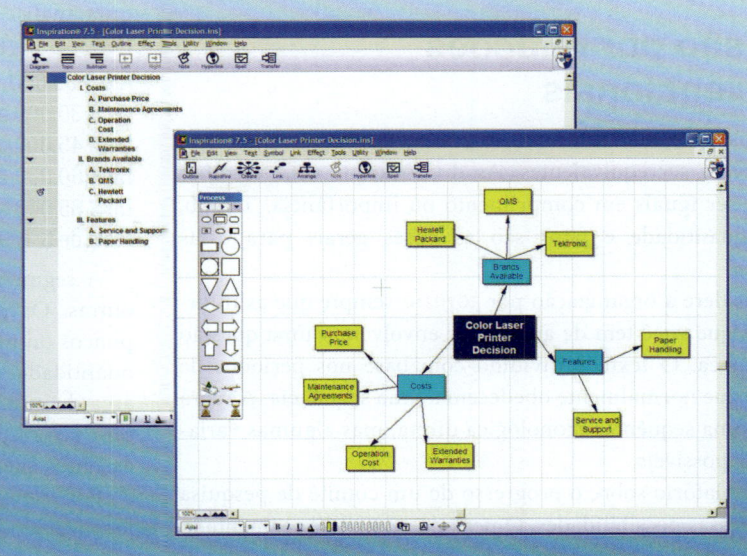

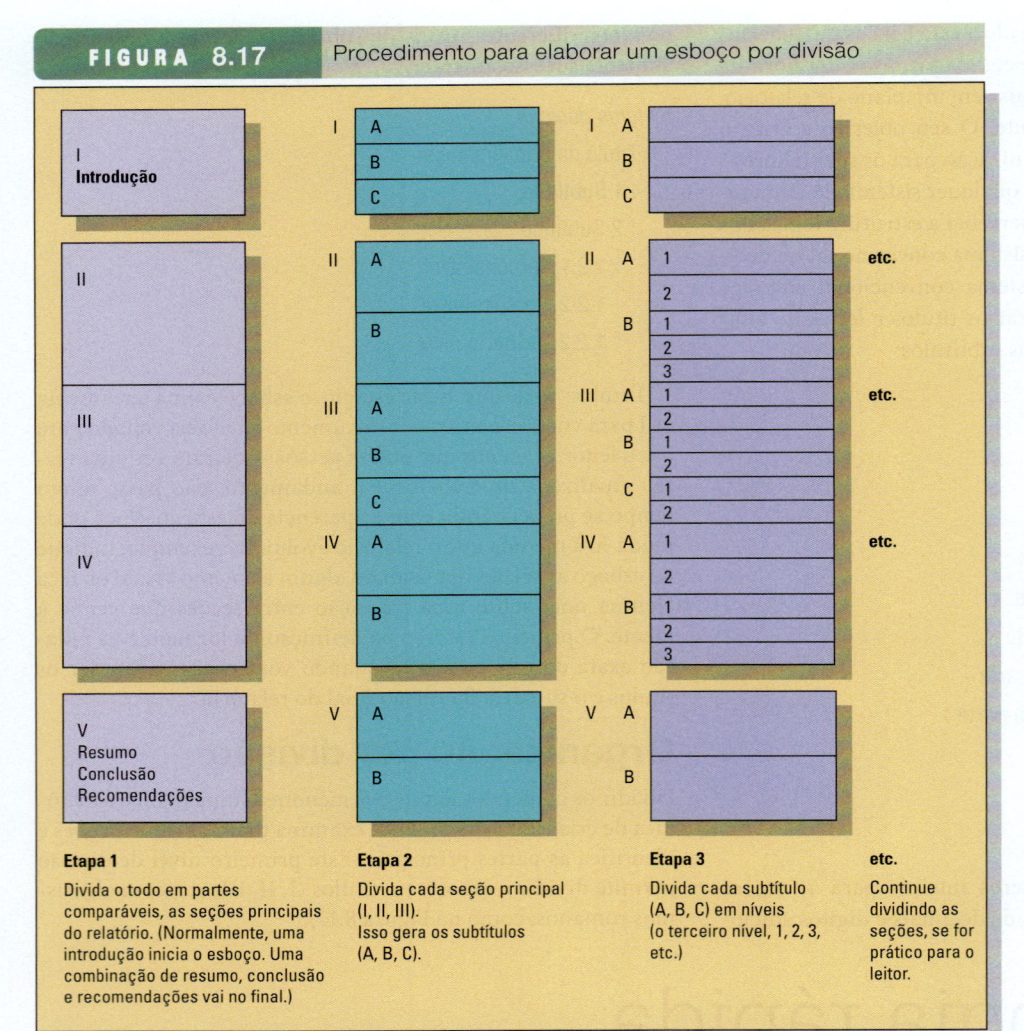

FIGURA 8.17 Procedimento para elaborar um esboço por divisão

Etapa 1
Divida o todo em partes comparáveis, as seções principais do relatório. (Normalmente, uma introdução inicia o esboço. Uma combinação de resumo, conclusão e recomendações vai no final.)

Etapa 2
Divida cada seção principal (I, II, III). Isso gera os subtítulos (A, B, C).

Etapa 3
Divida cada subtítulo (A, B, C) em níveis (o terceiro nível, 1, 2, 3, etc.)

etc.
Continue dividindo as seções, se for prático para o leitor.

Depois disso você vai encontrar maneiras de subdividir os conteúdos em seções secundárias (indicado pelas letras A, B, C, etc.).

Se for prático, continue dividindo os conteúdos, gerando mais níveis. Isso facilita a leitura dos trechos e cria uma hierarquia estrutural lógica.

Divisão por relações convencionais

Na divisão de suas informações em partes, não esqueça que elas devem ser equivalentes. As divisões que você escolher podem ser iguais em comprimento ou importância. Tempo, local, quantidade e fator são as bases gerais para essas divisões.

Considere a organização por **tempo** sempre que as informações que você tem de apresentar envolverem uma questão cronológica. O texto é dividido com base nos períodos de tempo, que normalmente obedecem a uma sequência. A regra é usar uma sequência cronológica direta, mas algumas variações são possíveis.

Um relatório sobre o progresso de um comitê de pesquisa mostra essas possibilidades. O período relatado é segmentado em subperíodos comparáveis:

Período de orientação, maio a julho Planejamento do projeto, agosto Implementação do plano de pesquisa, setembro a novembro

Arranje os eventos em cada período em ordem cronológica. Examine o material detalhadamente e veja se outras subdivisões são possíveis.

Se as informações que você coletou têm alguma relação com localização geográfica, use uma divisão por **local**. Esta divisão deve observar a importância relativa das áreas.

Um relatório sobre o programa de vendas de uma empresa norte-americana nos Estados Unidos ilustra a divisão por local. As informações neste problema podem ser segmentadas em áreas geográficas básicas:

Nova Inglaterra
Costa Leste
Sul
Sudoeste
Meio-Oeste
Montanhas Rochosas
Costa do Pacífico

Outro exemplo de organização por local é um relatório sobre a produtividade de uma empresa com algumas filiais de serviço ao cliente. A divisão principal do relatório fica em nível de filial. As informações sobre cada filial são segmentadas em seções, departamentos, divisões e outras partes da empresa.

As divisões por **quantidade** são uma boa opção para informações que têm grandezas quantitativas. Por exemplo, uma análise dos hábitos de compra de clientes em potencial pode ser dividida em grupos de renda pessoal:

Até $ 30.000
De $ 30.000 até $ 45.000
De $ 45.000 até $ 60.000
De $ 60.000 até $ 85.000
De $ 85.000 até $ 100.000
Mais de $ 100.000

A segmentação por **fator** é menos perceptível do que as outras. Os problemas em uma pesquisa normalmente têm poucos ou mesmo nenhum fator associado a tempo, local ou quantidade. Esses problemas exigem uma investigação por área de informação. Essas áreas incluem questões que precisam ser respondidas na solução de um problema ou sobre assuntos que devem ser investigados e aplicados nele.

Por exemplo, um relatório precisa determinar a melhor localização de um novo escritório para uma imobiliária. São três as opções. É preciso comparar os três locais com base nos fatores que afetam a decisão sobre a localização do escritório. Uma das possibilidades é:

Acesso
Aluguel
Estacionamento
Conveniência para clientes atuais e novos
Instalações

Combinação de mais de uma possibilidade de divisão

Além das divisões por tempo, local, quantidade ou fator, outras possibilidades são úteis. Em alguns casos, uma combinação dessas bases de divisão é a ideal. Em um relatório sobre o progresso de uma organização de vendas, por exemplo, as informações coletadas podem ser organizadas em uma combinação de quantidade e local:

Áreas de vendas maiores
Áreas de vendas intermediárias
Áreas de vendas menores

Em alguns casos, existe mais de uma maneira de organizar as informações. Veja o problema de escolher o melhor local entre três para uma conferência anual sobre vendas. As informações obtidas podem ser organizadas por local ou pelas bases de comparação. Se fossem organizadas por local, as bases de comparação provavelmente seriam subdivididas em subtítulos:

Local A
   Acesso ao aeroporto
   Rede hoteleira
   Instalações para a conferência
   Clima favorável
   Custos
   Opções de restaurantes e entretenimento
Local B
   Acesso ao aeroporto
   (E assim por diante.)
Local C
   Acesso ao aeroporto
   (E assim por diante.)

Se as informações fossem organizadas por base de comparação, as cidades provavelmente ficariam no segundo nível de lista:

Acesso ao aeroporto
   Local A
   Local B
   Local C
Rede hoteleira
   Local A
   Local B
   Local C
Instalações para a conferência
   Local A
   Local B
   Local C

À primeira vista, os dois planos parecem lógicos. Mas, uma olhada de perto mostra que a organização por cidade separa as informações que precisam ser comparadas. Por exemplo, você precisa examinar três partes diferentes do relatório para descobrir qual cidade tem a melhor rede hoteleira. Na segunda opção de organização, as informações que têm de ser compa-

radas estão reunidas. Você consegue definir a cidade que tem a melhor rede hoteleira lendo apenas uma seção do relatório.

Mas, esses dois planos deixam claro que alguns problemas podem ser organizados de mais de uma maneira. Nesses casos, você precisa comparar as possibilidades e encontrar a que melhor apresenta as informações em seu relatório.

OA8.15

Transformar um esboço em um sumário cujo formato e redação tenham significado lógico.

Do esboço para o sumário

A preparação do sumário de seu relatório é simplesmente uma conversão do esboço em uma ferramenta de acessibilidade para o leitor. O sumário é a versão do esboço disponibilizada ao público-alvo e, por isso, deve ser formatado e redigido com critério.

É verdade que você provavelmente vai criar o sumário no fim do processo de redação de seu relatório. Estamos discutindo esta etapa neste ponto do capítulo porque o sumário é a conclusão lógica do esboço. Mas, se outras pessoas envolvidas no projeto querem ver um esboço bem preparado antes de o seu relatório estar finalizado, siga as dicas a seguir. Além disso, repare que o que dizemos sobre a preparação de títulos e subtítulos para o sumário também é válido para a redação de títulos e subtítulos das seções do documento. Os dois conjuntos de títulos – no sumário e no relatório – devem ser idênticos. Use o modo de exibição Estrutura de Tópicos do Word e a ferramenta de geração de sumários para garantir que os níveis de exibição de títulos sejam idênticos.

> "...alguns problemas podem ser organizados de mais de uma maneira."

formatação de decisões   Não importa o formato que você usou no esboço: agora é preciso escolher um que seja instrutivo, legível e certo para o leitor do documento.

Um formato **instrutivo** indica a hierarquia das informações com clareza. Recorra à forma (fonte, tamanho, estilo e cor) e localização para diferenciar os níveis de conteúdo.

Para um formato ser **legível**, o espaço vertical entre os tópicos deve ser amplo. Você vê rapidamente como o documento foi organizado. Marcadores (pontos e espaços) entre os tópicos e a numeração das páginas também melhoram a legibilidade.

Um formato **apropriado** é o que o leitor espera. A maior parte dos leitores das comunicações empresariais acha que o sistema convencional de organização (algarismos romanos, letras e algarismos arábicos) e o sistema decimal (1.1, 1.1.2, etc.) não são necessários no sumário. Em vez disso, preferem o uso da forma e da localização para ver como as partes de um documento se relacionam. Mas, nos ambientes militares e técnicos, o sistema decimal é o formato mais comum. Em outros, os leitores preferem numeração e letras, como no sistema convencional.

Os nossos exemplos usam títulos e subtítulos, não numeração, para indicar os níveis de informação. Mas, certifique-se do que os seus leitores preferem.

Comunicação rápida

Títulos contrastantes em um exemplo de relatório

Títulos informativos	Títulos por tópico
Orientação para o problema	Introdução
Autorização para o Conselho agir	Autorização
O problema de localização de uma tecelagem	Finalidade
O uso de dados oficiais diversos	Fontes
Os fatores como bases para a solução de problemas	Visão geral
As atitudes da comunidade com relação ao setor de tecelagem	Atitudes da comunidade
As reações favoráveis de todas as cidades à nova tecelagem	Localização da unidade
As atitudes controversas de todas as cidades com relação à política trabalhista	Política trabalhista
A oferta de mão de obra e a matriz salarial	Fatores de mão de obra
A liderança de San Marcos na mão de obra não qualificada	A mão de obra não qualificada
A concentração de mão de obra qualificada em San Marcos	A mão de obra qualificada
Os padrões salariais normalmente confundidos	Os padrões salariais
A proximidade à oferta de lã bruta	A oferta de lã bruta
A localização de Ballinger, Coleman e San Marcos no cinturão da lã	As áreas adequadas
A produção relativamente baixa próximo à Big Spring e Littlefield	As áreas inadequadas
A disponibilidade de recursos	Os recursos
O fornecimento inadequado de água em todas as cidades, exceto San Marcos	Água
O fornecimento ilimitado de gás natural em todas as cidades	Gás natural
As tarifas de eletricidade vantajosas em San Marcos e Coleman	Eletricidade
As boas condições para o descarte de resíduos em todas as cidades	Descarte de resíduos
Os sistemas de transporte adequados	O transporte
As vantagens do transporte em superfície em San Marcos e Ballinger	Em superfície
A equivalência das conexões aéreas	Aéreo
A avaliação final dos fatores	Conclusões
A escolha de San Marcos como sede	Primeira alternativa
A recomendação de Ballinger como segunda opção	Segunda alternativa
A ausência de vantagens em Big Spring, Coleman e Littlefield	Outras possibilidades

títulos por tópico e os informativos Você tem duas opções na hora de escolher como vai redigir os títulos de seu sumário: os **títulos por tópico** e os **informativos**. Os títulos por tópico são curtos, com uma, duas palavras. Como diz o nome, eles identificam os tópicos das seções:

Caldeira atual
    Descrição e desempenho
    Custos
    Desvantagens
Efeitos da substituição
    Espaço
    Configuração
    Acessórios
    Combustível

Como os títulos por tópico, os títulos informativos (que alguns chamam **títulos populares**) identificam o assunto em detalhes, bem como resumem o conteúdo que representam:

A análise da operação da caldeira
    Os problemas recentes de atraso no programa
    O aumento nos custos de operação
    A incapacidade de atender à demanda por vapor
A análise dos efeitos da substituição
    A necessidade de mais espaço
    A necessidade de uma configuração adequada
    As possibilidades relativas à eficiência dos acessórios
    A praticidade de um sistema bicombustível

> "Como regra, você deve redigir os títulos usando a mesma classe gramatical em cada nível do sumário."

paralelismo de construção Como regra, você deve redigir os títulos usando a mesma classe gramatical em cada nível do sumário. Isto é, os títulos em um mesmo nível têm estrutura idêntica. Esta regra não é um mero exercício de gramática: ela é uma forma de sinalizar equivalência. Você lembra a discussão sobre os relacionamentos convencionais entre dados? Os títulos em mesmo nível são divididos com base no tempo, no local, em fator ou em uma combinação deles. Você expressa estas divisões em mesmo nível com títulos paralelos. Por exemplo, se o primeiro título principal começa com um substantivo, todos os outros no mesmo nível também devem começar com um substantivo. Se o segundo nível de título inicia com "como" e um verbo, todos os títulos neste nível têm de seguir este padrão. Para alguns, os subtítulos de uma seção podem ter uma estrutura diferente dos subtítulos de outra, mas os de uma mesma seção devem obedecer o paralelismo.

Veja como o paralelismo pode ser violado:

O programador está atrasado. (Um período)
O aumento no custo da mão de obra (Locução substantiva)
Incapaz de produzir os resultados necessários (Frase truncada – no começo da frase falta a combinação sujeito-verbo)

Corrija esta discrepância redigindo todos os títulos como períodos, como locução substantiva ou frase truncada. Por exemplo, se você escolheu locuções substantivas:

Os atrasos do programador
O aumento no custo da mão de obra
A incapacidade de produzir os resultados necessários

Se preferir, redija os títulos como frases:

O programador sofre atrasos
O custo da mão de obra está aumentando
A tecnologia da informação não é capaz de produzir os resultados necessários

concisão na redação Os títulos informativos devem ser curtos, mas capazes de informar algo sobre a seção. Estes títulos são informativos, mas muito longos, o que prejudica a comunicação:

A melhoria na aparência pessoal é a qualidade mais desejável das lentes de contato relatada pelos usuários
A desvantagem das lentes mencionada pela maioria das pessoas que não consegue usá-las é que são difíceis de colocar
Mais conforto é a melhoria desejada mais requisitada pelos usuários e não usuários de lentes de contato

Como você vê, estes cabeçalhos têm muita informação. Decidir o que deve ser retirado não é fácil, logo, tome essa decisão com base na análise do material e no que você acha mais importante. Com isso, os títulos anteriores ficariam:

A aparência pessoal é a qualidade mais desejável
A dificuldade de colocação é a principal desvantagem
O conforto é a melhoria mais requisitada

variedade de expressão Como em qualquer forma de redação, a elaboração de títulos deve usar uma variedade de expressões. Repetir palavras com muita frequência deixa o texto monótono, o que não é agradável para o leitor. O seguinte esboço ilustra bem esse problema:

A produção de petróleo no Texas
A produção de petróleo no Alasca
A produção de petróleo na Louisiana

Como regra, se você elaborar os títulos mostrando as informações corretas, é provável que eles não tenham repetições monótonas. Como as seções de seu relatório não apresentarão informações semelhantes ou idênticas, os títulos correspondentes de fato descritivos dos conteúdos certamente não vão usar as mesmas palavras. Veja como melhorar estes títulos:

O Texas é líder na produção de petróleo
O Alasca está em segundo lugar
A Louisiana cresce e vem em terceiro

Como dissemos, as mesmas orientações que ajudam você a preparar um sumário informativo, lógico e interessante vão ser úteis na redação dos títulos de seu relatório.

OA8.16
Redigir relatórios focados, objetivos, consistentes no tempo, uniformemente relacionados e interessantes.

É HORA DE REDIGIR O RELATÓRIO

Você está pronto para começar a redigir o relatório. Neste ponto, muitas coisas já foram redigidas e refeitas – uma declaração sobre o problema e sobre o objetivo dele – para orientá-lo em sua pesquisa. Os dados foram coletados e os resultados estão redigidos como notas. Além disso, a interpretação dos dados está organizada

> [**Ninguém discute que as partes mais críticas de seu relatório são o começo e o final.**]

seguindo uma estrutura lógica, focada no leitor. Agora é a vez de completar o seu esboço com fatos e observações.

A sua principal prioridade ao fazer um rascunho de seu relatório é apresentar as informações na ordem certa. Você não precisa se esforçar para fazer um rascunho perfeito já na primeira versão do documento. Algumas partes se escrevem sozinhas, outras são mais difíceis. Vá aos poucos, costurando as partes do documento. Depois de terminar um rascunho, é hora de aperfeiçoá-lo.

Deixe que as dicas dadas guiem você durante a revisão. Como nos outros tipos de mensagens empresariais que estudamos, os relatórios devem comunicar conteúdos com clareza e rapidez. O tempo do leitor é precioso, e o seu relatório corre o risco de ser mal interpretado ou mesmo ignorado se as palavras e a formatação que você escolheu não transmitirem esses conteúdos com eficácia.

O leitor assimila melhor os conteúdos de seu relatório quando você redige com atenção a algumas qualidades específicas. Dois ingredientes essenciais são o começo e o fim, sempre focados no leitor. A objetividade, a consistência na expressão do tempo, a transição e o interesse também melhoram a recepção do seu relatório. Estes tópicos são discutidos a seguir.

O começo e o final

Ninguém discute que as partes mais críticas de seu relatório são o começo e o final. Na verdade, os pesquisadores chegaram a um consenso: estas são as partes mais lidas de um relatório. O Capítulo 9 detalha os aspectos importantes do começo e do final de um documento, mas alguns conselhos gerais são úteis aqui.

Não importa quais são os seus objetivos: a abertura de seu relatório deve revelar o problema que você investigou, como isso foi feito e (ao menos em termos gerais) o que você descobriu. Por quê? Porque estes são os fatos que o leitor mais quer conhecer antes de ver o documento.

Uma abertura simples ilustra esse padrão:

> Para descobrir por que as vendas caíram na loja de Salisbury, entrevistei o gerente, observei as operações e avaliei o ambiente. Tudo indica que a alta rotatividade de funcionários causa a perda de clientes, embora a deterioração do bairro também pareça contribuir com a queda.

Em relatórios formais, algumas seções curtas servem para apresentar esta declaração de finalidade (por exemplo, os fatos sobre a autorização do estudo). Além disso, é provável que existam muitos elementos introdutórios (uma folha de rosto, uma carta de apresentação, o sumário, o resumo executivo). O que vem depois da introdução varia com o tamanho e a complexidade do relatório. Por exemplo, detalhar os métodos e as limitações da pesquisa ou anunciar especificamente como as seções seguintes são organizadas em certas ocasiões é apropriado, em outras, não. Não importa o tipo de relatório que você está preparando: o começo têm de revelar o assunto, os tipos de dados em que ele se baseia e a importância deles para o leitor.

O final deve apresentar uma breve declaração das vantagens do relatório – fatos, interpretações ou recomendações. Em relatórios curtos, você simplesmente resume as descobertas em um parágrafo conciso, já que os resultados específicos serão facilmente visualizados no corpo do relatório. Mas, em um documento longo, esta seção deve ser uma reafirmação mais completa dos resultados principais, formatada pensando na facilidade de leitura. A essência ("o que você descobriu?") e a importância ("por que eu deveria me importar com isso?") de seu relatório devem ser completas e claras.

Comunicação rápida

A coisa é formal, informal ou um meio-termo?

Como demonstra o próximo capítulo, o formato e a composição de seu relatório sinalizam o nível de formalidade do documento. Mas, você também precisa decidir o quanto ele deve ser formal no quesito estilo. Compare três versões de uma mesma ideia:

- O estudo revelou que 20% dos entrevistados não conheciam a Jacob's Foods.
- Nosso estudo mostrou que 20% dos entrevistados não tinham conhecimento de sua loja.
- Descobrimos que 20% de seu mercado nunca tinha ouvido falar de sua loja.

Você percebe como a formalidade diminui? O que explica essa diferença? Escolha um estilo que não destoe do relacionamento que você tem com os seus leitores e de suas preferências. Independentemente do estilo, escreva com clareza e legibilidade.

> **Use a redação pessoal nos cenários informais, e a impessoal nas situações formais.**

Mantenha a objetividade

No jeito certo de redigir um relatório, os fatos são apresentados e interpretados com lógica. Vieses e opiniões do redator não têm vez. O relatório é um documento objetivo. Para isso, deixe de lado ideias preconcebidas e pessoais e aborde o problema com uma cabeça aberta, examinando todos os lados de uma questão e revisando e interpretando as informações que descobriu. Aja como um juiz imparcial em um tribunal. Vá fundo na busca pelas melhores informações e pelas interpretações mais plausíveis.

objetividade é a base da credibilidade Um relatório objetivo tem o ingrediente básico de todos os documentos redigidos com essa finalidade – a credibilidade. A redação tendenciosa usando um linguajar enganoso até pode ser confiável à primeira vista. Mas, se o viés fica evidente em qualquer parte do documento, o leitor suspeitará de tudo o que ele relata. Por isso, a objetividade é a única maneira garantida de tornar o relatório confiável.

redação impessoal *versus* redação pessoal Em busca da objetividade, os primeiros redatores de relatórios trabalharam para desenvolver um estilo objetivo de redação. Dado que os humanos eram a fonte da tendenciosidade, a melhor maneira de garantir a objetividade era ao enfatizar os fatos, não as pessoas envolvidas na redação ou na leitura dos relatórios. Esses redatores profissionais se esforçaram para encontrar maneiras de retirar os seres humanos de seus relatórios ao empregar um **estilo impessoal**, **excluindo** os pronomes **eu**, **nós** ou **você**.

Recentemente, alguns redatores começaram a questionar esse estilo impessoal de redigir relatórios. Para eles, a redação pessoal é mais intensa e direta. Por ter um ar de conversa, a redação se torna mais interessante quando transporta o leitor e o redator para esse cenário. Esses redatores defendem a noção de que a objetividade é uma atitude – não uma questão de primeira ou de segunda pessoa – e que um relatório preparado em um estilo pessoal pode ser tão objetivo quanto um redigido de modo impessoal. Outra noção defendida é que a redação impessoal muitas vezes leva a excessos na voz passiva, além de afetar o interesse no texto. Isso até pode ser verdade, mas a redação impessoal nunca é enfadonha. Basta examinar o estilo vivaz dos redatores atuantes em jornais, revistas e periódicos.

Como em toda controvérsia, os argumentos de ambos os lados têm seus próprios méritos. Em algumas situações, a redação pessoal é melhor. Em outras, a impessoal é mais eficaz. Há também os casos em que ou uma ou outra servem.

A sua decisão deve ser baseada nos fatos da situação relatada. Primeiro, considere as expectativas de seu público-alvo. Se o leitor prefere um estilo impessoal, então use-o. Se for o contrário, use o estilo pessoal. Leve a formalidade da situação em conta. Use a redação pessoal nos cenários informais e a impessoal nas situações formais.

Eis um exemplo que distingue a redação impessoal da pessoal.

Pessoal	Impessoal
Depois de estudar as vantagens e as desvantagens da adoção de cupons, concluí que a sua empresa não deveria adotar esta prática. Se usasse esses cupons, você teria de oferecer dinheiro por eles. Além disso, teria de contratar funcionários para tomar conta do aumento no volume de vendas.	O estudo das vantagens e desvantagens relativas à adoção de cupons suporta a conclusão de que a Mills Company não deveria implementar esta prática. Os cupons representariam uma elevação nos custos. Além disso, a estratégia exigiria a contratação de funcionários para lidar com o aumento no volume de vendas.

Use a perspectiva do tempo com consistência

Apresentar as informações no momento certo é essencial para a clareza de seu relatório. Do contrário, o leitor fica confuso. Daí a importância da perspectiva do tempo.

Você tem duas escolhas para representar o tempo em seu relatório: o passado e o presente. Alguns especialistas preferem uma à outra, mas as duas têm vantagens. O importante é ser consistente – escolha uma perspectiva temporal e fique com ela. Isto é, encare todas as informações semelhantes de uma mesma posição temporal.

Se você adota a perspectiva do tempo passado, a pesquisa, as descobertas e a redação do relatório são vistas como eventos passados. Veja como você relata os resultados de um levantamento recente no pretérito: "Em relação aos gerentes, 22% *aprovavam* uma mudança". A referência à outra parte do relatório é escrita assim: "Esta conclusão *foi obtida* na Parte III". O uso do passado não tem efeito nas referências a eventos futuros. Uma frase como esta seria apropriada: "Se a tendência atual persistir, 30% *aprovarão* uma mudança em 2011". Os conceitos prevalentes e as conclusões provadas são exceções. Use o tempo presente: "A energia solar *é* a principal fonte potencial de energia".

> **Em todo o seu relatório, melhore a conexão das ideias ao usar sabiamente transições com frases.**

A redação no tempo presente retrata como atuais todas as informações que podem ser vistas como tal no momento em que o relatório é preparado. Todas as outras informações são apresentadas no local certo no passado ou no futuro. Logo, você deve relatar os resultados de um levantamento recente assim: "Em relação aos gerentes, 22% *aprovam* uma mudança". Mas, na hora de se referir a outra parte do texto, escreva: "Esta conclusão *é obtida* na Parte III". Quando estiver se referindo a um levantamento mais antigo, escreva: "Em 2005, apenas 12% *tinham* esta opinião". Expresse uma referência ao futuro assim: "Se esta tendência continuar, 30% *terão* esta opinião em 2011".

Uso de transições

Um relatório bem redigido é fácil de ler, como uma história com continuidade. Todas as partes estão bem interligadas. Essa uniformidade é fruto de uma organização lógica e eficiente. Mas, como os outros tipos de documentos, as técnicas de transição também ajudam a conectar as informações.

Nos relatórios, essas transições são palavras ou frases que mostram os relacionamentos nas sequências de partes do texto. Elas aparecem no começo de uma parte, para relacioná-la à parte anterior. Uma transição colocada no final de uma parte indica o que o leitor deve esperar. No meio, as transições são úteis para melhorar o fluxo das informações.

O uso dessas transições em um ponto específico do relatório depende da situação. Se for preciso relacionar as partes, use-as. A organização clara e objetiva das partes evidencia os relacionamentos entre elas em um relatório curto. Por essa razão, esse tipo de documento não requer muitas transições. Você vai ver que elas são mais comuns em relatórios longos.

Mas, independentemente do tamanho do relatório, não use transições sem um fim específico. Elas são úteis somente quando a situação pede, quando existe o risco de o texto ficar fragmentado ou gerar alguma ambiguidade entre as ideias. As transições devem ser espontâneas. Por exemplo, evite coisas como "A última seção discutiu o tópico X. A próxima analisará o tópico Y".

transições usando frases Você melhora a conexão das ideias em todo o seu relatório ao usar sabiamente transições com frases. Elas são úteis especialmente para conectar as partes de um relatório. O exemplo a seguir mostra como uma frase explica o relacionamento entre as seções A e B de um documento. Observe que as primeiras palavras tiram uma conclusão sobre a seção B. Depois, com uma transição suave, a

Comunicação rápida

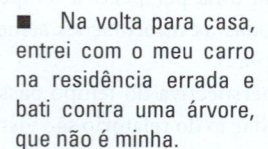

Algumas pérolas submetidas a seguradoras – todas copiadas de boletins de ocorrência de acidentes de trânsito

- Na volta para casa, entrei com o meu carro na residência errada e bati contra uma árvore, que não é minha.
- O outro carro bateu no meu, sem avisar para onde ia.
- Achei que a janela do meu carro estivesse aberta, mas estava fechada quando passei minha mão por ela.
- Bati em um caminhão estacionado que vinha na outra direção.
- Um pedestre colidiu com o meu carro e ficou debaixo dele.
- O outro motorista estava ocupando a rua toda. Tive de desviar várias vezes antes de bater nele.
- Tirei o carro da estrada, olhei para a minha sogra e acabei descendo a ribanceira.
- Estava com problemas na marcha ré quando o câmbio cedeu e me fez causar este acidente.
- O meu carro estava estacionado dentro da lei quando ele bateu de ré no outro carro.
- Eu disse à polícia que não sofri ferimentos, mas, quando tirei o chapéu, percebi que tinha fraturado o crânio.
- Eu estava certo de que aquele idoso não tinha a menor chance de chegar ao outro lado da rua quando o atropelei.
- O pedestre não tinha ideia da direção em que teria de correr e por isso eu o atropelei.
- A causa indireta deste acidente foi um minúsculo indivíduo com uma grande boca dirigindo um pequeno carro.
- O poste do telefone começou a se aproximar e eu tentei desviar, quando ele bateu na minha dianteira.
- Percebi que o idoso andava devagar e triste quando ele tombou sobre o capô do meu carro.

> [**Se você quer que a redação flua naturalmente, faça a transição entre orações, entre períodos e entre parágrafos.**]

seção C é apresentada e relacionada ao plano do relatório. As palavras entre parênteses explicam o padrão das conexões.

[Conclusão da seção B]... Logo, os dados mostram diferenças desprezíveis no custo do consumo de óleo [assunto da seção B] para os três modelos de automóveis.

[Começo da seção C] Ainda que os custos da gasolina [assunto da seção A] e do óleo [assunto da seção B] sejam os fatores preponderantes nas despesas operacionais, a imagem da situação não seria completa sem uma análise dos custos de conserto e manutenção [assunto da seção C].

Nos seguintes exemplos, as partes em sequência estão conectadas por frases que abrem caminho para o próximo tópico. O resultado é uma transição mais suave e lógica entre os tópicos.

Os dados mostram claramente que os carros com motores flex são os mais econômicos. Sem dúvida, o funcionamento a gasolina e a hidrogênio e o histórico de baixa manutenção conferem a esses veículos uma vantagem clara sobre os modelos que rodam apenas com gasolina. *Contudo, antes de se chegar a uma conclusão definitiva sobre o mérito desses veículos, uma comparação mais consistente deve ser realizada.*

A frase final introduz a discussão subsequente de uma comparação mais detalhada. Outro exemplo deste tipo de frase:

...A princípio, os dados parecem convincentes, mas um exame mais aprofundado aponta para algumas discrepâncias.

O leitor sabe que deve esperar uma discussão das discrepâncias na sequência.

Inserir frases importantes nos pontos principais é outro jeito útil de usar frases para unir as partes de um relatório. Normalmente, a frase importante fica melhor no começo do parágrafo. Este exemplo mostra como a frase importante mantém o fluxo das ideias, enfatizando as informações-chave:

O Acura tem aceleração maior do que as outras duas marcas, tanto em estrada plana quanto em um aclive de 9º. De acordo com o teste feito pela Consumer Reports, o Acura atinge a velocidade de 100 km por hora em 13,2 segundos. Para atingir essa velocidade, o Toyota leva 13,6 segundos, e o Volkswagen, 14,4 segundos. No aclive de 9º, o Acura leva 29,4 segundos para atingir esta velocidade, o Toyota 43,3 segundos, e o Volkswagen não consegue alcançá-la.

Uma vez que carrega um peso maior nas rodas traseiras do que os outros modelos, o Acura tem a melhor tração entre os três. A tração, isto é, o mínimo grau de derrapagem em estradas molhadas ou cobertas de gelo, é importante no quesito segurança na direção, sobretudo nos meses frios e úmidos de inverno. Como a tração tem relação direta com o peso transportado pelas rodas traseiras, a comparação destes pesos dá uma ideia da segurança proporcionada pelos três modelos. De acordo com os dados divulgados pelo Instituto para a Normatização de Veículos Automotivos, o Acura transporta 47% de seu peso nas rodas traseiras, ao passo que o Nissan e o Toyota transportam 44 e 42%, respectivamente.

palavras de transição Os problemas mais importantes na transição envolvem a conexão entre as partes principais do relatório, mas as transições são necessárias também entre as partes menos representativas. Se você quer que a redação flua naturalmente, faça a transição entre orações, entre períodos e entre parágrafos. As palavras de transição sempre são úteis para essa finalidade.

Há muitas palavras que cumprem essa função. A lista a seguir mostra algumas e indica como podem ser usadas. Com um pouco de imaginação para inferir o contexto, o seu papel de elo entre ideias fica claro. Elas são agrupadas segundo uma tipologia de relacionamentos que criam entre o que vem antes e o que vem depois delas.

Relacionamento	Exemplos
Lista ou enumeração de assuntos	Além disso Além do mais De mais a mais Primeiro, Segundo, etc.
Contraste	Ao contrário Apesar de Por outro lado Em contrapartida Contrastando com
Semelhança	Do mesmo modo De forma semelhante A exemplo de
Causa e efeito	Logo Por causa de Portanto Consequentemente Por essa razão
Explicação ou detalhamento	Por exemplo Além disso Para ilustrar Conforme

Como manter o interesse

Como qualquer outra forma de redação, a elaboração de relatórios precisa ser interessante. Na verdade, manter o interesse do leitor é tão importante quanto os fatos presentes no relatório, porque a comunicação não tem muitas chances se o leitor não se sentir atraído pelo que lê. Quando isso ocorre, ele sempre deixa escapar partes importantes da mensagem. O interesse no conteúdo não basta para garantir a eficiência da comunicação. A própria redação deve ser atraente. Se alguma vez você tentou ler um texto tedioso para estudar para uma prova, sabe que isso é verdade.

Talvez a redação interessante seja uma arte. Se assim for, você tem como aperfeiçoá-la. Para isso, evite jargões do ambiente de negócios e se esforce para que as suas palavras

> **"É MUITO PROVÁVEL QUE VOCÊ PARTICIPE DE PROJETOS COLABORATIVOS DE REDAÇÃO EM SUA CARREIRA NOS NEGÓCIOS."**

retratem imagens concretas. Cultive a sensibilidade para o ritmo das palavras e frases. Lembre-se de que por trás de um fato e de um número existe uma vida – as pessoas fazem coisas, as máquinas funcionam, um produto é vendido. Uma técnica muito boa para redigir relatórios eficazes consiste em trazer essa vida à tona com palavras concretas e verbos na voz ativa. Você também deve se esforçar para atrair o interesse do leitor ao usar apenas as palavras necessárias.

Mas, existe o risco de exagerar na tentativa de redigir relatórios pensando em torná-los interessantes. Às vezes o leitor se sente atraído mais pelo modo como algo é dito do que pela coisa propriamente dita. A redação eficaz de relatórios apresenta as informações de forma clara, concisa e interessante. A finalidade e a definição de um estilo específico para a redação de relatórios podem ser resumidas assim: o melhor estilo de redação de relatórios é aquele que faz o leitor dizer "Esses fatos são interessantes", e não "Essa redação é boa".

OA8.17
Preparar relatórios em colaboração.

REDAÇÃO EM COLABORAÇÃO

É muito provável que você participe de projetos colaborativos de redação em sua carreira nos negócios. Você está destinado a trabalhar com outras pessoas. A cada dia, cresce a importância do trabalho em grupo na preparação de relatórios. Isso ocorre por muitas razões. Primeiro, o conhecimento especializado de diferentes pessoas melhora a qualidade do trabalho. Segundo, a combinação de talentos provavelmente vai gerar um documento melhor do que os relatórios produzidos pelos membros do grupo de forma isolada. A terceira razão é que a divisão de tarefas reduz o tempo necessário para obter o documento final. A quarta é que novos softwares permitem o trabalho colaborativo com pessoas em diferentes locais.

Determine a composição do grupo

A primeira etapa do trabalho colaborativo é definir os integrantes do grupo. A disponibilidade e as competências dos membros em potencial provavelmente serão os principais aspectos a ser considerados. O grupo deve ter no mínimo duas pessoas. O máximo

---

Comunicação rápida

Desde 1995, com a publicação do livro *Inteligência Emocional – Por que ela pode ser mais importante que o QI*, de Daniel Goleman, as empresas procuram maneiras de cultivar a inteligência emocional de seus funcionários.

Mas, um grupo também pode melhorar a própria inteligência emocional coletiva. Para Vanessa Ruch Druskat e Steven B. Wolff, da *Harvard Business Review*, "As normas da inteligência emocional são a base da verdadeira colaboração e cooperação, pois ajudam as equipes de outra forma habilidosas a utilizar ao máximo o próprio potencial".

Mas, o que um grupo deve fazer para canalizar as percepções e emoções de seus integrantes para resultados mais positivos? Druskat e Wolff têm a resposta:
- Encoraje todos os integrantes a compartilhar suas perspectivas antes de tomar uma decisão importante.
- Administre os confrontos de modo construtivo. Se os integrantes do grupo não conseguem se entender, chame a atenção de cada um para o fato de que o grupo precisa deles.
- Avalie regularmente os pontos fortes e fracos e os modos de interação do grupo.
- Desenvolva estruturas que permitam aos integrantes expressar suas emoções.

O seu grupo tem inteligência emocional?
- Cultive um ambiente afirmativo.
- Motive a solução proativa de problemas.

Além disso, tente tornar as coisas divertidas. Na IDEO, empresa de design industrial, os participantes atiram brinquedos de pelúcia na pessoa que julgar alguma ideia prematuramente durante uma sessão de *brainstorm*.

FONTE: "Building the Emotional Intelligence of Groups," *Harvard Business Review* 1 mar. 2001, *HarvardBusiness.org*, Harvard Business Publishing, Web, 15 june 2009.

vai depender da necessidade. É possível estipular um limite prático de cinco pessoas, porque grupos muito grandes nem sempre são eficientes. Mas, existe uma coisa mais importante do que o tamanho do grupo: a necessidade de incluir todas as áreas de especialização envolvidas na elaboração do relatório.

Na maioria das situações, a pessoa com o cargo mais alto no grupo será o líder. Em grupos compostos por pessoas de mesmo nível hierárquico, o líder costuma ser eleito ou indicado. Mas, o grupo pode trabalhar informalmente, sem um comandante. Nesses casos, é comum surgir uma liderança espontânea. Sobretudo nos grupos de projetos, ter uma pessoa supervisionando o processo é uma boa ideia.

Planeje a participação eficaz

O trabalho do grupo deve ser como uma reunião. O Capítulo 10 mostra que líderes e participantes de reuniões têm papéis e funções claros. Os líderes planejam as seções e seguem o plano. São eles que conduzem o trabalho, moderam as discussões, restringem os que falam muito e encorajam os que relutam em participar. Os integrantes do grupo também participam ativamente, mas não monopolizam as coisas. Eles devem ser cooperativos e gentis no trabalho conjunto.

Em algumas organizações onde o trabalho em equipe é comum, as regras básicas estão subentendidas. Nesses cenários, cada grupo gera o seu próprio conjunto de regras com o consenso dos participantes. Algumas equipes chegam a criar contratos, que cada integrante assina como modo de garantir que trabalhem bem e evitem problemas.

Mas, muitas vezes os resultados do trabalho em grupo se distanciam desses padrões. Uma discussão sobre o desenvolvimento e os processos de grupo vai além da proposta deste livro, mas existem muitas referências sobre o tema.[5] Os integrantes precisam reconhecer que grupos eficazes não acontecem do nada. Essas equipes têm características e processos exclusivos, planejados e administrados de forma explícita.

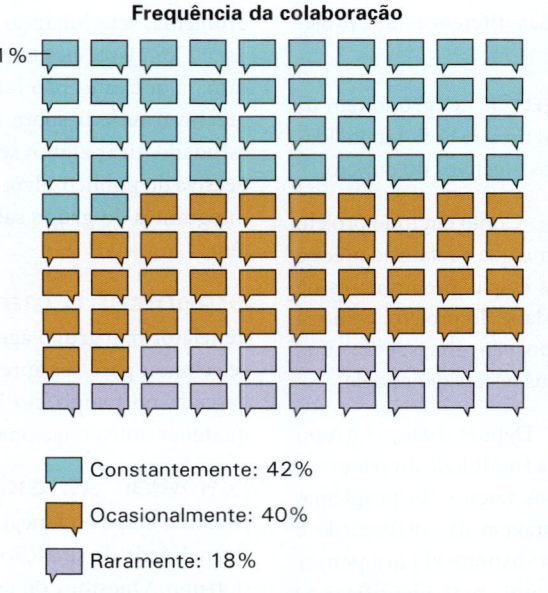

Alguns relatórios redigidos em uma empresa são feitos em colaboração. Parte do trabalho é individual, mas você deverá planejar, organizar e revisar o documento em grupo.

Frequência da colaboração

Constantemente: 42%
Ocasionalmente: 40%
Raramente: 18%

Fonte: Adaptado com permissão especial de *BusinessWeek*, April 2008.

meios para que os integrantes de um grupo interajam. O seu grupo deve considerar a escolha do meio que vai permitir uma colaboração eficaz, sem esquecer as restrições de tempo dos integrantes, a distância física entre eles e as preferências tecnológicas de cada um.

Tente organizar ao menos duas reuniões presenciais – uma no começo do projeto, e outra perto do fim (na hora da revisão, por exemplo). Mas, a maior parte do esforço colaborativo pode ocorrer por e-mail, quadros de discussão, blogs ou mesmo ferramentas colaborativas desenvolvidas por terceiros, como o Google Docs ou algum wiki. Também é possível usar um aplicativo específico para reuniões em tempo real ou o Skype para conversas entre os integrantes. Independentemente da ferramenta, o importante é que ela seja escolhida de forma consciente e que existam regras para sua utilização.

Como escolher o meio de colaboração

Até recentemente, um grupo precisava fazer muitas reuniões a fim de realizar o trabalho planejado. Hoje, existem muitos

Como pesquisar e redigir um relatório em colaboração

Independentemente do número de reuniões agendadas, algumas atividades sempre ocorrem, quase sempre na sequência a

CAPÍTULO 8 | Preparação e redação de relatórios 225

Tecnologia rápida

Ferramentas de comentários e revisão ajudam a acompanhar as alterações em seu documento

As ferramentas de comentários e revisão são muito úteis no trabalho em equipe. A pessoa que edita uma versão digital de seu documento usa a ferramenta comentários para expressar uma opinião ou fazer uma sugestão, que ficam visíveis no texto. É possível aceitar ou rejeitar essas intervenções uma a uma.

Na tela mostrada, o revisor clicou na guia Revisão para acessar as ferramentas de comentários e revisão. No seu *tablet*, essas ferramentas oferecem vários métodos de intervenção: pelo teclado, por tinta digital ou mesmo por voz. O sistema de acompanhamento permite usar cores para visualizar as alterações por autor. A ferramenta Comentários também traz informações sobre a autoria deles. Se um revisor fez um comentário de voz, o usuário clica no ícone do alto-falante para ouvir a sugestão.

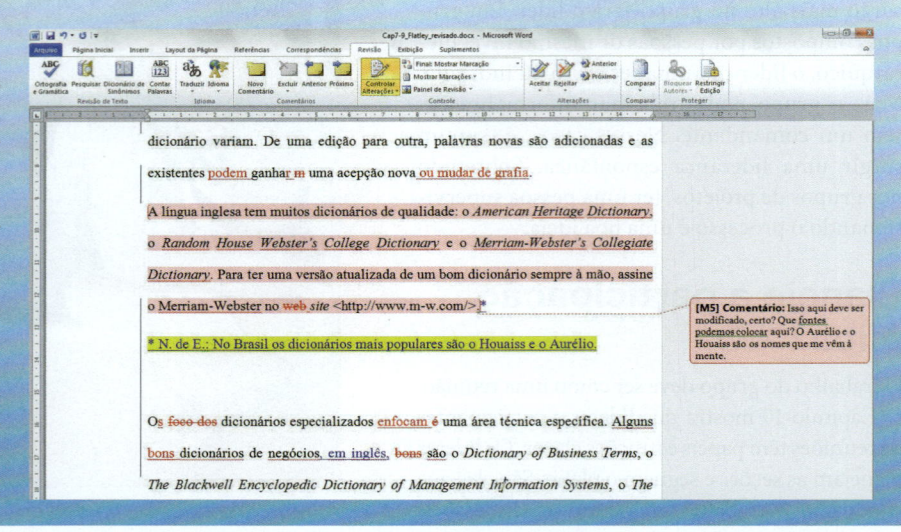

---

seguir. Você vai ver que essas atividades variam no modo como são implementadas, por conta das diferenças nos projetos de relatórios.

fazer um plano do projeto O grupo tem de preparar um cronograma que defina ou mostre cada tarefa. Elas devem ser estruturadas para atender aos objetivos do projeto.

determinar a finalidade Como em todo projeto de relatório, os participantes vão definir o que o relatório precisa fazer. Para isso, o grupo vai seguir as etapas preliminares da determinação do problema e da finalidade do projeto, como já vimos. Todos os integrantes do grupo vão precisar de uma noção coerente do seu público-alvo e das necessidades dele.

identificar os fatores Depois disso, o grupo define o que é necessário para atingir a finalidade do relatório. Essa etapa envolve a especificação dos fatores do problema, como vimos neste capítulo. Uma vantagem da colaboração é que um número maior de mentes está disponível para pensar de forma crítica, o que é muito importante para identificar os fatores do problema.

obter as informações necessárias Antes de o grupo iniciar a redação do relatório, ele vai ter de obter as informações necessárias. Essa atividade envolve algum dos tipos de pesquisa que já discutimos. Mas, em alguns casos, o trabalho em grupo começa depois de a informação ter sido reunida, o que elimina essa etapa.

interpretar as informações Descobrir se as informações são importantes ou não é a próxima etapa lógica para o grupo. Nela, os participantes aplicam as descobertas ao problema, selecionando, dessa forma, as informações que vão usar. Com isso, eles também dão sentido aos fatos que coletaram, já que estes não falam por conta própria. Os integrantes precisam refletir sobre esses fatos, aplicar todos ao problema estudado, tirar algum sentido lógico deles e ver todos da perspectiva do público-alvo. Uma interpretação só é boa quando os integrantes do grupo sabem refletir sobre as informações que têm.

organizar o material Como em qualquer projeto de relatório, o grupo agora vai ter de organizar o material que selecionou para ser apresentado. A estrutura do relatório será baseada no tempo, no local, na quantidade, no fator ou em qualquer outro relacionamento entre os dados.

planejar as exigências de redação A próxima etapa é planejar a cara que o relatório vai ter. Nela, a formalidade da situação e o público-alvo servem de guia para o grupo. Questões de estilo, tom e formalidade também são abordadas. O grupo deve trabalhar pensando na coerência, no tempo, na consistência e no quanto o relatório deve ser interessante.

distribuir as partes do relatório Com o planejamento pronto, as atenções do grupo se voltam para a redação propriamente dita. É hora de dividir as partes do documento entre os integrantes que vão redigi-las.

redigir as partes distribuídas Agora o trabalho é individual. Cada integrante escreve a parte que recebeu. Todos aplicam as ideias que apresentamos no Capítulo 4 sobre a escolha das palavras, a concepção da frase e a estrutura dos parágrafos.

revisar o documento, em colaboração

O grupo se reúne e revisa as contribuições de cada integrante e o relatório inteiro. É um "toma lá, dá cá", com todos participando ativamente. Essa etapa exige que cada um preste atenção no que o outro escreveu, fazendo críticas construtivas sempre que for apropriado. Sugestões importantes, mas gentis, são bem-vindas. Os participantes devem ser receptivos, pois a meta é elaborar o melhor documento possível. Em hipótese alguma o grupo deve aprovar tudo automaticamente. Quando houver controvérsia, a opinião da maioria prevalecerá.

editar o rascunho final

O grupo concluiu o trabalho. Agora, um integrante fica com a tarefa de editar o rascunho final para deixar o relatório mais consistente. Esse editor também atua como revisor de provas, e deve ser o redator mais experiente do grupo. Como o documento reflete o esforço de todos, cada um pode e deve cooperar nessa etapa.

Se o trabalho foi feito com atenção e dedicação, a versão final do relatório será melhor do que qualquer versão preparada individualmente pelos integrantes do grupo. Os especialistas no trabalho em grupo chamam isso de **sinergia**. O resultado final do trabalho em colaboração é melhor do que a soma das partes. ■

ACESSE <http://www.grupoa.com.br>

para materiais adicionais de estudo, em inglês,

incluindo apresentações em PowerPoint.

● ● objetivos de APRENDIZAGEM

OA9.1 Explicar os aspectos relativos ao tamanho e à formalidade dos relatórios.

OA9.2 Discutir as quatro principais diferenças entre relatórios curtos e longos.

OA9.3 Escolher uma forma apropriada para o seu relatório curto.

OA9.4 Adaptar os procedimentos de redação de relatórios curtos aos relatórios operacionais, de progresso, de solução de problemas e de auditorias e às atas de reunião.

Redação
de relatórios curtos

capítulo nove

A noção geral do que um relatório faz e de como pesquisá-lo e redigi-lo vai preparar você para encarar as diferentes modalidades desse documento. Neste capítulo, nossa discussão se concentra nas formas mais curtas – os relatórios que de fato viabilizam a maior parte do trabalho em uma organização.

Seria impossível descrever as centenas ou milhares de tipos possíveis de relatórios curtos. Vamos estudar os mais comuns. As exigências específicas dos relatórios que você vai redigir serão ditadas pela situação.

Mas, as dicas deste capítulo e do anterior são úteis para vencer qualquer desafio na redação de relatórios. Aprenda tudo o que puder sobre o público-alvo e as necessidades e expectativas dele. Procure algum relatório semelhante ao que você deve escrever. Use a sua capacidade de julgamento para conceber um relatório atraente e fácil de ler, que informe exatamente o que os seus leitores precisam saber.

Cenário de trabalho

Preparação de relatórios curtos

Vamos supor, outra vez, que você é o assistente do presidente da Tecnhisoft, e uma de suas tarefas é a redação de relatórios. A maioria desses documentos é sobre problemas rotineiros: políticas de recursos humanos, procedimentos administrativos, fluxo de trabalho e temas semelhantes. Você segue as práticas adotadas pela companhia e redige relatórios sobre esses problemas no formato de e-mail.

Mas, há casos em que a tarefa é um pouco mais complexa. Semana passada, por exemplo, você investigou a acusação de um sindicato. Segundo eles, a empresa prefere contratar funcionários não sindicalizados para certos cargos. Dado o caráter formal de uma investigação desse tipo, e o público-alvo composto por gerentes da empresa e lideranças do sindicato, esse relatório é protocolar tanto no etilo quanto no formato.

Você também ajudou a redigir o relatório para o conselho de administração no último ano. Esse documento resumiu as necessidades mais importantes relativas à melhoria do capital da empresa.

Alguns executivos fizeram as suas contribuições para esse projeto, mas você foi o coordenador. Como o relatório era muito importante e o público-alvo era o conselho de administração, o estilo foi o mais formal possível.

Os relatórios que você vai redigir são de muitos tipos. Este capítulo vai ajudar a definir a cara, o estilo, a forma e os conteúdos desses documentos. Feito isso, vamos estudar os relatórios curtos que provavelmente farão parte de suas tarefas como redator empresarial no futuro.

[**Quanto maior o problema e mais formal a situação, mais complexo será o relatório.**]

OA9.1
Explicar os aspectos relativos ao tamanho e à formalidade dos relatórios.

VISÃO GERAL DOS COMPONENTES DE UM RELATÓRIO

Você está se preparando para redigir um relatório e terá de decidir a cara que ele vai ter. Um e-mail? Um relatório longo, complexo e formal? Um meio-termo?

Essas decisões são baseadas nas necessidades relativas ao tamanho do relatório e à formalidade da situação. Quanto maior o problema e mais formal a situação, mais complexo será o relatório. Problemas menores e situações informais geram relatórios mais simples. Ajustar a estrutura, o tamanho e a formalidade do relatório ajuda a atender as necessidades do público-alvo em cada situação.

Para auxiliá-lo a compreender as suas escolhas, primeiro vamos explicar como decidir quais componentes você vai usar em um relatório específico. Depois discutiremos a finalidade e os conteúdos de cada um desses componentes.

Plano de classificação de um relatório

O diagrama na Figura 9.1 é útil para elaborar relatórios que se encaixem na sua necessidade específica. No alto da "escada" estão os relatórios mais formais. Esses relatórios têm elementos que precedem o material textual, assim como um livro tem páginas antes do primeiro capítulo. Esses elementos têm funções úteis, e conferem elegância ao documento. Normalmente, essas **páginas introdutórias** são incluídas quando a situação é formal, e o relatório, longo. A composição delas varia, mas a ordem mais comum é: capa, folha de rosto, mensagem de apresentação, sumário e resumo executivo. Guardas (aquelas páginas em branco no começo e no final do documento, usadas para protegê-lo) também podem ser incluídas.

Quando a formalidade não for estritamente necessária e o problema for menor, a composição do relatório é diferente. Essas distinções estão longe de ser padronizadas, mas seguem uma ordem geral. A primeira é que a capa não é usada. Ela tem apenas o título do relatório, que já aparece na página seguinte. Como a capa é usada para dar mais formalidade ao relatório, ela é o primeiro componente a sair.

No próximo nível de formalidade, o resumo executivo e a mensagem de apresentação são combinados em uma única página. Nessa etapa, o problema do relatório é pequeno e pode ser resumido. A Figura 9.1 mostra que um relatório nesse estágio tem três partes introdutórias: a folha de rosto, o sumário, e a

> **VOCÊ VAI VER QUE NÃO É DIFÍCIL ELABORAR PÁGINAS INTRODUTÓRIAS. MAS, NEM SEMPRE É FÁCIL ENCONTRAR UM BOM TÍTULO PARA O SEU RELATÓRIO.**

mensagem de apresentação e o resumo executivo combinados em uma página.

Com a formalidade diminuindo, é a vez de o sumário ser abolido. Depois a combinação de mensagem de apresentação e resumo executivo também sai. Por isso, aquilo que chamaremos de **relatório curto** agora tem apenas a folha de rosto e o texto do documento. A folha de rosto permanece porque serve como capa. Além disso, ela contém os dados de identificação mais importantes. Esse relatório curto é muito popular no ambiente empresarial.

A forma que vem após o relatório curto volta a usar a mensagem de apresentação. Este relatório tem formato de carta e é chamado **carta-relatório**. Por fim, para problemas pequenos e pouca formalidade, um **e-mail** ou mesmo um **memorando** serve como relatório.

FIGURA 9.1 Evolução da estrutura do relatório com a diminuição da formalidade e do tamanho

Essas variações no formato do relatório são genéricas e não abrangem todas as situações. Mas, a maioria dos relatórios que você vai escrever se encaixa nessas classificações. O conhecimento das relações básicas entre formalidade, tamanho e estrutura dos relatórios vai ajudar você a entender e a planejar esse tipo de documento.

Componentes do relatório

Para escolher as partes de um relatório longo a ser incluídas em seu documento, é preciso ter um conhecimento básico de cada uma delas. Esta seção descreve os diferentes componentes de um relatório (Figura 9.1).

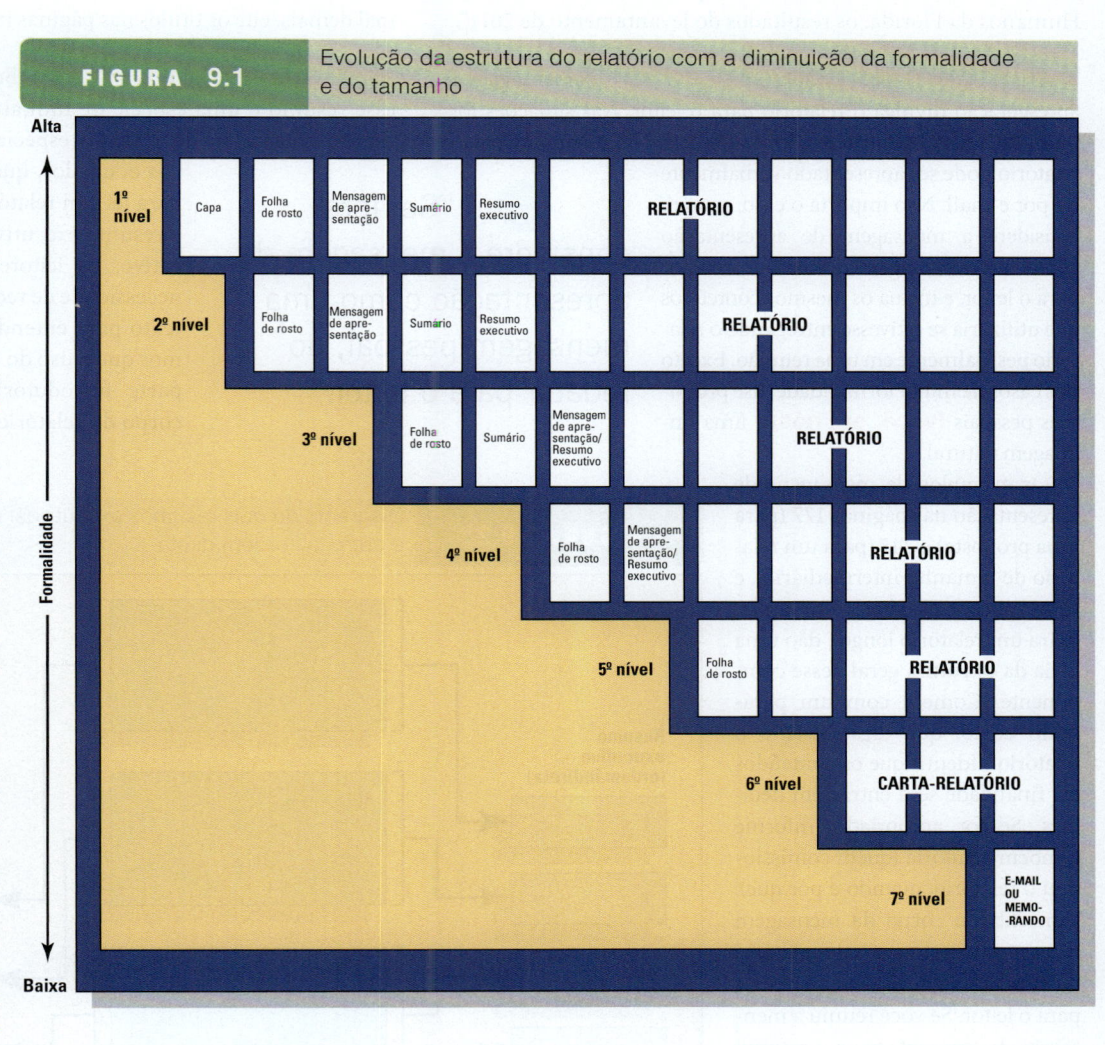

folha de rosto As duas primeiras páginas de um relatório formal e longo – a **capa** e a **folha de rosto** – contêm as informações de identificação. A capa informa apenas o título e confere formalidade a sua aparência. A folha de rosto, como mostram os exemplos na página 246 e no material *online*, em inglês, deste livro, é mais informativa. Ela normalmente tem o título, a identificação do redator e do leitor, e a data.

Você vai ver que não é difícil elaborar páginas introdutórias. Mas, nem sempre é fácil encontrar um bom título para o seu relatório. Na verdade, se considerarmos o número de palavras envolvidas, o título consome mais tempo do que qualquer outra parte do relatório. Quando o título é bom, ele cai como uma luva: contempla os conteúdos do documento com eficiência e precisão. Para garantir que o título represente o teor do relatório, redija-o de maneira a responder a cinco perguntas: **quem**, **o quê**, **onde**, **quando** e **por quê**? Em alguns casos, a pergunta **como** também é importante. Não é preciso responder a todas, mas elas ajudam você a testar o quanto o título é informativo. Lembre-se de que um bom título é informativo, mas também conciso. Por isso, tome cuidado para não escolher um título longo, difícil de entender. Um subtítulo talvez seja útil: "O moral dos funcionários no Departamento de Recursos Humanos da Flórida: os resultados do levantamento de 2011".

mensagem de apresentação A mensagem de apresentação divulga o relatório para o leitor. Nas situações formais, ela normalmente tem o formato carta. Nas menos formais, o relatório pode ser apresentado verbalmente ou por e-mail. Não importa o caso: sempre considere a mensagem de apresentação como uma mensagem pessoal, do redator para o leitor, e inclua os mesmos conteúdos que utilizaria se estivesse entregando o relatório pessoalmente em uma reunião. Exceto nos casos de muita formalidade, use pronomes pessoais **(você, eu, nós)** e uma linguagem natural.

Os exemplos de mensagens de apresentação nas páginas 177 (para uma proposta) e 247 (para um relatório de tamanho intermediário), e os disponíveis *online*, em inglês, (para um relatório longo), dão uma ideia da estrutura geral desse componente. Comece com um parágrafo curto, que diga "Este é o relatório". Identifique os conteúdos e a finalidade sem entrar em detalhes. Se for apropriado, informe também a autoria (quem comissionou o relatório, quando e por que). Concentre o corpo da mensagem nos aspectos principais do relatório ou nos fatos que podem ser úteis para o leitor. Se você reuniu a mensagem de apresentação e o resumo executivo em uma parte só, como nos terceiro e quarto níveis da Figura 9.1, é aqui que você vai incluir esse resumo. Insira um comentário agradável no final, que abra caminho para comunicações futuras. Expresse um agradecimento pela tarefa de redigir o relatório e se ofereça para fazer alguma pesquisa adicional.

sumário Se o seu relatório curto ultrapassar as 1.500 palavras (umas cinco páginas), talvez seja indicado incluir um **sumário**, isto é, a lista dos conteúdos do documento. Como vimos no Capítulo 8, o sumário dá uma ideia do relatório finalizado e informa os números de página em que os conteúdos aparecem no texto. A formatação deve refletir a estrutura do relatório, com títulos bem diferenciados dos subtítulos. Os títulos de seção têm de informar os teores de cada parte com clareza e ser iguais aos inseridos no corpo do texto. Às vezes, o sumário apresenta uma lista de elementos visuais (se o relatório for longo, esta lista pode ser dada em separado). Quando a presença de um sumário corre o risco de deixar o seu relatório formal demais, cite os títulos nas páginas introdutórias.

resumo executivo Também chamado **sinopse**, esse resumo é uma espécie de miniatura do relatório. Ele dá uma visão geral do documento, especialmente para os executivos ocupados, que não têm muito tempo para ler um relatório na íntegra. Por isso, o resumo executivo precisa ser autoexplicativo: os leitores não devem sentir a necessidade de recorrer a outras partes do texto para entender o relatório. Já dissemos que o uso do resumo executivo como parte introdutória ou como parte do corpo do relatório (ver o exemplo de pro-

> "Sempre considere a mensagem de apresentação como uma mensagem pessoal, do redator para o leitor."

FIGURA 9.2 Diagrama de dois resumos executivos: um na ordem indireta, e outro, na ordem direta

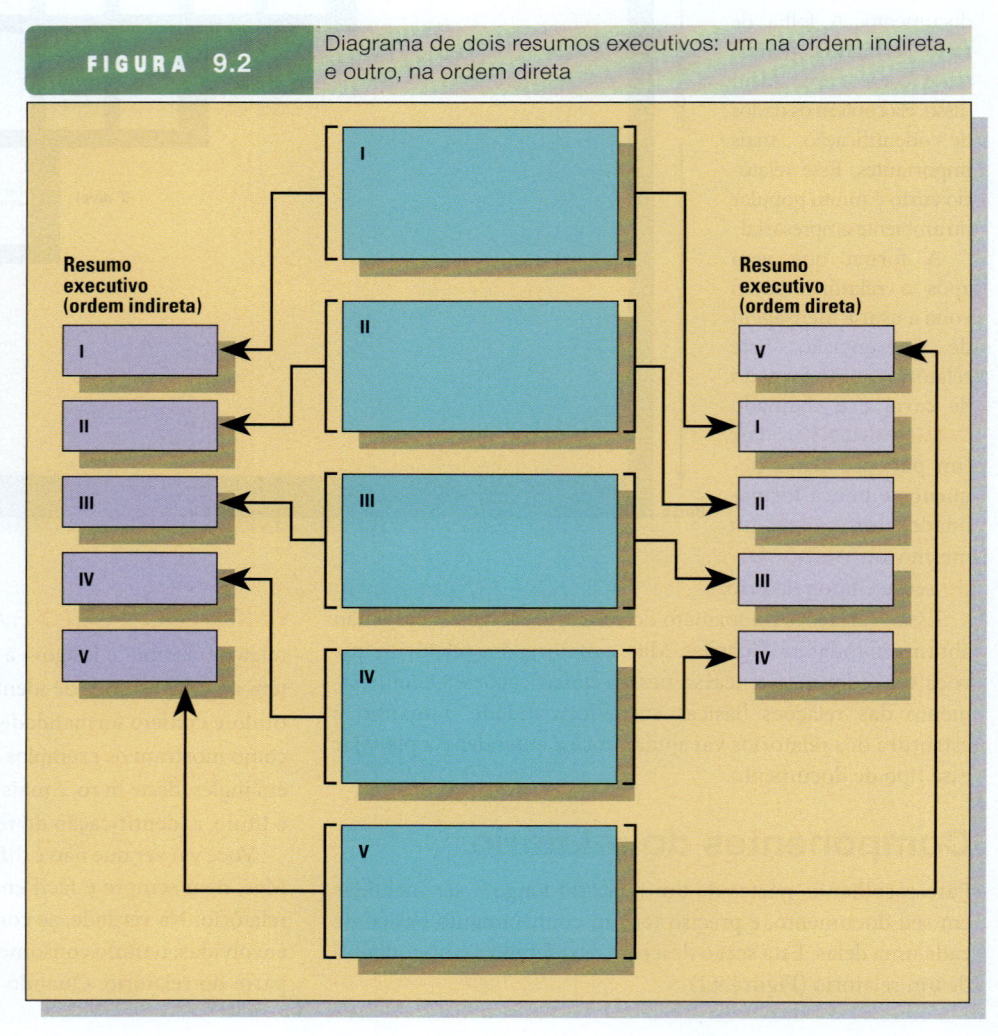

> **O RESUMO EXECUTIVO [...] PRECISA SER AUTOEXPLICATIVO: OS LEITORES NÃO DEVEM RECORRER A OUTRAS PARTES DO RELATÓRIO PARA ENTENDÊ-LO.**

FIGURA 9.3 — Exemplos de resumo executivo direto e indireto

(Ordem direta)

RESUMO EXECUTIVO

Para melhorar o desempenho da equipe de vendas da Nokia, este relatório recomenda acrescentar os seguintes tópicos no programa de treinamento da empresa:

- Os efeitos negativos do tempo ocioso
- A ideia de integridade
- O uso de persuasão moderada
- O valor do conhecimento sobre o produto

Estas recomendações têm o apoio dos resultados e das conclusões de um estudo observacional de cinco dias com 20 vendedores produtivos e 20 vendedores com baixo desempenho. O estudo também incluiu uma entrevista na demissão e um teste de conhecimentos do vendedor sobre o produto.

Os dados mostram que os vendedores produtivos usavam o tempo de forma mais eficaz do que os com desempenho inferior. Comparados com estes, os vendedores produtivos passavam menos tempo ociosos (28 *versus* 53%). Eles também passavam mais tempo em contato com possíveis clientes (31,3 *versus* 19,8%) e mais tempo desenvolvendo um relacionamento com esses possíveis clientes (10,4% *versus* 4,4%).

As observações das apresentações de vendas revelaram que os vendedores produtivos tinham mais integridade, usavam a pressão de modo mais razoável e conheciam melhor o produto do que os funcionários com baixo desempenho. Dos 20 funcionários produtivos, 16 passaram uma imagem de integridade moderadamente alta (Grupo II). Os funcionários com desempenho inferior variaram bastante, com 7 no Grupo III (questionável) e 5 no Grupo II (integridade moderadamente alta) e 5 no grupo IV (enganosos). A maioria (15) dos funcionários produtivos usava uma pressão moderada, ao passo que os funcionários com desempenho ruim iam aos extremos (10 exerciam muita, e 7, pouca pressão). No teste de conhecimentos sobre o produto, 17 dos funcionários produtivos tiraram nota excelente, e 3, boa. No outro grupo, 5 tiraram nota excelente, 6, boa, e 9, uma nota inadequada.

(Ordem indireta)

RESUMO EXECUTIVO

A Midwestern Research Associates foi contratada para realizar um estudo sobre o desempenho dos vendedores da Nokia. Uma equipe de dois pesquisadores observou 20 funcionários produtivos e 20 funcionários com desempenho baixo ao longo de cinco dias úteis. O estudo incluiu uma entrevista na demissão e um teste de conhecimentos do vendedor sobre o produto.

Os dados mostram que os funcionários produtivos usavam o tempo de forma mais eficaz do que os vendedores com baixo desempenho. Comparados com estes, os vendedores produtivos passavam menos tempo ociosos (28% *versus* 53%). Eles também passavam mais tempo em contato com possíveis clientes (31,3% *versus* 19,8%) e mais tempo desenvolvendo relacionamentos com esses clientes (10,4% *versus* 4,4%).

As observações das apresentações de vendas revelaram que os vendedores produtivos tinham mais integridade, usavam a pressão de modo mais razoável e conheciam o produto melhor do que os funcionários com baixo desempenho. Dos 20 funcionários produtivos, 16 passavam uma imagem de integridade moderadamente alta (Grupo II). Os funcionários com desempenho inferior variaram bastante, com 7 no Grupo III (questionável) e 5 no Grupo II (integridade moderadamente alta) e 5 no grupo IV (enganosos). A maioria (15) dos funcionários produtivos usava uma pressão moderada, ao passo que os funcionários com desempenho ruim iam aos extremos (10 exerciam muita pressão, e 7, pouca). No teste de conhecimentos sobre o produto, 17 dos funcionários produtivos tiraram nota excelente, e 3, boa. No outro grupo, 5 tiraram nota excelente, 6, boa, e 9, uma nota inadequada.

Com base nestes resultados, este relatório recomenda acrescentar os seguintes tópicos no treinamento de vendas da Nokia:

- Os efeitos negativos do tempo ocioso
- A ideia de integridade
- O uso de persuasão moderada
- O valor do conhecimento sobre o produto

---

posta na página 178) depende do tamanho e da formalidade do documento.

Você elabora o resumo executivo ao reduzir as partes do relatório, respeitando a ordem e a proporção entre elas. Identifique o tópico, a finalidade e a origem do relatório de um jeito claro; informe o tipo de pesquisa feita; apresente os principais fatos, achados e análises; e inclua as conclusões e recomendações mais importantes. Alguns escritores seguem essa ordem, que normalmente é a mesma ordem dos conteúdos do relatório. Mas, há também aqueles que preferem colocar as conclusões e recomendações no início. A Figura 9.2 mostra a diferença entre essas duas estruturas. A Figura 9.3 dá exemplos contrastantes. Não importa a ordem que você escolher: o resumo executivo deve ser a obra-prima da economia na redação.

Às vezes, você pode incluir alguns componentes que não discutimos aqui. Por exemplo, uma cópia da mensagem que autorizou o relatório, apêndices com material suplementar, um glossário ou mesmo uma seção de literatura citada. Esses elementos não foram considerados na Figura 9.1 ou nesta discussão porque a inclusão deles depende das informações de que o leitor precisa, não do tamanho ou da formalidade do relatório. Como em toda tarefa de redação, é preciso decidir as partes que você vai incluir em seu documento considerando os fatos da situação e as preferências do leitor.

OA9.2

Discutir as quatro principais diferenças entre relatórios curtos e longos.

CARACTERÍSTICAS DOS RELATÓRIOS CURTOS

As formas de relatório curto (na base da Figura 9.1) são de longe as mais comuns no ambiente empresarial, e consistem nos relatórios diários – aqueles que você prepara para fornecer informações rotineiras, mas vitais, para a comunicação em sua empresa. Esses relatórios são tão comuns, que vamos tratar deles em detalhes. Mais dicas sobre relatórios formais e longos estão no "Capítulo D", em inglês, disponível no *site* do Grupo A, na página deste livro.

Não é preciso fornecer muita informação

A maior parte dos relatórios curtos e informais que você vai redigir não exige muito material introdutório, sendo possível, às vezes, dispensar essas páginas. Esses relatórios normalmente tratam de assuntos corriqueiros e, por terem vida curta, talvez não fiquem arquivados por muito tempo. São redigidos para um público-alvo pequeno, que entende o contexto e a finalidade desses documentos.

Isso não quer dizer que nenhum relatório curto precisa de um material introdutório. Alguns às vezes requerem isso. Avalie a situação e determine se este material é necessário ou não.

Na hora de escolher o tipo de material necessário, responda a uma única pergunta: o que o meu leitor precisa saber antes de ler as informações contidas neste relatório? Nos relatórios muito curtos, uma referência ao problema, o autor da investigação ou outro elemento do gênero servem de introdução. Mas, existem casos extremos, quando você talvez tenha de inserir uma introdução mais detalhada, como aquelas vistas em relatórios mais formais. Consulte o "Capítulo D" *online*, em inglês, sobre relatórios longos e veja o que uma introdução mais elaborada deve contemplar.

Comunicação rápida

Como criar o título do relatório com as perguntas quem, o quê, onde, quando, por que e como?

Como vimos, as perguntas *quem, o quê, onde, quando, por que e como?* ajudam a compor um título de relatório preciso e informativo.

Por exemplo, para criar um título para um relatório de recomendação sobre um treinamento em vendas da Nokia, você se pergunta:

Quem?   Nokia
O que?   Recomendações para o treinamento em vendas
Onde?   Informação implícita (os escritórios regionais da empresa).
Quando?   2011.
Por quê?   Informação implícita (melhorar o treinamento em vendas).
Como?   Estudo das atividades de vendas da empresa.

Esta análise sugere o título "Recomendações para o treinamento em vendas da Nokia", que pode ter como subtítulo "Com base no estudo das atividades de vendas da Companhia – 2011".

> "Os relatórios curtos normalmente solucionam algum problema e, por isso, devem ser redigidos na ordem direta."

Você não precisa incluir um material introdutório em seu relatório se a natureza do documento já explicar a finalidade dele. Isso vale para relatórios de atividades de equipes e funcionários, de vendas, de estoques e alguns tipos de relatórios de progresso.

Predominância da ordem direta

A maioria dos relatórios curtos é redigida para solucionar algum problema, logo, isso pede a **ordem direta**: o relatório começa com as informações mais importantes, normalmente a conclusão, talvez uma recomendação. Os redatores empresariais usam esta ordem porque sabem que a principal preocupação do leitor é ter em mãos as informações necessárias para tomar uma decisão. Por isso, apresentam esses dados já no começo.

A forma da ordem direta em relatórios mais longos é um pouco diferente. Os principais achados ficam no começo – na carta de apresentação, no resumo executivo, ou em ambos – mas, o relatório pode ser organizado na ordem indireta. A introdução apresenta o tópico e a finalidade do documento, com os resultados talvez sendo citados apenas no corpo do relatório; suas afirmações mais sucintas comumente aparecem na conclusão ou nas recomendações.

Muitos relatórios de rotina são submetidos eletronicamente em dispositivos de mão.

Comunicação rápida

Dicas de um explicador profissional

Os urbanistas têm de redigir propostas e relatórios que façam sentido tanto para especialistas quanto para cidadãos comuns. Veja essas 10 dicas de um urbanista de San Francisco, Califórnia, para redigir relatórios e propostas:

1. **Resuma.** A maioria das pessoas não tem tempo de ler um plano muito longo. Prepare um resumo executivo claro e independente, que possa ser compreendido sem precisar consultar o documento principal e ser distribuído em separado.
2. **Vá direto aos fatos.** Redija uma lista de fatos com uma ou duas páginas para o seu plano ou projeto e distribua a públicos-alvos secundários, por exemplo, jornalistas, que precisam apenas dos pontos principais.
3. **Não exagere.** Forneça informações longas e complementares em um apêndice.
4. **Segmente.** Insira definições, exemplos e listas em notas de margem, caixas de texto ou barras laterais.
5. **Indique o acesso dos extras.** Se alguns leitores precisarem de informações adicionais, indique onde elas estão disponíveis.
6. **Ajude a navegar.** Use ferramentas de "sinalização" – como sumários, pré-visualização de conteúdos e cabeçalhos específicos – para ajudar os leitores a encontrar o que precisam e saber em que ponto do documento eles estão.
7. **Use títulos.** Segmente o texto visualmente com títulos e subtítulos informativos – use a forma e a colocação desses elementos, não a numeração, para indicar os diferentes níveis.
8. **Não exagere nos acrônimos.** Redija um termo por extenso na primeira vez, seguido do acrônimo ou da abreviatura correspondente entre parênteses. Se for o caso, inclua acrônimos e abreviaturas em uma lista, ou glossário, com outros termos técnicos.
9. **Experimente.** Nem sempre uma fonte preta em um papel A4 branco na orientação retrato é o formato mais eficaz. Considere o uso de cores, de uma orientação paisagem e de outros tipos de elementos visuais interessantes.
10. **Por que não usar um vídeo?** Ou outro tipo de mídia eletrônica? Se o documento for digital, é possível incluir comentários dinâmicos para despertar o interesse do leitor e ajudar a convencê-lo.

FONTE: Niko Letunic, "Beyond Plain English, *Planning* 73.9 (2007): 40-44, *ProQuest*, Web, 15 May 2010.

À medida que descemos pelo diagrama, na direção dos relatórios menos formais e mais curtos, você começa a perceber a necessidade de usar a ordem direta no corpo do relatório. Nos relatórios na base do diagrama, a ordem direta é a regra, não a exceção.

A ordem direta é uma parte muito importante na elaboração de relatórios curtos. Por isso, você vai precisar entender a diferença entre a ordem direta e a ordem indireta. Para esclarecer esta distinção, vamos analisar as duas, passo a passo.

A ordem direta apresenta a principal parte do relatório já de cara. É a resposta – a realização do objetivo do relatório. Dependendo do problema, o começo direto inclui um resumo dos fatos, uma conclusão, uma recomendação ou uma combinação dos três.

As informações de referência que você vai fornecer para ajudar o leitor a se inteirar do assunto normalmente vêm a seguir. Já dissemos que às vezes essas informações não são necessárias nos relatórios rotineiros, diários. Em seguida, você insere os resultados do relatório, organizados com lógica (como vimos no Capítulo 8).

Este relatório sobre um problema com um funcionário é um exemplo do uso da ordem direta:

> Clifford A. Knudson, assistente administrativo do departamento de contabilidade, deveria ser demitido. Esta conclusão resulta de uma investigação detalhada sobre inúmeros incidentes ocorridos nos últimos dois meses...
>
> A ação recomendada é apoiada pelos registros recentes do funcionário neste período:
> - Ele chegou atrasado sete vezes.
> - Ele esteve ausente do trabalho por sete dias, sem justificativa apropriada.
> - Ele veio para o trabalho embriagado e mal-arrumado duas vezes. (E assim por diante, até o final do documento).

"A melhor maneira de decidir se você vai ou não usar a ordem direta é considerar a possível reação do leitor quando ler o relatório."

"Tem tantas fontes nessa coisa, que pensei que fosse um pedido de resgate."

FONTE: Reproduzido com permissão de CartoonStock.com, www.cartoonstock.com.

> **A MAIORIA DAS SITUAÇÕES DESCRITAS NOS RELATÓRIOS CURTOS JUSTIFICA O USO DO ESTILO PESSOAL EM RAZÃO DA NATUREZA RELATIVAMENTE ROTINEIRA DELAS.**

Em contrapartida, a ordem indireta começa com o material introdutório necessário para preparar o leitor para o relatório. Em seguida, vem a apresentação dos fatos, com análises nos pontos necessários. A parte que informa o objetivo do relatório vem posteriormente. Se o objetivo for apresentar informações, esta parte as resume. Se for chegar a uma conclusão, as análises são revisadas e uma conclusão é delineada nesta parte. Se a meta for recomendar uma ação, esta parte revisa as análises, chega a uma conclusão e, com base nela, faz uma recomendação.

O mesmo problema com um funcionário é relatado usando a ordem indireta:

Muitos incidentes ocorreram nos últimos dois meses para justificar uma investigação sobre o histórico de ocorrências de Clifford A. Knudson, assistente administrativo no departamento de contabilidade.

A investigação dos registros recentes do funcionário neste período revelou os seguintes problemas:

- Ele chegou atrasado sete vezes.
- Ele esteve ausente do trabalho por sete dias, sem justificativa apropriada.
- Ele veio para o trabalho embriagado e mal-arrumado duas vezes.(E assim por diante, até o fim do documento).

A melhor maneira de decidir se você vai ou não usar a ordem direta é considerar a possível reação do leitor quando ler o relatório. Se a conclusão ou as recomendações dadas no relatório apontam para uma ação que o leitor precisa adotar, a ordem direta vai ajudar nesse esforço, porque informa o que é mais importante com rapidez. Se o leitor confiar no seu trabalho, ele talvez nem lerá o restante do documento e adotará a ação necessária, que ele apoia. Mas, se ele achar que deve questionar alguma parte do relatório, o material estará à disposição.

Por outro lado, se existe razão para acreditar que seria melhor chegar a uma conclusão após uma revisão lógica da análise, organize o seu relatório na ordem indireta. Essa disposição é preferível, sobretudo quando é recomendado algo que você sabe que o leitor não quer ouvir. Apresentar os dados de apoio antes da recomendação prepara o leitor para aceitar a solução do problema.

Embora não tenham alguns dos componentes de relatórios longos e formais, os relatórios curtos exigem essencialmente as mesmas habilidades analíticas e organizacionais.

Estilo de redação mais personalizado

A redação de relatórios curtos tende a ser mais personalizada do que a dos longos. Isto é, os relatórios curtos usam mais os pronomes pessoais **eu, nós** e **você** do que o pronome da terceira pessoa.

Vários fatores contribuem para esta tendência de usar a redação com o foco na pessoa. Primeiro, as situações representadas nos relatórios curtos quase sempre envolvem algum relacionamento pessoal. Muitos desses relatórios são preparados e enviados por pessoas que se conhecem e que se comunicam informalmente quando se encontram. Outro aspecto é que os

Tecnologia rápida

Modelos ajudam os redatores a formatar os seus relatórios

Os modelos disponibilizados nos processadores de texto ajudam os redatores a formatar relatórios de forma atraente e consistente. Depois de escolher o modelo, o redator se concentra na mensagem, deixando que o *software* crie um documento com aparência profissional.

Esses modelos têm definições de margem, tamanho da fonte para títulos e texto, além de *layouts* gráficos. A maioria deles é concebida para ajudar o redator a apresentar um relatório que comunique a mensagem sem descuidar da aparência profissional. Os modelos que vêm com o *software* são úteis, mas algumas empresas criam modelos próprios como estratégia para gerar documentos diferenciados.

Os modelos viabilizam a redação de relatórios curtos e longos. Além dos que vêm com os editores de texto, há muitos outros disponíveis na Internet. As telas a seguir mostram uma lista dos modelos do Word 2007 da Microsoft e um documento aberto com base em um deles.

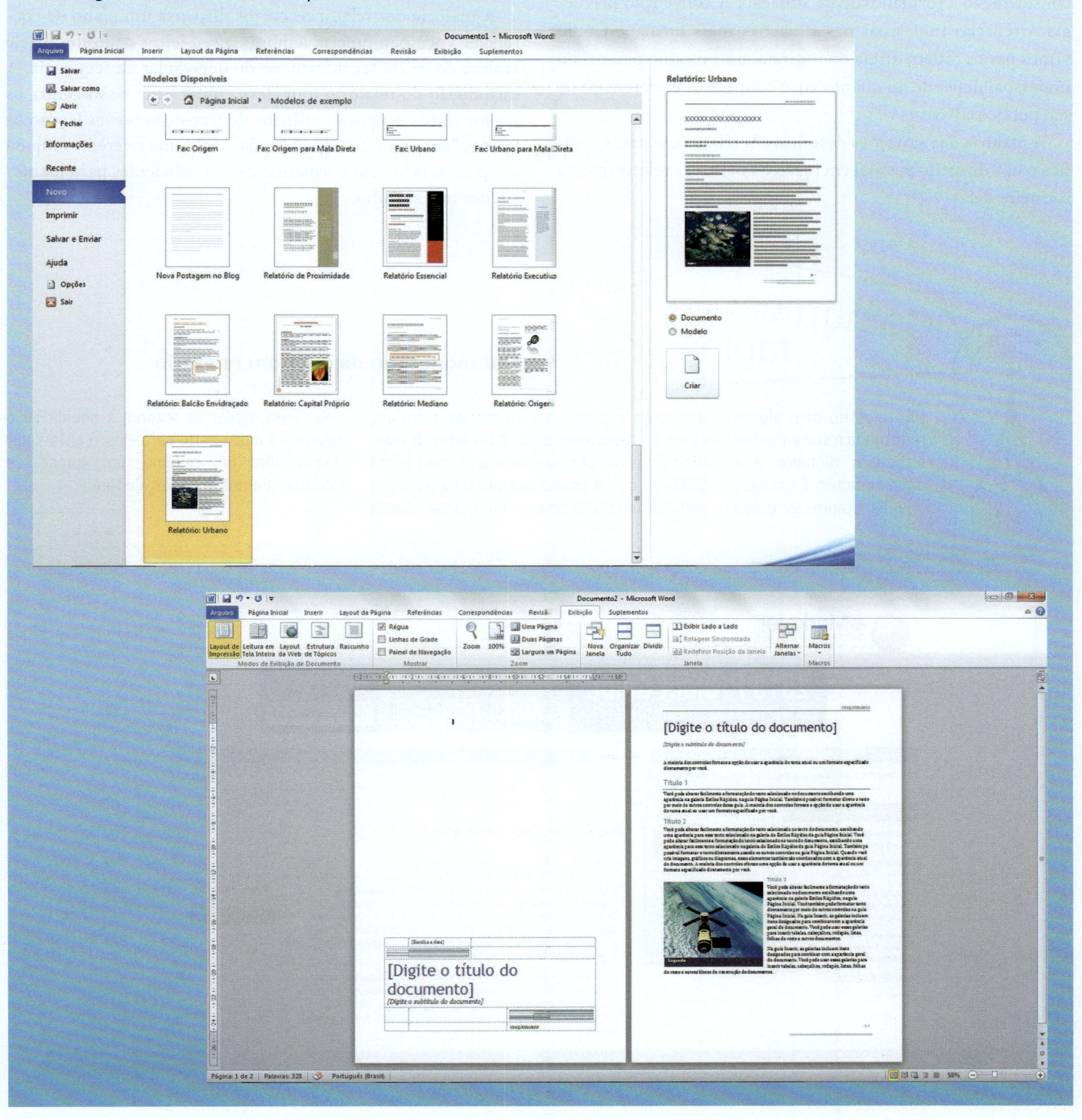

CAPÍTULO 9 | Redação de relatórios curtos

relatórios curtos envolvem investigações pessoais e apresentam as observações, avaliações e análises feitas pelos redatores. Além disso, esses documentos lidam com temas do dia a dia, que naturalmente são informais. Por isso, é lógico relatar essas questões com informalidade, e a redação personalizada é a mais indicada para você conseguir esse efeito.

No Capítulo 8, vimos que a sua decisão de redigir um relatório no estilo pessoal ou impessoal deve ser com base na situação. Considere as expectativas dos que vão receber o relatório. Se eles entendem que a situação é formal, redija no modo impessoal. Se a informalidade for aceitável, redija no modo pessoal. Se você não conhece as preferências do leitor, leve em consideração a formalidade da situação. A convenção privilegia a redação impessoal nas situações mais formais. Como vimos para a ordem direta ou indireta, usar o estilo pessoal ou impessoal depende do quanto você conhece as preferências de seu público-alvo.

A maioria das situações descritas em relatórios curtos justifica o uso do estilo pessoal em razão da natureza relativamente rotineira delas.

Um plano de coerência estruturada não é estritamente necessário

Um relatório longo e formal precisa de um **plano de coerência estruturada**, ou seja, uma rede de introduções, conclusões e transições que vão orientar o leitor pelo documento. A criação de um plano desses consiste na inserção de uma visão geral e de uma conclusão no relatório. A mesma coisa é feita para cada uma das seções dele, que são unidas com uma transição adequada. Esses artifícios permitem ao leitor identificar onde ele está em cada ponto e entender como a seção que ele está lendo se relaciona com o objetivo geral do relatório.

A maioria dos relatórios curtos dispensa um plano de coerência. Você não precisa lembrar o seu leitor daquilo que ele acabou de ler ou ser informado do que vai ler na sequência. A introdução do relatório (que deve conter uma visão geral), os títulos claros e alguns artifícios de transição breves (como os termos "em segundo lugar", "após", e alguma referência rápida aos pontos já vistos) normalmente são suficientes para manter o leitor no caminho.

Comunicação rápida

O valor monetário de um bom relatório

Um relatório bem elaborado ajuda a sua empresa a poupar dinheiro e a obter receitas. É por isso que as empresas estão dispostas a pagar por relatórios setoriais, como os realizados pela eMarketer. O relatório de nove páginas mostrado aqui custa $695 – o que é pouco quando uma empresa pode se beneficiar com as informações dadas nele. Para ajudar os leitores a decidir se o relatório é o tipo certo para eles, a eMarketer disponibiliza um resumo, um sumário e informa quantos gráficos ele tem.

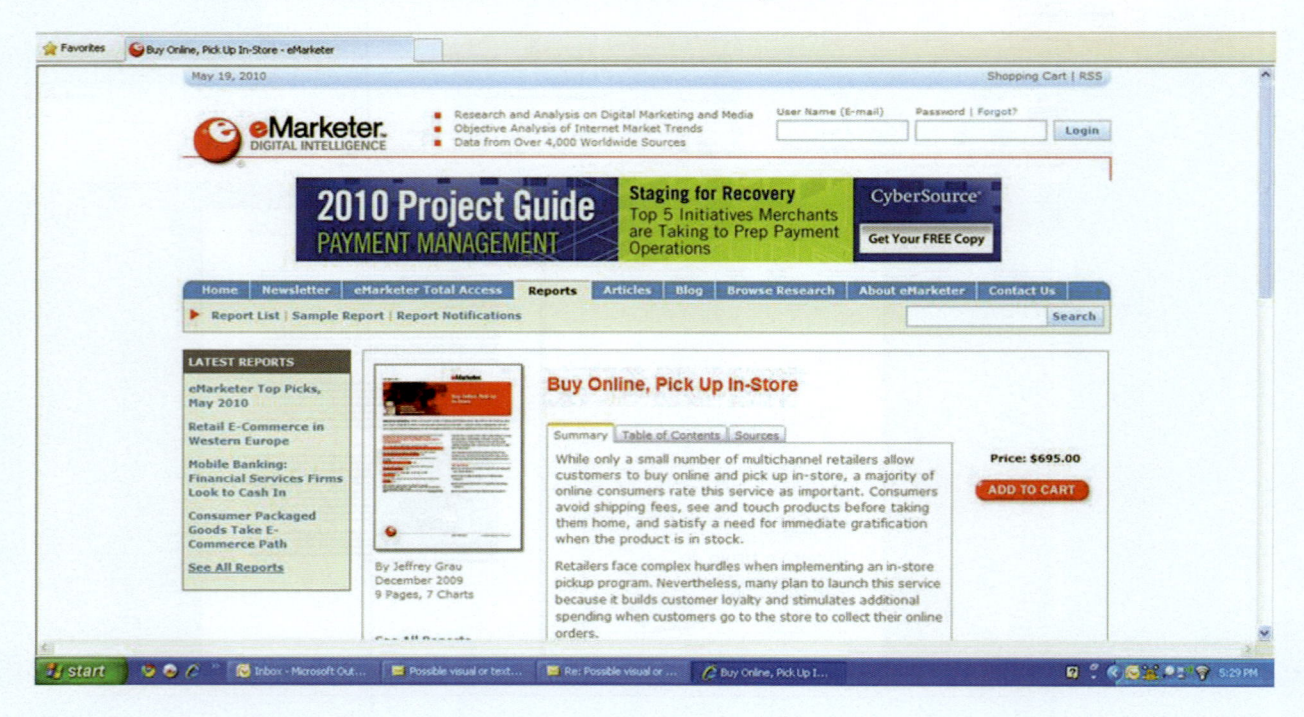

Exemplo de caso
Carta-relatório

Esta carta-relatório direta compara dois hotéis para a realização de uma conferência. Organizada segundo os critérios usados para avaliar as escolhas, ela interpreta as informações relevantes e chega a uma conclusão. O estilo pessoal é apropriado.

INTERNATIONAL COMMUNICATION ASSOCIATION

314 N Capitol St. NW • Washington, DC 20001 • 202.624.2411
www.icahg.org

26 de outubro de 2012

Professora Helen Toohey
Conselho de Administração
International Communication Association
Thunderbird American Graduate School of International Management
15249 N. 59th Ave.
Glendale, AZ 85306-6000

Cara Professora Toohey:

Assunto: Recomendação de hotel para conferência de 2013

Minha recomendação vai para o Hotel Hyatt como sede para a conferência da Associação, em outubro do próximo ano. O Hyatt tem vantagens expressivas em comparação ao Marriott, o outro candidato em potencial para a conferência.

A ordem direta enfatiza a decisão

Primeiro, o Hyatt tem a vantagem de estar localizado no centro da cidade, um aspecto importante para os participantes da conferência e seus cônjuges. Segundo, as acomodações, inclusive as salas de conferência, são adequadas nos dois hotéis, embora as salas do Marriott sejam mais modernas. Terceiro, as taxas do Hyatt são aproximadamente 15% mais baixas do que as do Marriott. Mas, o Hyatt cobra $500 por uma sala na sessão de abertura de um evento. Embora os dois hotéis sejam apropriados, devido à localização e às vantagens relativas ao custo, o Hyatt parece ser a melhor opção, do ponto de vista dos participantes.

A introdução descreve a estrutura das informações

A origem e o plano de investigação

Durante a investigação sobre estes dois hotéis, conforme incumbido a mim pela Sra. em nossa reunião em 7 de outubro, coletei informações sobre o que acreditei ser os três principais fatores de avaliação. O primeiro é a localização, o segundo, a qualidade das instalações, e o terceiro, o custo. Os resultados e as avaliações a seguir fundamentam a minha recomendação.

Bases de comparação (fatores) permitem comparar os hotéis (unidades) com lógica

A localização central favorável do Hyatt

O mais antigo dos dois hotéis avaliados, o Hyatt está localizado no coração do centro de negócios da cidade. Ele está próximo ao principal shopping center e às outras lojas no centro da cidade. Por outro lado, o Marriott fica a aproximadamente nove quarteirões da principal área comercial. Localizado entre a área comercial e a área residencial da cidade, as vantagens relativas à localização não são boas, principalmente para quem quiser fazer compras. Mas, algumas lojas operam na própria sede do hotel e atendem à grande maioria das necessidades comerciais normais de seus hóspedes. Como muitos participantes estarão acompanhados de seus cônjuges, a localização central do Hyatt é uma vantagem.

Frases curtas e palavras de transição melhoram a legibilidade e dão andamento às ideias

Exemplo de caso (continuação)

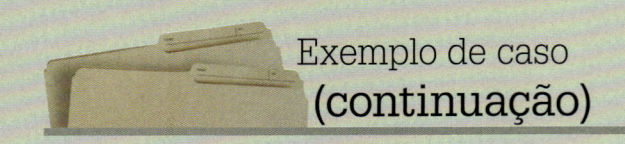

Conselho de Administração -2- 26 de outubro de 2012

Acomodações adequadas nos dois hotéis

Os dois hotéis garantem os 600 quartos de que precisamos. Como o Marriott é o mais novo (construído em 2008), os seus quartos são os mais modernos e, portanto, os mais atrativos. Por outro lado, o prédio onde está localizado o Hyatt tem 19 anos, mas está bem conservado e é confortável. Os seus quartos estão em boas condições, e todos os equipamentos são modernos.

O Marriott tem 11 salas de reunião pequenas, e o Hyatt, 13. Todas são adequadas para as nossas finalidades. Os dois hotéis conseguem disponibilizar as 10 salas necessárias. Para nossa sessão de abertura, o Hyatt nos ofereceria o Salão Capri, que acomoda nossos participantes com facilidade. Essa sala também serviria como local para o almoço presidencial. As instalações de reunião no Marriott parecem um tanto apertadas, embora a gerência do hotel assegure que a sala maior tem capacidade para 600 pessoas. Mas, a posição de algumas poltronas fica comprometida pela presença de pilares no interior dessa sala. Apesar dessas limitações, os dois hotéis parecem ter instalações apropriadas para a nossa conferência.

Os custos menores do Hyatt

Tanto o Hyatt quanto o Marriott disponibilizam nove salas para conferências sem custos. Os dois hotéis também oferecem suítes gratuitamente para nosso presidente e nosso diretor-executivo. Mas, o Hyatt cobra $500 pelo uso da sala para a sessão de abertura da conferência. Já o Marriott oferece uma sala sem custos.

As diárias para conferencistas no Hyatt são $169 para os quartos individuais, $179 para os quartos duplos e $229 para as suítes. Os valores para os mesmos tipos de acomodação no Marriott são $189, $199 e $350. Logo, a economia com o Hyatt seria de aproximadamente 15% por participante.

O custo do jantar seria $35 por pessoa no Hyatt. O Marriott pode igualar o valor, desde que sejam 600 pessoas à mesa. Do contrário, o valor seria $38. Se levarmos em conta esses valores, o custo total no Hyatt é mais favorável.

Em síntese, embora os dois hotéis atendam a nossas necessidades, a localização privilegiada e os custos menores do Hyatt o tornam a melhor opção para realizarmos a nossa próxima conferência.

Cordialmente,

Willard K. Mitchell

Willard K. Mitchell
Secretária-executiva

> "A carta-relatório é muito comum quando você precisa apresentar informações a pessoas externas à organização, sobretudo por correio ou fax."

OA9.3
Escolher uma forma apropriada para o seu relatório curto.

FORMAS DOS RELATÓRIOS CURTOS

Já dissemos que as formas dos relatórios curtos são de longe as mais numerosas e importantes no ambiente empresarial. Na verdade, as três formas representadas na base do diagrama na Figura 9.1 são as mais usadas em relatórios escritos. Nesta seção, vamos descrever as principais características de cada uma delas.

Relatório curto

Uma das formas mais populares de relatório menos formal é o relatório curto. Na quinta fileira do diagrama na Figura 9.1, este tipo tem apenas uma folha de rosto e o texto. Essa popularidade toda tem uma razão: esse tipo de relatório representa um meio-termo em relação à formalidade. A parte introdutória, ao menos, aumenta um pouco o grau de formalidade do documento, sem o trabalho tedioso de preparar as outras partes introdutórias. O relatório curto é o tipo ideal para relatar um problema com formalidade intermediária.

Como a maior parte das modalidades menos formais de relatório, o relatório curto pode ser organizado na ordem direta ou indireta. A primeira é a mais comum. A Figura 9.2 mostra que esse plano começa com um resumo rápido do relatório, com ênfase em algumas conclusões e recomendações. Esse começo tem a mesma função do resumo executivo dos relatórios mais formais.

Depois do resumo, vem o material introdutório. Você vai ver que nem sempre esse tipo de material é obrigatório. Na maioria das vezes, um único parágrafo informa a autoria e fornece algumas informações básicas sobre o problema e o escopo do relatório. Após essas primeiras palavras, você vai inserir os resultados da sua pesquisa, analisados e aplicados ao problema. Isso abre caminho para uma conclusão e, quando for o caso, uma recomendação. Esses dois últimos elementos – a conclusão e a recomendação – devem ser reafirmados ou resumidos no final, mesmo que apareçam no resumo inicial. Se você os deixar de fora, o relatório fica muito abrupto no final, encerrando antes de alcançar seu objetivo lógico.

A elaboração de um relatório curto é muito parecida com a de um relatório mais formal e longo. O relatório curto usa a mesma forma de folha de rosto e *layout* de página. Os títulos também são empregados, como nos relatórios mais extensos. Mas, dada a brevidade do relatório, não use mais de dois níveis de título. Na verdade, um nível único é a subdivisão mais comum nesse tipo de documento. Como em qualquer outro tipo de relatório, o curto usa elementos visuais, tem um apêndice e cita uma bibliografia, quando for preciso.

Carta-relatório

A segunda forma mais comum de relatório curto é a carta-relatório. Como diz o nome, esse relatório é redigido no estilo carta, e é muito comum quando você precisa passar informações a pessoas externas à organização, sobretudo por correio ou fax. Por exemplo, a avaliação por escrito que uma empresa faz de sua experiência com um produto específico pode ser realizada neste formato. Um consultor externo redige a sua análise e as suas recomendações também como carta-relatório. Um funcionário de uma organização pode adotar esse formato para relatar algumas informações aos demais funcionários.

A maioria das cartas-relatório tem entre três e quatro páginas ou menos, mas elas podem ser mais extensas.

Como regra, a carta-relatório é redigida com os pronomes pessoais **eu, você** e **nós** (ver exemplo de caso nas páginas 239-240). Claro que há exceções, como aquelas enviadas para leitores muito importantes, como o conselho de administração de uma empresa. Do contrário, o estilo recomendado para este tipo de relatório é muito parecido com o de qualquer outro. Mas, a clareza e a objetividade são pré-requisitos de todos os tipos de relatório.

Você pode redigir a sua carta-relatório na ordem direta ou indireta. Se ela for enviada pelo correio, você tem uma boa justificativa para usar a ordem indireta. Como esses relatórios chegam sem aviso, comece com um lembrete do assunto, do motivo de terem sido elaborados e insira quaisquer informações úteis. Uma boa introdução para uma carta-relatório é:

Conforme autorizado pelo conselho administrativo no último dia 6 de janeiro, este relatório revisa os gastos com viagens de cada funcionário.

Se a carta-relatório começa na ordem direta, use uma linha de assunto. Esta linha é escrita com termos específicos, que identificam o assunto, no alto da carta, normalmente logo

Comunicação rápida

Gestão do conhecimento representa uma vantagem competitiva para as empresas

Com o aumento da velocidade dos negócios, aumenta também a importância da flexibilidade e da capacidade de reação. É por isso que a *gestão do conhecimento* – as "estratégias e os processos de identificação, captura e alavancagem do conhecimento para aumentar a competitividade" – está tão em alta.

Em um estudo recente com 71 empresas do setor manufatureiro na Índia, os executivos entrevistados identificaram seis tipos de conhecimentos "críticos para o sucesso de toda a organização":

- O conhecimento vindo dos clientes.
- O conhecimento sobre as competências principais (o conhecimento sobre o trabalho sendo feito).
- O conhecimento sobre os produtos e serviços.
- O conhecimento sobre as tendências emergentes.
- O conhecimento sobre as boas práticas (no setor).
- O conhecimento sobre a concorrência

Como essas informações vitais são compartilhadas em uma empresa? Embora a maior parte ainda empregue e-mails e relatórios convencionais, hoje algumas empresas já usam intranets, documentos inteligentes (modelos que permitem que os conteúdos sejam inseridos em bases de dados pesquisáveis), sistemas empresariais e outras tecnologias da comunicação para disponibilizar com mais facilidade em toda a organização sua mercadoria mais preciosa – o conhecimento.

As vantagens? Os participantes do estudo na Índia citaram como principais benefícios as melhorias no planejamento estratégico, a maior atenção ao cliente, a qualidade de produtos e serviços, o aprendizado com erros e fracassos e a melhoria na gestão de recursos – e todos eles aumentam as vantagens competitivas das empresas.

FONTE: M. D. Singh, Ravi Shankar, Rakesh Narian, and Adish Kumar, "Survey of Knowledge Management Practices in Indian Manufacturing Industries," *Journal of Knowledge Management* 10.6 (2006): 110-28, *ProQuest*,Web, 15 May 2010.

> "No quesito formalidade, alguns relatórios preparados como e-mails e memorandos rivalizam com as modalidades mais longas desses documentos."

---

após a saudação. Existem muitas maneiras de redigir esta linha, mas a versão mais aceita começa com a palavra **assunto** acompanhada de uma expressão que identifica a situação. O exemplo a seguir prova que identificar o assunto prepara o leitor para o parágrafo de abertura.

Assunto: os gastos com viagens dos funcionários da Associação, autorizado pelo Conselho de Administração, janeiro de 2012.

Os funcionários da Associação estão gastando 11% a mais em suas viagens este ano em comparação ao ano passado. O planejamento atual prevê um aumento de 10% para o próximo ano.

Independentemente do tipo de introdução, os planos de organização de uma carta-relatório correspondem aos dos relatórios mais longos e formais. Logo, na carta-relatório indireta a introdução é seguida de uma apresentação e análise lógicas da informação coletada. A conclusão ou a recomendação (ou ambas) aparecem no final. Na carta-relatório direta, a seção resumo-conclusão-recomendação inicial é precedida de uma introdução apropriada. Por exemplo, o início direto mostrado anteriormente pode ser acompanhado de frases introdutórias:

Esses são os resultados preliminares de um estudo autorizado pelo Conselho de Administração em janeiro último. Como esses resultados dizem respeito a informações vitais a todos na Associação, eles são apresentados para uso confidencial.

Após essa introdução, o relatório apresenta os fatos de apoio e suas análises. O redator deve elaborar a sua argumentação de forma sistemática em suporte à opinião dada no começo. Finalize a carta-relatório redigida na ordem direta ou indireta com um comentário amigável que abra caminho para comunicações futuras, de acordo com a situação.

Relatórios no formato de e-mail e memorando

No Capítulo 2, vimos que o e-mail é muito usado como forma de comunicação escrita no ambiente empresarial. O memorando ainda é usado, especialmente quando não há acesso ao computador ou quando o redator prefere uma mensagem impressa – mas hoje ele é ofuscado pelo e-mail. Ambos servem para redigir relatórios internos de e para pessoas dentro da organização.

Exemplo de caso
Relatório sobre progressos no formato de e-mail

Este relatório no formato de e-mail resume o progresso de um gerente de vendas na entrada em uma nova área de vendas da empresa. Ele começa com os pontos principais – tudo o que um leitor ocupado precisa saber. As informações obtidas aparecem na sequência, organizadas em três categorias de atividade. O relacionamento entre o redator e o leitor justifica o estilo pessoal.

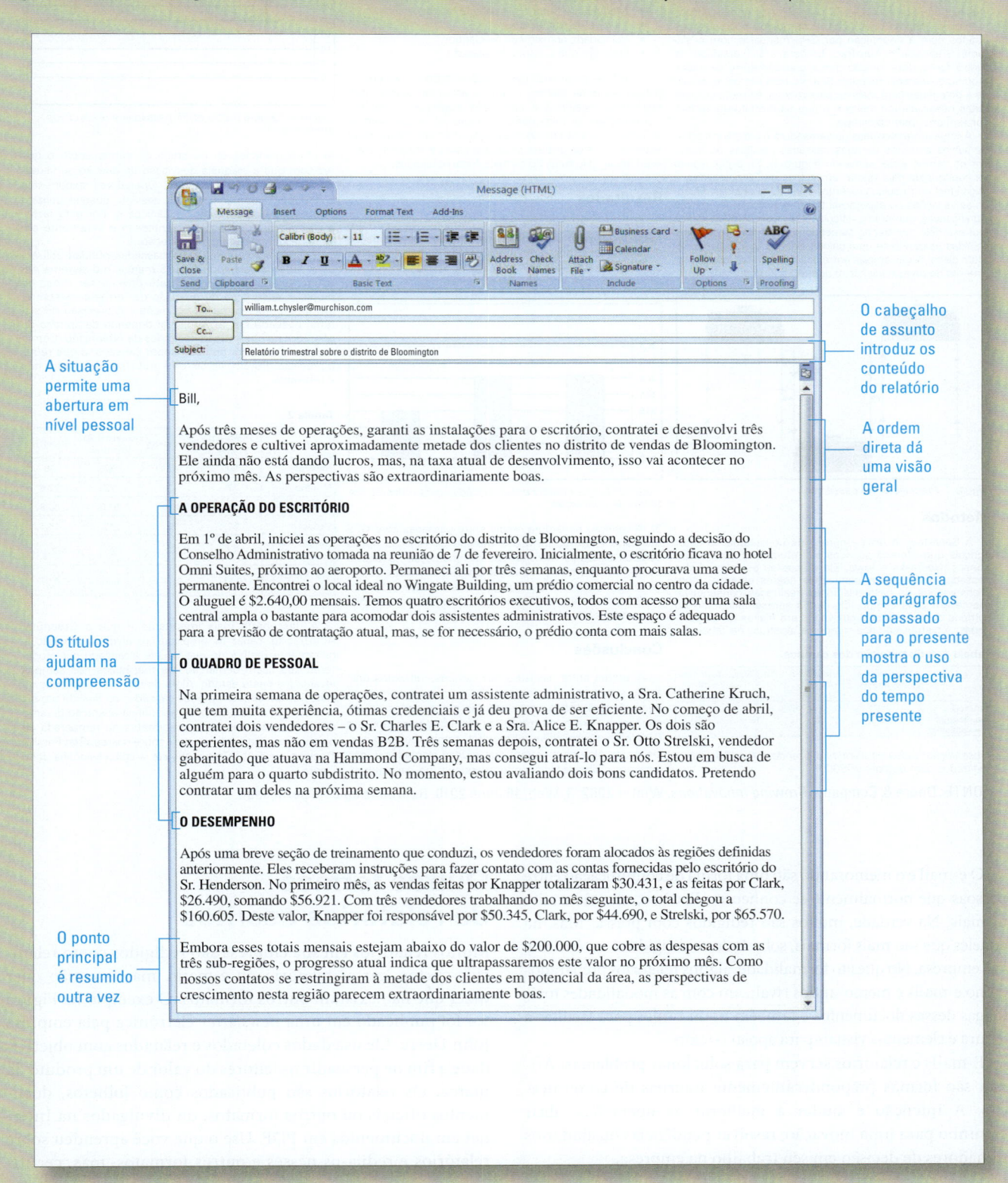

To: william.t.chysler@murchison.com
Cc:
Subject: Relatório trimestral sobre o distrito de Bloomington

Bill,

Após três meses de operações, garanti as instalações para o escritório, contratei e desenvolvi três vendedores e cultivei aproximadamente metade dos clientes no distrito de vendas de Bloomington. Ele ainda não está dando lucros, mas, na taxa atual de desenvolvimento, isso vai acontecer no próximo mês. As perspectivas são extraordinariamente boas.

A OPERAÇÃO DO ESCRITÓRIO

Em 1º de abril, iniciei as operações no escritório do distrito de Bloomington, seguindo a decisão do Conselho Administrativo tomada na reunião de 7 de fevereiro. Inicialmente, o escritório ficava no hotel Omni Suites, próximo ao aeroporto. Permaneci ali por três semanas, enquanto procurava uma sede permanente. Encontrei o local ideal no Wingate Building, um prédio comercial no centro da cidade. O aluguel é $2.640,00 mensais. Temos quatro escritórios executivos, todos com acesso por uma sala central ampla o bastante para acomodar dois assistentes administrativos. Este espaço é adequado para a previsão de contratação atual, mas, se for necessário, o prédio conta com mais salas.

O QUADRO DE PESSOAL

Na primeira semana de operações, contratei um assistente administrativo, a Sra. Catherine Kruch, que tem muita experiência, ótimas credenciais e já deu prova de ser eficiente. No começo de abril, contratei dois vendedores – o Sr. Charles E. Clark e a Sra. Alice E. Knapper. Os dois são experientes, mas não em vendas B2B. Três semanas depois, contratei o Sr. Otto Strelski, vendedor gabaritado que atuava na Hammond Company, mas consegui atraí-lo para nós. Estou em busca de alguém para o quarto subdistrito. No momento, estou avaliando dois bons candidatos. Pretendo contratar um deles na próxima semana.

O DESEMPENHO

Após uma breve seção de treinamento que conduzi, os vendedores foram alocados às regiões definidas anteriormente. Eles receberam instruções para fazer contato com as contas fornecidas pelo escritório do Sr. Henderson. No primeiro mês, as vendas feitas por Knapper totalizaram $30.431, e as feitas por Clark, $26.490, somando $56.921. Com três vendedores trabalhando no mês seguinte, o total chegou a $160.605. Deste valor, Knapper foi responsável por $50.345, Clark, por $44.690, e Strelski, por $65.570.

Embora esses totais mensais estejam abaixo do valor de $200.000, que cobre as despesas com as três sub-regiões, o progresso atual indica que ultrapassaremos este valor no próximo mês. Como nossos contatos se restringiram à metade dos clientes em potencial da área, as perspectivas de crescimento nesta região parecem extraordinariamente boas.

Anotações laterais:
- A situação permite uma abertura em nível pessoal
- Os títulos ajudam na compreensão
- O ponto principal é resumido outra vez
- O cabeçalho de assunto introduz os conteúdos do relatório
- A ordem direta dá uma visão geral
- A sequência de parágrafos do passado para o presente mostra o uso da perspectiva do tempo presente

| FIGURA 9.4 | Exemplo de relatório no formato *newsletter* |

ESTUDO SOBRE A FOLGA ENTRE PASSADAS DA SEMEADURA

Introdução

Os produtores estão cada vez mais interessados no uso de sistemas de orientação baseados em GPS como ferramentas para a melhoria ou a substituição de demarcadores mecânicos nas operações de plantio na agricultura. Um estudo recente avaliou a precisão dos demarcadores mecânicos nestas operações, e comparou os resultados obtidos com a orientação por GPS manual e com o sistema GreenStar™ AutoTrac. Embora a Universidade de Illinois tenha determinado que a precisão entre passadas proporcionada pelo receptor StarFire está em um intervalo de 4 polegadas para mais ou para menos, as mensurações feitas nesse estudo indicam o que os produtores de fato conseguem obter no campo.

A folga entre passadas da semeadura é a distância entre os sulcos externos de duas passadas paralelas do sulcador no campo a ser semeado (Figura 1). Se a plantadeira foi configurada para operar em sulcos de 30 polegadas, a folga ideal entre sulcos externos seria 30 polegadas. Quando as variações no espaçamento entre sulcos externos são significativas, aumenta a dificuldade no uso de plantadeiras (por exemplo, um trecho semeado com 16 fileiras de milho colhidas utilizando-se uma colheitadeira com 12 coletores). Além disso, folgas amplas entre passadas favorecem o crescimento de ervas daninhas, o que reduz a produtividade.

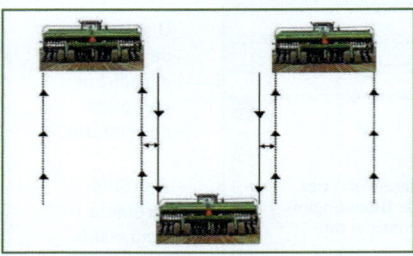

Figura 1: Precisão entre passadas.

Métodos

A Servi-Tech é uma empresa de consultoria no setor agrícola que oferece serviços sobretudo nos estados do Kansas, Nebraska e Iowa. Ela mensurou as folgas entre passadas em diversas plantações nestes estados. Vinte mensurações de passadas foram realizadas consecutivamente em cada campo. Os dados apresentados são de campos de milho e soja cultivados em fileiras de 30 polegadas. A distribuição dos campos é mostrada na Tabela 1.

Tabela 1. A distribuição dos campos.

	Marcadores mecânicos	Orientação por GPS manual	AutoTrac	Todos os dados
Número de campos mensurados	70	9	19	98

Observação: todos os plantios utilizando o AutoTrac foram realizados com tratores JD8000T.

Além da largura da folga entre passadas e do tipo de sistema de orientação, as informações colhidas incluíram:

- Colheita
- Sistema de aragem
- Topografia do terreno
- Modelos de trator e plantadeira utilizados
- Largura da plantadeira
- Velocidade aproximada de plantio
- Hora em que o plantio é realizado

A análise preliminar dos dados mostrou que, em algumas áreas de plantio, o desvio em uma direção (normalmente causado por calibração inadequada) resultou em variações na folga entre passadas acima dos valores atribuíveis ao sistema de orientação utilizado. Para excluir estes campos da análise, passadas pares e ímpares foram averiguadas. No total, 35 campos foram excluídos.

Resultados

Apesar da semelhança entre as larguras médias entre passadas obtidas com diferentes sistemas de orientação (Figura 2), tanto o sistema guiado por GPS manual quanto o sistema AutoTrac exibiram taxas de variação menores, comparados aos sistemas mecanizados (Figura 3; Tabela

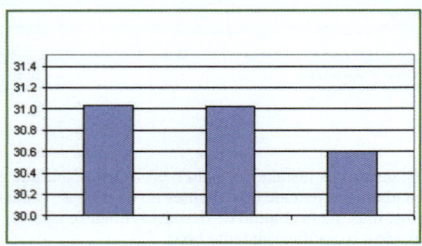

Figura 2: Largura média entre passadas para todos os sistemas de orientação

2). A variação na largura média entre passadas com GPS manual e AutoTrac foi quase metade da variação obtida com os sistemas mecanizados de orientação. O desvio padrão do sistema de orientação por GPS manual e do sistema AutoTrac foi de 2,1 polegadas, em comparação com as 3,3 polegadas verificadas nos sistemas demarcados mecanicamente.

Conclusões

A largura entre passadas em campos cultivados utilizando sistemas baseados em GPS foi menos variável do que a largura obtida com sistemas mecanizados de demarcação. Porém, na média, os sistemas baseados em GPS foram tão precisos quanto os sistemas mecanizados. Os dados obtidos mostram que muitas plantadeiras não estavam calibradas do modo adequado (no espaçamen-

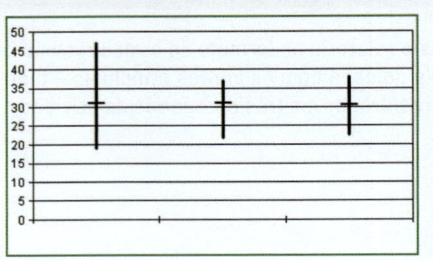

Figura 3: Largura média entre passadas e respectivos intervalos.

to entre unidades ou no braço do demarcador), o que fez com que a máquina desviasse de direção ou variasse a largura entre passadas. Operadores experientes conseguem compensar estes desvios, quando utilizam sistemas de demarcação mecânicos e, por esta razão, a calibragem adequada da plantadeira é importante em sistemas automatizados de direção.

Embora as larguras entre passadas obtidas utilizando o sistema baseado em GPS manual e o sistema AutoTrac sejam semelhantes, este deveria ser capaz de propiciar esse nível de precisão de forma consistente, em uma ampla gama de condições. A precisão do sistema baseado em GPS manual depende da aptidão do operador na observação das guias de orientação. Com o tempo, o operador pode se sentir cansado, o que reduz a precisão. Porém, no sistema AutoTrac, este fator não é relevante.

Tabela 2

	Todos os dados	Mecânicos	Orientação manual	AutoTrac
Máximo	50	47	37	38
Mínimo	19	19	22	22,5
Média	31,3	31,0	31,0	30,6
Variação	31	28	15	15,5
Desvio padrão	3,4	3,3	2,1	2,1
Coeficiente de variação	0,11	0,11	0,07	0,07

A descoberta mais importante é que o GreenStar AutoTrac foi capaz de propiciar um nível de precisão ligeiramente melhor do que aquele alcançado por produtores que usam demarcadores mecânicos nos campos levantados neste estudo. Além do fato de os usuários do AutoTrac se sentirem menos cansados ao final de um dia de trabalho, o sistema pode ser útil na operação durante um dos momentos mais importantes na temporada de plantio. Para mais informações sobre o GreenStar Parallel Tracking ou o AutoTrac, consulte a concessionária John Deere.

FONTE: Deere & Company, *Growing Innovations*, Winter 2002: 3, Web, 16 June 2010. Reproduzido com permissão.

O e-mail e o memorando são uma forma de comunicação entre pessoas que normalmente se conhecem. Por isso, não são muito formais. Na verdade, muitos são redigidos com pressa. Mas, há aqueles que são mais formais, sobretudo os dirigidos à gerência de sua empresa. No quesito formalidade, alguns relatórios preparados como e-mails e memorandos rivalizam com as modalidades mais longas desses documentos e também usam títulos para facilitar a leitura e elementos visuais para apoiar o texto.

E-mails e relatórios servem para solucionar problemas. Afinal, são formas preponderantemente internas de comunicação. A intenção é ajudar a melhorar as operações, abrir caminho para uma inovação, resolver pendências ou ajudar os tomadores de decisão em seu trabalho na empresa.

Outras formas de relatórios escritos

Muitos relatórios em sua empresa são redigidos como relatórios curtos, cartas-relatório ou e-mails, mas isso não quer dizer que não existam outros formatos. O exemplo na Figura 9.4 foi publicado em uma *newsletter* eletrônica pela empresa John Deere. Ele usa dados coletados e relatados com objetividade a fim de persuadir os leitores do valor de um produto da marca. Os relatórios são publicados como folhetos, documentos oficiais ou outros formatos, ou divulgados na Internet em documentos em PDF. Use o que você aprendeu sobre relatórios e redija-os nesses e outros formatos, mas, certifi-

> "A maioria dos relatórios é de rotina. Eles mantêm supervisores, gerentes e integrantes de equipes informados sobre as operações da companhia."

que-se de que o formato escolhido seja adequado para a finalidade e o público-alvo.

OA9.4
Adaptar os procedimentos de redação de relatórios curtos aos relatórios operacionais, de progresso, de solução de problemas e de auditorias e às atas de reunião.

TIPOS DE RELATÓRIOS CURTOS

Existem diversas razões para redigir relatórios, e cada empresa tem as suas, por isso, a variedade de tipos de relatórios curtos é infinita. Os mais populares evoluíram com base nas necessidades e situações que muitas empresas têm em comum. Nesta seção, vamos discutir cinco relatórios rotineiros: os operacionais, os de progresso, os de solução de problemas, os de auditorias e as atas de reunião.

Até esses tipos têm suas próprias exigências, dependendo de onde você trabalha. Investigue como a sua empresa elabora relatórios antes de começar a redigir os seus.

Relatórios operacionais

A maioria dos relatórios é de rotina. Eles mantêm supervisores, gerentes e integrantes de equipes informados sobre as operações da companhia e ao trabalho dos departamentos ou funcionários, sendo redigidos diária, semanal, mensal ou trimestralmente. Os relatórios operacionais informam dados de produção, informações sobre visitas a clientes, problemas que surgiram recentemente ou qualquer tipo de informação que qualquer pessoa na organização precise rotineiramente.

A forma e o teor desses relatórios variam de empresa para empresa e de gerente para gerente. Muitos são elaborados usando modelos padronizados, mas outros seguem um formato específico. Existem também aqueles relatórios que o próprio redator concebe, com base no julgamento sobre o que deve ser incluído e no modo como o conteúdo vai ser apresentado. A natureza e a cultura da organização influenciam a forma desses relatórios.

Por exemplo, um formato inovador de relatórios semanais é o relatório 5-15.[1] O nome tem origem na finalidade dele: ser redigido em 15 minutos e lido em 5. A ideia é informar as chefias sobre os principais eventos passados e permitir que os funcionários compartilhem opiniões e resultados. Este formato é ideal para organizações onde as tarefas não são rotineiras e as gerências valorizam as opiniões dos funcionários.

Não importa a forma: o relatório operacional rotineiro deve ser rápido e claro naquilo que os leitores precisam e querem saber sobre o período que ele cobre. Ele também é uma oportunidade para você, redator, provar a sua capacidade na hora de coletar informações importantes dentro de um prazo preestabelecido.

Ao usar formulários padronizados para redigir relatórios periódicos, desenvolva uma macro ou uma combinação de documentos no seu processador de texto. Uma macro preenche todas as partes padronizadas por você. Pausas são feitas para redigir o conteúdo variável. Uma combinação de documentos pede que você insira as partes variáveis primeiro, que são combinadas a um documento-base. Não importa o quanto o processo seja padronizado: você sempre precisa ser cauteloso e obter informações precisas e expressá-las com clareza.

Relatórios de progresso

Um relatório interno de progresso é um relatório operacional rotineiro, exceto pelo fato de ser submetido de acordo com a necessidade. Como diz o nome, o foco desse relatório é uma meta específica. Se você está trabalhando em um projeto para um cliente externo, talvez terá de submeter relatórios de progresso para mostrar que o trabalho está no ritmo certo. Por exemplo, uma organização arrecadadora de recursos poderia preparar resumos semanais de seus esforços na obtenção de um resultado. Uma empreiteira costuma elaborar um relatório de progresso sobre a finalização de uma obra para o cliente. Normalmente, o conteúdo relata uma evolução, mas assuntos como problemas ou estimativas do andamento também aparecem quando necessário.

Os relatórios de progresso não têm uma forma padronizada. Eles podem ser bastante formais, como os redigidos por uma empreiteira que constrói um prédio de escritórios para relatar o progresso do trabalho à empresa contratante, mas também podem ser informais, como um relatório preparado por um funcionário e enviado por e-mail a seu chefe para descrever como anda uma tarefa. Alguns relatórios desse tipo são muito rotineiros e estruturados: às vezes, basta preencher lacunas em formulários criados para a finalidade. Mas, a maioria é uma narrativa informal. Veja o exemplo na página 243.

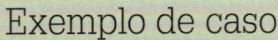

Exemplo de caso
Relatório de recomendações com tamanho médio e formalidade intermediária

Este relatório tem uma folha de rosto e combina uma carta de apresentação e um resumo executivo. Ele está no quarto nível do diagrama na Figura 9.1. A ordem é indireta, para preparar o leitor para as recomendações dos estudantes. Os autores tiveram o cuidado de embasar suas recomendações apenas na pesquisa que fizeram e na experiência que têm como estudantes, não no conhecimento ou na autoridade que apenas um proprietário de supermercado teria.

Como aumentar a clientela de estudantes na Kirby's Grocery

O título esclarece o tema e a finalidade do relatório

28 de abril de 2012

O modelo usado é simples e atraente

Preparado para:

Sr. Claude Douglas, proprietário
Kirby's Grocery
38 Lance Avenue
Crestview, IN 45771

Preparado por:

Kirsten Brantely, aluna do curso de Comunicação Empresarial
Faculdade de Administração
P. O. Box 236
Metropolitan University
Crestview, IN 45770-0236

Exemplo de caso (continuação)

METROPOLITAN UNIVERSITY

College of Business, P. O. Box 236, Crestview, IN 45770-0236
Telefone: (421)555-5555, Fax: (421)555-5566, Web: business.mu.edu

28 de maio de 2012

Sr. Claude Douglas
Kirby's Grocery
319 Lance Avenue
Crestview, IN 45771

Caro Sr. Douglas,

Conforme o Sr. solicitou, nossa turma do curso de Comunicação Empresarial realizou um estudo para descobrir maneiras de elevar a consciência dos estudantes da Metropolitan University sobre a Kirby's Grocery e atrair mais clientes para a sua loja. Este relatório apresenta os resultados obtidos.

> *Identifica o projeto e apresenta o relatório*

Para obter as informações, primeiro entrevistamos o gerente, Bradley Vostick, que comanda os esforços de marketing da loja. Obtivemos uma perspectiva experiente do assunto com nossa professora, Beth Rawson, cliente fiel da Kirby's. Na sequência, pesquisamos eventos no campus da universidade, publicações, problemas de transporte, público-alvo e a área da Lance Avenue, nas imediações da Kirby's. Por fim, a turma fez algumas visitas à loja para observar em primeira mão as reações dos clientes e coletar dados quantitativos em um questionário sobre as opiniões deles a respeito da loja.

Descobrimos que a Kirby's faz parte de um mercado de nicho, que oferece uma ampla variedade de produtos em um espaço pequeno, muito semelhante a outros estabelecimentos na área comercial da Lance Avenue. Com base nestes resultados, recomendamos as seguintes ações:

> *Combina a carta de apresentação e o resumo executivo*

- Dirigir o foco das vendas a estudantes universitários veteranos, preocupados com temas relativos à saúde e que gostem de fazer compras.
- Usar a Internet para atingir esses clientes em potencial.
- Concentrar esforços nos pontos fortes da Kirby's para conscientizar esse público-alvo sobre a experiência de comprar na sua loja.

Obrigado pela oportunidade de realizar este projeto focado no mundo real. Gostamos muito de aprender mais sobre a sua loja e esperamos que nossa pesquisa aumente a sua clientela em meio aos estudantes da Metropolitan University.

> *Conclui com comentários gentis*

Cordialmente,

Kirsten Brantley

Kirsten Brantley
Representante da turma de Comunicação Empresarial da Professora Beth Rawson

Exemplo de caso (continuação)

Como aumentar a clientela da Kirby's Grocery

Introdução

Objetivo do estudo

A Kirby's Grocery é um minimercado completo, com atuação em nível de bairro, nas imediações da Metropolitan University (UM). Com uma gama atraente de produtos e localizada próximo à universidade, seu potencial de atrair clientes entre os estudantes é alto. Contudo, segundo uma pesquisa realizada pela turma de 2011 do curso de Comunicação Empresarial da Professora Beth Rawson, apenas um em cada três estudantes da MU compra na Kirby's. Em sequência àquela pesquisa, nossa turma de Comunicação Empresarial realizou um levantamento para determinar como a Kirby's poderia atrair mais estudantes da MU. Este relatório apresenta os resultados deste esforço e nossas recomendações.

— Abertura resume o problema e a finalidade

Métodos de pesquisa

A pesquisa foi realizada em três etapas:

- Etapa 1: como preparação para a etapa observacional do estudo, a turma reuniu informações complementares sobre uma variedade de tópicos relacionados à Kirby's. Esta etapa envolveu grupos de 3 a 4 estudantes. Cada um se concentrou em um de sete aspectos, incluindo eventos e publicações no campus da MU, informações demográficas da universidade e entrevistas com clientes e com Bradley Vostik, da Kirby's.

- Etapa 2: esta foi a fase principal de nossa pesquisa. Nela, 13 pares de estudantes visitaram a Kirby's durante a semana de 7 a 14 de março de 2012, para coletar dados observacionais. Cada par era composto de um observador, que fazia comentários verbais sobre diferentes aspectos da loja, e um registrador, que anotava estes comentários. Em média, cada par passava cerca de 40 minutos na loja, e tinha de realizar uma pequena compra. No final da visita, os observadores preenchiam questionários para quantificar suas reações sobre a Kirby's e gerar dados demográficos sobre eles próprios.

- Etapa 3: de posse dos dados, desenvolvemos nossas recomendações para melhorar a estratégia de marketing da Kirby's para os alunos da MU.

— Descrição detalhada da pesquisa gera confiança na validade dos resultados

As próximas seções descrevem os participantes e apresentam os dados observacionais e nossas recomendações.

— Antecipação confere coerência ao relatório

Exemplo de caso (continuação)

População de estudo

Frase antecipa a tabela

Embora o número de observadores tenha sido pequeno (13) em comparação ao universo de estudantes da MU (33 mil), a amostra foi relativamente representativa em termos de diversidade, sexo e idade. A seguinte tabela descreve a população de estudo comparada à população de estudantes da MU.

Tabela única não precisa ser numerada

	Classificação dos observadores	
	Participantes	**População da MU**
Diversidade	77% (11) Descendentes de europeus	71,5% Descendentes de europeus
	23% (2) Afrodescendentes	12% Afrodescendentes
	77% (11) Cidadãos norte-americanos	83% Cidadãos norte-americanos
Sexo	47% (6) mulheres	54,2% mulheres
	54% (7) homens	45,8% homens
Média de idade	24	23

O relatório inclui uma seção especial para dar mais suporte à validade dos achados

Os parágrafos interpretam e detalham a tabela

Comparada à população da MU, nossa amostra de 13 indivíduos foi relativamente diversificada. Além de dois afrodescendentes, ela teve dois participantes não norte-americanos, um da Rússia e um da Suécia.

As relações de sexo também foram muito próximas. A população da MU é composta por 54,2% de mulheres e 45,8% de homens. Mais uma vez, nossa população de observadores ficou muito próxima desta relação (47% de mulheres, 54% de homens).

A idade média dos estudantes da MU é 23 anos. A idade média de nossos observadores foi 24 anos. A amostra incluiu um estudante de 41 anos, mas, mesmo com este valor discordante, nosso grupo chegou perto de representar a idade média dos estudantes da MU.

Além disso, todos os estudantes em nossa turma (26) cursavam a universidade há períodos diferentes, e a maioria era estudantes de administração com alguma experiência em marketing. Com base em discussões em sala de aula, conseguimos fazer nossa perspectiva coletiva de alunos da MU influenciar nossas observações.

Os achados qualitativos

Esta seção apresenta os resultados qualitativos de nossa pesquisa observacional, segmentados em duas categorias: pontos positivos e pontos negativos.

Introdução da seção confere coerência

2

Exemplo de caso (continuação)

As áreas com pontos positivos

Os três principais resultados positivos obtidos foram:

- Os estudantes ficaram impressionados com a variedade de produtos.
- Os estudantes ficaram satisfeitos ao ver que a Kirby's comercializa produtos orgânicos.
- O serviço dos funcionários da Kirby's foi excelente.

A seção começa com um resumo útil

A variedade de produtos foi vista como o principal ponto positivo da Kirby's. Dos 13 observadores, 11 citaram a grande variedade de produtos comercializados como um aspecto positivo da Kirby's. De modo geral, houve consenso sobre o fato de a seleção de produtos oferecida pela Kirby's ser impressionante, dado o espaço reduzido. Isso ficou especialmente claro no corredor das cervejas, que recebeu os maiores elogios entre todas as seções do supermercado avaliadas, com uma variedade equiparável à das lojas especializadas na bebida.

Os produtos orgânicos também receberam elogios. Eles foram mencionados por quase 2/3 dos observadores. Embora a saúde não seja a principal preocupação de um estudante universitário típico, ela se torna importante para os estudantes mais velhos. Uma vez que a média de idade dos estudantes da MU é 23 anos, provavelmente os produtos orgânicos vendidos pela Kirby's sejam um elemento de vendas forte também para atrair estudantes para a loja.

Os parágrafos apresentam e interpretam os dados

O atendimento ao cliente foi o terceiro aspecto positivo mais citado. Durante as observações, os funcionários da Kirby's se mostraram sempre atenciosos e gentis. A cliente fiel que entrevistamos, a Professora Rawson, citou o serviço excelente da Kirby's como uma das razões pelas quais ela continua comprando na loja. Ela comentou que os funcionários da Kirby's se preocupam mais com a experiência do cliente Kirby's do que os funcionários de outros minimercados. Os dados coletados pela turma confirmam esta declaração.

Além de terem sido perguntados se precisavam de ajuda, os observadores notaram que os funcionários conheciam os costumes do cliente, o que o faz se sentir mais como um membro da família do que como uma pessoa comprando produtos alimentícios. Quando os observadores fizeram suas compras, observaram que foram tratados com a mesma gentileza dispensada aos clientes com carrinhos de compras cheios nas filas dos caixas.

Pontos negativos

A pesquisa revelou dois pontos negativos:

- Algumas prateleiras e partes do chão estavam sujas.
- A disposição de alguns produtos era confusa.

A lista também serve de resumo

Cerca de metade dos observadores notaram que algumas áreas da Kirby's precisavam de limpeza, e fizeram comentários específicos sobre manchas nos ladrilhos, produtos

3

Exemplo de caso (continuação)

no chão e prateleiras empoeiradas. Este foi um ponto negativo significativo para muitos observadores, já que prateleiras e pisos sujos não ajudam a vender produtos, especialmente em comparação com a aparente limpeza profunda de mercados como o Kroger's e o Biggs.

Mas, o pior resultado negativo foi a exibição aparentemente aleatória de muitos produtos. Por exemplo, alguns bolos estavam ao lado de perus, os cartões de felicitação estavam dispostos ao lado de freezers, e as pimentas, ao lado dos doces. Isso confundiu os observadores, porque a disposição desses produtos não estava alinhada à sinalização dos corredores. Embora a Kirby's seja um minimercado com limitação de espaço, o grupo como um todo entendeu que algumas medidas poderiam ser tomadas para eliminar a imagem de disposição aleatória dos produtos.

Os parágrafos adicionam dados e interpretações úteis

Achados quantitativos

A figura a seguir mostra os resultados dos 13 questionários. Os observadores tiveram de dar uma nota de 1 (pior) a 5 (melhor) para a sua experiência na Kirby's em uma variedade de tópicos. O questionário foi respondido imediatamente após a visita à loja.

Parágrafo introduz a figura

Uma única figura em um relatório não precisa ser numerada

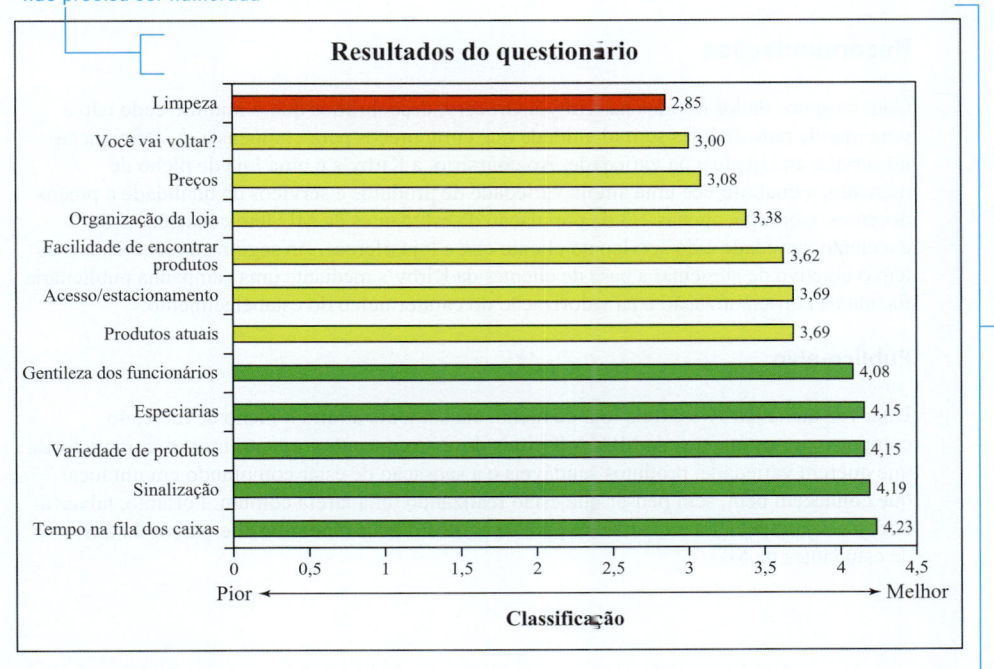

Resultados do questionário

Categoria	Classificação
Limpeza	2,85
Você vai voltar?	3,00
Preços	3,08
Organização da loja	3,38
Facilidade de encontrar produtos	3,62
Acesso/estacionamento	3,69
Produtos atuais	3,69
Gentileza dos funcionários	4,08
Especiarias	4,15
Variedade de produtos	4,15
Sinalização	4,19
Tempo na fila dos caixas	4,23

Pior ← Classificação → Melhor

Elementos visuais, textuais e numéricos atuam juntos para apresentar os resultados com clareza

4

Exemplo de caso (continuação)

> **Os parágrafos ajudam o leitor a interpretar os resultados**

Estes resultados apenas quantificam o que foi descoberto na etapa de análise qualitativa do estudo. O tempo na fila do caixa, a gentileza dos funcionários, a variedade e as especiarias tiveram as melhores notas, enquanto a limpeza recebeu a menor. Mesmo assim, a Kirby's teve notas acima da média em todas as categorias, o que é um resultado positivo importante.

Nessa linha de raciocínio, a nota dada à pergunta sobre a volta dos clientes à loja é um bom sinal. Embora pareça negativa, quando comparada com as outras respostas, a nota 3 na verdade está acima da média. Isso significa que com apenas uma visita à Kirby's, as chances de um estudante voltar a comprar estão acima da média.

Os preços tiveram nota um pouco acima do quesito "você vai voltar?", com uma média de 3,08. O preço é um aspecto importante para os estudantes, e a Kirby's tem dificuldade de competir com os preços cobrados pelo Kroger, o seu maior concorrente nas imediações. Mesmo com estes dois fatores, os observadores sentiram que a Kirby's tinha preços ligeiramente melhores que a média, o que é mais um resultado importante.

As notas para os quesitos sinalização, facilidade de encontrar produtos e organização da loja também geraram algumas observações interessantes. Por exemplo, a sinalização ganhou nota 4,19, a facilidade de encontrar produtos, 3,62, e a organização da loja, 3,38, o valor mais baixo. Estes números têm correlação com as reações dos observadores. A sinalização da Kirby's é muito boa, mas alguns sinais são difíceis de encontrar, por conta da exibição de produtos, que os escondem. Além disso, a disposição de alguns produtos ao lado de produtos sem relação com eles só piora esta confusão.

Recomendações

> **O parágrafo resume as principais impressões e abre caminho para as recomendações**

Com base nos dados obtidos na Kirby's Grocery, descobrimos que o minimercado não é uma grande rede de lojas sem identidade que corta preços para compensar as deficiências no serviço ao cliente e na variedade. Ao contrário, a Kirby's é uma loja de nicho de mercado, a qual oferece uma ampla variedade de produtos e serviços de qualidade a preços decentes. Contudo, apenas 1/3 da população de estudantes da MU tem consciência da excelente variedade e do serviço ao cliente que a loja oferece. As seguintes recomendações têm o objetivo de aumentar a base de clientes da Kirby's mediante uma campanha publicitária focada na conscientização e na valorização do caráter único do estabelecimento.

Público-alvo

Uma vez que a Kirby's é uma loja de nicho, ela somente atrairá o nicho de mercado composto por estudantes da MU. A Kirby's deve se concentrar em atrair estes compradores, que querem variedade, produtos saudáveis e a sensação de estar comprando em um local que conhecem bem, sem pensar que estão realizando uma tarefa comum. Portanto, talvez a Kirby's seja especialmente atraente para o segmento mais maduro e alternativo do universo de estudantes da MU.

Exemplo de caso (continuação)

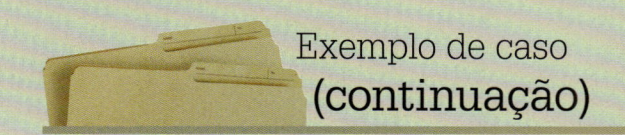

Como atingi-lo

> Demonstra conhecimento sobre os esforços atuais da loja

Embora a Kirby's anuncie no campus da MU e participe de eventos, como a Semana de Boas-vindas, os esforços de marketing da loja não tiram proveito de um fator essencial na vida do estudante universitário moderno: o uso sistemático das redes sociais na Internet. Um estudo publicado em 2008 descobriu que mais de 85% dos estudantes universitários usam o Facebook, onde passam mais de seis horas por semana em mais de seis acessos ao dia (Ana M. Martinez Aleman e Katherin Link Wartman, *Online Social Networking on Campus*). Um estudo publicado em 2009 estimou que o Facebook tinha mais de 20 milhões de usuários na faixa etária entre 18 e 25 anos (Justin Smith, *InsideFacebook.com*). Por essa razão, as redes sociais hoje representam uma excelente oportunidade para a Kirby's atingir o mercado de estudantes.

> Pesquisas recentes dão apoio às recomendações

> Citações bibliográficas breves são aceitáveis em relatórios informais

O Sr. pode tirar proveito desses *sites* de duas maneiras: criando um perfil e anunciando.

O perfil *online* grátis

O *site* da Kirby's é atraente, mas não tem muitas chances de receber visitantes entre estudantes universitários. Os *sites* de redes sociais, como o Facebook (*www.facebook.com*) e o MySpace (*www.myspace.com*), ajudam a construir uma base de seguidores e geram *buzz* para a sua loja. É necessário apenas que um usuário se registre e crie um perfil. Uma empresa pode postar conteúdo sobre suas principais lojas, incluindo fotos, instruções de acesso, depoimentos de clientes, promoções especiais, um link para o *site* próprio e outros materiais. Todas as postagens aparecem no perfil do usuário.

> *Links* ajudam a saber mais

Uma vez criada uma postagem, os usuários podem conhecer a sua loja usando o mecanismo de busca. Se gostarem do que veem e quiserem se manter atualizados sobre ofertas especiais, eles clicam em um *link* que inclui a página da Kirby's na rede deles. Com isso, o logo e o nome de sua loja aparecem nos perfis dos estudantes, onde os amigos têm a chance de ver as postagens da Kirby's e decidir se tornar "fãs" de sua loja. Com isso, a Kirby's tem acesso às vantagens do "marketing viral".

Os anúncios pagos

Também é possível anunciar nas redes sociais. Por exemplo, no Facebook, a rede social mais popular entre estudantes universitários, o Sr. pode criar um anúncio curto com base em um modelo fácil de completar. Em seguida, é possível direcionar o anúncio aos usuários do Facebook que o Sr. quer alcançar – por exemplo, as pessoas entre 18 e 25 anos na área da MU. Quando os usuários acessam os seus perfis no *site*, verão o seu anúncio no espaço exclusivo para marketing, no lado direito da tela.

> Os parágrafos adaptam a pesquisa à necessidade do leitor

O custo destes anúncios varia, dependendo do modo de pagamento, isto é, por visualização (o número de vezes que os usuários veem o seu anúncio) ou por acesso (o número de vezes que eles clicam nele), bem como no que outros anunciantes que almejam o seu público-alvo estão dispostos a pagar. O custo mínimo por clique hoje está em $0,01, e o custo mínimo por mil visualizações é $0,02, embora estes "lances" baixos não sejam aceitos se outras empresas estiverem competindo pelo mesmo espaço com os mesmos usuários. O Facebook tem uma página específica com orientações que vão ajudá-lo a planejar a sua campanha, considerando o seu público-alvo e o quanto o Sr. está disposto a gastar por dia.

Exemplo de caso (continuação)

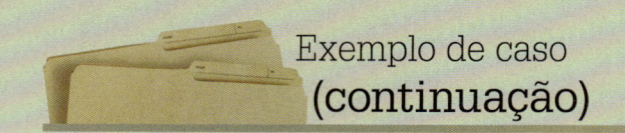

O que anunciar

Os anúncios da Kirby's precisam estar focados na promoção da variedade e da exclusividade para os estudantes da MU. A Kirby's deve se distanciar da noção de que é apenas mais um minimercado e enfatizar a ideia de que disponibiliza uma ampla gama de produtos em um espaço pequeno, assim como a eclética Lance Avenue e suas lojas variadas.

As promoções para os estudantes devem se concentrar na ampla seleção de cervejas (também mencionando o número exato de marcas nacionais e importadas oferecidas), na variedade de alimentos orgânicos e nos produtos exclusivos, como sushi e manteiga de amendoim fresca. Esses anúncios não atrairão todo o corpo discente da MU, mas aumentarão a presença da loja para os estudantes dispostos a valorizar os pontos fortes da Kirby's, além de dar a eles uma alternativa desejável e conveniente aos supermercados comuns.

> Os parágrafos usam os resultados principais para sugerir uma estratégia de marketing

Conclusão

Descobrimos que a Kirby's Grocery oferece uma experiência de compras que simplesmente não pode ser encontrada em supermercados grandes. A variedade e a qualidade do atendimento são excelentes, o que torna uma visita à Kirby's uma experiência, não uma mera ida ao mercado (talvez esta frase poderia virar um *slogan*?). Ao tirar vantagem das oportunidades de marketing em grande escala oferecidas pela Internet, a Kirby's tem a chance de melhorar a consciência sobre as muitas qualidades positivas que tem entre os estudantes da MU, muito além do que consegue hoje com os seus esforços de expansão da base de clientes. Esta estratégia também é atraente porque pode aumentar a visibilidade da Kirby's com pouco ou nenhum custo.

> A finalização resume o relatório de um jeito positivo

FONTE: Extraído de *Lesikar's Business Communication: Connecting in a Digital World*, 12th edition by Kathryn Rentz, Marie E. Flatley, and Paula Lentz, pp. 350-358. Reproduzido com permissão de The McGraw-Hill Companies, Inc.

7

> **Na hora de redigir um relatório de solução de problemas, especialmente um que faz recomendações, mostre que o seu estudo foi abrangente, e o seu raciocínio, plausível.**

Como na maior parte dos outros relatórios, é você quem decide sobre o tom que vai usar na hora de apresentar as suas informações. Nos relatórios de progresso, enfatize o positivo sempre que possível. A mensagem geral desses documentos é "Eu (ou nós) fiz(emos) progresso". Para passar essa ideia de um jeito confiante, nossa dica é: tenha certeza de que a sua equipe teve mesmo um progresso mensurável no assunto do relatório.

FIGURA 9.5 — Formulário para relatório de solução de problemas do Exército dos Estados Unidos

```
            DEPARTMENT OF THE AIR FORCE
         HEADQUARTERS UNITED STATES AIR FORCE
                 WASHINGTON, DC 20330

RESPOSTA PARA
              AFODC/Coronel Jones
ASSUNTO     Relatório de estudo pessoal
PARA:
            PROBLEMA
              1. ----------------------------------------
                 ----------------------------------.
            FATORES DIANTE DOS PROBLEMAS
              2. Fatos.
                   a----------------------------------
                   b----------------------------------.
              3. Hipóteses.
              4. Critérios.
              5. Definições.
            DISCUSSÃO
              6. ----------------------------------------.
              7. ----------------------------------------.
              8. ----------------------------------------.
            CONCLUSÃO
              9. ----------------------------------------.
            AÇÕES RECOMENDADAS
             10. ----------------------------------------.
             11. ----------------------------------.

            JOHN J. JONES, Colonel, USAF     2 Anexos
            Deputy Chief of Staff, Operações   1. --------
                                               2. --------
```

Relatórios de solução de problemas

Muitos relatórios curtos servem para solucionar problemas, ajudando os tomadores de decisão a descobrir o que fazer quando surge um problema na organização – o que é comum. Por exemplo, um equipamento pifou e causou caos na linha de produção, os funcionários se feriram durante alguma tarefa no trabalho, um procedimento da empresa está ultrapassado, ou um cliente corporativo quer saber por que está tendo prejuízo.

Se definirmos problema como uma questão que a empresa tem de resolver, é possível incluir outros cenários: ela deve ou não adotar o regime de horários flexíveis? Qual é o melhor local para abrir uma filial?

Não importa o contexto: o redator de um relatório de solução de problemas precisa obter fatos, definir a questão com clareza, pesquisar soluções e, quando apropriado, recomendar um curso de ação.

Como os relatórios de progresso, os de solução de problemas podem ser internos ou externos. Os internos normalmente são requisitados, mas, às vezes, você terá de redigir um relatório desse tipo sem ter recebido uma ordem para isso. Por exemplo, se você precisa sugerir que um subordinado seja demitido ou que uma mudança de procedimentos seja adotada. Os relatórios de solução de problemas externos costumam ser realizados por empresas de consultoria. Nesses casos, o relatório é o principal produto pelo qual o cliente da consultoria está pagando.

Um tipo de relatório de solução de problemas que merece atenção especial é o **estudo de viabilidade.** Você estuda muitos cursos de ação e propõe o mais plausível ou desejável. Por exemplo, você vai comparar as empresas prestadoras de serviço de *backup* de dados e recomendar a que melhor se adapta às necessidades de sua empresa e oferece o serviço a um valor razoável. Ou terá de descobrir que tipo de creche interna é o melhor para a sua organização. Às vezes, esses estudos de viabilidade não são relatórios de solução de problema completos. Eles têm uma análise detalhada, mas não fazem recomendações. A avaliação que oferecem ajuda os tomadores de decisão a escolher o caminho a seguir.

> **SE FOR UM CONTADOR EM UMA EMPRESA DE AUDITORIA, AS CHANCES DE VOCÊ PRECISAR PREPARAR ESSES RELATÓRIOS [DE AUDITORIA] SÃO MUITO GRANDES.**

Na verdade, muitos relatórios curtos que ajudam uma empresa a enfrentar uma dificuldade não são relatórios de solução de problemas propriamente ditos. Os tomadores de decisão que delegam a realização de um relatório nem sempre querem recomendações. Eles precisam ter acesso a dados de qualidade e a uma análise criteriosa da situação a fim de elaborar um curso de ação por conta própria. Não importa se o relatório é interno ou externo: você vai precisar saber até que ponto deve se estender na apresentação de soluções – de acordo com a expectativa do leitor.

Você tem certa liberdade de escolha na hora de decidir se a introdução de seu relatório vai seguir a ordem direta ou não. Se você acha que os leitores estão abertos a qualquer resultado ou recomendação razoável, deixe tudo claro já no começo. Mas, se suspeitar que as conclusões podem ser inesperadas ou que os leitores não acreditam em você, informe a finalidade e o assunto do relatório no começo e reserve as conclusões e recomendações para o fim, após os detalhes. A Figura 9.5 mostra um modelo de relatório de solução de problemas usado pelo Exército dos Estados Unidos seguindo uma ordem mais indireta. Como sempre, tente descobrir o método de organização preferido pelos leitores.

Um relatório de solução de problemas quase sempre sugere uma ação. Mas, isso não quer dizer que ele seja uma mensagem persuasiva. Esse relatório foi delegado a você ou faz parte de suas responsabilidades, logo, existe um leitor esperando pelo documento. Além disso, o redator não tem qualquer interesse pessoal em jogo – não como ocorre com as mensagens persuasivas. Mesmo assim, na hora de redigir um relatório de solução de problemas, especialmente um que faz recomendações, mostre que o seu estudo foi abrangente, e o seu raciocínio, plausível. Os tomadores de decisão talvez não sigam o seu conselho, mas o seu trabalho, se foi feito com cuidado, vai ajudá-los a decidir o que fazer – e terá reflexos positivos para você.

Relatórios de auditoria

Um tipo bem específico de relatório é o de auditoria, cujo objetivo é mostrar que uma organização tem obrigação de seguir certos padrões. Os relatórios de auditoria avaliam as finanças, as operações ou a conformidade de uma organização aos termos de um contrato e podem ser redigidos por auditores internos ou externos. O tipo mais comum é aquele escrito por uma empresa de contabilidade para dar fé dos registros financeiros de um cliente. Esses relatórios são curtos e padronizados, estão disponíveis em qualquer relatório financeiro anual. Mas, os contadores também são contratados para preparar relatórios mais longos e menos padronizados, que ajudam o cliente a avaliar sua saúde financeira e adotar práticas mais adequadas. A estrutura dos relatórios de auditoria longos varia muito, mas, como os outros tipos, em geral há um resumo executivo seguido de introdução, metodologia e padrões usados, resultados, discussão e conclusões ou recomendações.

Como vimos no Capítulo 8, a lei Sarbanes-Oxley de 2002 teve um forte impacto nos métodos de elaboração de registros e relatórios financeiros. Este novo conjunto de leis federais norte-americano foi resultado dos escândalos financeiros da Enron, da WorldCom e de outras empresas de capital aberto. Para restaurar e manter a confiança dos investidores, a lei exige que as empresas contratem auditorias de terceiros para avaliar não só seus registros financeiros, mas também o seu processo de elaboração de relatórios. Como funcionário, você talvez tenha de redigir relatórios relacionados a este tipo de auditoria. Se for um contador em uma empresa de auditoria, as chances de você precisar preparar esses relatórios são muito grandes.

Atas de reunião

Muitos relatórios curtos redigidos em sua empresa, especialmente os internos, não recomendam ou analisam coisa alguma.

© 2009 Ted Goff

"Sugiro começar examinando a lista de eventos flutuante e cintilante."

> **LEMBRE-SE DE QUE A ATA DE REUNIÃO, EMBORA OBJETIVA, QUASE SEMPRE TEM REFLEXOS POLÍTICOS.**

Ao contrário, eles apenas descrevem. Os relatórios de viagem, de incidentes e outros tipos de relatórios descritivos servem de registro escrito de algo que aconteceu. Independentemente do tipo e da finalidade, todos precisam ser bem organizados, fáceis de ler e relatar fatos. Talvez o tipo mais comum seja a ata de reunião.

As atas de reunião são um registro escrito das atividades e decisões de um grupo, um histórico que inclui avisos, relatórios, discussões importantes e decisões. Esses documentos relatam o que deve ser feito por quem e quando, sendo, sobretudo, um resumo com a essência dos fatos, não uma transcrição detalhada. Elas incluem apenas dados objetivos, logo, o redator deve evitar adjetivos descritivos, como **ótimo, inteligente** e **razoável**. Mas, se o grupo tomar uma decisão em favor do uso de uma linguagem específica, o redator seguirá a determinação. As atas detalhadas são importantes porque podem ter peso legal quanto à obediência às decisões registradas.

A ata normalmente é redigida como memorando ou e-mail, mas o *layout* varia segundo a empresa. Ela deve permitir que o leitor se concentre no conteúdo e recupere informações no texto. Alguns redatores entendem que numerar os itens de acordo com a numeração mostrada na pauta ajuda a visualizar e revisar pontos específicos. Os subtítulos quase sempre são úteis, especialmente em negrito, itálico ou em alguma cor, para destacá-los no texto. O mais importante: as atas devem ser um registro adequado do que foi decidido e falado em uma reunião.

O exemplo de caso na página 258 mostra uma ata de reunião típica, com os seguintes itens podendo ser incluídos:

Itens introdutórios
- Nome do grupo
- Título do documento
- Tipo de reunião (mensal, de emergência, especial)
- Local, data e hora
- Nomes dos participantes, inclusive de convidados (usados para definir a necessidade de quórum)
- Nomes dos ausentes e razões para o não comparecimento

Itens do corpo da ata
- Aprovação da ata da reunião anterior
- Anúncios
- Assuntos antigos – discussão de temas tratados anteriormente
- Assuntos novos – discussão de temas apresentados na ocasião

Itens de encerramento
- Local e hora da próxima reunião
- Registro da hora de encerramento
- Nome e assinatura da pessoa incumbida de redigir a ata

Algumas etapas facilitam a tarefa de redigir uma ata de reunião. Primeiro, procure conhecer a pauta antes da reunião a fim de preencher o máximo de informações antecipadamente, como os nomes dos participantes. Se alguém não estiver presente na hora, é fácil mover o nome da pessoa para a lista de ausentes. Elabore uma tabela com estas colunas e faça anotações mais completas.

Tópico	Resumo da discussão	Ação/resolução

Lembre-se de que a ata de reunião, embora objetiva, quase sempre tem reflexos políticos. Como ela é o único registro tangível do que ocorreu, os participantes vão querer que as suas contribuições sejam incluídas sob uma perspectiva positiva. Você não pode registrar todos os comentários feitos. Por isso, terá de decidir quais serão incluídos, como vai capturar as reações do grupo e se dará ou não crédito a um participante por algo. Use a sua capacidade de julgamento na hora de passar um evento tão rico em contribuições verbais em um resumo escrito.

Esses relatórios também são definidos pelos seus objetivos e pelas necessidades e expectativas do leitor. ■

"Fingir-se de morto não funciona mais, Stephmeyer! Quero o relatório em minha mesa às 5h ou você está frito!"

Exemplo de caso
Ata de reunião

Ata de reunião do Comitê de Políticas
Reunião bimestral
21 de novembro de 2011, 9h30-11h30, Sala A

Estavam presentes: Megan Adami (presidente), D'Marie Simon, DeAnne Overholt, Michelle Lum, Joel Zwanziger, Rebecca Shuster, Jeff Merrill, Donna Wingler, Chris Woods, Tim Lebold (advogado, convidado).

Estavam ausentes: Joan Marian, Jeff Horen (liberados), Leonna Plummer (liberados)

[Registros preliminares completos fornecem as informações necessárias]

Atas anteriores

A ata da reunião de 5 de maio de 2011 foi lida e aprovada.

Anúncios

Chris Woods convidou o comitê para a cerimônia de recepção de Milton Chen, diretor da companhia na Ásia. A recepção ocorrerá no salão executivo às 3h00 da tarde de amanhã. Chris lembrou que a Ásia está à frente dos Estados Unidos no uso de tecnologias sem fio e sugeriu que poderíamos obter algumas ideias sobre boas políticas a serem implementadas.

Assuntos antigos – a política de e-mails

[Os títulos das seções ajudam os leitores a lembrar as informações]

Joel Zwaziger relatou os resultados de sua pesquisa sobre a nova proposta de políticas de e-mails. Embora apenas 165 dos funcionários fossem fortemente a favor da política, os 84% restantes não se opuseram a ela. O comitê aprovou a implementação para 1º de janeiro de 2012, contanto que sua distribuição seja feita a todos os funcionários antes do feriado de Natal.

A política de navegação na Internet

D'Marie Simon relatou os resultados preliminares de outras empresas no setor. A maioria tem orientações informais, mas nenhuma política oficial. As orientações normalmente dizem que a navegação precisa estar relacionada ao trabalho e que, quando tiver fins pessoais, seja realizada nos intervalos. O comitê discutiu a questão em detalhes e aprovou uma política que reflete as orientações gerais em vigor.

A política de funcionários temporários

Tim Lebold apresentou as etapas legais necessárias para fazer nossos funcionários temporários existentes e novos assinarem um contrato de confidencialidade antes de começarem a trabalhar na empresa, conforme discutido no âmbito de uma nova política de contratação de funcionários temporários.
O comitê instruiu Tim a iniciar o processo, para que a política entre em vigor o mais breve possível.

[As discussões são resumidas, com ações tomadas sendo citadas]

Assuntos novos – a resolução

Michelle Lum sugeriu que uma resolução de agradecimento seja adicionada à ata, reconhecendo Megan pela excelente atenção aos detalhes e pelo foco que dá aos esforços para manter o comitê à frente de questões relativas a políticas. A resolução foi aprovada por unanimidade.

[As resoluções são apresentadas em linguagem descritiva]

A próxima reunião

A próxima reunião do comitê ocorrerá no dia 3 de maio de 2012, das 9h30 às 11h30 da manhã, no salão A.

Encerramento

A reunião foi encerrada às 11h25 da manhã, lavrando-se a presente ata.

[O encerramento completa as informações]

Atenciosamente,

Megan Adami
_____
Megan Adami

[A assinatura prova que a ata é oficial]

---

258 MÓDULO 4 | Relatórios eficazes

ACESSE <http://www.grupoa.com.br> para materiais adicionais de estudo, em inglês, incluindo apresentações em PowerPoint.

módulo cinco

Habilidades verbais e a procura por um novo emprego

CAPÍTULO 10 COMUNICAÇÃO VERBAL
CAPÍTULO 11 COMUNICAÇÃO NA PROCURA POR UM EMPREGO

Comunicação verbal

capítulo dez

● ● objetivos de **APRENDIZAGEM**

OA10.1 Discutir a comunicação verbal e seus elementos principais.

OA10.2 Explicar os desafios em escutar uma pessoa e como vencer cada um deles.

OA10.3 Descrever as técnicas certas de conversar ao telefone e via correio de voz.

OA10.4 Explicar as técnicas para conduzir e participar de reuniões.

OA10.5 Selecionar e organizar um assunto para apresentações formais eficazes diante de um público-alvo específico.

OA10.6 Identificar e escolher métodos de apresentação apropriados.

OA10.7 Descrever como o público-alvo e a autoavaliação contribuem para uma apresentação.

OA10.8 Explicar o uso da voz e de aspectos físicos, como postura, jeito de caminhar, expressão facial e gestos, na comunicação verbal eficaz.

OA10.9 Planejar o uso de elementos visuais em apoio a suas apresentações.

OA10.10 Trabalhar em equipe com eficácia na preparação e realização de uma apresentação em grupo.

OA10.11 Definir apresentações virtuais e as diferenças em relação às apresentações presenciais.

Você já sabe que o seu trabalho envolve a comunicação escrita e a verbal. A escrita talvez seja um desafio maior, mas a verbal vai consumir mais tempo. Na verdade, é provável que você passe mais tempo envolvido em alguma forma de comunicação verbal do que em qualquer outra atividade.

Cenário de trabalho

Comunicação verbal no trabalho

O seu trabalho como assistente da diretoria no Departamento de Relações Públicas da BioGen Tech, Inc. não é exatamente o que você esperava. Claro que as tarefas envolvem o que você aprendeu na universidade, mas, às vezes, as atividades incluem coisas para as quais você não se especializou porque não achou que seriam necessárias. A maior parte dessas ações está associada a uma forma de comunicação verbal. Você já percebeu que passa mais tempo falando e ouvindo do que em qualquer outra função.

Vamos ver quais foram as suas atividades hoje. Pela manhã, você discutiu um problema sobre o moral dos funcionários com os seus supervisores e, na sua opinião, eles não entenderam o que você disse. Depois, você comandou uma reunião do comitê especial formado para planejar o piquenique anual de seu departamento. Foi um desastre — todos se interrompendo, discutindo, falando ao mesmo tempo. É incrível como esse comitê conseguiu fazer algum progresso até hoje. Parece que todos queriam falar e ninguém queria ouvir.

À tarde houve outras atividades envolvendo a comunicação verbal. Depois do almoço, você atendeu a um telefonema a cada 20 minutos em média. Isso não foi problema para você, mas ficou claro que algumas das pessoas do outro lado da linha estavam precisando de uma lição de etiqueta ao telefone. Além desses telefonemas, você usou o sistema de reconhecimento de voz da empresa para ditar algumas mensagens e e-mails.

As atividades realizadas na semana passada não foram muito diferentes. O seu chefe pediu que você fosse o orador em um jantar de premiação, quando a sua empresa ofereceu bolsas de estudo a acadêmicos do curso de administração. Você também teve de apresentar um relatório verbal ao comitê executivo da BioGen sobre um levantamento que o seu departamento fez para determinar as opiniões sobre uma disputa entre a empresa e o sindicato. Você deu o melhor de si, mas não se sentiu à vontade com o que fazia.

Essas tarefas estão ficando cada vez mais comuns em sua rotina profissional. Você está subindo na hierarquia da BioGen e tenta realizar tudo isso de um jeito mais eficaz. Afinal, as suas promoções futuras é que estão em jogo. A discussão a seguir sobre a comunicação verbal vai ajudá-lo nesse esforço.

> [**A primeira etapa na melhoria de suas aptidões verbais é refletir sobre as qualidades que você aprecia em um bom comunicador – aquela pessoa com quem você gosta de conversar sobre assuntos corriqueiros.**]

A maior parte da comunicação verbal em uma empresa é informal, presencial, e ocorre sempre que um grupo de pessoas se reúne. Claro que todos nós temos experiência com essa forma de comunicação, e a maioria se sai razoavelmente bem. Mas, sempre há espaço para melhorar nossas competências verbais informais.

Mas, o ambiente empresarial também é palco para a comunicação verbal formal. O executivo realiza e participa de reuniões, telefona para outro executivo e dita mensagens e relatórios. Também é comum ele dar uma palestra, um discurso ou apresentar um relatório verbal. Esses tipos de comunicação verbal fazem parte do trabalho dele.

Este capítulo discute a gama de atividades que envolvem a comunicação verbal, das mais simples, passando pelas reuniões, até as apresentações mais formais. Você vai conhecer as situações em que essas comunicações ocorrem no ambiente de negócios.

CONVERSA INFORMAL

Conversar de forma eficaz envolve duas atividades básicas – falar e ouvir. Embora essas tarefas sejam simples para a maioria das pessoas, um esforço consciente para aperfeiçoar essas atividades deve melhorar as suas habilidades comunicativas. O diálogo é tão comum em todas as esferas profissionais, que ter boas habilidades comunicativas vai ser um ativo de muito valor para você.

●● OA10.1
Discutir a comunicação verbal e seus elementos principais.

Diálogos informais

Todos temos a capacidade de dialogar, mas muitos poderiam melhorá-la. Isso só acontece quando temos plena consciência da natureza e das características da comunicação verbal. Deve-

Comunicação rápida

O que os executivos pensam sobre as habilidades comunicativas dos recém-formados nas universidades

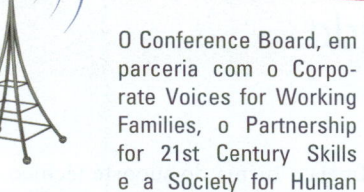

O Conference Board, em parceria com o Corporate Voices for Working Families, o Partnership for 21st Century Skills e a Society for Human Resource Management, pediu a um grupo de executivos que indicassem quais eram as características mais importantes no ambiente de trabalho exigidas dos estudantes universitários recém-formados. As cinco habilidades principais foram a competência na comunicação verbal (apontada por 95,4% dos entrevistados), o trabalho em equipe e em colaboração (94,4%), a ética profissional (93,8%), a comunicação escrita (93,1%) e o pensamento crítico/capacidade de resolver problemas (92,1%).

Os executivos também classificaram as habilidades dos recém-formados como "excelentes" ou "deficientes". Curiosamente, quando avaliaram os recém-formados que fizeram um curso universitário por quatro anos, 46,3% dos entrevistados deram nota "excelente" para as habilidades na aplicação da tecnologia da informação (que ficou em 11º lugar na lista de habilidades importantes, com 81,0%), mas apenas 24,8% deram nota "excelente" para as habilidades na comunicação verbal (o primeiro item da lista). A comunicação escrita e as habilidades de liderança apareceram na lista de itens com nota "deficiente".

Os resultados deste estudo são uma motivação para continuarmos trabalhando para melhorar nossas habilidades comunicativas. Este e os demais capítulos deste livro apresentam muitas estratégias e dicas úteis para essa finalidade.

FONTE: *Are They Really Ready To Work? Employers' Perspectives on the Basic Knowledge and Applied Skills of New Entrants to the 21st Century U.S. Workforce, The Conference Board,* The Conference Board Inc., 2006, Web, 4 June 2010.

---

mos avaliar as nossas habilidades para então trabalharmos para vencer nossos problemas.

A primeira etapa na melhoria de suas aptidões verbais é refletir sobre as qualidades que você aprecia em um bom comunicador – aquela pessoa com quem você gosta de conversar sobre assuntos corriqueiros. Em seguida pense sobre o oposto – o pior comunicador que você conhece. Ao criar uma imagem dessas pessoas, você terá noção das características de uma boa competência verbal. Este quadro mental provavelmente inclui a qualidade da voz, a excelência no estilo, a precisão da escolha de palavras e a capacidade de se adaptar ao ouvinte. São esses os elementos que controlam a qualidade global de sua expressão verbal, e agora é a vez de conhecê-los a fundo.

elementos da comunicação verbal eficaz

As técnicas da comunicação verbal correta são baseadas em quatro elementos: (1) a qualidade da voz, (2) o estilo, (3) a escolha de palavras, e (4) a adaptação.

Qualidade da voz Sua competência verbal não será boa se a sua voz não tiver qualidade. A qualidade da voz diz respeito às emissões vocais que uma pessoa ouve quando você fala. Ela se baseia, sobretudo, no tom e na ressonância dos sons emitidos, mas a velocidade e o volume da fala também afetam a experiência do ouvinte. As vozes humanas variam, desde as desagradáveis até as mais melodiosas, mas é possível trabalhar para aperfeiçoá-las.

Talvez a melhor forma de melhorar a qualidade da voz seja considerar sua própria experiência. Você conhece o efeito de uma voz rápida ou lenta demais. Você percebe o efeito de uma voz monótona, assim como a de uma voz aguda, gutural ou melodiosa. Sabendo disso, analise a sua própria voz: grave-a e ouça você mesmo falando atentamente. Compare o que ouve às impressões formadas por suas experiências no assunto. Faça o que deve para melhorar a sua voz. Este esforço é consciente.

Estilo O estilo envolve a inter-relação entre três características de sua

Na hora de ter uma conversa informal, trate as outras pessoas com a mesma cortesia que você espera receber delas.

> **Da perspectiva dos estudos da comunicação, o processo de escuta envolve também a interpretação e a lembrança do que foi ouvido.**

voz: o tom, a velocidade e o volume. É a combinação exclusiva desses três elementos que confere personalidade à nossa expressão verbal.

Com base na autoavaliação sobre a qualidade da sua voz, você também consegue ter uma noção bem clara do estilo dela. Qual é a imagem projetada por sua voz? De sinceridade? Paciência? Entusiasmo? A sua voz é amena e uniforme? Ou áspera e chata? Faça uma avaliação honesta e defina como você vai resolver as deficiências no estilo de sua voz.

Escolha de palavras A terceira qualidade da comunicação verbal é a escolha de palavras. Claro que ela tem relação com o vocabulário que você usa. Quanto maior ele for, mais ampla será a sua gama de escolha. Mesmo assim, não esqueça que o ouvinte precisa entender as palavras que você escolhe. Elas também devem ser apropriadas à situação – seja ela formal, informal, séria ou descontraída. Além disso, as palavras escolhidas têm de respeitar o conhecimento que o ouvinte tem do tema – isto é, não use palavras que o façam se sentir inferiorizado.

Adaptação A adaptação, a quarta característica da comunicação verbal eficaz, é uma extensão da nossa discussão nos parágrafos anteriores: é a adequação da mensagem ao ouvinte. Adaptar é encaixar as palavras aos interesses e à capacidade de compreensão do ouvinte. Mas, a adaptação também inclui a voz e o estilo; por exemplo, a voz, o estilo e as palavras em uma mensagem verbal voltada para a sua equipe de vendas é diferente daquela que almeja a turma do suporte técnico de TI. Pela mesma razão, essas qualidades variam nas mensagens comunicadas entre diferentes culturas ou contextos sociais.

cortesia na comunicação verbal Todo o mundo conhece alguém que fala alto demais, interrompe a todo instante e tenta dominar a conversa. Ninguém gosta de gente assim. Os bons comunicadores encorajam as outras pessoas a falar. Eles põem em prática as regras da cortesia da comunicação verbal.

Esta ênfase na cortesia não quer dizer que você deva ser submisso na hora de dialogar com alguém – que você não deva ser assertivo na tentativa de convencer as pessoas de que as suas ideias estão certas. O importante é tratar as pessoas com a cortesia que espera receber delas.

OA10.2

Explicar os desafios em escutar uma pessoa e como vencer cada um deles.

Como escutar

Escutar, além de uma faceta essencial da comunicação, é uma área em que muitos executivos precisam de ajuda. A experiência mostra que as dificuldades de quem recebe a comunicação (o ouvinte) podem trazer muitos problemas.

natureza do ato de escutar A primeira coisa que vem à cabeça no que diz respeito ao ato de escutar é a percepção dos sons ao redor. Claro que na comunicação entre pessoas estes sons são principalmente as palavras que uma pessoa fala. Mas, da perspectiva dos estudos da comunicação, o processo de escuta envolve também a interpretação e a memória do que foi ouvido.

Percepção Em que medida percebemos as palavras em nosso redor é função de dois fatores. O primeiro é nossa capacidade de perceber sons – a capacidade de nossos ouvidos de captá-los. Você sabe que as pessoas não ouvem na mesma intensidade. Os aparelhos auditivos ajudam a reduzir essas diferenças.

Melhore a sua habilidade de escutar prestando atenção e se concentrando em quem fala.

O outro fator é a atenção, a concentração mental, nossa disposição de escutar. Nossa concentração nos símbolos de comunicação que nossa audição detecta varia com o tempo, desde o bloqueio total até a atenção intensa a esses símbolos. Você certamente se lembra de algum momento em que esteve completamente ausente às palavras que alguém dizia ao redor, e de um instante quando você escutava com a máxima atenção. Na maior parte do tempo, a atenção que você dá ao que ouve fica entre estes dois extremos.

Interpretação O estudo do processo de comunicação empresarial no Capítulo 1 mostrou que a interpretação permite dar sentido aos símbolos que você percebe. Esta atividade é influenciada pelos conteúdos exclusivos de sua mente: o conhecimento, as emoções, as crenças, os preconceitos, as experiências e as expectativas que toda pessoa tem. Mas, os contextos cultural, organizacional e profissional também têm um papel nessa estrutura. É por isso que às vezes você dá sentidos a uma mensagem que não têm qualquer relação com os significados que outras pessoas dão para ela, especialmente quando a estrutura de referência do falante não é levada em conta.

Memória Lembrar o que escutamos é a terceira atividade envolvida no ato de escutar. Infelizmente, retemos muito pouco do que escutamos. É verdade que somente por algum tempo conseguimos nos lembrar do que ouvimos em uma conversa casual – talvez alguns minutos ou horas, mas uma boa parte é esquecida no ato. Alguns especialistas dizem que esquecemos com rapidez a maior parte da mensagem nas comunicações verbais formais (como uma palestra). O que fica na memória depois de alguns dias é cerca de um quarto do que foi escutado originalmente.

como melhorar a sua habilidade de escutar

Melhorar a sua habilidade de escutar é principalmente uma questão de condicionamento mental – de se concentrar na atividade de perceber o que ocorre ao redor. É preciso querer melhorar, porque escutar é um ato consciente. Se você é como a maioria, então conhece a tentação de não escutar ou acha que é mais fácil não prestar atenção ao que dizem. Nós, seres humanos, temos essa tendência de evitar o esforço – e escutar é visto como uma forma de esforço.

Depois de decidir que quer mesmo escutar melhor, você terá de fazer o esforço de prestar atenção. Isso envolve disciplina e prática. É preciso se forçar a ficar alerta, atento às palavras.

A escuta ativa, técnica usada com sucesso por muitas pessoas, é baseada no foco no que é dito, sem julgamentos, e envolve certas ações, como sentar-se ereto e reconhecer que a outra pessoa está falando (acenando com a cabeça, por exemplo). O *back-channeling* é uma variante desta técnica, muito usada por grupos. O público-alvo também consegue incentivar o uso de tecnologias, como salas de bate-papo, mensagens de texto e *tweets* para comentar sobre apresentações em tempo real. Essas tecnologias ajudam a manter o foco no que é dito. Não importa a técnica que você escolher: a melhoria sempre vai exigir esforço.

Além de trabalhar no aperfeiçoamento dos sentidos, pratique a exatidão da interpretação. Pense no que as palavras significam para os falantes, não nas acepções que elas têm nos dicionários ou no que você acha que elas querem dizer. Tente pensar de acordo com o que o falante tem em mente – julgando as palavras dele segundo o conhecimento, as experiências, o ponto de vista e as situações enfrentadas por ele. Assim como melhorar sua percepção, aperfeiçoar sua habilidade de escutar o que está sendo dito requer um esforço consciente.

Lembrar o que você ouviu também exige um esforço consciente. Certamente há limites para o que a mente pode reter, mas as autoridades concordam que poucos de nós chegam perto deles. Se tomar cuidado para ouvir o que é dito e se esforçar para que o seu processo de intepretação gere significados mais precisos para as palavras que ouve, você fortalecerá as mensagens que recebe. O resultado? A melhoria da retenção da mensagem.

A discussão anterior deixa claro que, para melhorar a sua habilidade de escutar, é preciso se dedicar à tarefa. Os hábitos inadequados de escuta estão enraizados em nós, mas podemos alterá-los somente com esforços conscientes.

● ● OA10.3
Descrever as técnicas certas de conversar ao telefone e via correio de voz.

Como usar o telefone

A maioria de nós tem muita experiência com o uso do telefone como ferramenta de comunicação e pensa que não há muito a aprender. Claro que a competência de muita gente nesse

Os sistemas de reconhecimento de voz permitem que o redator se concentre na escolha de palavras e na composição da mensagem, livre da digitação e das preocupações com a ortografia. Mas, a revisão de provas é essencial, especialmente quando a redação inclui palavras facilmente confundíveis ou sinônimos.

CAPÍTULO 10 | Comunicação verbal

Comunicação rápida

Os 10 mandamentos da escuta

1. **Pare de falar.** Infelizmente, a maioria de nós prefere falar a escutar. Mesmo quando não estamos falando, temos a inclinação de nos concentrar no que dizer a seguir, em vez de escutar o que os outros estão falando. Por isso, você precisa aprender a parar de falar antes de aprender a escutar.
2. **Facilite as coisas para quem fala.** Se você ajuda o falante a relaxar, ele tem mais chances de se comunicar de modo mais eficaz. A vantagem é que você terá dados de mais qualidade para usar.
3. **Mostre ao falante que você quer escutar o que ele diz.** Se conseguir convencer o falante de que está escutando o que ele diz, você criará um clima propício para a troca de informações. Você deve demonstrar interesse. Ler, olhar para o relógio ou olhar pela janela distrai o falante.
4. **Exclua as distrações.** Certas coisas que você faz podem distrair quem está falando. Por isso, não rabisque, não bata com a caneta na mesa, não mexa em papéis.
5. **Estabeleça uma empatia com o falante.** Ao se colocar no lugar do falante e examinar as coisas da perspectiva dele, você gerará uma atmosfera de compreensão que vai resultar em uma verdadeira troca de informações.
6. **Seja paciente.** Você vai precisar dar todo o tempo de que o falante precisa. Lembre-se de que nem todos conseguem expor o que têm a dizer na mesma velocidade que você. E não interrompa. As interrupções são barreiras à troca de informações.
7. **Controle o seu temperamento.** Sabemos como nossas mentes funcionam, logo, a raiva é um empecilho para a comunicação. As pessoas que sentem raiva constroem muros umas entre as outras, enrijecem suas posições e bloqueiam suas mentes às palavras dos outros.
8. **Pegue leve nas discussões e críticas.** Discussões e críticas normalmente colocam o falante na defensiva. Ele se fecha e fica com raiva. É por isso que mesmo quando você vence uma discussão, sai perdendo. Raramente alguém sai ganhando em uma discussão.
9. **Faça perguntas.** Se você fizer perguntas frequentemente, você demonstra que tem uma cabeça aberta e que está escutando. Além disso, você estará ajudando o falante a desenvolver a mensagem que ele quer passar e a melhorar a exatidão dela.
10. **Pare de falar!** O último mandamento é parar de falar. Também é o primeiro. Todos os outros dependem dele.

FONTE: Nossa gratidão vai para o autor anônimo que começou a divulgar esses comentários que hoje se tornaram clássicos sobre a habilidade de escutar.

---

assunto é ótima. Mas, é só ligar para algumas empresas para perceber que nem todos que falam ao telefone são proficientes no seu uso. Você ouve de tudo: resmungos, saudações pouco amistosas e uma variedade de indelicadezas. Exemplos de como as pessoas são ineficientes na hora de aproveitar o tempo ao telefone (que naturalmente não é barato) também são comuns. Isso não quer dizer que esse problema seja grave, já que a maioria das empresas mais inovadoras está ciente da necessidade de cultivar bons hábitos ao telefone entre seus funcionários. Mas, muitas deficiências são observadas, o que justifica dedicar neste livro uma discussão específica ao tema do uso do telefone na comunicação empresarial.

qualidade da voz profissional Na hora de pôr em prática as técnicas certas de falar ao telefone, não esqueça que ele é um instrumento de comunicação enxuto. A voz é o que mais aparece. A pessoa do outro lado da linha pode ter uma ou outra impressão com base na sua escolha de palavras e na qualidade da sua voz. Por isso, é muito importante que você se esforce para que ela seja agradável e gentil.

Uma maneira muito comum de melhorar a voz ao telefone é falar como se estivesse em frente à pessoa do outro lado da linha – mesmo sorrir ou gesticular ajuda a parecer mais natural. Além disso, pratique as sugestões que demos no começo do capítulo para usar a voz em uma conversa (qualidade da voz, variação no tom e velocidade). Gravar a própria voz permite perceber como ela funciona. Ouça o que você mesmo diz ao telefone e avalie como se sai e o que deve fazer para melhorar.

Não importa se você está no escritório ou não: na hora de usar o celular, use as mesmas regras que você adota ao falar usando uma linha fixa.

> "Uma maneira muito comum de melhorar a voz ao telefone é falar como se estivesse em frente à pessoa do outro lado da linha – mesmo sorrir ou gesticular ajuda a parecer mais natural."

cortesia

Se você trabalha há algum tempo no setor de negócios, provavelmente já presenciou muitas indelicadezas ao telefone. É verdade que a maior parte dessa falta de cortesia não é proposital, mas resultado de ignorância ou descuido. Algumas dicas vão ajudá-lo a evitar esses problemas e a incorporar a etiqueta comercial em seus telefonemas.

O procedimento recomendado quando você faz uma chamada é se apresentar logo que a outra pessoa atende e pedir para falar com a pessoa que você procura:

"Bom dia. Aqui é Payton Kubicek, da Easy Menu Planning. Eu gostaria de falar com a Sra. Ashley Murillo. Seria possível?"

Se você não sabe exatamente com quem tem de falar, explique a finalidade de seu telefonema:

"Bom dia. Aqui é Payton Kubicek, da Easy Menu Planning. Estamos com uma dúvida relativa às garantias dadas por seus serviços. Eu poderia conversar com a pessoa responsável pelo setor, por favor?"

Quando existe um assistente ou outra pessoa incumbida de atender às chamadas, o procedimento recomendado é identificar a empresa e só então oferecer assistência:

"Lenaghan Seguradora, bom dia. Em que posso atendê-lo?"
"Escritório da Sra. Reyers. Como posso ajudá-lo?"

Quando um telefonema chega diretamente no escritório do executivo, o procedimento é idêntico, mas é ele (ou ela) que se identifica:

"Imobiliária Seaton. Aqui é Dave Seaton. Posso ajudá-lo?"

Mas, se é um assistente que atende ao telefone em vez de um executivo (como ocorre normalmente), é preciso ter certo cuidado para não ofender quem telefona. Se a pessoa que atende pergunta "Quem deseja?" e, em seguida, diz "Lamento, mas o Sr. Gordon não está", fica a impressão de que ele está, mas não quer falar com quem está telefonando. O melhor é ir direto ao ponto e responder "O Sr. Gordon não está no momento. O Sr. quer que ele retorne a ligação?", "Posso dizer a ele quem telefonou?" ou "O Sr. deseja falar com outra pessoa?".

Uma coisa muito irritante é ser deixado esperando enquanto uma ligação é transferida. Se a pessoa procurada está em outra linha ou realiza outra atividade, é melhor perguntar se aquela que telefona quer aguardar na linha ou deixar recado. A etiqueta empresarial diz que a escolha é de quem faz a chamada. Mas, se a espera acaba ficando maior do que o esperado, no intervalo de alguns minutos o assistente deve perguntar se a pessoa quer mesmo continuar aguardando. É uma demonstração de interesse e gentileza. Deixar alguém esperando indefinidamente até a pessoa procurada estar disponível é muito indelicado. Alguns entendem que usar um assistente para fazer esse tipo de trabalho aumenta a eficiência. Mas, por uma questão de cortesia, o executivo deve estar pronto para falar no momento em que a chamada é transferida.

Os assistentes de executivos ocupados selecionam as chamadas que atendem. É nesse momento que devem perguntar gentilmente qual é a finalidade do telefonema. Dependendo da resposta, podem transferir o telefonema para uma pessoa mais indicada para solucionar a questão ou explicar, de maneira gentil, mas clara, que o executivo não tem interesse no assunto da ligação. Se este estiver ocupado, é preciso explicar a situação, sugerir um horário mais apropriado ou prometer retornar o telefonema. Em hipótese alguma essa promessa deve ser feita se não há intenção de retornar a ligação. Uma quebra de etiqueta desse tipo destrói a boa imagem da empresa.

procedimentos eficazes ao telefone

Quando você faz uma chamada, informe a finalidade dela já no começo. Feito isso, aborde os pontos pertinentes ao assunto. Mas, se o telefonema for realmente importante, planeje tudo o que vai dizer. Tome nota dos pontos relevantes a ser discutidos, e siga essas notas durante a conversa, para ter certeza de abordar tudo.

A cortesia ao telefone não difere muito daquela que você adota em uma conversa presencial. Você presta atenção quando a outra pessoa está falando e evita interromper ou dominar a conversa. Mas, talvez o mais importante seja passar a mensagem com rapidez, poupando o tempo (e o dinheiro) de todas as pessoas envolvidas.

técnicas eficazes do correio de voz

Muitas vezes, quando a pessoa para quem você telefona não está disponível, é possível deixar uma mensagem de voz em uma caixa postal. Isso não apenas economiza o tempo gasto em fazer uma segunda chamada, como também permite deixar uma mensagem mais detalhada em comparação a um recado que você deixaria com um assistente. Mas, é preciso se preparar e ter certeza de que a sua mensagem é clara e concisa.

Você começa a mensagem do mesmo modo como inicia um telefonema. Seja cortês como seria ao telefone e fale do modo mais claro possível. Informe o seu nome e a empresa em que trabalha com naturalidade. Comece com uma visão geral do assunto e então apresente os detalhes. Se quer que o destinatário da mensagem faça alguma coisa, peça no final. Se quer que ele retorne a ligação, diga isso com clareza e informe quando vai estar disponível. Um detalhe: na hora de dar o seu número de telefone, fale devagar. Encerre o recado com algumas palavras gentis. Por exemplo, você é o coordenador de um programa de treinamento e deixa esta mensagem na caixa postal de um participante:

> **"SE QUER QUE A PESSOA RETORNE A LIGAÇÃO, DIGA ISSO COM CLAREZA E INFORME QUANDO VAI ESTAR DISPONÍVEL. UM DETALHE: NA HORA DE DAR O SEU NÚMERO DE TELEFONE, FALE DEVAGAR."**

Aqui é Stanelle Clare, do Metroplex Development Institute. Estou telefonando para lembrar à Sra. Melanie Wilson que, na quarta-feira, 20 de julho, teremos a Mesa Redonda com Executivos-Chefes (CERT) no Crescent Hotel, em Dallas. O Dr. Stevens, do Masley Optimal Wellness Center, apresentará o programa sobre a Saúde do Executivo no Século XXI. O evento começará com um café da manhã às 7h30 e encerrará com um almoço ao meio-dia. À tarde, alguns membros da CERT jogarão uma partida de golfe no Dallas Country Club. Se a Sra. Wilson quiser se juntar a eles, ficarei contente em incluí-la na lista. Ela pode entrar em contato comigo no número 940-240-1003 até às 5h da tarde desta sexta-feira. Esperamos encontrá-la em nosso evento na próxima quarta-feira. Obrigada.

Como usar o reconhecimento de voz

As melhorias na qualidade e na facilidade de uso dos sistemas de reconhecimento de voz estão dando vida nova à redação ditada. A combinação desses sistemas e algumas técnicas simples permitem que os redatores usem a própria voz na preparação de documentos, melhorando a produtividade.

obtenha os fatos A primeira etapa lógica na hora de ditar uma mensagem ou documento é obter todas as informações necessárias. Ela envolve atividades como analisar correspondências anteriores nos arquivos, consultar outros

Tecnologia rápida
Sistemas de reconhecimento de voz poupam tempo

Ditar mensagens e relatórios é uma coisa que quase nenhum redator faz hoje. Mas, as tecnologias de reconhecimento de voz melhoraram muito e permitem ditar documentos e mensagens sem interrupção ou preparação, nem treinamento de quem as usa. Elas funcionam com os aplicativos mais comuns de edição de texto, apresentação e e-mail em *desktops*, *smartphones* e *tablets*, e não custam caro, se você levar em conta o valor que têm para quem escreve. Outra vantagem é que, além de escrever certo, elas aprendem rápido muitos vocabulários especializados. E tudo isso com rapidez, pois a maioria das pessoas fala entre 140 e 160 palavras por minuto, muito mais do que conseguiria digitar. Embora a revisão de provas de documentos ditados seja um pouco diferente, porque envolve a busca de homófonos (palavras com pronúncia idêntica), e não de erros de grafia ou de palavras mal-empregadas, a maioria desses sistemas permite ouvir o que foi ditado, para encontrar erros.

funcionários e averiguar as políticas da empresa. A menos que você tenha em mãos todas as informações de que precisa, não vai conseguir ditar sem interrupção.

planeje a mensagem
Com os fatos da situação na sua frente, é hora de planejar a mensagem. Talvez você prefira realizar esta etapa mentalmente ou fazer alguns apontamentos rápidos ou um esboço. Não importa o que você acha melhor: a meta é decidir como será sua mensagem e como vai apresentá-la. É nesta etapa que você vai aplicar os procedimentos que aprendeu sobre a redação de mensagens e relatórios.

faça as palavras fluírem
A próxima etapa é começar a ditar a mensagem. Parece simples, mas você talvez se depare com alguns problemas. Pensar em voz alta, mesmo na frente de um computador, intimida quem não está acostumado com a coisa. O resultado é que você não se sente à vontade e acaba ditando muito lentamente.

Superar esse problema exige disciplina e prática. Você deve se concentrar e fazer as palavras fluírem. A sua meta é fazê-las saírem da sua boca e, com isso, compor a mensagem. Não se preocupe demais em produzir um trabalho bem acabado já na primeira tentativa. Provavelmente você terá de revisar o que ditou mais de uma vez. Com a prática, a necessidade de revisar diminui e a velocidade e a qualidade melhoram na hora de ditar sua mensagem.

fale com clareza
O ato de ditar deve ser captado claramente pelo sistema de reconhecimento de voz que você usa. Por isso, fale do jeito mais claro possível. Até o menor dos progressos em termos de precisão – por exemplo, de 95 para 99% de acertos – vai trazer ótimos resultados para você quanto ao tempo gasto para finalizar um documento.

observe a formação de parágrafos, a pontuação e outras instruções
Os detalhes da composição do texto em parágrafos, da grafia, da pontuação e de qualquer outro aspecto importante durante o processo dependem do quanto você treina o seu *software*. Quanto mais você usar o sistema, mais a fundo ele conhecerá o seu jeito de ditar. Isso reduz a necessidade de dar instruções para ele. Soletre as palavras que o sistema não conhece. Com isso, o sistema treina a si mesmo, e poderá atender melhor às necessidades que você tem.

OA10.4
Explicar as técnicas para conduzir e participar de reuniões.

Como realizar e participar de uma reunião

Muita gente critica as reuniões, considerando-as uma perda de tempo, mas elas são um evento que ocorre em todo o ambiente

---

Comunicação rápida

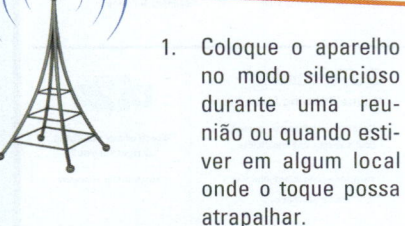

Gentileza nas ligações via celular

1. Coloque o aparelho no modo silencioso durante uma reunião ou quando estiver em algum local onde o toque possa atrapalhar.
2. Não use o celular em eventos sociais.
3. Não coloque o celular na mesa durante uma refeição.
4. Evite falar quando pode perturbar outra pessoa (dentro da faixa de audição dela).
5. Evite discutir assuntos pessoais ou confidenciais na presença de outras pessoas.
6. Não fale em voz muito alta.
7. Faça suas chamadas em um local quieto e reservado.
8. Se precisar falar na presença de outras pessoas, tenha consciência de que não está sozinho. Não atrapalhe o andamento de uma fila, não obstrua a passagem ou cause problemas para quem estiver por perto.
9. Não use o telefone ao dirigir (é proibido por lei).

Um líder eficiente de uma reunião usa o tempo dos participantes com eficácia por meio de planejamento e controle cuidadosos.

empresarial. As estimativas dizem que um funcionário recém-contratado passa 25% de seu tempo em reuniões, enquanto um gerente consome 50%, e um executivo, 75% de seu tempo para fazer ou participar de uma apresentação.[1]

Como líder ou participante, o seu papel em uma reunião é contribuir para seu andamento. Claro que o de líder é o principal, mas a participação das outras pessoas presentes é igualmente importante. Os parágrafos a seguir discutem as técnicas que você vai usar para desempenhar bem esses papéis.

técnicas para realizar uma reunião O modo como você conduz uma reunião varia com a formalidade da ocasião. As reuniões de grupos formais, como comitês, conselhos de administração e órgãos profissionais, normalmente seguem regras específicas, chamadas **procedimentos parlamentares**. Essas regras são detalhadas demais para serem discutidas aqui. Quando estiver envolvido em uma reunião formal, nossa dica é que você estude um dos muitos livros sobre o tema antes do evento. Para reuniões menos formais, não se atenha tanto a esses procedimentos e técnicas. Mas, não esqueça que toda reunião tem objetivos e limites de tempo, e que essas regras não devem ser um empecilho para cumpri-los.

Planeje a reunião A chave do sucesso de uma reunião é o planejamento total do evento. Isto é, você desenvolve uma pauta, selecionando os itens que precisam ser tratados para que os objetivos da reunião sejam alcançados. Depois você arranja esses itens na ordem mais lógica possível. Aqueles que

Tecnologia rápida
Ferramentas de colaboração dão suporte às reuniões virtuais

As reuniões virtuais são cada vez mais comuns em empresas pequenas e grandes, sem distinção. Hoje, elas já não precisam de equipamentos sofisticados de teleconferência para o trabalho colaborativo baseado em locais diferentes. Um computador *desktop* comum e uma conexão com a Internet bastam. Em breve você vai poder participar usando um *tablet* ou um *smartphone* com conexão 4G. Com uma configuração adequada de sistema, os participantes conseguem interagir e trabalhar com diversos aplicativos.

As empresas usam essas tecnologias com os funcionários, fornecedores e clientes. Alguns usos incluem o treinamento, as apresentações de vendas, as reuniões de acompanhamento, as demonstrações de produto e muito mais (algumas vezes, até reuniões de emergência). Essas aplicações ajudam os executivos em seu trabalho, além de poupar tempo e recursos de viagem.

Uma dessas ferramentas é o GoToMeeting, um aplicativo para a Internet que conquistou muitos prêmios por conta de sua tecnologia avançada. Como ela é adaptável, os usuários têm a chance de realizar reuniões com um número variável de participantes. Além disso, o custo e a facilidade de uso permitem que ela seja usada por empresas de todos os tamanhos.

> **Talvez seja apropriado deixar clara a duração do evento antes de ele começar e manter os participantes conscientes da passagem do tempo durante a reunião.**

explicam ou abrem caminho para outros itens devem vir antes dos itens que eles esclarecem ou preparam. Com a pauta pronta em mãos, disponibilize-a a todos os que vão à reunião, se ela for formal. Nas informais, é possível manter a pauta em mente.

Siga a pauta Você deve seguir a pauta de reunião, item a item. Muitas vezes alguém traz um item novo para a discussão. Como líder, você deve manter a conversa nos trilhos. Se algum assunto novo surgir, é possível discuti-lo no final – ou incluí-lo na pauta de outra reunião.

Faça a discussão andar Como líder, é você quem controla a pauta. Quando um item foi discutido, é hora de passar para o próximo. Se a discussão sai do tema, é sua responsabilidade evitar esses desvios. Como regra, faça o que for necessário para ir de item a item com eficiência. Mas, você não deve interromper uma discussão antes de todos os pontos importantes terem sido apresentados. Use a sua capacidade de julgamento. Por um lado, sua meta é permitir que as discussões sejam completas. Por outro, você precisa evitar repetições, a insistência em detalhes e comentários desnecessários.

Controle os participantes que falam demais Impedir que algumas pessoas falem demais provavelmente estará entre as suas responsabilidades de líder de uma reunião. Existem pessoas que tendem a dominar uma discussão. A sua tarefa é controlá-las. Claro que você quer que a reunião seja democrática e, por isso, vai deixar essas pessoas falar, desde que contribuam com os objetivos da reunião. Mas, quando elas saem do assunto, repetem o que já foi dito ou falam de coisas sem utilidade, você deve intervir. Faça isso com tato e com todo o decoro que a etiqueta empresarial exige. Peça outras opiniões ou resuma a discussão e siga para o próximo tópico.

Encoraje a participação das pessoas que falam pouco Da mesma forma como existem os que falam muito, existem as pessoas que falam pouco. Em um grupo dentro de uma empresa, as pessoas que não se expressam muitas vezes são aquelas que estão em uma posição hierárquica mais baixa que a dos outros integrantes. Você é o líder da reunião e terá de encorajar essas pessoas a participar, perguntando o que acham de um tópico ou demonstrando respeito pelos comentários que fazem.

Controle o tempo Quando a reunião tem duração limitada, defina com antecipação o tempo necessário para tratar de cada item. No momento certo, encerre a discussão do item em questão. Talvez seja apropriado deixar clara a duração do evento antes de ele começar e manter os participantes conscientes da passagem do tempo durante a reunião.

Faça um apanhado geral nos pontos certos Quando a discussão sobre um item importante acabou, resuma o que o grupo disse e as conclusões obtidas. Se for necessário tomar uma decisão em grupo, o voto final será a conclusão. Sempre conclua cada ponto formalmente e então prossiga para o próximo. No final da reunião, você pode resumir o progresso feito. Faça a mesma coisa sempre que uma revisão do tema ajudar o grupo a perceber o ponto em que a discussão está. Quando a reunião é formal, a ata redigida pelo secretário serve de resumo.

Os participantes de uma reunião devem contribuir com a discussão sempre que a experiência de cada um for útil. Mas, não podem esquecer de dar aos outros a mesma chance.

técnicas da participação em uma reunião

Agora você vai ver os elementos necessários a fim de conhecer as orientações básicas que um participante deve observar. A discussão a seguir resume cada uma.

Siga a pauta Quando a reunião tiver uma pauta, observe cada item dela. Não traga à tona assuntos que não foram incluídos, nem comente-os se um integrante quiser discuti-los. Se a reunião não tiver pauta, mantenha-se nos limites gerais dos objetivos dela.

Participe A finalidade de uma reunião é garantir a participação de todas as pessoas envolvidas nos assuntos tratados. Mas, essa participação precisa fazer alguma contribuição. Fale apenas quando você tem algo a oferecer. Tome nota das discussões e faça uma ata para a reunião (veja exemplo no material

> **"As técnicas usadas para despertar o interesse da plateia são tão variadas quanto a imaginação do apresentador."**

de apoio, em inglês, disponível no *site* deste livro). Pratique a etiqueta profissional com gentileza e cooperação com os outros integrantes.

Não fale demais Como participante de uma reunião, você deve estar consciente da presença de outras pessoas no evento. Fale sempre que você tem algo a dizer, mas não se empolgue. Como em qualquer assunto envolvendo etiqueta, respeite os diretos das outras pessoas. Enquanto fala, pergunte a si mesmo se aquilo que diz realmente contribui com a discussão. A reunião não consome apenas o seu tempo, mas o dos outros também, os seus salários e os custos de oportunidade de realizar outra tarefa na rotina de trabalho.

Coopere Por natureza, toda reunião exige a cooperação de cada um dos participantes. Lembre-se disso durante o evento. Respeite o líder e o empenho dele para fazer a reunião avançar. Respeite os outros participantes, e trabalhe com eles com foco prático.

Seja gentil Talvez a gentileza seja parte da cooperação. Por isso, seja gentil com os outros participantes, sempre. Respeite as opiniões e os direitos dessas pessoas, e não as impeça de falar.

OA10.5
Selecionar e organizar um assunto para apresentações formais eficazes diante de um público-alvo específico.

COMO FAZER UMA APRESENTAÇÃO FORMAL

Para muita gente, o tipo mais difícil de comunicação verbal é a apresentação formal. Mas, os apresentadores eficazes têm mais chances de obter recursos, promoções e influência na empresa.[2] A maioria de nós não se sente confortável na hora de falar diante de uma plateia. Mas, é possível vencer esse desconforto ao aprender as boas técnicas de discurso e colocá-las em prática.

Escolha o tópico

A primeira etapa de uma apresentação formal é definir seu tópico. Em alguns casos, o assunto é delegado a você, normalmente algo de sua área de especialização. Na verdade, quando for incumbido de fazer uma apresentação sobre um tema desses, é provável que seja por conta do quanto você sabe sobre ele. Sempre existe a chance de que a escolha do assunto seja determinada pelo objetivo da apresentação, como quando você recebe a tarefa de dar as boas-vindas a um grupo ou de apresentar um palestrante ao público.

Se ninguém passou um tópico para você, encontre um por conta própria. Use três fatores como pontos de referência nessa busca. O primeiro é o seu conhecimento. Não importa o tópico que escolher: você tem de se sentir confortável e conhecer o tema a fundo. O segundo fator básico são os interesses de seu público-alvo. Escolher um assunto que o público entenda e goste é essencial para o sucesso de sua apresentação. O terceiro é a natureza da ocasião. O evento é uma reunião comemorando um fato histórico? Uma reunião mensal de um clube de executivos? Uma reunião anual de uma associação de cabeleireiros? Não importa: o tema sempre deve ser apropriado à ocasião. Uma apresentação sobre as práticas de gestão no Japão seria apropriada para os integrantes de um clube de executivos, não para a associação de cabeleireiros. A sua escolha deve ser baseada nesses três fatores.

Prepare a apresentação

Depois de decidir sobre o que vai falar, obtenha as informações necessárias e prepare a apresentação. Esta etapa envolve uma reflexão em busca de experiências ou ideias, uma pesquisa prática em uma biblioteca ou nos arquivos da empresa, a obtenção de informações *online* ou consultas com conhecedores do assunto. Em resumo: faça tudo o que tiver de ser feito para obter as informações de que precisa.

Com essas informações em mãos, você está pronto para começar a organizar a sua apresentação. Há vezes em que as variantes são apropriadas, mas, na maioria dos casos, você vai seguir aquela ordem consagrada: a **introdução**, o **corpo** e a **conclusão**, detalhada nos parágrafos a seguir.

Pimenta... e Sal — THE WALL STREET JOURNAL

ENGLEMAN.

"Em vez de contar uma historinha, a mamãe pode treinar a apresentação que ela tem de fazer amanhã?"

Comunicação rápida

Envolva o público com a sua apresentação

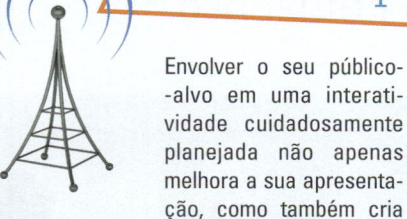

Envolver o seu público-alvo em uma interatividade cuidadosamente planejada não apenas melhora a sua apresentação, como também cria oportunidades para uma troca de ideias. Chuck Dietrich, CEO da SlideRocket, tem cinco dicas para você se conectar com a plateia antes, durante e depois de sua apresentação.

1. **Crie uma expectativa.** Use as redes sociais que a plateia usa, como grupos em *sites* de relacionamento, para introduzir o assunto. Peça um *feedback* e faça contato com os integrantes mais importantes dessas redes.
2. **Crie uma apresentação amigável.** Usar uma apresentação cheia de recursos visuais, como dados ao vivo, *feeds* de RSS e outras informações em *streaming*, é útil para atrair a atenção da plateia. Por meio de dados "inteligentes", você consegue dar suporte a suas ideias. Além disso, expressões facilmente lembradas e frases que resumem os pontos principais, que podem ser tuitadas, também são úteis para prender a atenção. Criar e exibir uma *hashtag* encoraja o uso de um canal de fundo (*backchannel*), o que enriquece a apresentação com comentários adicionais e ajuda a revisar as ideias mais importantes.
3. **Use a pesquisa interativa.** Pedir a opinião da plateia e descobrir o que os participantes sabem sobre o tema usando pesquisas interativas é mais uma ferramenta útil para manter todos envolvidos em sua apresentação. Isso também dá a você um *feedback* muito bom, que pode ser inserido no assunto. Essa estratégia o ajuda a saber onde o público está durante toda a apresentação.
4. **Use um canal de fundo (*backchannel*) sabiamente.** Convidar o público a comentar sobre a sua apresentação durante o processo é arriscado, especialmente quando não há como controlar os comentários. É importante que você, não o público, tenha acesso a eles. Mas, reconheça um comentário quando ele é feito. Se o número de participantes for grande, talvez você precise de um assistente para filtrar os comentários e escolher os mais importantes e representativos, que serão respondidos no momento mais adequado.
5. **Mantenha o diálogo depois de você sair do pódio.** Prosseguir com os *tweets*, compartilhar *links* úteis e participar de um bate-papo em um *site* também são maneiras interessantes de permanecer conectado.

Essas estratégias parecem até um pouco assustadoras no começo, mas fazer uma apresentação para uma plateia engajada será muito mais fácil e estimulante para você e para os participantes. Com a prática, essas técnicas ficam mais simples e você aprenderá a administrar cada uma delas com eficiência.

FONTE: Adaptado de "Five Tips for Making Your Presentations More Social," Chuck Dietrich, Mashable.com, April 29, de 2010. Reproduzido com permissão de Chuck Dietrich.

Uma saudação nem sempre aparece no texto da apresentação, mas faz parte dela por constituir as primeiras palavras proferidas. O foco é o público-alvo. "Senhoras e senhores" é indicado para um público-alvo misto, "senhores", para um público-alvo composto apenas por homens, e "meus caros Rotarianos" é a saudação que você usaria em uma apresentação no Rotary Club. Algumas pessoas não usam uma saudação e vão direto à apresentação, especialmente quando o cenário é informal e técnico.

introdução

A introdução de uma apresentação verbal tem os mesmos objetivos daquela de um relatório escrito: preparar os participantes (ou leitores) para receber a mensagem. Mas, aqui existe uma finalidade adicional: despertar o interesse. Se isso não acontecer já no começo, as chances de sua apresentação fracassar são altas. Você se lembra de como redigir uma mensagem de vendas? A situação aqui é parecida. Sempre tem alguém na plateia que não está interessado em receber a sua mensagem. Como você viu na discussão sobre o ato de escutar, deixar a atenção do público escapar é fácil. Pergunte-se quantas vezes a sua mente divagou, andou longe do que dizia um palestrante quando era você quem assistia a uma apresentação. Não há dúvida: como apresentador, o esforço de obter e reter a atenção de seu público é responsabilidade exclusivamente sua.

As técnicas usadas para despertar o interesse da plateia são tão variadas quanto a imaginação do apresentador. Por exemplo, histórias envolvendo pessoas sempre têm um apelo forte. Um apresentador que discorre sobre as oportunidades disponíveis para as pessoas com ideias originais iniciaria sua apresentação com algo como, "Há quase 150 anos, um jovem imigrante de 17 anos caminhava pelas ruas da nossa cidade. Sem dinheiro e sem comida, tudo o que ele tinha era as roupas que vestia. Mas, esse rapaz tinha uma vontade invencível de trabalhar – e uma ideia".

O humor é outra possibilidade, talvez a mais usada, para atrair a atenção do público. Por exemplo, um corretor de ações começa sua apresentação com a seguinte estratégia: "O que vocês querem de mim hoje é ouvir aqueles conselhos 'confiáveis e conhecidos' sobre como ganhar dinheiro na bolsa. Isso não lembra aquela história do caixa de banco confiável e conhecido? Ele era confiável. Mas, quando foi pego, ficou conhecido". A maneira mais eficiente e segura de usar o humor é quando ele tem uma relação com o tema de sua apresentação.

Outra estratégia eficaz de ganhar a atenção da plateia no começo da apresentação é o uso de perguntas e citações. Você desperta o interesse no tópico quando cita alguém que a plateia conhece e confia. Perguntas também são úteis, especialmente a pergunta retórica – aquela para a qual todas as pessoas têm a mesma resposta, como "Quem quer ficar livre desse fardo de responsabilidades financeiras?". Existe também aquele tipo de pergunta feita para ter uma ideia do quanto você pode falar sobre diferentes aspectos do assunto. Se usar essa técnica, terá de embasar a sua apresentação nas respostas dadas. Por exemplo, se per-

[As apresentações improvisadas normalmente são as que soam mais naturais, embora sejam (ou devessem ser) resultado de um planejamento cuidadoso.]

guntar "Quantos de vocês têm uma aposentadoria privada?" e a maioria dos presentes levantar o braço, não será necessário falar da importância do assunto. Você pode pular essa parte da apresentação e usar mais tempo discutindo outro aspecto, como a gestão eficaz de fundos de pensão.

Outra possibilidade é apresentar uma frase ou uma estatística chocante. Por exemplo, imagine que você está prestes a começar uma apresentação para uma plateia de varejistas, cujo tema é a redução dos furtos nas lojas: "Ano passado, bem aqui, na nossa cidade, nas nossas lojas, foram furtados mais de $3,5 milhões em mercadorias. E nada foi feito a respeito disso!".

Um bom palestrante projeta as suas qualidades pessoais – a autoconfiança, a honestidade, a gentileza, o entusiasmo e o interesse.

Além de despertar interesse, a abertura de sua apresentação deve conduzir o público para o tema. Isto é, ela tem de preparar a mensagem, como mostram os exemplos dados.

Depois de fazer uma abertura que atraia a atenção da plateia, é hora de revelar o assunto de sua apresentação. Na verdade, quando o público demonstra um interesse prévio no que você tem a dizer, não será preciso fazer uma introdução. Comece sua apresentação nesta etapa. As apresentações de temas técnicos para um público especializado normalmente começam desse jeito. Um apresentador que vai falar sobre segurança cibernética começa o evento dizendo: "Estamos aqui para discutir estratégias que nos mantenham à frente das ameaças à segurança dos dados empresariais". Não importa se você usa uma frase de abertura para o tema ou se começa diretamente com ele: tudo o que você disser tem de ficar claro para a plateia.

Dada a natureza do assunto da apresentação, talvez não indicado antecipar uma posição. Nesses casos, aborde o assunto indiretamente – isto é, prepare a sua argumentação antes de revelar o que pensa sobre o tema. Esse padrão de indução do público é especialmente útil quando o seu objetivo é persuadir – quando você precisa conduzir o público de um ponto de vista para outro. Mas, na maioria das apresentações nos cenários empresariais, faça uma declaração direta do tema no começo da apresentação.

corpo Organizar o corpo de sua apresentação é como organizar o corpo de um relatório: você divide o todo em partes equivalentes e, em seguida, subdivide essas partes. Essa divisão prossegue até o limite da praticidade. Mas, em uma apresentação, você provavelmente vai ter fatores como base nesse processo, e não o tempo, o local ou outro parâmetro, pois com frequência seu discurso envolve questões e problemas que são subdivisões do tema básico. Mas, você sempre pode considerar subdividir a sua apresentação nos parâmetros tempo, local e quantidade.

Você precisa enfatizar as transições entre as divisões. Ao contrário do leitor, que consegue identificar este recurso em um documento escrito, o ouvinte talvez não as perceberá em sua apresentação se não forem enfatizadas corretamente. Sem transições claras, existe o risco de você começar a falar sobre um tópico quando o público ainda está com a mente no tópico anterior.

conclusão Como a maioria dos relatórios, a apresentação normalmente termina com uma conclusão. É aqui que você reúne tudo o que explanou e concretiza o objetivo da apresentação. Considere a inclusão destes elementos no encerramento: (1) uma nova declaração do objetivo, (2) um resumo dos pontos-chave abordados e (3) uma declaração de conclusão (ou mensagem principal). Normalmente você consegue um bom efeito ao fechar a apresentação com um clímax, isto é, a conclusão é o ponto alto dela. Apresente a mensagem de conclusão com uma linguagem potente – com palavras que prendam a atenção e possam ser lembradas. Você também pode resumir o tema apresentado, fazer uma citação pertinente, usar um toque de humor ou incitar o público a realizar uma ação. O encerramento de uma apresentação que comparou as técnicas de gestão norte-americanas às japonesas ilustra bem o que dissemos: "Estes fatos não deixam dúvidas sobre minha conclusão. Não somos japoneses, não temos a cultura japonesa. A maioria dos métodos de gestão praticados no Japão não funcionou – e não funcionará – em nossa sociedade".

OA10.6
Identificar e escolher métodos de apresentação apropriados.

Escolha o método de apresentação

Depois de organizar a apresentação, você está pronto para prepará-la. Neste ponto, você vai decidir seu método de apresentação – isto é, você vai improvisar, memorizar ou ler a apresentação?

improvisação A apresentação improvisada é de longe o método mais popular e eficaz. Você prepara a sua apresentação minuciosamente, como mostramos. Depois, faz algumas anotações e embasa a apresentação nelas e ensaia o que vai dizer, para garantir que todas as partes estejam bem claras na mente, mas sem memorizá-las. As apresentações improvisadas normalmente são as mais espontâneas, embora sejam (ou devessem ser) resultado de um planejamento cuidadoso.

memorização O método mais difícil é a memorização. Se você é como a maioria, sabe como é difícil gravar uma série longa de palavras na memória. Além disso, ao memorizar alguma coisa, as chances são de você memorizar só as palavras, não o sentido delas. Na hora da apresentação, você esquece uma ou duas palavras e se confunde – o que deixa sua apresentação confusa também. Para piorar, existe o risco de você entrar em pânico.

Entre os que usam esta técnica, são poucas as pessoas que memorizam a apresentação toda. A maioria memoriza apenas as partes principais e usa notas para ajudar no processo. Uma apresentação deste tipo combina os elementos da apresentação improvisada e da apresentação memorizada.

apresentação lida O terceiro método é a leitura da apresentação. Infelizmente, a maioria de nós fala sem variação no tom da voz quando lê. Com isso, erramos a pontuação, confundimos palavras e perdemos o ritmo. Claro que muitos apresentadores superam essas dificuldades. Com esforço, você também conseguirá. Uma maneira eficaz de vencer esses problemas é gravar a própria voz e escutar o que disse. Isso permite avaliar o que deve ser feito a fim de melhorar suas habilidades. Prefira não ler discursos até dominar o método. Muita gente

Tecnologia rápida
Ferramentas de apresentação ajudam a comunicar a sua mensagem com eficácia

As ferramentas de apresentação são úteis para preparar e expor uma apresentação. Uma delas, o modo de Exibição do Apresentador no Microsoft PowerPoint (mostrada ao lado), ajuda a planejar, praticar e realizar uma apresentação com sucesso.

O público vê apenas o *slide*, mas você vê os detalhes da apresentação. Além do *slide*, você tem acesso às anotações correspondentes. Você também tem acesso ao título do próximo *slide* e ao tempo transcorrido desde o começo da apresentação. Na coluna à direita da tela, vários botões permitem começar ou encerrar a apresentação com um clique e escurecer a tela para atrair a atenção da plateia para você, entre outros recursos. Como apresentador, você tem a escolha de pular *slides* ou mudar a ordem deles durante a apresentação. A barra de rolagem inferior permite acessar *slides* fora de ordem durante a seção de perguntas e respostas.

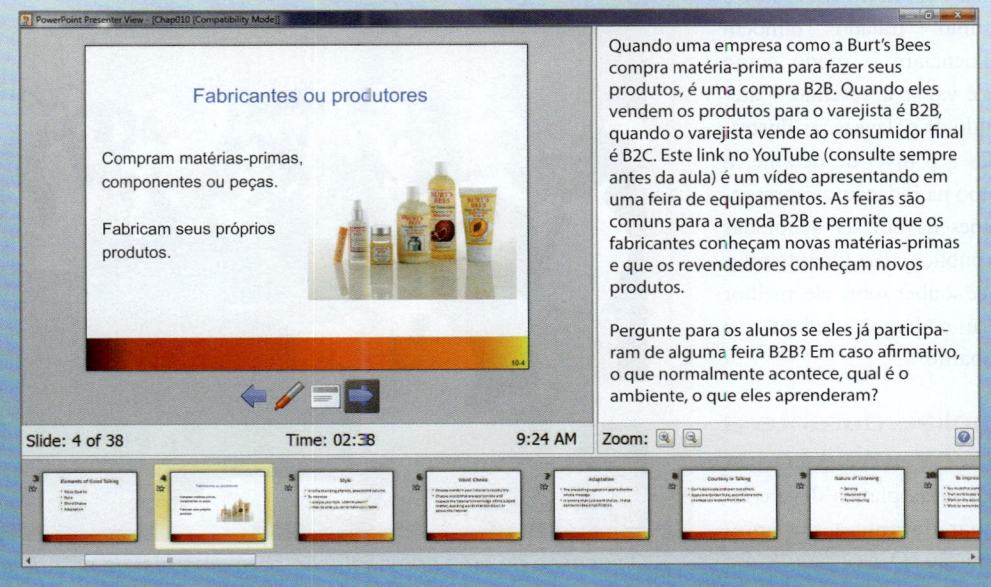

Quando uma empresa como a Burt's Bees compra matéria-prima para fazer seus produtos, é uma compra B2B. Quando eles vendem os produtos para o varejista é B2B, quando o varejista vende ao consumidor final é B2C. Este link no YouTube (consulte sempre antes da aula) é um vídeo apresentando em uma feira de equipamentos. As feiras são comuns para a venda B2B e permite que os fabricantes conheçam novas matérias-primas e que os revendedores conheçam novos produtos.

Pergunte para os alunos se eles já participaram de alguma feira B2B? Em caso afirmativo, o que normalmente acontece, qual é o ambiente, o que eles aprenderam?

acha que ler uma apresentação é uma falha de etiqueta. O público se sente insultado e não recebe a leitura de sua apresentação com o mesmo entusiasmo e interesse dados a uma apresentação improvisada e espontânea. Mas, quando você tem uma posição importante, como presidente dos Estados Unidos ou CEO de uma grande corporação, tudo o que você diz será reproduzido por alguém. Nesses casos, a leitura de uma apresentação bem preparada é o método mais indicado. Hoje, muitos altos executivos usam *teleprompters* em suas apresentações, que quase sempre parecem boas, especialmente quando o apresentador tem prática.

"É preciso avaliar o efeito que você tem na mensagem que transmite."

OA10.7
Descrever como o público-alvo e a autoavaliação contribuem para uma apresentação.

Análise feita pela plateia e a autoavaliação

Um dos pré-requisitos de uma boa apresentação é conhecer o seu público. Estude sua plateia antes e depois da apresentação.

análise preliminar
Analisar o público antes da apresentação exige que você forme um conceito sobre ele, isto é, conheça as características que afetarão o modo como você vai realizar a sua apresentação.

Por exemplo, o tamanho de sua plateia provavelmente vai influenciar o quanto a sua apresentação vai ser formal ou informal. Como regra, plateias grandes pedem mais formalidade. Características como idade, sexo, nível educacional, experiência profissional e conhecimento sobre o assunto tratado também influenciam o modo como você vai se apresentar – afetando as palavras, as ilustrações e o nível de detalhe. É como na redação: as apresentações devem ser adaptadas ao público-alvo. Quanto mais você souber sobre ele, melhor você conseguirá adaptar o trabalho.

análise durante a apresentação
A análise da plateia deve continuar durante a sua apresentação. O **feedback** é a informação sobre como as pessoas estão recebendo as suas palavras. Com base nele você ajusta a apresentação e melhora o resultado da comunicação.

Os seus olhos e ouvidos são o instrumento desse *feedback*. Por exemplo, as expressões faciais dizem como as pessoas presentes estão reagindo à sua mensagem. Sorrisos, olhares vazios e movimentos são sinais de que elas entendem, discordam ou aceitam o que você está dizendo. Os sons que fazem (ou não) também ajudam a perceber se estão atentas. Se elas fazem perguntas, é possível saber diretamente como sua mensagem está sendo recebida. É possível aprender muito com a plateia: fique de olhos e ouvidos abertos, pois o que você vê e ouve ajuda a melhorar a sua apresentação.

Autoavaliação
Um procedimento preliminar útil é a autoavaliação como apresentador. Nas apresentações verbais, o apresentador – você – é parte real da mensagem. Os membros de sua plateia absorvem não só o que você diz, mas o que veem em você. E o que veem em você pode afetar o significado das coisas nas mentes delas. É preciso avaliar o efeito que você tem na mensagem que transmite. Detecte e supere suas falhas, e aperfeiçoe os seus pontos fortes.

Algumas características o ajudam a ser um bom palestrante, e provavelmente você já saiba quais são elas. Descubra se tem ou não essas qualidades e se esforce para desenvolvê-las. Elas são resumidas a seguir.

Confiança
Uma das principais características do apresentador eficiente é a confiança – em você mesmo e a da plateia em você. Essa confiança é mútua. Você projeta uma imagem de confiança para a plateia, que a devolve a você como uma noção de segurança que, por sua vez, aumenta sua autoconfiança.

O sucesso de uma apresentação para uma plateia grande é o resultado de uma boa preparação.

> **ANALISE O SEU COMPORTAMENTO E OBSERVE O SEU MODO DE SE APRESENTAR: VOCÊ VAI ENCONTRAR MANEIRAS DE MELHORAR A IMAGEM DE CORDIALIDADE QUE PROJETA.**

Você conquista a confiança da plateia por associação. Mas, é possível fazer algumas coisas para projetar essa imagem de confiança. Por exemplo, prepare e pratique a apresentação com dedicação. Isso melhora a autoconfiança, que melhora sua capacidade de comunicação, que melhora a confiança da plateia em você.

A aparência física também gera confiança. Talvez pareça injusto e ilógico, mas certos tipos de roupas e cortes de cabelo criam imagens fortes nas mentes das pessoas, desde as mais favoráveis até as mais negativas. Desenvolva uma aparência física que projete uma imagem de confiança para o público.

Falar em um tom de voz forte e claro também eleva a confiança. Nem sempre é fácil mudar a própria voz, mas é possível usar um volume suficiente.

Sinceridade As pessoas que assistem à sua apresentação são rápidas para detectar a falta de sinceridade. Se isso ocorrer, não vão dar muita importância ao que você diz. Por outro lado, a sinceridade tem um papel essencial na hora de convencer, especialmente se o público confia em sua capacidade. Demonstrar sinceridade não é difícil: você precisa *ser* sincero. Fingir sinceridade raramente tem êxito.

Completude Uma apresentação completa é mais bem recebida do que aquela que não cobre tudo o que deveria ou é feita com pressa. A cobertura completa do tema gera a impressão de que o apresentador dedicou tempo e esforço para não deixar algo de fora. O público vê a apresentação como mais confiável. Mas, não exagere: o excesso de detalhes sufoca a plateia em um oceano de informações, logo, o segredo está em deixar de fora as que são menos importantes. Exerça a sua capacidade de julgamento. Pergunte a si mesmo o que o público precisa e o que não precisa saber. Encontrar esse ponto de equilíbrio é a chave da apresentação completa.

Cordialidade Um apresentador que projeta uma imagem amigável tem uma vantagem expressiva na hora de se comunicar. As pessoas gostam de gente amistosa e normalmente são mais receptivas ao que dizem. Como a sinceridade, a cordialidade não pode ser fingida, mas sim, honesta para ser eficaz. A maioria das pessoas é amistosa por natureza. Mas, algumas simplesmente não conseguem projetar essa característica de um jeito espontâneo. Analise o seu comportamento e observe como se apresenta: você vai encontrar maneiras de melhorar a imagem de cordialidade que projeta.

Estas são apenas algumas das características que vão ajudá-lo a se tornar um bom apresentador. Existem outras, como o **interesse**, o **entusiasmo**, a **originalidade** e a **flexibilidade**. Mas, as que discutimos são as mais importantes e devem ser aperfeiçoadas. Analise o próprio desempenho, faça um esforço e melhore as suas capacidades de apresentação.

OA10.8

Explicar o uso da voz e de aspectos físicos, como postura, jeito de caminhar, expressão facial e gestos, na comunicação verbal eficaz.

Técnicas eficazes de apresentação

As plateias avaliam a eficácia das apresentações a que assistem com base no que ouvem e veem. O modo como o apresentador usa o ambiente e a voz contribui para o sucesso do evento. Os fatores que afetam a aparência e a voz são discutidos a seguir.

aparência e as ações físicas As pessoas olham para você enquanto escutam o que fala. O que veem (você e tudo ao redor) faz parte da mensagem e pode afetar o sucesso de sua apresentação. Em seus esforços para melhorar o efeito de suas apresentações, procure entender como aquilo que o público vê afeta o efeito da sua comunicação.

Ambiente da comunicação A maior parte do que o público vê é o ambiente físico ao redor do apresentador: o palco, a iluminação, o cenário e outros elementos. Tudo isso gera uma impressão geral. Os sons não têm um componente visual, mas influenciam a apresentação. Os fatores ambientais devem contribuir com a apresentação, não atrapalhá-la. Isso é essencial para obter os melhores resultados. A sua experiência como espectador mostra a importância desses fatores.

Aparência pessoal Sua aparência faz parte da mensagem que a plateia recebe. Claro que você precisa aceitar os atributos físicos que possui, mas isso não significa que nada possa ser feito para melhorá-los. Você deve usar o que tem do jeito mais apropriado. Isto é, vista-se pensando no público e na ocasião. Apresente-se asseado e bem arrumado. Use movimentos físicos e expressões faciais em vantagem própria.

Postura
Sua postura provavelmente é o fator que fica mais óbvio para a plateia. As pessoas afastadas não conseguem detectar expressões faciais e movimentos dos olhos, mas são capazes de perceber a postura geral do apresentador.

Você provavelmente acha que não precisa de conselhos sobre a importância da boa postura. Afinal, qualquer um reconhece uma postura certa quando a vê. O problema é que você talvez não tenha uma ideia clara de sua própria postura. Para resolver esse problema, peça para que alguém o avise se você precisa melhorar o modo

Os bons apresentadores usam expressões faciais gentis e olham nos olhos da plateia. É uma forma de se conectar com o público.

[**Gestos diferentes têm significados diferentes. Eles são ferramentas muito poderosas e naturais que você pode usar quando precisar.**]

como se coloca diante do público. Praticar diante do espelho ou assistir a algum vídeo de uma apresentação sua também ajuda.

Em seus esforços para melhorar a postura, fique atento a alguns detalhes. O peso do corpo precisa estar bem distribuído, de acordo com a impressão que quer causar. Mantenha o corpo ereto, mas não rígido, confortável, mas com firmeza. Sua maneira deve ser elegante, alerta e comunicativa. Tudo com naturalidade. O grande perigo com relação à postura é parecer artificial.

Caminhar
A plateia também forma uma impressão sobre o jeito com que você caminha. Passos firmes e confiantes transmitem uma impressão de confiança; passos hesitantes e atrapalhados fazem o contrário. Caminhar durante a apresentação pode ser bom ou ruim, dependendo de como você faz isso. Alguns apresentadores dão alguns passos para a frente e para o lado quando querem enfatizar algum ponto. Mas, caminhar demais distrai a plateia. Você precisa encontrar o ponto de equilíbrio e se movimentar apenas quando o efeito gerado é o que você pretende. Você não ia querer se afastar do microfone.

Expressão facial
Talvez a expressão facial seja o tipo de movimento mais aparente e comunicativo. Mas, existe um problema: inconscientemente, você adota uma expressão facial que traduz um significado inapropriado. Por exemplo, um apresentador assustado contrai a mandíbula e começa a sorrir, sem perceber. O efeito é ambíguo e tira a comunicação dos trilhos. Um sorriso, uma careta ou uma expressão de perplexidade transmitem mensagens diferentes. Por isso, escolha as expressões faciais de acordo com o significado pretendido.

O contato com os olhos também é importante. Muitas pessoas dizem que os olhos são as "janelas da alma": eles dão muita informação a quem assiste a uma apresentação, como a sinceridade, a boa vontade e a flexibilidade do apresentador. Algumas pessoas na plateia antipatizam com um apresentador que não olha para elas. Por outro lado, olhar para o público com atenção indica que você tem interesse nele.

Gestos
Como a postura, os gestos contribuem com a mensagem que você quer passar. Mas, isso é função do contexto. Por exemplo, um punho fechado certamente enfatiza um tema, mas também pode transmitir uma atitude desafiadora, ameaçadora ou mesmo respeito por uma causa. Cada gesto tem um significado próprio.

Gestos diferentes têm significados diferentes. Eles são ferramentas muito poderosas e naturais que você pode usar quando precisar. Por exemplo, é natural manter as mãos com as palmas para cima para apoiar uma ideia, e virá-las para baixo para discordar dela. Levantar uma mão depois da outra pode significar

Comunicação rápida

Os gestos nas diferentes culturas

Gestos	Significado nos Estados Unidos	Outros significados
	Vitória	Na Austrália e no Reino Unido, é um gesto obsceno, quando mostrados com as costas da mão para o público.
	Boa sorte. Usado por estudantes de algumas universidade do Texas e da University of South Florida para estimular os times.	Na Espanha, em Portugal e na Itália, é um insulto sexual.
	Sucesso	Em Bangladesh, no Irã e na África Ocidental, é um gesto rude. No Egito, é sinal de que algo é perfeito ou muito bom.
	OK	No Japão, significa dinheiro. Nas estradas da Alemanha, é usado para chamar outro motorista de idiota. No Brasil, é um gesto obsceno.
	Sim	O movimento vertical da cabeça equivale a um "sim" na maioria dos países. Na Índia, significa "não".
	Venha aqui	Na Índia, é um gesto rude e o gesto equivalente a "venha aqui" é mover a mão como se estivesse acariciando um cachorro, com a palma da mão para baixo.

que uma ideia tem dois aspectos distintos. Mover a mão como se estivesse fatiando o ar em pedaços indica que uma noção tem muitas variáveis. Esses gestos normalmente são claros, mas nem todos os apresentadores os usam com o mesmo significado.

O importante é saber que os movimentos físicos podem ajudá-lo a realizar uma boa apresentação. O movimento a ser usado depende da ideia que você está apresentando. Mas, este recurso também está associado à personalidade do apresentador, à sua constituição física e ao tamanho e ao tipo de plateia. Um apresentador diante de um público pequeno e formal não deve abusar dos movimentos. Já aquele que fala diante de um grupo informal não tem essa restrição. Use sua capacidade de julgamento para descobrir os melhores movimentos físicos para a sua apresentação.

uso da voz Uma boa voz é uma exigência natural de todo bom apresentador. Como os movimentos, ela não deve atrapalhar a concentração da plateia, isto é, ela não deve desviar a atenção da mensagem. As vozes que causam esse tipo de problema costumam ter alguns problemas facilmente identificáveis: (1) a falta de variação no tom, (2) a falta de variação na velocidade, (3) a falta de ênfase vocal e (4) a voz desagradável.

Falta de variação no tom Os apresentadores que falam sem variar o tom da voz não conseguem manter o interesse do público por muito tempo. A maioria das pessoas consegue alterar o tom da voz, por isso, esse problema pode ser amenizado. A dificuldade de variar o tom da voz é uma questão de hábito. É preciso mudar aquele jeito de falar desenvolvido ao longo de anos de apresentações, sem a consciência do efeito que ele tem no público.

Falta de variação na velocidade da fala A velocidade com que você vai falar é um aspecto muito importante da sua apresentação. Como regra, apresente as partes fáceis de sua mensagem a uma velocidade relativamente alta. Já as partes difíceis e que precisam ser enfatizadas têm de ser veiculadas mais devagar. A razão para variar a velocidade da fala é clara: a apresentação fica mais interessante. Quando você apresenta um tema fácil falando devagar, a plateia se irrita. Quando demonstra um assunto complexo em alta velocidade, o público não compreende.

Um dos problemas com a velocidade da fala é o uso incorreto das pausas. Mas, se usá-las do jeito certo, elas vão ajudá-lo a conquistar a atenção da plateia. Pausas frequentes e sem razão aparente incomodam e atrapalham a concentração. Elas ficam ainda mais irritantes quando o palestrante preenche esses espaços com marcas de hesitação, como *hum*, e recheios sem sentido, como *tipo*, *né*, *tá certo*.

Falta de ênfase vocal O segredo da boa apresentação é dar às palavras a ênfase certa, variando o jeito de falar. Para isso, (1) varie o tom de sua voz, (2) varie o ritmo de sua apresentação e (3) varie o volume da voz. As duas primeiras técnicas já foram discutidas. Falta falarmos sobre o volume.

Você precisa falar alto o bastante para que toda a plateia consiga escutar, mas, não exagere: o volume da voz usado com um público grande deve ser um pouc maior do que aquele que você usa em uma apresentação para uma plateia pequena. Independentemente do número de pessoas presentes, variar o volume da voz é uma boa ferramenta para despertar interesse e dar ênfase ao que você diz. Você cria contraste, o que enfatiza o tema. Alguns apresentadores pensam que a única maneira de dar ênfase a um assunto é falar cada vez mais alto. Mas, estão errados. Você consegue o mesmo resultado diminuindo o volume de sua voz enquanto fala. O contraste é o que dá a ênfase. A variedade é a chave para a eficácia da voz.

Voz desagradável A existência de vozes mais agradáveis do que outras é uma realidade difícil da comunicação. Algumas são roucas, outras são nasais ou ruins em outro aspecto. Felizmente, a maioria é razoavelmente agradável. Com treinamento, é possível melhorar a qualidade da voz, mas alguns apresentadores precisam viver com a voz que têm. Concentrar-se nas variações de tom, velocidade e volume pode tornar aquela voz difícil mais aceitável aos ouvidos da plateia.

Melhoria com a autoavaliação e a imitação Os problemas discutidos a seguir podem ser superados com a autoavaliação. Com tantas opções de gravadores de vídeo e voz, hoje é fácil ouvir e ver você mesmo falando. Você conhece uma boa apresentação quando vê uma. Por isso, não será difícil melhorar as suas. Uma das maneiras de aperfeiçoar uma apresentação em público é observar as outras pessoas fazendo a mesma coisa. Observe os seus instrutores, colegas, artistas na TV, palestrantes profissionais e qualquer pessoa que dê essa oportunidade para você. Oportunidades não faltam para assistir a executivos experientes via *webcasts* e apresentações em vídeo. Analise esses apresentadores e descubra o que funciona ou não. Imite as técnicas que vão ajudá-lo e evite as que não vão. Tire proveito de qualquer oportunidade de praticar a fala.

"Se usar as pausas do jeito certo, elas vão ajudá-lo a conquistar a atenção da plateia."

OA10.9
Planejar o uso de elementos visuais em apoio a suas apresentações.

Tecnologia rápida
Aplicativos para celulares ajudam a controlar uma apresentação

Os aplicativos para celulares servem como uma ferramenta de apresentação remota de recursos audiovisuais. Você não precisa carregar e instalar *hardwares* adicionais, apenas o telefone celular. O aplicativo para iPhone, o Stage Hand, é uma excelente ferramenta para quem usa o Keynote. Ele permite que o apresentador controle os *slides*, cronometre a apresentação e visualize as anotações de um *slide* na tela do celular.

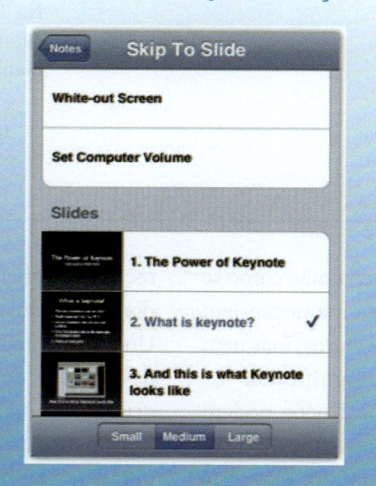

Comunicação rápida

O ultimo *slide* tem de ser especial

Não importa se você usa 10 ou 110 *slides*: o último exige atenção especial. Os *slides* mostrados a seguir são os últimos de algumas apresentações no SlideShare.net. Os autores tiveram ideias diferentes sobre o que funcionaria em cada situação. Um simplesmente declarou encerrada a apresentação. Outro usou o último *slide* para iniciar a sessão de perguntas e respostas. Há também quem o usa para fazer *branding* ou enfatizar as ideias principais que a plateia deve lembrar.

Uso de elementos visuais

A palavra falada tem muitas limitações. O som não dura muito tempo. Um ouvinte que deixa a mensagem falada escapar talvez não tenha chance de ouvi-la outra vez. Essa limitação traz à tona a necessidade de usar um suporte visual em uma apresentação: *slides*, gráficos, tabelas, fotos, vídeos e outras modalidades. Esses elementos visuais podem ser tão importantes para o sucesso da apresentação quanto as palavras, logo, precisam fazer parte de seu planejamento.

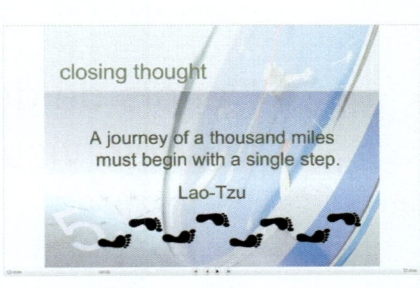

Use elementos visuais do jeito certo e comunique suas mensagens efetivamente em sua apresentação.

CAPÍTULO 10 | Comunicação verbal

uso certo do design Os elementos visuais eficazes são escolhidos com base na mensagem, e combinam com a apresentação e a plateia.

Na hora de escolher os que você vai usar, avalie os tópicos que parecem vagos ou confusos. Sempre que algum elemento visual ajudar a eliminar esses problemas, use-o. Esses recursos simplificam as informações complexas e melhoram a coesão da apresentação, além de dar ênfase e despertar interesse em pontos específicos. Eles são uma parte verdadeiramente importante de sua apresentação, logo, não os esqueça.

Depois de decidir que um tema precisa de um recurso visual, defina a forma que ele vai ter. Uma lista de tópicos? Um esboço? Um gráfico? Um diagrama? Uma foto? É uma escolha feita sobretudo com base na capacidade de transmitir conteúdo. Parece simples e óbvio, mas muita gente nem sempre segue essa dica. As pessoas selecionam os elementos visuais pensando na aparência e no efeito espetacular, e esquecem a utilidade para a comunicação.[3]

avalie os tipos Não existe um elemento visual ideal para todas as ocasiões. Você precisa ser flexível com eles. Conheça os pontos fortes e fracos de cada tipo e saberá usar cada um com eficácia.

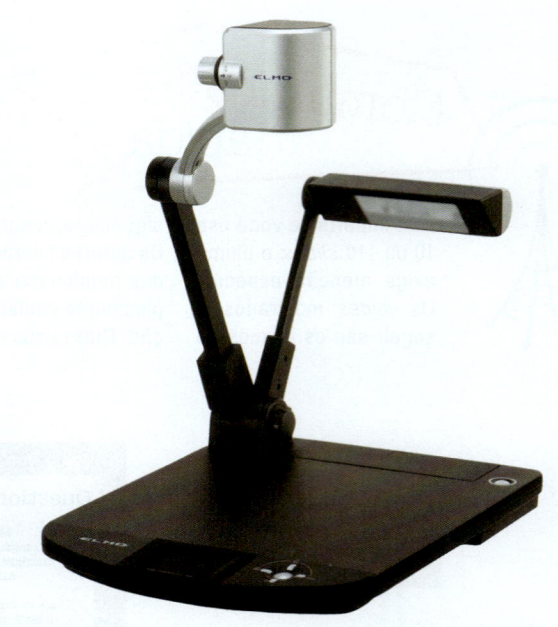

Os projetores visuais digitais, ou as câmeras de documentos, permitem flexibilizar uma apresentação e exibir uma variedade de objetos, desde um mapa antigo até objetos tridimensionais e vídeos.

[**Depois de decidir que um tema precisa de um recurso visual, defina a forma que ele vai ter.**]

FIGURA 10.1 Guia para escolher elementos visuais

	Elemento	Qualidade da imagem	Tamanho da plateia	Custo	Facilidade de preparação
Não projetáveis	Pôster	Muito boa	Pequena	$$	Média
	Flip chart	Boa	Pequena	$	Fácil
	Quadro	Boa	Pequena	$	Fácil
	Objeto real ou maquete	Muito boa	Pequena	$ - $$$$	Fácil a difícil
	Lousa ou quadro branco	Aceitável	Média	$	Fácil
	Fotos	Muito boa	Média	$$	Fácil a média
	Material distribuído	Excelente	Grande	$ - $$	Fácil a difícil
Projetáveis	*Slides* de 35 mm	Muito boa	Grande	$	Média
	Transparências em retroprojetor	Muito boa	Média	$	Fácil
	Câmeras de documentos, projetores, projetores digitais	Muito boa	Média	Nenhum	Fácil
	TV/VCR	Excelente	Média a grande	$ - $$$$	Fácil a difícil
	Projeção em PC (com aplicativos para PC e para a Internet)	Muito boa	Média a grande	Nenhum	Fácil a difícil

> "Ao se concentrar em ajudar a plateia a alcançar os objetivos dela, esses programas serão ferramentas eficazes para comunicar as suas ideias."

Na hora de escolher os elementos visuais, tenha em mente os tipos disponíveis – os gráficos com texto, as tabelas, os gráficos com dados e as fotos – discutidos no Capítulo 3. Cada um tem vantagens e desvantagens próprias e é usado de formas distintas. Eles são classificados como projetáveis (*slides*, transparências e projeções via computador) e não projetáveis (*flip charts*, maquetes e material distribuído à plateia).

tamanho da plateia, custo e facilidade de preparação
A escolha de elementos visuais também deve ser baseada no tamanho e na formalidade da plateia, nos custos de preparação e uso dos elementos visuais, bem como na facilidade e no tempo de preparação. A Figura 10.1 mostra as características dos diferentes tipos de elementos visuais e ajuda a escolher o mais apropriado para suas necessidades específicas.

uso desses elementos
Como os elementos visuais normalmente representam partes importantes de uma mensagem, eles são considerados pontos de ênfase em sua apresentação. O modo como fará isso depende de você, mas consulte estas dicas sempre que precisar:

- Certifique-se de que todos na plateia enxerguem o elemento visual do ponto em que estão sentados. Muitas linhas ou linhas em cores claras em um gráfico, por exemplo, não ajudam. Uma figura pequena nada diz para quem está sentado no fundo da sala. Até as fontes devem ser escolhidas pensando na visualização.
- Explique os elementos visuais quando há risco de não serem compreendidos.
- Organize cada um como parte da apresentação e, posteriormente, incorpore-os no plano.
- Enfatize cada um deles. Aponte com o dedo ou outro meio apropriado e faça uma referência verbal a cada um. Use canetas a laser e animações de *slides* como ênfase. A maioria dos aplicativos para apresentações e *tablets* permite fazer anotações em *slides*.
- Fale com a plateia – não com o elemento visual. Olhe para ele apenas quando a plateia deve fazer o mesmo. Quando a plateia precisa olhar para você, cubra o elemento ou escureça a tela do aplicativo que está usando.
- Evite ficar entre a plateia e o elemento. A visualização não pode ser prejudicada por colunas, púlpitos e cadeiras. Cuidado para não ficar na linha de visão dos espectadores.

uso do software de apresentação
Embora existam dezenas de softwares de apresentação para PC ou para Internet, hoje o PowerPoint ainda é um dos mais usados. Os aplicativos para a Internet, como o SlideRocket, o Google Docs, o Acrobat Presentations e muitos outros, permitem importar e exportar arquivos no formato PowerPoint, daí tornando-o o padrão. O principal problema não é decidir qual usar, mas decidir se você vai mesmo usá-los.

Nos Estados Unidos, os renomados professores das universidades que formam a Ivy League e os militares de alto escalão dizem que o PowerPoint é muito ruim e proibiram o seu uso, porque, para eles, o programa já causou vários problemas. Mesmo assim, muita gente ainda o usa: ele não deixa de ser eficaz quando é empregado do jeito certo e no contexto apropriado.

Esses recursos são complementos a uma apresentação verbal, não substitutos para ela. A ideia é ajudar a plateia a entender as ideias do apresentador com mais rapidez e precisão. Mas, alguns apresenta-

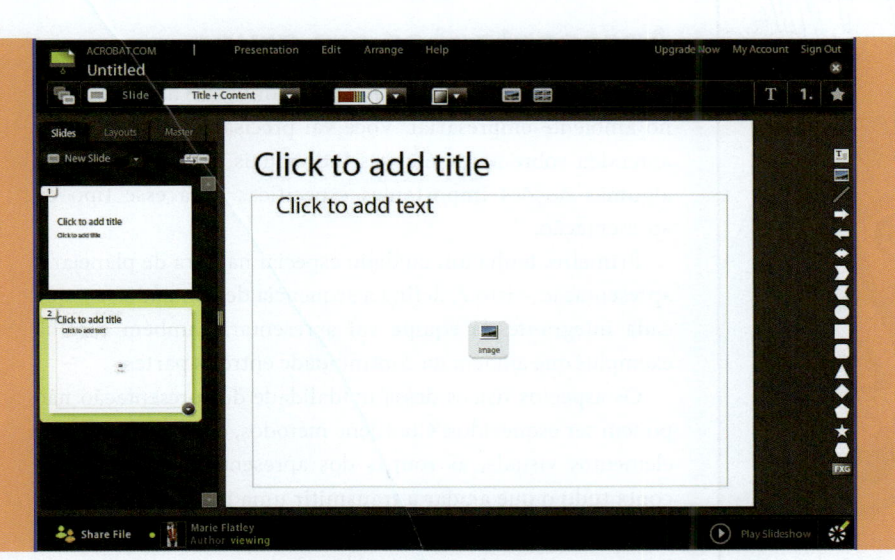

Algumas das ferramentas de apresentação para a Internet, como o SlideRocket, o Google Presentations e o Adobe Presenter, permitem que uma equipe colabore facilmente em suas apresentações.

dores usam esses programas como se fossem *teleprompters*: eles simplesmente leem vários *slides* com muito texto, enquanto outros ainda utilizam esses recursos como uma maneira de entreter a plateia, mas esquecem que eles distraem o público e não ajudam a reter conteúdos. Problemas como esses explicam por que tanta gente detesta esses aplicativos.

Ao se concentrar em ajudar a plateia a alcançar os objetivos dela, esses programas serão ferramentas eficazes para comunicar as suas ideias. Planeje cuidadosamente os conteúdos e o jeito de usar essas tecnologias. Você vai ver que transmitir a sua mensagem como uma narrativa visual melhora a sua comunicação.

No Capítulo 3, você aprendeu como criar apresentações eficazes levando em conta aspectos como *layout*, arte, fontes e cores. Esses elementos também são úteis para melhorar a legibilidade e a compreensão de sua mensagem. O *layout*, não importa se for original ou baseado em um modelo, é importante. Os conceitos de organização, escolha de palavras e elaboração de resumos de documentos também. Títulos descritivos e legendas têm lugar de destaque no uso de elementos visuais, exatamente como nas mensagens e nos relatórios. O apresentador pode inserir, colar e criar arte e fotografias nesses aplicativos e com isso comunicar a mensagem com mais eficiência. Você já aprendeu que elementos tipográficos, como a fonte, o tamanho e o estilo, são essenciais para a legibilidade da mensagem. O tamanho da letra que você usar é definido pelo ambiente da apresentação: a mensagem deve ser lida facilmente de qualquer ponto da sala em que é apresentada. A cor também tem importância na seleção do elemento de fundo, do texto, dos gráficos e de outros critérios visuais.

> "Em todas as atividades envolvendo algum planejamento extra, a equipe não deve esquecer de planejar um ensaio."

Os recursos de animação, as transições e a integração de mídias também têm lugar garantido em sua apresentação. Você encontra muitos tutoriais, vídeos, *ebooks*, *webcasts* e livros que ensinam a explorar essas características para melhorar sua capacidade de comunicar a mensagem.[4]

Usar as tecnologias com eficácia e ter planos alternativos vai mostrar se você é um amador ou um profissional da apresentação. As plateias não gostam de apresentadores que leem telas, especialmente de costas para elas durante o processo. O ritmo certo também tem sua importância. Um apresentador atento à dificuldade do conteúdo e às reações do público consegue adaptar o ritmo de acordo com a situação. Além de desenvolver uma boa noção de cronometragem, você causará uma impressão de habilidade ao usar atalhos de navegação. No PowerPoint 2010, você acessa esses atalhos pressionando a tecla F1 a qualquer momento durante a apresentação. Nossa dica é que você se familiarize com eles, ao menos com os mais usados.

Por fim, um bom apresentador usa o *slide* final com eficácia. O ideal é terminar com a ideia ou o conceito principal do tema da apresentação. É este conceito que você quer que as pessoas mencionem quando alguém perguntar, "Sobre o que foi a palestra?". Alguns chamam esse recurso de "frase-elevador": é uma frase curta, concisa, que resume sua apresentação. Colocar essa frase no último *slide* vai ajudar a sua plateia a lembrar da apresentação.

OA10.10

Trabalhar em equipe com eficácia na preparação e realização de uma apresentação em grupo.

Apresentações em grupo

A apresentação em grupo ou equipe também é muito comum no ambiente empresarial. Você vai precisar usar tudo o que aprendeu sobre apresentações individuais, mas discutiremos algumas noções importantes específicas para esse tipo de apresentação.

Primeiro, tenha um cuidado especial na hora de planejar a apresentação – isto é, defina a sequência de conteúdos e o que cada integrante da equipe vai apresentar. Também escolha exemplos que ajudem na continuidade entre as partes.

Os aspectos físicos dessa modalidade de apresentação não podem ser esquecidos. Coordene métodos, o uso de notas e de elementos visuais, as roupas dos apresentadores – leve em conta tudo o que ajudar a transmitir uma imagem de competência e profissionalismo. Planeje as transições para que a plateia veja que a equipe está coordenada.

A organização física também é importante. A equipe deve saber onde os integrantes vão se sentar ou ficar parados, como

> [**Em muitas empresas, as apresentações virtuais têm a mesma finalidade das apresentações presenciais – informar e persuadir.**]

os elementos visuais serão apresentados, como passar ou ajustar os microfones e como entrar e sair da área de apresentação.

O encerramento da apresentação tem importância estratégica. A equipe deve decidir quem faz o encerramento e o que vai ser dito. Se um resumo for usado, quem o apresentar deve informar quem vai falar sobre os tópicos específicos. Se o evento prevê uma sessão de perguntas e respostas, o grupo vai planejá-la. Por exemplo, um integrante deve se responsabilizar por indicar quem da equipe vai responder a uma dada pergunta? Ou a plateia poderá fazer perguntas para membros específicos? Além disso, a equipe precisa criar uma nota de agradecimento final.

Em todas as atividades envolvendo algum planejamento extra, a equipe não deve esquecer o ensaio. O grupo precisa levar em conta a possibilidade de praticar toda a apresentação várias vezes antes do evento oficial. Esses ensaios são uma oportunidade para os integrantes opinarem sobre a atuação de cada um e de sugerirem melhorias. Depois desses ensaios, convidar terceiros para assistir a uma apresentação exclusiva é uma boa ideia. Também é possível gravar uma apresentação sem plateia e analisar o vídeo em conjunto. Além da chance de praticar, esses ensaios ajudam a desenvolver o espírito de grupo. Uma equipe de sucesso conhece o valor de ensaiar uma apresentação e realiza essa atividade como parte normal do planejamento.

É uma boa ideia ensaiar uma apresentação em grupo diante de alguns colegas antes da apresentação para uma plateia importante.

Tudo isso parece óbvio, mas se sua equipe dedicar a atenção necessária a esses aspectos, a sua apresentação será elegante, organizada e eficaz.

● ● OA10.11
Definir apresentações virtuais e as diferenças em relação às apresentações presenciais.

Apresentações virtuais

O ambiente virtual *online* é o mais novo palco para as apresentações empresariais. Elas também são chamadas *webcasts*, *webminars* ou *e-seminars*. A videoconferência existe há algum tempo, mas a popularidade da apresentação virtual está aumentando por conta de fatores como o custo elevado em tempo e dinheiro das viagens, a dispersão das operações das empresas, os avanços tecnológicos e a maior velocidade das redes. Com *hardwares* avançados e a facilidade das conexões com a Internet, muitas empresas desenvolveram aplicativos baseados na *Web* muito fáceis de usar. O WebEx, que no passado era o aplicativo padrão da apresentação virtual, hoje enfrenta a concorrência de produtos, como o GoToMeeting, da Citrix, o Live Meeting, da Microsoft, o Adobe Connect, o Raindance e muitos outros. Os custos baixos dessa tecnologia são outro atrativo para empresas de todos os tamanhos, que os usam em apresentações para plateias grandes ou pequenas.

Entender a natureza dessa tecnologia, identificar as diferenças entre a apresentação virtual e a apresentação presencial e conhecer algumas técnicas úteis são fatores cada vez mais importantes diante da crescente popularidade de tudo o que envolve o ambiente virtual no meio empresarial.

definição de apresentação virtual Uma apresentação virtual é aquela que você faz a partir de um computador, pela Internet, para um público localizado em qualquer parte do mundo em que uma conexão esteja disponível. Embora essa tecnologia permita apresentar conteúdos de áudio e vídeo simultaneamente, de modo que o público vê o participante ao vivo, cerca de 80% dos usuários da tecnologia virtual assistem a *slides* do PowerPoint e escutam o apresentador pelo telefone ou por uma conexão VOIP. Normalmente essa tecnologia não requer *hardwares* específicos ou *softwares* caros. Essas apresentações também podem ser gravadas, assim, os diferentes públicos assistem a elas em momentos e locais distintos.

Em muitas empresas, as apresentações virtuais têm a mesma finalidade das apresentações presenciais – informar e persuadir. Elas melhoram a produtividade, porque permitem que os funcionários de outras instalações operacionais tenham acesso a informações atualizadas e treinamento, o que poupa tempo e recursos. Elas ajudam as equipes de vendas a atingir públicos maiores e mais especializados em todo o mundo.

FIGURA 10.2 O WebEx, da Cisco, tem ferramentas que melhoram a interação entre o apresentador e o público

FONTE: Esta captura de tela foi reproduzida pela McGraw Hill com permissão da CISCO Systems Inc. e/ou entidades afiliadas. © Cisco Systems Inc. e/ou entidades afiliadas. Todos os direitos reservados. Cisco WebEx e Meeting Center são marcas ou marcas registradas da Cisco Systems, Inc. e/ou entidades afiliadas.

diferenças entre apresentações presenciais e virtuais

A principal diferença entre as apresentações presenciais e as virtuais está na dinâmica – o apresentador não tem acesso visual à plateia e, às vezes, ela não tem acesso a ele. Alguns acreditam que ser capaz de ver o apresentador não é estritamente uma necessidade, que a tecnologia nos deu ferramentas que permitem obter *feedbacks* sem dificuldade. A Figura 10.2 mostra algumas das ferramentas do WebEx, da Cisco. Os participantes configuram suas telas de acordo com suas preferências. Neste exemplo, o apresentador selecionou a visualização de sua câmera na tela, o que muitos participantes apreciam. Uma lista com os nomes dos participantes é exibida. Um participante usa um botão específico para avisar o apresentador que tem uma pergunta ou quer fazer um comentário. Uma janela de bate-papo possibilita enviar perguntas e respostas em tempo real. Como o apresentador não consegue falar e digitar respostas ao mesmo tempo, esse recurso normalmente é atribuído a um assistente ou coapresentador. Além disso, a janela principal é o *slide* com o tema em discussão. É comum os participantes utilizarem o modo de tela cheia e alternarem para as outras ferramentas quando necessário. Outra vantagem é que o apresentador pode fazer uma votação com os participantes durante a apresentação e exibir os resultados em tempo real.

Para sua apresentação virtual ser eficaz, dedique tempo à preparação, à execução e ao encerramento. Primeiro, escolha uma tecnologia fácil e simples. Depois, envie convites aos participantes e um pedido para que realizem um teste com o aplicativo antes da apresentação. Dependendo do caso, chame um técnico para estar presente durante o evento a fim de lidar com algum problema: um participante talvez tenha dificuldades com a conexão, outro recebe o sinal com atraso ou o tempo reservado pode acabar. Esse técnico vai resolver problemas rapidamente. Procure um assistente com antecipação, se for preciso. Crie um conteúdo especial para mostrar para quem se conectar antes de a apresentação começar: um aviso, as novidades sobre a próxima apresentação, informações sobre produtos e serviços ou mesmo um relógio com contagem regressiva para o início da apresentação. Não esqueça de indicar onde os participantes encontram informações adicionais, como os *slides* usados, um registro gravado da apresentação e *links* úteis.

A execução da apresentação virtual não difere muito das outras, a não ser pelo fato de você estar na frente de seu computador e de usar um fone de ouvido. Empregue uma ferramenta de realce ou efeitos de animação do PowerPoint para enfatizar os pontos principais, aqueles para os quais você apontaria em uma apresentação presencial. Planeje intervalos para fazer perguntas de sondagem aos participantes ou apresentar perguntas enviadas via um canal de fundo (*backchannel*) ou ferramenta de bate-papo. Se usar o Modo de Exibição do Apresentador no PowerPoint, ajuste o *timer* para visualizar essas perguntas a intervalos regulares e medir o tempo para perguntas e respostas.

No encerramento, dê chance aos participantes para avaliar a apresentação e fazer perguntas adicionais. Preste atenção no tempo: alguns sistemas encerram a conexão quando a apresentação excede o tempo estipulado.

Em resumo, uma apresentação virtual exige o mesmo esforço que você investe nos outros tipos de apresentação – o planejamento cuidadoso, a execução com atenção e a prática. ∎

ACESSE <http://www.grupoa.com.br>

para materiais adicionais de estudo, em inglês, incluindo apresentações em PowerPoint.

• • objetivos de APRENDIZAGEM

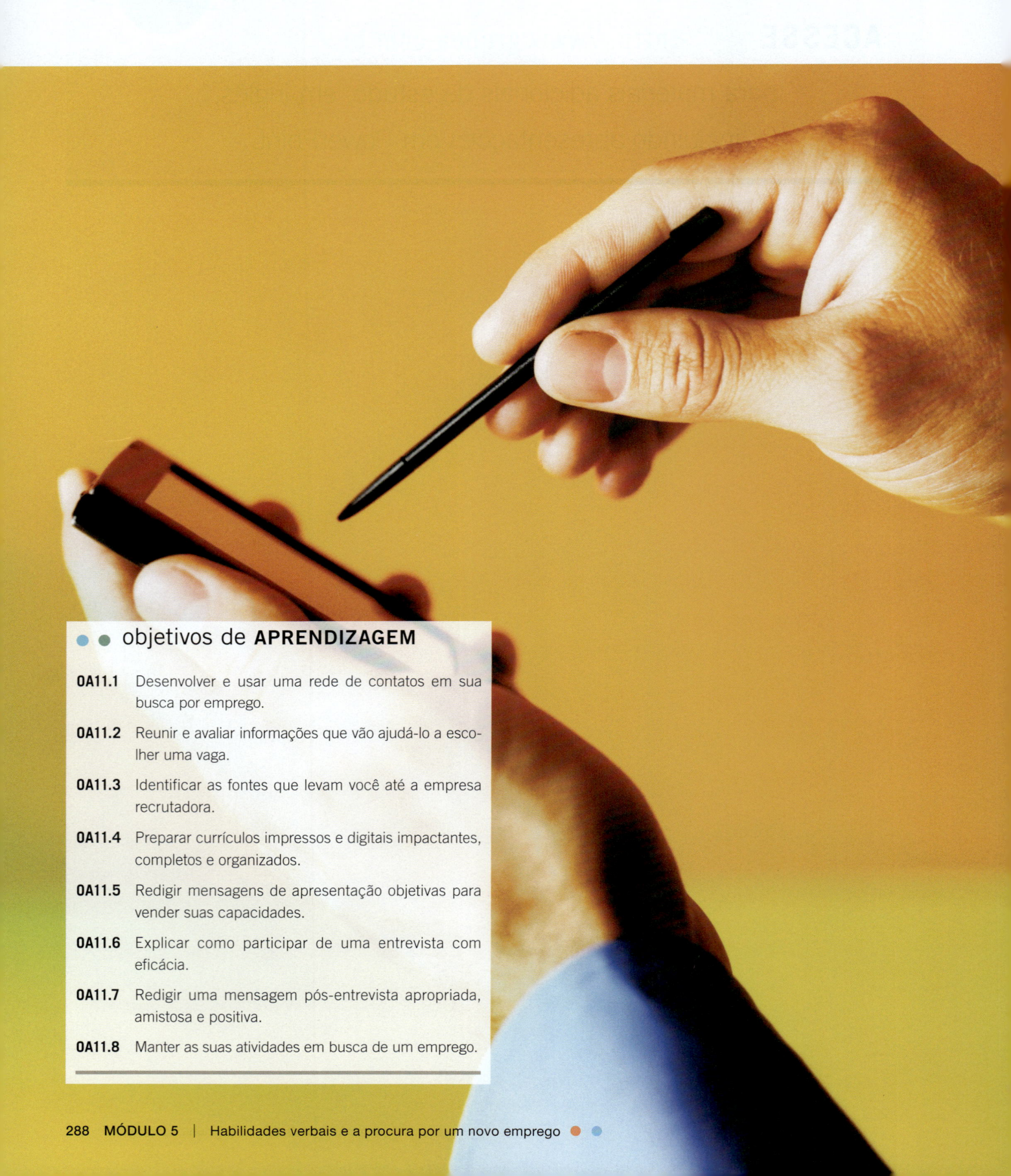

OA11.1 Desenvolver e usar uma rede de contatos em sua busca por emprego.

OA11.2 Reunir e avaliar informações que vão ajudá-lo a escolher uma vaga.

OA11.3 Identificar as fontes que levam você até a empresa recrutadora.

OA11.4 Preparar currículos impressos e digitais impactantes, completos e organizados.

OA11.5 Redigir mensagens de apresentação objetivas para vender suas capacidades.

OA11.6 Explicar como participar de uma entrevista com eficácia.

OA11.7 Redigir uma mensagem pós-entrevista apropriada, amistosa e positiva.

OA11.8 Manter as suas atividades em busca de um emprego.

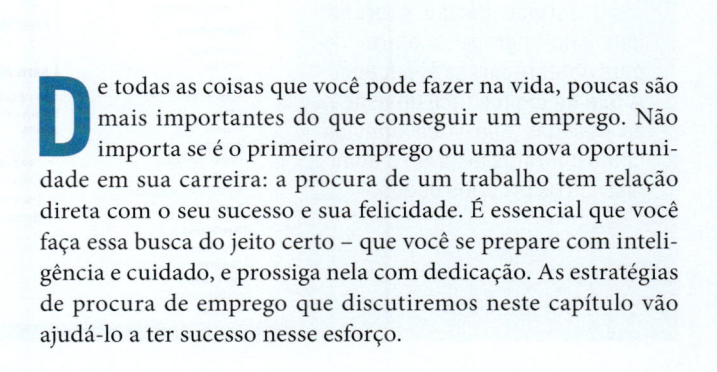

Comunicação na procura por um emprego

capítulo onze

De todas as coisas que você pode fazer na vida, poucas são mais importantes do que conseguir um emprego. Não importa se é o primeiro emprego ou uma nova oportunidade em sua carreira: a procura de um trabalho tem relação direta com o seu sucesso e sua felicidade. É essencial que você faça essa busca do jeito certo – que você se prepare com inteligência e cuidado, e prossiga nela com dedicação. As estratégias de procura de emprego que discutiremos neste capítulo vão ajudá-lo a ter sucesso nesse esforço.

Cenário de trabalho

O processo de procura por um emprego

Neste capítulo, você é Jason Andrews, estudante da Olympia University. Em alguns meses, você concluirá os estudos de marketing e vai sair em busca de emprego.

Você acha que chegou a hora de começar a procurar aquela vaga para a qual estudou. Mas como? Por onde começar? O que essa procura envolve? Como você deve se apresentar para obter os melhores resultados? As respostas a estas e outras perguntas são discutidas nas próximas páginas.

ATIVIDADES PRELIMINARES NA BUSCA PELO EMPREGO

As atividades preliminares para criar uma rede de contatos começam quando fazemos amigos e conhecidos. Você já pensava no tipo de trabalho que faria no futuro quando decidiu estudar administração. No momento em que você e seus amigos encontraram empregos de meio expediente ou estágios nas férias de verão, descobriram maneiras de encontrar empregadores. Mas, é hora de aprender mais e conhecer coisas novas para encontrar um emprego.

OA11.1
Desenvolver e usar uma rede de contatos em sua busca por emprego.

Como construir uma rede de contatos

A busca por um emprego começa muito antes de você estar pronto para encarar uma vaga. Na verdade, é possível começar agora, ao criar uma rede de contatos. Você constrói relacionamentos com pessoas que podem ajudá-lo a encontrar trabalho quando precisar: seus colegas, seus professores e empresários.

Tecnologia rápida

Networking profissional confiável pode se tornar uma ferramenta poderosa

Uma das redes profissionais mais conhecidas é o LinkedIn. Uma das razões por trás desse sucesso é o recente crescimento da rede e a confiança que ela desperta em quem está conectado a ela. A tela ao lado mostra o Learning Center do LinkedIn, no qual é possível se conectar com outras pessoas, procurar uma vaga ou candidatos e obter respostas de pessoas confiáveis sobre as perguntas que faz.

O serviço básico é grátis, mas um *upgrade* é oferecido para obter recursos avançados. A tela de login é fácil de usar, e as pessoas que você convida como contatos inserem e administram os próprios dados.

Uma das melhores características do LinkedIn é a tag de recomendações, onde as pessoas que procuram um emprego podem pedir a suas conexões que a indiquem para a vaga. Quem faz essa recomendação deve estar preparado para confirmar os pontos fortes que você tem — seus professores, ex-chefes ou amigos de longa data.

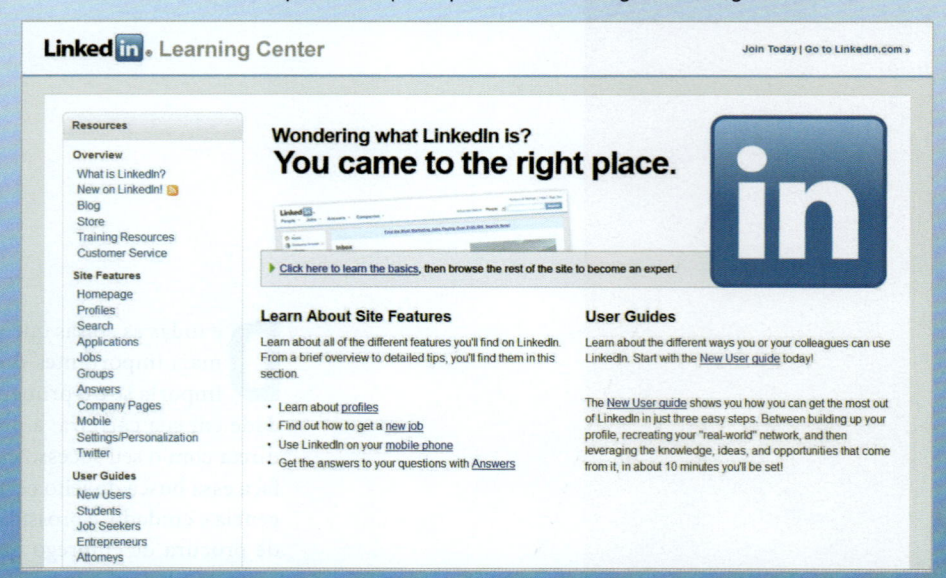

No momento, os seus colegas de classe provavelmente não estão em posição de tomar ou influenciar uma decisão de contratação. Mas, no futuro, quando quiser dar uma guinada na carreira, essas pessoas possivelmente serão úteis. Elas talvez conheçam alguém que possa ajudar. Quanto maior o seu círculo de amizades, maiores as chances de você fazer contatos profissionais.

Conhecer seus professores e garantir que eles conhecem você também expande sua rede de contatos. Muitos professores são consultores de empresas. Por isso, talvez conheçam executivos importantes e possam ajudar você a fazer contato com eles. Às vezes, o seu professor fica sabendo da abertura de uma vaga e pode indicá-lo para o recrutador. Deixe claro na sala de aula que você é uma pessoa ética e que tem capacidade. Essa provavelmente é a melhor maneira de o professor conhecer você e auxiliá-lo. Aproveite para conversar com seus professores fora do horário das aulas, especialmente os das disciplinas mais importantes do seu curso.

Claro que conhecer executivos importantes também leva a formar uma boa rede de contatos e talvez você já conheça alguns por intermédio de familiares e amigos. Mas, expandir esses relacionamentos será benéfico, sem dúvida. Existem muitas maneiras de fazer isso, especialmente participando de grupos e associações de profissionais do ramo. Ao aceitar um papel ativo em uma dessas organizações, trabalhando em comitês ou se tornando um funcionário, você acaba conhecendo executivos em seminários ou outros eventos. O ambiente *online* também oferece muitas chances de conhecer executivos. Quando você compartilha interesses específicos em um *blog* ou no Twitter, ou fica conhecido como alguém que contribui com comentários e postagens úteis nessas mídias, as chances de você fazer contatos profissionais úteis são muito boas.

Os programas de estágio de sua universidade são outra forma de fazer contatos profissionais. Mas, escolha o programa mais indicado e que ofereça o melhor treinamento nos objetivos de carreira que você definiu. Jamais pense que um estágio não passa de mais um emprego. Este período é uma base, um alicerce para sua carreira. A experiência que ganhar e os contatos que fizer em um estágio podem abrir caminho para o seu primeiro cargo de carreira. Se o seu desempenho nesse estágio for bom, ele pode virar um emprego fixo.

Você também tem a escolha de recorrer a meios menos comuns de fazer contatos. O trabalho em organizações comunitárias, como instituições de caridade, centros comunitários e grupos de arrecadação de recursos, permitem que você conheça líderes atuantes nessas esferas. Frequente as reuniões de associações de profissionais e conheça as lideranças no campo em que você quer atuar. A participação nas atividades que abrem caminho para a formação de uma rede de contatos é boa para os dois lados, tanto hoje como no futuro.

OA11.2

Reunir e avaliar informações que vão ajudá-lo a escolher uma vaga.

Identifique os empregos certos

Para encontrar o emprego certo, investigue fatores internos e externos. Avalie você mesmo com critério: sua formação, suas qualidades pessoais, sua experiência e qualquer outra qualificação especial. Mas, para que essas qualidades internas sejam realistas, elas precisam ser analisadas de uma perspectiva externa. Alguns dos fatores envolvidos incluem a situação do mercado de trabalho atual e futuro, o cenário econômico, as preferências relativas ao local em que você quer trabalhar e as necessidades de sua família.

> "Para encontrar o emprego certo, investigue fatores internos e externos."

analise a si próprio Quando estiver pronto para sair à procura de seu emprego, comece analisando você mesmo. Examine-se da mesma forma que faria com um produto ou serviço à venda. Afinal, a pessoa que procura um emprego na verdade está vendendo as capacidades dela de trabalhar: de fazer coisas por quem a contrata. Um emprego é mais que uma simples oportunidade de ganhar dinheiro: é algo que traz vantagens para as duas partes – você e a empresa. É por isso que você deve levar em conta as suas qualidades que o tornam um funcionário responsável e produtivo de que uma empresa precisa. Essa autoavaliação deve abordar as categorias discutidas a seguir.

"Nunca séi ondé colocar éssa coisa éstranha na létra é na hora dé digitar o méu curriculo."

FONTE: direitos autorais © Randy Glasbergen. Reproduzido com permissão.

educação   A análise deve começar com sua formação educacional. É provável que você já tenha escolhido a área em que vai atuar, como contabilidade, economia, finanças, sistemas de informação, comércio exterior, administração ou marketing. Nesse caso, a tarefa é mais simples. Mesmo assim, pense em enfatizar alguns pontos interessantes – por exemplo, as disciplinas eletivas que o ajudaram a desenvolver alguma habilidade específica ou que mostram algo especial em você, como uma disciplina da psicologia que melhora a competência nos relacionamentos humanos, as disciplinas da comunicação que aperfeiçoam suas habilidades de redator e apresentador, e os idiomas estrangeiros que o preparam para o trabalho em outros países.

Se você fez um curso mais geral, como administração geral, ou artes, analise a sua atividade acadêmica em busca de uma ênfase na comunicação escrita, nos relacionamentos humanos,

As feiras de profissionais e os núcleos de emprego são os melhores locais para quem quer conhecer as vagas abertas no mercado.

[**Nessa análise de sua formação acadêmica, avalie a qualidade de seu histórico – as notas, os projetos, os certificados e qualquer fator que tenha trazido algum reconhecimento especial para você.**]

em informática ou em idiomas – qualidades muito necessárias no ambiente empresarial. Mas, você talvez conclua que o seu treinamento forneceu uma boa base geral, a qual você vai usar para desenvolver habilidades específicas do ambiente empresarial.

Nessa análise de sua formação acadêmica, avalie a qualidade de seu histórico – as notas, os projetos, os certificados e qualquer fator que tenha trazido algum reconhecimento especial para você. Se o seu histórico acadêmico é bom, enfatize esse aspecto positivo. Mas, e se o seu trabalho foi medíocre? Como veremos, você vai precisar redirecionar a ênfase para os pontos que vendem mais fácil – a sua disposição de trabalhar, a sua personalidade e a sua experiência. Mas, também é possível contextualizar. Por exemplo, embora trabalhar e estudar ao mesmo tempo tenha afetado o seu desempenho na universidade, você desenvolveu qualidades valiosas em um candidato: a iniciativa, o trabalho em colaboração e a disposição de correr riscos.

qualidades pessoais   A autoavaliação também deve abordar as suas qualidades pessoais. As empresas usam testes de personalidade, como o de Myers-Briggs, para avaliar os candidatos. Você pode fazer esses testes *online* ou nos centros de desenvolvimento de carreiras em sua universidade. As qualidades associadas ao trato com pessoas, à liderança e à capacidade de trabalhar em equipe são especialmente importantes. Também destaque se você consegue se expressar bem falando ou por escrito, pois essas habilidades são valiosas para as empresas.

Claro que você talvez não seja o melhor juiz de suas qualidades pessoais. As imagens que temos de nós mesmos nem sempre batem com aquilo que as outras pessoas pensam de nós. Converse com seus amigos e descubra se eles concordam com as suas impressões. Não esqueça de avaliar o seu histórico para encontrar evidências que apoiem suas observações. Por exemplo, a participação em organizações e em atividades comunitárias indica que você é competente no trabalho em equipe e com as pessoas. Alguns cargos evidenciam sua inclinação para a liderança. A participação em grupos de debate ou grêmios e diretórios estudantis mostra que você tem habilidades de comunicação.

experiência profissional   Analise toda a sua experiência profissional, com ênfase na área em que você se especializou. Essa experiência cresce em importância à medida que você avança em sua carreira. Até a experiência sem qualquer relação com o emprego que está procurando mostra algo importante sobre você. Um emprego em meio expediente também é útil, porque indica boa vontade e determinação, principalmente quando trabalhou para financiar seus estudos. A experiência em quase qualquer trabalho ajuda a desenvolver as suas competências para lidar com pessoas e assumir reponsabilidades.

qualificações especiais   A sua autoavaliação precisa abordar as qualificações especiais que podem ser importantes para uma empresa. A fluência em idiomas é útil em muitos setores do ambiente empresarial. A prática de esportes, seus *hobbies* e interesses também são relevantes. Por exemplo, sua

> **ALGUNS RELATÓRIOS DE EMPREGO AFIRMAM QUE OS CONTATOS PESSOAIS SÃO O PRINCIPAL MEIO QUE AS EMPESAS USAM PARA ENCONTRAR UM CANDIDATO.**

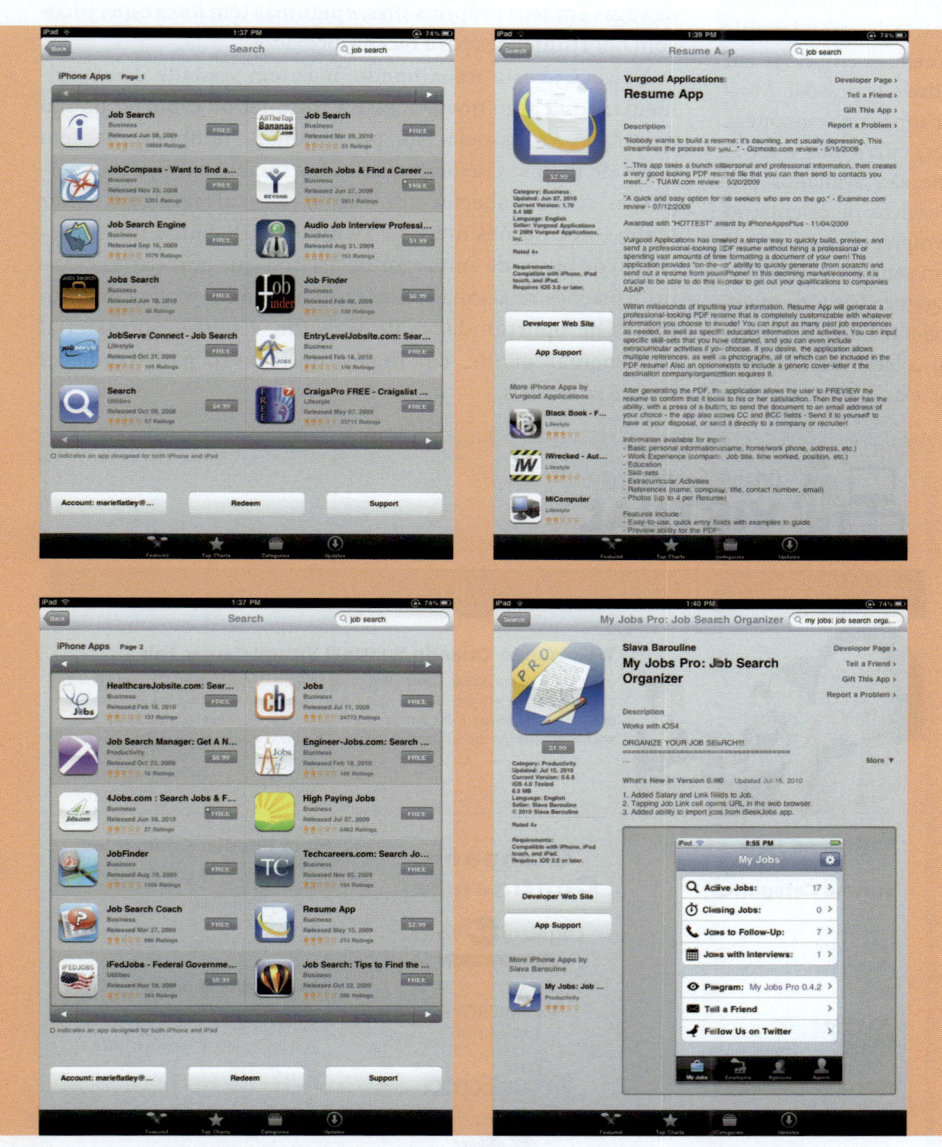

Há uma variedade de aplicativos que vai ajudar você a encontrar anúncios de empregos, criar documentos e administrar o processo de busca de vagas.

experiência com esportes vai ajudá-lo em um cargo de distribuidor de artigos esportivos. Se a mecânica de automóveis é um *hobby*, ele será de muita valia na hora de se apresentar para uma vaga em uma empresa de conserto de veículos. Se você gosta de música, essa preferência é vantajosa para um fabricante de pianos ou um *site* de venda de músicas. Já o interesse ou a habilidade com computadores é útil em uma variedade de setores.

Alguns testes servem para comparar a sua personalidade com a de pessoas que tiveram sucesso em suas carreiras, como o Strong Interest Inventory ou o Type Focus. Muitos serviços de aconselhamento profissional oferecem estes testes a seus estudantes, mas alguns estão disponíveis na Internet. A ajuda para interpretar esses resultados é essencial a fim de obter informações valiosas sobre você.

análise de fatores externos

Terminada a autoavaliação, é hora de combinar as informações que você obteve com as necessidades das empresas e outros fatores externos. Sua meta neste processo é dar uma direção realista à sua busca por um emprego. Onde está o trabalho que você procura? Você está disposto a mudar de cidade? Essa mudança vai ser problemática para as outras pessoas em sua família – o seu cônjuge, seus filhos, seus pais? O novo local combina com o seu estilo de vida? A mera existência de uma vaga que o interessa vai trazer a resposta a essas e outras perguntas. Mas, responda com os dois pés no chão, com base no que você sabe agora. Só depois é que você deve sair em busca de um emprego. Encontrar o trabalho certo – com base nessas respostas – é uma das suas metas principais.

CAPÍTULO 11 | Comunicação na procura por um emprego

OA11.3
Identificar as fontes que levam você até a empresa recrutadora.

Encontre a pessoa que vai empregar você

Há muitas fontes para encontrar um emprego, e será com elas que você vai iniciar ou dar prosseguimento à sua carreira. Essa variedade de fontes varia, dependendo do estágio em que sua carreira está.

serviços de orientação Se você está começando, os serviços de orientação e aconselhamento profissional em sua universidade são uma boa opção. A maior parte das grandes universidades tem esses serviços, os quais atraem as empresas em busca de candidatos adequados a seus quadros de pessoal. Muitos disponibilizam orientação na busca por uma vaga e mantêm bases de dados com históricos acadêmicos, currículos e recomendações dos que estão registrados que são avaliados por empresas em busca de candidatos. Esses serviços de orientação têm diretórios atualizados das principais empresas em diversos setores e nomes e telefones para contato com cada uma. A maioria oferece oportunidades de entrevista e organiza feiras de oportunidades. Esses centros são um lugar excelente para encontrar empresas em busca de recém-formados ou coletar informações sobre os tipos de empregos oferecidos por elas. Comece a frequentar esses serviços no começo de cada semestre e encontre oportunidades de estágios e de empregos. Você também terá a oportunidade de discutir ideias para a escolha de disciplinas que darão uma vantagem competitiva no começo de sua carreira.

rede de contatos pessoais Já vimos que os contatos pessoais são extremamente úteis em sua busca por um emprego. Na verdade, alguns relatórios de emprego afirmam que os contatos pessoais são o principal meio que as empresas usam para encontrar um candidato. Claro que a importância desses contatos cresce com a fase em que sua carreira está – isto é, quando talvez queira mudar de emprego diante da falta de perspectiva de evolução em sua posição atual. As pessoas conhecidas às vezes são uma boa fonte indicações para empregos dos quais seus amigos não têm conhecimento. Além disso, as redes sociais, como o LinkedIn e o JigSaw, ajudam as pessoas a se conectarem.

anúncios classificados Os anúncios de vagas publicados em jornais e revistas especializadas, tanto impressos quanto *online*, são uma boa fonte de oportunidades de emprego para muitos tipos de profissionais. Mas, os anúncios em busca de profissionais jovens são poucos (a maioria oferece vagas a profissionais experientes que buscam novas oportunidades de carreira ou cargos elevados). Mas, os anúncios representam apenas uma parte das vagas disponíveis em qualquer mercado.

fontes online Além dos classificados em jornais, as bases de dados *online* representam uma fonte de oportunidades de emprego. A Monster.com lista os empregos disponíveis em todo o território dos Estados Unidos e posta novas oportunidades regularmente. Muitas empresas anunciam a abertura de vagas em seus próprios *sites*, e algumas têm *links* específicos com oportunidades para recém-formados.

Se você já está trabalhando, mas tem vontade de experimentar um cargo novo, acesse a intranet ou o portal da sua empresa. As associações profissionais também mantêm bases de dados. Use *blogs* e as redes sociais para postar perguntas sobre a abertura de vagas, pois talvez algum leitor tenha informações úteis. O Twitjobsearch.com é um mecanismo de busca de empregos do Twitter que posta anúncios e informações relacionadas de todo o mundo, o que constitui fontes de oportunidades de trabalho. Consulte o material suplementar *online*, em inglês, deste livro para conhecer *links* e *sites* úteis.

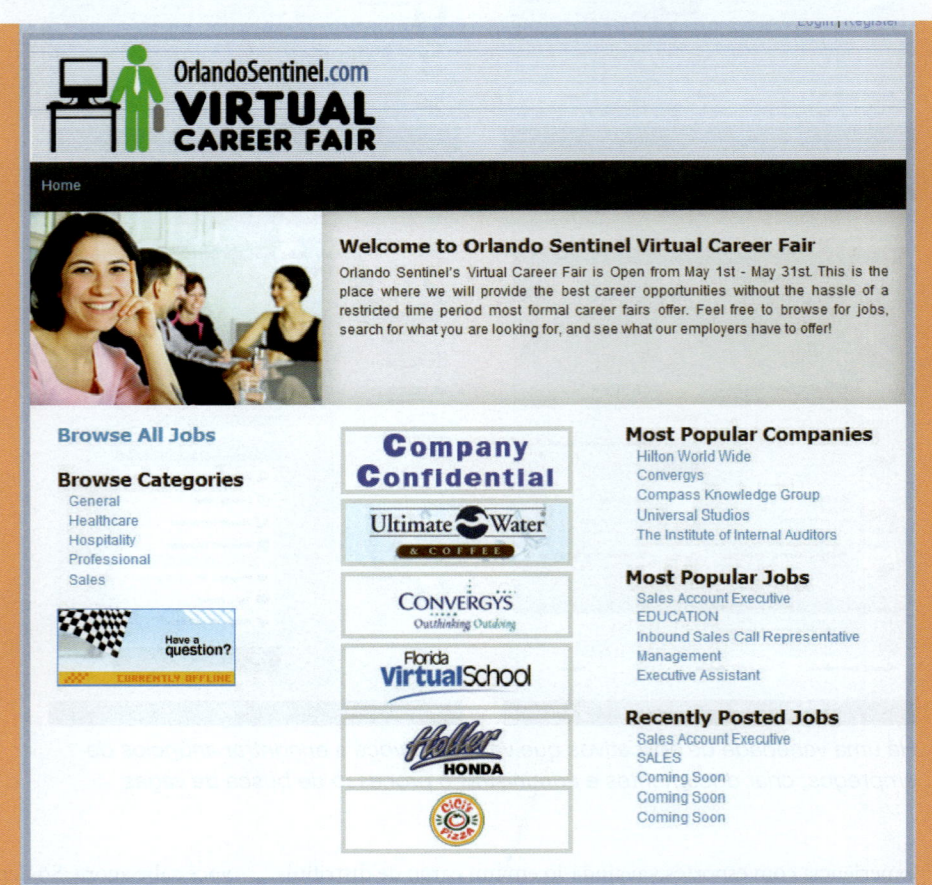

As feiras de emprego virtuais são fáceis de frequentar e normalmente são grátis para quem procura emprego. Esta foi patrocinada pelo jornal Orlando Sentinel.

agentes de busca personalizada

Muitos *sites* enviam avisos sobre empregos com base em ferramentas chamadas agentes de busca personalizada. Eles usam um filtro criado com base em um perfil confidencial para encontrar vagas que se encaixam em suas definições e enviar alertas sobre vagas por e-mail ou mensagens de texto.

> "Aumente a sua visibilidade profissional publicando um currículo na Internet."

Comece primeiro com um perfil preciso e enxuto. Mais tarde, você pode alterá-lo e incluir informações novas, se o número ou a natureza dos alertas não for o que você espera. Se descobrir que uma empresa está recrutando em sua universidade, consulte a lista de vagas e peça informações ao recrutador. Isso mostra que você tem um interesse especial em trabalhar para ela.

currículos *online*

Aumente a sua visibilidade profissional publicando um currículo na Internet. Algumas empresas buscam ativamente novos funcionários nos *sites* das universidades. Postar um currículo não é difícil, já que os processadores de texto permitem salvar documentos no formato HTML e criar uma página exclusiva para você. A Internet está cheia de ferramentas de criação de *sites* que vão ajudar você a gerar seu próprio currículo eletrônico. Depois de postar seu currículo, crie um *link* com algum departamento ou associação de estudantes importante. Isso ajuda os empregadores em potencial a encontrar você. Com um pequeno esforço adicional, você também cria uma página na Internet que permite expandir o currículo existente. Não esqueça de informar a URL de sua página no seu currículo impresso e de criar uma referência cruzada entre todas as páginas na Internet.

agências de emprego

Existem empresas que se dedicam a encontrar candidatos para cargos vagos no mercado de trabalho. Esse serviço é pago, mas algumas empresas arcam com os custos quando há uma escassez de candidatos qualificados. Você já deve ter ouvido falar dos *headhunters* (os caça-talentos), isto é, recrutadores especializados contratados para encontrar candidatos com um perfil específico para um cargo executivo em uma companhia. Essas agências também atuam no setor de trabalho temporário.

Um emprego temporário muitas vezes vira um emprego formal. O funcionário contratado tem a chance de sentir o clima da empresa, e ela consegue avaliar se o temporário tem potencial para um compromisso profissional mais duradouro.

sondagens

Muitos candidatos fazem contato diretamente com uma empresa em uma visita, por e-mail ou via correio. Uma visita é eficiente quando a empresa tem um escritório de emprego ou uma pessoa de contato agenda o encontro. Os contatos via correio normalmente incluem o currículo e uma carta de apresentação. Já o e-mail permite anexar uma variedade de documentos em diferentes formatos. A elaboração dessas mensagens é abordada mais adiante neste capítulo.

Os currículos em vídeo são uma das ferramentas que muitos candidatos estão usando. Empresas como a Workblast, a Optimal Resume, a Resumebook.tv e a Britelab.com facilitam a elaboração desses currículos. Muitas disponibilizam esse serviço nos campi das universidades.

CAPÍTULO 11 | Comunicação na procura por um emprego

Tecnologia rápida
Currículos *online* podem funcionar para você

Postar um currículo como uma página da Internet é outra maneira útil de divulgar suas competências de comunicação. Essa modalidade permite adicionar muito mais detalhes em comparação a um currículo impresso, como fotos, vídeos e arquivos de áudio. É possível anexar exemplos de projetos, documentos e apresentações que você criou, bem como demonstrar suas habilidades e criatividade. A estrutura desses currículos também varia: desde os mais simples, criados ao completar um formulário *online*, passando pelos formatos que podem ser impressos e enviados pelo correio (mostrado na página 308) até os mais sofisticados, como o exemplo mostrado aqui, que usa uma gama de recursos de mídia e interação.

Vários aplicativos para a Internet permitem criar um currículo multimídia. Você encontra *links* para esses aplicativos no *site* deste livro. O currículo mostrado está disponível na VisualCV.com. Você inclui vídeos e gráficos, realça projetos realizados e dá amostras de trabalhos escritos e apresentações.

A ferramenta cria um currículo personalizado sem dificuldades, permitindo sua atualização quando for relevante indicar habilidades e realizações novas. Não esqueça de incluir a URL de seu currículo *online* na versão impressa e no LinkedIn ou outras redes sociais. Outra boa ideia é incluir os endereços eletrônicos de suas páginas nos cartões de visita que distribui a empresas interessadas em contratá-lo.

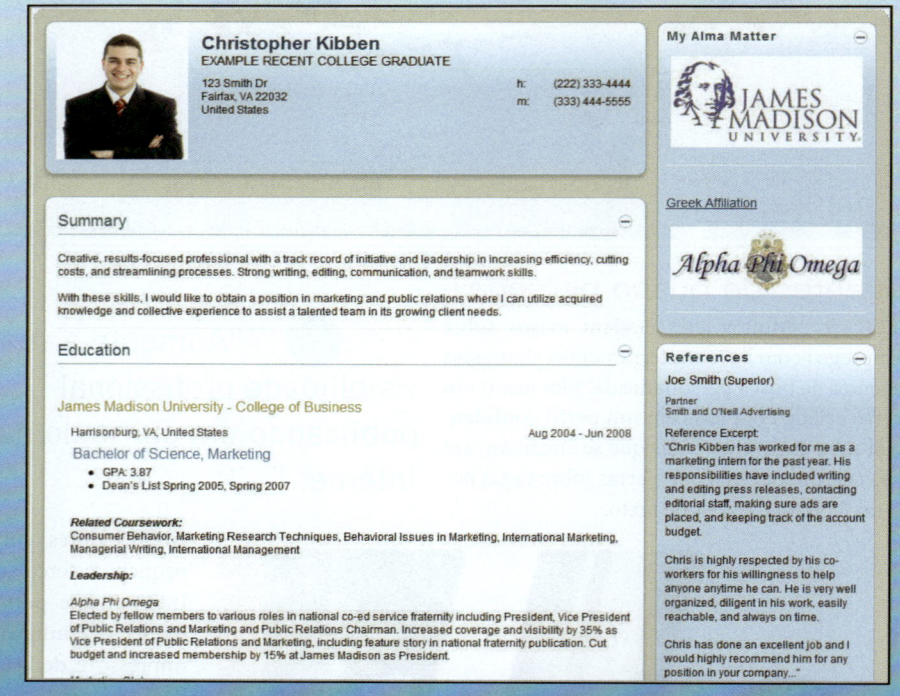

DOCUMENTAÇÃO DO CANDIDATO

Quando sua busca encontra uma oportunidade de emprego, você vai atrás dela. Essa busca depende das circunstâncias. Se for conveniente e apropriado, faça contato em pessoa. Esses contatos são convenientes quando a distância não é grande, e apropriados quando a empresa faz um convite. Nos outros casos, envie o seu currículo por e-mail, pela Internet, por fax ou via correio.

Independentemente de você se apresentar em pessoa, algum material escrito sempre será utilizado. Se fizer uma visita à empresa, é provável que um currículo com o registro de suas qualificações seja necessário. Nos outros casos, tudo é feito por escrito. Na maioria das vezes, esse contato inclui o currículo, uma mensagem de apresentação e uma lista de referências pessoais. Esses documentos serão úteis em algum ponto do processo de candidatura a uma vaga.

O preparo desses documentos não difere muito da elaboração de um documento de vendas. Afinal, a ideia é vender alguma coisa: você está oferecendo um produto ou serviço – sua capacidade de trabalhar. O currículo, a lista de referências e a mensagem de apresentação são muito parecidos com aquele material complementar que acompanha muitas mensagens de vendas. Essas semelhanças vão ficar claras nas próximas páginas.

Como na preparação de uma campanha de vendas, você começa com a redação de uma solicitação de emprego ao estudar o que está oferecendo: você mesmo. Depois estuda o trabalho. Examinar a si mesmo envolve uma autoavaliação do estoque de qualidades pessoais que já discutimos. Comece listando todas as informações sobre você que a empresa provavelmente quer saber. Por outro lado, estudar o trabalho implica aprender tudo o que puder sobre a empresa – os planos, as políticas e as operações dela. Estude o *site*, leia o relatório anual e outras publicações que ela disponibiliza. Encontre notícias recentes e consulte bases de dados sobre empresas. (O Capítulo 8 contém uma lista detalhada de fontes de informações sobre empresas.) Procure conhecer os pré-requisitos para o cargo que a empresa quer preencher e os detalhes do trabalho envolvido. Muitos centros de orientação e organizações estudantis atuantes nas universidades convidam empresários para sessões de informações. O *Opportunity Outlook Handbook* (<http://www.

Cenário de trabalho
A redação do currículo e da documentação do candidato a emprego

No papel de Jason Andrews, você se considera bem qualificado para um cargo de marketing. Você conhece essa área, pois estudou isso na universidade e acumulou experiência profissional. Sua família sempre viveu em um bairro de classe média. Você começou a trabalhar ainda jovem: teve muitos empregos, o mais importante tendo sido o de pesquisador de opinião. Você trabalhou em restaurantes, levando os clientes até as mesas e como garçom, por dois anos. Na universidade, estudou pensando em trabalhar no marketing. Frequentou o curso de publicidade e propaganda na Olympia University e escolheu a dedo as disciplinas eletivas que o preparariam melhor para esse trabalho. Suas notas são prova de que essa preparação foi boa.

Chegou a hora de começar a procurar emprego. Nessas últimas semanas, você seguiu as dicas para encontrar um (como vimos nas discussões anteriores). Infelizmente, não teve sucesso com os recrutadores que visitaram o campus da universidade. Hoje você vai enviar seu currículo para algumas empresas que podem se beneficiar contratando uma pessoa com seus conhecimentos e habilidades. As empresas informaram os nomes dos executivos para contato. Você vai se apresentar como candidato, enviando a documentação necessária – o seu currículo e uma mensagem de apresentação. A discussão a seguir mostra como preparar esses documentos no formato tanto impresso quanto digital, a fim de obter os melhores resultados.

---

bls.gov/oco/>) dá informações sobre a demanda de empregos no mercado, a natureza do trabalho e as faixas salariais de muitos cargos. Às vezes você também tem acesso a essas informações fazendo uma investigação pessoal, mas com frequência terá de desenvolvê-la por meio do raciocínio lógico.

Você tem essas informações preliminares em mãos e está pronto para planejar a pretensão ao cargo. Primeiro, decida exatamente o que sua documentação vai incluir. Uma mensagem de apresentação apenas? Uma mensagem de apresentação e um currículo (que muitos chamam de lista de qualificações)? Ou uma mensagem, um currículo e uma lista de referências? O seu currículo é um resumo de fatos passados em forma de lista. Muitos candidatos enviam uma mensagem de apresentação e o currículo, porque esta combinação tem mais chances de funcionar.

Mas, há quem envie somente a mensagem de apresentação. Nesses casos, ela precisa incluir uma boa quantidade de detalhes, porque é ela que vai vender a sua imagem de candidato à vaga. Se optar pelo formato digital, adapte-a ao canal escolhido. Inclua uma lista de referências quando ela for pedida ou útil.

● ● **OA11.4**

Preparar currículos impressos e digitais impactantes, completos e organizados.

Como elaborar o seu currículo

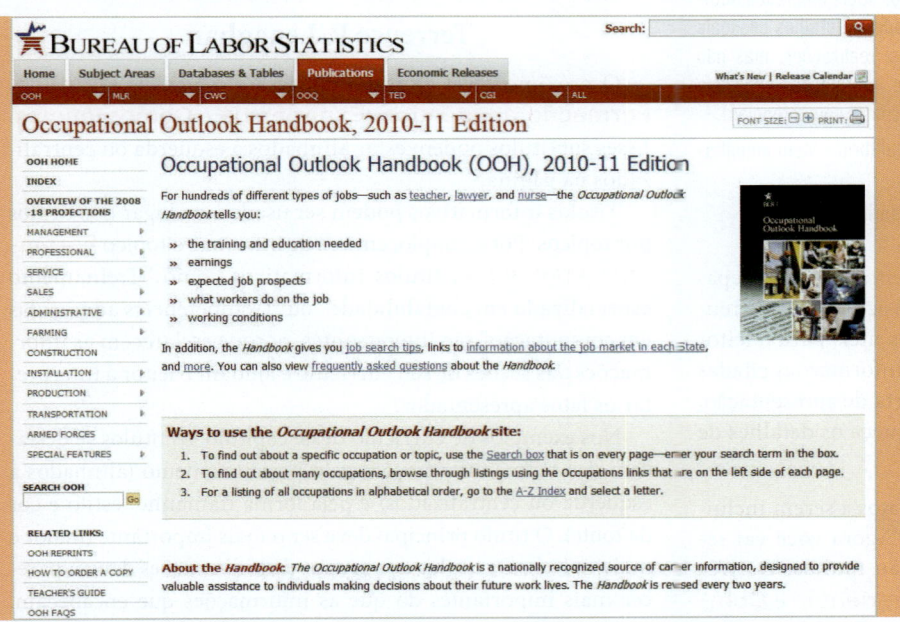

Você decidiu enviar um currículo, mas ele será impresso ou digital? O formato impresso tradicional é usado em entrevistas presenciais, quando o currículo tem utilidade prática naquele momento. Se você tem algum motivo para acreditar que a empresa vai guardar uma cópia digital dele, use um formato impresso que possa ser digitalizado. Esses formatos não são difíceis de elaborar, mas diferem em diversos aspectos importantes.

Em contrapartida, o formato digital é usado quando você envia a sua documentação por e-mail ou a publica na Internet. A documentação envolvida varia, dependendo da capacidade do sistema da empresa e dos formatos de currículo que ela aceita: desde um arquivo simples na codificação ASCII, ou um arquivo de texto anexado, até aquela página da Internet completa e elaborada. Não

O *Occupational Outlook Handbook* é uma das fontes mais indicadas sobre uma variedade de empregos. Ele apresenta informações sobre nível educacional exigido, expectativas salariais, atividades da função, condições de trabalho e muito mais.

> **"EM SEU CURRÍCULO IMPRESSO, INCLUA TODAS AS INFORMAÇÕES GERAIS QUE O LEITOR QUER SABER SOBRE VOCÊ."**

importa o formato: você cria esses documentos para apresentar as suas credenciais do jeito mais favorável possível.

Depois de decidir sobre o formato, você elabora as partes do documento. Na hora de escolher as partes a serem incluídas, defina como vai apresentar cada uma e adapte o conteúdo e a ordem delas ao cargo específico que você quer. O currículo impresso elaborado logo que você sai da faculdade normalmente tem uma página apenas, mas com o tempo e a experiência adquirida, ele aumentará. A versão digital não tem limite para o número de páginas, por isso, inclua tudo o que for relevante para um cargo específico.

currículo impresso tradicional

Em seu currículo impresso, inclua todas as informações gerais que o leitor quer saber sobre você: tudo o que é colocado em uma carta de apresentação e detalhes úteis. Um currículo é concebido para ser lido rapidamente. Por isso, ele lista os fatos pensando na melhor aparência para essa finalidade, e raramente contém frases.

A ordem das informações varia muito. Siga alguns procedimentos gerais e descomplique o processo:

- Elabore um título e os subtítulos.
- Inclua informações importantes, como objetivos e dados para contato.
- Ordene as informações sobre sua formação educacional com lógica (instituições, datas, diplomas, área de atuação), dados sobre empregos anteriores (datas, lugares, empresas e responsabilidades), detalhes pessoais (participação em organizações, interesses gerais, realizações, mas não inclua detalhes sobre religião, etnia e gênero) e informações especiais derivadas de outros dados (realizações, qualificações e competências).
- Disponha os dados de um jeito atraente, com equilíbrio — nem empilhados, nem espalhados.
- Inclua uma folha com referências, quando necessário.

Escolha os fatos básicos

O primeiro passo na preparação de seu currículo é revisar os fatos básicos que você reuniu. Feito isso, escolha os que vão ser mais úteis para o leitor fazer uma boa avaliação de você. Todas as informações citadas devem ser mencionadas brevemente na carta de apresentação, pois elas são as mais importantes. Não esqueça os detalhes de apoio que não aparecem na carta.

Ordene os fatos em grupos

Os fatos a serem incluídos em seu currículo estão selecionados. Agora você vai separá-los em grupos. As possibilidades são muitas. Os três grupos mais usados são **Formação, Experiência** e **Competências** ou **Interesses**. Você também pode agrupar os fatos segundo as responsabilidades dos cargos que teve e suas competências, como **Vendas, Comunicação** e **Gestão**. Inclua outros grupos que transmitam informações com lógica.

É com base nesses grupos principais que você vai criar subdivisões. Por exemplo, se você tem uma subdivisão para **Realizações**, inclua nela fatos específicos de sua experiência profissional e de sua formação acadêmica. Uma subdivisão para suas principais **Qualificações** também é útil, pois dará informações sobre áreas em que você tem alguma experiência, habilidades ou qualidades pessoais. Alguns exemplos e instruções para criar estes grupos são dados mais adiante neste capítulo.

Elabore os títulos

Suas informações agora estão organizadas e você pode elaborar os títulos das seções de seu currículo. A Figura 11.1 mostra uma lista de categorias úteis para essa finalidade. Comece com um título principal para encabeçar todo o documento.

O assunto principal de qualquer currículo é o candidato, por isso, o seu nome é o título mais usado. Ele deve ser apresentado de forma clara, com letras maiores que as usadas no restante do texto e em negrito. É importante destacar o nome do candidato do restante do conteúdo. Se existe uma coisa que a empresa que contrata deve lembrar é o nome do candidato. Você tem a opção de digitar todo o nome em maiúsculas, ou como no exemplo:

Terrence P. Lenaghan

O próximo nível de título obedece a sequência **Objetivo, Formação acadêmica, Experiência** e **Competências**. Esses subtítulos podem estar alinhados à esquerda ou centralizados na página.

Títulos informativos podem ser usados em lugar dos títulos por tópicos. Por exemplo, em vez de informar o tópico **Formação acadêmica**, títulos informativos como "Treinamento especializado em contabilidade" ou "Competências adquiridas em computação" são interessantes, porque esclarecem as informações das seções de seu currículo e ajudam o leitor a interpretar os fatos apresentados.

Nos exemplos de currículo deste capítulo, os títulos se destacam das outras informações pelo posicionamento (alinhados à esquerda ou centralizados) e pela forma (tamanho, estilo e cor da fonte). O título principal deve ser o mais importante (maior e mais visível). Os títulos dos grupos de informações devem parecer mais importantes do que as informações que encabeçam. Escolha a forma de seus títulos com cuidado, para ter certeza de que não são exageradamente grandes, ou pequenos demais a ponto de complicar a leitura. Escolha formas agradáveis aos olhos, que evidenciem a importância relativa das informações.

FIGURA 11.1 — Termos usados para classificar títulos e subtítulos em currículos

Afiliações	Distinções e prêmios	Experiência militar	Papéis de liderança
Afiliações profissionais	Distinções, atividades & organizações	Experiência no exterior	Participação em associações profissionais
Afiliações profissionais e prêmios	Docência	Experiência prática	Participações em associações
Áreas de conhecimento especializado	Educação cooperativa	Experiência profissional	Participações em eventos esportivos
Áreas de interesse	Empregos anteriores	Feiras e prêmios	Perfis de carreira
Associações	Empregos na universidade	Formação	Planejamento e solução de problemas
Atividades	Empregos no exterior	Formação e treinamento	Pontos fortes
Atividades acadêmicas	Empregos profissionais	Habilidades especiais	Portfólios
Atividades em associações	Envolvimento comunitário	*Hardware/software*	Prêmios
Atividades extracurriculares	Estágios	Histórico acadêmico	Prêmios e distinções
Atividades na universidade	Estudos no exterior	Histórico de carreira	Prêmios e reconhecimentos especiais
Capacidades especiais	Experiência	Histórico de empregos	Prêmios especiais
Certificações	Experiência associada	Histórico de trabalho	Principais realizações
Certificados	Experiência associada à carreira	Histórico ocupacional	Proficiências em informática
Competências e atributos	Experiência com trabalho voluntário	Histórico profissional	Projetos e estudos especiais
Competências e experiências associadas à carreira	Experiência com viagens	Indicações	Publicações
Competências e qualificações	Experiência complementar	Indicações para trabalho de campo	Qualificações
Competências em *coaching*	Experiência de docência no ensino superior	Interesses	Qualificações profissionais
Competências em informática	Experiência educacional	Interesses especiais	Realizações
Conhecimentos de informática	Experiência em *coaching*	Licenças	Realizações acadêmicas
Conhecimentos gerais de informática	Experiência em comunicação	Licenças e prêmios especiais	Referências
Credenciais	Experiência em consultoria	Liderança profissional	Resumo
Cursos especiais	Experiência em docência	Linguagens computacionais	Resumo da carreira
Designações para cargos	Experiência em docência e assuntos afins	Línguas	Resumo da experiência
Destaques da carreira	Experiência em docência e *coaching*	Línguas estrangeiras	Resumo das competências
Destaques da experiência	Experiência em educação cooperativa	Metas de carreira	Resumo das qualificações
Destaques da qualificação	Experiência em estágios	Objetivo	Resumo profissional
Destaques do curso	Experiência em gestão	Objetivo de cargo	Seminários
Destaques na formação	Experiência em informática	Objetivo de emprego	Seminários profissionais
Diplomas	Experiência em negócios	Objetivos de carreira	Serviço militar
Dissertações	Experiência em pesquisa	Objetivos profissionais	Sistemas computacionais
Distinções	Experiência em sala de aula	Organizações profissionais	Teses
Distinções acadêmicas	Experiência internacional	Outras competências	Trabalho de campo vinculado à carreira

(continua)

FIGURA 11.1	continuação		
Trabalhos de curso associados	Treinamento acadêmico	Treinamento militar	Viagens internacionais
Trabalhos de curso relevantes	Treinamento associado à carreira	Treinamento profissional complementar	*Workshops* e seminários
Trabalhos em disciplinas do curso	Treinamento complementar	Universidade	*Workshops* relacionados à carreira
Trabalhos publicados	Treinamento especial	Viagens ao exterior	

FONTE: College of Business, *The Job Campaign Workbook* (Eau Claire, WI: University of Wisconsin–Eau Claire, 2009) 17, *Student Professional Development Programs*, Web, 3 June 2009.

Alguns candidatos se sentem tentados a usar modelos para criar a documentação necessária. É verdade que esses modelos ajudam a redigir um currículo com mais rapidez, mas muitos têm desvantagens. A principal é que você não consegue diferenciar o seu currículo. A maioria dos recrutadores reconhece na hora um currículo preparado com base em um modelo. Outro ponto negativo é que esses modelos não são otimizados para os estudantes recém-saídos da universidade. A seção sobre a formação do candidato é empurrada para o final do documento. Nossa dica é que você crie um currículo exclusivo, ou ao

Comunicação rápida

Principais razões pelas quais os gerentes rejeitam um candidato

Uma pesquisa com 600 gerentes encarregados de realizar contratações revelou as principais razões para recusar um candidato. Algumas são mostradas aqui, junto com uma solução.

Problema	Explicação	Solução
Mentiras	Os executivos perceberam um aumento expressivo nas mentiras contadas nos currículos.	Não minta.
Ausência de realizações	Muitos currículos são meras descrições de cargo. Os candidatos não listam os resultados atingidos em seus empregos.	Mencione fatos específicos que indiquem suas habilidades e realizações.
Currículo longo	Os executivos relataram que não demoram mais de 15 segundos para ler um currículo. Muitas vezes eles leem apenas a primeira página.	Redija um currículo curto, de uma página, com as principais informações. Destaque apenas as informações recentes relativas ao cargo pretendido. Escolha bem as palavras e crie frases mais poderosas.
Erros de grafia e letra muito pequena	Uma das principais queixas de todos os gerentes de RH na pesquisa foi a ocorrência de erros de digitação. Para eles, esses erros refletem a baixa qualidade do trabalho que pode ser esperada desses candidatos. O tamanho de fonte pequeno usado para fazer caber mais conteúdo muitas vezes atrapalha a leitura. Muitos executivos confessaram que simplesmente pulam as páginas redigidas com letra miúda.	Revise! Use letra tamanho 12 e um layout agradável que não atrapalhe a leitura.
Falta de carta de apresentação	Os executivos entrevistados disseram que as cartas de apresentação são muito influentes e causam uma excelente impressão na hora da entrevista. Muitos declararam repetidamente que É UM GRANDE ERRO não anexar uma carta de apresentação.	Separe um tempo para criar uma carta de apresentação específica, que aborde as necessidades da empresa contratante.

FONTE: Robin Ryan, "Résumé Mistakes Can Cost You the Job," *Career Counselor Articles*, 8 de outubro de 2008: <http://www.robinryan.com/articles/mistakes/>.

> "UMA ESTRATÉGIA ÚTIL CONSISTE EM SELECIONAR OS VERBOS QUE DESCREVEM O EMPREGO QUE VOCÊ QUER E OS TRABALHOS QUE JÁ REALIZOU, POIS ISSO MOSTRA PARA O LEITOR COMO AS SUAS HABILIDADES SÃO FLEXÍVEIS."

menos customize um modelo para que ele reflita as suas qualidades e represente as suas informações com personalidade.

Inclua as informações de contato Seu endereço, telefone e e-mail são os meios de contato mais comuns. Muitos especialistas recomendam que você destaque essas informações em seu currículo. Não esqueça que também é possível informar a sua página pessoal na Internet. O lugar mais usado para informar esses dados é no alto, logo abaixo de seu nome.

Se existe o risco de troca de endereço ou telefone antes de a procura por uma vaga encerrar, informe endereço e telefone alternativos. Esta situação é muito comum quando o candidato ainda está na universidade. Considere também as vantagens de informar o número de seu telefone celular. Com ele, as empresas podem entrar em contato via mensagens de texto ou correio de voz. Os serviços de voz para a Internet (como o Google Voice) são igualmente úteis nesses casos, pois você recebe suas mensagens onde quer que esteja.

As informações de contato devem ser destacadas para facilitar o acesso do recrutador a você. Por questão de privacidade, muitas faculdades aconselham seus recém-formados a incluir apenas seus nomes, telefones e um endereço de e-mail criado especialmente para a procura de emprego. Um endereço de e-mail de uso exclusivo para assuntos profissionais é melhor que um endereço de e-mail informal, como "garotasurfista@gmail.com", por exemplo. Provavelmente você terá de incluir informações completas nos formulários específicos para candidatos que cada empresa desenvolve.

Inclua uma frase informando o objetivo Não é uma informação que esteja na categoria formação ou experiência, mas uma declaração de objetivo é muito indicada em qualquer currículo. Títulos como **Objetivos para a carreira, Objetivos no emprego**, ou simplesmente **Objetivos** costuma ser inserida no começo do documento.

Alguns especialistas discordam da opinião geral sobre a importância de incluir seus objetivos em um currículo. Eles recomendam omitir esta parte, pois entendem que um currículo deve se concentrar nas competências, na experiência e nas

"O título principal deve ser o mais importante (maior e mais visível)."

credenciais do candidato. Afinal, o objetivo oferece informações óbvias encontradas no restante do currículo. Além disso, ele limita o candidato a um cargo, afetando as chances de ele ser cogitado para outra posição que a empresa possa ter disponível.

Já aqueles que defendem a inclusão de um objetivo em um currículo dizem que ele ajuda o recrutador a perceber rapidamente onde o candidato pode se encaixar na empresa. Como há muita gente que concorda com este argumento, por ora, informe um objetivo em seu currículo. Se o seu objetivo de carreira não estiver definido, redija uma frase usando termos gerais. Se estiver considerando mais de uma possibilidade de emprego, tenha uma versão de seu currículo com objetivos específicos para cada uma.

A declaração de seu objetivo deve descrever o trabalho que você procura. Se sabe exatamente o cargo que quer na empresa, deixe isso bem claro.

Objetivo: Estagiário de pesquisa de marketing

Outra técnica inclui palavras que traduzem um interesse de longo prazo na empresa, como no seguinte exemplo. Mas, este formato de objetivo é um fator limitante quando a companhia não oferece a trajetória de carreira que você busca.

Objetivo: Representante de vendas da McGraw-Hill, com perspectivas para um cargo de gerente de vendas.

Outro aspecto interessante é que redigir um objetivo com foco nos seus pontos fortes pode ter bons resultados e facilita a organização do restante do currículo.

Objetivo: aplicar a experiência bem-sucedida de 3 anos em contabilidade para *e-commerce* adquirida em uma *startup* de pequeno porte em uma empresa maior e que demanda atenção criteriosa à gestão e análise de transações.

Defina a apresentação das informações O que define as informações apresentadas em cada seção é a sua capacidade de julgamento. Liste todos os fatos que você julga relevantes. Inclua a quantidade certa de informações para que o leitor avalie a sua capacidade de realizar o trabalho que procura.

| FIGURA 11.2 | Lista de verbos de ação que fortalecem o seu currículo |

Os verbos sublinhados são especialmente úteis para apontar <u>realizações</u>

Competências simples/detalhadas	articular	delinear	projetar	coordenar	entrevistar
aprovar	colaborar	desempenhar	**Competências de assistência**	decidir	esclarecer
arranjar	compor	<u>desenvolver</u>	aconselhar	definir	estimar
catalogar	conciliar	dirigir	<u>agilizar</u>	delegar	examinar
classificar	<u>convencer</u>	elaborar	assistir	desenvolver	experimentar
compilar	corresponder	estabelecer	avaliar	dirigir	extrair
comprar	criar	fundar	demonstrar	entregar	identificar
confirmar	<u>desenvolver</u>	ilustrar	desafiar	estimar	inspecionar
copiar	direcionar	<u>iniciar</u>	diagnosticar	executar	interpretar
detectar	divulgar	instituir	educar	fixar	investigar
dissecar	editar	integrar	encaminhar	<u>fortalecer</u>	levantar
especificar	esboçar	<u>introduzir</u>	esclarecer	guiar	organizar
executar	falar	inventar	facilitar	<u>implementar</u>	resumir
filtrar	formular	<u>originar</u>	guiar	iniciar	reunir
gerar	influenciar	planejar	motivar	inspecionar	revisar
gravar	interpretar	projetar	orientar	<u>melhorar</u>	sistematizar
<u>implementar</u>	listar	<u>revitalizar</u>	reabilitar	organizar	**Competências de trabalho em equipe/ interpessoais**
inspecionar	mediar	**Competências financeiras**	representar	planejar	colaborar
marcar	moderar	administrar	sugerir	presidir	conectar
monitorar	negociar	aferir	**Competências administrativas**	priorizar	coordenar
operar	palestrar	alocar	abordar	produzir	esclarecer
organizar	persuadir	analisar	administrar	realizar	facilitar
preparar	promover	auditar	alocar	recomendar	harmonizar
processar	recrutar	equilibrar	analisar	revisar	negociar
recuperar	redigir	calcular	antecipar	supervisionar	**Competências técnicas**
reunir	relatar	comercializar	aprovar	**Competências de pesquisa**	acessar
sistematizar	traduzir	computar	<u>atingir</u>	amostrar	<u>atualizar</u>
tabular	**Competências criativas**	consolidar	<u>aumentar</u>	analisar	calcular
validar	atuar	converter	avaliar	colecionar	computar
verificar	conceber	desenvolver	completar	compilar	conceber
Competências comunicativas	conceitualizar	dispensar	conduzir	conduzir	configurar
abordar	construir	orçar	conservar	considerar	construir
apresentar	criar	pesquisar	consolidar	descobrir	diagnosticar
arbitrar	customizar	planejar	contratar	detectar	<u>esquematizar</u>
arranjar	dar forma a	prever	controlar	diagnosticar	instalar

FIGURA 11.2 continuação

inventar	reparar	conduzir	guiar	**Outros verbos indicadores de realização**	reduzir (perdas)
manter	resolver	coordenar	habilitar	adquirir	resolver (problemas)
mapear	solucionar	definir (metas)	informar	atingir	restaurar
montar	vistoriar	demonstrar	instruir	eliminar (desperdícios)	revitalizar
operar	**Competências de treinamento e supervisão**	desenvolver	montar	expandir	solucionar
programar	acompanhar	desmitificar	motivar	fundar	transformar
projetar	aconselhar	esclarecer	orientar	iniciar	
realizar	adaptar	estimular	palestrar	liderar	
recuperar	avaliar	explicar	persuadir	melhorar	
remodelar	comunicar	facilitar	treinar	obter	

FONTE: *Damn Good Resume Guide: A Crash Course in Resume Writing* by Yana Parker, copyright © 1989, 1996, 2002 by Yana Parker. Reproduzido com permissão de Ten Speed Press, selo da Crown Publishing Group, divisão da Random House, Inc.

A cobertura de sua experiência profissional deve ser abrangente e caracterizar os empregos que você teve. Datas, locais, empresas e responsabilidades são essenciais. Esclareça se o trabalho foi de meio expediente ou voluntário, sem reduzir a importância das habilidades que esses empregos ajudaram você a desenvolver. Na hora de descrever as suas responsabilidades, escolha palavras que realçam o que você fez, especialmente a experiência que o qualifica para o cargo que pretende obter. Essa descrição é um reflexo do quanto você é ético nos negócios. Por exemplo, na descrição do cargo de gerente de operações de crédito, escreva algo como "Analista de crédito para a Macy's Inc., St. Petersburg, Florida, 2007-2010". Uma descrição detalhada também é apropriada: "Analista de crédito para a Macy's Inc., St. Petersburg, Florida, 2007-2010, encarregado de supervisionar um grupo de sete pessoas incumbidas do processamento de pedidos e relatórios de aprovação de crédito".

Se o seu desempenho em um cargo revela sua capacidade de assumir o emprego que pretende agora, enfatize as suas realizações na descrição de sua experiência profissional. Por exemplo, um profissional de marketing experiente poderia escrever: "Especialista de marketing na Colgate-Palmolive, 2007-2010. Atuou como consultor para a gerência da companhia. Desenvolveu uma estratégia de marketing que elevou os lucros em 14% em dois anos". O executivo encarregado do setor de contas que teve sucesso trabalhando para uma agência de publicidade descreveria o seu cargo assim: "Phillips-Ramsey Inc., San Diego, 2007-2010. Como executivo de contas, criou campanhas de sucesso para nove contas e liderou a equipe de criação em um período marcado por uma elevação de 18% no volume de negócios da agência".

Esses exemplos deixam claro que verbos de ação fortalecem a descrição dos cargos que você já teve. Os verbos são as palavras mais poderosas em um texto. Escolha os certos, porque eles fazem muito na hora de vender a sua capacidade de realizar o trabalho almejado. Selecione os que descrevem o emprego que você quer e os trabalhos que já realizou, pois isso mostra para o leitor como as suas habilidades são flexíveis. A Figura 11.2 lista os verbos de ação mais usados.

Sua formação acadêmica provavelmente é seu gancho de vendas mais poderoso para obter seu primeiro emprego, logo, descreva-a em detalhes. Não inclua informações sobre o ensino médio, a menos que traga alguma vantagem exclusiva. Afinal, você concluiu um curso universitário, portanto, não precisa detalhar o que estudou antes. Pela mesma razão, a ênfase na formação vai diminuir à medida que você acumula experiência profissional. Informe instituições, datas, diplomas e áreas de estudo. Em alguns empregos, liste ou descreva disciplinas específicas, sobretudo se você não tem muitas informações para apresentar ou se o foco de seu curso foi voltado para esses tipos de trabalho. Se suas médias são boas, inclua-as. Mas, lembre-se de que você tem a liberdade de informar apenas as médias das disciplinas mais importantes do curso. Se o seu desempenho acadêmico foi melhor nos últimos anos do curso, liste somente as médias deste período. Inclua suas médias no currículo, se perceber que podem ajudá-lo.

A sua capacidade de julgamento vai definir as informações pessoais a serem listadas. Existe uma tendência de deixar de fora esses dados, mas, se incluí-los, é melhor omitir raça, religião, gênero, idade e estado civil, porque as leis proíbem contratar funcionários com base nestes critérios. Nem todos concordam

> **"Se suas médias são boas, inclua-as. Mas, lembre-se de que você tem a liberdade de informar apenas as médias das disciplinas mais importantes do curso."**

sobre esse assunto. Alguns especialistas acreditam que a lei apenas proíbe as empresas de levar em conta essas informações no processo de contratação – que ela não proíbe os candidatos de apresentar esses dados. Eles argumentam que se essas informações são úteis, você deve usá-las. Os exemplos mostrados neste capítulo apoiam aos dois pontos de vista.

As informações pessoais apropriadas são aquelas que revelam todas as suas qualidades. Os dados sobre algum papel em uma instituição, o envolvimento em questões comunitárias e as atividades sociais são provas de experiência e de interesse em trabalhar com pessoas. *Hobbies* e atividades esportivas indicam um equilíbrio de interesses. Essas informações podem ser muito úteis para algumas empresas, especialmente quando as qualidades pessoais são relevantes no contexto da vaga anunciada.

As referências normalmente são dadas em uma lista em separado. Informe no final do currículo que uma lista de referências está disponível para consulta. Quando a empresa contratante quiser conferir, você envia a lista. O tamanho de fonte e o estilo do título devem ser iguais aos do título principal de seu currículo. Algo como "Referências para [o seu nome]" basta. Insira as referências sob este título, começando com a mais importante. Além de resolver o dilema das referências, essa folha em separado permite que você faça as alterações necessárias para as diferentes vagas que você almeja. A página 309 mostra um exemplo.

Às vezes há uma boa razão para não dar referências. Por exemplo, você ainda está empregado e não quer que sua empresa saiba que está procurando outro cargo. Se decidir não incluí-las, explique essa ausência na carta de apresentação ou

> Aqui diz que você é eficiente no trabalho em "quipe". Acredito que você quis dizer "equipe"?

Os especialistas discordam quando o assunto é a lista de referências em um currículo. Alguns acham que o recrutador só deve consultá-las nas etapas finais do processo de recrutamento. Outros pensam que elas têm de fazer parte de um currículo, porque as empresas contratantes querem fazer essa verificação já no começo. Um estudo recente feito pela Associação de Gestão de Recursos Humanos com 2.500 profissionais da área mostrou que 96% das empresas sempre consultam as referências informadas pelos candidatos.[1] Por essa razão, incluir essa lista em seu currículo facilita as coisas para a empresa na hora de conferir se as suas informações são verdadeiras. As duas opiniões são válidas. É você quem faz a escolha com base no conhecimento que tem da situação.

A etiqueta empresarial manda que você peça permissão antes de incluir alguém em sua lista de referências. Claro que serão citadas pessoas que têm uma boa opinião de você, mas pedir essa permissão vai ajudá-las a se preparar para essa consulta. Além disso, você não corre o risco de um constrangimento inesperado, por exemplo, a referência pode não se lembrar de você, estar fora da cidade ou nada ter a dizer sobre você.

no próprio currículo. Insira o título "Referências" e, logo em seguida, "As referências serão fornecidas sob pedido".

A quantidade e os tipos de referências que você citar são função de sua experiência. Se tiver um histórico de muitos empregos, inclua uma referência para cada cargo importante que teve – ao menos nos últimos anos. Elas devem ter alguma relação com a vaga que você quer. Se embasar o seu currículo na sua formação e em suas qualidades pessoais, ou ambas, inclua referências que confirmem o seu desempenho, como professores, religiosos e líderes comunitários. O seu objetivo é listar as pessoas que confirmem os pontos nos quais se baseia a sua reivindicação à vaga. Liste no mínimo 3 referências; 5 é o máximo.

A sua lista de referências tem de incluir informações de contato atualizadas e os cargos das pessoas citadas. O acesso a suas referências precisa ser fácil, logo, telefones, e-mail e endereços são úteis. Os cargos (gerente, presidente, supervisor) das pessoas citadas como referências são importantes, porque indicam o que elas têm a dizer sobre você. Inclua as formas de tratamento (Sr., Sra., Dr., etc.)

> [**Depois de identificar as informações a serem incluídas em seu currículo, é hora de organizar ou agrupar os itens, pensando em causar a melhor impressão possível.**]

Organize o currículo pensando no impacto que vai ter Depois de identificar as informações a serem incluídas em seu currículo, é hora de organizar ou agrupar os itens, pensando em causar a melhor impressão possível. Há três estratégias de organização a considerar: a **ordem cronológica inversa**, a **abordagem funcional** ou de **habilidades** e a **abordagem de realizações** ou **de destaques**.

O *layout* que segue a **ordem cronológica inversa** (página 310) começa com a formação acadêmica e as experiências profissionais mais recentes e termina com as mais antigas. Ele enquadra essas atividades no tempo e é indicado para retratar uma carreira que evoluiu de forma contínua e ordenada, da universidade para a vida profissional.

A abordagem **funcional** ou **das habilidades** (página 315) organiza as informações em três a cinco áreas importantes no contexto do emprego que você quer. Este *layout* organiza as competências semelhantes em grupos. O recrutador não precisa descobrir que você desenvolveu uma competência em cada emprego que teve. Essa abordagem é útil para quem ocupou diversos cargos, seguiu uma carreira não convencional ou para quem está mudando de campo de atuação. Criar um currículo desses leva tempo e exige uma análise detalhada dos empregos que você já teve e de suas competências. A ideia é mostrar ao recrutador que você é a pessoa certa para o cargo. Se usar um currículo funcional, assegure-se de que as outras seções (como empregos anteriores e formação acadêmica) evidenciem onde você desenvolveu suas habilidades. Essas conexões entre as partes de seu currículo dão mais credibilidade à sua afirmação de ter essas competências.

O *layout* que enfatiza suas **realizações** (página 316) apresenta uma imagem de você como trabalhador competente. Ele fornece números confiáveis e fatos precisos que embasam suas competências e características. Consulte a Figura 11.2 e conheça os verbos certos para descrever o que já conquistou em sua carreira. Eis uma descrição do trabalho realizado em uma empresa de acordo com essa abordagem:

> Gerenciou a loja Austin com sucesso por dois anos, durante um período de taxas de desemprego elevadas, com os seguintes resultados:
> - Reduziu as faltas ao trabalho em 55%.
> - Aumentou os lucros em 17%.
> - Elevou o volume de vendas em 10%.

As informações fornecidas sob o título **Resumo** ou **Destaques** incluem os pontos principais de três grupos de dados convencionais: a formação acadêmica, a experiência profissional e as qualidades pessoais. Esse *layout* normalmente enfatiza os fatos mais impressionantes da história profissional do candidato relacionados ao cargo que ele pretende ocupar:

Destaques

- **Experiente:** três anos de atuação como programador e analista no projeto e desenvolvimento de bases de dados financeiras no setor bancário.
- **Altamente treinado:** diploma com louvor em sistemas de gestão da informação.
- **Motivado:** conclusão bem-sucedida de três cursos *online*.

Embora esses itens provavelmente sobreponham outros no currículo, o fato de serem citados em uma parte em separado enfatiza os pontos fortes do candidato e mostra onde se desenvolveram. Um exemplo deste *layout* é mostrado na página 316.

Redija no modo impessoal e com consistência
O seu currículo é uma lista de informações, por isso, evite pronomes pessoais (**eu**, **nós** ou **você**). Redija todos os títulos e subtítulos de mesmo nível observando o paralelismo, isto é, comece os itens com palavras da mesma classe gramatical. Por exemplo, se o título de uma seção começa com uma locução substantiva, os outros títulos de mesmo nível devem seguir essa regra. Veja os exemplos a seguir. Com exceção do terceiro (uma locução adjetiva), todos são locuções substantivas. Altere o terceiro item e corrija este erro:

Sem paralelismo	**Com paralelismo**
Estudo especializado	Estudo especializado
Experiência com o trabalho de promoção	Experiência com o trabalho de promoção
Pessoais e físicas	Qualidades pessoais e físicas
Referências qualificadas	Referências qualificadas

Os seguintes itens mostram a inconsistência nas partes que compõem um grupo de informações em um currículo:

Tenho boa saúde
Ativo nos esportes
Ambicioso

Você vê que as palavras subentendidas nesses casos não são as mesmas. A palavra subentendida no primeiro item é **eu**, e nos outros dois, **sou**. Este erro é corrigido fazendo as alterações necessárias para que as palavras subentendidas em todos os itens sejam as mesmas.

Torne o formato mais atraente A atratividade de seu currículo diz tanto sobre você quanto as palavras que você usa nele. A aparência das informações que o leitor vê tem um papel importante na opinião que ele vai formar de você. Redigir seu currículo com base em um modelo facilita as coisas, mas ele vai ficar parecido com o de outros candidatos. Você terá resultados melhores se usar um *layout* criado pensando no leitor para apresentar suas informações. Além de um aspecto diferenciado, seu currículo terá um *design* que venderá suas habilidades com mais eficácia. Uma apresentação mal feita e desleixada pode arruinar as suas chances. Criar o seu currículo e a carta de apresentação seguindo uma ordem atraente é a sua única opção.

Projetar um currículo atraente não é uma tarefa rotineira. Existem muitas maneiras de ordenar as suas informações. Nossa dica é que você pense como um *designer* gráfico. O seu objetivo é criar uma combinação de fonte e espaçamento atraente. As seguintes dicas gerais são úteis.

A melhor largura para as margens é de, no mínimo, 2,5 cm em cada lado da página. Os itens das listas devem ser curtos, preferencialmente em duas colunas bem organizadas, uma à direita e outra à esquerda da página. Se os itens forem longos, use uma coluna única. Não elabore colunas curtas ou longas demais com espaços incompatíveis entre elas. Textos compactados não são bonitos. Inserir um espaço entrelinhas adicional após um título e usar a tecla Tab para deslocar a primeira linha do parágrafo dão uma aparência muito boa a seu texto.

O *layout* serve para mostrar a sua capacidade de organizar o texto, enquanto o espaçamento entrelinhas aumenta a legibilidade. A fonte e o papel também influenciam a impressão que o seu currículo vai gerar. Os *designers* profissionais dizem que o tamanho da fonte deve ser de, no mínimo, 14 para títulos e 10 ou 12 para o texto. Eles também recomendam não usar mais de quatro tamanhos de fonte na mesma página. Alguns processadores de texto têm a função "ajustar para caber", que permite ajustar o texto existente à página. Mas, cuide para que o tamanho de fontes resultante seja apropriado e legível.

Outro fator que afeta a aparência é o papel, que deve ser o indicado para a função. No ambiente empresarial, é melhor ser conservador: você não quer ser eliminado de um processo de seleção por causa da qualidade ou da cor do papel de sua documentação. O mais usado é o papel branco 100% fibra de algodão, de boa gramatura (75 a 105 g/m^2), mas certamente há variações razoáveis e adequadas.

Exemplos contrastantes Os currículos mostrados nas páginas 307 e 308 estão nos dois extremos da qualidade.

As falhas do primeiro exemplo (página 307) são óbvias. Primeiro, a forma não é agradável. O texto está concentrado no lado esquerdo do papel. Marcas de tabulação não foram usadas, dificultando a leitura.

Este currículo também apresenta muitos erros de redação. Os títulos não seguem o paralelismo. Todos são títulos de tópicos, exceto o primeiro. Os itens listados sob o título **Dados pessoais** também não têm paralelismo. A cobertura dos conteúdos é deficiente em todo o currículo. Muitos dos detalhes necessários para causar a melhor impressão não são citados. A seção **Experiência profissional** não diz muita coisa sobre as competências específicas do candidato em cada emprego que teve. A seção **Formação** inclui as informações sobre o ensino médio, mas elas não são necessárias. As referências são incompletas, já que não informam endereços, cargos, entre outros dados.

Já o currículo na página 308 parece melhor já na primeira observação, o que se confirma após iniciar a leitura. O *layout* é atraente. As informações não estão acumuladas nem compactadas na página. O equilíbrio é bom e o conteúdo é melhor que o do exemplo anterior. Algumas palavras adicionais revelam a qualidade da experiência e da formação do Sr. Andrews, e enfatizam os pontos que o qualificam para o cargo que almeja. Este currículo não dá informações pessoais triviais: ele apenas cita as qualidades pessoais do candidato. As informações de contato são completas, permitindo que o recrutador alcance as referências fornecidas sem dificuldade. Os cargos das pessoas dadas como referência sugerem o quanto cada uma está qualificada para opinar sobre o candidato.

currículo impresso digitalizável Os currículos impressos em papel ainda não estão obsoletos, mas hoje muitos candidatos preparam um currículo impresso que possa ser digitalizado, dessa forma preenchendo a lacuna entre a modalidade impressa e a digital. Em termos simples, é um currículo que pode ser digitalizado, inserido em uma base de dados e acessado quando uma vaga é aberta na empresa. O objetivo é fazer seu currículo ser lido para que você seja chamado para uma entrevista, logo, as estratégias discutidas a seguir vão melhorar as chances de um computador selecionar o seu currículo.

Inclua palavras-chave Nos currículos tanto digitais como impressos, é útil usar palavras-chave, isto é, substantivos ou termos específicos que descrevem suas competências e realizações com precisão. Em vez de listar uma disciplina de programação comparada, liste as linguagens, como PHP, C++ e Java. Em vez de dizer que você gostaria de um emprego em sistemas de informação, nomeie cargos específicos, como analista de sistemas, especialista em redes ou especialista em aplicativos. Uma boa dica é usar a terminologia da área.

Para encontrar os termos-chave de seu campo de atuação, leia anúncios de emprego, converse com recrutadores e escute seus professores. Faça uma lista das palavras mais usadas. Com base nela, escolha as mais apropriadas para o tipo de trabalho que pretende fazer. Procure conhecer acrônimos, abreviaturas e jargões na área. Quando os currículos digitalizáveis começaram a ser adotados, alguns especialistas sugeriram incluir uma seção em separado para todas as palavras-chave no começo do documento. Muitas pessoas perceberam que essa técnica aumentava as chances de um currículo ser selecionado. Se ela o ajudar na escolha dos termos mais apropriados, use-a. Contudo, hoje a importância de usar palavras-chave é evidente e muitos candidatos acrescentam uma lista de termos relevantes em seus currículos. Elas são muito úteis, especialmente nos currículos híbridos, criados para entrevistas presenciais e para digitalização.

Escolha as palavras com cuidado Diferentemente da modalidade tradicional, você melhora o currículo digitalizável não com verbos de ação, mas sim, com substantivos. Alguns estudos mostraram que as pessoas incumbidas de selecionar esses currículos nas bases de dados tendem a usar substantivos específicos para cargos e funções disponíveis.

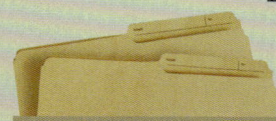

Exemplo de caso
Falta de informações e *layout* ruim em um currículo impresso tradicional

Este currículo apresenta Jason Andrews de um jeito pouco eficaz (veja o quadro "Cenário de trabalho" da página 297). Ele não informa muita coisa, e a organização é ruim.

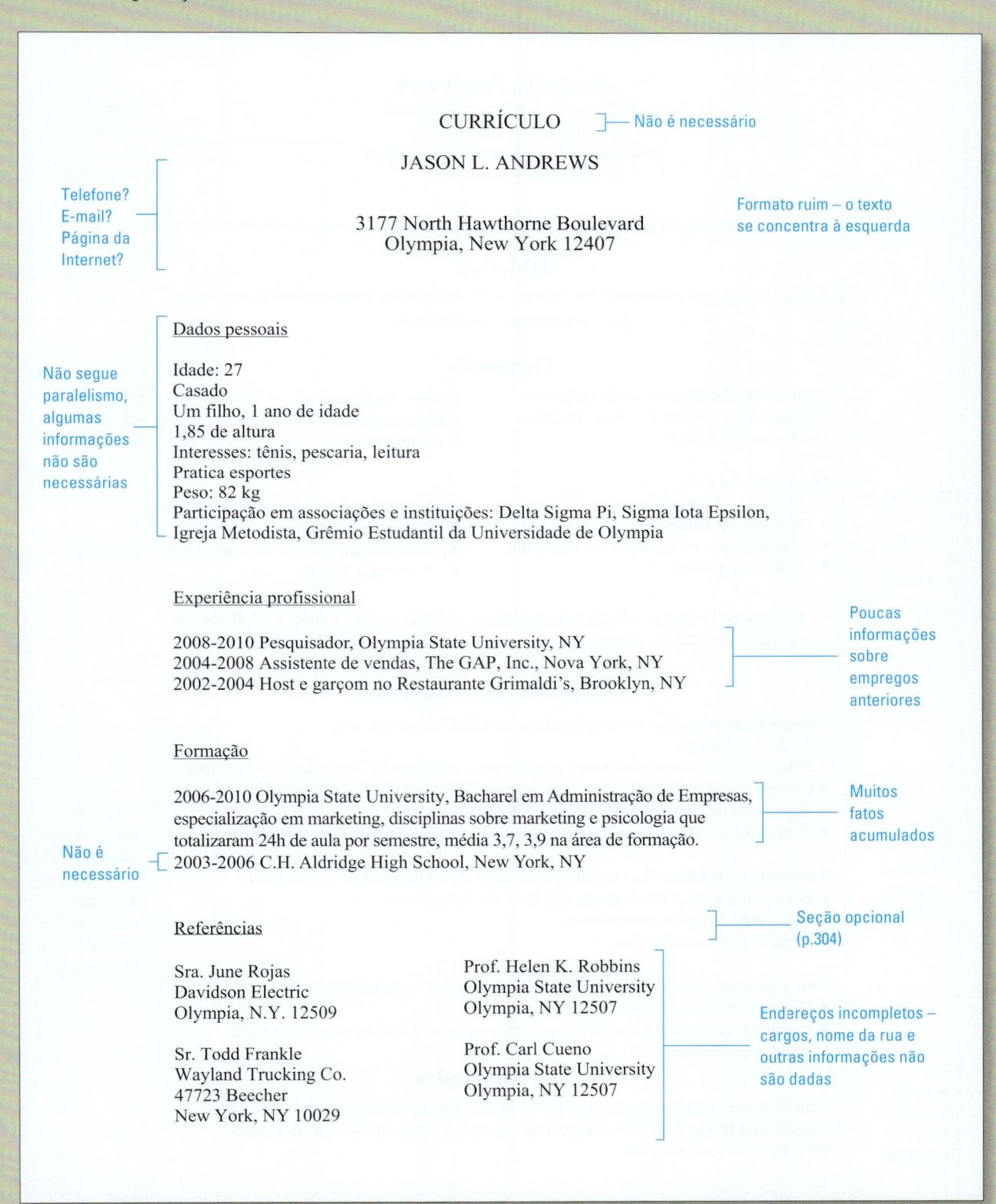

CURRÍCULO —— Não é necessário

JASON L. ANDREWS

3177 North Hawthorne Boulevard
Olympia, New York 12407

Telefone? E-mail? Página da Internet?

Formato ruim – o texto se concentra à esquerda

Dados pessoais

Idade: 27
Casado
Um filho, 1 ano de idade
1,85 de altura
Interesses: tênis, pescaria, leitura
Pratica esportes
Peso: 82 kg
Participação em associações e instituições: Delta Sigma Pi, Sigma Iota Epsilon, Igreja Metodista, Grêmio Estudantil da Universidade de Olympia

Não segue paralelismo, algumas informações não são necessárias

Experiência profissional

2008-2010 Pesquisador, Olympia State University, NY
2004-2008 Assistente de vendas, The GAP, Inc., Nova York, NY
2002-2004 Host e garçom no Restaurante Grimaldi's, Brooklyn, NY

Poucas informações sobre empregos anteriores

Formação

2006-2010 Olympia State University, Bacharel em Administração de Empresas, especialização em marketing, disciplinas sobre marketing e psicologia que totalizaram 24h de aula por semestre, média 3,7, 3,9 na área de formação.
2003-2006 C.H. Aldridge High School, New York, NY

Muitos fatos acumulados

Não é necessário

Referências

Sra. June Rojas
Davidson Electric
Olympia, N.Y. 12509

Sr. Todd Frankle
Wayland Trucking Co.
47723 Beecher
New York, NY 10029

Prof. Helen K. Robbins
Olympia State University
Olympia, NY 12507

Prof. Carl Cueno
Olympia State University
Olympia, NY 12507

Seção opcional (p.304)

Endereços incompletos – cargos, nome da rua e outras informações não são dadas

Exemplo de caso
Informações completas e bom *layout* em um currículo impresso tradicional

Este currículo com **ordem cronológica inversa** apresenta Jason Andrews de forma eficaz (veja o quadro "Cenário de trabalho" da página 297).

Jason L. Andrews

3177 North Hawthorne Boulevard
Olympia, NY 12407-3278
914.967.3117 (Mensagem de voz/texto)
jandrews@gmail.com

Dados de contato apresentados com clareza

Objetivo

Um cargo no setor de marketing com oportunidade de trabalhar como gerente de marketing para uma empresa de e-business.

Formação

Bacharel em Administração de Empresas
Olympia State University – maio de 2011
Médias gerais: 3,7/4,0

Ênfase: Marketing
Ênfase secundária: Psicologia
(com louvor)

Ênfase na educação por posição

Disciplinas cursadas:

- Marketing Estratégico
- Pesquisa de Marketing
- Comunicação e Promoção em Marketing
- Marketing Global
- Comunicação Interpessoal
- Análise Estatística
- Comportamento do Consumidor e do Cliente
- Psicologia Social

Destaca as disciplinas e os cursos mais importantes

- Projetos de Pesquisa: A Influência da Cultura nos Padrões de Compra, as Preferências de Marca do Cliente, a Motivação da Equipe com Elogios pelo Desempenho Eficaz.

Experiência profissional

Estagiário de pesquisa de opinião, Olympia State University, NY, maio 2011 – presente
- Pesquisas semanais pelo telefone e pessoalmente, com mais de 20 estudantes e ex-alunos
- Compilação de dados estatísticos e apresentação de relatórios para o Conselho de Professores
- Supervisão de uma equipe de 10 estudantes pesquisadores
- Superação em 5% da meta da universidade de pesquisas realizadas ano passado

Assistente de vendas, The Gap, Inc., New York, NY, janeiro 2009 – abril 2011
- Foi eleito o melhor vendedor da loja em 4 de 8 trimestres
- Criou expositores de mercadorias
- Treinou recém-contratados

Enfatiza cargos, não datas

Host e garçom, Grimaldi's, Brooklyn, NY, agosto 2007 – dezembro 2008
- Ofereceu excelente atendimento ao cliente
- Trabalhou bem como parte da equipe para acomodar e atender aos clientes com rapidez e eficiência

Verbos de ação passam a imagem de um trabalhador dedicado com boas competências interpessoais

Atividades

Delta Sigma Pi (profissional); Sigma Iota Epsilon (honorário), tesoureiro e presidente; Conselho da Igreja; Grêmio Estudantil da Olympia University (líder de inscrições); tênis, blogs, leitura e corrida

Inclui apenas as informações mais importantes

Exemplo de caso
Informações completas e *layout* correto de uma lista de referências

Esta página apresenta as referências de Jason Andrews com todos os dados necessários.

Jason L. Andrews
3177 North Hawthorne Boulevard
Olympia, NY 12407-3278
914.967.3117 (Mensagem de voz/texto)
jandrews@gmail.com

— O cabeçalho é igual ao do currículo

Sra. June Rojas, Polling Supervisor
Olympia State University
7114 East 71st Street
Olympia, NY 12509-4572
Telefone: 518.342.1171
Fax: 518.342.1200
E-mail: June.Rojas@osu.edu

Sr. Todd E. Frankle, Store Manager
The Gap, Inc.
Lincoln Square
New York, NY 10023-0007
Telefone: 212.466.9101
Fax: 212.468.9100
E-mail: tfrankle@gap.com

Professora Helen K. Robbins
Departamento de Marketing
Olympia State University
Olympia, NY 12507-0182
Telefone: 518.392.6673
Fax: 518.392.3675
E-mail: Helen.Robbins@osu.edu

Professora Carol A. Cueno
Departamento de Psicologia
Olympia State University
Olympia, NY 12507-0234
Telefone: 518.392.0723
Fax: 518.392.7542
E-mail: Carol.Cueno@osu.edu

— Informações completas e *layout* equilibrado

Exemplo de caso
Currículo impresso tradicional organizado em ordem cronológica inversa

Letra grande enfatiza o nome

Manny Konedeng
5602 Montezuma Rd, apartamento 413, San Diego, Califórnia, 92115
Telefone: (619)578-80508, e-mail: mknonedeng@gmail.com

Inclui informações de contato completas

OBJETIVO — Estágio de analista financeiro com um corretor, com valorização de competências analíticas e em comunicação interpessoal

Frase descritiva apresenta duas qualidades muito importantes

FORMAÇÃO ACADÊMICA — **Bacharel em Ciências, Diploma em Administração de Empresas,** maio 2010, San Diego State University, ênfase em Finanças

Expande e enfatiza os pontos fortes com base em detalhes precisos

Com louvor
Médias: 3,32/4,00
Realizações:
- Publicou na Fast Company Magazine e no San Diego Union Tribune
- Ganhou bolsa de estudos para o idioma grego
- Terminou entre os cinco melhores em uma competição de conhecimentos matemáticos

Disciplinas relacionadas
- Comunicação Empresarial, conceito A
- Investimentos, conceito A
- Planejamento Tributário, conceito A
- Planejamento Imobiliário, conceito A
- Gestão do Risco, conceito A
- Direito Comercial, conceito B+

Conhecimentos de Informática
- Microsoft Office – Excel, Word, PowerPoint e Access
- Aplicativos para a Internet – Surveymonkey, Blogger, GoToMeeting, Twitter
- Ferramentas de Pesquisa – SPSS, Internet Explorer, Google Advanced Search

EXPERIÊNCIA PROFISSIONAL — *Vendas e atendimento ao público*, Academia Powerhouse, Modesto, CA 95355
verão de 2009
- Vendeu planos e acompanhou visitas de clientes às instalações
- Escutou, analisou e respondeu às dúvidas dos clientes
- Recebeu pagamentos e preparou relatórios de vendas
- Treinou novos funcionários para entender os procedimentos da companhia e as políticas de segurança

Operador de transferência de chamadas, MCI, Riverbank, CA 95367
verões de 2007 e 2008
- Assistiu mais de 100 clientes ao dia que tinham algum tipo de deficiência auditiva ou verbal
- Excedeu o limite mínimo de 60 palavras por minuto no sistema com precisão
- Assumiu procedimentos multitarefa com a digitação e o atendimento de telefonemas
- Foi indicado a uma promoção para operador-chefe

Enfatiza cargos, não local ou data

Usa verbos de ação descritivos

Co-fundador e proprietário, Fo Sho Entertainment, Modesto, CA 95355
2006
- Promoveu eventos musicais no Vale Central
- Administrou e coordenou shows
- Criou e redigiu propostas para trabalhar com empresas locais
- Colaborou com integrantes da equipe de criação de anúncios

ATIVIDADES UNIVERSITÁRIAS — *Instrutor de Comunicações*, San Diego State University, San Diego, CA 92182 primavera de 2010
- Avaliou trabalhos escritos para um curso de comunicação empresarial
- Criou e manteve um blog dedicado à pesquisa em comunicação empresarial

Inclui itens que o destacam de outros candidatos

Diretor de Recrutamento, Fraternidade Kappa Alpha, San Diego, CA 92115 outono de 2009
- Supervisionou o processo de seleção para a entrada de estudantes na fraternidade
- Obteve sozinho cerca de $1.000 para o caixa da fraternidade
- Organizou eventos de recrutamento com empresas patrocinadoras, estações de rádio e convidados especiais

REFERÊNCIAS — *Referências profissionais e pessoais serão fornecidas sob pedido*

Serve de encerramento e informa que há pessoas com uma opinião favorável sobre ele

Exemplo de caso
Currículo multimídia criado com o Visual CV (aplicativo para a Internet), com forma e conteúdo customizados

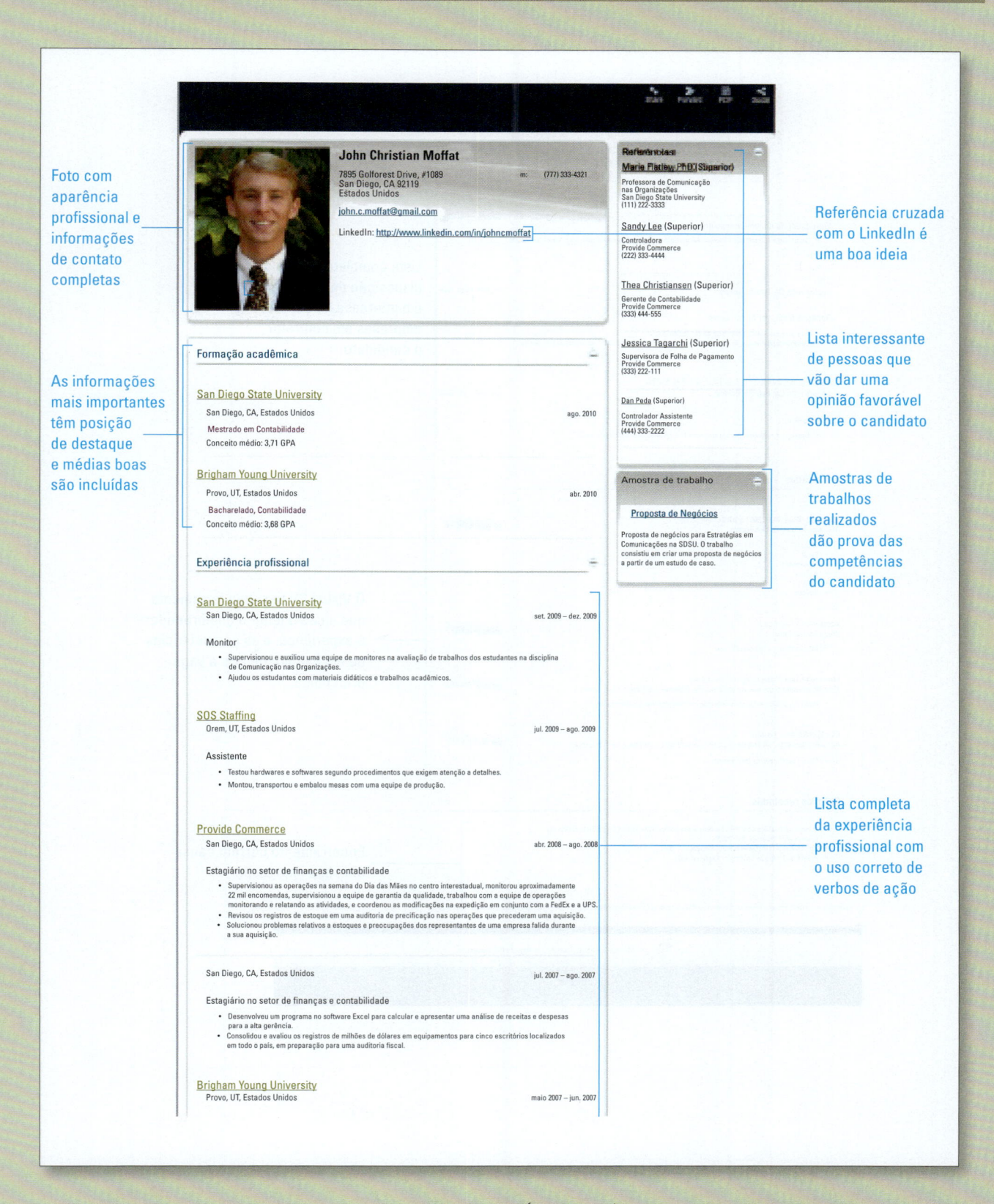

Foto com aparência profissional e informações de contato completas

As informações mais importantes têm posição de destaque e médias boas são incluídas

Referência cruzada com o LinkedIn é uma boa ideia

Lista interessante de pessoas que vão dar uma opinião favorável sobre o candidato

Amostras de trabalhos realizados dão prova das competências do candidato

Lista completa da experiência profissional com o uso correto de verbos de ação

---

John Christian Moffat
7895 Golforest Drive, #1089
San Diego, CA 92119
Estados Unidos
m: (777) 333-4321
john.c.moffat@gmail.com
LinkedIn: http://www.linkedin.com/in/johncmoffat

Referências

Marie Flatley, PhD (Superior)
Professora de Comunicação nas Organizações
San Diego State University
(111) 222-3333

Sandy Lee (Superior)
Controladora
Provide Commerce
(222) 333-4444

Thea Christiansen (Superior)
Gerente de Contabilidade
Provide Commerce
(333) 444-555

Jessica Tagarchi (Superior)
Supervisora de Folha de Pagamento
Provide Commerce
(333) 222-111

Dan Peda (Superior)
Controlador Assistente
Provide Commerce
(444) 333-2222

Formação acadêmica

San Diego State University
San Diego, CA, Estados Unidos — ago. 2010
Mestrado em Contabilidade
Conceito médio: 3,71 GPA

Brigham Young University
Provo, UT, Estados Unidos — abr. 2010
Bacharelado, Contabilidade
Conceito médio: 3,68 GPA

Amostra de trabalho

Proposta de Negócios
Proposta de negócios para Estratégias em Comunicações na SDSU. O trabalho consistiu em criar uma proposta de negócios a partir de um estudo de caso.

Experiência profissional

San Diego State University
San Diego, CA, Estados Unidos — set. 2009 – dez. 2009
Monitor
- Supervisionou e auxiliou uma equipe de monitores na avaliação de trabalhos dos estudantes na disciplina de Comunicação nas Organizações.
- Ajudou os estudantes com materiais didáticos e trabalhos acadêmicos.

SOS Staffing
Orem, UT, Estados Unidos — jul. 2009 – ago. 2009
Assistente
- Testou hardwares e softwares segundo procedimentos que exigem atenção a detalhes.
- Montou, transportou e embalou mesas com uma equipe de produção.

Provide Commerce
San Diego, CA, Estados Unidos — abr. 2008 – ago. 2008
Estagiário no setor de finanças e contabilidade
- Supervisionou as operações na semana do Dia das Mães no centro interestadual, monitorou aproximadamente 22 mil encomendas, supervisionou a equipe de garantia da qualidade, trabalhou com a equipe de operações monitorando e relatando as atividades, e coordenou as modificações na expedição em conjunto com a FedEx e a UPS.
- Revisou os registros de estoque em uma auditoria de precificação nas operações que precederam uma aquisição.
- Solucionou problemas relativos a estoques e preocupações dos representantes de uma empresa falida durante a sua aquisição.

San Diego, CA, Estados Unidos — jul. 2007 – ago. 2007
Estagiário no setor de finanças e contabilidade
- Desenvolveu um programa no software Excel para calcular e apresentar uma análise de receitas e despesas para a alta gerência.
- Consolidou e avaliou os registros de milhões de dólares em equipamentos para cinco escritórios localizados em todo o país, em preparação para uma auditoria fiscal.

Brigham Young University
Provo, UT, Estados Unidos — maio 2007 – jun. 2007

CAPÍTULO 11 | Comunicação na procura por um emprego 311

Exemplo de caso (continuação)

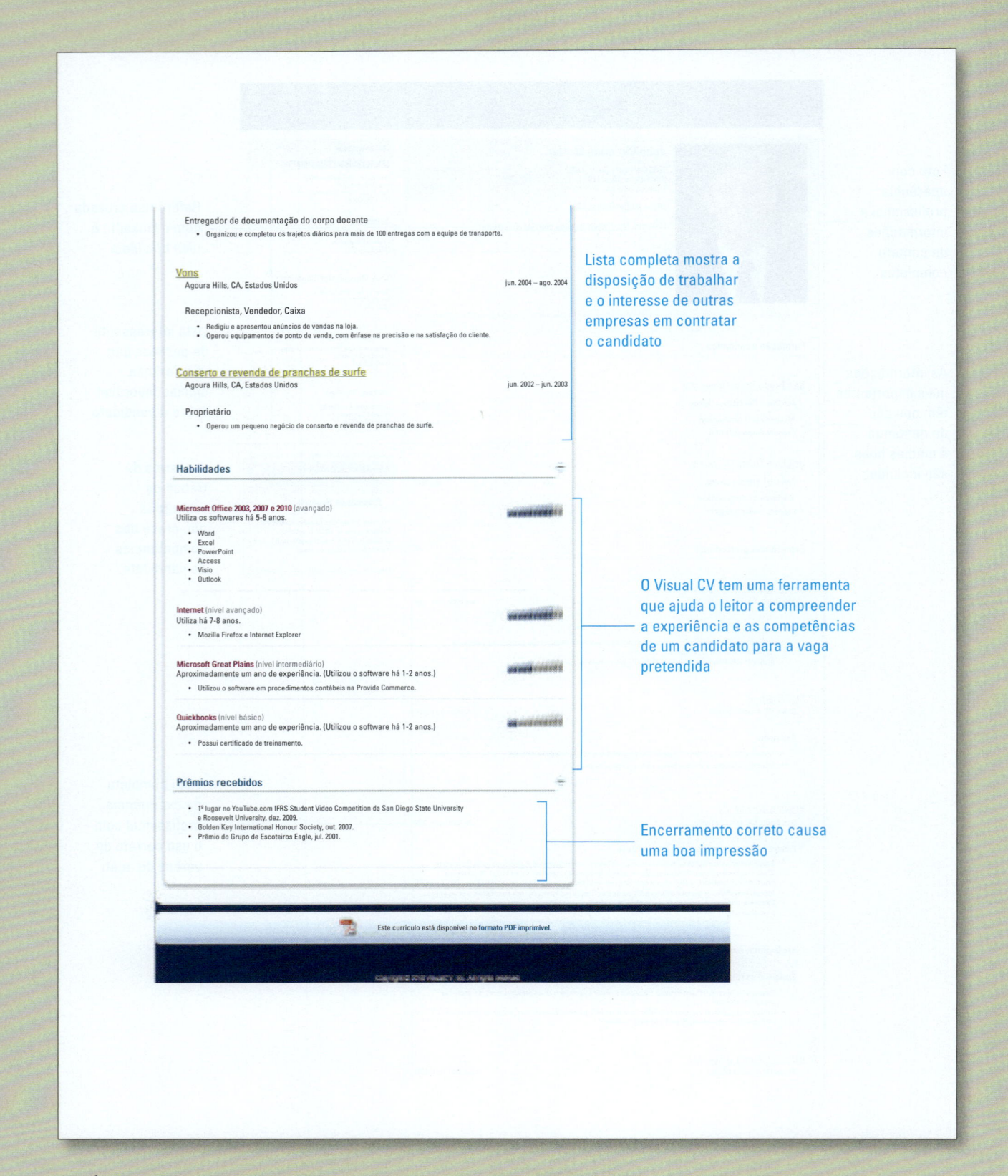

Entregador de documentação do corpo docente
- Organizou e completou os trajetos diários para mais de 100 entregas com a equipe de transporte.

Vons
Agoura Hills, CA, Estados Unidos — jun. 2004 – ago. 2004

Recepcionista, Vendedor, Caixa
- Redigiu e apresentou anúncios de vendas na loja.
- Operou equipamentos de ponto de venda, com ênfase na precisão e na satisfação do cliente.

Conserto e revenda de pranchas de surfe
Agoura Hills, CA, Estados Unidos — jun. 2002 – jun. 2003

Proprietário
- Operou um pequeno negócio de conserto e revenda de pranchas de surfe.

Habilidades

Microsoft Office 2003, 2007 e 2010 (avançado)
Utiliza os softwares há 5-6 anos.
- Word
- Excel
- PowerPoint
- Access
- Visio
- Outlook

Internet (nível avançado)
Utiliza há 7-8 anos.
- Mozilla Firefox e Internet Explorer

Microsoft Great Plains (nível intermediário)
Aproximadamente um ano de experiência. (Utilizou o software há 1-2 anos.)
- Utilizou o software em procedimentos contábeis na Provide Commerce.

Quickbooks (nível básico)
Aproximadamente um ano de experiência. (Utilizou o software há 1-2 anos.)
- Possui certificado de treinamento.

Prêmios recebidos

- 1º lugar no YouTube.com IFRS Student Video Competition da San Diego State University e Roosevelt University, dez. 2009.
- Golden Key International Honour Society, out. 2007.
- Prêmio do Grupo de Escoteiros Eagle, jul. 2001.

Este currículo está disponível no **formato PDF imprimível**.

Lista completa mostra a disposição de trabalhar e o interesse de outras empresas em contratar o candidato

O Visual CV tem uma ferramenta que ajuda o leitor a compreender a experiência e as competências de um candidato para a vaga pretendida

Encerramento correto causa uma boa impressão

Exemplo de caso
Perfil completo do candidato no LinkedIn, integrando referências e recomendações às competências e à experiência profissional

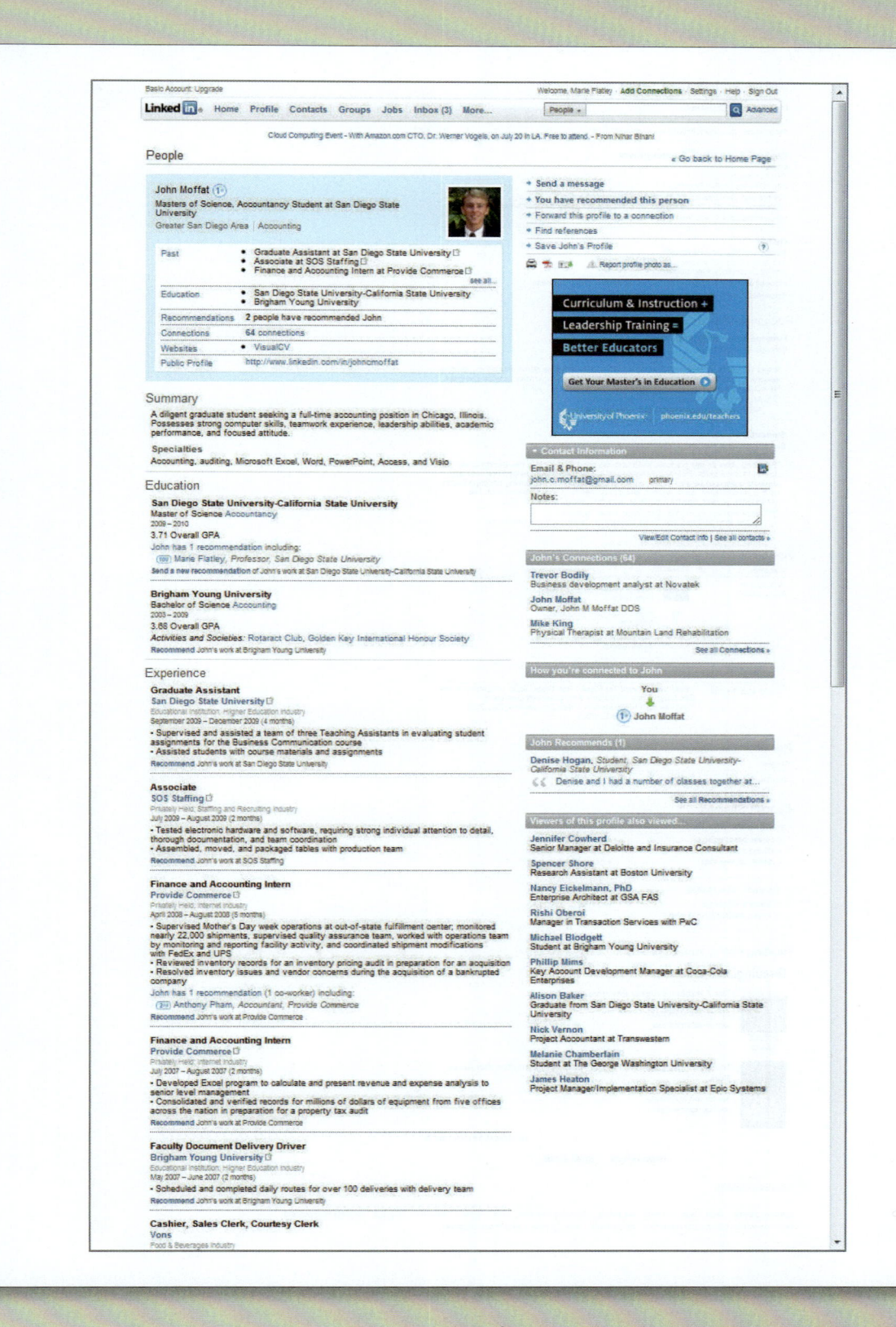

Exemplo de caso (continuação)

Brigham Young University
Educational Institution; Higher Education Industry
May 2007 – June 2007 (2 months)
- Scheduled and completed daily routes for over 100 deliveries with delivery team
Recommend John's work at Brigham Young University

Cashier, Sales Clerk, Courtesy Clerk
Vons
Food & Beverages Industry
June 2004 – August 2004 (3 months)
- Wrote and delivered hourly in-store sales announcements
- Operated point-of-sale equipment, emphasizing accuracy and customer satisfaction
Recommend John's work at Vons

Owner
Surfboard Repair and Resale
Recreational Facilities and Services Industry
June 2002 – June 2003 (1 year 1 month)
- Owned and operated small surfboard repair and resale business
Recommend John's work at Surfboard Repair and Resale

Recommendations For John

Finance and Accounting Intern
Provide Commerce

"I was fortunate to work with John at Provide-commerce. He demonstrates exceptional leadership qualities, strong communication skills, and an eagerness to learn and grow. He will add tremendous value to any organization." June 22, 2010
Anthony Pham, *Accountant, Provide Commerce*
worked directly with John at Provide Commerce

Student
San Diego State University-California State University

"Selecting John as my graduate assistant was great fortune. He has exceptionally good communication skills, including interpersonal skills. He not only helped me evaluate students' work, but he also supervised a group of the best performing undergraduates. He's a good listener, quick learner, and just someone you like working with. His consistently upbeat, helpful attitude is quite refreshing." June 26, 2010
Maria Flatley, *Professor, San Diego State University*
taught John at San Diego State University-California State University

Additional Information

Websites	• VisualCV
Groups and Associations	Chicago Area Accounting & Finance Professionals
	Eagle's Nest—Eagle Scout Award Recipients
	The Official Brigham Young University Alumni Network
	The American Institute of CPAs
Honors and Awards	• Best Video Award 1st Place - San Diego State University in the San Diego State University and Roosevelt University YouTube.com IFRS Student Video Competition, Dec 2009
	• Eagle Scout Award, Jul 2001

Personal Information

Phone:	801.602.8890 (mobile)
Marital status:	Married

Contact Settings

Interested In
- career opportunities
- job inquiries
- reference requests
- consulting offers
- expertise requests
- getting back in touch

Contact John Moffat
+ Send a message
+ john.o.moffat@gmail.com

Reading List by Amazon

ReadingList by amazon

The 7 Habits of Highly Effective People
by Stephen R. Covey
See this book on Amazon »
John is reading this book

The Duel: The Parallel Lives of Alexander Hamilton and Aaron Burr
by Judith St. George
See this book on Amazon »
John has read this book

See all books on John's list (8)

[Watch John's List] [Update your list]

« Go back to Home Page

Customer Service | About | Blog | Careers | Advertising | Recruiting Solutions | Tools | Mobile | Developers | Language | Upgrade Your Account
LinkedIn Corporation © 2010 | User Agreement | Privacy Policy | Copyright Policy | Help Improve LinkedIn.

Exemplo de caso
Currículo impresso tradicional que ordena as informações por função na seção de competências

Carolynn W. Workman
12271 69th Terrace North
Seminole, FL 33772
727.399.2569 (Mensagem de voz/texto)
cworkman@comcast.net

Enfatiza a organização com linhas horizontais

Objetivo	Cargo de contador em uma empresa de contabilidade certificada
Formação acadêmica	Bacharelado em Ciências Contábeis: University of South Florida, dezembro de 2010
Diploma: Administração de Empresas
Ênfase: Contabilidade
Média 3,42, com louvor

A posição enfatiza o diploma e a média

Marcadores internos melhoram a legibilidade

Atividades Acadêmicas Relacionadas:
Contabilidade Financeira ♦ Contabilidade e Controle de Custos ♦ Sistemas de Informação Contábeis ♦ Auditorias ♦ Conceitos de Tributação Federal ♦ Políticas Financeiras ♦ Comunicação para Empresas e Profissionais Liberais

Atividades:
Vice-Presidente de Finanças, Beta Alpha Pi
Editora, Boletim Informativo dos Estudantes, da Beta Alpha Pi
Membro da Golden Key National Honors Society

Enfatiza as principais competências relevantes ao objetivo

Competências
Informática

▶ Assistiu na instalação de um sistema de contabilidade para pequenas empresas usando o QuickBooks Pro.
▶ Preparou a restituição do imposto de renda no programa VITA usando um *software* de tributação específico.
▶ Dominou as competências no Excel, elaborando formulários de entrada de dados, analisando e interpretando resultados da maioria das funções, gerando gráficos e criando e usando macros.

Contabilidade

▶ Adquiriu experiência com relatórios financeiros e livro-caixa.
▶ Confirmou a contabilidade de um centro com mais de 1.300 clientes.
▶ Adquiriu experiência na preparação de restituição de imposto de renda sobre doações e imóveis.
▶ Processou relatórios de despesas para 20 funcionários
▶ Adquiriu experiência no Great Plains e no Solomon IV.

Uso diversificado de verbos de ação

Comunicação empresarial

▶ Realizou entrevistas com clientes e pesquisou sobre problemas tributários.
▶ Comunicou-se por escrito e verbalmente com clientes.
▶ Realizou diversas apresentações individuais e em grupo sobre *cases* de empresas, projetos e relatórios para estudantes de administração

Histórico profissional
Assistente administrativo

Escritório de Assistência a Estudantes Portadores de Necessidades Especiais, University of South Florida
Tampa, FL, primavera de 2010.

Assistente tributário

Rosemary Lenaghan, Contador. Seminole, FL, 2009.

Referências profissionais e pessoais serão fornecidas sob pedido

CAPÍTULO 11 | Comunicação na procura por um emprego

Exemplo de caso
Currículo impresso tradicional que realça as seções de Qualificações e Realizações

Diana W. Chan
2411 27th Street
Moline, IL 61265
309.764.0017 (celular)
dwc@gmail.com

OBJETIVO DE EMPREGO INSTRUTORA/TRADUTORA para uma empresa de grande porte atuante no mercado global

QUALIFICAÇÕES
- Experiente na criação e execução de apresentações multimídia no PowerPoint.
- Entusiasmada integrante/líder de equipe, cuja participação faz os outros darem o melhor de si.
- Proficiente na capacidade analítica.
- Treinada na obtenção e interpretação de dados.
- Bilíngue – inglês/espanhol.

Enfatiza as qualificações mais relevantes para o cargo pretendido

FORMAÇÃO ACADÊMICA

DIPLOMA	Bachalerado em Línguas Modernas, Inglês – junho 2010 – Western Illinois University	
ÊNFASE	Educação	MÉDIA NA ÊNFASE – 3,87/4,00
HONRAS	Incluída na lista de melhores alunos, quatro semestres Recebeu a Bolsa de Estudos Chevron, outono de 2009	
ASSOCIAÇÕES	Mortar Board, Equipe Feminina de Golfe	

Apresenta os itens mais importantes

EXPERIÊNCIA PROFISSIONAL

DEERE & COMPANY, INC.   DEPUTADO BILL FOSTER
Estagiária, verão de 2009   Voluntária em informática, outono de 2008

Vários anos de experiência no setor de restaurantes, inclusive com cargos de supervisão.

Identifica os locais de trabalho mais significativos, não os menos

REALIZAÇÕES
▸ Treinou executivos para criar apresentações transculturais eficazes.
▸ Desenvolveu um programa de treinamento *online* do GoToMeeting para executivos.
▸ Projetou e desenvolveu uma base de dados para acompanhar doações financeiras.
▸ Codificou telas e relatórios novos, depurou e revisou formulários em tela para facilitar a inserção de dados.
▸ Forneceu suporte computacional para voluntários virtuais para comitê eleitoral.

Apresenta apenas as realizações de diversas experiências profissionais e voluntárias relacionadas ao cargo pretendido

REFERÊNCIAS

Referências profissionais e pessoais serão prontamente fornecidas sob pedido.

Opcional – é um encerramento positivo

> **A ATRATIVIDADE DE SEU CURRÍCULO DIZ TANTO SOBRE VOCÊ QUANTO AS PALAVRAS QUE VOCÊ USA NELE.**

É possível combinar substantivos precisos e verbos de ação fortes em seu currículo híbrido (usado tanto para entrevistas presenciais quanto para digitalização). Os substantivos vão ajudar que seu currículo seja selecionado na base de dados. Já os verbos ajudam na entrevista frente a frente, porque as atividades do candidato ficarão claras para o recrutador.

Apresente as informações Você quer que o seu currículo seja lido com precisão, logo, use uma fonte que os escâneres consigam ler sem problema, como a Helvetica, a Arial, a Calibri, a Cambria, a Garamond e a Times New Roman. A maioria dos escâneres lê fontes dos tamanhos entre 10 e 14. Normalmente, uma fonte em negrito não é problema para um escâner, mas se a ideia é dar ênfase, use letras maiúsculas. Fontes digitadas em itálico podem confundir os escâneres comuns, assim como os sublinhados, sobretudo com letras descendentes, como o "q", o "p" e o "g". Portanto, evite-os sempre que possível. Outra coisa a evitar são os elementos gráficos e o sombreamento, pois eles confundem o *software*. Use papel branco para maximizar o contraste e sempre imprima no *layout* retrato. O currículo nas páginas 318 e 319 é digitalizável e foi composto com base nessas dicas.

Hoje as empresas aceitam currículos enviados por correio, fax, e-mail e *online*. Estima-se que mais de 80% dos recrutadores usem o LinkedIn.[2] Escolha o melhor canal para a finalidade que você tem em mente. Se uma empresa pede que os currículos sejam enviados por fax e e-mail, é porque prefere o formato eletrônico. Outras ainda preferem ver se o candidato tem a capacidade de redigir e organizar um documento impresso. Algumas simplesmente deixam o candidato decidir. Claro que quando a velocidade representa uma vantagem competitiva, escolha o fax ou o e-mail para enviar o currículo. Mas, é possível que você perca o controle da qualidade do documento. Se decidir que vai imprimir uma versão digitalizável e enviar ao recrutador, use um envelope grande para postá-la, para não dobrar a folha de papel. Isso garante que o currículo será digitalizado corretamente e você não vai ficar se perguntando se as suas palavras-chave ficaram exatamente em uma dobra do papel, que o escâner não leu.

currículo digital Enviar um currículo digital exige que você tome algumas decisões sobre as preferências e a capacidade do destinatário para receber documentos nesse formato. Além disso, é preciso avaliar a tecnologia mais apropriada para que você se apresente da melhor maneira possível. Um currículo digital pode ser um arquivo de texto simples, um arquivo formatado em um processador de texto, um documento multimídia completo ou uma página na Internet.

Os conteúdos de um currículo digital são parecidos com os de um impresso, mas você precisa fazer duas mudanças importantes. A primeira é excluir as informações de contato, exceto o seu endereço de e-mail. Você não tem controle sobre a distribuição desses documentos. Lembre-se de que um arquivo digital pode ser repassado facilmente. Além disso, existe o risco de suas informações serem inseridas em uma base de dados que posteriormente será vendida. Muitos especialistas recomendam criar uma conta de e-mail exclusiva para assuntos relativos à procura de emprego. A segunda é datar o seu currículo. Se um recrutador de poucos escrúpulos o extrai da base de dados da empresa e apresenta a seu atual chefe dois anos depois, você tem como explicar que você está realmente satisfeito em trabalhar para ele e que a data do documento é anterior à data em que ele contratou você. Essas mudanças no conteúdo devem ser feitas em todas as modalidades do currículo digital.

> "A melhor maneira de garantir que o seu currículo seja legível é enviar um arquivo formatado."

O currículo digital simples é salvo como um arquivo de texto ou ASCII, sem formato. Use essa modalidade quando o recrutador a solicitar. Você pode enviá-lo como anexo, ou no corpo do e-mail. Você cria este arquivo em seu processador de texto, verifica a ortografia e recorta e cola durante o preenchimento do formulário de emprego *online*. Envie uma cópia a você mesmo para testar se ele é de fato enviado e como ele é exibido nos diferentes programas de e-mail disponíveis. Com isso, você vê se precisa encurtar linhas, adicionar espaçamento e fazer outras mudanças para melhorar a legibilidade.

A melhor maneira de garantir que o seu currículo seja legível é enviar um arquivo formatado. Claro, faça isso apenas quando o recrutador aceita receber arquivos em um formato definido pelo redator. Há algumas opções de formato para adotar. O formato padrão de seu processador de texto, que provavelmente é lido na maioria dos programas desse tipo, costuma ser o mais usado. Mas, é possível escolher os formatos RTF (rich text format), PDF (portable document format) ou XPS (XML Paper Specification), os quais preservam o *layout* do documento. Use fontes padrão ou incorpore a sua fonte no documento a fim de melhorar as chances de o leitor receber o seu currículo no formato em que você o redigiu.

Exemplo de caso
Currículo preparado com um arquivo de texto/ASCII

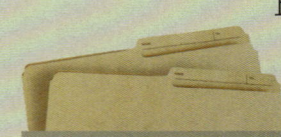

Observe como o redator expandiu o texto, sem as limitações do formato impresso.

```
Manny Konedeng
5602 Motezuma Road
Apartamento 413
San Diego, Califórnia 92115
Fone: (619) 578-8058
E-mail: mkonedeng@yahoo.com

OBJETIVO
Estágio de analista financeiro com um corretor, com a valorização do
conhecimento e de habilidades analíticas e de comunicação interpessoal

FORMAÇÃO
Bacharel em Ciências, Diploma em Administração de Empresas, maio de
2010, San Diego State University, ênfase em Finanças

Com louvor
Médias: 3,32/4,00

Disciplinas relacionadas
Comunicação Empresarial, conceito A
Investimentos, conceito A
Planejamento Tributário, conceito A
Planejamento Imobiliário, conceito A
Gestão do Risco, conceito A
Direito Comercial, conceito B+

Conhecimentos de Informática
Microsoft Office - Excel, Word, PowerPoint e Access
Aplicativos para a Internet - Surveymonkey, Blogger, GoToMeeting,
Twitter
Ferramentas de Pesquisa - SPSS, Internet Explorer, Google Advanced
Search

Realizações
Publicou na Fast Company Magazine e no San Diego Union Tribune
Ganhou uma bolsa de estudos para o idioma grego
Terminou entre os cinco melhores em uma competição de conhecimentos de
matemática

EXPERIÊNCIA PROFISSIONAL
Academia Powerhouse, Vendas e atendimento ao público, verão de 2009
Modesto, CA 95355

Vendeu planos e acompanhou visitas de clientes às instalações
Escutou, analisou e respondeu às dúvidas dos clientes
Recebeu pagamentos e preparou relatórios de vendas
Treinou novos funcionários para entender os procedimentos da companhia
as políticas de segurança

MCI, Operador de transferência de chamadas, verões de 2007 e 2008,
Riverbank, CA 95367
Assistiu mais de 100 clientes ao dia que tinham algum tipo de
deficiência auditiva ou verbal
Excedeu a entrada de dados mínima requerida no sistema de 60 palavras
por minuto com precisão
Assumiu procedimentos multitarefa com a digitação e o atendimento de
telefonemas
Foi indicado a uma promoção, como operador-chefe
```

Evita o itálico e sublinhado e é redigido para facilitar a digitalização e legibilidade

Letras maiúsculas e espaçamento melhoram a legibilidade

Todos os itens ocupam uma linha, tabulações não são usadas para melhorar a compreensão

Integra substantivos precisos e termos da área como palavras-chave

Exemplo de caso (continuação)

Fo Sho Entertainment, Co-fundador e proprietário, Modesto, CA 95355 2006
Promoveu eventos musicais no Vale Central Administrou e coordenou shows
Criou e redigiu propostas para trabalhar com empresas locais
Colaborou com integrantes da equipe de criação de anúncios

EXPERIÊNCIA NA UNIVERSIDADE
Universidade Estadual de San Diego, Instrutor de Comunicações, primavera de 2010 San Diego, CA 92182
Avaliou trabalhos escritos para um curso de comunicação empresarial
Criou e manteve um blog dedicado à pesquisa em comunicação empresarial

Fraternidade Kappa Alpha, Diretor de Recrutamento, outono de 2009, San Diego, CA 92155
Supervisionou o processo de seleção para a entrada de estudantes na fraternidade
Obteve sozinho cerca de $1.000 para o caixa da fraternidade
Organizou eventos de recrutamento com empresas patrocinadoras, estações de rádio e convidados especiais

ATIVIDADES E SERVIÇOS
Liderança no campus
Diretor de Recrutamento, Fraternidade Kappa Alpha
Supervisionou o processo de seleção para a entrada de estudantes na fraternidade
Coordenou eventos para a arrecadação de recursos para a fraternidade
Organizou eventos de recrutamento com empresas patrocinadoras, estações de rádio e convidados especiais
Defendeu o programa de orientação para calouros
Atuou como correspondente de assuntos externos da fraternidade
Comunicou-se com os ex-alunos membros da fraternidade e com o Diretório Nacional em atendimento às obrigações da fraternidade
Tesoureiro classe Upsilon, Fraternidade Kappa Alpha
Administrou orçamentos e despesas da fraternidade
Desempenhou vários papéis no Conselho Inter-Fraternidade
Foi membro da Comissão contra Ambientes Negativos e Situações de Estupro
Vice-presidente para a Obtenção de Doações para a Semana da Cultura Grega
Candidato a tesoureiro do Conselho da Inter-Fraternidade

Serviço Profissional e Comunitário

Membro, Sociedade de Finanças e Investimentos
Apresentador, Educação para a Saúde dos Estudantes
Oficial, serviço de convocação de novos estudantes e familiares
Apoiador, Instituto Nacional da Distrofia Muscular, instituição filantrópica
Apoiador, Serviço para a Melhoria da Visão, instituição filantrópica
Apoiador, Instituto para a Proteção das Vítimas de Violência Doméstica, instituição filantrópica
Apoiador, Camp Able, instituição filantrópica
Voluntário do Programa de Boa Vizinhança Estudantil
Voluntário, Associação de Motoristas Voluntários
Voluntário, Projeto de Recuperação de Praias

REFERÊNCIAS
Referências profissionais e pessoais serão fornecidas sob pedido

Evita elementos gráficos e linhas extras

Adiciona informações relevantes, já que não há limite de páginas

A fonte preta no papel branco facilita a digitalização

O formato multimídia é considerado uma extensão elaborada do currículo impresso. Você adiciona *links*, cores e elementos gráficos, além de sons, animações e até vídeos. A maioria dos programas de e-mail é compatível com arquivos HTM. A mensagem de e-mail serve como mensagem de apresentação. Nela você informa o *link* de sua página na Internet (página 311) ou insere o arquivo HTM. Os arquivos HTM exibem *links* para arquivos adicionais e permitem usar cores, elementos gráficos, fotos e outros recursos em seu currículo. Eles são úteis para destacar seus conhecimentos, suas habilidades e sua criatividade.

No currículo digital, o tamanho não é tão importante como no impresso. Por isso, você deve

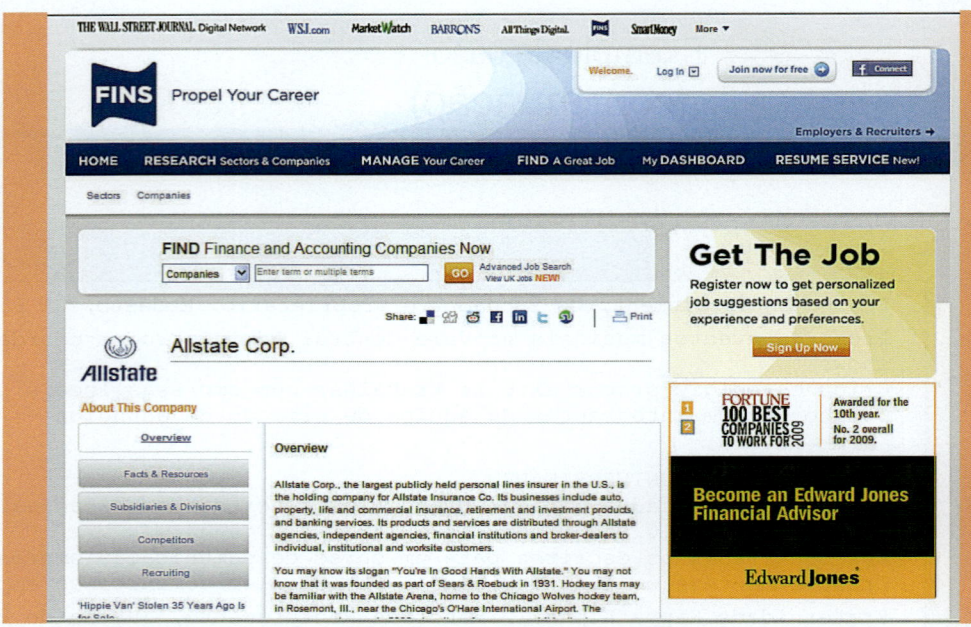

As empresas com frequência descrevem em seus sites sua missão e os cargos disponíveis.

incluir todos os detalhes necessários. Use os termos e as palavras-chave comuns nas pesquisas em bases de dados, inclusive substantivos, jargões, *buzzwords* ("palavras da moda") e acrônimos da sua área de atuação. Você quer que ele seja selecionado quando uma vaga for aberta.

●● OA11.5
Redigir mensagens de apresentação objetivas para vender suas capacidades.

Redação da mensagem de apresentação

A primeira etapa na preparação da mensagem de apresentação consiste em adaptar os fatos de sua vida profissional e de sua formação acadêmica ao cargo que você almeja e em ordená-los de forma lógica. Você vai apresentar essas informações do mesmo jeito que um vendedor informa as características de um produto ou serviço em uma mensagem de vendas, administrando o apelo com cuidado. Sempre que possível, adapte os conteúdos às necessidades do leitor. Como nas mensagens de vendas, a organização da mensagem de apresentação de seu currículo depende do canal escolhido (digital ou impresso).

cartas de apresentação impressas Existem dois tipos de mensagem de apresentação: as solicitadas e as não solicitadas (que você redige para fins de sondagem). Como sugerem os nomes, a carta solicitada é redigida quando você sabe que uma empresa abriu uma vaga que o interessa. A não solicitada é escrita quando você não sabe se o cargo em vista está vago e quer investigar se há alguma possibilidade de emprego na empresa. Normalmente, a carta de apresentação é organizada de acordo com um plano:

Comunicação rápida

Palavras de sabedoria: siga com a verdade

"O número de candidatos a emprego que mentem é maior do que você imagina". É o que diz um levantamento feito pela CareerBuilder.com com mais de 3.100 gerentes recrutadores e 8.700 empregados em todo o território dos Estados Unidos. Embora apenas 8% dos funcionários admitiram ter faltado com a verdade, aproximadamente metade dos recrutadores relatou que descobriram que um candidato havia mentido no currículo. As mentiras mais comuns foram:
- Responsabilidades exageradas (38%)
- Conjunto de habilidades (18%)
- Períodos dos empregos (12%)
- Diplomas (10%)
- Empresas em que trabalharam (7%)
- Cargos ocupados (5%)

O que acontece quando um fato na verdade é ficção? Quase 60% dos recrutadores que flagraram um candidato mentindo disseram que excluíram a pessoa na hora."

FONTE: "Can You Spot the Real Résumé?" *Journal of Accountancy* 206.4 (2008): 27, impresso.

Os serviços de orientação profissional são um bom lugar para encontrar informações sobre empresas e anúncios de emprego.

- Uma introdução que atraia a atenção do leitor e apresente um resumo das razões de seu interesse ou de suas qualificações, ou que antecipe os conteúdos a serem detalhados mais adiante. Se a carta é solicitada, informe onde você ficou sabendo da existência da vaga.
- O corpo da carta, o qual deve informar como as suas qualificações se encaixam às necessidades do leitor. Use uma boa estratégia de vendas, especialmente a redação na terceira pessoa do singular e uma linguagem positiva.
- Uma conclusão, onde você se oferece para uma entrevista e dá as informações de contato.

Os exemplos de caso nas páginas 327 a 330 são de cartas de apresentação bem redigidas.

Atraia a atenção no começo

Como na redação voltada para as vendas, a abertura da mensagem de apresentação precisa atender a duas exigências: obter a atenção e antecipar as informações que virão a seguir.

Atrair a atenção do leitor tem importância especial nas mensagens não solicitadas. A menos que isso ocorra de um jeito positivo já no começo, elas não serão lidas. As chances são grandes de pararem nas mãos de executivos ocupados, com pouco tempo para lê-las. Até as solicitadas precisam atender a esse pré-requisito, porque competem com outras mensagens do mesmo tipo. As mensagens solicitadas que geram uma opinião inicial favorável sem dúvida representam uma vantagem competitiva.

A mensagem de apresentação é um esforço criativo, por isso, use a sua imaginação na hora de redigir a abertura. O contexto do emprego que você procura vai guiá-lo. Um bom exemplo é um emprego que exige uma personalidade extrovertida e uma imaginação sagaz, como o de vendas ou o de relações públicas. Nesses casos, você deve revelar que tem essas qualidades no início da mensagem. No outro extremo está aquele emprego mais conservador, como o de contador ou de bancário. A abertura da carta de apresentação para essa vaga deve ser mais reservada.

Ao escolher a melhor forma de abertura para seu caso, considere se está escrevendo uma mensagem solicitada ou não solicitada. Se a mensagem foi solicitada, suas palavras de abertura têm de começar a qualificá-lo para o trabalho a ser feito. Elas também devem se referir incidentalmente à solicitação, como no exemplo:

Comunicação rápida

Criação de um portfólio profissional

Imagine que você está em uma entrevista. O recrutador diz, "Este cargo exige o uso do PowerPoint em muitas tarefas. Como você descreveria os seus conhecimentos sobre o aplicativo e suas habilidades comunicativas?". O que você responde? Claro que você vai dizer que sabe tudo dele e que suas habilidades são excelentes. É o que diria qualquer candidato.

Uma das maneiras de se diferenciar dos outros candidatos a uma vaga é criar um portfólio que demonstre as suas qualificações, contendo: folha de rosto, o seu currículo, uma lista de referências, a carta de apresentação, o seu histórico acadêmico, uma descrição do programa, cópias de certificados, amostras de trabalhos, cartas de recomendação, uma declaração de objetivos pessoais – qualquer coisa que ajude a gerar uma boa imagem profissional. Tudo o que você precisa fazer é inserir esses documentos em uma pasta elegante, que permita atualizar os conteúdos e criar divisões adicionais. Mas, preste atenção a uma dica importante: proteja as suas informações com uma declaração de confidencialidade, exclua números de documentos e use cópias de certificados e licenças, não os originais.

FONTE: "Portfolios," *University of Wisconsin–Eau Claire Career Services*, University of Wisconsin–Eau Claire, 9 Mar. 2008, Web, 5 June 2009.

> "Além de ser apropriada para o cargo, a abertura de sua mensagem de apresentação deve antecipar suas qualificações."

Um recém-formado em contabilidade com experiência em contabilidade tributária tem as qualificações necessárias para a vaga que os senhores anunciaram na edição de hoje do *The Times*?

Além de ser apropriada para o cargo, a abertura de sua mensagem de apresentação deve antecipar suas qualificações. O exemplo anterior atende bem a essa exigência, apresentando as qualificações do candidato estruturadas em duas áreas: formação acadêmica e experiência profissional.

Existem muitas maneiras de atrair a atenção do leitor no começo de suas mensagens. Uma delas é usar um tópico que demonstra que você compreende as operações da empresa e da vaga à disposição. Demonstrar que fez um esforço para aprender um pouco sobre a empresa que abre vagas no mercado de trabalho causa uma ótima impressão nos empregadores:

> Agora que a Taggart, Inc. expandiu suas operações para a América Central, os senhores teriam como aproveitar os esforços de um administrador de empresas recém-formado, com ênfase em negócios internacionais, e que possui conhecimentos detalhados da cultura e do idioma da região?

Também é possível preparar uma declaração ou fazer uma pergunta que concentre a atenção em uma necessidade do leitor que você pretende atender. Veja esta abertura de uma mensagem de apresentação:

> Qual é a sua opinião sobre a contratação de um administrador de empresas recém-formado pela University of South Florida para substituir os seus funcionários durante as férias de verão?

Se o cargo for mais conservador, não use uma abertura muito descontraída. Por exemplo, a mensagem sobre um anúncio de emprego para um contador iniciante começaria assim:

> Acredito que a minha especialização em contabilidade na Universidade Estadual e minha experiência em contabilidade de custos preenchem as qualificações descritas no anúncio que sua empresa publicou no jornal de hoje.

Às vezes você fica sabendo da abertura de uma vaga por meio de um dos funcionários da empresa. Mencionar o nome do funcionário talvez ajude a atrair a atenção do recrutador:

> Por sugestão do Sr. Michael McLaughlin, funcionário de sua empresa, estou enviando meu currículo com minhas qualificações para trabalhar como supervisor de crédito para o senhor.

Existem muitas outras possibilidades. Na hora de revisar sua documentação, use o que você julgar melhor, dependendo da situação. Mas, evite exageros no começo de sua mensagem, como algumas frases feitas que se popularizaram há algumas décadas: "Venho por meio desta..." e "O objetivo desta carta de apresentação é ...". Essas expressões podem ser indicadas em alguns casos (na resposta a um anúncio publicitário, por exemplo), mas hoje estão muito batidas.

Escolha o conteúdo Depois da abertura, apresente suas qualificações para o cargo. Comece revisando os pré-requisitos dele. Feito isso, selecione os fatos sobre você que atendem a estas exigências.

Se seu currículo foi solicitado, você obterá informações sobre os requisitos do cargo a partir da fonte da solicitação. Estude o anúncio de emprego em detalhes para saber o que a empresa está procurando em um candidato, pois é ali que esses pré-requisitos são informados. Se você está enviando o currículo após uma entrevista, revise a entrevista para mais informações sobre a vaga. Mas, se a empresa não publicou um anúncio e você está enviando seu currículo por iniciativa própria, as sondagens que fez e sua capacidade de julgamento vão ajudá-lo a descobrir o perfil de candidato que a empresa quer.

As informações a serem apresentadas normalmente se enquadram em três categorias: formação acadêmica, experiência profissional e competências e/ou detalhes pessoais. Você tem a escolha de incluir uma quarta – as referências, mas elas não são exatamente informações sobre a sua vida acadêmica e profissional. Se decidir incluir esta seção, cogite anexar uma folha só para ela.

Os fatos a serem incluídos e o quanto serão enfatizados dependem do cargo e de sua experiência. A maioria dos empregos que você vai procurar como recém-formado exige muito do candidato em termos de formação acadêmica. Assim, talvez seja preciso enfatizar o seu desempenho na universidade. Se tiver experiência profissional, destaque os pontos fortes dela. Com o passar dos anos, essa experiência fica mais importante e a educação perde espaço. As suas características pessoais têm importância para alguns empregos, especialmente os que envolvem o contato com pessoas.

Se a sua mensagem de apresentação for seguida de seu currículo, ela não deve reproduzir o que ele informa. Lembre-se de que a mensagem faz a venda e que o currículo resume os detalhes significativos. Por essa razão, a mensagem precisa conter os pontos principais que o indicam como o melhor can-

> "OS FATOS A SEREM INCLUÍDOS E O QUANTO SERÃO ENFATIZADOS DEPENDEM DO CARGO E DE SUA EXPERIÊNCIA."

didato para o cargo. O currículo inclui esses pontos, mais os detalhes necessários. Como mensagem e currículo se somam no seu esforço de apresentação para o recrutador, em algum lugar na mensagem tem de ser feita a referência ao currículo.

Organize tudo pensando em persuadir o leitor

As informações sobre sua vida profissional e seu desempenho acadêmico devem ser organizadas na melhor ordem possível. Você tem três opções gerais, mas a mais comum é o agrupamento lógico das informações: formação acadêmica, experiência profissional e habilidades e detalhes pessoais. A segunda possibilidade é a ordem com base no tempo. Por exemplo, você apresenta as informações para mostrar como se preparou para o mercado de trabalho, ano após ano. A terceira possibilidade é baseada nos pré-requisitos para o cargo. O anúncio diz que os candidatos precisam ter competências em vendas, comunicação e gestão? Então você lista as suas qualificações nesta ordem.

Mas, não se limite a apresentar fatos, pois isso não convence as pessoas. Você precisa descrever os fatos com palavras que enfatizem os seus pontos fortes. Por exemplo, você pode informar que "ocupou um cargo" de gerente de vendas, mas dizer que "supervisionou uma equipe de 14 vendedores" é muito mais convincente. Da mesma forma, suas chances melhoram se escrever que "obteve um diploma em administração de empresas", em vez de "passei quatro anos na universidade". Informar que "aprendeu contabilidade tributária" é mais eficaz do que dizer que "cursou contabilidade tributária".

Outra maneira de causar uma boa impressão é apresentar suas informações do ponto de vista do leitor, sempre que possível. Isto é, interprete os fatos com base no significado que teriam para ele no contexto do cargo à disposição. Por exemplo, o seguinte trecho não é atraente:

Tecnologia rápida

Muitos *sites* oferecem conselhos valiosos para quem vai a uma entrevista de emprego

A Internet está cheia de recursos para ajudá-lo em suas entrevistas. O centro de orientação acadêmica de sua universidade provavelmente tem um *site* que lista entrevistas em empresas. *Sites* como o Monster.com e muitos outros, que armazenam bases de dados com ofertas de emprego, dão dicas sobre diversos aspectos das entrevistas de recrutamento e seleção. Acesse esses *sites* e veja exemplos de perguntas que você pode fazer para um recrutador, bem como técnicas para se manter calmo e métodos para realizar uma entrevista ao telefone com sucesso. Alguns *sites* disponibilizam entrevistas virtuais com *feedback* imediato sobre suas respostas e sugestões e estratégias para lidar com questões difíceis. O Monster.com inclui uma lista de dicas muito úteis para o processo, desde a melhor maneira de engraxar os seus sapatos até a criação de uma pasta com suas entrevistas, o que permite acompanhar toda a comunicação verbal e escrita com o recrutador. Use esses *sites* para se preparar para entrevistas, sentir-se mais confiante, ter um desempenho mais eficaz e avaliar a empresa que está recrutando.

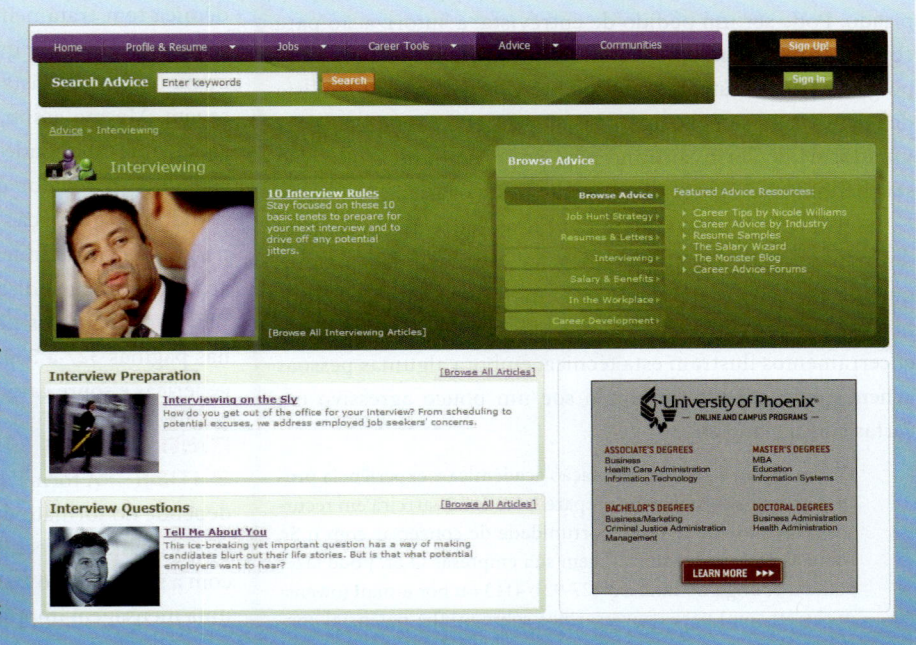

[**A apresentação de suas qualificações deve induzir a uma ação lógica, revelada no final da mensagem.**]

Tenho 21 anos e me interesso em operações e processos mecânicos. No último verão trabalhei no departamento de produção de uma unidade de contêineres.

Mas você pode interpretar esses fatos para adaptá-los às circunstâncias do cargo:

> O interesse que desenvolvi em assuntos de mecânica ao longo de meus 21 anos de idade me qualifica como candidato para realizar as suas operações de produção. Além disso, a experiência adicional que adquiri trabalhando no departamento de produção da PrintSafe Marketing Company é prova de minha determinação em me dedicar a este trabalho.

Como você está escrevendo sobre suas próprias qualificações, não se surpreenda se achar difícil evitar o pronome da primeira pessoa do singular. Mas tente. O excesso de "eu" soa egocêntrico e chama a atenção para a repetição da palavra. No entanto, ele deve ser usado algumas vezes. Afinal, a mensagem é pessoal. Eliminar o pronome acabaria com essa manifestação de espontaneidade. Por isso, calcule bem o número de vezes que você vai usá-lo: nem demais, nem de menos.

Você está tentando gerar a melhor impressão possível não apenas como candidato, mas também como pessoa. Projetar o seu caráter com cuidado é tão importante para o sucesso de sua mensagem de apresentação quanto usar uma lógica convincente.

Induza o leitor a uma ação no final

A apresentação de suas qualificações deve induzir o leitor a uma ação lógica, revelada no final da mensagem. Faça isso sempre que for apropriado. Pode ser um pedido de entrevista, a autorização para continuar se comunicando com a empresa (para responder às perguntas do recrutador) ou o lembrete de que existe uma lista de referências a serem contatadas. O primeiro contato deve ser uma forma de abrir caminho para novas comunicações. Não saia pedindo o emprego diretamente nessa ocasião.

As palavras de ação sempre são claras e diretas. As chances de induzir o leitor a realizar a ação solicitada são maiores quando as palavras apontam para uma vantagem que ele terá. Isso vale para qualquer mensagem de vendas. Os seguintes encerramentos ilustram esta técnica, embora algumas pessoas achem que o segundo exemplo soe um pouco agressivo em certas circunstâncias:

> Os destaques de minha formação acadêmica e experiência profissional mostram que me preparei para uma carreira em recursos humanos. Eu teria a oportunidade de conversar com o Sr. sobre as chances de iniciá-la em sua empresa? O Sr. pode fazer contato comigo no número 727-921-4113 ou por e-mail (owensmith@att.com) para conversarmos sobre minha potencial contribuição para seu departamento de recursos humanos.

> Estou muito interessado em discutir com o Sr. como minhas competências contribuirão para a missão de sua empresa. Se não tiver notícias suas até sexta-feira, dia 22 de abril, telefonarei na segunda-feira para combinarmos uma reunião em horário conveniente para ambas as partes.

Exemplos contrastantes de mensagens de apresentação

Duas mensagens de apresentação, uma ruim, outra eficaz, informam as qualificações de Jason L. Andrews, o candidato descrito no quadro "Cenário de trabalho", no começo do capítulo.

A primeira (página 325) segue apenas algumas das dicas dadas. A abertura é antiquada. As primeiras palavras evidenciando que a mensagem é de um candidato a uma vaga são óbvias e não despertam o interesse do leitor. A apresentação das qualificações vem em seguida, e não passa de uma revisão das informações, sem qualquer esforço de interpretá-las. Na verdade, a maior parte da mensagem enfatiza o redator (observe a quantidade do pronome **eu**), o que gera a impressão de ser uma pessoa chata e egocêntrica. As informações apresentadas são poucas. A ação pedida no final é uma mera declaração da disponibilidade do candidato para um contato futuro.

A mensagem mais eficaz (página 326) começa com uma pergunta interessante, que antecipa a apresentação que se segue. Uma discussão breve da experiência profissional é interpretada mostrando como ela pode ser útil na execução do trabalho envolvido no cargo em questão. A formação acadêmica tem tratamento semelhante. Observe como as interpretações mostram que o redator sabe o que o cargo exige e como o ponto de vista do redator é enfatizado em toda a mensagem. Mesmo assim, o uso comedido do pronome **eu** dá à carta uma qualidade personalizada. Já os detalhes deixam claro que o redator é uma pessoa criteriosa e dedicada. O pedido por uma ação no encerramento da mensagem é uma pergunta clara, direta e gentil. As últimas palavras remetem ao apelo principal da carta.

Vários exemplos de cartas de apresentação são mostrados nas páginas 327 a 330, como cartas solicitadas, de sondagem, genéricas e sobre cargos específicos.

mensagens de apresentação por e-mail

A forma da mensagem de apresentação por e-mail depende do formato de arquivo que ela introduz. Como qualquer e-mail, ela precisa ter um cabeçalho de assunto claro, mas com a saudação e o encerramento sendo formais (a exemplo de uma mensagem impressa). A finalidade é a mesma: destacar as suas qualificações para o cargo disponível. Não há problema se

[**A principal finalidade dessa mensagem é identificar o cargo pretendido, realçar os pontos fortes do candidato e convidar o leitor a examinar o currículo enviado com ela.**]

ela for idêntica à mensagem que você criaria e imprimiria, mas algumas pessoas preferem textos mais curtos quando o canal é o e-mail. O foco é identificar o cargo pretendido, realçar os pontos fortes do candidato e convidar o leitor a examinar o currículo enviado com ela.

A mensagem de abertura a seguir é solicitada e atrai a atenção do leitor já no começo, realça as competências do redator no corpo e induz a uma ação no final.

Para: Kate Troy <kate_troy@thankyoutoo.com>
De: Megan Adami <mmadami@msn.com.
Data: 1º de outubro de 2008
Assunto: Cargo de estagiário no setor de *web design*
Prezada Sra. Troy,
Ontem o Dr. Payton Kubicek, meu orientador na Brown University, sugeriu que eu entrasse em contato com a Sra. sobre uma vaga de estágio temporário recentemente anunciada no departamento de *web design* de sua empresa.

Na Brown University, cursei disciplinas que me deram uma boa compreensão dos aspectos de design e das funções de marketing que um bom *site* precisa ter. Além disso, diversos projetos que desenvolvi nessas disciplinas envolveram o trabalho com empresas de sucesso no setor. Neles, analisei os pontos fortes e fracos dos modelos de negócio que elas adotam.

Gostaria de aplicar algumas dessas competências no desenvolvimento de um *site* focado nos clientes varejistas de alto padrão que a Thankyoutoo.com atrai. Ao analisar o meu perfil *online* no endereço http://www.meganadami.com, a Sra. verá que minhas competências em *design* complementam aquelas disponíveis no *site* de sua empresa, permitindo que eu comece minha contribuição imediatamente. Por favor, entre em contato assim que possível para conversarmos sobre os detalhes desta vaga temporária.
Cordialmente,
Megan Adami
mmadami@gmail.com

Caro Sr. Stark,

Venho por meio desta me candidatar a um cargo no setor de marketing de sua empresa.

No momento estou finalizando os meus estudos de marketing na Universidade Estadual de Olympia. Em maio, terei o diploma de Bacharel em Administração de Empresas, com ênfase em marketing. Cursei todas as cadeiras disponíveis sobre o assunto, além de disciplinas úteis, como estatística, psicologia organizacional e *e-commerce*.

Tenho uma boa experiência profissional como recepcionista e como garçom em um restaurante. Já trabalhei também como vendedor e como entrevistador em pesquisas de opinião. Por favor, examine os detalhes mostrados em meu currículo, em anexo. Acredito que estou bem qualificado para um cargo em marketing e estou considerando a possibilidade de trabalhar para uma empresa do porte e do tipo da sua.

Como preciso tomar uma decisão sobre minha carreira em breve, solicito que o Sr. escreva para mim logo. Para seu conhecimento, estarei disponível para uma entrevista nos dias 17 e 18 de março.

Cordialmente,

Esta mensagem de apresentação foi mal redigida e não desperta interesse.

OA11.6
Explicar como participar de uma entrevista com eficácia.

COMO ENCARAR A ENTREVISTA

O seu contato inicial com a empresa que dará a você o seu próximo emprego pode ser por e-mail, correio, telefone ou pessoal (frente a frente). Mesmo que seja pelo correio, em algum momento o sucesso do processo de recrutamento vai envolver uma visita – o que chamamos **entrevista**.

Às vezes os recrutadores marcam entrevistas pelo telefone antes de convidar os candidatos para uma entrevista formal. É um telefonema de triagem, que reduz o número de candidatos a serem entrevistados presencialmente e diminui as despesas com viagens, refeições e hospedagem dos recrutadores que têm de se deslocar para a função.

Esta mensagem de apresentação é melhor e segue as dicas dadas.

Caro Sr. Stark,

Existe um lugar em seu departamento de marketing para alguém com boa formação na área e com as competências necessárias para se comunicar de maneira fácil e clara com os clientes? Minha formação acadêmica, minha experiência profissional e meu histórico me conferem essas qualificações especiais.

Passei boa parte de minha vida convivendo e trabalhando com pessoas bem diferentes. Nasci em uma família de classe média em um bairro pobre de Nova York. No ensino médio, trabalhava de manhã e à noite no centro varejista de rua de Nova York, principalmente como recepcionista de clientes e garçom em restaurantes. Durante dois anos, entre o fim do ensino médio e o começo da faculdade, trabalhei em tempo integral como pesquisador de opinião para a Universidade Estadual de Olympia. Nos quatro anos em que frequentei a universidade, trabalhei em regime de meio expediente como vendedor da Old Navy. Essas experiências me ajudaram a conhecer o marketing. Falo a língua do marketing e sei escutar as pessoas.

Os meus estudos na universidade foram planejados especialmente para me preparar para uma carreira no setor. Cursei disciplinas de propaganda, pesquisa de marketing e comunicação integrada de marketing, além de disciplinas de apoio, como economia, comunicação empresarial, sistemas de informação, psicologia, comunicação interpessoal e gestão de operações. Os meus estudos serviram de base para aprender sobre o lado prático e ainda mais desafiador do trabalho na área. Meus planos incluem começar a trabalhar em junho, depois de receber o diploma de Bacharel em Administração de Empresas com louvor (com média 3,7 de 4,0).

Estes fatos e as informações que constam em meu currículo descrevem os meus esforços concentrados na preparação para um cargo no setor de marketing. O Sr. teria um horário para conversar comigo sobre este cargo? Estou disponível no número 914.967.3117 para combinar um horário para uma entrevista, quando conversaremos sobre minha possível utilidade em seu departamento de marketing.

Cordialmente,

Exemplo de caso
Carta de apresentação em um estilo conservador

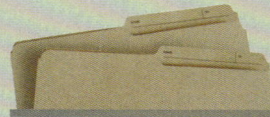

Esta mensagem usa o nome do executivo de uma empresa para chamar a atenção e é conservadora em estilo e tom. Ela foi redigida com base em um modelo do Word 2010.

---

22 de abril de 2011

Mildred E. Culpepper
2707 Green Street
Lincoln, NE 68505

Sra. Marlene O'Daniel
Vice-presidente Administrativa
Continental Insurance Company
3717 Saylor Road
Des Moines, IA 50313-5033

Cara Sra. O'Daniel,

Um de seus funcionários, Victor Krause, sugeriu que eu me apresentasse como candidata a um cargo de especialista em comunicações em sua empresa. Um resumo de minhas qualificações é dado a seguir e meu currículo é enviado em anexo. — *Chama a atenção citando o nome de um funcionário – abrindo caminho*

No momento, estou no 5º ano como especialista em comunicações na Atlas Insurance. O meu trabalho consiste em redigir uma variedade de documentos para os titulares das apólices comercializadas pela empresa. Estas atividades me ajudaram a desenvolver e aperfeiçoar minhas competências de redação e de comunicação empresarial. Além disso, aprendi o papel da boa redação na obtenção e conservação de clientes para a minha empresa. — *O estilo e o tom são conservadores*

Mostra que o redator conhece as habilidades necessárias para o emprego — O contato com os executivos também me deu uma compreensão sobre as necessidades das empresas em termos de comunicação. Esta experiência inclui o planejamento e a apresentação de um curso de melhoria da comunicação para servidores públicos locais, um curso de redação empresarial para executivos e um curso *online* sobre comunicação financeira para os funcionários do Columbia National Bank. — *A redação é sutil e sugere que o redator entende o trabalho*

Minha formação acadêmica me conferiu uma base sólida para o trabalho na comunicação empresarial. Propaganda e relações públicas foram as áreas de ênfase nos meus estudos para obter o diploma de Bacharel em Administração na Universidade de Creighton. Como mostra o meu currículo, cursei todas as disciplinas de redação oferecidas na ementa de meu curso. Os meus estudos de redação foram complementados com disciplinas de Inglês e Jornalismo. — *Faz referência ao currículo*

Encerra a apresentação e mostra que as qualificações do candidato são apropriadas ao cargo — Em síntese, tanto minha formação acadêmica quanto minha experiência profissional me prepararam para atuar como especialista em comunicação em sua empresa. Domino a redação empresarial e sei como ela pode ser usada em proveito de sua companhia. Seria possível marcarmos uma entrevista presencial para conversarmos sobre o assunto? Estou disponível no número 402-786-2575 para combinarmos dia e horário convenientes. — *Muda o assunto para a ação pretendida*

Cordialmente,

Mildred Culpepper

Mildred E. Culpepper

CONTÉM ANEXOS (2)

Exemplo de caso
Carta de apresentação em resposta a um anúncio de emprego

Os três pré-requisitos para um cargo listados em um anúncio de emprego definiram o plano de redação desta carta. Ela é interessante, está bem organizada e tem um formato adequado, com base em um modelo do Word 2010.

4407 Sunland Avenue
Phoenix, AZ 85040-9321

8 de julho de 2011

Sra. Anita O. Alderson, Gerente
Tompkins-Oderson Agency, Inc.
3901 Tampico Avenue
Los Angeles, CA 90032-1614

Cara Sra. Alderson,

Reproduz as palavras do leitor para atrair a atenção

Histórico forte em propaganda ... boa formação ... trabalha bem com outras pessoas.

Demonstra capacidade de redação publicitária pelo modo de escrita

Estes trechos extraídos de seu anúncio publicado na edição do dia 6 de julho do jornal *The Times* descreve a pessoa que a Sra. quer contratar, e acredito que eu seja ela.

Mostra com clareza o que o redator pode fazer no cargo, com base em interpretação

Adquiri experiência em todas as áreas da propaganda no varejo durante meu trabalho no *Lancer*, o jornal de nossa universidade. Minhas tarefas incluíam a venda de anúncios, a diagramação e a criação de publicidade redacional. Nos dois últimos verões, obtive experiência direta no departamento de publicidade da Wunder & Son. Criei muitas peças de publicidade redacional, algumas das quais anexo para a Sra. conhecer em detalhes. Muitos outros exemplos estão disponíveis no meu *blog*, <http://janetbits.blogspot.com>. Esta experiência sem dúvida vai me ajudar a contribuir com o trabalho em seu escritório.

Mostra forte determinação com base em uma boa interpretação

Na universidade, cursei marketing, com ênfase em propaganda e em comunicação de marketing integrada. Minhas médias altas mostram que me dediquei, especialmente a um projeto que usou uma variedade de meios para levantar fundos para escolas na Luisiana, no Texas, no Mississippi e em áreas prejudicadas por vazamentos de petróleo na Flórida. Participei ativamente da fraternidade Sigma Chi, da Corrida pela Cura do Câncer de Mama e da fraternidade Alpha Kappa Psi de assuntos de negócios. A experiência nessas associações me dá confiança para assumir um cargo na Tompkins-Oderson.

Prova de habilidades sociais

Sutilmente induz a uma ação

Como mostra esta descrição e meu currículo (em anexo), estou bem qualificado para o cargo de publicitário que a Sra. anunciou. Estou disponível no e-mail janek@hotmail.com ou para mensagens de texto ou voz no telefone 602-713-2199 para combinarmos dia e horário conveniente para uma conversa sobre minha inclusão em sua equipe.

Usa uma motivação clara e forte

Cordialmente,

Michael S. Janek

Michael S. Janek

Contém anexos

---

328 MÓDULO 5 | Habilidades verbais e a procura por um novo emprego

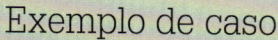

Exemplo de caso
Carta de apresentação sondando possibilidade de emprego

Esta carta investiga uma possibilidade de emprego e foi redigida com base em um modelo do Word 2007.

Jimmy I. Goetz
12712 Sanchez Drive
San Bernadino, CA 92405
Telefone: 714-399-2569

Sr. Conrad W. Butler
Gerente de Escritório
Darden, Inc.
14326 Butterfield Road
San Francisco, CA 94129

Caro Sr. Butler,

Atrai a atenção com uma pergunta — A Darden, Inc. tem espaço para um dedicado e esforçado graduado da Faculdade de Administração da Grossmont College, que quer iniciar uma carreira em um escritório moderno, que usa a tecnologia em todas as suas operações? Minha experiência profissional, minha formação acadêmica e minhas qualidades pessoais me qualificam para este emprego. — *Define o caminho para o restante da carta*

Justifica a procura por um novo cargo — Meus cinco anos de experiência (ver currículo, enviado em anexo) me ensinaram os principais aspectos do trabalho em um escritório. Nos dois últimos anos, estive incumbido da folha de pagamento na Gynes Manufacturing Company. Como administrador da folha de pagamento, tive de lidar com todos os tipos de operações típicas de um escritório, como a gestão de registros e comunicações em geral. Embora eu esteja feliz em meu emprego atual, ele não me oferece as mesmas oportunidades de carreira que a Darden. — *Revela os destaques com uma discussão da experiência*

Meus estudos na Universidade de Grossmont complementam a minha experiência profissional. Além de cursar as disciplinas obrigatórias sobre tecnologia em escritórios, frequentei disciplinas eletivas sobre o Dreamweaver e o QuickBooks e sobre oratória no ambiente empresarial, como ferramentas auxiliares em meus objetivos de carreira. Acredito que tenha tido sucesso nesse esforço. Apesar de ter trabalhado em tempo integral durante quase todo o período na universidade, conquistei meu diploma em maio, com nota média 3,3 (de 4,0). Mas, o mais importante é que meus estudos me ensinaram como o trabalho em um escritório deve ser realizado com eficiência. — *Faz uma interpretação positiva*

Define uma ação e usa a adaptação na conclusão — Além disso, tenho as qualidades pessoais que me ajudarão a fazer parte de sua organização. Gosto de trabalhar com pessoas, e a experiência me ensinou a concretizar essas capacidades tanto como integrante quanto como líder de uma equipe.

Estou bem preparado para o trabalho na administração de um escritório. Poderíamos marcar uma entrevista para conversar sobre a possibilidade de trabalho na Darden? Estou disponível no número 714-399-2569 ou no e-mail jgoetz@gmail.com. — *Pede uma ação de forma clara e apropriada*

Cordialmente,

Jimmy I. Goetz

Jimmy I. Goetz

9 de abril de 2011

CAPÍTULO 11 | Comunicação na procura por um emprego

Exemplo de caso
Carta de apresentação sondando possibilidade de emprego

Redigida por uma pessoa recém-formada em Administração de Empresas em busca de seu primeiro emprego, esta carta foi preparada para ser usada com diferentes empresas com base em um modelo do Word 2010.

MARY A. SUNDERLAND

7 de maio de 2011

5 Nicks Landing
Poquoson, VA 23662

Sr. Nevil S. Shannon
Diretor de Recursos Humanos
Snowdon industries, Inc.
1103 Bosewell Circle
Baltimore, MD 21202

Caro Sr. Shannon,

[A pergunta atrai a atenção com eficácia] O Sr. poderia ler minhas qualificações para trabalhar em seu programa de *trainees* em administração? Minha formação acadêmica, minha atitude em relação ao trabalho e minhas competências me qualificam para o programa. *[Bom plano de organização]*

[Uma boa interpretação da formação acadêmica] Minha formação acadêmica compreende quatro anos do curso de administração de empresas na Universidade Estadual. O diploma de Bacharel em Administração de Empresas que receberei em junho me dá uma base forte de conhecimentos na área. No curso,, estudei todas as áreas funcionais (gestão, marketing, sistemas de informação, finanças e contabilidade), além de outros assuntos importantes na administração (comunicação, estatística, direito, economia, ética, produção e recursos humanos). Tenho uma base de conhecimentos que me permite começar a trabalhar agora. Além disso, conseguirei expandir essa base por meio dessa experiência.

[Lida com a falta de experiência de modo habilidoso] Como estou em busca de meu primeiro emprego, preciso recorrer a outros recursos, além de minha experiência profissional, para provar minha atitude em relação ao trabalho. Minha média na Universidade – de 3,8 (de 4,0) – é prova de que levei meus estudos a sério e me esforcei, colocando-me entre os 10% com conceitos mais altos em minha turma. Também trabalhei diligentemente em agremiações estudantis. Meus esforços foram reconhecidos na forma de incumbências especiais e papéis de liderança listados em meu currículo, que envio em anexo. Posso garantir que colocarei em prática essas qualidades na Snowdon Industries. *[Adaptado para a situação]*

[Bom uso de fatos que dão suporte a qualidades pessoais] Durante a universidade, dediquei tempo ao desenvolvimento de minhas habilidades pessoais. Como integrante ativa da divisão estudantil da Sociedade para o Aperfeiçoamento em Gestão, atuei como tesoureira e diretora de programas. Participei de campeonatos internos de golfe e vôlei. Além disso, trabalhei ativamente na Juventude Republicana, como diretora de assuntos de publicidade, por três anos. O conjunto dessas experiências me ajudou a desenvolver o equilíbrio que o Sr. procura em trainees na área de administração.

[Boa maneira de encerrar a mensagem] Estes pontos principais e as informações adicionais em meu currículo mostram que estou pronta para iniciar uma carreira em administração. Poderíamos marcar uma entrevista para conversarmos mais sobre minhas qualificações? Estou disponível no telefone 301.594.6942 ou no e-mail marymahoney@yahoo.com. Posso dirigir-me a seu escritório em dia e horário mais convenientes para o Sr., para discutir sobre a possibilidade de trabalhar para a Snowdon. *[Pedido claro por uma ação é uma sequência lógica da apresentação anterior]*

Cordialmente,

Mary A. Sunderland

Mary A. Sunderland

Contém anexo

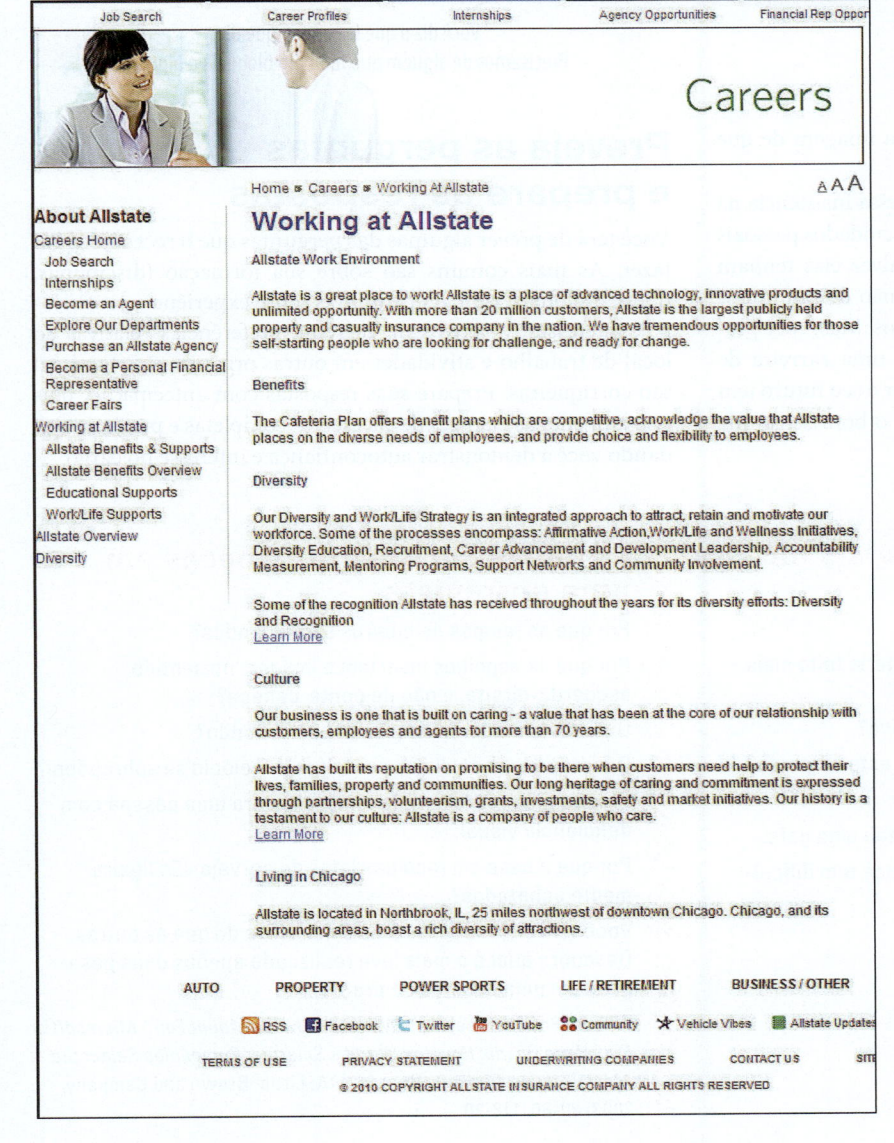

A preparação para essa entrevista ao telefone é a mesma para a entrevista presencial, mas com uma vantagem: você pode colocar suas ideias previamente no papel e usá-las durante o telefonema. Não se esqueça de desativar a opção de chamada em espera de seu telefone e de garantir que a bateria esteja plenamente carregada. Afinal, você não quer que a entrevista seja interrompida por um motivo desses. Se possível, atenda ao telefonema do recrutador em um local silencioso e prepare-se para fazer algumas anotações. Agradeça ao entrevistador ao final do telefonema e envie uma mensagem de agradecimento pela entrevista alguns dias depois. A redação desta mensagem é tratada mais adiante neste capítulo.

Até agora discutimos principalmente os contatos pelo correio. Agora, nosso interesse se volta para a entrevista. De certa forma, a entrevista é a parte mais importante para o sucesso do processo de recrutamento – é a "prova final". Você deve se preparar bem, pois ela vai definir se você fica ou não com a vaga. Os principais aspectos do processo são discutidos a seguir, e certamente vão ajudá-lo a enfrentar a entrevista em sua busca por um emprego.

A entrevista é a prova final na busca por um emprego. Boa aparência e um comportamento tranquilo, mas entusiasmado, são úteis para o candidato ter sucesso.

Conheça a empresa

Antes de ir para uma entrevista, você deve aprender tudo o que puder sobre a empresa: seus produtos ou serviços, seu quadro de pessoal, suas práticas comerciais, suas atividades e o modo como é administrada. Essas informações vão prepará-lo para uma conversa esclarecida com o recrutador. Mas, o mais importante talvez seja o fato de ele se impressionar com a sua iniciativa de conhecer a empresa. Este esforço pode representar uma vantagem competitiva para você.

Não esqueça a boa aparência

A sua aparência na hora da entrevista faz parte da mensagem que você transmite. Por isso, esforce-se para traduzir a imagem certa. Os entrevistadores têm opiniões diferentes sobre a boa aparência. Para garantir, prefira um aspecto conservador. Evite extremos: nem roupas da moda, nem trajes ultrapassados. Prefira as cores mais tradicionais no ambiente de negócios: preto, marrom, azul-marinho e cinza. Lembre-se de que o entrevistador quer saber o quanto você se

Algumas perguntas comuns em entrevista

O que você pode fazer por nós?

Você tem disponibilidade de mudar de cidade? E de viajar?

Você prefere trabalhar com pessoas ou sozinho?

Como o seu desempenho em sala de aula o preparou para este emprego?

O que você acha que estará fazendo em 10, 20 anos?

Quais são as suas pretensões salariais para daqui a 10, 20 anos?

Por que eu deveria dar preferência a você, em relação aos outros candidatos?

Por que você escolheu o curso _____ para a sua carreira?

Qual é a sua opinião sobre horas extras? E o trabalho à noite e aos finais de semana?

Você deu o melhor de si na universidade?

O seu histórico acadêmico é uma boa medida de como você pode se sair em um emprego?

Quais são as qualidades que o chefe ideal deve ter?

O que você já fez para aperfeiçoar o seu potencial de liderança? E de trabalho em equipe?

Qual é a sua pretensão de salário inicial?

"Você diz o que faz e faz o que diz. Precisamos de alguém que também blogueie o blog!"

encaixa no cargo vago. Você precisa passar a imagem de que realmente quer esse emprego.

Algumas pessoas defendem a ideia de que essa insistência na conformidade quando o assunto é a roupa e os cuidados pessoais do candidato afeta as liberdades pessoais. Talvez elas tenham razão. Até vamos concordar que as empresas não devem impor padrões de aparência pessoal a seus funcionários. Mas, você precisa estar com os pés no chão se quiser ter uma carreira de sucesso. Se os indivíduos com o poder de definir o seu futuro têm opiniões claras sobre vestimenta e aparência, o bom senso diz que você tem de respeitá-las.

Preveja as perguntas e prepare as respostas

Você terá de prever algumas das perguntas que o recrutador vai fazer. As mais comuns são sobre sua formação (disciplinas, notas, diplomas, etc.). As perguntas sobre experiência profissional, interesses, objetivos de carreira, preferências relativas ao local de trabalho e atividades em outras organizações também são corriqueiras. Prepare suas respostas com antecipação, pois isso aumenta as chances de elas serem completas e precisas, ajudando você a demonstrar autoconfiança e interesse no cargo.

As perguntas difíceis e ilegais em uma entrevista

Qual é o seu maior ponto fraco?

Sabendo o que você sabe hoje, como você teria feito mais progresso?

Qual é o tipo de decisão mais difícil para você?

Qual é a pior coisa que você já ouviu sobre esta empresa?

Você vê esta caneta? Venda ela para mim.

Fale sobre uma ocasião em que você cometeu uma gafe.

Quais são os tipos de pessoas com quem você tem dificuldade de lidar?

Qual é a sua religião?

Qual é a sua idade?

Você é casado?

Você planeja ter filhos?

Martin Yate, *Knock'em Dead* 2010 (Avon, MA: Adams Media Corp., 2010) 153-252.

Problemas e quebra-cabeças em uma entrevista

Por que as tampas de bueiros são redondas?

Por que os espelhos invertem a imagem no sentido esquerda-direita, e não de ponta-cabeça?

Quantos afinadores de pianos há no mundo?

Quantas vezes ao dia os ponteiros do relógio se sobrepõem?

Projete uma prateleira de temperos para uma pessoa com deficiência visual.

Por que a base e o topo das latas de cerveja são ligeiramente achatados?

Você tem oito moedas. Uma é mais leve do que as outras. Descubra qual é a mais leve realizando apenas duas pesagens em uma balança de pratos.

William Poundstone, *How Would You Move Mount Fuji?: Microsoft's Cult of the Puzzle: How the World's Smartest Companies Select the Most Creative Thinkers* (Boston, MA: Little, Brown and Company, 2003) 80-86, 118-20.

Mas os recrutadores também fazem perguntas mais complicadas. Algumas são concebidas para testar o candidato – conhecer as opiniões, os interesses e a capacidade dele de lidar com problemas. Outras buscam informações mais específicas sobre a sua capacidade de lidar com as tarefas envolvidas no cargo em questão. Não é fácil prever essas perguntas, logo, esteja consciente das chances de elas serem feitas.

Alguns exemplos de perguntas comportamentais

Qual foi o principal problema que você já enfrentou em um grupo de projeto e que solução você encontrou para ele?

Você tem uma inclinação para seguir regras ou distorcê-las?

O que você acha que o seu relatório de desempenho vai dizer, daqui a um ano?

Sinta-se à vontade

É fácil falar, mas você deve se sentir à vontade durante a entrevista. Lembre-se de que você está sendo avaliado e de que a sua tranquilidade e o seu autocontrole fazem parte da avaliação. Não é fácil explicar como agir assim. Certamente é preciso falar em voz clara e forte, bem como controlar as expressões faciais e os movimentos corporais. O desenvolvimento desse autocontrole exige disciplina – pratique-a.

Talvez seja útil se convencer de que o nervosismo faz parte de qualquer entrevista, ou ainda interpretar a situação de forma realista – como uma conversa entre duas pessoas. Mas, é possível descobrir uma estratégia que funcione para você. Use o que for preciso. O seu objetivo é controlar as suas emoções de modo a causar a melhor impressão possível.

[**Enviar uma pequena nota de agradecimento por carta, e-mail ou telefone é uma etapa de acompanhamento apropriada.**]

Às vezes os entrevistadores arriscam uma pergunta difícil, ou mesmo ilegal, para testar a sua compostura. Essa situação naturalmente deixa o candidato nervoso, mas estar preparado para esse tipo de pergunta vai ajudá-lo a manter a calma e o controle.

Se passar por esta fase de perguntas, é possível que o recrutador apresente alguns problemas ou quebra-cabeças para você resolver. Essa tendência começou na Microsoft, porque a empresa acreditava que esses problemas ajudariam a selecionar somente os candidatos mais inteligentes e capacitados. Outras empresas adotaram a tática, com problemas próprios. Muitos não têm uma resposta única, e são concebidos para avaliar o raciocínio, a lógica e a criatividade dos candidatos. Na hora de responder a esses problemas, pense em voz alta em vez de ficar sentado em silêncio. Levante as hipóteses plausíveis e não tenha medo de dar as informações pedidas. Dar uma boa resposta que o recrutador nunca ouviu é uma ótima estratégia.

As entrevistas comportamentais caíram no gosto dos recrutadores. Em vez de determinar apenas as suas qualificações, elas tentam descobrir se você tem condições de realizar o trabalho. Os recrutadores fazem perguntas sobre situações corriqueiras porque o modo como você reage agora provavelmente fará parte de um padrão que se repetirá em outros trabalhos.

Faça a sua parte para ter voz no diálogo

Simplesmente responder às perguntas não basta. Você está sendo avaliado, mas também está avaliando os demais. As perguntas e os comentários que você fizer devem revelar o que você quer que o recrutador saiba. Sua autoavaliação mostrou os seus pontos fortes. Agora você tem de se certificar de que eles venham à tona durante a entrevista.

Para isso, use sua imaginação. Por exemplo, um estudante em busca de um emprego na publicidade acredita que deve mencionar um projeto feito em sala de aula a fim de atrair a atenção do recrutador. Ele pergunta, "Qual é a importância do plano de negócios, elaborado como projeto em sala de aula, na sua avaliação?". Se a resposta for favorável, o estudante mostra o projeto que fez. Em outro exemplo, o estudante quer falar sobre seus conhecimentos das operações da empresa, e faz esta pergunta, "A expansão da empresa na área de Bakersfield vai criar novas oportunidades de emprego?". A quantidade dessas perguntas depende do quanto você vai ter de complementar as perguntas do recrutador com informações suas. Talvez seja interessante descobrir se a empresa é mesmo certa para você ao perguntar, por exemplo: "Como você descreveria o ambiente de trabalho?". O seu objetivo é ter certeza de que tanto você quanto o recrutador vão obter as informações importantes para cada um.

Comunicação rápida

Algumas dicas sobre as mensagens de agradecimento dadas por especialistas em negócios

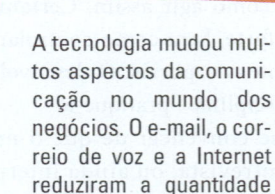

A tecnologia mudou muitos aspectos da comunicação no mundo dos negócios. O e-mail, o correio de voz e a Internet reduziram a quantidade das interações presenciais entre profissionais nesse ambiente. Escrever uma mensagem de "muito obrigado" é um jeito eficaz de se diferenciar e causar um impacto positivo com supervisores, colegas e clientes.

Pam Bettencourt, Gerente Regional de RH, Moore Wallace, Inc.

Enviar uma mensagem de agradecimento aos recrutadores é muito importante para um estudante. É uma demonstração de reconhecimento e consideração pela atenção recebida. Além disso, essa mensagem dá uma ideia de como ele vai tratar colegas e clientes da empresa, se for contratado. O recrutador vai se lembrar desse candidato não somente agora, mas para futuras oportunidades de emprego na empresa, se não for contratado na ocasião.

Dee Thomas, Administração de Relacionamentos com o Estudante & de Assuntos da Diversidade, Science Applications International Corporation (SAIC)

Quando você realmente quer fazer carreira, a sua atenção às pequenas coisas pode fazer a diferença na hora de ser cogitado para um cargo. Ela diferencia você da multidão, transformando-o de "bom" em "ótimo". Para mim, essas mensagens de agradecimento sempre foram um diferencial. Sempre gostei de receber essas mensagens. É um toque pessoal, um reconhecimento individual que vai além do lugar-comum. Essa atenção abre as portas para uma carreira de sucesso em vendas, faz a diferença para o cliente. Essas pequenas coisas significam tudo.

Eric Mason, Gerente de Marketing, Federated Insurance Company

---

OA11.7
Redigir uma mensagem pós-entrevista apropriada, amistosa e positiva.

COMO ACOMPANHAR E FINALIZAR O PROCESSO DE PROCURA

A entrevista é apenas uma pequena parte do processo de procura de um emprego. Outras etapas vêm depois. Enviar uma breve nota de agradecimento por carta, e-mail ou telefone é uma etapa de acompanhamento apropriada, pois demonstra cortesia de sua parte, o que lhe dá uma vantagem, porque nem todos os concorrentes têm essa ideia. Se não tiver notícias da empresa contratante dentro de um período razoável, é possível telefonar, enviar um e-mail ou uma carta para saber em que pé está o processo de contratação. Isso é importante nos casos em que você participa de processos de seleção em outras empresas ao mesmo tempo. O processo de contratação muitas vezes termina sem qualquer contato da empresa com o candidato recusado (o que é muito indelicado). Algumas empresas enviam uma nota informando que a vaga foi preenchida ou mesmo apresentam uma oferta para outro cargo. O modo de lidar com essas situações é discutido a seguir.

Como redigir mensagens de acompanhamento

mensagem de agradecimento Redigir uma mensagem de agradecimento após uma entrevista é um sinal de gentileza, mesmo quando você não está mais interessado no cargo. Essas mensagens são úteis se o interesse perdura, porque o diferenciam dos concorrentes e mostram que você de fato considera a vaga.

[**Redigir uma mensagem de agradecimento após uma entrevista é um sinal de gentileza, mesmo quando você não está mais interessado no cargo.**]

Normalmente essas mensagens são curtas. Elas começam com uma demonstração de gratidão, dizendo algo sobre a entrevista e o emprego. Além disso, são uma oportunidade de fornecer alguma informação requisitada durante a entrevista e ausente em seu currículo. Elas sempre terminam com uma tentativa de causar uma boa impressão – com uma expectativa sobre as próximas etapas do processo de recrutamento. Esta mensagem faz tudo isso:

> Prezado Sr. Tesone,
> Obrigado pela conversa de ontem. O Sr. foi muito atencioso e fez um bom trabalho ao me mostrar as vantagens de trabalhar para a Sony Corporation.
> Conforme o Sr. solicitou, envio em anexo cópias da análise financeira que fiz como parte de um projeto em uma disciplina. Caso o Sr. precise de mais alguma coisa, por favor, entre em contato.
> Estou à disposição para discutir as possibilidades de trabalhar para o Sr.
> Cordialmente,

o que fazer depois da entrevista

Quando a empresa demora a responder ou quando você recebe uma oferta em outra empresa com um prazo, talvez você tenha de redigir uma mensagem para tentar acompanhar o processo de seleção. Muitas empresas são lentas nesse processo. Algumas chegam a extraviar a documentação do candidato. Independentemente da razão, essa mensagem pode agilizar as coisas.

* Contratado.

É uma modalidade de investigação. Dar uma explicação para ter redigido essa mensagem é uma boa ideia: você precisa de uma resposta para tomar uma decisão sobre sua carreira, por exemplo. Veja a mensagem a seguir:

> Caro Sr. Yang,
> Em breve terei de tomar uma decisão sobre um emprego. Por isso, o Sr. poderia me informar sobre a situação de meu processo de seleção em sua empresa?
> O Sr. deve se lembrar de que me entrevistou em seu escritório em 7 de novembro. O Sr. também me escreveu uma mensagem no dia 12 do mesmo mês dizendo que eu estava entre os candidatos escolhidos para prosseguir no processo de seleção.
> A SAIC continua sendo uma das organizações que eu gostaria de levar em conta nas decisões sobre minha carreira, logo, ficaria grato em receber uma resposta antes do dia 3 de dezembro.
> Cordialmente,

aceitação de um emprego

A mensagem de aceitação de um emprego é uma mera resposta favorável, com uma dose extra de algum ingrediente que cause uma boa impressão. Como ela deve começar na ordem direta, uma resposta afirmativa já no começo é adequada. O restante deve conter uma confirmação da data de início e do local, bem como algum comentário sobre o trabalho, a empresa, a entrevista – o que você diria se estivesse diante do recrutador. Essa mensagem não precisa ser longa. Eis um exemplo:

> Cara Sra. Garcia,
> Sim, aceito sua oferta de emprego. Depois de minha primeira entrevista com a Sra., convenci-me de que a Allison-Caldwell era a empresa certa para mim. É bom saber que a Sra. pensa que sou a pessoa certa para trabalhar na Allison-Caldwell.
> Seguindo as suas instruções, estarei na sede da empresa em Tampa no dia 28 de maio, às 8h30, para começar a trabalhar para a Sra.
> Cordialmente,

mensagem de recusa de um emprego

As mensagens redigidas para recusar um emprego seguem a ordem indireta. Comece com um comentário amistoso – algo sobre o relacionamento passado com a empresa. Depois, explique e apresente a recusa, com palavras positivas. Encerre com outro comentário gentil:

> **QUASE TÃO IMPORTANTE QUANTO ATUALIZAR SEU CURRÍCULO É MANTER EM DIA A LEITURA DE PUBLICAÇÕES ESPECIALIZADAS EM SUA ÁREA DE ATUAÇÃO.**

Caro Sr. Chen,
Conhecer o Sr. e as outras pessoas na Northern foi um verdadeiro prazer. Obrigado por compartilhar tantas informações e fazer essa generosa oferta de emprego.
Ao avaliá-la, refleti sobre os muitos tópicos que discutimos, especialmente a oportunidade de trabalhar no exterior. Embora eu tenha aceitado uma oferta com uma empresa que oferece muitas oportunidades desse tipo, fiquei muito impressionado com tudo o que aprendi sobre a Northern.
Agradeço o tempo e o tratamento gentil que o Sr. me dispensou.
Cordialmente,

pedido de demissão Em algum momento de sua carreira, é provável que você peça demissão de seu emprego. Informar o seu chefe de que tomou essa decisão pode ser feito verbalmente, mas, se achar mais prático ou as circunstâncias exigirem, redija uma mensagem. Às vezes, é possível fazer as duas coisas. A política interna de muitas empresas exige um registro por escrito desse pedido, mesmo depois de um aviso verbal. Você também tem a escolha de apresentar a mensagem escrita depois desse aviso.

O seu pedido de demissão deve ser o mais positivo possível, dentro das circunstâncias. Mesmo que a experiência profissional na empresa não tenha sido das melhores, nossa dica é que você saia sem dar sinais de raiva. Como explicou um filósofo anônimo, "Um pedido de demissão com raiva é a carta de que você mais vai se arrepender de ter redigido".

A ordem indireta normalmente é a melhor, mas muitas são preparadas na ordem direta. Elas apresentam o pedido já no começo, seguido de manifestações de gratidão e comentários favoráveis sobre a experiência na empresa. As duas abordagens são aceitáveis. Mesmo assim, com a ordem indireta você tem mais chances de deixar uma boa impressão na empresa.

O seguinte exemplo está na ordem indireta. Você já a conhece: ela começa com um ponto positivo, que prepara o caminho para a notícia ruim. Esta vem depois, redigida com clareza, mas de um jeito positivo. O encerramento usa palavras positivas outra vez, escolhidas pensando na boa impressão.

Cara Sra. Shuster,
Trabalhar como seu assistente nos últimos cinco anos foi uma experiência verdadeiramente recompensadora. Sob sua direção, tive a chance de crescer como administrador, e estou ciente de que a Sra. me deu uma educação prática na gestão do varejo.
A Sra. deve se lembrar, de nossas conversas passadas, que estou em busca dos mesmos objetivos de carreira que a Sra. tinha no começo da sua. Por essa razão, a Sra. compreenderá por que estou pedindo demissão, a fim de assumir o cargo de gerente de loja na Lawson's, em Belle River. Gostaria de encerrar meu trabalho com a Sra. no dia 31, mas posso ficar uma ou duas semanas a mais, se for necessário treinar o meu substituto.
Deixo este emprego apenas com boas lembranças da Sra. e das outras pessoas com quem trabalhei. Obrigado a todos vocês, que representam uma grande contribuição para a minha vida profissional.
Cordialmente,

OA11.8
Manter as suas atividades em busca de um emprego.

Continue com sua busca por um emprego

Alguns especialistas recomendam continuar a sua busca por um emprego no período de duas semanas após ser aceito para um cargo, pois sempre existe o risco de seu novo emprego não ser o que você pensava. Mantenha o dedo no pulso do mercado de trabalho: é uma maneira de ter acesso a informações sobre as mudanças em sua área de atuação, o que também ajuda você a ficar alerta a novas oportunidades logo que estas surgem.

atualize o seu currículo Muitas pessoas até querem manter os seus currículos atualizados, mas não fazem disso uma prioridade. Outras facilitam as coisas e atualizam o que for preciso logo que ocorre uma mudança na carreira. Existem ainda aquelas que fazem essa revisão a intervalos regulares, como no aniversário, no Ano Novo ou na data de aniversário da contratação. Não importa: atualizar o seu currículo à medida que você conquista novas realizações e desenvolve habilidades é essencial. Do contrário, você vai acabar se surpreendendo com a facilidade de deixar para trás alguns detalhes importantes.

leia anúncios de emprego e periódicos especializados
Quase tão importante quanto atualizar seu currículo é manter em dia a leitura de publicações especializadas em sua área de atuação. A maior parte dessas publicações tem anúncios de emprego ou quadros de avisos que você deve verificar a intervalos regulares. Esses anúncios dão as dicas sobre a demanda de competências específicas no mercado de trabalho e ajudam a escolher cargos que abram possibilidades de desenvolver novas habilidades. Manter-se atualizado é estimulante: você vai ter chances de enfrentar novos desafios e aproveitar novas oportunidades. ∎

ACESSE <http://www.grupoa.com.br>
para materiais adicionais de estudo, em inglês, incluindo apresentações em PowerPoint.

NOTAS

CAPÍTULO 1

1. Chuck Martin, *Tough Management: The 7 Winning Ways to Make Tough Decisions Easier, Deliver the Numbers, and Grow the Business in Good Times and Bad* (New York: McGraw-Hill, 2005): 1, impresso. KLindsey Gerdes, "The Best Places to Launch a Career," *Bloomberg BusinessWeek*, Bloomberg L. P., 14 Sept. 2009, Web, 4 Mar. 2010.
2. National Association of Colleges and Employers (NACE), "Employers Cite Qualities, Attributes of 'Perfect' Job Candidate," *NACE*, National Association of Colleges and Employers, 29 Jan. 2009, Web, 3 Mar. 2010.
3. Ronald Alsop, "Business Schools: The Recruiters' Picks (a Special Report)," *The Wall Street Journal* 17 Sept. 2007, Eastern ed.: R3, impresso.
4. Ping Lin, Debra Grace, Sudha Krishnan, e Jeanette Gilsdorf, "Failure to Communicate," *The CPA Journal* 80.1 (2010): 63-66;*ProQuest*, Web, 4 Mar. 2010.
5. "Study Offers Insights on Effective Communication from the Perspective of Employees," *Towers Perrin Monitor*, Towers Perrin HR Services, 7 Jan. 2005, Web, 3 Mar. 2010.
6. "The Challenge Facing Workers in the Future," *HR Focus* Aug. 1999: 6 ff, impresso.
7. Lynn A. Karoly e Constantijn W. A. Panis, *The 21st Century at Work: Forces Shaping the Future Workforce and Workplace in the United States* (Santa Monica, CA: RAND Corporation, 2004); *RAND Corporation*, Web, 4 Mar. 2010.
8. Karoly e Panis xiv.
9. Ver Aneel Karnani, "The Case Against Corporate Social Responsibility," *WSJ.com*, Dow Jones & Company, Inc., 23 Aug. 2010, Web, 4 Sept. 2010.
10. Geoffrey B. Sprinkle e Laureen A. Maines, "The Benefits and Costs of Corporate Social Responsibility," *BusinessHorizons* 53.5 (2010): 445-453, *OhioLINK Electronic Journal Center*, Web, 4 Sept. 2010; "Generation G: That Would Be G for 'Generosity,' not G for 'Greed,':" *trendwatching.com*, trendwatching.com, Feb. 2009, Web, 4 Sept. 2010.
11. Ver Edgar H. Schein, *Organizational Culture and Leadership*, 3rd ed. (San Francisco: Jossey-Bass, 2004).
12. Para discussões sobre solução de problemas, ver John R. Hayes, *The Complete Problem Solver*, 2nd ed. (Hillsdale, NJ: Lawrence Erlbaum, 1989); Janet E. Davidson e Robert J. Sternberg, eds., *The Psychology of Problem Solving* (Cambridge, UK: Cambridge University Press, 2003); Rosemary J. Stevenson, *Language, Thought, and Representation* (Chichester, UK: John Wiley, 1993); e Arthur B. VanGundy, *Techniques of Structured Problem Solving* (New York: Van Nostrand Reinhold, 1988).
13. Ver Dorothy A. Winsor, *Writing Power: Communication in an Engineering Center* (Albany: SUNY Press, 2003).

CAPÍTULO 2

1. Paula Wasley, "Tests Aren't Best Way to Evaluate Graduates' Skills, Business Leaders Say in Survey," *Chronicle of Higher Education*, The Chronicle, Jan. 2008, Web, 23 Jan. 2008.
2. Robert H. Lengel e Richard L. Daft, "The Selection of Communication Media as an Executive Skill," *The Academy of Management Executive* 2.3 (1988): 226, impresso.
3. Bob Rosner, "How to Keep Your Privacy in the Workplace," *Working Wounded*, ABC News.com, 13 July 2007, Web, 16 Mar. 2010.
4. Heidi Schultz, *The Elements of Electronic Communication* (Boston: Allyn and Bacon, 2000) 43-47, impresso.
5. Sheryl Lindsell-Roberts, *135 Tips on Email and Instant Messages: Plus Blogs, Chatrooms, and Texting* (Boston: Houghton Mifflin Harcourt, 2008) 18, impresso.
6. Janis Fisher Chan, *E-Mail: A Write It Well Guide-How to Write and Manage E-Mail in the Workplace*. (Oakland, CA: Write It Well, 2008) 198, impresso.
7. Vera Terminella e Marcia G. Reed, *Email: Communicate Effectively* (Upper Saddle River, NJ: Pearson Education, 2003) 13, impresso.
8. Teddy Wayne, "Drilling Down: Social Networks Eclipse Email," *The New York Times*, The New York Times Company, 18 May 2009, Web, 21 May 2009.
9. Jake Swearingen, "Four Ways Social Networking Can Build Business," *bnet.com*, CBS Interactive, 2009, Web, 8 May 2009.
10. Jackie Ford, "Why Employers Should Reconsider Facebook Fishing," *MarketWatch.com*, The Wall Street Journal Digital Network, 11 Feb. 2009, Web, 8 May 2009.

CAPÍTULO 3

1. Stephen Few, *Now You See It: Simple Visualization Techniques for Quantitative Analysis*, Oakland, CA: Analytic Press, 2009, 1, impresso.
2. Sabrina Bresciani e Martin J. Eppler, "The Benefits of Synchronous Collaborative Information Visualization: Evidence from an Experimental Evaluation," *IEEE Transactions on Visualization and Computer Graphics* 15.6 (2009): 1073-1080, impresso.
3. Anne Bamford, *The Visual Literacy White Paper (Adobe.com)*, 2003, Web, 12 April 2010.
4. Jane E. Miller, "Implementing 'Generalization, Example, Exceptions (GEE),'" *The Chicago Guide to Writing about Numbers: The Effective Presentation of Quantitative Information* (Chicago: The University of Chicago Press, 2004): 265, impresso.
5. Para uma discussão mais abrangente e mais exemplos de erros em gráficos, ver Bill "MrExcel" Jelen, "Knowing When Someone is Lying to You with a Chart," *Charts and Graphs for Microsoft Office Excel 2007* (Indianapolis, IN: Que Publishing, 2007).
6. "Average Annual Full-time Undergraduate Resident Tuition & Fees," *Minnesota Office of Higher Education*, 2010, Web, 12 April 2010.
7. "US Internet Population Diversifies," eMarketer, 9 April 2010, Web, April 2010.
8. Dyan Machan, "Business By Avatar," *Smart Money*, April 2010, 36, impresso.
9. "B2B Sales Pros Turn to LinkedIn," *eMarketer Digital Intelligence*, 9 April 2010, Web, 12 April 2010.
10. George I. Long, "Employer-provided 'Quality-of-life' Benefits for Workers in Private Industry," Compensation and Working Conditions, Bureau of Labor Statistics, 24 October 2007, Web 10 August 2009.
11. *The Wall Street Journal*, February 8, 2010.
12. *The Wall Street Journal*, April 9, 2009.
13. Theophilus B. A. Addo, "The Effects of Dimensionality in Computer Graphics," Journal of Business Communication 31 (1994): 253, impresso.
14. "B2B Sales Pros Turn to LinkedIn," *eMarketer Digital Intelligence*, 15 April 2010, Web, 15 April 2010.
15. Adaptado de "Million Dollar Club," *Wall Street Journal*, March 18, 2009, p. A1, impresso.
16. Justin Smith, "December Data on Facebook's US Growth by Age and Gender: Beyond 100 Million," 04 January 2010, Web, April 16, 2010.
17. Jon Gibs, "Is Social Media Impacting How Much We Email?, *Nielsenwire*, 09 September 28, 2009, Web, 17 April 2010.

18. Adaptado de "The Argument for and Against Oil Abundance," *Bloomberg Businessweek*, 18 January 2010, 48, impresso.
19. Adaptado de "The Globalization of White Collar Work: The Facts and Fallout of Next-Generation Offshoring," Booz & Company/Duke University Offshoring Network, 2006, Web 20 August 2009.
20. Deere & Co., *Yahoo! Finance*, Web, 27 July 2010.
21. Ships Map, *MarineTraffic.com*, Web, 8 Feb 2010.
22. Carl Bialik, "Justice-Wait for It-on the Checkout Line," *Wall Street Journal*, 19 August 09, Web, 17 April 2010.
23. Bill Hill, Microsoft Project Manager, entrevista, 29 May 2006.

CAPÍTULO 7

1. Rich Gray, "Spamitize Your Inbox," *Smart Computing in Plain English 8.7* (2000): 66, *Smart Computing*, Web, 16 Apr. 2010.
2. "Effective E-Mail: The Seven Golden Rules You Know (But May Forget to Follow)," *eMarketer*, eMarketer, 10 Mar. 2006, Web, 16 Apr. 2010.
3. Ver Helen Rothschild Ewald e Roberta Vann, "'You're a Guranteed Winner': Composing 'You' in a Consumer Culture," *Journal of Business Communication* 40 (2003): 98-117, impresso.
4. Charles A. Hill, "The Psychology of Rhetorical Images," *Defining Visual Rhetorics*, ed. Charles A. Hill e Marguerite Helmers (Mahwah, NJ: Lawrence Erlbaum, 2004) 30-38, impresso.
5. Jim Sterne e Anthony Priore, *Email Marketing: Using Email to Reach Your Target Audience and Build Customer Relationships* (New York: John Wiley & Sons, 2000) 143, impresso.
6. Para mais informações, visite o site <www.flc.gov/spam/>.
7. Nick Usborne, como citado em Sterne and Priore, *Email Marketing* 151.
8. Alan Weiss, *How to Write a Proposal That's Accepted Every Time,* expanded 2nd ed. (Peterborough, NH: Kennedy Information, Inc., 2003) 13, impresso.
9. "What a Private Sector Company Can Learn From Government Proposals," *CapturePlanning.com*, CapturePlanning.com, 2007, Web, 16 Apr. 2010.

CAPÍTULO 8

1. Leah Graham e Panagiotis Takis Metaxas, "'Course It's True; I Saw It on the Internet!': Critical Thinking in the Internet Era," *Communications of the ACM* 46.5 (2003): 73, impresso.
2. William G. Zikmund et al., *Business Research Methods*, 8th ed. (Mason, OH: South-Western, 2009) 398, impresso.
3. Zikmund, 395.
4. Para técnicas mais complexas, consultar os seguintes autores: L. L. Thurstone, Louis Guttman, C. E. Osgood, G. J. Suci, e P. H. Tannenbaum.
5. Duas fontes indicadas são Allan R. Cohen e Stephen L. Fink, *Effective Behavior in Organizations*, 7th ed. (New York: McGraw-Hill/Irwin, 2002) e Gerald L. Wilson, *Groups in Context: Leadership and Participation in Small Groups*, 6th ed. (New York: McGraw-Hill, 2001).

CAPÍTULO 9

1. Ver Joyce Wycoff, "5-15 Reports: Communication for Dispersed Organizations," *InnovationNetwork.biz*, InnovationNetwork 2001, Web, 20 May 2010, e Pat Croce, "Catching the 5:15-A Simple Reporting System Can Help You Keep Tabs on Your Business," *CNNMoney.com*, Cable News Network, 1 Mar. 2004, Web, 20 May 2010.

CAPÍTULO 10

1. Nick Souter, *Persuasive Presentations: How to Get the Response You Need* (New York: Sterling Publishing, 2007), impresso.
2. Kennard T. Wing, "Simple Secrets of Power Presenters," *Strategic Finance* 90.12 (2009): 21-23, *Business Source Premier*, EBSCO, Web, 24 May 2010.
3. Para mais detalhes sobre as vantagens e desvantagens de softwares de apresentação "Learning to Love PowerPoint" de David Byrne and "Power Corrupts. PowerPoint Corrupts. Absolutely." de Edward R. Tufte, ambos em *Wired,* September 2003.
4. Duas fontes para mais detalhes sobre o uso de softwares de apresentação são: Nancy Duarte's *Slide:ology. The Art and Science of Creating Great Presentations*, (O'Reilly: Canada) 2008, e Rick Altman's *Why PowerPoint Presentations Still Suck & How You Can Make Them Even Better*, (Harvest Books: Pleaston, CA) 2nd ed., 2009.

CAPÍTULO 11

1. Cheryl Soltis, "Eagle-Eyed Employers Scour Résumé for Little White Lies," *The Wall Street Journal*, 21 March 2006: B7, impresso.
2. Elizabeth Garone, "Job Hunting Under the Boss's Nose," *The Wall Street Journal*, 22 June 2010: D4, impresso.

CRÉDITOS

Capítulo 1
Página **2:** © Ryan McVay/Getty Images; **7:** © De www.corpwatch.org; **7:** © GRANTLAND® Copyright Grantland Enterprises, www.grantland.net; **8:** © De John Deere website; **10:** © Saxpix.com/age fotostock; **11:** © Creatas/JupiterImage.

Capítulo 2
Página **18:** © Stockbyte/Getty Images; **25:** © Image Source/PunchStock; **26:** © STOCK4B-RoyaltyFree/Image Source; **27:** Cortesia de Verizon Wireless Multimedia Library; **29:** © http://www.sangreat.net/free-cartoons/; **31:** © Bloomberg, Getty Images; **32:** © Reproduzido com permissão de Artizans; **34:** © Copyright © 2010 Dell Inc. Todos os direitos reservados. Reproduzido com permissão.

Capítulo 3
Página **36:** © fStop/Getty Images; **43:** © The McGraw-Hill Companies, Inc./John Flournoy, fotógrafo; **50:** De MarineTraffic.com, 28 February 2010. Reproduzido com permissão; **52:** © Tony Watson/Alamy; **53:** © Reproduzido com permissão de Zeke Smith, © 2003; **53:** © Reproduzido com permissão de David Carpenter.

Capítulo 4
Página **60:** © Tetra Images/Corbis; **68:** © amana images inc./Alamy; **69:** © GRANTLAND® Copyright Grantland Enterprises, www.grantland.net; **71 acima:** © Digital Visions/Getty Images; **71 abaixo:** © Huntstock/Getty Images; **72:** © Image Source/Alamy; **73:** © Freudenthal Verhagen/Getty Images; **74:** © Jon Parker Lee/Alamy; **77:** © Chris Garrett/Getty Images; **81:** © Rich Reid/Getty Images; **83:** Cortesia de Stephanie Crown; **84:** © Photodisc/Getty Images; **85:** © Katheryn Lemieux, King Features Syndicate; **85:** © Masterfile Royalty Free; **86:** © Copyright © Randy Glasbergen. Reproduzido com permissão.

Capítulo 5
Página **88:** © Ingram Publishing/SuperStock; **91:** © Stockbyte/Punchstock Images; **92:** © Biddiboo/Getty Images; **94:** © Alexander Walter/Getty; **95:** © De The Wall Street Journal, com permissão de Cartoon Features Syndicate; **101:** © Purestock/Getty Images; **112:** © Blend Images/Alamy.

Capítulo 6
Página **118:** © Ingram Publishing/SuperStock; **122:** © L. Clarke/Corbis; **126:** © Toru Hanai/Reuters/Landov; **127:** Cortesia de Stephanie Crown; **128:** © Scott Linnett/San Diego Union Tribune; **130:** © Bob Jacobson/Corbis; **131:** © Ted Goff, www.tedgoff.com. Reproduzido com permissão; **134:** © D. Hurst/Alamy; **139:** © Ted Goff, www.tedgoff.com. Reproduzido com permissão.

Capítulo 7
Página **142:** © Photodisc/Getty Images; **144:** © JupiterImages/Brand X/Alamy; **145 acima:** © Michael Kelley/Getty Images; **145 abaixo:** © Ralph Henning/Alamy; **146:** © Kuttig Travel/Alamy; **147:** © Image Source/Corbis; **148:** © Newmann/Corbis; **149:** © Digital Visions/Getty Images; **152:** © Red Chopsticks/Getty Images; **154 acima:** © Jim Whitmer; **154 abaixo:** © Frank Herholdt/Getty Images; **155:** © moodboard/Alamy; **156:** © Milk Processors of America/AP Images; **157, 158:** Cortesia de Marie Flatley; **159:** © RubberBall/Alamy; **173 acima:** © Photodisc/age footstock; **173 abaixo:** © Jonathan Fredin/AP Images; **175:** © moodboard/Alamy; **183:** © VEER Mark Adams/Getty Images; **183:** © Ted Goff, www.tedgoff.com. Reproduzido com permissão.

Capítulo 8
Página **184:** © Janis Christie/Getty Images; **188:** © Digital Vision/Getty Images; **190:** © Copyright 2010 LexisNexis, uma divisão da Reed Elsevier Inc. Todos os direitos reservados. LexisNexis e Knowledge Burst são marcas registradas da Reed Elsevier Properties Inc. e são usadas com permissão da LexisNexis; **191:** © LWA-Dann Tardif/Corbis; **196:** De © www.hoovers.com; **199:** © Copyright © InfoSpace, Inc. Reproduzido com permissão; **200:** © Copyright © InfoSpace, Inc. Reproduzido com permissão; **206:** © Digital Vision/Alamy; **213 acima:** © Reproduzido com permissão; **213 abaixo:** © Keith Brofsky/Getty Images; **225:** © Stockbyte/Getty Images.

Capítulo 9
Página **228:** © Janis Christie/Getty Images; **234:** © Left Lane Productions/Corbis; **235:** © Reproduzido com permissão de CartoonStock.com, www.cartoonstock.com; **236:** © Comstock/JupiterImages; **238:** © Reproduzido com permissão de eMarketer; **239:** De Lesikar's Business Communication: Connecting in a Digital World 12E por Kathryn Rentz, Marie E. Flatley e Paula Lentz 12E, pp. 350-358. Reproduzido com permissão de The McGraw-Hill Companies, Inc; **256:** © 2009 Ted Goff, www.tedgoff.com. Reproduzido com permissão; **257:** © Tribune Media Services, Inc. Todos os direitos reservados. Reproduzido com permissão.

Capítulo 10
Página **260:** © Digital Vision; **263:** © Digital Vision/Getty Images; **264:** © Blend Images/Jose Luis Pelaez Inc/Getty Images; **265:** © John A. Rizzo/Digital Vision/Getty Images; **266:** © Ron Levine/Digital Vision/Getty Images; **269:** © ZITS © 2001 ZITS Partnership, King Features Syndicate; **270:** © BananaStock/Jupiterimages; **270:** © Cortesia de GoToMeeting, a Citrix Online Service; **271:** © Ron Chapple Stock/Alamy; **272:** © De The Wall Street Journal, com permissão de Cartoon Features Syndicate; **273:** Reproduzido com permissão de Chuck Dietrich; **274:** © Triangle Images/Digital Vision/Getty Images; **276:** © Ryan McVay/Getty Images; **278:** © Eric Andras/Photoalto/Getty Images; **281:** © Andres Rodriguez/Alamy; **282:** Cortesia de ELMO USA CORP; **284:** © Cartoon de John S. Pritchett. Reproduzido com permissão; **285:** © Digital Vision/Getty Images; **286:** © Essa imagem foi reproduzida pela McGraw-Hill com a permissão de Cisco Systems Inc. e/ou de suas afiliadas. © Cisco Systems, Inc. e/ou de suas afiliadas. Todos os direitos reservados. Cisco WebEx e Meeting Center são marcas registradas da Cisco Systems, Inc. e/ou de suas afiliadas.

Capítulo 11
Página **288:** © Spike Mafford/Getty Images; **291:** © Copyright © Randy Glasbergen. Reproduzido com permissão; **292:** © Jeff Greenberg/The Image Works; **294:** Utilizado com permissão de Orlando Sentinel; **295 acima:** TwitJobSearch.com é um produto da WorkDigital Ltd. Reproduzido com permissão; **295 abaixo:** © Patagonik Works/Getty Images; **296:** Reproduzido com permissão de Visual VC, Inc. **304:** © 2009 Anne Gibbons, King Features Syndicate; **311:** Reproduzido com permissão de Visual VC, Inc. **321:** Bloomberg Getty Images; **326:** © Yuri Arcurs/Alamy; **331:** © Digital Vision; **332:** © Tribune Media Services, Inc. Todos os direitos reservados. Reproduzido com permissão de; **334:** © Tetra Images/Getty Images; **335:** Cortesia de Marie Flatley.

"Get Online" fotos (todos os capítulos): © BLOOM Image/Getty Images

Capítulo B (*online*)
Página **B-6:** De QuickAndDirtyTips.com, Copyright © 2010, reproduzido com permissão de St. Martin's Griffin, um selo da St. Martin's Press, LLC.

Capítulo C (*online*)
Página **C-3:** © De www.xe.com; **C-3:** © Reproduzido com permissão de Luuk Van Waes.

ÍNDICE

4Gsmartphone, 270-271

A

A Dictionary of Business Management, 192-193
A recusa de concessões
　adaptação do plano básico, 131, 133
　argumentação, 130-131
　definição da estratégia, 129-131
　exemplo de caso, 136 (ilus.)
　exemplos contrastantes, 131, 133-134
　fecho cortês, 130-131
　preparação para o raciocínio, 129-131
　recusa positiva, 130-131
　rispidez na mensagem, 133-134
　tato e cortesia, 133-134
Abbreviations Dictionary, 192-193
ABI Inform Complete on ProQuest, 194
ABI/Inform, 195
Abordagem indireta, recusa usando, 126-127
Abordagem inferencial, 214-215
Abreviações
　em e-mails, 29-33
　em mensagens de texto, 32-33
　em mensagens instantâneas, 33-35
Aceitação do emprego, planejamento, 334-336
Acrônimos, 63-64
Acronyms, Initialisms, and Abbreviations Dictionary, 192-193
Adaptação,
　na apresentação verbal, 264-265
　na redação, 62
ADCLUB Cincinnati, 163-164 (ilus.)
Addo, Theophilus B. A., 45-46
Adobe Presenter, 283-284
Agências de emprego, 295-296
Agentes de busca personalizada, 295-296
Agradecimentos, nos elementos visuais, 54-55
Alfabetização
　tecnológica, 5-6
　verbal, 5-6
　visual, 5-6
Allstate, 331-332 (ilus.)
Almanaques, 190-191
Alreck, Pamela, 209-210
Alsop, Ronald, 4
Altman, Rick, 283-284
Ambiente de comunicação, para a apresentação formal, 277-278
America's Corporate Families, 190-191
American Business Directory, 194
American FactFinder, 194
American Heritage Dictionaries, 191-192
American Statistics Index, 192-193
Amostragem
　aleatória, 204-205
　　estratificada, 205-207
　por área ou grupos, 205-207
　por cadeias de referência, 207-208
　por conveniência, 206-208
　por quotas, 207-208
　sistemática, 205-207
Análise da plateia
　durante o processo de redação, 24
　em apresentações formais, 275-278
　para escolher elementos visuais na apresentação, 282-283

Anderson, Heidi, 170, 172
Anderson, Richard, 15
Andrew, Jason, 308
Anexos de e-mail, 27-28
Angie's List, 166-167
Animation Factory, 170, 172
Annual Housing Survey, 191-192
Annual Reports Library, The, 194
Anúncios classificados, procura por emprego e, 294-295, 336-337
APA, 212-213
Aparência pessoal
　durante uma apresentação, 277-278
　para a entrevista de emprego, 331-332
Apelo, 144-145, 147-148, 155-157
　emocional, 148-149
　principal, 155-157
Aplicativo para a apresentação, 283-284
Apps, para ajudar na procura por um emprego, 293 (ilus.)
　do iPhone, 280, 293-294
　para telefone celular, 280
Apresentação; *ver* Apresentações formais; Apresentações virtuais
　espontânea, 274-275
　frente a frente *vs.* apresentação virtual, 285-287
　em equipe, 284-286
Apresentações formais, 271-272, 286-287
　ambiente da comunicação, 277-278
　conclusão, 272-275
　corpo, 274-275
　elementos visuais, 280-285
　em equipe, 284-286
　escolha de tópicos, 272-273
　espontaneamente, apresentando, 28
　humor em, 272-274
　início concebido para atrair a atenção, 272-275
　introdução de, 272-275
　leitura de, 275-276
　memorização, 275-276
　método de apresentação, 274-276
　plateia de, 275-278
　preparação para, 272-275
　qualidade da voz, 280
　técnicas de execução, 277-282
　voz, uso da, 278-280
Apresentações virtuais, 285-287
Aristóteles, 144-145
Arte, documento, 58-59
Arthur Andersen, 186-187
Árvore de decisão, 43, 45
ASK, 197
Association for Business Communication, 99-101
Atas de reunião, 255-257 (ilus.)
Atitudes, 6
Atividades da comunicação, variações nas, 12-13
Ato de escutar
　autoavaliação, 265
　melhorar a habilidade de, 265-266
　natureza do, 264-265
　os dez mandamentos do, 265-266
Autoavaliação
　na procura de emprego, 291-294
　para apresentações formais, 276-278, 280

Autoconfiança, apresentação formal e, 276-277
Avisos de recebimento de pedidos, 108
　definição, 108-109
　estrutura do sumário, 109-110
　exemplo de caso, 107 (ilus.)
　exemplos contrastantes, 110-111
　mensagens de agradecimento em, 109-110
　ordem direta e geração de boa impressão em, 108-109
　tato nos, 108-110
Avisos negativos; *ver também* Mensagens indiretas
　abrindo caminho para, 120-121
　abrir caminho para más notícias, 134-135
　apresentação positiva de más notícias, 136, 138
　caráter direto, 138-141
　começo gentil, 138-141
　contrastantes, 138-141
　definição da estratégia, 134-135
　encerrar de forma positiva ou incentivadora, 138-139
　exemplo de caso, 137 (ilus.), 140 (ilus.)
　explicação da situação, 136, 138
　foco nas próximas etapas ou em vantagens, 138-139
　revisão do plano, 138-139

B

Backchannel, 265
Bamford, Anne, 37-38
Bases de dados *online*, para pesquisa secundária, 195-196
Beamer, Linda, 126-127
Berne, Eric, 86-87
Bettencourt, Pam, 334-335
Betterton, Amy, 5
Bialik, Carol, 49-50
Bing, 197
Biographical Dictionary of American Business Leaders, 194
Biography Reference Bank, 194
Blackwell Encyclopedic Dictionary of Accounting, The, 192-193
Blackwell Encyclopedic Dictionary of Business Ethics, The, 192-193
Blackwell Encyclopedic Dictionary of Finance, The, 192-193
Blackwell Encyclopedic Dictionary of Management Information Systems, The, 192-193
Blog (Web log), 33-35
Boa impressão; *ver também* Efeito positivo
　fechar a mensagem com, 92-94, 123-124, 127-129
　gerar, nos avisos de recebimento de pedidos, 108-109
Brainstorming, 24
Bresciani, Sabrina, 37-38
Britannica online, 190-191
Britelab.com, 295-296
Bryant, Adam, 15

Business & Company Resource Center, 193, 196
Business & Industry Database, 194
Business Insight, 194
Business Source Premier, 194-195
Byrne, David, 282-283

C

Cabeçalhos gerais, 42-43
Calendário, no ClearContext, 99-100
Câmeras de documento, 282-283
Cameron, Kim, 83-84
Caminhar diante da plateia, em apresentações formais, 277-280
Candidato a emprego, exclusão de, 300-301; *ver também* Procura de emprego
Caráter,
    apelos com base no (pathos), 144-146
    direto, diferenças culturais e, 6
    recente, 208-209
CareerBuilder.com, 320-322
Carnival Cruise Lines, 144-145
Carta(s)
    bloco compacto, 28 (ilus.)
    de apresentação, com relatórios, 231-233
    de apresentação impressas; *ver* Mensagem de apresentação,
    emprego da, 28
    para currículo de demissão, 335-337
    partes da, 28
Carta-relatório, 231-232, 238, 241, 248-250 (ilus.), 251
Catálogo *online*, 193, 195-196
Cateora, Philip, 64-65
Cc: (com cópia), em e-mails, 27-28
Cco: (com cópia oculta), em e-mails, 27-28
Census of Agriculture, 191-192
Census of Construction Industries, 191-192
Census of Governments, 191-192
Census of Manufacturers, 191-192
Census of Mineral Industries, 191-192
Census of Population and Housing, 191-192
Census of Retail and Wholesale Trade, 191-192
Census of Service Industries, 191-192
Census of Transportation, 191-192
Chicago Manual of Style, The, 212-213
Cisco.com, 197, 286-287
Citação de fontes, 54-55
Clareza
    erros de formato e, 41-42
    nas mensagens de e-mail, 29-30
ClearContext, 99-100
Clichês, 62-63, 84-85, 172
Clip art, 53-54, 170, 172
Cohen, Allan R., 224-225
Coleta de dados
    ao telefone, 209-210 (ilus.)
    online, 209-210 (ilus.)
    para correspondência, 209-210 (ilus.)
    pessoais, 209-210 (ilus.)
Coletivismo, 6
Colgate-Palmolive, 301, 303
Coloquialismos, 84-85
Colunas,
    em documentos, 55-57
    em uma tabela, 42-43, 45
Combinação de tipos de gráficos, 48-50
Comcast Cable, 118-119
Comissão de Valores Mobiliários dos Estados Unidos (SEC, *Securities Exchange Commission*), 186-187

Competências
    comunicação, a importância das, 4
    de redação, 18-19
Competências ao falar ao telefone, 265-266
    cortesia, 266-269
    procedimentos, 267-269
    qualidade da voz, profissional, 266-267
    técnicas para o correio de voz, 267-269
Complementos
    isolados ou mal colocados, 79-80
    mal colocados, 79-80
Comunicação
    externa/interna, 9-10
    ou memorando inter-escritório, 26-27
    pessoal, 10
Comunicação empresarial, 19
    contextos da, 14-16
    modelo de, 14-18
    como estratégia de solução de problemas, 13-14
    processo da, 13-14, 16-18
    desafios para a, 6-8
    categorias da, 8-10
Comunicação rápida
    "Análise Transacional", 86-87
    argumento atraente, planejar, 147-148
    as perguntas com quem, o quê, onde, quando, como e por quê?, 234-235
    atalhos para e-mails, 29-30
    autoavaliação das práticas do ato de escutar, 265
    características positivas e sucesso organizacional, 83-84
    clichês de marketing, 172
    competências na comunicação e conscientização sobre o contexto, 15
    competências verbais para cargos iniciais, 263-264
    complementos isolados ou mal colocados, 79-80
    composição de e-mails, 31-32
    dicas de um profissional da explicação, 235-236
    diversidade no ambiente de trabalho, 71-72
    diversidade transcultural, vantagens da, 7
    dizer "não" de uma posição que diz "sim", 129-131
    dizer "não" nos Estados Unidos, 126-127
    documentos oficiais, popularidade dos, 156-157
    economia comportamental, 161
    elementos visuais, 55-56
    encontrar as palavras certas, 25
    envolvimento da plateia, 272-274
    escolha de canal e sucesso da mensagem, 16
    escutar, os dez mandamentos do ato de, 265-266
    estratégias de persuasão entre culturas, 165-167
    estudo da Starbucks, 74-75
    ética visual, 40-41
    etiqueta ao telefone celular, 269-271
    etiqueta empresarial, 74
    expressões idiomáticas, 68-69
    falar *vs.* redigir a mensagem, 24
    formalidade na redação, 62-63, 220-221
    frases longas que vão e vêm, 77-78
    gestão do conhecimento, 251
    gestos entre diferentes culturas, 279-280
    honestidade no currículo, 320-322
    importância da comunicação empresarial, 5

    inteligência emocional, 223-225
    lei Sarbanes-Oxley de 2002, 186-187
    mensagem de vendas, nitidez na, 161-162
    mensagens de agradecimento, pós--entrevista, 334-335
    mensagens de texto, a linguagem usada nas, 32-33
    mensagens rotineiras, o uso do Twitter para, 92-94
    mensagens transculturais, 64-65
    portfólio para procurar emprego, 321-322
    práticas da redação de relatórios, 186-187
    preservação da imagem, 12
    redação de propostas, os sete pecados capitais da, 172-173
    reflexões profissionais sobre a comunicação, 5
    rejeição de candidatos a emprego, 300-301
    relatórios de acidentes de trânsito, algumas linhas selecionadas, 222-223
    SlideShare.net, 280-282
    título do relatório, 217-218, 234-235
    Twitter para mensagens rotineiras, 92-94
    valor monetário de um bom relatório, 248
    verbos de ação, 67-68
    voz ativa e passiva, 66-67
Comunicação; *ver também* Tipos e categorias específicas de comunicação
    deficiências dos funcionários, 4
    definição, 186
    papel da, nas empresas, 4
    por que as empresas dependem da, 4-6
    transcultural, 74
Comunicações internas, 8-10
    informais, 113-114
    mensagens altamente formais, 114-116
    mensagens moderadamente formais, 113-115
    resumo da estrutura das, 115-117
Comunicações verbais, 5
    apresentação formal, 271-287
    competências para o primeiro emprego, 263-264
    conversa informal, 262-272
Concisão
    nas mensagens de e-mail, 29-30
    nos títulos de relatórios, 218-219
Concise Dictionary of Business Management, 192-193
Concise Encyclopedia of Advertising, 190-191
Conclusão
    de apresentações formais, 272-275
    da mensagem de apresentação do currículo, 320-322
Configurações de autocompletar, para mensagens instantâneas, 32-33
Conotações, 67-69
Construção, da frase, 78-80
Consultores especializados em encontrar executivos (*headhunters*), 295-296
Consumer Federation of America, 8
Consumer Income, 191-192
Consumer Reports, 156-157
Contexto
    amplo, 14-15
    organizacionais, 15-16; *ver também* Cultura(s)
    particulares, 15
    pessoais, 16
    profissionais, 16
    para a comunicação organizacional, 14-16

Conversa informal; *ver também* Comunicação oral
  ato de escutar, 264-266
  competências ao telefone, 265-269
  em reuniões, 269-272
  reconhecimento de voz, 267-271
Cor
  em documentos, 58-59
  em elementos visuais, 53-54
Corpo
  de uma apresentação formal, 272-275
  de uma carta de apresentação para um currículo, 320-322
  de uma carta, 28
Corporate Voices for Working Families, 263-264
Corporate Watch, 8
Corporation Records, 192-193
Cortesia
  ao telefone, 266-269
  em reuniões, 271-272
  na fala, 264-265
County and City Data Books, 194
Crenças religiosas, 5-6
Croce, Pat, 254
Cultura organizacional, 12-13
Cultura(s); *ver também* Diversidade, ambiente de trabalho
  diferenças em objetividade, 6
  diferenças em pontualidade, 6
  dizer "não", 126-127
  estratégias de persuasão entre, 165-167
  gestos entre diferentes, 279-280
  mensagens transculturais, 64-65, 74
  organizacional, 12-13
Culturas asiática; *ver* Cultura(s)
Currículo; *ver também* verbetes específicos para tipos de currículos
  aparência do, 305-306
  apresentação das informações, 301, 303-305
  atualização, 336-337
  declaração de objetivo, 301, 303
  definição, 297
  destacar a seção de qualificações e realizações, 316 (ilus.)
  detalhamento e boa organização das informações, 308 (ilus.)
  digital, 306, 317-319 (ilus.)
  digital em ASCII/formato texto, 318-319 (ilus.)
  elaboração, 297-317, 320
  em vídeo, 295-296
  empresas, 318-319 (ilus.)
  exemplos contrastantes, 305-306, 317
  fatos, seleção e disposição, 297-298
  impresso digitalizável, 306, 317
  impresso tradicional, *ver* Currículos impressos tradicionais
  incompleto e conteúdo mal distribuído, 307 (ilus.)
  informações de contato, 300-301, 303
  médias acadêmicas no, 303-304
  multimídia, 311-312 (ilus.)
  organizado em ordem cronológica inversa, 310 (ilus.)
  organizar pensando no impacto, 304-305
  publicados na Internet, 295-297
  redigir de forma impessoal e consistente, 304-306
  referências, incluir, 303-305, 309 (ilus.)
  resumo impresso digitalizável, 306, 317
  títulos para, 297-301, 303-305
  usar organização de funções na seção sobre competências, 315 (ilus.)
  verbos de ação para, 301, 303 (ilus.)
  Web, 295-297

Currículos impressos tradicionais
  "Análise Transacional", 86-87
  aparência de, 305-306
  apresentação de informações, 301, 303-305
  declaração de objetivos, 301, 303
  destaques de qualificações e realizações, 316 (ilus.)
  exemplos contrastantes, 305-306, 317
  fatos, seleção e disposição, 297-298
  folha de referências, 309 (ilus.)
  incompleto e conteúdo mal distribuído, 307 (ilus.)
  informações para contato, 300-301, 303
  nível de detalhe e boa distribuição de informações, 308 (ilus.)
  organização funcional para a seção de competências, 315 (ilus.)
  organizado em ordem cronológica inversa, 310 (ilus.)
  organizar para destacar pontos fortes, 304-305
  redação impessoal e consistente, 304-306
  títulos, elaboração de, 297-301

D

Daft, Richard L., 22
Data, 28
Davidson, Janet E., 13
Decisões sobre o design de documentos; *ver também* Elementos visuais, 54-55, 58-59
  cor, 54-55, 58-59
  fonte, 54-59
  layout, 54-58
  Tabela Periódica de Métodos de Visualização, 55-56 (ilus.)
Declaração do problema, 186-188
Deep Web, 198
Deere & Co., 49-50 (ilus.), 252 (ilus.)
Deja.com (mecanismo de busca), 198
Dell, 34-35 (ilus.)
Delta, 15
Demonstração de emoção, diferenças culturais e, 5-6
Departamento de Estado dos Estados Unidos, 194
Descobertas dos relatórios, 211-213
  atitudes e práticas apropriadas, 213-215
  evitar erro humano, 212-214
  ferramentas estatísticas na interpretação, 214-215
Desculpas; *ver* Pedidos recusados
Desenho experimental "antes e depois" controlado, 202-203
Desenhos, 49-52
Design; *ver* Decisões sobre o design de documentos
Diagrama, 49-52
Diagrama de Gantt, 41-43, 45
Dicionários, 191-193
Dietrich, Chuck, 272-274
Directories in Print, 191-192
Diretórios
  biográficos, 190-191
  de empresas, 190-192
Ditando mensagens, 267-271
Diversidade
  cultural, vantagens da, 7-8
  no ambiente de trabalho, 6-8, 71-72
Divisão, 216-217
  de quantidades, 216-217
Documentação da apresentação, 54-59

Documentação para concorrer a uma vaga de emprego
  acompanhamento pós-entrevista, 333-335
  currículos, 297-319
  mensagem de agradecimento pós-entrevista de emprego, 333-336
  mensagem para aceitar um emprego, 334-336
  mensagem para recusar um emprego, 335-336
  mensagens de apresentação, para currículos, 317, 320-326
  visão geral, 295-297
Documentos oficiais, 156-157, 252
Dogpile (mecanismo de metabusca), 198-200 (ilus.), 201-202
Dollar Database, 194
Domenici, Kathy, 121
Drake Hotel, 108-109
Druskat, Vanessa Urch, 223-225
Duarte, Nancy, 283-284

E

Economia comportamental, 161
Economia de palavras, 74
Edgar (mecanismo de busca), 198
Editoração, níveis de, 27
Educação da informação, 6
Efeito positivo
  clichês e, 84-85
  enfatizar o positivo, 85-87
  estilo coloquial, 83-84
  ética e redação para obter, 87
  exemplo de, em e-mails diretos, 100-101
  redação com foco no leitor, 84-86
Eficiência, diferenças culturais e, 6
Einstein, Albert, 81-82
Elaboração
  de esboço, 214-215
  do questionário, 207-210
Elementos visuais
  baseados em texto, 41-43, 45
  decisões envolvendo design, 54-55
  escolha, 41-43
  gráficos gerados com números, 43, 45-50
  guia de seleção, 282-283 (ilus.)
  impacto do uso de, 37-38
  para apresentações formais, 280-285
  Tabela Periódica de Métodos de Visualização, 55-56
  uso de, 36-37
E-mail
  administrar, com o ClearContext, 99-100
  atalhos, 29-33
  autorizado, 152-155
  comando Responder a Todos, 29-30
  elementos introdutórios, 27-28
  etiqueta, 31-32
  modelos de, 131, 133
  oferecer o descadastramento do nome do remetente, 165-167
  prós e contras, 27-28
  recurso assinatura, 31-32
  uso inadequado do, 31-32
Emoção (pathos), 144-146
Emoticons, 32-35; *ver também* Abreviações
EmployeeIssues.com, 71-72
Empregos temporários, 295-296
Empresas
  atividade envolvendo comunicação, variações entre, 12-13
  dependência da comunicação nas, 4-6

etiqueta nas, 74
informações sobre, 200-201
natureza global das, 6
objetivos das, e objetivos da comunicação, 24 (ilus.)
papel da comunicação nas, 4-13
Enciclopédias, para a pesquisa secundária, 190-191
Encyclopedia Britannica, 190-191
Encyclopedia Americana, 190-191
Encyclopedia of Banking and Finance and Insurance, 190-191
Encyclopedia of Business and Finance, 190-191
Encyclopedia of Business Information Sources, 192-193
Encyclopedia of Emerging Industries, 190-191
Encyclopedia of Macroeconomics, 190-191
Encyclopedia of Small Business, 190-191
Endereço interno, 28
EndNote, 212-213
Ênfase por posição, 81-77
Enron, 8, 186-187, 255-257
Entrevista, 325-326, 331
    conselhos na internet, 323-325
    controlar o diálogo, 333-334
    cuidar da boa aparência, 331-332
    ficar à vontade, 333-334
    frente a frente, 204-205
        como técnica de pesquisa original, 210-213
    investigar a empresa, 331-332
    mensagem de agradecimento pós-entrevista, 333-336
    prever perguntas e preparar respostas, 331-334
Envolvimento político, 6
Eppler, Martin J., 37-38, 55-56
Erlbaum, Lawrence, 13
Erro humano, conselhos para evitar, 212-214
Erros de escala, 39-41
Escândalos de ética, 7-8
Escolha de palavras; *ver também* Linguagem
    conhecidas, 62-63
    conotação, 67-69
    curtas, 62-64
    em currículos impressos digitalizáveis, 306, 317
    em mensagens de vendas, 161-162
    expressões idiomáticas, 68-69
    gírias e clichês populares, 62-63
    linguagem concreta, 63-65
    na fala, 263-265
    neutras para sexo, 69-71
    preconceituosa, 68-72
    que estereotipam, 70-72
    sentido exato das palavras, 67-69
    termos técnicos e acrônimos, 63-64
    verbos camuflados, 67-68
    verbos de ação *vs.* verbos passivos, 64-68
    verificadores de gramática e estilo, 65-66
Escolha de tópicos, para apresentação formal, 272-273
Escore de Flesch-Kincaid Ease, 72-73
Escuta ativa, 265
Espaçamento
    entrelinhas, 56-58
    externo, 56-58
    interno, 56-58
Estatística
    descritiva, 214-215
    de legibilidade, 72-73
Estilo
    adaptação, importância da, 62
    de falar, 263-264
    de redação impessoal, 220-221
    efeito positivo, redigir para obter, 83-87

escolha de palavras, 62-72
frases claras, 71-81
informal, para um efeito positivo, 83-84
parágrafos claros, 80-84
pessoal de redigir, 220-221, 236, 238
Estudo
    da Starbucks sobre jargão corporativo, 74-75
    de exequibilidade, 255-256
    piloto, 210-211
Ethos, 144-146
Ética,
    e redação para obter efeito positivo, 87
    visual, 40-41
Etiqueta
    empresarial, 74
    na mensagem de e-mail, 31-32
Evidência, 147-148
Ewald, Helen Rothschild, 154-155
Exatidão, na mensagem de e-mail, 31-32
Experiência profissional, procura de emprego e, 292-293
Experimento, como pesquisa original, 200-204
Expressão facial, na apresentação formal, 278-280
Expressões idiomáticas, 68-69

F

Face, conceito de, 121
Facebook, 33-35, 47-49 (ilus.)
Facework: Bridging Theory and Practice (Domenici & Littlejohn), 121
Factiva, 172, 194-195
Falar; *ver também* Conversa informal
    adaptação ao, 264-265
    cortesia ao, 264-265
    elementos da boa expressão verbal, 263-265
    escolha de palavras, 263-265
    estilo de, 263-264
    melhorias para o ato de, 262-263
    qualidade da voz, 263-264
Fecho
    com mensagem para boa impressão, 89-91
    em carta de resposta favorável, 100-101
    em mensagens de más notícias, 121-122
    em pedidos recusados, 127-129
    gentil, de carta, 28
    na carta de apresentação na procura por emprego, 320-324
    na mensagem de e-mail, 31-32
    na recusa de concessões, 130-131
    para avisos negativos, 138-139
    para gerar boa impressão, 111-113
FedBizOpps.gov, 171-172 (ilus.)
Federal Reserve Bulletin, 191-192
Federated Insurance Company, 334-335
Federighi, Mark, 5
Fedstats, 194
Feedback, sobre a apresentação, 276-277
Feira, 294-295 (ilus.)
    de empregos, 292-293
    de empregos virtuais, 294-295 (ilus.)
Ferramenta(s)
    autocorreção, 99-101
    de atalho, 99-101
    de comentários e revisão, 225-226
    de *data mining*, 38-39
    de elaboração de mapa conceitual, 215-216
    de metabusca, 198, 200 (ilus.)
    estatísticas, para a interpretação de resultados de pesquisas, 214-215

para a execução de apresentações, 275-276
    para elaborar esboços, 215-216
    QuickCorrect, 99-101
Few, Stephen, 36-38
FindLaw (mecanismo de busca), 198
Fink, Stephen L., 224-225
Fisher, Chan, Janis, 31-32
Fjeldheim, Norm, 3
Flaming, 31-32
Flickr.com, 36-37
Fluxograma, 41-44 (ilus.)
Flyleaves, 230-231
Fonte
    com serifa, 52-53, 58-59
    de referência virtual, 193, 195-196
    de tabelas, 42-43
    em elementos visuais, 52-53
    estatísticas, 190-193, 195-196
    internacionais, na pesquisa secundária, 193, 195-196
    original, citação da, 54-55
    sem serifa, 52-53, 58-59
Fontes para a busca de emprego
    agências de emprego, 295-296
    agentes de busca personalizada, 295-296
    anúncios classificados, 294-295
    currículos publicados na Internet, 295-296
    feira virtual de empregos, 294-295
    feiras de profissionais, 292-293
    fontes *online*, 294-295
    monitoramento, 336-337
    núcleos de emprego, 292-293
    rede de contatos pessoais, 294-295
    serviços de orientação profissional, 293-295
    sondagem, 295-296
Ford, Jackie, 34-35
Foreign Commerce Handbook, 193, 195-196
Formação acadêmica, procura de emprego e, 292-293
Formalidade, na mensagem de e-mail, 29-30
Formulário para registro de observações, 204-205 (ilus.)
Fotografias, 49-52
Frases, 71-72
    coesão em, 76-79
    complementos isolados ou mal colocados, 79-80
    construções combinadas, 78-80
    economia de palavras, 74
    em excesso, 74-75
    ênfase nas, 75-77
    excesso de detalhe, 78-79
    expressões desnecessárias, 74-75
    ideias não relacionadas, 77-79
    incompletas, 79-80
    limitar o conteúdo de, 72-73
    longas, 77-78
    ou parágrafo atenuante, 120-123
    palavras em excesso, 74-75
    paralelismo problemático, 80-81
    principal, 81-82
    que vão e vêm, 77-78
    redação lógica de, 78-81
FreeAudioClips.com, 170, 172
Frost & Sullivan, 194
Fugere, Brian, 74-75

G

Gale Group, Inc., The, 192-193
Garantia, 147-148
Gardener's Supply Company, 107 (ilus.)
Garone, Elizabeth, 306, 317

Garrett, Chris, 25
GEE (generalização, exemplo, e exceção), 39-40
Gerações, objetivos das diferentes gerações, 7
Gerdes, Lindsey, 4
Gestão do conhecimento, 251
Gestos, durante apresentações formais, 278-280
Gibs, Jon, 47-49
Gillette, 202-204
Gilsdorf, Jeanette, 4
Gírias e clichês populares, 62-63
Global Market Information Database, 194
Goleman, Daniel, 223-225
Google Blogs, 198
Google Docs, 283-284
Google Goggles, 36-37
Google Presentations, 283-284
Google Voice, 301, 303
Google, 197-199, 199 (ilus.), 200-201
Google.com, 36-37
GoToMeeting, 270-271
Grace, Debra, 4
Gráficos, 43, 45; *ver também* Recursos visuais; e tipos específicos de gráficos
    baseados em texto, 43, 45
    de área, 47-49
    de linhas, 47-49
    de variação, 47-49
    gerados com números, 43, 45-50; *ver também* Gráficos
    pizza, 47-51
    X-Y (dispersão), 47-50
Gráfico de barras, 45 (ilus.)
    múltiplas, 45-46 (ilus.)
Gráfico de colunas, 45
    bilaterais, 45-46 (ilus.)
    empilhadas, 45-47
Graham, Leah, 198, 200
Grapevine, 11-12
Gray, Rich, 152-154
Greenpeace, 8
Grupo de foco, 210-211
Grupos; *ver* Redação em colaboração

H

Hachuras, em elementos visuais, 53-54
Hardaway, Cheksea, 74-75
Hayes, John R., 13
Heartland Cable TV, Inc., 137 (ilus.)
Hierarquia social, 5-6
Hill, Bill, 52-53
Hill, Charles A., 154-155, 161-162
Hipóteses, 187-188
Holland America, 170, 172
Hoover's Online, 194-193, 195-196, 196 (ilus.)
Humor, em apresentações formais, 272-274
Hyatt, 250

I

IBISWorld, 194
IBM, ManyEyes web-based application, 38-39
ICON Group International, 194
Idade, estereótipo de, 70-72
iGoogle, 198, 200
Index to International Statistics and Statistical Yearbook, 193, 195-196
Individualismo, 6
Infoplease, 190-191
Informações
    para contato em currículos, 300-301, 303
    reais, 186
    tabeladas, 42-43, 45
    tabelas para organizar, 108-109
Início de mensagem criado para atrair a atenção
    em apresentações formais, 272-275
    em e-mails, 158
    em pedidos persuasivos, 146-148
    na carta de apresentação de um currículo, 320-322
Inspiration, 215-216
Inteligência Emocional: Por que ela pode ser mais importante que o QI (Goleman), 223-225
Intercultural Communication in the Global Workplace (Beamer and Varner), 126-127
International Brands and Their Companies, 193, 195-196
International Encyclopedia of the Social Sciences, 193, 195-196
International Marketing, 64-65
Internet; *ver também* E-mail; Mensagens instantâneas; Redes sociais; e verbetes para mecanismos de busca específicos
    busca, 201-202
    como fonte para pesquisas secundárias, 196-198, 200
Internet Explorer 8, 201-202
Interpretar, escutar e, 264-266
Introdução
    apresentações formais e, 272-275
    carta de apresentação para currículo e, 320-322
    pedidos persuasivos e, 146-148
Intuit Inc., 5

J

J. Peterman, 161-162
Japan Company Handbook, 193, 195-196
Jargão corporativo, 74-75
Jargon, 84-85
Jefferson, Thomas, 81-82
John Deere, 9, 252
Johnson-Sheehan, Richard, 172
Junk mail, 152-154; *ver também* Mensagens de vendas
Justificativa, 56-58

K

Kaiser Permanente, 5
Karnani, Aneel, 8
Karoly, Lynn A., 6
Kartoo (mecanismo de busca), 198
Kerning, 56-58
Krishnan, Sudha, 4
Kumar, Adish, 251

L

Lancaster, Lynne C., 7
Layout, 52-53, 55-58; *ver também* Decisões sobre o design de documentos
    das realizações, para o currículo, 304-305
    funcional ou de competências, para currículo, 315 (ilus.)
Legendas (explicação), 45
    em elementos visuais, 53-55
Lei Sarbanes-Oxley, 186-187, 255-257
Lembrar, escutar e, 265-266
Lengel, Robert H., 22, 55-56
Letunic, Niko, 235-236
Levantamento, 203-204
    amostragem aleatória, 204-205
    amostragem aleatória estratificada, 205-207
    amostragem como base, 204-20
    amostragem por área ou grupos, 205-207
    amostragem por cadeias de referência, 207-208
    amostragem por conveniência, 206-208
    amostragem por quotas, 207-208
    amostragem sistemática, 205-207
    elaboração do questionário, 207-210
    estudo pilcto, 210-211
    ferramentas para, 206-207
LexisNexis Academic Universe, 190-191
LexisNexis Academic, 194, 195
LexisNexis, 195
Licitações, 170-171
Líderes, 42-43, 45
Lin, Ping, 4
Lindsell-Roberts, Sheryl, 31-32
Linguagem, *ver também* Cultura(s); Escolha de palavras
    concreta, 63-65
    de abreviaturas, 92-94
    HTML, 295-296, 317, 320
    para mensagens de texto e instantâneas, 35-35
Linha de
    assunto, e-mail, 27-28
    dados, em tabelas, 42-43
LinkedIn, 33-35, 290, 306, 317
Lista de atividades diárias, 73
Listas com marcadores, 43, 45, 93-95
Littlejohn, Stephen W., 121
Lógica
    (logos), 144-146, 148-149, 155-156
    booleana, 196-197
Long, George I., 45

M

Machan, Dyan, 43, 45
Macy's Inc., 301, 303
Maines, Laureen A., 8
Major Companies of Europe, 193, 195-196
Mamma (mecanismo de busca), 198, 201-202
Mão de obra, mulheres na, 69-70
Mapa conceitual ou mental, 43, 45
Mapas, 49-51
Marcadores com imagens, 93-94
Marie's Fashicns, 136 (ilus.)
MarketLine, 194
MarketResearch.com Academic, 193, 195-196
Marriott, 108-109, 249-250
Martin, Chuck, 4, 73
Mashups, 43, 45, 48-50
Mason, Eric, 334-335
Maxell, 165-167
McCarthy, Joan, 118-119
McDonald's, 203-204
McKinsey & Company, 161
McPhee, Katie, 5
Mecanismos de busca, 197-199; *ver também* verbetes para mecanismos de busca específicos
Média, mediana e moda, 214-215
Mediafinder (mecanismo de busca), 198
Médias na universidade, citadas no currículo, 303-304
Medida de dispersão, 214-215

Medidas de tendência central, 214-215
Memorando, 28-29
Memória, 208-209; ver também Lembrar, escutar e
Mensagem
    de boas notícias; ver Mensagem direta
    de recusa de emprego, 335-336
    de texto, 31-35
    direta pelo correio, 160 (ilus.); ver também Mensagens de vendas
    formais, 113-116
    instantâneas na empresa, 33-35
    interna informal, 113-114
    na primeira pessoa, 167-168 (ilus.)
Mensagem de agradecimento
    após entrevista, 333-336
    nos avisos de recebimento de pedidos, 109-110
Mensagem de apresentação
    para currículos
        aborrecida e mal redigida, 325-326 (ilus.)
        atrair a atenção no começo, 320-322
        carta de apresentação impressa, 317, 320-325
        conclusão, 320-324
        conteúdo, escolher o, 321-324
        corpo, 320-322
        de acordo com as instruções do livro, 326, 331 (ilus.)
        de sondagem, 329-330 (ilus.)
        em estilo informal, 327 (ilus.)
        em resposta a um anúncio, 328 (ilus.)
        e-mail, 323-326, 331
        induzir ação no fecho, 322-324
        introdução, 320-322
        organizar pensando em persuadir, 322-324
    para solicitação persuasiva, 210-211 (ilus.)
Mensagem de e-mail
    clareza, 29-30
    como mensagem de apresentação para currículo, 323-326, 331
    concisão, 29-32
    conteúdos, organização de, 28-29
    direta e positiva, 108 (ilus.)
    erros na preparação, 31-32
    exatidão na, 31-32
    exemplo indireto obedece o padrão de más notícias, 138-139 (ilus.)
    fecho, 31-32, 124-125 (ilus.)
    formalidade, 29-30
    indireta e eficaz, 134-135 (ilus.)
    indireta e ineficaz, 99-100 (ilus.)
    início, 27-31
    início de, que atrai a atenção, 158
    mensagem direta e negativa, 136, 138 (ilus.)
    para vendas, 163-164 (ilus.)
    redação, 27-3
    rispidez na recusa direta, 133-134 (ilus.)
    saudações, 27-31
Mensagem de resposta rotineira
    pedido de informações, 102 (ilus.)
    resposta favorável, 102 (ilus.)
Mensagens de más notícias; ver também Mensagens indiretas
    anúncios negativos, 134-141
    plano indireto, 120-125
    recusa de concessões, 129-134
    situações que exigem a ordem indireta, 120-121
Mensagens de vendas, 145-146, 151, 155-156
    apresentação convincente de um apelo racional, 167-168
    argumentação persuasiva, elaborando, 159
    atenção, atrair a atenção no início, 158-159
    atrair a atenção, 157-158
    correspondência, definir a aparência da, 156-158
    elementos visuais em, 170, 172
    e-mail, 163-164 (ilus.)
    escolha de palavras em, 161-162
    estratégias de persuasão entre culturas, 165-167
    exemplos contrastantes, 167-168
    informações necessárias na, 161-162, 166
    nitidez nas, 161-162
    oferta de descadastramento de endereço de e-mail de destinatários, 165-168
    plano geral de vendas e, 167-168
    pontos fracos em um plano sem lógica, 167-168
Mensagens diretas, 116-117
    acesso rápido para a apresentação de notícias boas, 110-111
    assustar o leitor, 138-141
    avaliação preliminar, 89-90
    começo e ordem, 95
    começos, 90-93, 140
    definição, 89-90
    efetividade das, 100-101
    e-mail positivo, 108 (ilus.)
    fáceis de ler, objetivas, 116-117 (ilus.)
    fecho, 89-94
    pedido imediato e linguagem objetiva, 112-113
    pedidos rotineiros, 90-95
    pisa lenta para uma mensagem favorável, 110-111
    plano direto, 89-91
    recusa direta, franqueza na, 133-134
    recusa direta, rispidez na, 128-129
    termos de concessão, 100-105, 108
Mensagens indiretas, 94-95; ver também Mensagens com más notícias
    adia notícias importantes, 109-110 (ilus.)
    apresentar más notícias de forma positiva, 121-122
    de acordo com o padrão de más notícias, 138-139 (ilus.)
    descrição do problema, clara, 122-123
    e a resposta apressada, 100-101
    e-mail negativo, 104-105, 108 (ilus.)
    esboço da mensagem, 123-124
    exemplos de mensagens, 123-125 (ilus.)
    fecho, 121-124
    ineficazes, 99-100
    más notícias, abrindo caminho para, 120-121
    mensagens persuasivas, 138-141
    oferecer solução alternativa, 27-28
    para recusas, 128-129 (ilus.)
    pedido de correção, 123-124
    pedidos de emprego, 138-141
    tato e cortesia na, 128-129
    tom, escolher, 121-123
Merck & Co., Inc., 103 (ilus.)
Mergent Online, 194
Merriam-Webster's Collegiate Dictionary, 191-192
Metacrawler (mecanismo de busca), 198
Metaxas, Panagiotis Takis, 198, 200
Métodos indiretos, para a pesquisa secundária, 193, 195-198, 200
Michaels, Dave, 7
Microsoft Office, 58-59
Microsoft Outlook, 99-100
Microsoft Word
    ferramentas de atalho, 99-101
    marcadores com imagem, 93-94
    modelo de memorando, 26-27
Microsoft Word 2007, 212-213, 237
Microsoft Word 2010, 327-330
Miller, Jane E., 39-40
Million Dollar Directory, The, 190-191
Misplaced modifiers, 79-80
MLA, 212-213
Modelos do Word 2010, 327-330 (ilus.)
Modelo, relatórios, 237
Monster.com, 294-295, 323-325
Monthly Catalog of U.S. Government Publications, 191-192
Monthly Labor Review and Occupational Outlook Handbook, 194
Monthly Labor Review, 191-192
Moody's Investors Service, 192-193
Moore Wallace, Inc., 334-335
Mulheres, na mão de obra, 69-70
MySpace, 33-35

N

N.D. (não disponível), 42-43
Não, dizer, 126-127, 129-131; ver também Pedidos recusados
Narian, Rakesh, 251
National Science Foundation, 196
New York Attorney General's Office, 46-47 (ilus.)
New York Times Almanac, 190-191
New York Times, 15
Newsletter empresarial, relatório de, 252 (ilus.)
Newsletter online, 252 (ilus.)
Nielson Company, 47-49 (ilus.)
Níveis de generalidade (hierarquia), 214-215
Nível de detalhe, apresentação formal e, 277-278
Nokia, 234-235
Notas de rodapé
    em elementos visuais, 54-55
    em tabelas, 42-43
NPD Group, 45-46 (ilus.)
Núcleos de emprego, 292-293
Null, Christopher, 92-94
Numeração
    em elementos visuais, 53-54
    em pedidos rotineiros, 97
    para mostrar ordem ou classificação, 93-94

O

Objetividade, na redação de relatórios, 219-221
Objetivo, da mensagem, 89-90
Objetivos, 24
Obtenção de informações
    avaliação e relatórios, 211-213
    pesquisa original, 200-204
    pesquisa qualitativa, 210-213
    pesquisa secundária, 189-213
    por levantamento, 203-211

Occupational Outlook Directory of Corporate Affiliations, 191-192
Occupational Outlook Handbook, 4, 296-297 (ilus.)
OECD (Organização para a Cooperação e Desenvolvimento Econômico), 194
Olho de página, 43, 45 (ilus.)
OneSource, 45 (ilus.), 46-47 (ilus.)
Operadores (E, OU, e NÃO), 196-197
Opt-in e-mail marketing, 152-155
Ordem
    decrescente, 28-29
    direta, 25, 233-234 (ilus.), 234-236, 238, 248
Ordem indireta, 25
    persuasão habilidosa, 150
    relatório para solução de problemas, 255-257 (ilus.)
    resumo executivo para relatórios que seguem a, 233-234 (ilus.)
Organização de relatórios
    combinação de mais de uma possibilidade de divisão, 216-217
    decisões sobre formatação, 217-218
    esboço, 214-216
    por divisão, 215-216
    por relacionamentos convencionais, 216-217
    sumário, 216-219
    títulos, 217-221
Organização visual, 51-52
    agradecimentos, 54-55
    clip art, 53-54
    cores e hachuras, 53-54
    definição de tamanho, 52-53
    fonte, 52-53
    histórico, 53-54
    layout, 52-53
    notas de rodapé, 54-55
    numeração, 53-54
    réguas e bordas, 52-53
    títulos e legendas, 53-55
Organizações não governamentais (ONGs), 8
Organograma, 41-44 (ilus.)
OrlandoSentinel.com Virtual Career
Osgood, C. E., 209-210

P

Página introdutória, 230-231
Palavras
    com preconceito com sexo, 69-71
    de transição, 82-84, 222-225
    em excesso, 7-8
    gerais, 104-105
    negativas, 104-105; *ver também* Efeito positivo
    neutras em referência ao sexo, 69-71
Palavras-chave
    buscas na Internet, 196-197
    em currículos impressos digitalizáveis, 306, 317
Palmer House Hilton, 108-109
Palmer, O. R., 96, 99
Pamphlet, 252
Panis, Constantijn W. A., 6
Parágrafos
    coesão em, 80-84
    curtos, 80-82
    detalhes desnecessários, 82-83
    frase principal, 81-82
    pronomes em, 82-83
    repetição de palavras-chave em, 82-83

Paralelismo, 218-219
    problemático, 80-81
Parker, Yana, 302-303
Partnership for 21st Century Skills, 263-264
PCWorld, 92-94
Pedido de
    cotação, 170-172 (ilus.)
    e licitações, 170-171
    demissão, 335-337
Pedido persuasivo, 138-141, 145-146
    apelo, desenvolver, 147-149
    claro e positivo, 148-149
    exemplos contrastantes, 150
    mensagem de apresentação, 210-211 (ilus.)
    obter a atenção do leitor no começo, 146-148
    planejamento, 146-149
    resumo do plano para, 148-149
    solicitação externa, 149, 152 (ilus.)
    solicitação interna persuasiva, 152-153 (ilus.)
Pedidos recusados, 128-129 (ilus.)
    apresentação de explicação, 125-126
    concessão, uso de, 127-128
    encerrar com boa impressão, 127-129
    estratégia, desenvolvimento de, 124-126
    exemplo de caso, 132 (ilus.)
    exemplos contrastantes, 128-129
    iniciar com preparação para explicação, 125-126
    lidar de forma positiva com, 125-128
    mau exemplo de, 127-128 (ilus.)
    plano geral para, 128-129
    rispidez em, 128-129
    tato e cortesia em, 128-129
Pedidos rotineiros
    começo, 90-93
    exemplo de caso, 97-98 (ilus.)
    exemplos contrastantes, 93-95
    fecho para boa impressão, 92-94
    informações e explicações, 91-93
    pedido, revisão de, 92-94
    perguntas, estrutura, 91-94
People Search (mecanismo de busca), 198
Pepsi Bottling Group, 5
Percepção, escuta e, 264-266
Perfil completo no LinkedIn, 313-314 (ilus.)
Pergunta com resposta sim/não, 210-213
Pergunta de classificação, 209-210 (ilus.)
    perguntar, escolher a maneira de, 209-210
    técnicas de amostragem não probabilística, 206-208
    técnicas de amostragem probabilística, 204-207
Perguntas
    abertas, 211-213
    com quem, o quê, onde, quando, como e por quê?, 231-232, 234-235
    com vieses, 207-209
    em pedidos rotineiros, 97-98
    estrutura, 91-94, 94-95
    para levantamentos; *ver* Levantamentos
    preparar-se para, na entrevista de emprego, 331-332
    de resposta fechada, 210-211
Perkins, Michael, 194
Perspectiva do tempo, consistência com, 221-223
Persuasão; *ver também* Propostas; Mensagens de vendas
    apelos, 144-145
    conhecer os leitores, 143-144
    direta, abordagem amena, 150 (ilus.)
    em pé de igualdade, 146-148

    facilitar para o leitor aceitar, 145-146
    na mensagem de apresentação de um currículo, 322-324
    solicitação externa, 149, 152-153 (ilus.)
    vantagens para o leitor, 143-145
Pesquisa; *ver também* Obtenção de informações e verbetes para fontes específicas
    interpretar resultados, 211-215
    qualitativa, 203-204, 210-213
    realizar pesquisa empresarial ética, 211-213
Pesquisa original, 189-190
    amostragem, 204-208
        aleatória, 204-205
        aleatória estratificada, 205-207
        por área ou grupos, 205-207
        por cadeias de referência, 207-208
        por conveniência, 206-208
        por quotas, 207-208
        sistemática, 205-207
    avaliar e relatar dados, 211-213
    desenho experimental "antes e depois", 201-203
    controlado, 202-203
    estudo piloto, 210-211
    experimento, 200-204
    levantamento, 203-211
    questionário, 207-210
    registros da empresa, 200-201
    técnica de observação, 203-204
    técnicas de amostragem
        não probabilística, 206-208
        probabilística, 204-207
Pesquisa secundária
    abordagem direta, 190-193, 195-196
    almanaques, 190-191
    avaliação de fontes e sites, 198, 200-201
    bases de dados *online*, 195-196
    catálogo *online*, 193, 195-196
    computadores em bibliotecas, 190-191
    dicionários, 191-193
    diretório biográfico, 190-191
    diretórios de negócios, 190-192
    enciclopédias, 191-193
    fontes de referência virtual, 193, 195-196
    fontes estatísticas, 190-193, 195-196
    fontes internacionais, 193, 195-196
    Internet, 196-198, 200
    lista de fontes por perguntas da pesquisa, 194
    métodos indiretos, 193, 195-198, 200
    publicações governamentais, 191-192
    serviços de informações sobre empresas, 192-193, 195-196
    sistema de cartões para, 189-191
Phillips-Ramsey Inc., 301, 303
Pictograma, 46-47
Pintura do cenário, 144-145
Plain English Handbook: How to Create Clear SEC Disclosure Documents, A, 62-63
Planejamento
    análise da plateia, 24
    análise e organização das informações, 25
    cinco estágios, 23-26
    escolher forma, canal e formato, 25-26
    no processo de comunicação visual, 37-38
    no processo de redação, 22
    objetivos, 24
    obtenção das informações, 24-25
Plano de coerência estruturada, 236, 238, 241
Plateia, envolver a, 272-274
Plunkett Research Online, 194
Pontualidade, diferenças culturais e, 6

Population Characteristics, 191-192
Portfólio, na procura por emprego, 321-322
Positive Organizational Scholarship (POS, Estudos Organizacionais Positivos), 83-84
    post-scriptum, adicionar, 165-167
    preparando a venda, 162, 166-167
    preparar-se para redigir, 154-155
    questionar a aceitabilidade de, 152-155
    "você", 159-162
Post-scriptum, na mensagem de vendas, 165-167
Postura, em apresentações formais, 277-278
PowerPoint, 58-59, 275-276, 283-285, 321-322; *ver também* Decisões sobre o design de documentos
Pretensão, 147-148
Principal International Businesses, 195
Priore, Anthony, 158
Privacidade, 34-35
Probabilidades, 214-215
Problema do relatório
    bases de comparação em estudos de avaliação, 187-190
    declaração do problema, 186-188
    definição do problema, 186-188
    fatores do, 187-188
    hipóteses para os problemas que precisam de solução, 187-188
    investigação preliminar, 186-187
    subtópicos nos relatórios de informações, 187-188
Procedimento parlamentar, 269-271
Processo de comunicação visual
    análise e organização das informações para, 38-39
    avaliação, 39-42
    forma, escolha de, 38-39
    obtenção de informações, 38-39
    planejamento, 37-38
    posição e interpretação, 38-40
Processo de redação, 24-25
    elaboração do rascunho, 19-21
    planejamento, 19-24
    revisão, 19-21
ProCite, 212-213
Procura de emprego
    acompanhamento pós-entrevista e encerramento do processo de seleção, 333-337
    análise de fatores externos, 293-294
    atividades constantes na, 336-337
    atividades preliminares na, 290-296
    autoavaliação para, 291-294
    documentos, 295-326; *ver também* Documentação para concorrer a uma vaga de emprego
    encontrar uma empresa, 293-296
    entrevista, como se comportar na, 325-326, 331-334
    fontes para a; *ver* Fontes para a busca de emprego
    identificar empregos adequados, 291
    preparação de documentos, 295-326
    rede de contatos para, 290-291
Projetores visuais digitais, 282-283
Pronome, 82-83
    demonstrativo, 82-83
Propostas, 145-146
    externa, 168-182 (ilus.)
        solicitada, 170-172, 177-182 (ilus.)
    formato e conteúdos, 172-183
    formato e formalidade, 172-173
    interna, 168-170
        não solicitada, 176 (ilus.)

    processo de avaliação, critérios do, 172-173
    sete pecados capitais da redação de, 172-173
    tipos de, 167-172
Publicações governamentais, 191-192
Publishers Clearing House, 154-155
Push technology, 198, 200

Q

Qualcomm, 3
Qualidade da voz, 263-264, 266-267, 280
Qualidades pessoais, procura por emprego e, 292-293
Qualificações, procura de emprego e, 292-294
Qualtrics.com, 206-207
Questionar, escolher a maneira de, 209-210
Quocientes, 214-215

R

Raça, palavras que estereotipam, 70-71
RAND Corporation, 6-7
Random House Webster's College Dictionary, 191-192
Rascunho, no processo de redação, 22-23, 26-27
Realty Consulting Group, 4-5
Reclamação direta, 110-113
Recompensas
    intangíveis, 143-144
    tangíveis, 143-144
Reconhecimento de voz, 267-271
Recorrente, 19-21
Recurso de assinatura, 31-32
Recursos visuais 3D, 49-52
Redação de relatórios
    conservar o interesse do leitor, 223-225
    consistência com a perspectiva do tempo, 221-223
    formalidade na, 220-221
    o início e o fim, 219-221
    objetividade exigida na, 219-221
    transições, 221-225
Redação em colaboração
    atividades envolvidas na, 225-227
    definição da composição do grupo de pessoas, 224-225
    ferramentas de comentários e revisão, 225-226
    meios para trabalhar em colaboração, 224-226
    técnicas de participação, 224-225
Redação
    formal, 62-63
    informal, 62-63
    na primeira pessoa do plural, 85-86
    com foco no leitor, 84-86, 148-150, 159-162, 167-170 (ilus.)
    preconceituosa, 68-72; *ver também* Gírias e clichês populares
Rede
    formal, 10
    informal, 10-12
Redes
    de comunicação, 10-12
    sociais, 33-35
        na procura de emprego, 290-291, 294-295
Reed, Marcia G., 31-32
Referências, no currículo, 303-305, 309 (ilus.)

RefWorks, 212-213
Réguas e bordas, em elementos visuais, 52-53
Reinhold, Van Nostrand, 11-12
Relações públicas, 9
Relatório(s); *ver também* verbetes de tipos específicos de relatórios
    atas de reunião, 257-258 (ilus.)
    com informações, 186-188
    componentes dos, 231-234
    curtos; *ver* Relatórios curtos
    de análise, 177
    de auditoria, 255-257
    de progresso, 253 (ilus.), 254-256
    definição, 186-187
    de solução de problemas, 255-257
    de tamanho intermediário, 239-247 (ilus.)
    definir o problema, 186-188; *ver também* Problema do relatório
    descobertas; *ver* Descobertas dos relatórios
    em formato de e-mail, 251-253 (ilus.)
    empresarial, 186
    interpretar descobertas, 211-215
    modelos para formatação, 237
    obter informações para, 189-213; *ver também* Obtenção de informações
    operacionais rotineiros, 254
    organizar informações, 214-221; *ver também* Organização de relatórios
    plano de classificação, 230-232
    redação; *ver* Redação de relatórios
    repetição de palavras, 75-76
    solução de problemas, 255-257
    sumário, 232-233
    tópico, 81-82
    valor monetário dos, 248
Relatórios curtos, 230-231
    atas de reunião, 257-258 (ilus.)
    carta-relatório, 249-250 (ilus.)
    com recomendações, 239-247 (ilus.)
    componentes de, 231-234
    de auditoria, 255-257
    de progresso, 253 (ilus.), 254-256
    documento oficial, 252
    enviados como e-mail, 251-252
    estilo pessoal de redigir, 236, 238
    folhetos, 252
    formas de, 238, 241-253
    informações introdutórias e, 234-236
    newsletter online, 252
    newsletter, 252 (ilus.)
    operacional rotineiro, 254
    ordem direta e, 233-234 (ilus.), 234-236, 238
    para a solução de problemas, 255-257
    plano de coerência estruturado, 236, 238, 241
    tipos de, 254-257
Repetição, de palavras ou ideias, 75-76, 82-83
Responder a Todos, comando de e-mail, 29-30
Responsabilidade social corporativa, 8
Respostas favoráveis, 94-95, 97-100
    como redigir, 96, 99
    exemplo de caso, 102
    exemplos contrastantes, 100-101
    extras, considerar a necessidade de, 99-101
    fecho cordial, 99-101
    identificação da mensagem sendo respondida, 95
    indiretas e apressadas, 100-101
    negativas, 96, 99-101
    plano, revisão do, 100-101
    resposta direta, efetividade da, 100-101
    respostas, 95-96, 99

Resumebook.tv, 295-296
Resumo
    das qualificações, 297; *ver também* Currículo
    executivo de um relatório, diagrama de, 232-234
Reuniões
    participar de, técnicas para, 271-272
    técnicas para liderar, 269-272
    virtuais, 270-271
Revisão
    de provas, 27
    no processo de redação, 19-21, 24-25
Rosner, Bob, 27-28
Routledge Dictionary of Economics, 192-193
Ruskin, John, 81-82
Ryan, Robin, 300-301

S

San Diego Hospice and Palliative Care, 4-5
Sant, Tom, 172-173
SAS, 211-213
Saudação
    carta, 28, 28-29
    e-mail, 27-29
Schein, Edgar H., 12
Schick, 203-204
Schultz, Heidi, 29-30
Science Applications International Corporation (SAIC), 334-335
Scott, David Meerman, 172
Scotts Lawn Service, 156-158, 160 (ilus.)
Search.com, 198
Seaton, David M., 5
SEC Filings and Forms (EDGAR), 194
Secretaria de Assuntos Especiais para as Pequenas Empresas dos Estados Unidos, carta convite da, 171-172 (ilus.)
Segmentação de fatores, 216-217
Selected United States Government Publications, 191-192
Serviço de mensagens de voz baseado na Internet, 300-301, 303
Serviços de
    informações sobre empresas, 192-193, 195-196
    orientação profissional, 293-295
Settle, Robert B., 209-210
Shankar, Ravi, 251
Short Course in International Marketing, A (White), 64-65
Sinceridade, apresentações formais e, 276-278
Sinergia no trabalho colaborativo, 226-227
Singh, M. D., 251
Sistema convencional, para elaboração de esboço, 214-217
Sistema de cartões, para a pesquisa secundária, 189-191
Sistema decimal, 214-216
Sites das empresas, 194
Sites; *ver* Internet e verbetes para *sites* específicos
SlideRocket, 272-274, 283-284
SlideShare.net, 280-282
Smart Money, 43, 45 (ilus.)
Smith, Justin, 47-49
Society for Human Resource Management, 262-263
Software de reconhecimento de voz, 268-269
Solicitação de emprego, 138-141; *ver também* Documentos de solicitação de emprego; Currículo
Solicitação externa, persuasiva, 149, 152 (ilus.)

Soltis, Cheryl, 303-304
Solução de problemas, a comunicação empresarial como estratégia para, 13-14, 18
Sourcebook America, 194
Souter, Nick, 269-271
Spam, 152-154, 158
Sprinkle, Geoffrey B., 7-8
SPSS, 211-213
Stage Hand, 280
Standard & Poor's NetAdvantage, 192-194
Standard & Poor's Register of Corporations, Directors, and Executives, 190-191
Standard & Poor's Statistical Service, 192-193
Statistical Abstract of the United States, 191-193
Statistical Reference Index, 192-193
STAT-USA, 194
STAT-USA/Internet, 194
Steger, Joseph A., 152-153
Stelzner, Michael A., 156-157
Sternberg, Robert J., 11-12
Sterne, Jim, 158
Stillman, David, 6-7
Strong Interest Inventory, 293-294
Suci, G. J., 209-210
Sullivan, Patrick, 194
Sumário, em relatórios, 216-219, 232-233
Superintendent of Documents Quarterly, The, 191-192
Survey of Current Business, 191-192
SurveyMonkey.com, 206-207
Swearingen, Jake, 33-35

T

Tabela com finalidade específica, 41-43
Tabela geral, 41-43
Tabela Periódica de Métodos de Visualização, 55-56
Tabelas, 41-43, 45, 108-109
Tabulação de texto, 43, 45
Tannenbaum, P. H., 209-210
Tarefas, administrar, 99-100
Técnica(s)
    de classificação, 209-210
    de amostragem não probabilística, 206-208
    de amostragem probabilística, 204-207
    de correio de voz, 267-269
    de execução de apresentação; *ver* Apresentações formais
    de execução, para apresentações verbais, 277-282
Tecnologia
    da informação, desenvolvimento de novas, 6
    de autocompletar (mensagens instantâneas), 32-33
    de reconhecimento de fala, 268-269
    e comunicação visual, 36-37
    para a apresentação de elementos visuais, 283-285
Tecnologia rápida
    apps para telefones celulares, 280
    buscas repetidas na Internet, 201-202
    ClearContext, 99-100
    conselhos sobre entrevistas na Internet, 323-325
    currículos publicados em páginas na Internet, 296-297
    de reconhecimento de fala ou voz, 268-269
    estatísticas de legibilidade, 72-73

etiqueta do e-mail, 31-32
ferramentas, 206-207
    de atalho, 99-101
    de comentários e revisão, 225-226
    para a execução de apresentações, 275-276
    para esboço, 215-216
    marcadores e numeração para indicar ordem ou classificação, 93-94
    modelos de e-mail, 131, 133
    modelos para formatar relatórios, 237
    programas de gerenciamento de fontes bibliográficas, 212-213
    reconhecimento de voz, 268-269
    redes sociais, 290
    reuniões virtuais, ferramentas para colaboração, 270-271
    tabelas para organizar dados, 108-109
    verificadores de estilo e gramática, 65-66, 84-85
    visualização nas mensagens de vendas, 170, 172
Terminella, Vera, 31-32
Termos de concessão, 100-101
    abordagem negativa e lenta, 104-105, 108
    exemplo de caso, 106 (ilus.)
    impressões negativas, 104-105, 108
    necessidade de recuperar a confiança perdida, 104-105, 108
    necessidades especiais, levando em conta, 104-105
    revisão do plano, 104-105, 108
    técnica direta e positiva, 108
    termos de concessão contrastantes, 104-105, 108
Termos técnicos, 63-64
Teste negativo, 214-215
Testes de personalidade, 292-294; *ver também* Autoavaliação
Thomas, Dee, 334-335
ThomasNet, 190-191
Thomson Research, 194
Thurstone, L. L., 209-210
Time Almanac, 190-191
Títulos
    de tabela, 42-43, 45
    em elementos visuais, 53-55
    em sumários, 217-221
    informativos, 217-219
    populares, 218-219; *ver também* Títulos informativos
    por tópico, 217-219
    sem currículos, 297-301, 303-305, 307-316 (ilus.)
Tom, para mensagens de más notícias, 121-123
Toulmin, Stephen, 147-148
Toyota, 125-126
Trabalho de liderança, 42-43, 45
Transições
    entre frases, 221-223
    na redação de relatórios, 221-225
Travessão, 42-43
Tufte, Edward R., 282-283
Turner, Tracy Peterson, 29-30
"Twitiqueta", 92-94
Twitjobsearch.com, 294-295
Twitter, 33-35, 92-94
Type-Writing and Business Correspondence, 96, 99

U

U.S. Bureau of Labor Statistics, 45 (ilus.), 194, 296-297

U.S. Census Bureau, Statistical Abstract of the United States, 194
U.S. Department of Commerce, 54-55 (ilus.)
U.S. Department of Homeland Security, 45-46 (ilus.)
U.S. Department of Transportation, 52-53 (ilus.)
U.S. Government Printing Office, 194
U.S. Library of Congress, Country Studies, 194
U.S. Small Business Administration, 194
Ury, William, 129-131
Usborne, Nick, 167-168
Uso de escalas, em questionários, 209-210

V

Value Line Investment Survey, 192-193
Value Line Research Center, 194
VanGundy, Arthur B., 11-12
Vann, Roberta, 154-155
Vantagens
    extrínsecas, 143-145
    intrínsecas, 143-145
Varner, Iris, 126-127
Verbos,
    camuflados, 67-68
    de ação, 64-68
Verificadores
    de estilo, 65-66, 72-73
    de gramática e estilo, 65-66, 72-73
Verizon, 27-29 (ilus.)
Vídeo clipe, 51-52
Visual-literacy.org, 55-56
Voz
    ativa, 64-68
    passiva, 64-68
    uso para apresentações formais, 268-269, 278-280

W

Walgreens, 335-336 (ilus.)
Wall Street Journal, The, 194-195
Warshawsky, Jon, 74-75
Wasley, Paula, 18-19
Wayne, Teddy, 33-35
WDI Online, 194
Web invisível, 198
Webopedia, 32-33
Weiss, Alan, 171-172
Welch, Ned, 161
White, Michael, 64-65
WhitePaperSource, 156-157
Whitfield Organizational Research, 177-182 (ilus.)
Wikipedia, 190-191
Wilson OmniFile Full Text Mega, 194
Wilson, Gerald L., 224-225
Wolff, Steven B., 223-225
WOMENSmedia.com, 98 (ilus.)
WordPerfect, 99-101
Workblast, 295-296
World Almanac and Book of Facts, The, 190-191
World Factbook, The, 194
WorldCom, 8, 186-187, 255-257
Worldmark Encyclopedia of the Nations, 190-191
Worldscope, 194
Wycoff, Joyce, 254

Y

Yahoo! Finance, 49-50 (ilus.)
Yahoo!, 197
Yahoo!'s country links, 194
YouTube.com, 36-37

Z

Zatyko, Don, 4-5
Zeke Smith, 52-53 (ilus.)
Zhu Yunxia, 165-167
Zikmund, William G., 204-207